Serie Historia y Ciencias Sociales

Editor General: Greg Dawes

Editor a cargo de la serie: Carlos Aguirre

Otros títulos publicados por Editorial *A Contracorriente*:

Marisol Montaño, Alejandro Solomianski y Sofia Wolhein (eds.), *Otras voces. Nuevas identidades en la frontera sur de California (Testimonios)*

Ana Peluffo (ed.), *Pensar el siglo XIX desde el siglo XXI. Nuevas miradas y lecturas*

Andrea Matallana, *El Tango entre dos Américas. La representación del tango en Estados Unidos, 1910-1939*

Brantley Nicholson and Sophia McClennen (eds.), *The Generation of '72: Latin America's Forced Global Citizens*

Militantes, intelectuales y revolucionarios

Ensayos sobre marxismo e izquierda en América Latina

Edición e introducción de

Carlos Aguirre
University of Oregon

Editorial
A *Contra corriente*
Raleigh, NC

Reservados todos los derechos de esta edición para:
© 2013, Editorial *A Contracorriente*

ISBN: 978-0-9853715-3-1

Library of Congress Control Number: 2013946050

Library of Congress Cataloging-in-Publication Data:

Militantes, intelectuales y revolucionarios. ensayos sobre marxismo e izquierda en America Latina / Carlos Aguirre ; [edited by] Carlos Aguirre
Raleigh, NC : Editorial A Contracorriente, 2013.

ISBN 10: 0985371536
ISBN 13: 978-0-9853715-3-1

Diseño de interior y tapas: S. F. Sotillo

Esta obra se publica con el auspicio del Departamento de Lenguas y Literaturas Extranjeras de NORTH CAROLINA STATE UNIVERSITY.

In memoriam Eric Hobsbawm (1917-2012)

CONTENIDO

INTRODUCCIÓN

Carlos Aguirre
University of Oregon

Se ha vuelto un lugar común en los debates contemporáneos referirse a la situación política actual en América Latina como una coyuntura que representa un "giro a la izquierda". La llegada al poder, en el lapso de una década y media, de líderes y movimientos claramente identificados con posiciones anti-neoliberales, que reivindican parcialmente las agendas sociales y políticas (aunque no siempre las económicas) de las tradiciones socialistas y social-demócratas, y que promueven activamente la descolonización cultural, económica y política de los pueblos indígenas, representa sin duda un cambio trascendental respecto a las décadas anteriores en que predominaron, consecutivamente, regímenes burocrático-autoritarios y modelos de democracia restringida y economía neoliberal. Más allá de las diferencias obvias entre los diferentes casos incluidos dentro de este giro a la izquierda, sin embargo, ellos representan y promueven una serie de objetivos comunes que incluyen, entre otros, un distanciamiento respecto al llamado consenso de Washington, una revisión de la ortodoxia neoliberal en el manejo de la economía, la implementación de políticas sociales y de alivio de la pobreza, la promoción de los derechos humanos y un esfuerzo de integración regional para contrapesar la hegemonía norteamericana en la región. Cuánto de esto representa una alternativa radicalmente distinta y duradera al capitalismo global hegemónico es una pregunta pendiente. Detrás de esta interrogante está aquella que nos invita a cuestionarnos qué significa ser de izquierda en la América Latina del siglo veintiuno.

Una manera, entre otras, de avanzar en esta discusión es situar esta pregunta en el largo plazo, es decir, al interior de la compleja historia de las tradiciones de izquierda en América Latina. Desde los orígenes del socialismo a fines del siglo XIX hasta la llegada al poder de Evo Morales en Bolivia y José Mujica y Dilma Rousseff en Uruguay y Brasil respectivamente, pasando por episodios clave como la revolución cubana de 1959 o el triunfo electoral de Salvador Allende en Chile en 1970, la izquierda latinoamericana ha sufrido una serie de transformaciones, algunas de ellas ciertamente radicales. Mucha agua ha corrido bajo los puentes y muchos vientos han afectado más de una vez el clima ideológico y político de la región y las formas—organizativas, doctrinarias y tácticas—que asumieron los movimientos que aspiraban a transformar radicalmente las sociedades latinoamericanas. La historia de las izquierdas en América Latina es una historia compleja y plural dentro de la cual tienen cabida una variedad enorme de movimientos nacionalistas, antiimperialistas, comunistas, socialdemócratas, guerrilleros, indígenas, feministas, estudiantiles, de defensa de los derechos humanos y muchos otros.

En años recientes, con los altibajos y lagunas inevitables, esta historia está siendo sujeta a intenso estudio e investigación. La historia del comunismo, el socialismo y otras tradiciones de izquierda, que parecía haber desaparecido del radar de los historiadores—contagiados por las modas al uso y la relativa despolitización del quehacer historiográfico característica de las décadas de los 80s y 90s—ha adquirido un dinamismo ejemplar, como queda reflejado en la bibliografía que incluimos al final de esta introducción, la aparición de revistas especializadas como *Lucha Armada en la Argentina*, dedicada a analizar los movimientos guerrilleros de los 60s y 70s, la formación de centros de documentación como el CEDINCI (Centro de Documentación e Investigación de la Cultura de Izquierdas en Argentina) y la organización de grupos de investigación tales como la "Red Iberoamericana para el Estudio de las Izquierdas en América Latina", que realizó su primer congreso en Morelia, México, en noviembre de 2007. Simultáneamente, aunque con algo de retraso, se viene produciendo un proceso de autocrítica por parte de quienes alguna vez militaron en partidos políticos o movimientos armados que defendían ciertos principios y tácticas políticas (lucha armada, partido único, estatización de la economía) que hoy se consideran no sólo inoperantes para las sociedades actuales sino también totalmente errados para su tiempo.[1]

Si alguna generalización puede hacerse al pasar revista a la historia de la izquierda en América Latina es que las propuestas a favor de la lucha armada como vía de transformación social, la instauración de un régimen de partido único, la eliminación de la propiedad privada y la estatización de la economía, han sido prácticamente dejadas de lado. La izquierda en la América Latina de hoy ha abandonado el lenguaje revolucionario inspirado en el marxismo así como los modelos utópicos y los esquemas teleológicos comunistas, al tiempo que ha re-evaluado sus posturas respecto a la "democracia formal". No es una coincidencia que la actual presidenta de Brasil, Dilma Rousseff, el actual presidente de Uruguay, José Mujica, y el vice-presidente de Bolivia, Álvaro García-Linera, hayan sido en las décadas de 1970 y 1980 militantes de grupos armados que proclamaban la necesidad de la violencia para alcanzar sus objetivos. Aunque Cuba sigue siendo una fuente de inspiración moral para muchos de los líderes izquierdistas latinoamericanos de hoy, y Che Guevara continúa siendo invocado en discursos y pancartas, ni la revolución cubana ni el foco guerrillero son vistos como modelos a seguir. Conceptos como la lucha de clases o la dictadura del proletariado parecen haber pasado al desván de la historia y tienen poca o nula relevancia en la definición de los proyectos de cambio que se están implementando en la región. Como ha resumido Mabel Moraña, los gobiernos considerados de izquierda en América Latina "difieren notoriamente de los paradigmas establecidos por los movimientos de liberación nacional que siguieron a la Revolución cubana en los años sesenta y setenta. Hay muy pocos elementos ideológicos y administrativos de los regímenes que son llamados, hoy en día, movimientos de izquierda—o de centro-izquierda—que efectivamente evoquen el contenido 'duro' que se solía adjudicar a la izquierda del siglo XX".[2] Hay ciertamente otros elementos que

1. Ver, por ejemplo, Héctor Ricardo Leis, *Un testamento de los años 70. Terrorismo, política y verdad en la Argentina* (Buenos Aires: Katz, 2013). Ver también el volumen *Sobre la responsabilidad: No Matar* (Córdoba: El Cíclope Ediciones/La Intemperie/Editorial de la UNC, 2007) que recoge el debate sobre la violencia revolucionaria en Argentina generado por la carta de Oscar del Barco, "No matarás", en la que ofrecía una severa crítica de los movimientos armados.

2. Mabel Moraña, "Negociar lo local. La 'marea rosa' en América Latina o ¿qué queda de la izquierda?", en Mabel Moraña, ed. *Cultura y cambio social en Améri-*

tienen un parentesco con la tradición marxista-revolucionaria y que todavía pesan mucho en las agendas izquierdistas actuales: un antimperialismo militante (aunque, a ratos, más retórico que real); un nacionalismo reflejado, entre otras cosas, en la protección de los recursos naturales y la defensa de la soberanía; un esfuerzo de redistribución de la propiedad, la riqueza y (con menos énfasis) el poder político; y propuestas más o menos consistentes de organización autónoma de los sectores populares. En el caso de aquellos movimientos de izquierda que no están en el poder, como es el caso de los zapatistas en México o el MST en Brasil, la retórica marxista ha sido remplazada por un "movimientismo" de raigambre comunitario, un énfasis en la defensa de los derechos humanos y una prédica de resistencia y autonomía que no siempre deja en claro cuál es el modelo de sociedad al que se aspira.

Las izquierdas de hoy, por tanto, han tomado distancia de los viejos modelos políticos y económicos centralistas y autoritarios identificados con los partidos comunistas. Este deslinde, por lo demás, no es exclusivo de América Latina. El historiador británico Eric Hobsbawm, quien nunca se arrepintió de su militancia comunista ni de su adopción del marxismo como herramienta analítica fundamental en su trabajo como historiador, expresó esta ruptura con claridad:

> No es de extrañar que el 'socialismo' estuviera en el centro de los debates y las valoraciones de Karl Marx en el siglo XX. Esto se debía no al hecho de que el proyecto de una economía socialista sea específicamente marxista, que no lo es, sino porque todos los partidos inspirados en el marxismo compartían ese proyecto y los partidos comunistas incluso se arrogaban el haberlo instituido. *Dicho proyecto, en su forma del siglo XX, está muerto.* El 'socialismo', tal como se aplicó en la URSS y en las otras 'economías centralmente planificadas', es decir, economías supuestamente sin mercado, propiedad del Estado y controladas por él, ha desaparecido y no será resucitado.[3]

---

ca Latina (Madrid: Iberoamericana-Vervuert, 2008), 116. Ver también Jeffery R. Webber and Barry Carr, eds. *The New Latin American Left. Cracks in the Empire* (Lanham, MD: Rowman & Littlefield Publishers, 2013) y, desde una perspectiva más crítica, Jorge G. Castañeda y Marco A. Morales eds., *Lo que queda de la izquierda. Relatos de las izquierdas latinoamericanas* (México: Taurus, 2010).

3. Eric Hobsbawm, "Marx Today", en *How to Change the World. Tales of Marx and Marxism* (Londres: Little, Brown, 2011), 8; énfasis nuestro.

Aunque el "giro a la izquierda" en América Latina ha venido siendo tema de discusión académica y política, aquel no puede ser comprendido cabalmente sin prestar atención al "giro *de* la izquierda" (o las izquierdas, para decirlo más propiamente), habida cuenta que la transformación en los modelos societales promovidos por quienes representan a la izquierda actual no ha ocurrido de la noche a la mañana y debe ser explicada a la luz de una serie de procesos de reflexión interna, enfrentamientos durísimos contra regímenes autoritarios y la transformación acelerada de la cultura, la política y la economía globales. Los debates al interior de la izquierda no siempre dieron sus frutos en el corto plazo, entrampados como estaban los movimientos y sus dirigentes en un dogmatismo estéril y en pequeñas luchas de capilla. Pero algunas de esas voces anunciaban ya la necesidad de una profunda autocrítica. Hace casi treinta años, por ejemplo, Oscar Terán se refería a dicha necesidad en los siguientes términos:

> [U]na doctrina con elementos libertarios y antiestatalistas debería explicar por qué ha terminado por constituirse en la aureola ideológica de regímenes autocráticos; de qué modo las promesas que anunciaban el fin de la prehistoria han podido reforzar la historia de crímenes y tormentos de un siglo que no ha carecido precisamente de horrores; cómo el avance hacia una distribución más justa de la riqueza ha sido acompañado de nuevas y reprobables jerarquizaciones; por qué la proyectada democracia de los trabajadores desembocó en la despolitización de las masas y en la negación de derechos sindicales elementales; el pasaje del reino de la necesidad al de la libertad, en el cercenamiento de libertades básicas; el internacionalismo proletario, en el derecho imperial de intervención armada en los territorios sojuzgados y en el enfrentamiento violento y sin principios entre países del mismo campo socialista.[4]

La crisis del socialismo real de las décadas de 1980 y 1990 causó enormes estragos en las izquierdas, reduciendo su influencia y forzando su reconversión (aunque en muchos casos sin la debida autocrítica). Al mismo tiempo, sin embargo, el proceso de globalización económica y cultural no sólo no eliminó sino que de hecho reforzó las condiciones de desigualdad contra las cuales surgieron

---

4. Oscar Terán, "Una polémica postergada: la crisis del marxismo" [1984], reproducido en *De utopías, catástrofes y esperanzas. Un camino intelectual* (Buenos Aires: Siglo Veintiuno, 2006), 49.

esas izquierdas. El propio Oscar Terán lo advirtió así en 2004: "Si las utopías comunistas resultaron vanas o despóticas, los problemas de gigantesca injusticia e iniquidad que denunciaron no sólo subsisten sino que se han incrementado a escalas que avergüenzan al género humano."[5] Cómo conciliar la necesidad de luchar contra esas injusticias y contra la hegemonía del capitalismo con el rechazo a los viejos modelos izquierdistas autocráticos y jerárquicos es uno de los grandes desafíos del tiempo presente, pero no es necesariamente nuevo: las críticas (tanto internas como externas) a los modelos autoritarios y dogmáticos de la izquierda han sido una constante a lo largo de casi todo el siglo veinte.

La primera sección de este libro contiene ensayos que contribuyen a iluminar la compleja y plural historia de las izquierdas latinoamericanas. Hernán Camarero explora el impacto de la táctica de "clase contra clase" promovida por la Comintern a fines de la década de 1920 y comienzos de la de 1930 sobre las relaciones entre el PC argentino y el movimiento obrero. Jaymie Heilman estudia las relaciones entre el Partido Comunista Peruano y el APRA en Ayacucho durante el período posterior a la segunda guerra mundial, enfatizando el surgimiento y motivaciones de las prácticas "anti-comunistas" del APRA. Aníbal Jáuregui analiza los debates en torno al peronismo que se produjeron al interior del Partido Comunista argentino, subrayando entre otros temas la falta de unanimidad en el rechazo al peronismo por parte del PC. Eric Zolov analiza la transición de la "vieja" a la "nueva" izquierda en América Latina durante los años sesenta, enfatizando las conexiones y tensiones entre, por un lado, la nueva izquierda revolucionaria y militante y, por otro, las expresiones contraculturales y estéticas contestatarias no directamente vinculadas con la militancia partidaria o con proyectos de transformación social. Martín Mangiantini analiza la historia interna del Partido Revolucionario de los Trabajadores (PRT) en Argentina y, especialmente, la polémica que condujo a la división del partido entre un grupo que promovía la lucha armada, liderado por los hermanos Santucho, y otro liderado por Nahuel Moreno que se oponía a ella. Como subraya Mangiantini, es interesante percibir como los debates que se produjeron entonces y que llevaron a la ruptura del PRT se ven también reflejados en las valoraciones distintas que ofrecen los historiadores actuales en torno a la lucha

---

5. Terán, "De utopías, catástrofes y esperanzas" [2004], en *De utopías*, 165.

armada. Finalmente, Massimo Modonesi acomete la tarea de explicar precisamente el "giro a la izquierda"—aquí concebido como un "cambio de época"—por el que está atravesando América Latina, en un esfuerzo de "historia del tiempo presente" de inspiración gramsciana. Modonesi identifica este cambio con la crisis y agotamiento del modelo hegemónico neo-liberal y la emergencia y consolidación no sólo de nuevos movimientos sociales sino también—y especialmente—de nuevas estrategias de movilización y conflictividad popular.

En conjunto, estos ensayos cubren un arco que va desde las relaciones entre los comunistas latinoamericanos y la Comintern a comienzos del siglo veinte hasta la emergencia actual de los nuevos movimientos de izquierda en la región, pasando por la debacle de la vieja izquierda stalinista, las complejas relaciones entre los partidos comunistas y socialistas y los movimientos populistas y nacionalistas como el APRA y el peronismo, el surgimiento de la nueva izquierda en los sesenta, y el auge, crisis, derrota y autocrítica de la opción guerrillera de los 60s y 70s.

La mayoría de los movimientos de izquierda en América Latina encontraron su inspiración en el marxismo. Incluso un movimiento como el APRA, que derivó en un anti-comunismo militante, reivindicó, por lo menos hasta la década de 1970, su parentesco con la tradición marxista.[6] El marxismo, como es bien sabido, pretendió siempre ofrecer no sólo un conjunto de propuestas políticas para destruir el sistema capitalista sino también herramientas analíticas para interpretar la historia y la sociedad. Desde su llegada a tierras americanas el marxismo no ha dejado de inspirar formas de pensamiento, propuestas de investigación y esfuerzos interpretativos en torno a la realidad de estas sociedades. Aunque es de todos conocido que el marxismo produjo con frecuencia una literatura repetitiva y dogmática, también es cierto que hubo esfuerzos importantes por pensar América Latina desde el marxismo en términos originales, sin caer en dogmatismos ni imitaciones. El caso más notable, aunque ciertamente no el único, es quizás el del peruano José Carlos

---

6. Ver, sobre todo, el libro de Víctor Raúl Haya de la Torre, *El antimperialismo y el APRA* (Santiago de Chile: Ercilla, 1936). Este libro, escrito en 1928 y publicado por primera vez en 1936, no sería reeditado oficialmente sino hasta 1970. En la introducción a la tercera edición publicada ese año, Haya de la Torre haría un repaso tanto de su filiación marxista como de su oposición al marxismo ortodoxo y al stalinismo.

Mariátegui (1894-1930).[7] Este esfuerzo habría dado lugar al surgimiento de un "marxismo latinoamericano" contrario a los afanes universalistas y eurocéntricos de ciertas vertientes del pensamiento marxista y que reflejaba la supuesta singularidad de los procesos políticos y sociales del continente[8]. Un autor clave para entender estos debates es José Aricó, un pensador fuertemente influido por las ideas de Antonio Gramsci y que hizo una relectura de Marx "desde" América Latina para desmontar lo que Aricó denominó el "prejuicio" de Marx hacia América Latina y al que Horacio Crespo se ha referido como "el equívoco instaurado por el mismo Marx".[9] Esta relectura de Marx por parte de Aricó supuso un paso decisivo, entre otras cosas, hacia la revalorización de la democracia por parte de la izquierda latinoamericana. Horacio Crespo ha subrayado el proceso de "socialdemocratización" por el que atravesó Aricó junto a otros intelectuales del grupo *Pasado y Presente*.[10] En este sentido, Aricó puede ser visto como un precursor del giro democrático de la izquierda en el siglo XXI.

La izquierda actual parece haberse desprendido de su matriz marxista. Hoy abundan los intelectuales ex- o pos-marxistas, y cuesta mucho tropezarse con alguien que todavía se proclame marxista. Aunque estamos lejos de caer en la ingenua noción de que hay que "recuperar" lo que en muchos casos es irrecuperable o "reivindicar" lo que a todas luces no lo merece, compartimos la idea de que hace falta repensar críticamente el marxismo y sus aportes en la batalla de las ideas.[11] A diferencia de quienes abandonan

---

7. La bibliografía sobre Mariátegui es enorme. Sus escritos, incluyendo aquellos correspondientes a lo que él mismo llamó su "edad de piedra" y su copiosa correspondencia, pueden consultarse en *Mariátegui Total*, 2 vols., edición a cargo de Sandro Mariátegui Chiappe (Lima: Empresa Editora Amauta, 1994).

8. Ver por ejemplo José Aricó, ed. *Mariátegui y los orígenes del marxismo latinoamericano* (México: Siglo Veintiuno, 1978).

9. Horacio Crespo, "El marxismo latinoamericano de Aricó. La búsqueda de la autonomía de lo político en la *falla* de Marx", en José Aricó, *Marx y América Latina* (Buenos Aires: Fondo de Cultura Económica, 2010), 9.

10. Crespo, "El marxismo latinoamericano de Aricó", 12.

11. Entre los muchos esfuerzos recientes por repensar el marxismo, véase especialmente Stefan Gandler, *Marxismo crítico en México. Adolfo Sánchez Vázquez y Bolívar Echeverría* (México: Fondo de Cultura Económica, 2007), Agustín Cueva, *Entre la ira y la esperanza y otros ensayos de crítica latinoamericana* (Buenos Aires: Prometeo Libros, 2007), Elías José Palti, *Verdades y saberes del marxismo. Reacciones de una tradición política ante su 'crisis'* (Buenos Aires: Fondo de Cul-

el marxismo al identificarlo con el socialismo realmente existente o con las formas más dogmáticas de pensamiento crítico, estamos convencidos de que la tradición marxista sigue ofreciendo un conjunto de herramientas teóricas que nos pueden ayudar a entender no sólo el pasado de nuestras sociedades sino también fenómenos en apariencia tan alejados de las preocupaciones de Marx como la globalización, la aparición de nuevas tecnologías, o los problemas medioambientales.[12] Como ha sostenido Hobsbawm,

> Marx sobrevive en su concepción materialista de la historia y en su análisis del capitalismo. En el siglo XIX ya vaticinó la globalización, y cuando se celebraba el 150 aniversario del *Manifiesto Comunista,* las crisis económicas del sureste asiático y de Rusia en 1997 y 1998 confirmaban sus predicciones. El poder del marxismo sigue intacto. No así muchas ideas políticas de Marx que obedecían, más que al análisis, a sueños de igualdad.[13]

Terry Eagleton ha subrayado el hecho de que "el marxismo es una crítica del capitalismo: concretamente, la más perspicaz, rigurosa y exhaustiva crítica de su clase jamás formulada y emprendida. Es también la única crítica de ese estilo que ha transformado grandes zonas del planeta. De allí se desprende, pues, que mientras el capitalismo continúe activo, el marxismo también deberá seguir en pie".[14] Por su lado el sociólogo Kevin Anderson, en un libro dedicado a iluminar la relación entre el marxismo y las sociedades no occidentales, resalta la continua relevancia de Marx al subrayar el carácter "multilinear y no-reduccionista" de su teoría de la historia así como su esfuerzo por analizar "las complejidades y diferencias de las sociedades no-occidentales", lo que quedó reflejado

tura Económica, 2005), Guillermo Rochabrún, *Batallas por la teoría. En torno a Marx y el Perú* (Lima: Instituto de Estudios Peruanos, 2007); y Bruno Bosteels, "The Actuality of Communism," en *The Actuality of Communism* (Londres y New York: Verso, 2011).

12. Para algunos intentos de conectar a Marx con estos temas, véase John Bellamy Foster, *Marx's Ecology. Materialism and Nature* (New York: Monthly Review Press, 2000), David Renton, *Marx on Globalization* (Londres: Lawrence and Wishart, 2002), y Eric J. Hobsbawm, Globalisation, *Democracy and Terrorism* (London: Little, Brown, 2007), traducido al español como *Guerra y paz en el siglo XXI* (Barcelona: Crítica, 2007).

13. *El País,* 13 de Noviembre de 2007. Sobre la vigencia de Marx en los debates contemporáneos ver también Hobsbawm, *How to Change the World.*

14. Terry Eagleton, *Por qué Marx tenía razón* (Barcelona: Península, 2011), 16.

en su rechazo a una teoría única del desarrollo o la revolución[15]. Desde América Latina, pensadores como Enrique Dussel persisten en el empeño por "actualizar" los aportes de Marx, si bien desde una perspectiva crítica y abierta a otras vertientes no marxistas de pensamiento.

La segunda sección de este libro contiene varios trabajos que reconstruyen los debates en que participaron intelectuales y militantes marxistas o de izquierda en su esfuerzo por pensar la realidad latinoamericana. Omar Acha y Débora D'Antonio ofrecen un iluminador ensayo en torno al llamado "marxismo latinoamericano". Los autores se preguntan hasta qué punto se puede identificar en él un sustrato teórico original y específicamente latinoamericano, y sugieren pensar en la pluralidad de la producción y usos del marxismo acorde con regiones específicas constituidas histórica y culturalmente, explorando las tensiones entre "la delimitación local del marxismo y la aspiración a una modulación latinoamericana". Marc Becker presenta una detallada reconstrucción de las relaciones entre los grupos comunistas y socialistas y los líderes y movimientos indígenas en Ecuador, subrayando la manera cómo la atención prestada al tema "étnico" desde comienzos del siglo veinte prefigura, de alguna manera, la importancia de la movilización indígena en períodos más recientes. Pablo Ponza discute las diferentes representaciones sobre los intelectuales en Argentina durante el período que va desde la caída de Perón en 1955 a su regreso en 1973, ofreciendo una cuidadosa reconstrucción de las distintas visiones sobre el rol de los intelectuales—y en especial, aquellos identificados con posiciones de izquierda—dentro de los procesos de cambio al interior de la militancia política, la cultura libresca, y la institucionalidad académica. Carlos Aguirre reconstruye las relaciones entre intelectuales, cultura impresa, y la cultura política de la izquierda peruana de las décadas de 1970 y 1980, utilizando como hilo conductor la figura del historiador e intelectual público socialista Alberto Flores Galindo (1949-1990). Finalmente, Martín Cortés traza la trayectoria vital e intelectual de José Aricó, probablemente el intelectual que con mayor rigor y creatividad intentó, en la segunda mitad del siglo veinte, "construir una potente, activa y heterodoxa interpretación del marxismo" en América Latina.

---

15. Kevin B. Anderson, *Marx at the Margins. On Nationalism, Ethnicity, and Non-Western Societies* (Chicago: University of Chicago Press, 2010), 237.

Una dimensión central del aporte marxista a los debates intelectuales en América Latina es aquella que tiene que ver con el estudio e interpretación del pasado. Aunque, como ha sostenido Agustín Cueva, la influencia del marxismo en la historiografía latinoamericana no fue tan extendida como en la sociología o la ciencia política,[16] existe una amplia y variada historiografía latinoamericana inspirada, al menos parcialmente, en el marxismo. Conviene precisar que esta tradición no se desarrolló solamente al interior de los grupos de historiadores profesionales vinculados al mundo académico, sino que solía incluir también a otros intelectuales no académicos y a militantes de los partidos y movimientos de izquierda. El análisis de esta producción historiográfica de inspiración marxista deberá tener en cuenta sus conexiones con los esfuerzos de transformación social que ellas inspiraban o representaban. Al mismo tiempo, dicho análisis nos permitirá dilucidar cuánto de utilidad pueden encontrar los historiadores de hoy en los aportes del marxismo y de las tradiciones historiográficas inspiradas en él. Durante décadas, los historiadores han venido utilizando—no siempre con el mismo rigor—conceptos y herramientas analíticas derivados de la tradición marxista. Hoy, la práctica historiográfica se ha alejado, por lo general, de las preocupaciones "teóricas" que inspiraban a los historiadores de generaciones anteriores. Por ello, una mirada a las formas en que los historiadores marxistas o cercanos al marxismo ejercieron su oficio nos puede servir como fundamento para promover una mayor reflexión entre los practicantes de la historia respecto a los parámetros teóricos y las repercusiones políticas de su quehacer intelectual.

La tercera y última sección de este libro incluye ensayos en los que se somete a revisión los aportes y limitaciones del marxismo en la interpretación del pasado de las sociedades latinoamericanas. Alejandro Cattaruzza analiza la manera cómo los intelectuales cercanos al Partido Comunista Argentino, en las décadas de 1930 y 1940, articularon su militancia con los debates sobre el pasado de su país. Cattaruzza encuentra que, en las posturas de los comunistas en relación a temas como la revolución de Mayo de 1810 o la figura del gaucho, se vislumbra un esfuerzo por "nacionalizar" el proyecto comunista, insertándolo dentro de unas tradiciones has-

16. Agustín Cueva, "El análisis posmarxista del Estado latinoamericano", *Cuadernos del Pensamiento Crítico Latinoamericano*, No. 2, 29 de Noviembre de 2007.

ta entonces poco reconocidas por el comunismo. Luis F. Ruiz pasa revista a las diversas interpretaciones de la revolución mexicana inspiradas en el marxismo y encuentra en ellas elementos valiosos que, con cierto apresuramiento, los historiadores revisionistas han tendido a descartar. Iván Molina Jiménez reconstruye la evolución de la historiografía marxista en Costa Rica en relación a las tradiciones historiográficas locales, la formación de partidos de izquierda, especialmente el comunista, las prácticas académicas institucionales y la influencia de teorías y corrientes extranjeras. Michael Goebel pasa revista al trabajo de varios intelectuales argentinos de la década de 1960 que se pueden ubicar dentro del ámbito de la "nueva izquierda" y resalta en su trabajo sobre el pasado argentino su contribución a la formación de una "izquierda nacional". La estrecha relación entre historia y política es una de las características centrales del discurso historiográfico revisionista de los años 60, pero Goebel subraya el hecho de que el revisionismo histórico quedó subordinado a las necesidades de legitimación política. Finalmente, Kate Quinn estudia en su artículo las narrativas históricas revolucionarias en la Cuba de los años 60, enfatizando las continuidades con el discurso nacionalista pre-revolucionario. Quinn resalta la incapacidad de esa producción historiográfica revolucionaria para trascender el discurso nacionalista burgués, que reaparecía en escena maquillado con un lenguaje marxista.

En conjunto, los ensayos incluidos en este volumen nos permiten enfatizar tres temas que, confiamos, habrán de generar el interés de los lectores. Primero, la necesidad de discutir el "cambio de época" en la América Latina del siglo veintiuno y sus múltiples y variados ingredientes como parte de una compleja historia de prácticas intelectuales y propuestas políticas que han representado, por más de un siglo, las aspiraciones de cambio social de amplios sectores latinoamericanos. Entender de qué manera este giro a la izquierda se vincula o no con esas otras tradiciones comunistas, socialistas, guerrilleras o movimientistas, nos ayudará a precisar la naturaleza de estos cambios y, quizás, anticipar sus posibles derroteros. Segundo, el marxismo se aclimató (o no) en América Latina como parte de una serie de debates con otras corrientes intelectuales (anarquismo, Aprismo, peronismo, Indigenismo, por mencionar sólo algunas de ellas) y, al mismo tiempo, al interior de un proceso de producción intelectual condicionado por factores políticos e institucionales (represión política, exilio, dogmatismo, cultura impresa, inserción en el mundo académico, entre otros). Reconstruir estos debates y estos procesos constituye un esfuerzo ineludible para tratar de comprender la trayectoria del marxismo y su posible relevancia en los tiempos actuales. Y tercero, la reflexión y el debate al interior de las izquierdas sobre las sociedades latinoamericanas y su futuro incluyeron siempre una dimensión histórica: mirar hacia el pasado en busca de antecedentes e inspiración, o simplemente como una manera de insertarse en una cierta trayectoria histórica, ha sido una constante en la reflexión marxista. El diálogo entre pasado y presente no ha sido sólo una preocupación académica sino que casi siempre ha surgido de la motivación por parte de intelectuales y movimientos políticos por legitimarse en relación con el pasado de sus sociedades. Construir (o demoler) una cierta visión de la historia ha sido visto como un elemento articulador de las propuestas políticas de izquierda en América Latina. Confiamos en que los textos incluidos en este libro contribuyan a enriquecer los debates en torno a la relación entre historia y política pero también, de alguna manera, a imaginar escenarios de creciente democracia, justicia e igualdad en la región.

Bibliografía[17]

Adrianzén, Alberto, ed. *Apogeo y crisis de la izquierda peruana. Hablan sus protagonistas.* Lima: IDEA-Universidad Ruiz de Montoya, 2011.

Álvarez Vallejos, Rolando. *Desde las sombras: una historia de la clandestinidad comunista (1973-1980).* Santiago de Chile: LOM, 2003.

—. *Arriba los pobres del mundo: cultura e identidad política del Partido Comunista de Chile entre democracia y dictadura, 1965-1990.* Santiago de Chile: LOM, 2011.

Anderson, Kevin B. *Marx at the Margins. On Nationalism, Ethnicity, and Non-Western Societies.* Chicago: University of Chicago Press, 2010.

Aricó, José. *Marx y América Latina.* Lima: CEDEP, 1980.

—. *La cola del diablo: itinerario de Gramsci en América Latina.* Buenos Aires: Siglo Veintiuno, 2005.

Ayala Mora, Enrique. *El socialismo y la nación ecuatoriana.* Quito: Ediciones La Tierra, 2005.

Becker, Marc. *Indians and Leftists in the Making of Ecuador's Modern Indigenous Movements.* Durham: Duke University Press, 2008.

Bosteels, Bruno. *The Actuality of Communism.* Londres y New York: Verso, 2011.

Burgos, Raúl, *Los Gramscianos argentinos. Cultura y política en la experiencia de "Pasado y Presente".* Buenos Aires: Siglo Veintiuno, 2004.

Carr, Barry, *Marxism & Communism in Twentieth-Century Mexico.* Lincoln: University of Nebraska Press, 1992.

Castañeda, Jorge G. y Marco A. Morales, eds. *Lo que queda de la*

---

17. Se incluyen aquí materiales que han sido citados en esta introducción así como una muestra representativa de trabajos recientes sobre la historia de la izquierda y el marxismo en América Latina.

izquierda. Relatos de las izquierdas latinoamericanas. México: Taurus, 2010.

Concheiro, Elvira, Massimo Modonesi y Horacio Crespo, coordinadores. *El comunismo: otras miradas desde América Latina.* México: UNAM, 2007.

Crespo, Horacio. "El marxismo latinoamericano de Aricó. La búsqueda de la autonomía de lo político en la *falla* de Marx", en José Aricó, *Marx y América Latina.* Buenos Aires: Fondo de Cultura Económica, 2010.

Cueva, Agustín, "El análisis posmarxista del Estado latinoamericano". *Cuadernos del Pensamiento Crítico Latinoamericano*, No. 2, 29 de noviembre de 2007.

—. *Entre la ira y la esperanza y otros ensayos de crítica latinoamericana.* Buenos Aires: Prometeo Libros, 2007.

Degregori, Carlos Iván. *Qué difícil es ser Dios. El Partido Comunista del Perú Sendero Luminoso y el conflicto armado interno en el Perú: 1980-1999.* Lima: Instituto de Estudios Peruanos, 2010.

Eagleton, Terry. *Why Marx was Right.* New Haven: Yale University Press, 2011.

Figueroa Ibarra, Carlos y Salvador Marti i Puig (eds.). *La izquierda revolucionaria en Centroamerica: de la Lucha Armada a la participacion electoral.* Madrid: Libros de la Catarata, 2006.

Flores Galindo, Alberto. *La agonía de Mariátegui. La polémica con la Komintern*, 3ª. edición. Lima: Instituto de Apoyo Agrario, 1989.

Foster, John Bellamy. *Marx's Ecology. Materialism and Nature.* New York: Monthly Review Press, 2000.

Gandler, Stefan. *Marxismo crítico en México. Adolfo Sánchez Vázquez y Bolívar Echeverría.* México: Fondo de Cultura Económica, 2007.

Gilman, Claudia. *Entre la pluma y el fusil. Debates y dilemas del escritor revolucionario en América Latina.* Buenos Aires: Siglo Veintiuno, 2003.

Grandin, Greg. *The Last Colonial Massacre. Latin America in the*

Cold War. Chicago: University of Chicago Press, 2004.

Haya de la Torre, Víctor Raúl. *El antimperialismo y el APRA*. Santiago de Chile: Ercilla, 1936.

Hite, Katherine. *When the Romance Ended. Leaders of the Chilean Left, 1968-1998*. New York: Columbia University Press, 2000.

Hobsbawm, Eric, *Globalisation, Democracy and Terrorism*. London: Little, Brown, 2007, traducido al español como *Guerra y paz en el siglo XXI*. Barcelona: Crítica, 2007.

—. *How to Change the World. Tales of Marx and Marxism*. Londres: Little, Brown, 2011.

Hylton, Forrest y Sinclair Thomson. *Revolutionary Horizons. Past and Present in Bolivian Politics*. Londres: Verso, 2007.

Joseph, Gilbert M. y Greg Grandin, eds. *A Century of Revolution: Insurgent and Counterinsurgent Violence during Latin America's Long Cold War*. Durham: Duke University Press, 2010.

Loyola, Manuel. *La felicidad y la política en Luis Emilio Recabarren. Ensayo de interpretación de su pensamiento*. Santiago de Chile: Ariadna Ediciones, 2007.

Lust, Jan. *Lucha revolucionaria. Perú, 1958-1967*. Barcelona: RBA, 2013.

Mariátegui, José Carlos. *Mariátegui Total*, 2 vols. Lima: Empresa Editora Amauta, 1994.

Modonesi, Massimo. *La crisis histórica de la izquierda socialista mexicana*. México: Casa Juan Pablos/Universidad de la Ciudad de México, 2003.

Moraña, Mabel. "Negociar lo local. La 'marea rosa' en América Latina o ¿qué queda de la izquierda?", en Mabel Moraña, ed. *Cultura y cambio social en América Latina*. Madrid: Iberoamericana-Vervuert, 2008.

Moyano, Cristina. *El MAPU durante la dictadura. Saberes y prácticas políticas para una microhistoria de la renovación socialista en Chile, 1973-1989*. Santiago de Chile: Universidad Alberto Hurtado, 2012.

Palti, Elías José. *Verdades y saberes del marxismo. Reacciones de *una tradición política ante su 'crisis'*. Buenos Aires: Fondo de Cultura Económica, 2005.

Pérez, Cristián. "Historia del MIR. 'Si quieren guerra, guerra tendrán'", *Estudios Públicos*, 91, 2003.

Pinto Vallejos, Julio y Verónica Valdivia Ortiz de Zarate. *Revolución proletaria o querida chusma? Socialismo y Alessandrismo en la pugna por la politización pampina (1911-1932)*. Santiago de Chile: LOM, 2001.

Pozzi, Pablo y Claudio Pérez, eds. *Historia oral e historia política. Izquierda y lucha armada en América Latina, 1960-1990.* Santiago de Chile: LOM Ediciones / Universidad Academia de Humanismo Cristiano, 2012.

Rénique, José Luis, "De la traición aprista al gesto heroico. Luis de la Puente y la guerrilla del MIR". *Estudios Interdisciplinarios de América Latina y el Caribe*, Vol. 15, No. 1, 2004.

Renton, David, *Marx on Globalization*. Londres: Lawrence and Wishart, 2002.

Rochabrún, Guillermo. *Batallas por la teoría. En torno a Marx y el Perú*. Lima: Instituto de Estudios Peruanos, 2007.

Salazar, Gabriel, *Violencia política popular en las "grandes alamedas". Santiago de Chile 1947-1987. Una perspectiva histórico-popular*. Santiago de Chile: Ediciones LOM, 1990.

Taibo, Paco Ignacio II. *Bolsheviks. Historia narrativa de los orígenes del comunismo en México (1919-1925)*. México: Joaquín Mortiz, 1986.

Tarcus, Horacio. *Diccionario biográfico de la izquierda argentina de los anarquistas a la "nueva izquierda", 1870-1976*. Buenos Aires: Emecé, 2007.

—. *Marx en la Argentina: sus primeros lectores obreros, intelectuales y científicos*. Buenos Aires: Siglo Veintiuno, 2007.

Tarcus, Horacio y Roberto Pittaluga. *Catálogo de publicaciones políticas de las izquierdas argentinas, 1890-2000s*. Buenos Aires: Centro de Documentación e Investigación de la Cultura de Izquierdas en la Argentina, 2000.

Terán, Oscar. *De utopías, catástrofes y esperanzas. Un camino intelectual*. Buenos Aires: Siglo Veintiuno, 2006.

Torres Rivas, Edelberto. *Encrucijadas e incertezas en la izquierda centroamericana. Ensayo preliminar de interpretación*. Guatemala: FLACSO, 1996.

—. *Las Izquierdas, Rigoberta Menchu, La Historia*. Guatemala: F&G Editores, 2007.

Vezzetti, Hugo. *Sobre la violencia revolucionaria. Memorias y olvidos*. Buenos Aires: Siglo Veintiuno, 2009.

Webber, Jeffery R. y Barry Carr, eds. *The New Latin American Left. Cracks in the Empire*. Lanham, MD: Rowman & Littlefield Publishers, 2013.

I. La izquierda latinoamericana, de la Comintern al socialismo del siglo XXI

La estrategia de *clase contra clase* y sus efectos en la proletarización del Partido Comunista Argentino, 1928-1935

Hernán Camarero

Universidad de Buenos Aires / CONICET

Entre 1928 y 1935 el Partido Comunista (PC) de la Argentina aplicó la estrategia política del llamado *tercer período*, conocida como *clase contra clase*, que fuera propiciada por la Internacional Comunista (IC o Comintern). Como es bien conocido, se trató de una orientación izquierdista que condujo a los diversos partidos comunistas del mundo a caracterizaciones drásticas y tácticas que promovían la profundización de la confrontación social, en el marco de un partido que extremaba su aislacionismo y sus posiciones sectarias. El objetivo de este ensayo no es describir y analizar en detalle el modo en que esta estrategia fue desplegada por el PC argentino en sus distintos ámbitos de elaboración e intervención. Lo que nos interesa, específicamente, es examinar cómo y en qué medida la aplicación de esta línea influyó en la inserción comunista en el movimiento obrero argentino. Para ello, como inicio de nuestra línea argumental, apelaremos a una reflexión de corte historiográfico.

En la débil y acotada bibliografía sobre la historia del comunismo argentino, destaca un antiguo artículo escrito por el intelectual socialista José Aricó, quien realizó algunas observaciones acerca de la cuestión de la influencia del PC en el mundo del trabajo pre-peronista. En verdad, se trató de un breve ensayo de carácter proyectivo, en el que el autor sólo alcanzó a enunciar la relevancia del problema y a diseñar algunas hipótesis que permitirían entender tanto la creciente inserción del comunismo en el movimiento obrero (que él ubicó desde principios de los años treinta) como la posterior erosión de ésta.[1] Precisamente, para explicar la expansión comunista en la clase obrera, Aricó llamó la atención sobre la importancia de la adopción de la línea de *clase contra clase*. Según él, esta concepción sectaria tuvo la paradójica utilidad de fomentar la proletarización del PC, pues el partido se dirigió hacia una "conquista acelerada de las masas obreras". Es decir, en su hipótesis Aricó sostiene que el factor causal del desembarco comunista en el mundo del trabajo en la Argentina debe encontrarse en los resultados más tardíos del despliegue de una línea política general combativa, radicalizada y revolucionaria. Habría sido gracias a ello que el PC ganó una fuerte influencia obrera y sindical en esa etapa, pero después no pudo traducirla a un nivel político-ideológico y alcanzar así una auténtica posición hegemónica entre los trabajadores (aunque hasta 1943 parecía la corriente en mejores condiciones de lograr tal objetivo). Desde entonces, ha sido un lugar común en la historiografía referida a la izquierda y el movimiento obrero de la Argentina de entreguerras utilizar esta periodización y esta argumentación. En este texto discutiremos ambos presupuestos, introduciendo algunos matices importantes a los mismos, con el objetivo de proponer una interpretación alternativa.[2]

I

En primer lugar, enunciemos brevemente en qué consistió y cómo se impuso la estrategia de *clase contra clase*. Ella signó las caracterizaciones y acciones de la Comintern entre fines de los años veinte y mediados de la década del '30. La aparición de esta orientación tiene una historia que estuvo marcada por los avatares de la situación mundial, el desarrollo y la ubicación de las distintas seccionales nacionales de la organización internacional, y las discusiones que se libraban al interior del régimen soviético.

Desde mediados de 1925, la organización mundial, conducida por una troika formada por Stalin, Kamenev y Zinoviev, empezó

---

1. José Aricó, "Los comunistas en los años treinta", *Controversia*, México DF, N° 2-3 (suplemento N° 1), diciembre 1979, pp. v-vii. Más tarde fue publicado como "Los comunistas y el movimiento obrero", *La Ciudad Futura*, Buenos Aires, N° 4, marzo 1987, pp. 15-17.

2. Un marco general para nuestros planteamientos se encuentra en Hernán Camarero, *A la conquista de la clase obrera. Los comunistas y el mundo del trabajo en la Argentina, 1920-1935* (Buenos Aires: Siglo Veintiuno Editores, 2007).

a ser fuertemente sacudida por un "gran debate" entre dos grandes líneas: la propiciada por la mayoría dirigente, que postulaba la posibilidad de la construcción del "socialismo en un solo país" (más específicamente, en la URSS), y la de Trotsky y la Oposición de Izquierda, partidarios de la "revolución permanente", de la necesidad de reimpulsar la lucha por la extensión de la revolución mundial, y de reestablecer los principios, cada vez más conculcados, de la democracia soviética. A medida que avanzaban las tendencias a la burocratización, al autoritarismo y al monolitismo interno estalinista (acompañadas de una operación de "canonización" de la figura de Lenin), se redefinieron los campos: un inestable triunvirato formado por Trotsky-Kamenev-Zinoviev, cuyo único punto de acuerdo era la denuncia del creciente poder asfixiante del estalinismo, y una momentánea alianza de Stalin y Bujarin, en la que el primero fue haciéndose del control cada vez más omnímodo del PCUS y del gobierno soviético, y el segundo pudo hacerse cargo de la dirección de la IC.[3] De este modo, en 1926-1927 se selló la derrota de Trotsky (sucesivamente, separado y expulsado del partido y del Estado, y luego desterrado del país) y de sus seguidores.[4]

Mientras tanto, en el plano internacional, la estrategia aplicada fue la de la profundización del *frente único*. Esta línea, postulada por la IC desde 1921, abría la posibilidad a los comunistas de establecer acuerdos con otras fuerzas obreras o de izquierda para objetivos definidos de lucha, siempre bajo el presupuesto de que a través de esa lucha se lograría "desenmascarar" a las dirigencias reformistas y enfrentarlas con sus bases. Desde 1925 esta estrategia comenzó a ser redefinida en términos más amplios, en el sentido de promoverse acuerdos con el reformismo obrero o las burguesías nacionales del mundo colonial o semicolonial. China fue uno de los grandes laboratorios: la política fue el apoyo a las fuerzas nacionalistas del Kuo-

---

3. Milos Hájek, *Historia de la Tercera Internacional. La política de frente único (1921-1935)* (Barcelona: Crítica, 1984), pp. 129-170.

4. El PC argentino se alineó desde un comienzo con las posiciones de la mayoría dirigente de la Comintern. Incluso, condenó de manera muy temprana las posiciones de Trotsky. Ver: "Resolución del Comité Central del Partido Comunista de la Argentina sobre las discusiones en el seno del Partido Comunista de la Unión Soviética", *La Internacional* ("*Órgano del Partido Comunista de la Argentina-Sección de la Internacional Comunista*"), año X, N° 3167, 25 de diciembre de 1926, p. 1. Dos años después comenzaron los ataques más importantes: "El trotzkismo es una fuerza contrarrevolucionaria", *La Internacional*, año XI, N° 3281, 23 de febrero de 1929, p. 2.

mintang, lideradas por Chiang Kai Shek. El hecho inesperado para la IC fue el viraje del Kuomintang hacia la ruptura de ese acuerdo, el aplastamiento de la clase obrera insurrecta en Cantón y la brutal represión contra los comunistas chinos. Eso ocasionó un profundo impacto que incidiría, junto a otros elementos, en el giro hacia la estrategia del *tercer período*, también conocida como de *clase contra clase*.

La orientación de *clase contra clase* fue propiciada desde fines de 1927 y fue abiertamente expresada por el VI Congreso de la IC, reunido en julio-agosto de 1928, ya bajo el dominio del sector liderado por Stalin.[5] Luego, la misma fue modelada y confirmada en las distintos Plenos del Comité Ejecutivo de la IC, desde el X, reunido en julio 1929, hasta el XIII, que sesionó en noviembre-diciembre de 1933. Globalmente, esta línea política sentenciaba el fin de la etapa iniciada en 1921, que había sido entendida como de relativa estabilización del capitalismo. Ahora se proclamaba el inicio de un *tercer período*, en el que, a partir de una visión catastrofista del capitalismo mundial, se auguraba su inminente caída final. Poco después, la crisis y el inicio de la Gran Depresión parecían confirmar esos pronósticos. Desde este diagnóstico, se argumentaba que los sectores medios jugarían un papel reaccionario, se repudiaba todo compromiso con corrientes políticas como la socialdemocracia (la única posibilidad de frente único era "por abajo", es decir, con los obreros socialistas o reformistas que dieran la espalda a sus jefes), se planteaba la necesidad de escindir los sindicatos existentes para crear organismos gremiales revolucionarios, se tendía a anular las diferencias entre dictaduras y democracias burguesas, y sólo se reconocía la existencia de dos campos políticos excluyentes: fascismo versus comunismo. Esos serían los dos únicos polos en los que acabaría dirimiéndose la política internacional y las situaciones nacionales. Los socialistas, desde ese entonces, fueron etiquetados como "socialfascistas".

Por cierto, el VI Congreso fue el primer cónclave de la IC en el que Latinoamérica ocupó un lugar de cierta importancia en los debates. Aquí la caracterización y la propuesta de acción combinaban un planteo *etapista* de la revolución a realizar en la región con una propuesta *ultimatista*, en el sentido de apostar al estallido

5. *VI Congreso de la Internacional Comunista* (México: Pasado y Presente, 1977-1978), 2 vols. El análisis del cambio de líneas de la IC se hace en Hájek, *Historia de la Tercera Internacional*, pp. 171-266; Pierre Broué, *Histoire de l'Internationale Communiste, 1919-1943* (París: Fayard, 1997).

inminente de aquella. La revolución sería democrático-nacional en transición a una fase socialista, pero se expresaría a través de una insurrección que llevaría al poder a los soviets obreros y campesinos, pues el papel de las burguesías nacionales era visto ahora como profundamente contrarrevolucionario.

El PC argentino adoptó plenamente esta línea.[6] La proclamó en su VIII Congreso, que sesionó, de manera expeditiva, el 1 de noviembre de 1928.[7] Allí se aprobó un documento central titulado "Tesis sobre la situación económica y política".[8] Desde entonces el PC argentino comenzó a caracterizar, de modo ya definitivo, la estructura socioeconómica argentina en términos de un capitalismo insuficiente y deformado por la dependencia de los imperialismos inglés y norteamericano, el peso del latifundio y los resabios semifeudales, y a entender la revolución por realizar en el país como "democrático-burguesa, agraria y antiimperialista", bajo la dirección del proletariado y su vanguardia (como etapa previa a la revolución socialista).

Luego, la estrategia de *clase contra clase* se justificó en la Primera Conferencia Comunista Latinoamericana, reunida en Buenos Aires entre el 1° y el 12 de junio de 1929, y que buscó homogeneizar a todas las fuerzas en la ortodoxia estalinista. El cónclave reunió a 38 delegados pertenecientes a 14 partidos comunistas del continente y a dirigentes de la IC encargados del área, como el suizo Jules Humbert-Droz, del Comité Ejecutivo (CE) de dicha internacional y seguidor de Bujarin. Allí se condenó duramente las dos escisiones que había sufrido anteriormente el PC argentino (las del "chispismo" y del "penelonismo").[9] Así mismo, comenzó a imponerse una

---

6. Una justificación de la nueva línea en Victorio Codovilla, *¿Qué es el tercer período?* (Montevideo: Justicia, 1928).

7. "Crónicas del VIII Congreso", *La Internacional*, año XI, N° 3265, 10 de noviembre de 1928, p. 4.

8. El documento está transcrito en *La Correspondencia Sudamericana ("Revista quincenal editada por el SSA de la IC")*, 2ª época, N° 6, 15 de diciembre de 1928, pp. 5-21.

9. Se conoció como "chispismo" al grupo de dirigentes y militantes del PC que fueron expulsados en diciembre de 1925 y conformaron hasta 1930 otra organización, denominada Partido Comunista Obrero, el cual se agrupó en torno al periódico *La Chispa* (de ahí el nombre con el que se los identificó). El "penelonismo", como se analiza más adelante, fue el producto de otra ruptura de importancia en el PC, ocurrida a fines de 1927: la liderada por quien era hasta ese entonces la principal figura pública del partido, el obrero gráfico José F. Penelón (varias veces electo como concejal por la ciudad de Buenos Aires). Si los "chispistas" fueron impugna-

vulgata doctrinaria que atacó todas las "desviaciones revisionistas", entre otras, las heterodoxas tesis mariateguistas de los delegados peruanos.[10] Seis meses después, la orientación fue oficializada en una decisiva reunión plenaria del Comité Central partidario. En esa reunión, Rodolfo Ghioldi presentó un informe que diseñó las políticas para el período siguiente, basadas en la caracterización de la agravación de la crisis económica, el creciente giro reaccionario del yrigoyenismo (como expresión de la burguesía nacional contrarrevolucionaria) y el PS, la agudización del conflicto social y la expansión del PC como única fuerza revolucionaria.[11]

En lo inmediato, bajo la nueva estrategia, comenzó a imponerse una táctica aislacionista y hostil a todas las corrientes políticas. En América Latina, fuerzas como el alessandrismo chileno, el aprismo peruano, el batllismo uruguayo o la Alianza Liberal y el movimiento de Prestes de Brasil (con el que el PCB luego haría acuerdo) fueron caracterizadas como nacional-fascistas. En la Argentina, lo fue el radicalismo de Hipólito Yrigoyen (quien ejerció su segunda presidencia entre 1928 y 1930), en tanto que los gobiernos de los generales José F. Uriburu (1930-1932) y Agustín P. Justo (1932-1938) fueron caracterizados, lisa y llanamente, como dictaduras reaccionarias y fascistas. Al mismo tiempo, las distintas fuerzas reformistas (socialismo, *sindicalismo*) eran juzgadas como agentes o cómplices del fascismo, incluso sus alas izquierdas que, como en el caso del Partido Socialista, mostraban un inusitado vigor de la mano de Ernesto Giudici y Benito Marianetti (quienes, a pesar de los ataques previos, acabaron ingresando al PC). Tampoco fue excluido de la crítica acerba el anarquismo, en ese entonces

---

dos por el oficialismo partidario como una corriente "verbalista revolucionaria" y falsamente "izquierdista", el "penelonismo" fue denunciado como una desviación "derechista y parlamentarista".

10. Sobre el tema, ver Secretariado Sudamericano de la IC, *El movimiento revolucionario latinoamericano. Versiones de la Primera Conferencia Comunista Latino Americana. Junio de 1929* (Buenos Aires: La Correspondencia Sudamericana, 1930); Jules Humbert-Droz, *Mémoires. De Lenine à Staline. Dix ans au service de l'Internationale communiste, 1921-1931* (Neuchâtel, Suisse: La Baconnière, 1971); Paulino González Alberdi, *La primera conferencia comunista latinoamericana* (Buenos Aires: Centro de Estudios, 1978); Alberto Flores Galindo, *La agonía de Mariátegui. La polémica con la Comintern* (Lima: Desco, 1980).

11. "¡A la lucha por la dirección de los combates de masa! Los trabajos del pleno del Comité Central del PC", *La Internacional*, año XI, N° 3324, 21 de diciembre de 1929, p. 2.

lanzado al combate antidictatorial, a impulsar algunos conflictos obreros y a protagonizar un intento de unificación de sus fuerzas. En tanto, el trotskismo, que comenzaba a despuntar en el país y que había sido condenado de modo muy temprano por el PC argentino, era etiquetado como contrarrevolucionario y un enemigo estratégico que debía ser combatido de modo implacable.

II

El giro a la estrategia de *clase contra clase* coincidió con—y también reforzó—un importante cambio que se produjo en la dirección partidaria desde fines de 1927 y a lo largo de 1928. En lo inmediato, lo que ocurrió fue una grave crisis interna, en la que el partido perdió una cantidad de seguidores y vio afectadas varias de sus posiciones anteriormente conquistadas en el movimiento obrero. Pero el resultado fue la consolidación de una nueva conducción partidaria. Analicemos los hechos.

Ocurrió una conmoción interna: se produjo una escisión—de "derecha" se dirá desde la óptica oficial—, en la que estuvo implicada la principal figura pública del partido, José F. Penelón. Esta ruptura fue el producto de un rápido e intenso debate, bastante confuso desde el punto de vista ideológico-político, que se fue desplegando desde junio de 1927. La polémica se inició en torno a la cuestión sindical, el papel de los grupos idiomáticos y la acción en el Consejo Deliberante de la ciudad de Buenos Aires, que pasó a un casi inmediato cruce de ataques morales entre ambos bandos. Penelón fue acusado de caudillismo y reformismo parlamentario por parte de la mayoría de los miembros del Comité Central (CC) y de un sector importante de los cuadros dirigentes del partido. Entre ellos se hallaban Rodolfo Ghioldi (quien en octubre de ese año viajó a Moscú a buscar el respaldo de la IC), Orestes Ghioldi, Israel Mallo López, Pedro Romo (quien venía oficiando como secretario general del PC), Paulino González Alberdi, Nicolás Kazandjieff, Luis Riccardi, Manuel Punyet Alberti, Miguel Burgas y, tiempo después, Victorio Codovilla. Esta dirección mayoritaria, al mismo tiempo, fue criticada como "verbalista revolucionaria" (ultraizquierdista), corrupta, inescrupulosa y distante de los problemas reales de la militancia, por parte de Penelón y sus seguidores.

Lo cierto es que Penelón, quien contaba con un fuerte prestigio personal por su histórico papel en el surgimiento del partido y por su rol en el Consejo Deliberante porteño, logró aglutinar a unos trescientos adherentes detrás de su posición. La mayoría de ellos eran obreros de la ciudad de Buenos Aires y de las localidades bonaerenses próximas. Entre ellos había importantes cuadros sindicales y de la Federación Juvenil Comunista (FJC).[12] Con todas estas fuerzas, en diciembre de 1927, los "penelonistas" se escindieron del PC y lograron constituir otra organización, surgida con el nombre de Partido Comunista de la Región Argentina y que, luego de 1930, pasaría a llamarse Concentración Obrera. Con ese partido, Penelón pudo revalidar su mandato legislativo dos veces más y prolongar su presencia en el escenario político de la ciudad durante las siguientes tres décadas.

El PC debió sobrellevar el golpe y convencer a sus adeptos de que esta nueva ruptura no era sino otra depuración necesaria. Para eso, una vez más, como había ocurrido antes con la ruptura con los "chispistas" en 1925, contó con el auxilio y la legitimidad que le aportó la IC, quien seguía considerando a la Argentina como su sección más importante en América Latina. En la disputa entre Penelón y Codovilla-Ghioldi, la IC optó por este último tándem. Tras la ruptura, Penelón fue inmediatamente separado de los importantes cargos y funciones que ejercía en el área latinoamericana de la IC; fue precisamente Codovilla quien lo reemplazó como secretario del Secretariado Sudamericano (SSA).[13] En mayo de 1928, Ghioldi y Codovilla retornaron de Moscú con una carta del Presidium de la Internacional que zanjaba la cuestión a favor del oficialismo partidario y conminaba al sector de Penelón a volver a las filas de éste.[14] Como el "penelonismo" no acató este llamado, quedó

---

12. La crisis puede ser analizada a través de las cartas enviadas a Codovilla y a la IC en la segunda mitad de 1927. La versión "penelonista" sobre la ruptura aparece en PCRA, "Informe sobre la crisis del movimiento comunista de la Argentina y las causas que determinaron la constitución del Partido Comunista de la República Argentina", junio-julio de 1928, y en los diez primeros números del periódico *Adelante ("Órgano del Partido Comunista de la Región Argentina")*. Un documentado análisis de esta crisis en Otto Vargas, *El marxismo y la revolución argentina* (Buenos Aires: Agora, 1999), II, pp. 358-418. Un testimonio de un miembro del penelonismo (Ruggiero Rúgilo), en Emilio J. Corbière, *Orígenes del comunismo argentino (El Partido Socialista Internacional)* (Buenos Aires: CEAL, 1984), pp. 77-82.

13. "Penelón ha sido destituido por la IC del cargo de secretario sudamericano", *La Internacional*, año XI, N° 3231, 24 de marzo de 1928, p. 1.

14. "El fallo de la Internacional Comunista", *La Internacional*, año XI, N° 3240,

fuera del reconocimiento de la IC, lo que fue aprovechado por el PC para presionar a quienes seguían al concejal a que retornasen al partido de origen.[15] La empresa no careció de éxito, pues varios reingresaron al PC, entre ellos Florindo Moretti (acompañante del propio Penelón en la fórmula presidencial de 1928) y unos cuarenta militantes sindicales y de grupos idiomáticos que habían conformado un Comité Pro aceptación de la resolución de la IC (Luis V. Sommi, los dos hermanos Chiarante, los hermanos Armando y Ricardo Cantoni, Germán Müller, entre otros). Es decir, en buena medida, gracias a este decisivo aval de la IC, el PC reconstruyó, aunque no sin esfuerzo, sus filas y pudo mantener o reconquistar la mayor parte de su espacio en el movimiento obrero. También pudo mantener algunas posiciones firmes en el Interior del país, especialmente en Rosario y en diversas ciudades de las provincias de Santa Fe y Córdoba y, en menor medida, en las provincias de Mendoza, Tucumán y Santiago del Estero. En estas zonas, la ruptura "penelonista" casi no tuvo incidencia.

Desde la salida de Penelón, la dirección indiscutida del PC quedó en manos de la dupla Codovilla-Ghioldi, cuya sintonía con las directivas moscovitas era absoluta. El primero de ellos, en continuidad con sus actividades cominternistas, estuvo en la URSS entre 1926 y 1928 trabajando junto a referentes del comunismo internacional como la alemana Clara Zetkin, el italiano Palmiro Togliatti y el búlgaro George Dimitrov. En 1927 representó al país en el primer congreso de la Liga contra el Imperialismo y la Opresión Colonial, en Bruselas. De allí en adelante, Codovilla se convirtió no sólo en el operador máximo del SSA e integrante de la Comisión Internacional de Control de la IC, sino, acaso, en el más destacado *apparatchik* estalinista en el subcontinente. Rodolfo Ghioldi también ocupaba un lugar decisivo en esas tareas: en tanto miembro del SSA, había actuado sobre los partidos comunistas de Brasil, Uruguay y Chile para imponer las líneas oficiales de la IC. Con el desplazamiento de Penelón, se convirtió en el nuevo director de *La Correspondencia Sudamericana*, el órgano de prensa impulsado por el SSA. Tras su viaje a Moscú de octubre de 1927, volvió a estar allí en 1928 para el VI Congreso

19 de mayo de 1928), pp. 1, 8. Un análisis de la carta en Julio Godio, *El movimiento obrero argentino (1910-1930). Socialismo, sindicalismo y comunismo* (Buenos Aires: Legasa, 1988), pp. 321-365.

15. "Con o contra la Internacional Comunista", *La Internacional*, año XI, N° 3246, 30 de junio de 1928, p. 1.

de la IC en el que fue elegido miembro titular de su CE. Desde 1928 y hasta octubre de 1934, en que partió del país para realizar actividades cominternistas que lo condujeron a una larga prisión en Brasil, fue fundamental en el manejo de la política cotidiana y estratégica del PC, desempeñándose como su secretario general en distintos períodos. El apellido Ghioldi estuvo fuertemente ligado a los avatares del PC. Uno de los hermanos de Rodolfo, Orestes, se convirtió en otro personaje clave: además de ocupar el cargo de secretario general de la FJC entre 1925 y 1930, en 1929 se incorporó al CE del partido. También ocuparía su Secretaría General entre 1932 y 1933, mientras desarrollaba diversas funciones en la IC.

En esta nueva conducción del PC pospenelonista, junto a Codovilla y los hermanos Ghioldi otras figuras también tendrán una creciente importancia. Una de ellas era el ya mencionado Luis V. Sommi (1906-1983), quien, además de ser parte del CE del partido, realizó diversos viajes internacionales. En los años siguientes se incorporaron varios dirigentes obreros a la máxima conducción partidaria: Miguel Contreras, Florindo Moretti, Pedro Chiarante, José Peter, Gerónimo Arnedo Álvarez, Antonio Cantor, Guido Fioravanti y los hermanos Jesús y José Manzanelli. También resultaron decisivas las presencias de Paulino González Alberdi (1903-1989), quien traía una temprana intervención en el movimiento estudiantil secundario y universitario, Manuel Punyet Alberti, Israel Mallo López, Jacobo Lipovetsky y Gregorio Gelman.

Desde fines de los años veinte y principios de los treinta, fueron estos hombres (y es notable aquí la casi total ausencia de líderes femeninas, subsanada recién en la segunda mitad de los años treinta) los que irán fraguando el "equipo dirigente" o "dirección histórica" del comunismo argentino, en el que también jugaron un papel los emisarios extranjeros y clandestinos de la IC. No faltarán las deserciones y purgas en los años siguientes. Pero el grueso del elenco se mantendría en los principales cargos de dirección, a los que se sumarán nuevas figuras claves (como Juan José Real). Una buena parte de quienes habían fundado el partido o habían desempeñado funciones importantes en él durante sus primeros diez años habían sido expulsados, raleados o se habían retirado de sus filas. El PC se tornaba crecientemente monolítico, hostil a la presencia de diferencias y a la formación de fracciones internas. La tendencia irrefrenable era hacia la constitución de una estructura rígida, centralizada y vertical.

En síntesis, la ruptura con el "penelonismo", el VIII Congreso Partidario y la Primera Conferencia Comunista Latinoamericana, ocurridos entre 1928 y 1929, se convirtieron en el punto de inflexión que aseguró la definitiva homogeneización ideológica, política y organizativa del PC argentino, clausurando así la anterior década de grandes discusiones y disensos internos que conducían a la conformación de tendencias y fracciones. En el futuro, existieron caídas en desgracia de algunos dirigentes y cuadros partidarios, pero en todos los casos, se trató ya de casos individuales. La continuidad y la unidad interna quedaron implantadas con la existencia de un sólido aparato partidario, una ideología inconmovible (el marxismo-leninismo), unos aceitados vínculos con Moscú y un equipo de dirección cambiante y no exento de fuertes crisis endógenas pero incapacitado para transformarlas en luchas fraccionales al resto de la organización. Este fue uno de los productos del giro a la estrategia de *clase contra clase*.

III

Ahora podemos retomar la argumentación planteada por Aricó y abordar el tópico central sobre el que gira este ensayo. La homogeneización partidaria en torno a una nueva dirección cominternista y a la línea de *clase contra clase*, ¿puede ubicarse como el proceso causal de la proletarización del comunismo argentino, el cual se habría verificado desde comienzos de los años treinta? Nuestra interpretación afirma un camino alternativo de análisis.[16]

En verdad, el desembarco y la implantación que aseguró la inserción estructural del PC en el movimiento obrero argentino no ocurrieron desde comienzos de los años treinta, sino un lustro antes, cuando el partido aún estaba regido por la estrategia del *frente único*. Entonces, sostenemos que el proceso de proletarización comunista no puede explicarse como producto de la aplicación de las orientaciones del *tercer período*. Para explicar cabalmente el fenómeno de inserción comunista en el movimiento obrero hay que ampliar fuertemente el ángulo de análisis, incorporando todo el contexto, las distintas variables que operaban en la realidad obrera

---

16. Las consideraciones generales que se despliegan en este punto III del texto representan una síntesis y complementación de lo planteado en diversos pasajes de nuestra obra *A la conquista de la clase obrera*.

y sindical del país, detectando las demandas y necesidades obreras que pudieron canalizar los militantes del PC.

En efecto, el comunismo no tuvo desde un inicio un perfil homogénea y definidamente proletario. En el período formativo de esta corriente, entre 1914 y 1925 (primero como fracción de izquierda del socialismo, luego como partido socialista disidente y revolucionario, y por último como partido comunista durante sus primeros cinco años), la posición ocupada por ella en el mundo del trabajo fue superficial y marginal. Se trataba de un partido que había logrado establecer ciertos vínculos con los obreros, sus luchas y sus organizaciones, pero de un modo asistemático y poco profundo, sin presencia orgánica en los sitios de trabajo, con escasa incidencia en las estructuras sindicales y sin experiencia alguna en la dirección de los conflictos y organismos nacionales del movimiento obrero.

Fue a partir de mediados de los años veinte cuando la inserción obrera de los comunistas conoció un salto cuantitativo y cualitativo. Y eso se debió, en buena medida, a la "proletarización" (es decir, el reclutamiento obrero como prioridad absoluta de la organización) que promovió el llamado proceso de "bolchevización" adoptado por el partido. Fue en ese momento cuando se impuso la estructura "celular" para el agrupamiento y la acción de sus militantes. No sólo se estipulaba un tipo de militante totalmente comprometido con la causa, sino que se reclamaba una sola forma organizativa, la celular. A partir de su imposición en 1925, progresivamente, todos los afiliados debieron agruparse en alguna de las células constituidas por la organización, especialmente en las creadas por fábrica o taller. A su vez, las células promovieron la conformación de otros organismos de base, como los Comités de Fábrica, de Lucha o de Huelga, que proliferaron en diversos ámbitos industriales, en especial en las actividades metalúrgica, textil, del vestido, de la madera, de la carne y de la construcción. Gran parte de la labor partidaria giró alrededor de la conformación, mantenimiento y extensión de esas células y comités, a los que nutrió de actividades e instrumentos específicos. El más relevante fue el periódico de empresa, original órgano de prensa que llevó la influencia del comunismo hasta la base misma de la experiencia obrera, la que germinaba en el ámbito de la producción. El acento explicativo, pues, debe situarse en esta opción estratégica tomada por el PC, que definió tanto el ámbito social sobre el que el partido iba a volcar su actividad como la forma organizativa que ésta iba a presentar. La "bolchevización", por otra parte, implicó muchas otras cosas más: significó la transformación del partido en clave jerárquica, centralizada, monolítica y mayormente burocratizada, en sintonía con lo que iba ocurriendo en la Comintern.

Lo cierto es que, a diferencia de la década anterior, desde ese entonces y hasta 1943, el PC se convirtió en una organización política integrada mayoritariamente por obreros industriales y que buscó afanosamente poseer y conservar ese carácter. Si el comunismo se volvió una corriente especialmente apta para insertarse en este proletariado industrial, coadyuvando decisivamente a su proceso de movilización y organización, fue porque se mostró como un actor muy bien dotado de decisión, escala de valores y repertorios organizacionales. Los comunistas contaron con recursos infrecuentes: un firme compromiso y un temple único para la intervención en la lucha social y una ideología redentora y finalista, el "marxismo-leninismo", que podía pertrecharlos con sólidas certezas doctrinales. Al mismo tiempo, aquellos nuevos repertorios organizaciones (desde las células y otros organismos de base hasta los grandes sindicatos únicos por rama) resultaron muy aptos para la penetración en los ámbitos laborales de la industria y para la movilización y agremiación de los trabajadores de dicho sector. En no pocos territorios industriales, los comunistas actuaron sobre tierra casi yerma y se convirtieron en la única voz que convocaba a los trabajadores a la lucha por sus reivindicaciones y a la pronta organización; en otros, debieron dirimir fuerzas con distintas tendencias. En ambos casos, la penetración fue posible gracias a esa estructura partidaria celular, clandestina y blindada, verdadera máquina de reclutamiento, acción y organización que el PC pudo instalar en una parte del universo laboral.

Aquí hay que atender especialmente a los dos instrumentos innovadores que el PC creó o impulsó para promover la movilización y organización proletaria en el ámbito industrial: las células obreras partidarias por taller o fábrica y los sindicatos únicos por rama. Las células, sobre todo en los años veinte, fueron claves para el proceso de inserción de base y molecular del partido, sirviendo como embrión para la conformación de organismos sindicales o como ariete para la conquista de ellos, aunque no tuvieron la misma utilidad para extender la presencia comunista en las centrales obreras de la época. Los sindicatos únicos por rama también fueron promovidos por los comunistas desde los años veinte (aunque es cierto que recién lograron expandirse verdaderamente durante la década de 1930). Ellos pudieron irradiar la influencia del partido desde un sitio más elevado, al mismo tiempo que se transformaron en una plataforma para intentar alcanzar el dominio de la Confederación General del Trabajo (CGT), es decir, la dirección global del movimiento obrero.

Entonces, en función de explicar las razones del éxito de la proletarización del comunismo argentino desde los años veinte, sobre todo en el sector industrial, señalamos la necesidad de examinar la importancia de las técnicas de implantación, las formas de trabajo y las modalidades de intervención de los comunistas, que fueron todas preexistentes al establecimiento de la estrategia de *clase contra clase*. Fue este elemento el que le otorgó al PC una serie de ventajas decisivas en la faena de proletarización. Pero el otro factor clave fue el de los espacios y condiciones sociales que hicieron posible la empresa política comunista entre los trabajadores en la Argentina durante el período de entreguerras. Y esto también escapa, en buena medida, al carácter de las estrategias que impulsaban el partido o la Comintern. Expliquemos este punto.

Desde los años veinte, como producto de los avances de la industrialización sustitutiva de importaciones que signó el desarrollo económico del país, se verificó una presencia cada vez más gravitante de obreros en los grandes centros urbanos (especialmente, la Capital Federal y el conurbano bonaerense), con un gran monto de reivindicaciones insatisfechas, pues las tendencias al aumento del poder adquisitivo del salario y del descenso de los índices de desocupación ocurridas en la segunda mitad de los años veinte, se revirtieron tras la crisis de 1930, y los índices sólo volvieron a mejorar, desde mediados de esa década, exclusivamente en lo que hace a la baja del desempleo. Esa industrialización impuso cambios en las orientaciones del movimiento obrero, con inserción débil en estos nuevos sectores manufactureros.

El crecimiento de un proletariado industrial más moderno y concentrado (en los rubros de construcción, carne, metalurgia, madera, vestido y textil), mayoritariamente semicalificado o sin calificación, en donde la situación laboral era ostensiblemente más precaria, dejaba un espacio vacío de representación, organización y socialización. En particular, las tareas de movilización y organización de los obreros en esos nuevos espacios de la vida industrial se presentaban plagadas de dificultades, originadas en la hostilidad de los empresarios y del Estado. Esos trabajadores se enfrentaron a formidables escollos para agremiarse y hacer avanzar sus demandas en territorios hasta entonces muy poco explorados por la militancia política y sindical. Para abrirse paso a través de esos obstáculos se requerían cualidades políticas que no todas las corrientes del movimiento obrero estaban en posibilidad de exhibir. Allí había disponibilidad y oportunidad para el despliegue de una empresa política. En este escenario, estaba casi todo por hacer y los comunistas demostraron mayor iniciativa y capacidad que otros grupos para acometer los desafíos. Usando una imagen metafórica: el PC se concebía a sí mismo capaz de abrir senderos o "picadas" en una selva, es decir, apto para habilitar caminos no pavimentados y alternativos a los reconocidos. Pero eso ya comenzó a ocurrir desde principios o mediados de los años veinte.

Erigiéndose como una alternativa proletaria radicalizada, el PC fue recreando desde aquella década una experiencia confrontacionista como la que anteriormente había sostenido el anarquismo. Las corrientes ácratas habían logrado un fuerte ascendiente en el período embrionario del movimiento obrero, en el que sus integrantes todavía se resistían a la lógica del trabajo industrial, no lo aceptaban plenamente y pugnaban por encontrar márgenes de libertad o, incluso, por abandonar su condición trabajadora. A partir de los años veinte, esa situación varió: el disciplinamiento se hizo inapelable en una sociedad urbana en creciente industrialización, en la que comenzaban a imponerse nuevas formas de explotación del trabajo que, merced a cambios tecnológicos y un mercado de trabajo cada vez más competitivo, cercenaban la autonomía a los obreros y liquidaban los oficios artesanales. Estaba surgiendo una clase obrera moderna, carente aún de una legislación laboral sistemática que la protegiera. Los incentivos estaban dados para la generalización del sindicalismo industrial por rama. La negativa de la vieja central sindical ácrata FORA V Congreso a aceptar esta realidad y a reconvertirse en esa dirección, para preferir, en cambio, seguir como entidad federativa de sociedades de resistencia y gremios por oficio exclusivamente anarquistas, condenó a esa corriente a la irrelevancia. Cuando, desde el espacio libertario, surgieron proyectos que intentaron remediar ese déficit, ya era tarde: el PC había ganado las posiciones centrales en el sindicalismo industrial.

La penetración comunista fue mucho más limitada en otra sección importante del mundo del trabajo. Entre los trabajadores del transporte, los servicios y algunos pocos manufactureros tradicionalmente organizados, con muchos trabajadores calificados (marítimos, ferroviarios, tranviarios, municipales, empleados de comercio y del Estado, telefónicos y gráficos, entre otros), la hegemonía era disputada por socialistas y *sindicalistas*, tendencias que desde mucho tiempo antes venían negociando con los poderes públicos y ya habían obtenido (o estaban en vísperas de hacerlo) conquistas efectivas para los trabajadores. Los *sindicalistas* confiaban en sus acercamientos directos con el Estado; los socialistas apostaban a potenciar su fuerza con su bancada parlamentaria, desde la cual apoyaron los reclamos laborales, en especial, los provenientes de sus gremios afines. En ambos casos, se privilegiaba la administración de organizaciones existentes, que gozaban de considerable poder de presión y estaban en proceso de jerarquización, complejización e institucionalización. En el caso de los ferroviarios, incluso, ya habían dado lugar al surgimiento de una suerte de elite obrera. En suma, aquellos eran territorios ocupados, en donde los comunistas no encontraron modos ni oportunidades para insertarse e incidir.

IV

Hemos apuntado pues, al peso que tuvieron las técnicas de implantación, las formas de trabajo y las modalidades de intervención de los comunistas en el movimiento obrero, así como a las características del medio sindical que posibilitaron a éstos echar raíces orgánicas entre los trabajadores desde mediados de los años veinte. ¿Todo ello significa que la aplicación de la estrategia de *clase contra clase* no cumplió ningún papel en dicho proceso? En verdad, el despliegue de esta línea política sí desempeñó un papel favorable en este sentido. Potenció a sus máximos niveles el contenido radicalizado y confrontacionista que ya exhibían las propuestas y la acción de los comunistas. Se trataba de un perfil que, como ya hemos expuesto, era adecuado a las necesidades de los sectores obreros que más crecían y estaban objetiva y subjetivamente más afectados por las características del desarrollo industrial en la Argentina.

En efecto, fue indiscutible la notable combatividad que exhibieron las organizaciones sindicales dirigidas o influenciadas por los comunistas, las cuales se agruparon en un organismo llamado Comité de Unidad Sindical Clasista (CUSC). Ellas impulsaron una gran cantidad de huelgas violentas durante el segundo gobierno de Yrigoyen, la dictadura uriburista y la presidencia de Agustín P. Justo. Como ha sostenido un historiador de los años treinta en la Argentina, "la bandera revolucionaria ha quedado en manos del comunismo, que la iza más desafiantemente que nunca".[17] Esa perspectiva revolucionaria se expresaba en los conflictos obreros. Algunos de los más importantes hasta 1935 fueron el de la localidad cordobesa de San Francisco, de 1929; los de la madera, de 1929, 1930, 1934 y 1935; el de los frigoríficos, de 1932; el de los petroleros de Comodoro Rivadavia, ese mismo año; y el de los trabajadores de la construcción, hacia fines de 1935 y principios de 1936, éste último, ya cuando el PC se hallaba bajo otra estrategia política, la del *frente popular*.

Resulta imposible detenerse en todos estos conflictos o, incluso, en los más destacados, por lo que a modo de ejemplo consideraremos sólo dos de esas huelgas, que pueden resultar emblemáticas para ilustrar el tipo de combatividad desplegada por los comunistas en el movimiento obrero en esos años. El primer caso fue el de los petroleros de Comodoro Rivadavia, en la región patagónica. Hacia aquella época, la ciudad era la gran base petrolera del país y contaba con unos 10.000 habitantes. La industria se extendía por varios kilómetros más allá de ese centro urbano, donde existían diversos campamentos de YPF, la Compañía Ferrocarrilera de Petróleo y la Manantial Rosales (ambas pertenecientes a Royal Dutch Shell), la compañía Diadema Argentina (subsidiaria de la Standard Oil) y la empresa Astra de Petróleo Argentina. En conjunto, allí había unos 15.000 obreros y empleados petroleros, la mayoría extranjeros (búlgaros, lituanos, rumanos, portugueses, húngaros, yugoslavos, españoles, alemanes, italianos y chilenos, entre otros), cuyos niveles de insatisfacción laboral eran muy altos. El PC había logrado implantarse en la zona hacia mediados de los años veinte y contaba con ocho células de unos sesenta afiliados, la mayoría búlgaros, que se reunían en el Club Búlgaro Macedónico. La deportación de varios de ellos redujo y desarticuló la acción del PC, que en 1928 reunía apenas cuarenta militantes.[18] En los años

17. Tulio Halperín Donghi, *Vida y muerte de la República verdadera (1910-1930)* (Buenos Aires: Ariel, 2000), p. 152.

18. "Al Bureau Político del Comité Central. Informe de organización sobre la actual situación del partido" (documentación interna del PC), 29 de mayo de 1928. Para la inserción del PC y las huelgas de Comodoro luego de 1931, nos apoyamos en

siguientes hubo un proceso de virtual disgregación de los comunistas. En 1931 el Comité Central del PC decidió mandar a la región a un cuadro obrero experimentado de Córdoba: Rufino Gómez. En la provincia mediterránea corría peligro de muerte por la persecución desatada mientras que en Comodoro podría ayudar en las tareas de consolidación partidaria y organización sindical. Gómez necesitaba intérpretes para hacer reuniones entre esa masa obrera heterogénea. La línea imperante en ese entonces era organizarse en células idiomáticas, pero Gómez opinaba que, de ese modo, se favorecía a las empresas, que alentaban la rivalidad entre obreros de distintas nacionalidades. De allí que promoviera, en cambio, la formación, en todos los yacimientos, de células de tres tipos: por empresa, por turnos de trabajo y por lugar de vivienda. Para sortear la vigilancia patronal y el espionaje policial, se pautó que las células no tuvieran más de cinco miembros, de modo que sus reuniones no generaran sospechas.

Para mayo de 1931 el PC de Comodoro había recuperado sus activos y también había conseguido muchos afiliados a Socorro Rojo Internacional (SRI), creado ante la seguridad de que los conflictos generarían la necesidad de su intervención. A fines de año, el partido contaba con cerca de trescientos militantes, agrupados en unas setenta y cinco pequeñas células y organismos, todos en la clandestinidad. A comienzos de 1932, los comunistas crearon la Unión General de Obreros Petroleros (UGOP), con un estatuto "clasista y revolucionario" que, de inmediato, se adhirió al CUSC y a la Internacional Sindical Roja (ISR). Como puede advertirse, en este escenario el PC no tenía competidor alguno:

> Con participación de más de doscientos obreros, acaba de crearse en Comodoro Rivadavia, bajo la dirección del Partido Comunista y del Comité Nacional de Unidad Sindical Clasista, la Unión General de Obreros Petroleros. La novel entidad, compuesta por obreros que sufren una bestial explotación, después de elegir a su Comité Central, aprobó por unanimidad la adhesión al Comité Clasista y a la ISR, sobre la base de un informe que diera un compañero con respecto a la vida, orientación, táctica y métodos de lucha de ambas organizaciones.[19]

Rufino Gómez, *La gran huelga petrolera de Comodoro Rivadavia (1931-1932) en el recuerdo del militante obrero y comunista Rufino Gómez* (Buenos Aires: Centro de Estudios, Colección Testimonios, 1973).

19. "Se ha creado la Unión General de Obreros Petroleros", *La Internacional*, año

Hacia el mes de marzo de 1932, la UGOP tenía 3,600 afiliados; el PC, unos 400; el SRI, unos 500; y la FJC, unos 20. Entonces, se consideró que era posible organizar una huelga, una experiencia que no tenía tradición en el sector petrolero. La UGOP exigía reconocimiento del sindicato, aumentos salariales, cumplimiento de la jornada de ocho horas, pago de horas extras, calificación técnica de todo el personal, suministro de ropas de trabajo, eficiente atención médica, cumplimiento de la ley de accidentes de trabajo y la administración de los comedores colectivos por los propios obreros. En el momento más agudo de la desocupación, el sindicato hizo un primer paro, organizado de modo clandestino, por la reincorporación de seis despedidos de la Compañía Ferrocarrilera del Petróleo, que también habían sido obligados a abandonar sus viviendas. La acción fue derrotada con la intervención de infantes de Marina y, a continuación, se sucedieron detenciones y deportaciones de activistas y allanamientos a locales y domicilios obreros. Luego de este fracaso, el PC se dispuso a preparar mejor la siguiente lucha: extendió las células en los campamentos de YPF (donde había menor inserción) y montó una imprenta clandestina, donde editó el periódico *El Obrero Petrolero*. Las autoridades organizaron, sin éxito, comandos policiales para descubrir y cerrar esa imprenta.

En abril, después de proponer el pliego de reivindicaciones a todas las empresas, la UGOP volvió a proclamar el paro, esta vez en toda la rama, que, de hecho, se transformó en una huelga general en Comodoro Rivadavia. El paro, al que llegaron a plegarse unos 5,000 obreros, fue violentamente enfrentado por 2,000 marineros enviados en dos barcos de la Marina de Guerra, 800 soldados de dos batallones de zapadores pontoneros del Ejército, 450 policías reclutados en Chubut y decenas de policías de civil y espías.[20] Los huelguistas fueron amenazados a bayoneta calada; muchos fueron llevados detrás de los cerros y sometidos a simulacros de fusila-

XIV, N° 3386, 15 de febrero de 1932, p. 2.

20. La mejor cobertura del conflicto se hizo en *Bandera Roja ("Diario obrero de la mañana")* y *La Internacional*: "Desembarcaron tropas en Comodoro Rivadavia", *Bandera Roja*, año I, N° 26, 26 de abril de 1932, p. 1; "Comodoro Rivadavia bajo el terror del 4144", *Bandera Roja*, año I, N° 29, 29 de abril de 1932, p. 1; "Es brava la huelga de los petroleros…", *La Internacional*, año XIV, N° 3392, 1 de mayo de 1932), p. 3; "Pese a la normalidad de los palos, deportaciones y desalojos, sigue la gran huelga de Comodoro Rivadavia", *Bandera Roja*, año I, N° 43, 14 de mayo de 1932, p. 1; "Comodoro Rivadavia y Avellaneda señalan el camino", *La Internacional*, año XIV, N° 3394, 14 de junio de 1932, p. 3.

mientos (como en Santa Cruz, en 1921). Sus dirigentes y decenas de delegados fueron detenidos y varios de ellos torturados. En la emergencia, la UGOP y el PC recurrieron a todo tipo de tácticas: lograron la solidaridad popular y la intervención de mujeres y niños en el apoyo al conflicto, con caravanas de camiones que trasladaban activistas y alimentos; intentaron confraternizar con las tropas; organizaron piquetes que realizaban acciones directas y de sabotaje contra las empresas extranjeras (por ejemplo, rotura de los caños subterráneos que transportaban el petróleo e incendio de destilerías y refinerías); y desarrollaron prácticas de autodefensa armada.

Pero la huelga, que estaba aislada y no contaba con ningún sostén por parte de la CGT, fue finalmente aplastada en junio. El saldo fue de 1,900 obreros encarcelados, la deportación hacia sus países de origen de otros 1,000 (con previo paso por la Sección Especial, en Buenos Aires) y algunos obreros y rompehuelgas muertos. Centenares de obreros fueron despedidos de sus trabajos y desalojados de sus viviendas. Al final, el PC negó la envergadura de la derrota, pero se acomodó, de hecho, a ese diagnóstico. En los meses siguientes, la UGOP dirigió la lucha de los despedidos y desalojados, y habilitó comedores para alimentarlos; en agosto, estaba implicada en otra huelga general.[21] Pocas de las demandas que habían dado origen al conflicto fueron satisfechas.

Durante este período, los comunistas lideraron otro proceso importante de organización y lucha sindical: el de los trabajadores de la carne. Allí se había avanzado en el establecimiento y articulación de una serie de sindicatos locales en una rama que, hasta el momento, había experimentado grandes dificultades en el proceso de organización sindical. El objetivo fundamental trazado por el Grupo Rojo de Obreros de la Carne, que funcionaba en Avellaneda y actuaba en los marcos del CUSC, era la constitución de un gremio único de industria a escala nacional. A lo largo de 1931, a pesar de la dictadura, hubo progresos visibles en este proceso de implantación y organización. En este sentido, cumplieron un papel los planes de "emulación sindical revolucionaria" que diseñó el CUSC. Hacia fines de aquel año se impulsó un programa metódico, con directivas para expandir o establecer, desde las células partidarias, la estruc-

---

21. "Estalló la huelga en Comodoro Rivadavia", *Mundo Obrero* (*"Diario de la mañana"*), año I, N° 2, 25 de agosto de 1932, p. 1.

tura sindical.[22] Luego de este plan para lograr unos quinientos co-
tizantes y varios comités de desocupados, cursos de capacitación y
periódicos de empresa, el siguiente paso era la celebración de una
Conferencia Nacional de Obreros de la Carne y la organización de
una huelga de todo el sector.

En enero de 1932, encaró la primera lucha el sindicato obrero del viejo frigorífico River Plate (ex Anglo) que, luego de haber
sido arrendado al Armour, estaba en proceso de cierre y despido de
sus operarios. La organización, adherida al CUSC, logró el pago de
los sueldos. Poco después de este conflicto, en marzo, fueron libera-
dos y llegaron desde la prisión de Ushuaia los dos principales dirigentes obreros de la carne del PC, Gerónimo Arnedo Álvarez y José
Peter. Ellos se pusieron al frente del proceso de conformación de la
Federación Obrera de la Industria de la Carne (FOIC) y la edición
de *El Obrero del Frigorífico*. En la FOIC confluyeron el sindicato
de los trabajadores del frigorífico River Plate de Zárate, el sindicato
de obreros de la carne de Berisso y las secciones sindicales de los
cuatro frigoríficos de Avellaneda. Era el viejo proyecto comunista
de crear una entidad única en toda la rama. El primer objetivo fue
la preparación de una huelga por mejoras salariales y laborales a
escala nacional, que estalló unas semanas después.

Esta tarea fue encarada furtivamente desde principios de
1932, centrada en el Anglo, de Avellaneda. Los comunistas desple-
garon todos los atributos de su experiencia en la militancia clandestina. El primer paso fue confeccionar las reivindicaciones. Dada
la imposibilidad de realizar una asamblea abierta, éstas debieron
discutirse en pequeñas reuniones de obreros, camufladas como encuentros sociales (picnics, festivales o paseos), que sorteaban las
acciones de vigilancia realizadas por las empresas. Además, había
que limar las desconfianzas existentes entre obreros extranjeros y
argentinos. La información también circulaba, de manera subrep-
ticia, a través de volantes y periódicos del PC y la FOIC, junto a
carteles y pintadas fugazmente estampadas en las paredes de los
establecimientos.

---

22. "La emulación sindical revolucionaria en marcha" y "Argentina: la Federación
Obrera de la Carne y su plan de emulación revolucionaria", *El Trabajador Latinoamericano* (*"Revista quincenal de información sindical. Órgano de la Confederación Sindical Latino Americana"*), año IV, N° 46-47, enero/febrero de 1932, pp.
3-4 y 17-19. Sobre el conflicto, ver José Peter, *Crónicas proletarias* (Buenos Aires:
Esfera, 1968).

Las reivindicaciones acordadas giraron en torno al pedido de readmisión inmediata de todos los obreros despedidos por su actividad sindical y reconocimiento del derecho de organización; total supresión del sistema de trabajo forzado ("standard"); aumento general de salarios; equiparación de sueldos entre hombres, mujeres y jóvenes; prohibición de despidos o suspensiones de personal sin causa justificada frente al sindicato; y pago mínimo de 4 horas a todo obrero convocado al trabajo. Estos reclamos de los trabajadores del Anglo fueron tomados como modelo por los operarios de los demás frigoríficos. La coyuntura no era apropiada para iniciar un conflicto, pues existía una alta desocupación en el sector, debido a la disminución de la faena de ganado bovino que se arrastraba desde la crisis de 1930.

Pero los acontecimientos se precipitaron. El 6 de mayo, el PC informaba que el Anglo, "que olfatea la proximidad de la huelga, extrema la feroz ofensiva contra la organización sindical. En los mítines comunistas concurren, además de la policía, elementos pesquisantes del frigorífico, para identificar a los obreros, para luego expulsarlos del trabajo".[23] En la noche del 9 de mayo, se reunieron unos doscientos delegados de los cuatro frigoríficos de Avellaneda y de los de Berisso y Zárate, bajo la organización del Consejo Federal de la FOIC, liderado por Peter. Allí se aprobaron los reclamos, se obtuvo un "aval mayoritario" para ir al conflicto y se nombró un Comité de Huelga. Asimismo, se designó a la comisión encargada de presentar en el Anglo el 20 de mayo, a las ocho de la mañana, las demandas que la patronal debía responder en un plazo de cinco minutos. A esa hora, en el patio del establecimiento, bajo la convocatoria del pito de la sala de máquinas, los operarios se reunieron en asamblea y proclamaron el inicio de la medida de fuerza.

Sólo en el Anglo, fueron casi 4,000 los obreros que empezaron el paro y cerca de tres mil los asistentes a las asambleas casi diarias realizadas bajo el auspicio de la FOIC y el CUSC. Dos días después, se sumaron a la medida los 2,500 trabajadores de otro frigorífico de Avellaneda, La Blanca. El conflicto se tornaba más violento y el PC llamó a la autodefensa obrera armada: "La perrada policial de Martínez de Hoz y de Justo 4144 da carta blanca a los provocadores y golpea, sablea y encarcela a los huelguistas [...].

---

23. "Van hacia la huelga los obreros del Anglo", *Bandera Roja*, año I, N° 35, 6 de mayo de 1932, p. 3.

Contra las milicias patronal y policíacas, organicemos las milicias obreras para defender la dirección de huelga, para aplastar la reacción, para imponer el derecho de reunión, de palabra, huelga, etc., por encima de los esbirros y lacayos de la empresa imperialista".[24] El día 22, se realizó una asamblea en el Salón Verdi, de la Boca, en la que Peter arengó a los obreros y los convocó a reafirmar la lucha, al tiempo que condenó a la CGT y a la FORA por no adherirse a ella. También hablaron allí Rodolfo Ghioldi y otros dirigentes, todos comunistas.[25]

Desde el día 23, en Avellaneda, la acción tomó características más vastas. El CUSC, un Comité Sindical de Frente Único formado por la FOIC y el sindicato metalúrgico, y la célula comunista de la metalúrgica TAMET hicieron sumar a muchos de los 800 obreros de esa fábrica a la huelga por sus propios reclamos y en apoyo a la de los frigoríficos. Para el PC, los "tres colosos" fabriles de Avellaneda (Anglo, La Blanca y Tamet) estaban en pie de lucha. El 29 quisieron agregarse los obreros del Wilson, aunque la célula del PC tuvo dificultades para hacer cumplir la medida: "Ayer a las 9, grupos nutridos a los gritos de 'Viva la huelga', hicieron abandono de sus tareas, dirigiéndose a la gerencia, donde iban a presentar el Pliego de Reivindicaciones. Toda la perrada policial de V. Alsina, jefes y capataces, armados, se lanzaron contra los obreros, mientras otros empleados cerraban el portón. Los huelguistas se han resistido bravamente, pero ante la fuerza armada de la perrada, tuvieron que replegarse".[26] El mismo día, la célula comunista del frigorífico Armour (Berisso), compuesta mayoritariamente por búlgaros y lituanos, intentó llevar allí la protesta, sin lograrlo; lo mismo ocurrió en el Swift;[27] Arnedo Álvarez, también infructuosamente, trató de plegar a los del Smithfield, de Zárate. Las informaciones de *Bandera Roja* daban cuenta de 10,000 participantes en el momento cul-

---

24. "Los obreros de La Blanca entraron ayer al combate", *Bandera Roja*, año I, Nº 51, 22 de mayo de 1932, p. 1.

25. "Miles de obreros huelguistas de La Blanca y del Anglo juraron luchas hasta vencer", *Bandera Roja*, año I, Nº 52, 23 de mayo de 1932, p. 3.

26. "El lunes no debe entrar ningún carnero a las fábricas", *Bandera Roja*, año I, Nº 57, 29 de mayo de 1932, p. 3.

27. Mirta Z. Lobato, *La vida en las fábricas. Trabajo, protesta y política en una comunidad obrera, Berisso (1904-1970)* (Buenos Aires: Prometeo Libros/Entrepasados, 2001), pp. 217-221.

minante del conflicto, aunque la cifra puede ser exagerada, pues el paro sólo tenía fuerza en el Anglo y en La Blanca.

Tanto en el Comité de Huelga como en las comisiones de Solidaridad, de Propaganda y de Recursos creadas para sostener el paro, los comunistas tenían una presencia destacada, pero también había trabajadores de distintas tendencias. Entre las iniciativas adoptadas, la FOIC logró organizar a los desocupados acampados en Puerto Nuevo, a quienes las empresas intentaban reclutar para reemplazar a los obreros en inactividad. Además, se generalizaron los piquetes contra los rompehuelgas y grupos de autodefensa enfrentaron a las patrullas policiales y al virtual toque de queda imperante. En los barrios de Isla Maciel, las fuerzas de seguridad efectuaron redadas y asaltos a domicilios obreros, y detuvieron a centenares de huelguistas, trasladados en camiones del propio Anglo al Cuadro Quinto del Departamento Central de Policía. También fueron allanados y clausurados los cuatro locales que la FOIC tenía habilitados en Avellaneda y en La Boca. Para el 29 de mayo, eran casi 600 los detenidos, entre ellos, Peter y Esteban Peano (ambos de la FOIC y de la máxima dirección del PC), los integrantes del Comité de Huelga y otros dirigentes que apoyaban el conflicto.[28] Un nuevo Comité de Huelga prosiguió la lucha. El SRI desplegó una actividad intensa para juntar ropa y dinero para los presos y presentar los amparos judiciales.

Finalmente, el conflicto de la carne se agotó por la represión y el aislamiento. Ni la CGT ni la FORA le prestaron respaldo efectivo, sino que denunciaron que había sido copado por el comunismo. Con el solo concurso del CUSC, la lucha no podía continuar. El 3 de junio, el PC y el CUSC lanzaron una arriesgada huelga general en Avellaneda, que fue impedida por la policía: "Se palpaba de armas en plena calle. Las patrullas de cosacos y policías en motocicletas, automóviles y a pie, formaban un verdadero ejército. Todo el mundo era detenido, registrado y metido en camiones, llevándoselos presos. Desde ayer las comisarías de Avellaneda, Lanús, Sarandí, Dock Sud, Isla Maciel y demás localidades del partido están repletas de detenidos".[29] Otro tanto ocurría en Berisso, donde se pro-

---

28. "La 'normalidad': ¡600 presos! La feroz reacción del gobierno 4144 se ha desencadenado contra los obreros ¡Aplastemos la dictadura de Justo!", *Bandera Roja*, año I, N° 57, 29 de mayo de 1932, p. 1.

29. "La ciudad proletaria vivió ayer en pleno estado de guerra", *Bandera Roja*, año I, N° 63, 4 de junio de 1932, p. 3.

dujeron allanamientos policiales al local de la FOIC y a los barrios proletarios. Ante estos reveses, unos días después, una asamblea convocada por el Comité de Huelga en el cine Select, de Avellaneda, examinó la situación de debilidad y votó levantar la medida, tras casi veinte días de desarrollo.

Había ocurrido una derrota inocultable. El saldo de la más masiva y geográficamente extendida huelga de los obreros de la carne hasta ese entonces realizada en el país dejó cientos de obreros detenidos, despedidos y heridos, sin alcanzar las demandas. La FOIC pareció quedar templada por la adversidad, ya que en los años siguientes reconstruyó la organización y preparó nuevas medidas de fuerza. Varios de los despedidos atendieron la labor militante en los frigoríficos desde afuera; otros emigraron a distintos gremios y, dada su experiencia, se convirtieron en cuadros sindicales destacados.

¿Qué nos deja como conclusión el análisis de la huelga de los petroleros y de los obreros de la carne, ambas dirigidas e impulsadas por los comunistas en 1932? Se puede advertir, por un lado, las tendencias a la confrontación que estaban presentes en varios sectores de los trabajadores industriales del país en aquella época; y, por el otro, la extrema combatividad que ofrecían los comunistas, que en plena aplicación de la línea izquierdista y sectaria de *clase contra clase*, se orientaron a organizar sindicatos casi propios, libres de influencias reformistas, y a lanzarlos a violentas huelgas contra el capital y el Estado. Podría decirse, entonces, que esta estrategia confrontacionista favorecía la proletarización comunista, al prestigiar a sus militantes, mostrándolos como abnegados cuadros que canalizaban la lucha obrera. Sin embargo, no puede dejar de señalarse que ambas huelgas fueron claramente derrotadas, sin alcanzar las principales reivindicaciones puestas en juego en el conflicto y debiendo sobrellevar centenares de dirigentes y activistas presos, despedidos, torturados y expulsados del país.

Las causas de las derrotas fueron varias, pero sin duda es evidente el peso que tuvieron el aislamiento en que se desenvolvieron las huelgas, la ausencia de apoyo de organizaciones extracomunistas (empezando por la propia central obrera nacional, la CGT) y el apuro por lanzar unos conflictos en los que parecieron no medirse adecuadamente la fortaleza de la patronal y de las fuerzas represivas estatales, al mismo tiempo que se exageraron las disposiciones a la lucha por parte de los trabajadores. Precisamente, todas ellas eran características propias de la estrategia de *clase contra clase*. Entonces, podemos decir que dicha orientación, si bien por un lado aseguraba el interés comunista por insertarse y pretender orientar la lucha obrera, por el otro no dejó de restar eficacia a dicha intervención en el campo proletario. Lo que se dibujaba en el horizonte de las masas obreras era un partido de militantes entregados a la causa del combate clasista, detrás de una línea sectaria, aislacionista y vanguardista. Al fin y al cabo, en términos globales, la concepción era que, detrás de cada conflicto, se hallaba el germen de la victoria revolucionaria. "De la huelga a la toma del poder", como predicaba Lozovsky (el secretario general de la ISR): ésa fue una de las principales perspectivas que signaron la acción del PC en aquel período.[30]

V

Ese sectarismo comunista del *tercer período* se proyectaba al campo sindical, también restándole efectividad u ocasionando dificultades a la intervención partidaria. Hasta 1928, los militantes laborales del PC actuaban en los sindicatos existentes. Luego, la línea fue la de formar "sindicatos revolucionarios". Eso, incluso, quedó formalmente aprobado en el V Congreso de la ISR, realizado en septiembre de 1930. Allí se pautó definitivamente que las "oposiciones revolucionarias" que los comunistas formaban hasta ese entonces en los "sindicatos reformistas" fueran emigrando de ellos y constituyeran "sindicatos rojos", es decir, organizaciones autónomas de las estructuras gremiales tradicionales y controladas por el partido.

Ello se expresó también en las centrales obreras: hasta 1928 los comunistas actuaban en el seno de la Unión Sindical Argentina (USA), que tenía una mayoría dirigida por los *sindicalistas*, pero el PC no se cansaba de pedir la unificación con las fuerzas de la Confederación Obrera Argentina (COA, de los socialistas) y la FORA Vº Congreso (de los anarquistas). Desde el año siguiente, el PC comenzó a plantear que una posible unidad entre estas tres centrales obreras existentes en el país sólo serviría si se realizaba sobre principios revolucionarios. Así, cuando en marzo de 1929 se dieron

---

30. Alexander Lozovsky, *De la huelga a la toma del poder. Los combates económicos y nuestra táctica* (Montevideo: Cosinlatam, 1932).

los primeros pasos efectivos en pos de la fusión entre las centrales *sindicalista* y socialista, con el establecimiento de ciertas bases y la formación de un Comité Nacional Sindical con quince miembros de cada sector (USA y COA), los comunistas impugnaron ese proceso y sostuvieron que esos puntos de acuerdo estaban inficionados de reformismo y colaboracionismo y habían sido realizados de espalda a los obreros.[31] El proceso de unificación entre la COA y la USA continuó su curso en los meses siguientes. En oposición a este proceso, el PC hizo un llamado a crear un comité nacional de todas las fuerzas sindicales que luchasen por una "unidad de clase". Sobre la base de los gremios que controlaba el PC, muchos de los cuales habían sido excluidos o se habían separado de la USA, y con las agrupaciones comunistas que actuaban en los sindicatos que este partido no dirigía, se constituyó, a fines de mayo de 1929, un organismo propio, el Comité Nacional Pro Unidad Sindical Clasista.[32] Al año siguiente, adoptó el nombre definitivo de Comité Nacional de Unidad Sindical Clasista (CUSC). Entre 1929 y 1930, el CUSC se transformó en una virtual central obrera, que rivalizaba tanto con la USA y con la COA (en plena fusión en lo que luego fue la CGT) como con la FORA anarquista.

Durante toda la primera mitad de los años treinta, el CUSC, de hecho, se transformó en una suerte de central obrera, rival de la CGT, con la que no veía posibilidad de acuerdo. La decisión de crear confederaciones sindicales propias o fuertemente influidas por el comunismo fue característica de la estrategia del *tercer período* impulsada por la IC en todo el mundo.[33] El CUSC mantuvo su caracterización de la conducción cegetista: "burocrática", "capituladora" (primero a la dictadura uriburista, luego al gobierno de Justo) e incluso "pro fascista". Pero lo que ocurría era que el poderío y

---

31. "El Partido Comunista frente a la fusión de la Unión Sindical Argentina y de la COA", *La Internacional*, año XI, N° 3288, 13 de abril de 1929, pp. 1-2.

32. "Se ha constituido el Comité Nacional Pro Unidad Clasista y de adhesión a la Confederación Sindical Latino Americana", *La Internacional*, año XI, N° 3296, 8 de junio de 1929, p. 3.

33. Por ejemplo, esta estrategia se expresó en España en 1934, cuando el PC conformó la CGTU que, antes de disolverse al año siguiente, intentó competir, tan inútilmente como el CUSC aquí, con las centrales mayoritarias en ese entonces existentes en la Península, la UGT socialista y la CNT anarquista. Ver Manuel Tuñón de Lara, *El movimiento obrero en la historia de España* (Madrid: Sarpe, 1985), II, pp. 334-335.

la supremacía de la CGT eran innegables. Nada podía ocultar que la CGT se había convertido en la central obrera más grande hasta ese momento constituida en el país y que superaba ampliamente en cantidad de afiliados, poder de presión y capacidad de incidir en la escena pública tanto a la FORA anarquista (que tampoco se había sumado a la creación de la CGT) como al CUSC. Hacia 1935 la CGT agrupaba alrededor de doscientos mil trabajadores y unos cuatrocientos sindicatos. Es cierto que todo giraba en torno al poder de los ferroviarios (cerca de doscientos sesenta sindicatos de la central eran seccionales de la Unión Ferroviaria) y, en menor medida de los gremios marítimos, estibadores y trabajadores del Estado (que aportaban más de cincuenta organizaciones), a los que se sumaba el aporte numérico de los sindicatos de comercio, telefónicos y tranviarios, entre otros. El problema más serio de la CGT era que no tenía una sólida base en el proletariado industrial, el escenario donde los comunistas se hallaban mejor implantados. Pero el CUSC no podía mostrar ninguna amenaza cierta a aquella central. En sus primeros años, el CUSC navegó en la desorganización y la soledad. Recién pudo adquirir una mayor consolidación institucional en los primeros días de octubre de 1932, cuando realizó su I Conferencia Nacional, reunida en Rosario. Según la propia versión del PC, a ese cónclave asistieron unos 77 delegados en nombre de unos 20,000 obreros.[34] Lo hacían en representación de 54 sindicatos y 20 "oposiciones sindicales revolucionarias". Es decir, un poder muy acotado en relación al de la CGT. En los años siguientes, no hubo un progreso muy significativo de las fuerzas del CUSC, hasta que, con el giro partidario al *frente popular* de 1935, acabó disolviéndose dicho organismo a favor de la CGT. En este sentido, pues, la línea del sectarismo y el aislacionismo de la estrategia de *clase contra clase* no mejoró las posibilidades de inserción sindical del PC.

***

34. "Un paso hacia la unidad revolucionaria del proletariado", *Frente Único* (*"Diario Obrero de la mañana"*), año I, N° 1, 18 de octubre de 1932, p. 3; "Conferencia nacional del Comité de Unidad Sindical Clasista", *Acción* (*"Órgano de la Liga Anti-Imperialista-Sección Argentina de la Liga Mundial contra el Imperialismo*), año IV, N° 3, 15 de noviembre de 1932, p. 6.

En síntesis, en este ensayo desplegamos una serie de argumentaciones que ponen en cuestión el planteo que adjudica la proletarización del PC y el éxito de su inserción inicial entre los trabajadores a la adopción de la estrategia de *clase contra clase*. Señalamos que aquellos procesos antecedieron a la aplicación de dicha línea política y que, en términos estrictos, esta última, incluso, puede cuestionarse en muchos de sus aparentes beneficios. En ciertas dimensiones y circunstancias, la inserción y el crecimiento del comunismo en el movimiento obrero pudieron desplegarse no tanto gracias a las directrices propias del *tercer período*, sino a pesar de ellas.

Es posible formular una última conclusión general, que se refiere a la supervivencia del PC en el movimiento obrero con independencia de los abruptos cambios de línea política que el partido experimentó durante estos años. Observamos que la presencia del comunismo entre los trabajadores creció y se desenvolvió desde los años veinte y hasta la aparición del peronismo en 1943-1945, mientras la organización actuó bajo diversas estrategias postuladas sucesivamente por la Comintern, como fueron la de *frente único*, la de *clase contra clase* y la de *frente popular*. En oposición a ciertos consensos historiográficos, así como sostenemos que el inicio de la conquista de las masas obreras por el PC no se produjo hacia principios de los años treinta, con la imposición de la línea de *clase contra clase* (pues era preexistente a ella), también postulamos que la aplicación del *frente popular antifascista*, desde mediados de los años treinta y sobre todo a partir de 1941, tampoco fue la causa única y exclusiva de la caída de la influencia comunista en el movimiento obrero. En realidad, la inserción siguió una curva ascendente que pareció independizarse de estos virajes y, en parte, de las variaciones del contexto socioeconómico y político del país. Por eso, para entender la implantación del comunismo en la clase obrera pre-peronista, resulta más relevante detenerse en la autonomía y continuidad de sus prácticas de intervención militante y en los rasgos de su cultura política obrerista. En esos años, los militantes comunistas pudieron disponer de una suerte de capital político acumulado que les otorgó cierta inmunidad para poder resistir las dificultades y los problemas originados en las modificaciones de la línea partidaria. Por otra parte, las estrategias cambiaban e imponían nuevas prioridades y caracterizaciones políticas, así como cambios en el marco de alianzas del partido, pero sus militantes continuaron desarrollando una serie de prácticas de movilización y organización de la clase obrera que permanecían inalterables.

To Fight Soviet Agents in the Fatherland: Anti-Communism in Ayacucho's APRA, 1945-1948

Jaymie Patricia Heilman

University of Alberta

Crafted upon a hillside, an enormous hammer and sickle greeted residents in the Ayacucho city of Huanta as they opened their front doors early one June morning. Described today, such a scene summons up memories of the devastating 1980-1992 Shining Path War, when militants of the Peruvian Communist Party-Sendero Luminoso crippled Huanta, Ayacucho and much of Peru not just with Marxist graffiti, but also with threats, murders, and devastating massacres. Yet this particular June morning did not occur in the 1980s, it took place in 1947, at a moment when the Peruvian Communist Party (PCP) was enjoying a surge of popularity in the department of Ayacucho. That popularity did not go uncontested. Government officials, landlords, and the Catholic Church bitterly denounced Communism and Communists. But many of the strongest and the loudest critiques of the PCP and its members came from a third source: members of the populist American Popular Revolutionary Alliance, or APRA. Indeed, the very day when Communist Party members fashioned their hammer and sickle, a number of APRA militants tried to destroy it. As one PCP member described it, "a group of Apristas tried to erase our insignia, but our *campesino* comrades were guarding it and they made them retreat."[1]

---

1. I would like to thank participants in the 2009 ICA panel "Formación y desarrollo del Apra: entre lo nacional y lo indoamericano, 1920-1948" for their suggestions on an earlier version of this paper. *Labor*, 4 July 1947, p. 4.

Anti-Communism—understood here as opposition to the Peruvian Communist Party, its ideology, and its members—gave Apristas purpose, relevance and definition during the earliest moments of the global Cold War. This essay considers Aprista anti-Communism in Ayacucho during the 1940s, focusing on the years of the 1945-1948 presidency (the *trienio*) of José Luis Bustamante y Rivero. The 1940s are arguably the least-studied years of Peru's twentieth century, notwithstanding important works by Gonzalo Portocarrero, Nigel Haworth, Carlos Monge, and Denis Sulmont.[2] This relative inattention is surprising, for the 1940s in general, and the trienio in particular, marked years of considerable political ferment in Peru. Without question, Aprista anti-Communism predated the 1940s. Indeed, from the moment of the Peruvian Communist Party's official emergence in 1930, Apristas challenged their Communist rivals.[3] Scholars like Carmen Rosa Balbi, Manuel Burga and Alberto Flores Galindo, Steven Hirsch, Steve Stein and others have demonstrated that Apristas and Communists waged acrimonious fights during the 1930s, competing for the sympathies and support of laborers, students, and leftists in general.[4] Paulo Drinot's recent work, in particular, shows how APRA mobilized anti-Communism

2. Gonzalo Portocarrero, *De Bustamante a Odría. El fracaso del Frente Democrático Nacional, 1945-1950* (Lima: Mosca Azul, 1983); Nigel Haworth, "Peru," in *Latin America between the Second World War and the Cold War, 1944-1948*, edited by Leslie Bethell and Ian Roxborough (New York: Cambridge University Press, 1992), pp. 170-189; Carlos Monge, "If The People Are Sovereign, The People Must Be Fed: Agricultural Policies and Conflicts during the Bustamante y Rivero Administration, Peru, 1945-1948." (PhD Dissertation: University of Miami, 1993); Denis Sulmont, *El movimiento obrero peruano (1890-1980). Reseña histórica* (Lima: Tarea, 1980).

3. The Socialist Party of Peru was founded in 1928. Two years later, that party became the Peruvian Communist Party.

4. Carmen Rosa Balbi, *El Partido Comunista y el APRA en la crisis revolucionaria de la años treinta* (Lima: G. Herrera, 1980); Manuel Burga and Alberto Flores Galindo, *Apogeo y crisis de la república aristocrática: oligarquía, aprismo y comunismo en el Perú, 1895-1932* (Lima: Ediciones Rikchay Perú, 1980); Steven Jay Hirsch, "The Anarcho-Syndicalist Roots of a Multi-Class Alliance: Organized Labor and the Peruvian Aprista Party, 1900-1933" (PhD Dissertation, George Washington University, 1997); Steve Stein, *Populism in Peru: The Emergence of the Masses and the Politics of Social Control* (Madison: University of Wisconsin Press, 1997). See also Héctor Béjar, "APRA-PC 1930-1940: Itinerario de un conflicto," *Socialismo y Participación* 9 (1980), pp. 13-40; José Deustua and Alberto Flores Galindo, "Los comunistas y el movimiento obrero," in Alberto Flores Galindo, *Obras completas I* (Lima: SUR, 1993), pp. 137-166.

in its efforts to gain control of Peru's organized labor movement between 1930 and 1934.[5] But in Ayacucho—an overwhelmingly rural region where urban, organized workers were scarce—Aprista anti-Communism differed in both timing and purpose. It was in the 1940s, rather than the 1930s, that Aprista anti-Communism became especially heated in Ayacucho, as the trienio ushered dramatic political transformations into the department and into the country as a whole. Those transformations impacted both the tenor and functions of Aprista anti-Communism inside Ayacucho.

Anti-Communist actions and words firmly grounded APRA during a moment of dizzying political flux. Like many other Latin American countries, Peru dove into a period of "democratic spring" in the immediate aftermath of World War II.[6] The outgoing government of Manuel Prado legalized both the APRA and the Peruvian Communist Party in the lead-up to the 1945 presidential elections.[7] Newly legalized, Apristas and Communists plugged their political noses and allied in the months and weeks before the 1945 presidential elections, working together to form the *Confederación de Trabajadores Peruanos* (CTP) in 1944, although APRA soon gained control over the organization.[8] Members of the two parties also entered into a pragmatic national alliance, supporting the National Democratic Front's presidential candidate José Luis Bustamante y Rivero against the conservative candidate General Eloy Ureta. Bustamante was neither an Aprista nor a Communist, but members of those parties readily endorsed him as an alternative to Ureta. Bustamante won those elections, and eventually rewarded Aprista support by extending the party a formal role in the government cabinet between January 1946 and January 1947.[9] For the first time in their history, Apristas were a part of—rather than an opponent

5. Paulo Drinot, "Creole Anti-Communism: Labor, the Peruvian Communist Party and APRA, 1930-1934," *Hispanic American Historical Review* (forthcoming).

6. Gilbert M. Joseph, "What We Now Know and Should Know: Bringing Latin America More Meaningfully into Cold War Studies," in *In From the Cold: Latin America's New Encounter with the Cold War*, edited by Gilbert M. Joseph and Daniela Spenser (Durham: Duke University Press, 2008), pp. 19-20.

7. Haworth, "Peru," p. 178.

8. Peter Klarén, *Peru: Society and Nationhood in the Andes* (New York: Oxford University Press, 1999), p. 286; Carlos Monge, "If The People Are Sovereign," p. 353.

9. Haworth, "Peru," p. 177.

to—the national government. That unprecedented political inclusion left Apristas floundering. Party members had long understood themselves both as victims of state persecution and as aggressive challengers of government officials; incorporation into the state suddenly deprived Apristas of a vital political foil. Communists became that needed foil during the trienio, serving as an opponent against whom Apristas could build their political identity and find their political purpose.

The pages that follow explore Aprista anti-Communism in the department of Ayacucho during the trienio. A focus on a region like Ayacucho shifts attention away from traditional Aprista strongholds in Lima and Trujillo, continuing the efforts of historians like Lewis Taylor and David Nugent to "decenter" our understanding of Aprismo.[10] Consideration of the Ayacucho case also allows us to "de-Haya" our take on Aprista anti-Communism. Looking beyond the anti-Communist words, actions, and choices of the APRA's overbearing leader, Víctor Raúl Haya de la Torre, this essay considers the local motivations, practices and consequences of anti-Communism. So doing, these pages provide a textured portrayal of the ways anti-Communism infused the everyday politics of Ayacucho's Apristas. What emerges is a picture of sharp political animosity characterized by pointed rhetoric and steady, if low-level, political violence.

Apristas and Communists in Trienio-era Ayacucho

The 1945-1948 trienio was a period of considerable change for the Ayacucho branches of both the APRA and Communist Parties. For APRA, the 1940s marked a time of growing conservatism, when the party was increasingly identified with relatively wealthy *hacendados* (landlords) like César and Santiago Aibar in Huanta and Ernesto and Carlos Cárdenas in Cangallo. The composition and character of Ayacucho's mid-century APRA is a topic I have taken up elsewhere, but it bears repeating that the party was much stronger in Ayacucho than scholars once believed. Membership in Aya-

10. Lewis Taylor, "The Origins of APRA in Cajamarca, 1928-1935," *Bulletin of Latin American Research* 19, 2000, pp. 437-459; David Nugent, *Modernity at the Edge of Empire: State, Individual, and Nation in the Northern Peruvian Andes, 1885-1935* (Stanford: Stanford University Press, 1997).

cucho's APRA ranged from wealthy peasants to large-scale hacendados, and from urban students to prominent Ayacucho lawyers. Women, like men, belonged to Ayacucho's APRA, and the party attracted a significant number of youth into its ranks.[11] The party's rightward shift inside Ayacucho coincided with APRA's turn at the national level, and took the party further and further away from its original ideological principles of anti-imperialism, nationalism, and support for the laboring classes. Yet APRA remained strong inside Ayacucho, especially in the provinces of Huanta, Cangallo, and Ayacucho. District and departmental authorities made countless complaints about Aprista activities, organization, and propaganda, bemoaning APRA's continuing prominence in Ayacucho. In the (albeit exaggerated) assessment of Huanta's provincial Subprefect in 1942, "almost 80% of [urban Huanta's] population is Aprista."[12]

Although Apristas far outnumbered Communists in 1940s Ayacucho, the trienio was nonetheless a period of dramatic growth for the Communist Party in the department. Present inside Ayacucho since the 1930s, the Communist Party only became a significant presence in the department during the 1940s. By the mid-1940s, the PCP had cells in the capital city of Ayacucho, and in the provinces of La Mar, Parinacochas, and Huanta.[13] Of those Ayacuchanos who belonged to the PCP in the 1930s and 1940s, most fell into one of several clusters of people: artisans, middle-class professionals, and (on rare occasion) peasants. And, like the APRA, the PCP attracted both women and youth, although in much smaller numbers.[14] Admittedly, it is quite difficult to determine just who filled the Communist Party's ranks in Ayacucho during the trienio. Much of the problem in identifying members stems from the fact that the label "Communist" was a quick and effective tool of political slander during this period, and many (probably even most) of

11. Jaymie Patricia Heilman, "We Will No Longer Be Servile: Aprismo in 1930s Ayacucho," *Journal of Latin American Studies*, 38, 2006, pp. 491-518; Luis Miguel Glave and Jaime Urrutia, "Radicalismo político en élites regionales: Ayacucho 1930-1956," *Debate Agrario*, 31, 2000, pp. 1-37.

12. Archivo Regional de Ayacucho (ARA), Prefectura Legajo 15, Oficio 161 (2 March 1942).

13. Archivo General de la Nación (AGN), Ministerio del Interior (MDI), Pref. Ayacucho 1936, Oficio 62 (24 July 1936); *Labor*, 19 January 1946, p. 8.

14. ARA, Pref. Leg. 15, Oficio 506 (23 September 1941); ARA, Pref. Leg. 8, Oficio 59 (2 March 1932); ARA, Pref. Leg. 21, Unnumbered oficio (23 March 1950).

those accused of being Communists were anything but. To give just two examples, Huanta Subprefect Eduardo Mendoza complained in 1948 that he had been slandered as an affiliate of the Communist Party, while a campesino named Manuel Jesús Pacheco complained that a local civil guard had imprisoned and beaten him on the false pretext that he was a Communist.[15]

These difficulties with identification notwithstanding, it is fair to say that Ayacucho Communist Party membership of the 1940s probably reached a highpoint of several hundred affiliates. The official PCP newspaper *Labor* reported that over 400 party members attended the 1946 Congress of the Ayacucho Communist Party, along with hundreds of sympathizers.[16] That 1946 Congress likely marked the pinnacle of membership numbers, coming as it did in the aftermath of both a major 1945 recruitment campaign by the PCP and President Bustamante's legalization of the Communist Party.[17] Just four years earlier, only a single Ayacucho member of the Communist Party was able to attend the party's First National Congress in Lima, making for a decidedly less than overwhelming Ayacuchano presence at that gathering.[18] Although the PCP's growth in 1940s Ayacucho was impressive, the party was far from a dominant political force. Indeed, to look at the PCP in 1940s Ayacucho (or even in Peru as a whole) is to consider a case of political weakness. The party had, at most, a few hundred members in a department where the total population stood at 414,208 in 1940.[19] The party was not even strong enough to run its own candidates in Ayacucho's elections, endorsing the Socialist candidate Oswaldo Regal in the 1945 Congressional elections.[20] The party's weakness, however, did not render the party or its ideology any less threatening to its opponents in Ayacucho's APRA, and Aprista anti-Communism ran strong inside the department.

---

15. ARA, Pref. Leg. 9, Oficio 683 (24 November 1948); ARA, Corte Superior de Justicia (CSJ) Huanta, Leg. 1670, fol. 1. Case initiated 29 November 1943.

16. *Labor*, 16 March 1946, p. 1.

17. *Unidad*, 30 November 1967, p. 3. This 1967 story references the 1945 recruitment campaign.

18. *Labor*, 19 January 1946, p. 3.

19. Alberto Arca Parro, "Census of Peru, 1940," *Geographical Review*, 32, 1942, p. 7.

20. *Labor*, 22 June 1946, p. 1.

The Character of Aprista Anti-Communism

Aprista anti-Communism won regular denunciations in the pages of Peruvian Communist Party newspapers. The PCP newspaper *Labor* complained in 1946 of APRA leader "Mr. Haya de la Torre's rabid anti-Communist campaign" and it asserted that APRA was "transforming into an Anti-Communist League."[21] These accusations were well founded. APRA's anti-Communism was indeed so pronounced that it caught the attention of United States officials; the State Department asserted that Haya de la Torre was "emphatically opposed to the present international communist line."[22] But APRA's anti-Communist rhetoric and action stretched far beyond its leader; the Ayacucho case suggests that the fight against the Communist Party became local Apristas' *raison d'être*, nourishing them politically as their own party strayed further and further from its original ideological line.

Ayacucho Apristas expressed their anti-Communism with a broad variety of words and actions. Ayacucho Apristas made active use of the national press. An Aprista communiqué sent to the Lima newspaper *La Tribuna* led to a story headlined, "COMMUNIST COWARDLY KILLS AN ELDERLY MAN IN THE TOWN OF HUANTA." The ensuing story was even more sensational than the headline, claiming that "a Soviet agent killed an elderly man who did not put up with his totalitarian Russian ideas...This is how Soviet agents work in our Fatherland."[23] The PCP's newspaper *Labor* decried the story as completely false and slanderous, charging that Apristas were attempting "to exploit the situation politically" and that the story reflected how Apristas "try to throw mud at our Party, in their anti-Communist hatred."[24]

Apristas also employed violence in their attacks on PCP militants. Huanta Communist Party Secretary Baldomero Bendezú telegrammed the department Prefect in June 1946, relaying that Aprista *búfalos* (thugs) had attacked Communist Party member Mario Cárdenas on the night of May 29th. The Apristas beat and tor-

---

21. *Labor*, 9 March 1946, p. 5.

22. Haworth, "Peru," p. 184.

23. ARA, CSJ Huanta, Leg. 1672, Cuad. 2, fol. 40. The case references the Lima newspaper *La Tribuna*, 9 November 1946, p. 10.

24. *Labor*, 22 November 1946, p. 1.

tured Cárdenas, trying to compel him to renounce the Communist Party and endorse the Aprista candidate for the national deputyship. Bendezú added that the next day, thirty Aprista *búfalos* attacked another comrade, leaving him hospitalized and in an "extremely grave state." Bendezú's telegram ended with the charge that a crowd of drunken Apristas had attacked PCP militant Samuel Cárdenas that very same day.[25] That "attack" was actually more like a drunken scuffle. On a June afternoon, three Huanta Apristas sat in a local corner store, chatting and drinking. The men saw Samuel Cárdenas pass by and they called out to him, inviting him to come and drink with them. Cárdenas joined the men, and the group sat drinking and talking and drinking some more. Conversation turned to politics, and the more the men drank, the more heated the conversation became. Soon enough, the discussion degenerated into blows, and a fistfight took place.[26] Other acts of violence soon followed. Just two months later, *Labor* ran a front-page picture of a Huanta man with a swollen eye, blood running from gash in his forehead, and badly bruised face. The man was Communist Party member Victor Oré Rivera, and the story explained that he was "brutally wounded by a killer hired by APRA." The same story added that the attacker had earlier assaulted PCP militant Ezequiel Bendezú and that the prominent Huanta Aprista Santiago Aibar was sheltering the attacker inside his Huanta home.[27] Another assault occurred in June 1947. At four in the morning on 5 June 1947, eight Apristas attacked the home of José Poma Rondinel, the Secretary of Ayacucho's Communist Youth. The eight men fired several shots at the house from a revolver and then tried to force their way into the home, blocked from doing so by the efforts of Poma Rondinel, his parents, and his siblings. The PCP's Ayacucho Secretary General cast the attack as an effort to "intimidate all those citizens who think freely and with confidence."[28]

Paralleling their attacks on individual Communists, APRA militants also put a bloody damper on Communist Party political events. The Ayacucho Communist Party sent a telegram to President Bustamante, complaining about Aprista violence against par-

25. AGN, MDI, Paq. 482, Pref. Ayacucho, Oficio 484 (8 June 1946).

26. AGN, MDI, Paq. 482, Pref. Ayacucho, Oficio 175 (21 June 1946).

27. *Labor*, 10 August 1946, p. 1.

28. ARA, Pref. Leg. 104, Oficio 169 (5 June 1947).

ticipants at the Party's 1946 Departmental Congress in Huanta. The PCP described the attack as a "savage terrorist strike against freedom of expression and association," in which Apristas attacked Communists and their sympathizers with dynamite, stones, and sticks as they left their Congress for the day. Ruperto Aviles, a leader of Ayacucho's Communist Youth, and party sympathizer Germán Cerrón were among those injured in the attack.[29]

Apristas also turned schools into anti-Communist sites. That schools became a stage for fights between Apristas and Communists owes, in part, to the prominence of teachers within Ayacucho's Communist Party and the popularity of APRA among students.[30] One of the very first Huantino Communist Party members, Teófilo Ugarte Guillén, taught physics in the González Vigil high school.[31] Several other Huanta teachers were likewise singled out for their affiliation with the Communist Party in the 1940s, and Baldomero Bendezú Valdez, the head of the Huanta branch of the Peruvian Communist Party, was accused of having inculcated "Marxist ideas" in the minds of both Huanta youth and primary school teachers during the 1940s.[32] Among students, however, membership in the PCP was far less common. Certainly, the PCP did have student members. Young men in the province of Coracora organized the Parinacochas Communist Youth in 1946, choosing a General Secretary as well as Secretaries of the Interior, of Organization, of the Economy, of Press and Propaganda, and of Culture. If any girls joined this group, they did not make it into the leadership committee or onto early membership lists. Teenagers in Huanta and Ayacucho provinces likewise formed Peruvian Communist Youth branches in the mid-1940s.[33] These youth organizations, however, were not particularly strong: only one Ayacuchano managed to attend the "First National Conference of Communist Youth" in March 1946.[34]

29. *Labor*, 16 March 1946, p. 1.

30. ARA, Pref. Leg. 21, Unnumbered oficio (23 March 1950).

31. Interview with Edgar Romero (pseudonym) (Huanta, 24 May 2005); AGN, MDI, Paq. 308, Pref. Ayacucho 1931, Oficio 454 (December 1931).

32. ARA, CSJ Huanta, Leg. 9, Exped. 1167 (12 January 1963). This case references Bendezú's activities in the 1940s.

33. *Labor*, 9 March 1946, p. 5; *Labor*, 30 March 1946, p. 2; *Labor*, 19 January 1946, p. 8.

34. *Labor*, 9 March 1946, p. 5; *Labor*, 30 March 1946, p. 2.

APRA's youth branch—the Federación Aprista Juvenil—
was far stronger, and its members sometimes brought their political struggles into their schools. Consider, for example, the events
that took place at Huanta's González Vigil high school in October
1945. That month, Manuel Barrón Tineo assumed his post as the
new principal of the Huanta school. Barrón was an active member
of the Communist Party and that status brought him considerable
trouble from the school's Aprista students. When Barrón addressed
the student body on his first day as principal, students drowned
out his speech with angry whistles. A few days thereafter, González
Vigil students declared themselves on strike, demanding Barrón's
resignation. A few days into the strike, around forty students snuck
into the school at midnight and blocked its doors from the inside,
preventing anyone from entering the school. And when a small explosion and several gunshots rang out inside the school, the strike's
leaders were quick to blame "Communists who wanted to enter
and eject them." [35] There is no question that political sympathies
(and antipathies) drove the students' actions. Huanta's Subprefect
relayed that González Vigil students "have affiliated themselves,
although they are minors, with the Aprista Party, whose meetings
they applaud."[36] These students also enjoyed the active support of
Santiago Aibar, who was both a prominent Aprista and the mayor
of Huanta. Aibar helped the students sneak into the school, allowing them to pass through his home to reach the school's back entrance.[37]

A final expression of Aprista anti-Communism came in the
form of official action and inaction. Inside Ayacucho, many provincial and departmental authorities were members of APRA, and they
used their positions of authority to take action against the Communist Party.[38] Often, these Aprista authorities acted against the Communist Party by simply doing nothing. Socialist candidate Oswaldo
Regal complained that the Huanta Subprefect's secretary was an
Aprista, and thus misrepresented or misfiled complaints about
Aprista violence. Communists further complained that Aprista
police were indifferent to APRA violence, and that Huanta's main

35. ARA, Pref. Leg. 15, Oficio 299 (6 October 1945).

36. *Ibid.*

37. *Ibid.*

38. ARA, Pref. Leg. 104, Oficio 101 (9 September 1948).

physician—also an Aprista—refused to attend to those wounded by Aprista actions.[39] Aprista authorities also used their positions to harass and arrest Communists. *Labor*'s correspondent in the Ayacucho province of La Mar reported in 1946 that a "campaign of anti-Communist repression" had begun in the province, leading to the arrest of Communist Party member Comrade Arramburú. The arrest happened, the correspondent explained, simply because La Mar's Subprefect was also the provincial APRA Secretary and Arramburú had voiced Communist ideas.[40]

Understanding Aprista Anti-Communism

Many factors drove the anti-Communist actions and invective of Ayacucho Apristas. At one level, Apristas attacked Communists in order to define themselves and to draw sharp distinctions between their two parties. The need for such a distinction dates back to the early 1930s, as political authorities and civilians regularly proved unable—or unwilling—to distinguish between Aprismo (the ideology of the APRA party) and Communism. During these decades, Ayacucho authorities regularly referred to "Aprocommunism" and accused Apristas of Communism.[41] An official 1932 complaint about the Aprista notary Angel Arónes, for example, cast him as a "tireless propagandist for APRA, spreading Communism amid the unconscious masses."[42] That same year, Parinacochas authorities denounced the "Apro-Communist ENRIQUE LEMA, an individual with a terrible record."[43] In 1934, Huanta's Subprefect complained that Huanta's municipal council was filled "by Apro-Communist elements, who carry out anti-patriotic and dissociative labor." [44] In 1939, a man from the eastern Cangallo district of Carhuanca complained that local Apristas Vidal and Augusto Cárdenas had "declared themselves not just Apristas, but instead Apro-Communists" and they were shouting vivas to Communism as they

39. *Vanguardia*, 6 August 1946, p. 1.

40. *Labor*, 26 January 1946, p. 3.

41. Drinot notes this same issue for Lima in "Creole Anti-communism," p. 25.

42. ARA, Pref. Leg. 19, Oficio 204 (19 April 1932).

43. AGN, MDI, Paq. 321, Oficio 217 (18 November 1932).

44. ARA, Pref. Leg. 14, Oficio 177 (3 May 1934).

walked through Carhuanca's streets. [45]

The term "Apro-Communist" was in some instances political shorthand, a way for authorities and civilians to reference both Apristas and Communists with one single term. Equating Aprismo with Communism also afforded authorities an easy and effective means to discredit the APRA party. That strategy was evident in the title of a 1936 publication from the Ministry of Government and Police: *The Truth about APRA: Aprismo is Communism*.[46] The fusion of Aprismo and Communism was indeed so frequent that APRA published its own book, subtitled *Aprismo is not Communism*.[47] Just as often, though, it seems that government and non-governmental actors used the terms Communism and Communist to denote any person or activity demanding socioeconomic justice. Adolfo Carrasco, owner of an hacienda in the eastern Ayacucho district of Carhuanca, punctuated a lengthy 1934 complaint against district Apristas with the comment that they, "form a band of frenzied bandits, supposing that Aprismo authorizes them to commit crimes, robberies, extortions, pillaging properties, armed assault *etcetera* because they have the conviction that Aprismo and Communism are the same thing."[48] Other times, use of the term Apro-Communist simply revealed the speaker's general ignorance of what either Aprismo or Communism entailed. Such political innocence showed in the 1944 comments of a military sergeant who suggested that local Communists were the likely culprits of vandalism against APRA propaganda, because the Communist Party, "as is known, goes against the leftist current."[49] Violent attacks on Communist Party members together with frequent anti-Communist invective helped Apristas pointedly differentiate themselves from members of the Communist Party. Apristas drew such sharp lines between themselves and Communists to distinguish their two political parties in the minds of Peruvian citizens and authorities. Those same lines,

45. ARA, Subprefectura Cangallo (SC), Oficios de Carhuanca 1939 (24 February 1939).

46. Ministerio de Gobierno y Policía, *La verdad sobre el APRA. Aprismo es comunismo* (Lima: Ministerio de Gobierno y Policía, 1936).

47. Partido Aprista Peruano, *El plan del Aprismo. Programa de gobierno del Partido Aprista Peruano. Aprismo no es comunismo* (Lima: Editorial Libertad, 1933).

48. ARA, SC, Oficios de Carhuanca 1934 (30 December 1934).

49. AGN, MDI, Paq. 446, Pref. Ayacucho 1944, unnumbered oficio (14 September 1944).

however, also helped Apristas understand themselves. As the 1930s bled into the 1940s, and as Haya de la Torre moved further and further away from the original tenets of the APRA, many Apristas were increasingly unsure how to understand themselves and their party. But while Apristas were uncertain of what they were, they were certain of what they were *not*: Communists.

Anti-Communism also gave Apristas a means to refashion the APRA's longstanding position as a nationalist, anti-imperialist party. Anti-imperialism was one of APRA's central tenets, but party founder and leader Víctor Raúl Haya de la Torre imperiled APRA's anti-imperialist credibility through his post-World War II rapprochement with the United States. Not only did Haya abandon his sharp criticisms of the United States, he also supported the infusion of US funds into the Peruvian economy to stimulate economic growth and he extended support to the long-derided International Petroleum Company. The United States government, in turn, recognized APRA as a key ally in the international struggle against Communism.[50] Without question, Haya's reconciliation with the United States deeply angered numerous Apristas, many of whom had first been drawn to the party because of its opposition to US imperialism. Alfonso del Pozo, a Secretary of Discipline in the Luricocha (Huanta) Aprista Committee renounced APRA in April 1947. Del Pozo explained that he had been one of the APRA's "fervent militants because I believed that it really was the Party that fought for National independence, for Sovereignty, and for the defense of democracy." But, del Pozo further explained, because "the Party has drawn its line contrary to its postulates, that it tried to defend, wanting to sell our riches...to North American imperialism against which we used to fight, it tramples democracy today with its Nazi-fascist ideology... in my condition as a conscious worker I terminally renounce my membership."[51] Desperate to retain its credibility as an anti-imperialist party, APRA utilized anti-Communism to reinvent its anti-imperial party line, shifting its denunciations away from Yankee imperialists to Soviet Agents.[52]

50. Haworth, "Peru," p. 177.

51. *Labor*, 19 May 1947, p. 4. An abbreviated version of this quote appears in Jaymie Patricia Heilman, *Before the Shining Path: Politics in Rural Ayacucho: 1895-1980* (Stanford: Stanford University Press, 2010), p. 117.

52. David S. Parker notes that party members celebrated APRA as truly Peruvian, contrasting their party and its ideology against European-imported Communism.

Aprista efforts to cast Communism as a foreign ideology and its devotees as foreign agents were assisted, in part, by the pro-Soviet actions of Ayacucho Communists themselves. In November 1946, for example, PCP militants in Parinacochas staged a public demonstration, commemorating the twenty-ninth anniversary of the Russian Revolution and demanding the restoration of diplomatic and commercial relations between Peru and the Soviet Union.[53] Such actions only reinforced longstanding tropes that associated Communism with foreignness. Ayacucho authorities' very first warnings about Communism—issued even before José Carlos Mariátegui formed the PCP's predecessor, the Socialist Party of Peru, in 1928—highlighted the matter of foreigness. The Director General of the Civil Guard and Police sent the Ayacucho Prefect a notice in 1927, warning that Chile was expelling "Communists, Bolsheviks" from its territory and that all authorities and police should "adopt extraordinary measures of control and vigilance" in case these exiles entered Peruvian territory.[54] In 1931, Ayacucho's Prefect asserted that he had knowledge that "pernicious elements had penetrated this department to make propaganda of dissociative ideas among the indigenous masses." As such, he had sent the Subprefects urgent telegrams alerting them to the danger and warning them to be vigilant and take urgent measures, for failing to do so would bring the "inevitable ruin of the country."[55]

At a general level, these comments reflected a popular perception that Communism was a necessarily foreign ideology, present in a given region only because outsiders had imported it. There was also a small element of truth in these assertions, for there were indeed a few foreign nationals actively promoting the Communist Party inside Ayacucho. Cangallo's Public Health Commissioner Carlos Postigo, for instance, was a Spaniard who had fought for the

See *The Idea of the Middle Class: White-Collar Workers and Peruvian Society, 1900-1950* (University Park: Pennsylvania State University Press, 1998), p. 161. Paulo Drinot, in turn, shows how APRA denounced the Benavides government in the late 1930s on the grounds that it was making concessions to German, Italian, and Japanese "fascist imperialism." Drinot, *The Allure of Labor: Workers, Race and the Making of the Peruvian State* (Durham: Duke University Press, 2011), p. 190.

53. *Labor*, 15 November 1946, p. 4.

54. ARA, Pref. Leg. 102, Oficio 20 (14 March 1927).

55. AGN, MDI, Paq. 308, Pref. Ayacucho 1931, Oficio 34 (11 April 1931).

Republicans in the Spanish Civil War before fleeing to Peru. Once settled in Cangallo, Postigo became a vocal advocate of the Soviet Union, Spanish leftists, and Communist ideology.[56] But, as Paulo Drinot has argued, the best explanation for this emphasis on foreignness rests with the fact that casting Communists as foreign "others" justified their repression.[57]

Probably the most pressing impetus for Aprista anti-Communism was simple fear. Ayacucho Apristas saw themselves losing political ground to the Communist Party, and they used hostile words and actions against the Communist Party to try to check the PCP's growth. The 1945 elections reflected this fear, for while Apristas and Communists allied in support of Bustamante's candidacy, they fought a bitter electoral competition at the regional level. Inside Huanta, the 1945 congressional elections were particularly heated. The Aprista candidate Alejandro Carrillo ran against the Socialist Oswaldo Regal, an anti-Aprista candidate supported not only by the Socialist Party, but also by Communists and even right-wing parties. The campaign witnessed repeated verbal and physical fights between Apristas and Communists. The regional newspaper *Sierra* reported that the Huanta campaign stop of Communist-backed candidate Oswaldo Regal led to a "pitched battle between Apristas and Communists."[58] The actual election brought little resolution to this tense situation, as the national electoral board ended up annulling the Huanta elections due to irregularities.[59]

Aprista concern about Communist Party strength only increased during the trienio. The PCP was gaining ground in Ayacucho and that growth sometimes came at the expense of the APRA. Alfonso del Pozo, the Aprista who renounced his APRA membership in 1947 over the party's retreat from its anti-imperialist principles, promptly joined the PCP. As he explained it, he was affiliating with the PCP because "proudly understanding the democratic line of the Peruvian Communist Party, defender of liberties and territorial integrity, I joined."[60] Luricochano Vidal Cartolín Aguilar said much the same. "Convinced of the enormous betrayal that the

---

56. ARA, Pref. Leg. 20, Oficio 423 (19 May 1939).

57. Drinot, *Allure of Labor*, p. 21.

58. *Sierra*, 1 and 2 Quincena March 1946, p. 2.

59. *Sierra*, 1 Quincena, August 1945, p. 4.

60. *Labor*, 19 May 1947, p. 4.

Partido del Pueblo [APRA] is causing to sovereignty and territorial integrity and the democratic cause," Cartolín explained that he was quitting APRA and joining the PCP, "which is the party that defends national interests and integrity and has a truly democratic line." [61]

Lastly, Apristas' anti-Communism reflected a desire to shore up their position in the countryside. Aprista landowners were concerned about Communist influence and activity in rural zones and they also used accusations of Communism to discredit those who challenged their wealth. Now, as I have shown elsewhere, many Ayacucho peasants embraced Aprismo in the 1930s, challenging the standard view that APRA appealed only to urban sectors and plantation workers.[62] But it is no less true that many Ayacucho hacendados joined the party in that same decade, and by the 1940s, hacienda owners were a dominant force inside Ayacucho's APRA. Aprista hacendados' concerns about the Communist Party were not entirely without foundation; the Communist Party did indeed have a presence in Ayacucho's countryside. Certainly, that presence was far from overwhelming. Until the 1960s, Peru's left-wing parties favored the city over the countryside, believing that revolutionary potential rested with the urban working classes. As Trotskyist Hugo Blanco remembered it, "To be quite honest, we must recognize that we did not begin our peasant organizing because we had a clear political idea beforehand of the importance of the peasantry in our country; rather, it was largely a result of the pressure of circumstances."[63] While that self-criticism was rooted in fact, it is still true that Peru's Communist Party did pay some attention to campesinos. This attention was mandated by Moscow; the Comintern's South American Bureau instructed the Peruvian Communist Party in 1932 that "the party should form Communist units of poor peasants" and that it should "create a Communist cell for every community, on every hacienda, and on every plantation".[64] Although PCP militants did not manage to follow that instruction, they did not forget it. In a 1947 article entitled "How to Organize a

61. Idem. An abbreviated version of this quote appears in Heilman, *Before the Shining Path*, p. 117.

62. Heilman, "We Will No Longer Be Servile."

63. Hugo Blanco, *Land or Death: The Peasant Struggle in Peru* (New York: Pathfinder Press, 1972), p. 20.

64. Balbi, *El Partido Comunista y el APRA*, p. 52.

Cell," the PCP's official paper *Labor* called for the selection of a Secretary of Campesino and Indigenous Work. This secretary would be in charge of organizing party cells on haciendas and in communities. The article also asserted that "the triumph of the working class will not be possible without an alliance with campesinos and it is the duty of Communists to establish relations with workers in the countryside and to bring revolutionary orientation to them."[65]

There is some evidence that Ayacucho Communists took these instructions seriously. One local hacendado complained in 1947 that "certain individuals who say they are Communists" were causing trouble on his estate. The landlord informed authorities that "Indians of my Yanayaco estate rose up, ignoring my rights, incited by Ruperto Aviles and Tomás Palomino." Those two men were indeed Communists; Tomás Palomino was the party's regional Secretary General and Ruperto Aviles was a leading member of the Ayacucho Communist Youth.[66] In another instance, campesino tenants from the Mollepata estate requested support from the Ayacucho branch of the PCP when they faced eviction from the estate's new owner. Regional PCP Secretary General Tomás Palomino took their complaint to Ayacucho's Prefect and petitioned for intervention, explaining that the Communist Party acted "in defense of the peasantry and of exploited classes."[67] In addition, when the PCP's National Secretary General Jorge del Prado visited Huanta in 1947, he met with delegations of peasants and visited a local campesino community.[68] Several peasants from the Huanta communities of Maynay, Huanza and Espíritu may also have joined the party; it was these "campesino comrades" who guarded the hammer and sickle described at this article's outset.[69]

But for every example of Aprista hacendados' concerns about *actual* Communists, there are several more examples of their complaints about *imagined* ones. Aprista hacendados were particularly skilled at dreaming up Communist conspiracies. Take the example of the Aprista hacendado Vicente Pérez Morales. Pérez initi-

65. *Labor*, 11 April 1947, p. 4.

66. *Estrella*, 23 May 1947, 3. For other Aprista/Communist struggles in rural zones, see Monge, "If The People Are Sovereign," pp. 512-513.

67. ARA, Pref. Leg. 9, Oficio 427 (11 February 1946).

68. *Labor*, 19 April 1947, p. 1.

69. *Labor*, 4 July 1947, p. 4.

ated a lawsuit in 1947, claiming that 98 indigenous campesinos had invaded his hacienda in Carhuaurán, Huanta. By Pérez's telling, the invaders stormed onto his estate crying "Long Live Communism!" and "Long Live Pedro Abraham Chávez!" as they proceeded to harvest the estate's potato crop. The invaders remained for two days, taking with them 1400 *soles* worth of potatoes.[70] Pérez testified that the invaders "were working on the orders of the lawyer Dr. Pedro Abraham Chávez Riva, Communist Party Candidate for the Provincial Deputyship." The hacendado further asserted that the invasion reflected the "culmination and realization" of the Communist tenet "that denies private property and promises to make tenants and sharecroppers owners of the land they sow. It is also a form of political propaganda, to show the ignorant masses that Communism fulfills its promise to give lands to those who do not have them, taking it from hacendados."[71] The main problem with the hacendado's charge was that Chávez Riva was not, in fact, a member of the Communist Party. He instead led the Huanta Democratic Unity coalition, a political alliance that contained a diverse group of anti-Aprista political parties. Chávez Riva himself dismissed Pérez's claims, explaining that the charges were driven by the Aprista hacendado's "political motive."[72] Chávez Riva also asserted that Pérez was acting as "an instrument of my political and personal enemy, Dr. César Aibar Valdez," the Secretary General of the Huanta APRA branch. The fact that Chávez Riva had represented one of Pérez's campesino tenants in an earlier lawsuit against the hacendado casts even more doubt on the accuracy of Pérez's claims.[73]

Other Aprista hacendados invoked the specter of Communism to deflect criticism of their own wrongdoings. Juana Aibar—sister of leading Huanta Apristas César and Santiago—blamed her dispute with neighboring campesinos on the "destructive and terrible ideas of International Communism." Aibar asserted that those notions had led local campesinos to believe that two water sources on her property should be accessible to all. By casting this issue as a problem of Communism, Aibar turned attention away from the

70. ARA, CSJ Huanta Leg. 1673, Cuad. 31 (Initiated 25 July 1947), fol. 1.
71. Idem.
72. Idem.
73. Idem.

legal question of who had the right to that water and shifted the focus toward politics.[74]

One of the most significant examples of anti-Communism among Ayacucho Aprista hacendados came from the eastern Cangallo district of Vischongo. There, the respective owners of the Ninabamba and Ccaccamarca haciendas conducted an aggressive anti-Communist initiative against several of their estate tenants. These landowners were dedicated Apristas; a 1949 letter from Cangallo's Subprefect listed these hacendados as especially "belligerent and fanatic" Apristas in a list of the province's leading Apristas.[75] Ccaccamarca hacendado Ernesto Cárdenas accused the campesino Moisés Ayala of registering Concepción peasants in the Communist Party in 1948, signing their names and affixing their fingerprints to documents declaring their membership in the Communist Party.[76] A witness sympathetic to the hacendado asserted that Moisés Ayala was the Communist Party's delegate on the Hacienda Ccaccamarca and that Ayala was aiming to divide up the Ccaccamarca estate in secret, keeping the hacienda's best lands for himself.[77]

These Aprista hacendados soon turned their anti-Communist efforts against another local leader: a peasant by the name of Manuel Llamojha Mitma. Born in 1921, Llamojha Mitma eventually became one of Ayacucho's most prominent and influential left-wing activists in the 1960s and 1970s, running as a congressional candidate for the leftist Frente de Liberación Nacional (FLN) in the 1962 elections and serving as secretary general of the Peruvian Peasant Confederation (CCP) from 1962 until 1973.[78] While Llamojha has asserted that he did not belong to any political party in the 1940s, he most certainly challenged local hacendados' ownership rights. Together with Vischongo migrants residing in Lima, Llamojha formed a migrant mutual aid association in 1941, serving as its first Secretary General.[79] The migrant association's primary purpose was to win Vischongo campesinos' land back from their Aprista landlords.

74. ARA, CSJ Huanta, Leg. 1686, Cuad. 27, fol. 1.

75. ARA, Pref. Leg. 21, Oficio 67 (6 May 1949).

76. ARA, Pref. Leg. 21, Oficio 259 (28 May 1948).

77. Idem.

78. ARA, SC, Institutos Armadas 1962 (February 1962).

79. Defensoría del Pueblo, Centro de Información para la Memoria Colectiva y los Derechos Humanos (CIMC), Interview with Manuel Llamocca (sic) Mitma, fol. 8.

Llamojha explained that the migrant association petitioned the national government for the Vischongo community of Concepción's recognition and registration as an official indigenous community, a recognition granted in 1944. "And from there," Llamojha relayed, "we continued the fight against all the hacendados."[80] The next step in that fight came in 1948, when campesinos from the Ccaccamarca hacienda asked Llamojha to assist them in their struggle to acquire land. Llamojha remembered, "The campesinos called on me to organize them...I organized a tenants' union and we started the struggle."[81] Llamojha spoke to campesinos one by one, usually bringing his typewriter along to record their words. He then composed lengthy petitions, detailing hacendados' abuses and campesinos' suffering, requesting permission for the estate's tenants to purchase the hacienda from its owners. Llamojha even penned a letter to President Bustamante in March 1948, detailing the abuses Ccaccamarca campesinos suffered at the hands of the Cárdenas hacendados. He described "the true situation that we poor Indians are going through, victims of outrages, abuses and crimes that the Hacendados Mr. Carlos and Ernesto Cárdenas are committing."[82] Government officials not only denied the request for Ccaccamarca's purchase, they also imprisoned Llamojha, holding him in jail for six months.[83]

Whether or not Llamojha's assertions about his political non-affiliation in the 1940s are true—and they may very well be— the Aprista hacendados who fought him made Communism the crux of their complaints. Evidence from a 1948 trial included a letter in which Llamojha addressed Moisés Ayala, asking whether the latter had "visited with our Communist friends in Ayacucho," and relaying that within Ccaccamarca "our work has advanced considerably and within just a few days we will be yelling out with our other brothers a 'viva' to our Party."[84] A second letter stated that "the people are ready to act against the Cárdenas brothers in an active way, for we are determined to hang them and repeat the heroic attitude of our ancestors and in that way we will impose our Com-

---

80. CIMC, Interview with Llamocca, fol. 8.
81. CIMC, Interview with Llamocca, fol. 9.
82. ARA, CSJ Cangallo, Leg. 9, Exped. 4 (8 May 1948).
83. CIMC, Interview with Llamocca, fol. 9.
84. ARA, CSJ Cangallo, Leg. 9, Exped. 4 (8 May 1948).

munist desires for which the party will congratulate us...Long live our Party!"[85] These typewritten letters were almost assuredly fakes. They bear little resemblance to others Llamojha penned at the same time, having none of the grace or even the mannerisms of his other letters. To give just one example, in his letters Llamojha always spelled Ccaccamarca with Quechua orthography, as Jhajhamarca, but that name appears in its Hispanicized form in these trial letters. The letters also included only a typed name at their close, not Llamojha's usual flowing signature.[86] Fake or not, these letters remain relevant precisely because they show how Aprista hacendados used accusations of Communism to defend their landed wealth.

Tempering Aprista Anti-Communism

As real as Aprista anti-Communism was, we need to temper this discussion of Aprista anti-Communism and anti-Communist violence with several crucial qualifiers. First, Apristas were far from the only source of anti-Communist rhetoric and action in Ayacucho during the trienio. Provincial and departmental authorities, many of whom had no ties to APRA, often criticized the Communist Party. Just prior to the 1945 presidential elections, the Huanta Subprefect penned a letter listing individuals affiliated or inclined toward the Communist Party. That letter described José M. Betalleluz as a "red Communist and all his activities are known to be anti-Government."[87] The Catholic Church was a second important source of anti-Communism. The Peruvian Episcopate made a formal declaration against Communism in January 1945, and the Ayacucho Bishop voiced a similar denunciation the following month. The Bishop asserted that "Atheist Communism" posed a "grave danger" for both the Church and the country, and he charged that Communism "works against the divine mission of the Church in this world."[88] There was a "Catholic Workers' Circle" in Ayacucho, which had its own periodical, *Trabajo*. The newspaper, like the or-

85. Idem.
86. Idem.
87. ARA, Pref. Leg. 15, Oficio 129 (23 April 1945).
88. *Excelsior*, 28 February 1945, p. 3; *Excelsior*, 15 March 1945, p. 2.

ganization, was anti-Communist.[89] Many non-Aprista Ayacucho hacendados also uttered the same sorts of complaints about Communists as their Aprista counterparts, for essentially the same reasons.[90] Lastly, members of other Marxist parties in Ayacucho likely grumbled about the Communist Party and its particular ideological line. Certainly, such critiques happened in national forums. A Trotskyist newspaper, for example, charged in 1947 that, "STALINISM IS THE SYPHILIS OF THE WORKERS' MOVEMENT!"[91] While I have found no evidence of similar complaints in Ayacucho documents, it is not too great a stretch to imagine that Ayacucho Socialists and Trotskyists criticized Communists, even if only behind closed doors.

Aprista anti-Communism also operated within a broader political context of Aprista opposition to many other political parties and actors. Ayacucho's Apristas did not limit their verbal and physical attacks to Communists, real or alleged. Instead, the department's Apristas were quick to challenge just about anyone who criticized their party. The Socialist newspaper *Vanguardia* asserted that "Apristas have tried to instill terror in the province and unleash a wave of attacks and abuses [*atropellos*] and acts of vandalism. Socialist and independent forces have energetically repelled this Aprista terrorism and they have proclaimed their firm will to instill democracy in the province of Huanta, cost what it may."[92] Even individuals unaffiliated with political parties were vulnerable to Aprista violence. Apristas attacked Manuel Zúñiga Gamarra's home in December 1946, throwing a stick of dynamite at the house.[93] According to Zúñiga, Apristas carried out this "terrorist act" in order to stop him from distributing the anti-Aprista newspapers *Combate*, *Hoguera*, *Cascabel*, *Vanguardia* and others in his store. Zúñiga relayed that on several previous occasions, members of APRA had jokingly warned him, "Be careful, Zúñiga. We're going to kill you because these papers hurt the Party."[94]

---

89. *Trabajo*, 24 October 1945, p. 6.

90. Interview with Edgar Romero (pseudonym) (Huanta, 24 May 2005).

91. *Revolución: Órgano quincenario del Grupo Obrero Marxista*, 15 May 1947, p. 3.

92. *Vanguardia*, 14 June 1946, p. 1.

93. AGN, MDI, Paq. 482, Oficio 370 (6 December 1946).

94. AGN, MDI, Paq. 482, Unnumbered oficio (5 December 1946).

We can also temper Aprista anti-Communism by recognizing that members of the PCP returned Aprista slander and violence in kind. Phrased differently, inside Ayacucho, Communist anti-Aprismo was just as strong as Aprista anti-Communism. The PCP periodical *Labor*, for example, described Apristas as terrorists and fascists, and sensationalized mild scuffles as deadly attacks.[95] Ayacucho Communists also stressed their right to engage in violence against Apristas, under the rubric of self-defense. A 1947 letter to the Ayacucho Prefect from members of the PCP stated as much. "We, the Communists, will not be responsible for subsequent actions that might have dangerous developments. We are disposed *in our legitimate defense* to reject violence with violence."[96] Combined with participants' passionate political convictions, this rejection of "violence with violence" often generated grossly discrepant accounts of Aprista/Communist conflict. To take just one example, consider the case of Huanta Communist Francisco Gamboa and several young Aprista militants. One June 1946 afternoon, Gamboa was heading home when he noticed four teenage boys defacing his home's outer walls with Aprista posters and graffiti. When Gamboa yelled at the boys to stop, the teenagers insulted and swore at him. Gamboa then tried to grab one of the boys to drag him to the police station, but the teenagers punched him in the mouth, knocking Gamboa to the ground, and then beat him while he was down.[97] Or so Gamboa testified. Another witness in the case offered a strikingly different version of these events, a portrayal decidedly more sympathetic to Apristas. Alberto López Pineda testified that a commotion drew him from his storefront that same June afternoon, and once outside, he saw Gamboa beating a young boy with a metal bar. When the boy escaped and ran toward López, Gamboa struck López in the head with the metal bar. As López explained it, "Gamboa's attack owes to the fact that the Communist Group has ordered him to provoke scandals and attack Apristas."[98] These discrepant accounts—and the many others linked to similar conflicts—have no easy historiographical resolution, but they do strongly suggest that

95. *Labor*, 16 March 1946, p. 1.

96. ARA, Pref. Leg. 104, Oficio 169 (5 June 1947).

97. ARA, CSJ Huanta, Leg. 1672, Cuad. 4, fol. 5. (Case initiated 26 June 1946).

98. ARA, CSJ Huanta, Leg. 1672, Cuad. 4, fol. 2. (Case initiated 26 June 1946).

Ayacucho's Apristas and Communists alike both instigated and responded to political violence.

Conclusions

Chronicling Aprista anti-Communism inside trienio-era Ayacucho reveals that APRA did not easily transition into legality. While the party enjoyed unprecedented political legitimacy during Bustamante's presidency, it still depended upon extra-legal methods. Trienio-era Apristas prioritized thuggery as their political method, infusing their anti-Communist efforts with violent actions like beatings, fistfights, and even small-scale bombings. Apristas could not—or would not—restrict their political battles to elections and legislative efforts. Aprista thuggery was not limited to Ayacucho; in mid-1946, Apristas attacked opposition newspapers throughout the country and targeted the minister of government and the editor of *La Prensa* for assassination in late 1946 and early 1947 respectively, successfully killing the editor.[99] Decades before the PCP-Sendero Luminoso unleashed its devastating campaign of terror upon Ayacucho, department Apristas helped create an environment where violence became a crucial political tool.

In some respects, anti-Communism served Ayacucho Apristas well. Anti-Communist words and actions helped Ayacucho Apristas define themselves and allowed them to retain their claims to anti-imperialism, albeit in modified form. Anti-Communism also aided Ayacucho Apristas in their effort to retain political prominence in the department and to defend their landed interests against campesino challengers. But Aprista anti-Communism failed to ingratiate the party to either the Peruvian State or the Peruvian military. Bustamante ousted Apristas from his cabinet in January 1947 and a July 1947 directive from the Minister of Government urged authorities to "denounce all agitators of public order" while subsequent directives instructed Ayacucho authorities to prohibit political inscriptions and anonymous flyers.[100] Those orders applied to both the Communist Party and APRA. The political repression only

---

99. Haworth, "Peru," pp. 182-183; Monge, "If The People Are Sovereign," pp. 268-269, 370-371.

100. ARA, Pref. Leg. 9, Oficio 994 (22 July 1947); ARA, Pref. Leg. 9, Oficio 1238 (3 October 1947); ARA, Pref. Leg. 9, Oficio 1251 (9 October 1947).

worsened after the October 1948 coup ousted Bustamante from the presidency. The new government under General Manuel Odría officially outlawed both the PCP and APRA on 1 November 1948.[101] That prohibition had painful repercussions. Within Ayacucho, numerous authorities and government employees lost their jobs, fired as a consequence of their political affiliations and sympathies.[102] And following instructions received from the Director of Government in Lima, Huanta's Subprefect ordered a series of arrests in February 1949. Aprista hacendados Santiago and César Aibar faced arrest, as did seven other Apristas and five alleged Communists.[103] The ensuing detentions were not short lived; the detainees remained in prison for several months, even launching a hunger strike in protest.[104] As different as Apristas and Communists seemed to one another, the Odría government judged them subversives of the same ilk.

101. *Sierra*, 1 and 2 Quincena November 1948, p. 2.

102. ARA, Pref. Leg. 15, Oficio 781 (4 November 1947); ARA, Pref. Leg. 9, Oficio 835 (15 September 1948); ARA, Pref. Leg. 15, Oficio 511 (5 September 1949).

103. ARA, Pref. Leg. 15, Oficio 64 (2 February 1949); ARA, Pref. Leg. 15, Oficio 225 (8 May 1949). For national context, see Klarén, *Peru*, pp. 298-299.

104. ARA, Pref. Leg. 104, Oficio 19 (7 February 1949); ARA, Pref. Leg. 15, Oficio 225 (8 May 1949).

EL PERONISMO EN LOS DEBATES DEL PARTIDO COMUNISTA ARGENTINO 1945-1953

Aníbal Jáuregui

Universidad de Buenos Aires / Universidad de Luján

La irrupción del peronismo en 1945 fue, como sabemos, un punto de inflexión en la historia de la izquierda y en el campo cultural que la rodeaba. Si el comunismo argentino había tenido un período de sostenido crecimiento en los años entre 1930 y 1943, atravesó en cambio los años peronistas de forma mucho menos fructífera y perdió progresivamente la capacidad de expresar franjas significativas en la sociedad.

Una larga tradición política e historiográfica ha identificado al Partido Comunista Argentino (PCA) con una monolítica y constante orientación antiperonista. Sin embargo, recientes investigaciones han puesto de manifiesto que el rechazo al peronismo estuvo lejos de la unanimidad[1]; por el contrario fue controversial y de alguna forma utilizado como una estrategia de reforzamiento para el verticalismo de sus principales líderes, propio de la era estalinista. Tanto los debates de 1946, a los que se enfrentó un sector interno conformado por un grupo de dirigentes ferroviarios y de intelectua-

---

1. Andrés Gurbanov y Sebastián Rodríguez, "La compleja relación entre el Partido Comunista Argentino y el peronismo:(1943-1955)", Primer Congreso de Estudios sobre el Peronismo, Mar del Plata, noviembre 2008; Samuel Amaral, *La renuencia de las masas: el Partido Comunista ante el peronismo. 1945-55* (Buenos Aires: UCEMA, 2008), Documento de Trabajo 379; Daniel Campione, "El Partido Comunista de la Argentina. Apuntes sobre su trayectoria", en Elvira Concheiro, Massimo Modonesi y Horacio Gutiérrez Crespo, coords., *El comunismo: otras miradas sobre América Latina* (México: Universidad Nacional Autónoma de México, 2007).

les, como los de 1952, cuando la misma dirigencia partidaria intentó acercarse al régimen gobernante (en este caso se responsabilizó del operativo al Secretario de Organización, Juan José Real, quien fue expulsado) concluyeron con la afirmación de la dirigencia partidaria capitaneada por Victorio Codovilla y Rodolfo Ghioldi. Unos y otros habían fundado sus puntos de vista acudiendo al marxismo y en verdad representaban al interior del partido una tentativa por recuperar la vigencia del "viejo topo" de la crítica marxista.

Queremos retomar la problemática de la relación del PCA con el peronismo para desnaturalizar los aspectos del vínculo entre peronismo y cultura de izquierda en el momento en que éste se establecía. En efecto, la postura antiperonista del PCA (en especial las críticas que provenían de la izquierda nacional) ha sido relacionada con un sustrato cultural de tipo migratorio que lo formaba en una tesis que podría ser considerada *emanacionista*. Sin descartar del todo dicho elemento incidental, nosotros queremos aproximarnos al tema desde el contexto político y la organización partidaria.

Desde nuestro punto de vista, el antiperonismo que terminaría predominando en el PCA no fue resultado de las influencias liberales que anidaban en su interior, como se ha podido sostener; aunque la interpretación de la evolución histórica lo identificara con las figuras dominantes de ese panteón, no eran liberales las "soluciones políticas" que proponía. Si recordamos la inclinación de los comunistas por las políticas públicas que refuerzan la intervención del Estado —la nacionalización de los servicios públicos, el mantenimiento del nivel de empleo y del alza de los salarios, la *planificación* económica, la limitación del poder económico de los grandes terratenientes y de las empresas de capital extranjero— veremos que las coincidencias con algunas políticas peronistas eran mayores de las que se reconocían. Justamente estos lineamientos del régimen peronista fueron destacados por muchos de los críticos de la dirigencia partidaria como los comunes denominadores que acercaban a peronistas con comunistas. Si se analizan—como lo haremos más adelante—las manifestaciones críticas de la prensa partidaria hacia el gobierno, se verá que la disidencia, cuando existía, era más de grado que de instrumento y objetivo.

En este trabajo estudiaremos en primer lugar cómo se gestaron las posturas críticas del PCA en relación al gobierno peronista para después intentar explicar cómo se produjo la etapa de acercamiento en desde 1952 hasta 1953. Finalmente analizaremos las discusiones internas que ese acercamiento produjo entre Juan José Real, Secretario de Organización y la dirigencia partidaria.

La oposición al peronismo y lucha antifascista

Para los comunistas las expectativas de postguerra se presentaban aún más promisorias de lo que eran para el resto de las fuerzas políticas. Si la derrota de Alemania y del fascismo había representado el triunfo de los Aliados, fue sobre todo la victoria de la Unión Soviética la que determinó la contienda. El triunfo militar se convertía en una confirmación de la fortaleza del socialismo soviético, y ello le acarreaba un innegable reconocimiento internacional que fue recogido por los partidos afines de todo el mundo.

El objetivo principal del PCA en ese entonces consistió en colocarse en un lugar de protagonismo suficiente dentro del escenario político, el cual fue visto como la consecuencia lógica y necesaria del nuevo contexto mundial y de una ardua tarea militante entre trabajadores, sectores populares y medios, entre los que se construyeron sindicatos y organizaciones representativas, allí donde no las había.

Sorpresivamente, entre los puntos destacados del discurso comunista en la coyuntura de 1945 a 1946 el énfasis no estuvo en la cuestión social, sino en la institucional, específicamente en la valorización de la renacida democracia y la condena a dos instituciones opositoras, la Iglesia y el Ejército, soportes principales de la dictadura nacida el 4 de junio de 1943.[2] En cierto sentido, tanto para el PCA como para los otros partidos del centro y de la izquierda, la etapa que se iniciaba después de la finalización del gobierno militar, continuaba con la lucha emprendida desde la década de 1930 por la recuperación de la democracia entendida "a la Yrigoyen" (un sistema basado en la "pureza del sufragio") aunque remozada y renovada.

Sin embargo, esta definición del PCA resultaba sumamente problemática, tanto para los militantes como para el público al que se dirigía, ya que la relación del comunismo con la democracia estaba envuelta en una notable ambigüedad y, en cierto sentido, se confundía con el oportunismo político. Para intentar revertir

2. Victorio Codovilla, *Trayectoria histórica del Partido Comunista (discurso de apertura)* (Buenos Aires: Anteo, 1946).

esta ambigüedad se publicó en 1946 un folleto escrito por Rodolfo Ghioldi, el más antiperonista de los dirigentes del PCA, que establecía un vínculo de hierro entre democracia y socialismo en el que la democracia burguesa formal aparecía como una forma imperfecta. Así, la verdadera democracia sólo podía encontrarse en la Unión Soviética.[3] Si por un lado se afirmaba la bandera del parlamentarismo dentro de la constitución argentina, por otro se elogiaban las restricciones que el gobierno soviético realizaba a las libertades individuales y al manejo de la prensa.

Los comunistas argentinos—mucho más que sus pares de Uruguay o Brasil—quedaron inmersos en la campaña "democrática" y antifascista impulsada por Moscú, que además de recuperar la prédica antibélica con que había nacido la Comintern, buscaba echar un manto de piadoso olvido sobre el pacto de 1939 con Alemania y las violaciones de derechos que el Estado soviético había cometido sobre su propia población. Los horrores de la reciente guerra, todavía presentes en el recuerdo de todos, quedaban concentrados exclusivamente en la ominosa imagen de los campos de concentración alemanes que se descubrían día a día en ese tiempo. Supuestamente la lucha antifascista no significaba resignar la aspiración a la revolución socialista ya que el fascismo se interpretaba como una manifestación de la propensión del sistema capitalista a adoptar formas totalitarias, si bien en la práctica significaba una postergación del socialismo.[4]

En la lógica de la dirigencia de la antigua III Internacional, cada partido comunista debía enfrentarse a una versión del "fascismo" en su país. En la Argentina, ningún otro actor político podía ser mejor acreedor a ese calificativo que el gobierno militar que ahora tenía a Perón por cabeza visible. El resentimiento hacia éste se nutría además de su cortejo exitoso de sectores obreros, una influencia que los dirigentes sindicales comunistas habían sabido ganar en los años previos. Del cruzamiento de las circunstancias internas y externas nació un epíteto que terminó descalificando a quien lo creara: el naziperonismo.

Colocados en el territorio de los partidos del arco liberal republicano que expresaba la Unión Democrática, y fuera del espacio nacional-popular, los comunistas se encontraron en una situación

---

3. Rodolfo Ghioldi, *Los comunistas y la democracia* (Buenos Aires: Anteo, 1946).

4. Francois Furet, *El pasado de una ilusión* (México: FCE, 1995).

de notable incomodidad. Por esta razón, las definiciones oficiales no cerraban el debate en el PCA en torno al país que se avecinaba, cuando las libertades públicas comenzaban a ser disfrutadas después de años de ilegalidad. Antes de la guerra, la dirigencia del PCA había sabido imponer lo que algunos autores denominaron la "bolchevización"[5] del partido, esto es el sometimiento de la masa partidaria a la dirección, cuyos máximos dirigentes sólo respondían a los más altos niveles de la conducción de la IC.

A pesar del centralismo burocrático, el espíritu crítico no había desaparecido en la vida partidaria. Algo de esto pudo aparecer en la IV Conferencia partidaria presentada en Diciembre de 1945 como la culminación de luchas parangonables a las que habían protagonizado las resistencias europeas contra los movimientos totalitarios. La avanzada contra la dictadura había triunfado, a pesar de la represión que sufrieron los militantes, expresada especialmente en el encarcelamiento, el cierre de periódicos y locales, y la clandestinidad.

El evento se llevó a cabo bajo la disyuntiva "democracia o fascismo", expresión de las dos grandes tendencias mundiales en pugna: progreso o reacción. La construcción de la Unión Democrática sería el instrumento electoral para enfrentar este dilema en momentos que se reabría una participación democrática que no estaba garantizada y que debía ser defendida por los partidos democráticos, tras década y media de violencia y fraude.[6]

El principal referente del comunismo local, Victorio Codovilla, estuvo acompañado por una dirigencia en la que asomaba como segundo el Secretario de Organización Juan José Real, quien se abocó en tal oportunidad a analizar las cuestiones internas.[7] Real

---

5. Ver Hernán Camarero, "El *tercer período* de la Comintern en versión criolla. Avatares de una orientación combativa y sectaria del Partido Comunista hacia el movimiento obrero Argentino", *A Contracorriente*, Vol. 8, N° 3, primavera 2011, pp. 203-232, incluido en este volumen.

6. Citado por Gerónimo Arnedo Álvarez, *Cinco años de lucha. Entre el X y el XI Congreso* (Buenos Aires: Anteo, 1946), p. 48.

7. Nacido en 1911, Real fue desde muy joven militante político y sindical. Desempeñó un papel clave en la organización de la Federación Juvenil Comunista a comienzos de la década de 1930. Partió en 1936 a España para sumarse a las Brigadas Internacionales, en las que combatió con el nombre de Comandante Máximo Miranda. Allí trabó una relación, que se mantendría con los años, con Fernando Claudín, representante del ala más reflexiva y crítica del Partido Comunista Español a la que pertenecía Jorge Semprún. Volvió a Argentina después de un viaje

llamaba, en primer lugar, a restablecer la democracia partidaria, suspendida *de facto* por la situación de clandestinidad que había obligado a colocar los rasgos centralistas por encima de los democráticos, algo que había actuado en detrimento de la capacidad de la dirección de recoger ideas de los militantes de base. Concretamente sostenía que si se hubiese escuchado a los militantes de las células[8] se podría haber evitado el grave error de haber apoyado la entrega del gobierno a la Corte Suprema, que al presionar por la salida de Perón del gobierno contribuyó a la movilización del 17 de octubre de 1945.[9]

Su discurso buscaba canalizar positivamente la movilización existente e invitar a las células partidarias a discutir la realidad nacional, y al mismo tiempo, cuestionaba a los dirigentes—supuestamente los intermedios—que no se mostraban tolerantes con las disidencias y que estimaban que las reuniones eran buenas si se aprobaba lo actuado. Postulaba una fuerte apuesta al debate interno en la formulación de la línea partidaria y en la elección de la dirigencia; en esto parece advertirse un sesgo distinto en torno a la idea de partido respecto al resto de los dirigentes.[10]

Como sabemos, los resultados de las elecciones del 24 de febrero de 1946 no favorecieron a la Unión Democrática, ni mucho menos a las listas integradas por comunistas.[11] Dichos resultados hicieron naufragar las esperanzas de que la clase obrera reconociera al Partido Comunistas como "su" representante político. Pero también tuvieron una consecuencia interna: la emergencia de un sector que postulaba el acercamiento del partido al nuevo gobierno, constituido por los integrantes de la célula ferroviaria (entre ellos

por la Unión Soviética y los Estados Unidos, enriquecido por una experiencia que evidentemente lo marcaría. Con el retorno al país, convocado por el mismo Codovilla, tuvo una notable trayectoria en la estructura partidaria hasta llegar a ejercer el cargo de Secretario de Organización del PCA.

8. En verdad, podría representar un reconocimiento para ciertos sectores críticos como la conocida célula de militantes del Ferrocarril Sud.

9. Juan José Real, *Por un gran partido de la clase obrera y el pueblo* (Buenos Aires: Anteo, 1946), p. 15.

10. "El afiliado tiene el derecho de recusar a sus dirigentes cuando cree que ellos no están a la altura de la situación. Por otra parte, un dirigente del P. no es un mandamás, con más derechos que deberes y que por serlo se cree blindado contra toda crítica". Real, *Por un gran partido de la clase obrera y el pueblo*, 12-16.

11. Las listas comunistas a legisladores apenas alcanzaron el 1.47% de los votos.

Norberto Mac Lennan, Antonio Di Santo y Bracco) y un grupo de intelectuales encabezados por Rodolfo Puiggrós y Eduardo Astesano, que serían expulsados, acompañados de un grupo en el que destacaban Manuel Sadovsky y Gregorio Lebenson.[12] Dicho grupo, que más tarde se transformaría en el Movimiento Obrero Comunista (MOC), buscaba una síntesis entre los trabajadores "reales" y la militancia comunista. Como ha mostrado Amaral, el MOC intentaba convertirse en una corriente que al interior del PCA buscaba desplazar a la conducción codovillista y en esta lucha también modificar la organización partidaria, sin abandonar la fe en el comunismo ni sus concepciones. Tal actitud también lo convertía en un grave peligro para la dirigencia que, como era tradicional, consideraba que todos los agrupamientos internos contrarios a la dirección partidaria eran en verdad "antipartido".

Desplazado el grupo disidente quedaba en pie la pregunta que éste había dejado pendiente: ¿por qué los obreros y trabajadores habían votado por Perón, una figura completamente ajena al mundo del trabajo y de la lucha sindical? El anclaje peronista en las masas se convirtió en un desafío de difícil resolución tanto en la teoría como en la prácticamente. A diferencia de otras corrientes políticas que podían desde su tradición de pensamiento optar por colocar un fenómeno dentro de la pura negatividad, los partidos que anclaban su misma existencia en la teoría marxista necesitaban incluir esa negatividad como un momento del progreso histórico. Codovilla, anticipando la tesis que popularizaría más tarde Gino Germani, vinculó la creciente influencia de Perón entre los trabajadores a su inexperiencia de recién llegados a la vida fabril, enfatizando su condición migrante, juvenil o femenina.[13]

---

12. Respecto a Puiggrós y su grupo existen varios trabajos, entre los que podemos citar especialmente a Omar Acha, "Nación, peronismo y revolución en Rodolfo Puiggrós (Primera Parte: 1906-1955)", *Periferias. Revista de Ciencias Sociales*, Año 6, N° 9, segundo semestre de 2001; Rodolfo Luis Tortorella, "Marxismo, populismo y liberación nacional. La mirada sobre el peronismo de un comunista disidente (Rodolfo Puiggrós, 1954-1959)", *Biblioteca Política del Programa Buenos Aires de Historia Política*, 2007, www.historiapolítica.com; y Samuel Amaral, "Peronismo y marxismo en los años fríos: Rodolfo Puiggrós y el Movimiento Obrero Comunista, 1947-1955", *Investigaciones y Ensayos*, N° 50, 2000, pp. 71-194.

13. Victorio Codovilla, *Sobre el peronismo y la situación política argentina* (Buenos Aires: Anteo, 1945), p. 11. Declaraciones publicadas en Chile el 7 de noviembre de 1945.

A diferencia de otros partidos de la Unión Democrática, como el socialismo y la democracia progresista, el PCA supo elaborar una autocrítica que al mismo tiempo explicaba en parte el triunfo de Perón. El PCA reconocía que había incurrido en una seria desviación de los principios al debilitar la lucha sindical –manteniendo los sindicatos dirigidos por comunistas separados de los oficiales– por el temor a perder aliados "en el campo de los sectores burgueses progresistas". Esta defección "daba armas al enemigo favoreciendo su demagogia y permitiéndole engañar a las masas".[14] La instancia en la que se intentó procesar tanto la derrota de febrero como la disidencia y expulsión de los críticos, fue el XI Congreso realizado en agosto de 1946. Allí se adoptó una nueva posición frente al gobierno, que retomaba parcialmente las ideas del grupo expulsado. La nueva política frente al gobierno estuvo sintetizada por la frase "apoyar lo positivo, criticar lo negativo" e implicaba un alejamiento respecto a los antiguos aliados de la Unión Democrática y una nueva propuesta de alianza, el Frente de Liberación Social y Nacional, en el que aspiraba a congregar tanto a votantes peronistas como no peronistas.[15] De esta forma se procuraba dar un protagonismo al partido por encima de la oposición entre peronismo y antiperonismo.

A pesar de su aprobación formal, la línea del XI Congreso no terminaría de aplicarse en los años siguientes en los que se volvía a caer recurrentemente en el antiperonismo. La prensa y las publicaciones partidarias (que expresaban bastante bien los lineamientos del partido, aunque no es seguro que fueran repetidos a pie juntillas por los militantes obreros y barriales) no abandonarían el tenor predominantemente opositor justificado en dos argumentos centrales. Por una parte, los beneficios obtenidos por los trabajadores no conducían a una mejora apreciable en calidad de vida, y por

---

14. Pero en las palabras de Arnedo se visualizaba que se había demorado en percibir que la situación había cambiado: "[U]na posición estrecha y sectaria [nos] impidió apreciar con justeza el viraje que tomaban los hechos y no supimos realizar, ágilmente, los cambios que podrían haberlos decidido en forma favorable. Marchamos en gran parte a remolque de otras fuerzas y aceptando la falsa consigna de entregar el poder a la 'Suprema Corte' (...) posición errónea y sectaria sin facilitar otras vías de solución que hubieran podido determina un vuelco favorable de la situación. Este error permitió al enemigo reponerse del golpe y transformar una derrota, nuevamente en victoria para sí". Gerónimo Arnedo Álvarez, *Cinco años de lucha. Entre el X y el XI Congreso* (Buenos Aires: Anteo, 1946), pp. 44-46.

15. Codovilla, *Trayectoria histórica*.

la otra, las debilidades institucionales del régimen encaminaban al gobierno hacia el autoritarismo, que en parte restringía el acceso a las libertades democráticas "burguesas" traducidas en la represión efectiva contra sus militares. Ello incluía algunos asesinatos y la persecución a la prensa partidaria. El diario *La Hora* y el semanario *Orientación*, por ejemplo, fueron clausurados por la Comisión Visca.

En el terreno de la política social y económica las definiciones eran mucho más dificultosas. La línea partidaria defendía a la masa de productores rurales, chacareros o tamberos, culpando a la política oficial del alza de precios y de la carestía de la vida.[16] La intervención estatal en la economía era valorada pero se cuestionaba el peso de la burocracia y la creciente carga de impuestos.

¿Qué llevó a la dirección del PCA a mantenerse dentro de esta línea crítica desconociendo en buena medida el pronunciamiento del XI Congreso? Indudablemente la senda anticomunista iniciada con el gobierno de Uriburu y la Sección Especial de Lucha contra el Comunismo de la Política Federal era continuada. Perón nunca dejó de presentarse como un anticomunista, y los militantes comunistas continuaban siendo encarcelados y algunas de sus publicaciones cerradas. En el terreno exterior y en el marco de la guerra fría, Perón supo mantenerse dentro del bloque occidental, aunque estableció relaciones diplomáticas con la URSS en 1946, hecho que no debería haber sido irrelevante para el partido. Pero la determinación principal provenía del plano interno: el "renovado antiperonismo" de la dirigencia "estuvo destinado a conservar la disciplina interna, la autonomía y la identidad partidaria", en principio ante el grupo liderado por Puiggrós.[17] Por último, existía una dinámica nacional a la que el PCA no pudo sustraerse, y esta era la creciente división nacional en dos campos irreconciliables (peronismo y anti-peronismo) en la que el PCA no conseguía encontrar su lugar.

Las elecciones de renovación del mandato presidencial de noviembre de 1951 se presentaban como otra oportunidad donde someter a prueba el alcance del mensaje del PCA. Allí las listas co-

16. "Los productores no tienen ningún interés porque su trabajo no encuentra compensación, ni pueden hacerlo porque ellos no disponen de las tierras que necesitarían para ampliar la producción. Continuaría encareciéndose la leche si no se termina con el monopolio de la tierra". *La Hora*, 10 de febrero de 1947, p. 10.

17. Gurbanov y Rodríguez, "La compleja relación", p. 8.

munistas encabezadas por la fórmula Ghioldi-Alcira de la Peña obtuvieron alrededor de 71,000 votos, menos del 1% de un padrón duplicado por el voto femenino, lo que suponía un fracaso electoral de magnitud.[18] El "fenómeno social del peronismo"—denominación que comenzaría a utilizar Codovilla en 1948, lo que de alguna forma buscaba darle algo de legitimidad a la adhesión popular a ese movimiento—volvía a demostrar su fortaleza.[19] El voto combinado del peronismo y el radicalismo superaría el 90% de los sufragios, lo que en realidad recolocaba al PCA en un débil lugar de oposición.

¿En la búsqueda del acuerdo imposible?

Los resultados electorales mostraban que el futuro del PCA en el terreno del antiperonismo no era favorable. El partido se había convertido en un habitante marginal de la política nacional y las ilusiones de 1945 se habían disipado. La guerra fría había hecho palidecer a la democracia como valor definitorio de amigos y enemigos. La confrontación en el escenario internacional con los Estados Unidos pasaba a ser el objetivo de la hora, en la que se aunaban el juego del poder mundial con una amenazante independencia nacional. ¿Podría ser el peronismo un aliado en esta estrategia?

Las nuevas circunstancias creaban objetivamente las condiciones para un replanteo de la línea partidaria en consonancia con las tesis del XI Congreso. La amenaza latente de un nuevo golpe de estado permitía presentar al realineamiento como una conducta de defensa del orden legal y de las conquistas sociales. El anuncio del Segundo Plan Quinquenal confirmaba la adopción de la planificación como método orientador de acción gubernamental, inspirada lejanamente en la planificación soviética y vinculada a una fuerte participación estatal en la propiedad. Las nacionalizaciones de las empresas de servicios públicos eran otra vía de entrada a esa mirada, aunque se consideraran insuficientes.

La reorientación de la línea partidaria fue impulsada por la declaración de Perón del 22 de abril de 1952 referida a las amenazas

---

18. El mismo Perón hizo referencia a esa *performance* del comunismo argentino en un reportaje, autoelogiándose: gracias a sus políticas se había conseguido eliminar la influencia de los comunistas.

19. Codovilla citado por Amaral, *La renuencia de las masas*, p. 23.

golpistas.[20] "Lo que nosotros tenemos que presentar a la amenaza de afuera y a los traidores que adentro están al servicio de los de afuera"—eran sus palabras—"es un frente popular unido, un frente del pueblo".[21] En ella pareció buscar alguna forma de acuerdo con parte de la oposición para "formar un frente popular unido" frente a la conspiración oligárquica. El PCA entendía que podía comenzar a construir una coalición que reuniera a los votantes de ambos campos en que se dividía la opinión: peronistas, radicales, socialistas, comunistas con un programa antiimperialista y antioligárquico.[22]

Bien mirada, la declaración de Perón fue tan sólo un breve comentario inmerso en un discurso, pero fue amplificada por el PCA con el fin de justificar el viraje. No sabemos si hubo tratativas secretas entre el gobierno y el partido, aunque sí existían negociaciones comerciales entre la Argentina y la Unión Soviética, las que culminaron con la firma de un convenio comercial a fines de 1953 y que era una de las exigencias explícitas del PCA para aceptar el acercamiento al gobierno. Estas tratativas son las que llevaron a Isidoro Gilbert a sostener que el "caso Real" fue una operación de Moscú para desplazar a Codovilla, cuyo antiperonismo devenía en obstáculo insalvable para el establecimiento de fluidas relaciones comerciales.[23]

Más allá de que los fundamentos de esa interpretación son poco claros, tiene la virtud de mostrar que el viraje no se debía a una gestión individual de Real. Ello está corroborado por el hecho de que casi todos los órganos partidarios se manifestaron en esa línea, y conociendo el funcionamiento del PCA, ello sería imposible sin el apoyo, más o menos explícito, del propio Codovilla, quien estuvo en el país en el momento en que comenzó el nuevo rumbo, abandonándolo en septiembre de 1952.[24]

La nueva línea comunista se reflejó en la prensa partidaria. Los reclamos por el alza de precios ahora se elevaban en modo constructivo. La muerte de Evita hizo vestir de luto a la portada de

20. Juan José Real, *Treinta años de historia argentina* (Montevideo: Fundamentos, 1962), p. 148.

21. "Que hacer", *Nuestra Palabra*, 6 de diciembre de 1952, p. 6.

22. "Ante el golpe de Estado reaccionario y la crisis sólo hay una salida", *Nuestra Palabra*, 13 de mayo de 1952, p. 2.

23. Isidoro Gilbert, *El oro de Moscú* (Buenos Aires: Planeta, 1994).

24. Además Real estuvo en Europa desde abril hasta septiembre de 1952.

Nuestra Palabra. Desde sus páginas se llamó a defender las conquistas obreras y la organización sindical en momentos en que diferentes sectores políticos reclamaban por la excesiva influencia de la CGT en el gobierno nacional.[25] Parecía apoyar en este sentido la denuncia que realizara su Secretario General José Espejo el 17 de agosto de 1952 en la ciudad de Pergamino en defensa de las conquistas sociales "[c]ontra la desocupación, ¡unidad y lucha obrera! ¡Frente Popular Unido!".[26] También acompañó al gobierno en algunas medidas que consideraba positivas, como la puesta en marcha de Industrias Aeronáuticas y Mecánicas del Estado, medidas que serían supuestamente resistidas por los intereses norteamericanos. En ocasión del lanzamiento del Segundo Plan Quinquenal, el PCA dio una declaración francamente favorable, bastante diferente de la que pronunciara cuando apareció el primero.[27] La propuesta económica del gobierno era calificada de progresista aunque para concretarla debía enfrentarse a los intereses concentrados nacionales y extranjeros. Sólo de esta forma, aconsejaba, se podría luchar contra la desocupación, la inflación y el desabastecimiento de productos de primera necesidad.[28] El Comité Ejecutivo saludaba al Plan no como un "partido opositor", sino como un partido que luchaba por la unidad de las masas populares para impulsar el progreso del país. Defendía así los objetivos de grandeza nacional, soberanía política, independencia económica y mejora de las condiciones de vida para trabajadores y demás sectores populares.[29] Las denuncias de la oposición en el sentido de que el avance estatal en la economía era antesala del autoritarismo, fueron rechazadas por *Nuestra Palabra* por considerar que defendían al *establishment*.[30] Las manifestaciones

---

25. *Nuestra Palabra*, 19 de mayo de 1952, p. 1.

26. "El Congreso Textil y el discurso de Perón", *Nuestra Palabra*, 23 de septiembre de 1952, p. 5.

27. El Partido consideró que el gobierno recogía las críticas que habían sido vertidas en las páginas de sus órganos de difusión cuando se lanzó el Primer Plan Quinquenal

28. "El Segundo Plan Quinquenal del Gobierno Argentino", *Nuestra Palabra*, 9 de diciembre de 1952, p. 1.

29. "Respuesta al llamamiento que hiciera el Presidente de la República Gral. Perón al término de la exposición del Segundo Plan Quinquenal", *Nuestra Palabra*, 16 de diciembre de 1952, p. 1.

30. "Los diputados radicales han expresado su oposición al Segundo Plan Quinquenal. Si bien han fundado su actitud en cuestiones jurídico-institucionales y en

pro-oficialistas llevaron a los sectores opositores a acusar al PCA de estar "entregado" al peronismo, mientras éste se declaraba enemigo de la oposición sistemática encarnada por socialistas y radicales.

Seguramente no todos estarían de acuerdo con estos pronunciamientos. No faltaría el debate interno, aunque por las características organizativas del PCA, similares a las de otros partidos comunistas, este debate ocurría en secreto, sin transparencia ni pronunciamientos públicos.

Este estilo marcado por la opacidad abre espacio a las hipótesis conspirativas, fundadas en un dato objetivo: el mismo día que el Comité Central debatía la expulsión de Real, se concretaba una reunión entre el embajador argentino en Moscú, Leopoldo Bravo, con Stalin para discutir detalles del acuerdo comercial que se firmaría meses después. Este acuerdo concretaba, al menos en parte, una de las principales demandas partidarias hacia el gobierno de Perón.[31]

Algunos autores han sostenido que "el caso Real" no modificó la postura del PCA sobre el peronismo, ya que significó la solitaria disidencia de un dirigente. Según Real fue el propio Codovilla quien indujo al cambio de línea.[32] Más allá de estas motivaciones puntuales, tal conducta política tenía fundamentos que querían modificar la forma que el propio partido tenía de concebirse a sí mismo.

El abandono del antiperonismo como fundamento de una reorganización partidaria

Repasando los hechos una década después, Real sostuvo que a partir de abril de 1952 se había abierto un debate interno cuyo

el temor a que la burocracia estatal avance sobre la iniciativa privada, han coincidido en el fondo con las empresas imperialistas enemigas del país, especialmente las yanquis, y con la oligarquía latifundista." "El Segundo Plan Quinquenal y la UCR", *Nuestra Palabra*, 23 de diciembre de 1952, p. 8.

31. El interés de Perón en el comercio soviético provenía de que su gobierno todavía no había iniciado la revisión de su política frente a Estados Unidos, que intentaría resolver la escasez de materias primas y maquinarias importadas. La Argentina podía ser un interesante mercado para excedentes industriales y una buena proveedora de alimentos en los años de malas cosechas en sus praderas. Algunos rasgos generales de estilo político también podían servir de base a un acuerdo con los soviéticos y Perón. Ver Gilbert, *El oro de Moscú*, p. 166.

32. Dato aportado por Carlos Kreimer, amigo personal de Real.

objetivo era extirpar "el cáncer antiperonista", una tarea que no era sencilla. "[H]abía que repensar y revalorar todo nuestro pasado y hallar en su revisión las fuentes de nuestros errores sectarios. Así lo entendía la mayoría de los dirigentes, así lo reclamaban las bases". La discusión que se entabló parecía augurar una rectificación de la política mantenida hasta entonces, [pero] condujo a mi expulsión del Partido Comunista".[33]

El retorno de Codovilla luego de su viaje a Moscú, hacia donde había partido en septiembre para asistir al XIX Congreso del PCUS, actuó como el *deux ex machina* que modificaría abruptamente la situación, aunque el líder más notable de la corriente interna antiperonista—y por lo tanto el mayor opositor del acercamiento al gobierno—fuera Rodolfo Ghioldi.

En la reunión abierta del Comité Central Ampliado del 6 al 8 de febrero de 1953 se acusó a Real de haber desviado la línea partidaria hacia el nacionalismo burgués, vinculándolo con antiguos camaradas caídos en desgracia como Puiggrós, Sadovsky y otros integrantes de un grupo que el mismo Real había contribuido a expulsar en 1946. El Secretario de Organización era demonizado con la metáfora de un *mefisto* y muchos de los que lo habían acompañado, como Alcira de la Peña, Arnedo Alvarez y Julio Notta, se mostraban distantes. Todo ello resultó en un montaje similar a los procesos de Moscú.

En homenaje a la posición destacada que tenía en la estructura del partido, se le permitió a Real presentar una serie de documentos que fueron entregados a los miembros del Comité Central y que nos permiten seguir algunos tramos de un debate que debió haber sido tenso y doloroso para quien era acusado de dirigir una "desviación nacionalista burguesa" y que no era sino "la adaptación de la política internacionalista de la clase obrera a la política nacionalista de la burguesía".[34]

En los documentos de descargo, Real se mostraba portador de una concepción de partido más horizontal y más inclinado a la discusión teórica. El abandono del método de la crítica y la autocrítica llevaba a que los militantes estuvieran desconectados de la realidad nacional; estos se estrellaban contra la incapacidad de poner

---

33. Juan José Real, *Treinta años de historia argentina* (Montevideo: Fundamentos, 1962), p. 149.

34. Amaral, *La renuncia de las masas*, p. 23.

en práctica ideas que se habían elaborado en la cúpula sin consultar a las bases y sin un estudio hecho sobre información objetiva.[35] El Comité Central sólo invitaba a exponer a afiliados que habían tenido "éxitos" en la militancia pero no invitaba a aquellos que pudieran ayudar a reflexionar sobre la realidad que significaba el peronismo. Más aún, se llegaba a calificar de "policías y alcahuetes" a la masa peronista. Esto explicaba el retroceso del partido y sus organizaciones en términos numéricos en fábricas, empresas y organizaciones populares.[36] La organización partidaria debía operar con criterios favorables a la nacionalización cultural del PCA (tradicionalmente vinculado a colectividades de origen migratorio como la italiana y la judía) que privilegiara a los militantes y funcionarios partidarios "criollos" y de origen obrero que estudiaran la situación de cada lugar para que se pudieran entender con las masas peronistas y hablaran su lenguaje.[37]

En la práctica el PCA seguía pensando en términos de "democracia o fascismo" y acusando al gobierno de haber transigido con la oligarquía y el imperialismo; según el PCA, a los obreros peronistas se les hacía difícil entender el carácter fascista del gobierno. Real, sin embargo, justificó la necesidad de aproximarse al peronismo por lo que éste último expresaba. Era a las claras inverosímil que el peronismo fuera la mera continuidad del régimen del fraude patriótico y la dictadura militar del 4 de junio de 1943. La neutralidad durante la guerra debía ser entendida desde las particularidades nacionales, y especialmente desde los sectores populares que no compartían las inquietudes de la ciudad "rica". Por otra parte, la democracia, objetivo explícito de la unión electoral de 1946, era algo abstracto para las masas populares, especialmente para las del interior, cuya institucionalidad seguía dominada por oligarquías locales. Las fechas de conmemoración debían cambiar en el calendario de los recuerdos revolucionarios. El 17 de octubre debía ser incorporado como la expresión del movimiento nacional-

---

35. Juan José Real, Archivo PCA, Informe sin nombre, caja 18, carpeta 1, p. 9.

36. "El sectarismo hacia las masas nos empujaba a buscar aliados en la 'oposición sistemática' y la influencia de la oposición sistemática ha profundizado nuestro sectarismo hacia las masas peronistas". Juan José Real, Archivo PCA, Informe sin nombre, caja 18, carpeta 1, p. 18.

37. Juan José Real, Archivo PCA, Sobre los instructores, p. 2.

revolucionario, como "el bogotazo" argentino.[38] No se podía comparar el Pacto Roca-Runciman, que subordinaba la política económica a los intereses británicos, con el Pacto Andes, que nacionalizaba los ferrocarriles, aunque para los documentos partidarios oficiales éste último había sido peor que el primero.

El PCA negaba la evidente mejora material de los trabajadores tanto como el incremento del peso de la clase obrera en la vida política nacional, apreciable fundamentalmente en las empresas "donde los trabajadores antes eran golpeados por los capataces y ahora los trabajadores expulsan a los capataces".[39] En estas condiciones se daba un fenómeno claramente positivo: la presión de las bases sindicales estaba en condiciones de modificar la composición de las direcciones de los sindicatos.

Las contradicciones en los documentos partidarios evidenciaban oscilaciones y zigzagueos. A pesar de que al producirse el levantamiento militar del 28 de septiembre de 1951 la virulencia opositora se redujo, la campaña electoral de ese año había estado dominada por un lenguaje agresivo. Daba la sensación de que toda oposición al gobierno peronista era homogéneamente democrática, una interpretación política que en los hechos estaba significando una reconstrucción de la propuesta electoral de 1946, aunque ahora cambiara su nombre por el de Frente Nacional Democrático y Antiimperialista, al que se convocaba a las masas peronistas. Eran las "malas compañías", las semillas, que había dejado la Unión Democrática al interior del PCA.[40]

Para Real, el peronismo estaba expresando, aunque no exclusivamente, a nuevos sectores dominantes que habían concretado el sueño del ascenso social. Obreros calificados, "represaliados", perseguidos y jóvenes ingenieros que habían puesto un "boliche" y que sabían aprovechar la nueva coyuntura se estaban convirtiendo en pequeños empresarios; capataces de grandes empresas montan

---

38. Juan José Real, Archivo PCA, Informe sin nombre, caja 18, carpeta 1, p. 17.

39. Juan José Real, Archivo PCA, Informe sin nombre, caja 18, carpeta 1, p. 28.

40. "Sin esta discusión no podríamos desatar las manos del Partido, trabadas por la pervivencia de influencias extrañas y de malos métodos de trabajo; no podríamos poner proa decididamente hacia las masas y especialmente hacia las masas influenciadas por el peronismo que eran y siguen siendo la mayoría". Juan José Real, "Informe sobre los resultados de la discusión que actualmente se realiza en el partido acerca de la aplicación de la línea del XI Congreso", Archivo del PCA, Carpeta 18, pp. 1, 7-8.

industrias "avanzadas" al calor de la nueva coyuntura. La fábrica de tornos llamada "Santos Vega", que hacía tornos tan buenos como los norteamericanos pese a que estaba limitada por las carencias de materias primas y de maquinaria pesada, es un ejemplo claro de lo anterior.

Para Real, entonces, Perón expresaba a esa joven burguesía, diferente a la de los antiguos patrones, que no ocupaba directamente el poder sino a través del régimen peronista. Esta estaba directamente representada por empresarios como Miranda, Lagomarsino y Maroglio, que aprovechaban a fondo la política crediticia del gobierno. Gracias a estos créditos se hizo de tierras y devino en una burguesía "compradora", como lo había sido en su momento la representada por el Kuomingtang chino.[41]

¿Por qué un típico dirigente comunista, con vínculos profundos con la dirigencia nacional e internacional, proponía tales cambios organizativos y políticos? La bolchevización del PCA, que ya tenía varias décadas, había galvanizado un funcionamiento piramidal. Sin embargo, las reiteradas disidencias indefectiblemente acompañadas de expulsiones y excomuniones reflejaban que el debate interno nunca pudo suprimirse, como tampoco las tradiciones socialistas e incluso leninistas a favor de ese tipo de funcionamiento. Algunos datos de la biografía política de Real muestran que estaba influido por preocupaciones teóricas que lo llevaron a desempeñar un rol que seguramente no habría querido jugar. Entre ellos cabe señalar la relación política y personal que había entablado con Fernando Claudín durante la Guerra Civil Española. Concluida esta, Claudín vivió un tiempo en la Argentina durante los años cuarenta, y ambos profundizaron su vínculo personal y político que se extendió en el tiempo mientras el español desarrollaba una obra que lo colocaría dentro del sector más crítico del PCE, hasta que fue expulsado del partido junto con Jorge Semprún en 1964. Claudín hacía hincapié en la importancia de la teoría y de la cultura para los comunistas. Al mismo tiempo, su proximidad con el comunismo brasileño y en particular con Luis Carlos Prestes, lo ponía en contacto directo con los desafíos que significaban para los marxistas los movimientos nacional-populares como el varguismo.

41. Juan José Real, Archivo PCA, Informe sin nombre, p. 17. Caja 18, carpeta 1, Archivo PCA.

Palabras finales

Cerrada la grieta abierta en abril de 1952, el PCA se retrotrajo a la disciplina partidaria y al relato auto-justificatorio. En una versión dada *ex post* facto pero que a diferencia de otras no desconocía los hechos, Perón habría rechazado el acuerdo propuesto por el PCA por la presión de los intereses económicos norteamericanos. Mientras tanto las masas estarían cayendo bajo la influencia comunista.[42] Esta exégesis edulcorada de la historia no tomaba en cuenta la "perturbación"[43] que la llegada del peronismo había ocasionado al interior del comunismo argentino, manteniendo implícitamente la tesis de que la clase trabajadora había caído definitivamente en la trampa de la manipulación que le había tendido el sistema.

En consecuencia el PCA retornaría a la idea de un régimen peronista inclinado hacia el fascismo en lo institucional y hacia el imperialismo en lo económico. Este último aspecto sería fuertemente destacado como consecuencia de la firma del contrato petrolero con la Standard Oil de California.

El golpe de Estado de 1955 puso al PCA en una situación en la que no podía defender al régimen caído ni tampoco a los nuevos dictadores. Sin embargo, intentó aprovechar el nuevo espacio que se le ofrecía, logrando participación hasta el final en la Asamblea Constituyente de 1957 tras el retiro de la bancada intransigente. De alguna forma apostaría a la desperonización de las masas.

En síntesis, el PCA atravesó una serie de desafíos abiertos en el período 1945-1955 (que significaban no sólo poner en cuestión sus ideas sobre la realidad nacional y el peronismo sino también su concepción de partido y de militancia) con serias dificultades. La idea de un fascismo multiforme y diverso fue uno de los condicionantes más poderosos que operó en un primer momento proveniente de la extinta Internacional Comunista. El peronismo, que supo crear una cultura política con diversas tradiciones nacionales y populares, fue entendido por el dúo Codovilla-Ghioldi como un momento pasajero de la evolución histórica argentina frente a lo "permanente" del progreso histórico mundial encarnada por el co-

42. Athos Fava, *Qué es el Partido Comunista* (Buenos Aires: Sudamericana, 1983), pp. 62-63.
43. La expresión es de Carlos Altamirano, *Peronismo y cultura de izquierda* (Buenos Aires: Siglo XXI, 2001), p. 29.

munismo. Esta lectura dificultaba la articulación de una reacción más integral y coherente para dar cuenta del impacto del nuevo movimiento en la sociedad argentina.

A pesar de no haber sido demasiado fructífera en cuanto a los resultados políticos concretos, la discusión interna del PCA sobre el peronismo permitió alumbrar un personaje clave en las sociedades contemporáneas, la del intelectual crítico, cuyas funciones positivas fueron resaltadas tanto por Puiggrós-Astesano como por Real. La novedad consistía entonces en que estos no eran escritores con intereses políticos sino personalidades que abrazaban la crítica política como militancia.

EXPANDING OUR CONCEPTUAL HORIZONS:
THE SHIFT FROM AN OLD TO A NEW LEFT IN LATIN AMERICA[1]

Eric Zolov

Stony Brook University

In a recent autobiographical essay, Mexican anthropologist and cultural critic Roger Bartra draws a vibrant picture of the heady days of anti-imperialism following the U.S.-sponsored invasion of Cuba, describing how for many middle-class youth the question of supporting armed revolution and exploring the bohemian values of the counterculture were seamlessly intertwined. "Marijuana was linked with Marxism, unconventional forms of eroticism went along with [support for the] guerrillas. In my house, beatniks and aspiring revolutionaries would get together; those searching for artificial paradises along with those who wanted to destroy systems of oppression."[2] Tellingly, Bartra later joined the Mexican Communist Party, which, he claims, "saved [me] from a sterile

1. Franklin & Marshall College provided necessary travel funding to support the research and writing that lead to this essay. I wish to thank Van Gosse, Jaime Pensado, and Elisa Servín for their comments on an earlier draft of this essay. Two anonymous readers also provided important constructive criticism for which I am thankful. Terri Gordon generously read and commented on different versions of this essay, from its earliest stages to the final version, all amidst juggling an infant son. Unless indicated by the citation, all translations from the Spanish are my own.

2. Roger Bartra, "Memorias de la contracultura," *Letras Libres*, November 2007, p. 35. I wish to thank Carlos Aguirre for alerting me to Bartra's essay. See also the important memoir by Alberto Ulloa Bornemann, *Surviving Mexico's Dirty War: A Political Prisoner's Memoir*, translated and edited by Arthur Schmidt and Aurora Camacho de Schmidt (Philadelphia: Temple University Press, 2007).

form of rebellion—immature and dangerous."[3] Bartra's reflections and in particular his emphasis on the fluidity of cultural
practices and ideology ("marijuana was linked with Marxism"), coupled with his subsequent decision to suppress his
Bohemianism in the name of leading a (reluctant, as it turned
out) proletariat to revolutionary action, encapsulate an essential yet largely overlooked dimension of Latin American history in the era of the Cuban revolution.

For too long, the historiography on Latin America for this
period has focused on questions of revolutionary insurgency and
counter-insurgency, relegating cultural politics to the background.[4]
This focus is beginning to change, however, as new studies emerge
that take sexuality, communal living, fashion, music and other consumptive practices as entry points for new interpretative histories
of "the long 1960s."[5] What these studies collectively reveal is that
"the Left" in Latin America was more socially diverse, ideologically
complex, and engaged in countercultural politics than an earlier
historiography was interested in or capable of discerning.[6]

3. Idem, p. 37.

4. Two prominent texts are Stephen Rabe, *The Most Dangerous Area in the World: John F. Kennedy Confronts Communist Revolution in Latin America* (Chapel Hill: University of North Carolina Press, 1999) and Thomas C. Wright, *Latin America in the Era of the Cuban Revolution* (New York: Praeger, 1991).

5. The term "long 1960s" has come into greater usage, although the periodization often varies. As Sorensen notes, "'the sixties' [does] not mean a strict chronological category—the 1960-70 decade—but a heuristic one." Diana Sorensen, *A Turbulent Decade Remembered: Scenes from the Latin American Sixties* (Stanford: Stanford University Press, 2007), p. 215, fn. 2. Gosse defines "the long 1960s" as 1955-1975, a periodization which he notes other historians of the United States have adopted. Van Gosse, *Rethinking the New Left: An Interpretative History* (New York: Palgrave/Macmillan, 2005), p. 6. For Latin America, the question of periodization is still open and may depend upon an individual country. For instance, Jaime Pensado would start the 1960s in Mexico with the 1956 student movement at the Polytechnic Institute (Personal Communication). I would argue the "long 1960s" in Latin America should date from 1958—Vice President Nixon's ill-fated "Good Will" tour, which provoked a change in U.S.-Latin American policy and perceptions—to the fall of Salvador Allende in 1973.

6. Two recent panels on the 1960s at the 2008 Conference on Latin American History (CLAH) in Washington, D.C. suggest the new research underway. Of particular note is the work by Francisco Barbosa, Elaine Carey, Patrick Barr-Melej, James Green and Natan Zeichner, Nelly Blacker-Hansen, Victoria Langland, Valeria Manzano, and Jaime Pensado.

To capture such richness, this essay proposes a reinterpretation of the term "New Left" to describe the social movements of the 1960s in Latin America, as a way both to clarify the content and scope of those movements and simultaneously to underscore the transnational dimension of social and cultural protest during this period. Indeed, for the United States there has been renewed academic discussion in recent years about how best to define the concept of a New Left—a term that readily gained currency in the 1960s and is commonly used to describe the social mobilizations of the era. One of the central academics in this discussion is Van Gosse, who has argued in favor of viewing the New Left as a "movement of movements," "a 'polycentric' left encompassing a series of overlapping, contingent social movements, each with its own centers of power, that related to each other through a series of strategic arrangements."[7] Such a definitional approach links together practices as seemingly disparate as the push for civil rights beginning in the mid 1950s with the rise of black and Chicano nationalism and movements for gay and feminist liberation in the early 1970s. In order to broach the question of the New Left in the context of Latin America, this paper considers the case of Mexico in the 1950s, locating in the parallel travels of Ernesto Guevara and the Beats the intertwined theme of discipline and indiscipline that was a central dynamic of a New Left politics in the 1960s.

Redefining the New Left

In its application for Latin Americanists, the term New Left lacks the definitional breadth with which it is used in the United States. Indeed, the reemergence in recent years of "New Left" to refer to the contemporary leftward turn in politics (for instance, in Venezuela and Bolivia) underscores perhaps the weakness of consensus about the term's special relevancy for the 1960s.[8] When referencing the social mobilizations of the 1960s, for Latin American

---

7. Van Gosse, "A Movement of Movements: The Definition and Periodization of the New Left," in Jean-Christophe Agnew and Roy Rosenzweig, eds., *A Companion to Post-1945 America* (London: Blackwell, 2002), 292; Gosse, *Rethinking the New Left*.

8. Greg Grandin, "Latin America's New Consensus," *The Nation*, 1 May 2006; Claudio Lomnitz, "Latin America's Rebellion: Will the New Left Set a New Agen-

historians there is no equivalent term to New Left as it is used to describe the U.S. / European nineteen sixties, this despite the fact that, at least in certain historical contexts, "New Left" was a phrase embraced by youth and intellectuals at the time in ways that coincided with its usage in the United States.[9]

More recently, the term New Left has begun to be incorporated by historians writing on the period, but here it is mostly used to refer to the politics of revolutionary action and *foquismo*, not in the broader conceptual sense employed by historians writing on the United States. Greg Grandin's important work, *The Last Colonial Massacre: Latin America in the Cold War*, for instance, succinctly defines New Left as a "will to act."[10] Gilbert Joseph, in his Introduction to the newly published collection, *In From the Cold: Latin America's New Encounters with the Cold War*, employs the phrase "grassroots Left," which comes closer to the broader definitional approach I am proposing. However, in the same discussion he, too, adopts the phrase New Left to mean "[a] new generation of vanguardist revolutionaries."[11] Perhaps the most explicit definition is given by Ricardo Melgar Bao, who defines New Left as encompassing the multitude of revolutionary movements that "glorified violence... and distanced themselves from the political traditions of opposition movements that came before them, whether Marxist, reformist, or pacifist."[12]

da?," *Boston Review*, September / October, 2006, available at, http://bostonreview.net/BR31.5/lomnitz.html [accessed 25 September 2007].

9. See the dissertation by Jaime Pensado, "Student Resistance, Political Violence and Youth Culture in Mexico City, c.1867-c.1965: A History of the Antecedents of *Porrismo*" (Ph.D., University of Chicago Press, 2008), sp. Chapter 5, "The Polarization of Student Politics Inside the U Following the Cuban Revolution" where he talks about various publications, including one called *Nueva Izquierda*, that were forums for topics included in the broader conceptual way I am suggesting we use the term.

10. Greg Grandin, *The Last Colonial Massacre: Latin America in the Cold War* (Chicago: University of Chicago Press, 2004), p. 15.

11. Gilbert Joseph, "What We Now Know and Should Know: Bringing Latin America More Meaningfully into Cold War Studies," in Gilbert Joseph and Daniela Spenser, eds., *In From the Cold: Latin America's New Encounter with the Cold War* (Durham: Duke University Press, 2007), pp. 29, 23.

12. Ricardo Melgar Bao, "La memoria sumergida. Martirologio y sacralización de la violencia en las guerrillas latinoamericanas," in Verónica Oikión Solano and

Using the term in this narrow sense of a "will to act," however, leaves virtually no room for inclusion of practices that lie outside of the revolutionary/counterrevolutionary dichotomy. In fact, if we were to employ the term in this same way to describe what transpired in the United States during the period, it would reflect only the radical, "ultraleftism" that constituted simply one strand of the broader "movement of movements" of the era.[13] The problem with Latin Americanists' use of the term in this restrictive sense is two-fold. For one, it excludes the vast sectors of largely middle-class youth that took no direct part in armed revolutionary activities, yet who were deeply impacted by the cultural and political trends of the time. Second, its ideological narrowness allows no interpretative room to address the countercultural practices found on the left, practices that have been silenced by the historical process which has tended to emphasize the overriding significance of armed revolt and repression. There is, in short, a need to broaden our conceptual understanding of what transpired in Latin America during the 1960s, and a change in terminology will us help to accomplish that wider vision.

Historians require a revisionist framework that encompasses the non-armed aspects of radical challenges to political and social norms—counterculture practices, new aesthetic sensibilities, trends in film, literature, theater, music, the arts, as well as the impact of Liberation Theology—and links those aspects to transnational processes, without disaggregating them from the discourses and proximity of violent revolutionary movements. Rather than viewing armed struggle—the "heroic guerrilla"—as distinct from seemingly non-revolutionary, consumptive practices—such as the Mexican *jipitecas* or Latin American *roqueros*—we should regard these as twin facets of diverse and intersecting movements that confronted state power, on one hand, and patriarchal norms, on the other. As Bartra neatly summarizes: "In the refrigerator of my house, there were as many Molotov cocktails as bags of marijuana. In the same breadth we were prepared to join the fight against a U.S. invasion

---

Marta Eugenia García Ugarte, eds., *Movimientos armados en México, siglo xx*, vol. 1 (Zamora, Michoacán.: El Colegio de Michoacán/CIESAS, 2006), p. 37.

13. See Max Elbaum, *Revolution in the Air: Sixties Radicals turn to Lenin, Mao and Che* (London: Verso, 2006).

of Cuba, while reading out loud the poetry of [Beat poet] Lawrence Ferlinghetti."[14]

In Latin America during the 1960s, to be "on the left" meant clearly more than choosing between the competing ideological strategies of an older Communist Party beholden to the Soviet Union's (comparatively) cautious approach to revolutionary transformation, and China's (via Cuba's) brasher insistence on revolutionary action. To be sure, in the wake of the Cuban revolution and inspired by the later Cultural Revolution in China, numerous "Guevarist," Trotskyite, Maoist and other ideologically absolutist groups proliferated in the myriad splinterings that occurred within (and outside of) the various communist parties.[15] At the same time, various radical factions emerged (such as the Montoneros in Argentina or the Tupamaros in Uruguay) with specific nationalist dimensions that transcended the utopian goals they advocated. Yet it would be as profound a mistake to presume an understanding of these groups' internal dynamics and membership based on their ideological preferences as it would be to allow them to monopolize the definition of New Left in Latin America.

Where then might we place the slyly irreverent characters of Quino's *Mafalda*, which was rightly perceived by the military government in Argentina as a subversive threat, or the comic books of Eduardo del Río ("Rius"), who was kidnapped and threatened by Mexico's paramilitary in the early 1970s? Neither of these cartoonists belonged to the "New Left" in the narrow definitional sense of the "will to act," yet each clearly supported the Cuban revolution and the anti-imperialist politics of the era. Where, too, should we place the rock and countercultural movements that emerged across Latin America, whose participants came into direct confrontation with the ideological left (which sought to censure their Bohemianism), despite the fact that the countercultural left and ideological left likely shared points of reference in their support for revolutionaries throughout Latin America and globally?

14. Bartra, "Memorias de la contracultura," pp. 36-7.

15. For an important discussion of the impact of Maoism in Mexico and Latin America see Matthew Rothwell, "Transpacific Revolutionaries: The Creation of Mexican Maoism," (New World Coming: The Sixties and the Shaping of Global Consciousness, Queen's University, Toronto, Canada, 13-16 June, 2007) and his forthcoming book, *Transpacific Revolutionaries: The Chinese Revolution in Latin America* (New York: Routledge).

Perhaps we should adopt a similar definitional approach as that taken by Gosse in his description of the New Left in the United States. Would not the sheer diversity of social, political, and cultural practices—which constellated around different movements, both formal and informal—also suggest that the left in Latin America was made up of a "movement of movements" sharing certain common frames of reference: support for the Cuban revolution, condemnation of the U.S. war in Vietnam, and the universal goal of socialism (whether Marxist-Leninist or Christian Democratic)? Such an embrace and broadening of the definition of the term New Left by Latin Americanists, moreover, will help facilitate a deepening of the historiographical dialogue between Latin Americanists and Americanists that has taken place in recent years. This will encourage each of these fields to recognize the transnational dimensions and interconnections between their respective New Left histories, while responding to the call for greater interdisciplinarity in both fields of study.[16]

From "Old Left" to New in Latin America

The emergence of a New Left in Latin America is characterized in broad terms by important similarities. Throughout the region, the legacy of popular front coalitions dating to the 1930s, in which Communist and Socialist parties put aside the goal of worker-backed revolutionary struggle to assist in the more immediate defense against fascism, carried over into the post-war period. This meant a continued visibility throughout the hemisphere at the

16. See Caroline F. Levander and Robert S. Levine, eds., *Hemispheric Americas Studies* (New Brunswick: Rutgers University Press, 2007); Sandhya Shukla and Heidi Tinsman, eds., *Imagining Our Americas: Toward a Transnational Frame* (Durham: Duke University Press, 2007) and the Special Issue of *Radical History Review*, "Our Americas: Political and Cultural Imaginings" (June 2004) from which this volume emerged; Maria J. Saldaña-Portillo, *The Revolutionary Imagination in the Americas and the Age of Development* (Durham: Duke University Press, 2003); and Sorensen, *A Turbulent Decade Remembered*. Earlier examples of a transnational approach include Van Gosse, *Where the Boys Are: Cuba, Cold War America and the Making of a New Left* (London: Verso, 1993); Eric Zolov, *Refried Elvis: The Rise of the Mexican Counterculture* (Berkeley: University of California Press, 1999); Deborah Pacini H., Héctor Fernández L'Hoeste and Eric Zolov, eds., *Rockin' Las Américas: The Global Politics of Rock in Latin/o America* (Pittsburgh: University of Pittsburgh Press, 2004).

end of World War II for left-wing political movements with ties to labor, peasants, students, and intellectuals—movements that, by and large, regarded the Soviet Union as a successful model of state socialism. With the start of the Cold War came a concerted effort by the United States to outlaw the Communist Party across Latin America, policies that facilitated the criminalization of left-wing political activity more generally and—following a brief "democratic spring"—enabled the reconsolidation of conservative political factions nearly everywhere in Latin America.[17] In response, elements on the left sought to recreate (or sustain, depending on circumstances) the strategic position of an Old Left, popular frontism, via rhetoric and actions that inevitably were channeled through the ideological prism of the Cold War.[18]

In this context of a hardening of political positions, during 1956 the Soviet Union suffered a series of dramatic blows to its international prestige and credibility. At the start of the year, at the Twentieth Party Congress, the new Soviet Premier Nikita Khrushchev stunned the Socialist camp by denouncing the "cult of personality" and numerous abuses committed under Joseph Stalin, a figure once synonymous with the strength and idealism of the Soviet system itself. Then in the fall, the Soviet Union invaded Hungary, in a violent suppression of a student-worker revolt against Soviet rule. These were dramatic turning points that shattered for many on the left an unqualified support of Soviet communism and threw the doctrinaire communist parties into a state of flux and uncertainty.

Aesthetically, the Old Left directly referenced the imagery of a heroic caudillo figure capable of leading the masses toward liberation: male, mestizo, strict yet generous. Writing about what she calls "monumentalism," the aesthetic sensibility that marked the literary and artistic side of the Old Left, Jean Franco argues that it "reinforces the cult of the artist, turning art into a kind of pedagogy

---

17. David Rock, *Latin America in the 1940s: War and Postwar Transitions* (Berkeley: University of California Press, 1994); Leslie Bethell, *Latin America Between the Second World War and the Cold War, 1944-1948* (New York: Cambridge University Press, 1992). The subsequent fate of Guatemala epitomized this regional pattern. Grandin, *Last Colonial Massacre.*

18. In particular, I am thinking about the World Peace Council and its various activities in Latin America and throughout Europe. See also Grandin, *Last Colonial Massacre,* "Introduction."

and the public into obedient pupils."[19] Yet a generational divide was rapidly introducing changing attitudes and demands from students, artists and intellectuals eager for a different form of democratic socialism—less authoritarian, more transparent, and arguably more culturally cosmopolitan. The cultural values and consumptive practices of this younger generation were often antithetical to the top-down, paternalistic form of leftwing politics that continued to dominate as a legacy of popular frontism.

The Cuban revolution of course ultimately pushed aside the cautious, coalition building logic favored by the Old Left in favor of the impatient heroics of armed revolutionary struggle, exemplified by the *foco* strategy of the Cuban revolutionaries.[20] But to reduce the idea of a New Left solely to such terms misses the larger picture, that of a generational shift taking place at the level of culture practice, discourse, and aesthetic sensibilities. "Arising from the utopian ethos of the early moments of the Cuban Revolution," writes Diana Sorensen, "is an auratic value connected with the release of new political energies, infusing a spirit of vigorously creative—and even aesthetic—potential."[21] Indeed by the early 1960s, the Old Left consensus would implode both politically and aesthetically. Eclipsed by more heterogeneous, culturally cosmopolitan spokespersons catalyzed by the imperative of the Cuban revolution, on one hand, and disdainful of a patriarchal, authoritarian-based political leadership, on the other, the guardians of the Old Left discovered a quickly shifting ground beneath them as a more irreverent, colorful (literally and figuratively), and simultaneously violent form of political critique took shape.

By focusing on Mexico, this essay examines in greater detail the shift away from an Old Left form of politics and cultural practices toward the emergence of what I am calling a New Left sensibility, one that became common throughout Latin America beginning in the mid to late 1960s. Mexico, I would suggest, is one example—albeit, a prominent one for reasons suggested below—of a similar historical trajectory found throughout Latin America, one which continued research will undoubtedly bear out.

19. Jean Franco, *The Decline & Fall of the Lettered City: Latin America in the Cold War* (Cambridge: Harvard University Press, 2002), p. 69.

20. Grandin, *Last Colonial Massacre.*

21. Sorensen, *A Turbulent Decade Remembered*, p. 16.

Mexican Political Culture in the 1950s

As Stephen Niblo emphasizes, at the end of World War II the rules of the game that had governed Mexico since the early 1930s had fundamentally changed: the socialist coalition mobilized behind the leadership of President Lázaro Cárdenas (1934-40) had been eclipsed by a new coalition within the ruling party centered around the figure of President Miguel Alemán (1946-52), newly committed to capitalist development and closer ties with the United States.[22] Once regarded as an incubator of vanguard revolutionary ideas and a bulwark against further U.S. expansionism, by the mid 1950s Mexico had changed dramatically. The absolute control of the electoral process by the ruling Partido Revolucionario Institucional (PRI) and the near deification of the position of the presidency facilitated the consolidation of a new political economy with clearer guarantees to domestic and foreign capital, all under the ideological rubric of a rabid anti-communism.[23] Often referred to as "presidentialism," Daniel Cosio Villegas would later describe Mexico's political system as one headed by a "president who is actually a king"; politics was "not made at the public plaza, at the parliament or by newspapers, at sensational debates or controversies," Cosio Villegas lamented, but rather via "courtier intrigue."[24] The PRI's virtual monopoly on political discourse and the electoral process allowed the government to set the terms for public discussion, while alternately repressing or co-opting those who challenged the regime's new economic and political orientation. Yet despite glowing asser-

22. Stephen Niblo, *Mexico in the 1940s: Modernity, Politics, and Corruption* (Wilmington, DE: Scholarly Resources, 1999).

23. Elisa Servín, "Propaganda y Guerra Fría: la campaña anticomunista en la prensa mexicana del medio siglo," *Signos Históricos*, N° 11, January-June, 2004, pp. 8-39.

24. Daniel Cosio Villegas, "Politics and Mexican Intellectuals," in H. Malcolm MacDonald, ed., *The Intellectual in Politics* (Austin: University of Texas Press, 1966), p. 34; Eric Zolov, "The Graphic Satire of Mexico's Jorge Carreño and the Politics of Presidentialism During the 1960s," *Estudios Interdisciplinarios de América Latina*, vol. 17, N° 1, 2006, pp. 13-38. Ironically, the presidentialist regime was institutionalized under Lázaro Cárdenas who established the basis not only for the undisputed authority of the president, but more importantly the monopoly of power by the ruling party. In anointing his political successor and suppressing the opposition vote in the 1940 election, Cárdenas established the precedent of presidential politics as political theater in which the outcome of campaigns was predetermined.

tions of political stability from tourists and investors, fissures indicative of a pending split in the "revolutionary family" coalition were also present. Under the pressures created by this conservative political reorientation, in 1958-59—precisely at the moment of the unfolding of the Cuban revolution—the intricate ideological balancing act pursued by the ruling Partido Revolucionario Institucional (PRI) came close to collapsing.

Central to understanding the shift from an Old Left to a New Left social mobilization in Mexico is the attempt by opposition figures to recreate the mantle of populist leadership under ex-president Lázaro Cárdenas. The continued appeal of Cárdenas as the embodiment of a nationalist revolutionary tradition became apparent in the contested 1952 presidential elections, when, for the first time since 1940, the ruling party faced a significant political challenge to its authority from a coalition on the left. Led by ex-General Henrique Guzmán, who positioned himself as the inheritor of the Cardenista mandate, the *henriquistas* freely appropriated the image of Lázaro Cárdenas in their political propaganda and "assured followers that the ex-president supported Henríquez's candidacy," a position Cárdenas himself did little to contradict.[25] Following Guzmán's defeat at the polls (fraud would play a key role), his movement dissipated; many supporters gravitated toward a second figure who also ran in the 1952 election, Vicente Lombardo Toledano.

Toledano, who flirted with joining forces with Guzmán before ultimately deciding to run on his own, ran as the presidential candidate for the Partido Popular, an agglomeration of labor, peasant, intellectuals, and student groups hostile to the new direction of the ruling party. Toledano could also claim a direct affiliation with Lázaro Cárdenas, for he was central to the creation of the official labor movement (the Confederation of Mexican Workers, CTM) during the Cárdenas era and had led the CTM until he was marginalized from power during the conservative reorientation of the PRI after World War II. As a result of losing his stature within the PRI, Toledano formed the Partido Popular in 1948 and in 1949 helped to found and became leader of a left-wing continental trade movement, the Confederation of Latin American Workers (CTAL).

---

25. Elisa Servín, *Ruptura y oposición: El movimiento henriquista, 1945-1954* (Mexico City: Cal y Arena, 2001), p. 267.

Both platforms were used by Toledano to project himself as the person best positioned to recapture the socialist mandate formerly advocated by the PRI under Cárdenas, though as Barry Carr notes, "[Toledano's] authoritarian imprint was visible from the earliest days of the Popular party."[26]

After the 1952 elections, in which the official candidate of the PRI (Adolfo Ruiz Cortines) was readily declared the victor, for many on the left Toledano was the emblematic heroic personality capable of reorienting Mexico toward the realization of the nation's revolutionary ideals. Under Toledano's leadership, the Partido Popular not only embraced those economically impacted by the regime's new political economy (which favored the upper and middle classes over the workers and peasantry), but also resonated with intellectuals and students disaffected by the coziness of the PRI with the United States and the vitriolic anti-Communism of the Alemán and, later, Ruiz Cortines administrations, policies manifest locally in the repression of dissidents and writ large in condemnation of the Soviet Union.[27]

Tensions in this period between an Old Left seeking to reassert a relevancy in Mexican politics and a New Left in gestation can be found in the establishment of several new intellectual forums from mid decade forward. One such forum was the journal *Problemas de Latinoamérica*, whose orientation was explicitly ideological and associated with an Old Left discourse, aesthetically and intellectually. Founded in the context of the overthrow of leftist Guatemalan President Jacobo Arbenz, from the start *Problemas de Latinoamérica* was explicitly trenchant in its socialist political orientation, an orientation manifest in the presentation of the journal throughout. For instance, in an editorial written just days after the

26. Barry Carr, "The Fate of the Vanguard under a Revolutionary State: Marxism's Contribution to the Construction of the Great Arch," in Gilbert Joseph and Daniel Nugent, eds., *Everyday Forms of State Formation: Revolution and the Negotiation of Rule in Modern Mexico* (Durham: Duke University Press, 1994), p. 332.

27. Mexico's situation was somewhat more complex than that of other Latin American countries, since the nation's revolutionary traditions openly legitimized discourses of radical nationalism. The nation's Communist Party (PCM), although one of the oldest in the hemisphere, was also among the weakest. Riddled by factionalist struggles internally, the party was also inherently disadvantaged in terms of popular appeal as it found itself in direct competition with the country's nationalist revolutionary tradition. See Barry Carr, *Marxism and Communism in Twentieth-Century Mexico* (Lincoln: University of Nebraska Press, 1992).

Vicente Lombardo Toledano, presidential candidate and leader of the Partido Popular (PP), depicted at the forefront of a resuscitated Popular Front-style coalition, an "authentic" revolutionary movement undaunted by the official PRI and conservative PAN parties (depicted by their fallen flags), in a lithograph done by the Taller Gráfico Popular. Source: *Problemas de Latinoamérica*, vol. 2, Nº 9, 14 July 1955, n.p.

fall of Arbenz, the United States was denounced as embarking on "a new 'Manifest Destiny,' fascist in nature" which "some members of this [Mexican] government, either out of fear or a cynical, hidden yet conscious calculus advise to embrace."[28] Juxtaposed to this calculus was "the barricade of the popular masses, prepared unto death to sacrifice in the defense of liberty."[29] Significantly, the journal became a vehicle for the lionization of Lombardo Toledano and his Partido Popular. Toledano's speeches to the party were reprinted in their entirety and his position, above all others, was held out

28. Editorial, *Problemas de Latinoamérica*, vol. 1, no. 2, 16 July 1954, p. 3.
29. Idem.

as that which could unify the left in "the struggle against economic and political imperialism—of the United States—and the achievement, at the end of the day, of a stage of socialism already visible as a new aura of well-being and harmony in something like geographically half of the contemporary world."[30] A lithograph from the Marxist oriented, Taller Gráfico Popular (TGP) featuring Lombardo Toledano at the head of a popular working-class-peasant-intellectual front—boldly looking forward, over-sized fist clenched in heroic proportions as he leads a charge over the crushed flags of the PRI and the PAN—neatly encapsulates the hopes of a recuperation of leftist purpose in the aftermath of the overthrow of Arbenz and defiance of the conservative direction of the PRI.

A second significant forum, this one linked to an incipient New Left position, was the Círculo de Estudios Mexicanos (CEM), a kind of left-wing "think tank" founded in October 1954. The CEM produced a journal (*Cuadernos del Círculo de Estudios Mexicanos*) and sponsored various conferences, mostly on political economy, whose presentations were subsequently published in the journal. Although Marxist in orientation, the eclectic membership of the CEM suggested an effort to distance itself from the pull of any particular political orientation, a position clearly established in the journal's "Declaration of Principles." The founding members of this "circle" included many of the noted public intellectuals of the time. For instance, Cuauhtémoc Cárdenas (son of Lázaro Cárdenas) was a signatory member, as were Fernando Benítez, Pablo González Casanova, Jesús Silva Herzog, and Leopoldo Zea. Several other names that soon became central to the Old Left-New Left split that would erupt in the 1960s were also present: Manuel Marcue Pardiñas, Jorge Carrión, and Jorge Tamayo. Although notably absent from the list of CEM founders were names later identified with an emergent New Left (e.g., Carlos Monsiváis, Carlos Fuentes, José Luis Cuevas, Elena Poniatowska), certain individuals on CEM's editorial board would later take the Círculo de Estudios Mexicanos into new journalistic directions, leading first to the short-termed newsweekly, *el espectador*—which played a central role in the shift to a New Left sensibility—and later, under Marcue Pardiñas, the creation of the magazine *Política*, which came to incarnate the more violent

---

30. Editorial, *Problemas de Latinoamérica*, vol. 2, no. 3, 15 April 1955, p. 2.

end of the New Left spectrum.[31]

The most notable (and long-lasting) forum was the news-weekly *Siempre!* With a commitment to ideological pluralism, *Siempre!* quickly invigorated discussion about Mexico and its role in the world, thereby opening a vital space for debate over national identity and the post-revolutionary direction of the state precisely at a moment when the country was entering a critical crossroads. In the wake of the Cuban revolution, *Siempre!* and, after 1961, its weekly cultural supplement, *La cultura en México*, became highly influential forums for New Left intellectuals to propound upon the central intellectual, political, and cultural debates of the time: revolutionary identity, Mexico's leadership role in the world, and the challenges of living in the shadow of the United States.[32]

Mexico, Crossroads of Las Américas

In the context of these political developments, Mexico's proximity to the United States generated a unique cross-fertilization of imagery, musical styles, and ideas that were also central to the formation of a transnational, New Left sensibility. The transmission of these cultural values was linked in part to the flow of tourism, but also to the various expatriate communities that took root south of the border—whether in the form of cultural and political exiles fleeing the repression of McCarthyism, or in the Beat's search for a communal "Other."[33] Political stability, a growing infrastructure oriented toward tourism, and a favorable exchange rate (the

31. For a thorough analysis of *el espectador* and its relationship to an emergent New Left see Jaime Pensado, "The Polarization of Student Politics Inside the University."

32. For works on the importance of *Siempre!* see John Mraz, "Today, Tomorrow, and Always: The Golden Age of Illustrated Magazines in Mexico, 1937-1960," in Gilbert Joseph, Anne Rubenstein, and Eric Zolov, eds., *Fragments of a Golden Age: The Politics of Culture in Mexico Since 1940* (Durham: Duke University Press, 2001), pp. 116-57; Zolov, "Graphic Satire." For discussion of intellectual discourse and the role of forums such as *Siempre!* see Jorge Volpi, *La imaginación y el poder: Una historia intelectual de 1968* (Mexico City: Biblioteca Era, 1998); and Deborah Cohn, "The Mexican Intelligentsia, 1950-1968: Cosmopolitanism, National Identity, and the State," *Mexican Studies/Estudios Mexicanos*, vol. 21, N° 1, Winter 2006, pp. 141-82.

33. Daniel Belgrad, "The Transnational Counterculture: Beat-Mexican Intersections," in Jennie Skerl, ed., *Reconstructing the Beats* (New York: Palgrave Macmil-

peso was devalued in 1953) all proved a boon for foreign visitors, and what began as a trickle in the years right after World War II became a steady flow of tourism by the 1950s.[34] Students and would-be students also crossed the border, many under the pretext of a GI Bill that generously funded higher education for returning veterans from World War II. In an era when expectations of upward social mobility, on one hand, and a rigid, irrational racial divide, on the other, defined life in the United States, Mexico seemingly offered an "other world": exotic, slightly dangerous, and full of adventure.

One of the central destinations for these North American youth was Mexico City College (MCC). The school attracted a range of students, some of whom (such as James Wilkie) went on to become noted scholars of Mexican history and politics.[35] Among Mexico City College's most famous alumni were also the Beat writers Allen Ginsberg and Jack Kerouac.[36] This was also an era when Mexico City was rapidly becoming a thriving metropolis, and many of these American youth—imbibed with the Beats' sensibility of the avant-garde—embraced the vibrant art, music, and cultural scene the capital had to offer. "For many of the intellectually oriented veterans and students at MCC," Richard Wilkie reflects, "this was potentially the new Paris where ideas, art, literature, and revolution could be discussed in cafes, taverns, and at numerous and risqué parties where inexpensive liquor and 'Acapulco gold' could be

lan, 2004), pp. 27-40; Diana Anhalt, *A Gathering of Fugitives: American Political Expatriates in Mexico, 1948-1965* (Santa Maria, CA: Archer Books, 2001).

34. See Zolov, "Discovering a Land 'Mysterious and Obvious,'" in Joseph, et. al., eds., *Fragments of a Golden Age*, pp. 234-72; Dina Berger, *The Development of Mexico's Tourism Industry: Pyramids by Day, Martinis by Night* (New York: Palgrave Macmillan, 2006).

35. The best history of the college is found in the essay by Richard W. Wilkie, "Dangerous Journeys: Mexico City College Students and the Mexican Landscape, 1954-1962," in Nicholas Dagen Bloom, ed., *Adventures into Mexico: American Tourism Beyond the Border* (Rowman & Littlefield, 2006), pp. 88-115.

36. Of all the Beats, Kerouac had the most experience living and traveling in Mexico and despite his "ambivalent feeling" about the country, as Gunn has written, his immersion was significant. He first arrived in 1950, at the height of President Miguel Alemán's conservative reorientation of Mexico's political economy, and would enter and leave the country on several occasions over the next six years. Drewey Wayne Gunn, "The Beat Trail to Mexico," in Bloom, ed., Adventures in Mexico, p. 80. See also Jorge García-Robles, *El disfraz de la inocencia: La historia de Jack Kerouac en México* (Mexico City: Ediciones del Milenio, 2000).

found."[37] The recently finished Pan-American highway was a central component of this Bohemianism for it linked the possibility of crossing the border with that particularly American pursuit of freedom via the automobile. Hence, it is no surprise that Richard Wilkie and his brother, James, travel to—and throughout—Mexico by car, as do the characters in Jack Kerouac's *On the Road* (1957). In short, Mexico City had quickly become not only a fabled destination for the new bohemians, but a place where a new sensibility was to be forged.

There is an uncanny coincidence in the fact that, although unaware of one another, two blocks from where the Wilkies rented a room and in the same neighborhood where Kerouac also lived, "Che Guevara was living with his Peruvian-born wife... Their apartment was at 40 Calle Napoles... near the corner of the block with Calle Hamburgo in the Zona Rosa."[38] Indeed, often overlooked in the discussion of the New Left is that it was from Mexico that the Cuban revolution was launched and, perhaps more significantly, it was in Mexico that the erstwhile bohemian, Ernesto Guevara, discovered his revolutionary calling and became "El Che." Guevara's personal struggle with self-discipline while he was in Mexico and his later insistence on the necessity of purging indiscipline in the name of revolutionary commitment constituted, writ large, a central dynamic of the 1960s, one located in the often caustic polemics that erupted over questions of youth styles and consumptive practices. As Sorensen aptly writes in her analysis of the impact of the Cuban revolution and of Che Guevara for a new generation:

If the saints of the Puritan revolution were inspired by religious zeal, Che was imbued with an emotion that was its secular equivalent: deeply idealistic, uncompromising, with a private passion for the collective... The emerging sensibility of the period found in Che a repertoire of forms through which a new masculine social identity could be worked out: less driven by the all-encompassing narratives of the American century, less competitive, more defiant and hip, reluctant to identify adulthood with conventional grooming, career, or marriage.[39] Thus, in exploring the transformation of Ernesto Guevara from bohemian wanderer to icon of the heroic rev-

---

37. Wilkie, "Dangerous Journeys," p. 92.

38. Idem, p. 90. See also García-Robles, *El disfraz de la inocencia*, p. 90.

39. Sorensen, *A Turbulent Decade Remembered*, p. 27.

olutionary, we also encounter a means for exploring central themes of a New Left sensibility.

When Ernesto Guevara crossed over into Mexico in the fall of 1954, following the overthrow of Jacobo Arbenz in Guatemala, he initially regarded his time there as but a way station for his future travels to Europe. Yet it was in Mexico that his revolutionary consciousness crystallized and his continental meanderings took on concrete purpose: to join the revolutionary struggle in Cuba. Still, prior to his encounter with Fidel Castro in Mexico City in July 1955, Guevara seemed more concerned with escape from the trappings of married life and the sudden advent of fatherhood, both of which he appeared to have stumbled into somewhat haphazardly, than with any engagement with Mexican left-wing politics per se. As Jorge Castañeda writes in his biography of Guevara, prior to his meeting with Castro, he was "essentially a tramp, a wandering photographer, an underpaid medical researcher, a permanent exile, and an insignificant husband—a weekend adventurer."[40] Indeed, Guevara's first ten months in Mexico—the country that for him stood at the end of the "American continent"[41]—were consumed largely with leisure travel and idle contemplation, interspersed with the half-hearted pursuit of a medical career. Alternately bored and depleted by the challenges of domesticity, on one hand, and the struggle to make ends meet, on the other, in his writings Guevara seemed largely oblivious to the brewing cauldron of political activity in Mexico. By the mid 1950s, such activity pointed to a widening schism in the nation's body politic centered around the future direction of the nation's own revolutionary project—a schism that channeled the intellectual and political talents of a new generation of critics, many of whom came to be openly identified with a New Left politics.

It was coincidental but not insignificant that Guevara's travels directly overlapped with that of two other great bohemians of the era—Jack Kerouac and Allen Ginsberg—who likewise viewed Mexico, in Kerouac's later immortalized phrasing, as "the end of America."[42] The fact that Mexico became an unbeknownst meeting

40. Jorge G. Castañeda, *Compañero: The Life and Death of Che Guevara*, translated by Marina Castañeda (New York: Alfred Knopf, 1997), p. 76.

41. Guevara, *Back on the Road*, p. 3.

42. Jack Kerouac, *On the Road* (New York: Viking Press, 1957), p. 224. These were not the only Beat writers who traveled to Mexico during this period—William Bur-

ground for these two very different (yet parallel) sets of middle-class wanderers spoke to Mexico's place in the hemispheric imaginary: as a crossroads for the Americas, where *Latin* America ended (or began) and the Anglo, *yanqui* America loomed menacingly (or enticingly). Moreover, it requires us to consider the unrecognized role Mexico played in helping to germinate two modernist discourses in tension with one another that characterized the 1960s and which constituted twin facets of the New Left sensibility: the self-imposed discipline of the "heroic guerrilla," on one hand, and the flight from discipline of the hippie counterculture—whose roots are found in the Beats—on the other.

The Twin Faces of Bohemianism

In describing Guevara's travels in Mexico, his Argentine friend Ricardo Rojo later noted that he had "the unmistakable appearance of a university student on vacation."[43] Yet his interest or ability to establish relationships with Mexicans his own age was limited. "I haven't made any really worthwhile friendship, either intellectual or sexual,"[44] he wrote in his diary in late 1954, despite having been in the country for several months. Whereas elsewhere during his travels in Latin America, Guevara sought out and was introduced to political luminaries (such as the Dominican Republic's Juan Bosch and Venezuela's Rómulo Betancourt, about whom he wrote extensively in his journal), in Mexico he neither met with nor reflected upon any of the significant intellectual or political figures of the time. At one point, he makes reference to seeking out "the Gonzales [sic] Casanova couple,"[45] presumably a reference to Pablo González Casanova (a rising sociologist at the national university and member of the Círculo de Estudios Mexicanos), but his interest is half-hearted and there appears to have been no follow-up. More fundamentally, he regarded Mexico as a launching pad for

roughs, who infamously shot his wife while living in Mexico City, was another—but they are emblematic of an era.

43. Paco Ignacio Taibo II, *Guevara Also Known as Che*, transl. by Martin Michael Roberts (New York: St. Martin's Press, 1997), p. 51

44. Guevara, *Back on the Road*, p. 95.

45. Idem, p. 86.

his "great leap to Europe and, if possible, China"[46] rather than as some final training ground of his revolutionary experience. Indeed, by the time he reached Mexico he appeared practically fed-up with politics, noting in a letter to his mother, "my objective is Europe, where I intend to go come what may."[47]

Guevara's meanderings while in Mexico must be understood in terms of his natural Bohemianism and his struggle for self-discipline. "[I] don't wash my clothes much and I still don't have enough money for a laundry,"[48] he writes at one point, noting that between the whims of his landlady and his lack of finances, "some of my paunch has been disappearing."[49] From the start, his relationship with his Peruvian-born fiancé, Hilda Galdea (whom he had met in Guatemala and who followed him to Mexico), was full of drama—owing in large part to Guevara's philandering and indecisiveness. Restless, bored with the potential trappings of domesticity (a daughter, Hildita, was born in Mexico), and in an increasingly untenable living arrangement, he writes at one point: "I have to get out of the house and don't know where to go... I'm practically living on air in every sense."[50] Anticipating a final paycheck from the Argentina press agency, Agencia Latina, for whom Guevara worked as a stringer photographer, he is ready simply "to pay off some debts, travel around Mexico and then clear the hell out."[51] Tellingly, in a letter to his mother shortly before his encounter with Fidel Castro, Guevara writes: "I think [the Communists] deserve respect, and sooner or later I will join the Party myself. What most prevents me from doing it right now is that I have a huge desire to travel in Europe, and I would not be able to do that if I was subject to rigid discipline."[52]

Mexico, in short, provided Guevara with the freedom to roam—just as it did for the Beat writers and other adventure-minded youth who crossed the border during the 1950s. Still, the impact of Mexico had profoundly different meanings for these two sets of

46. Idem, p. 82.
47. Idem, p. 87.
48. Idem.
49. Idem, p. 88.
50. Idem, p. 96.
51. Idem, p. 97.
52. Idem, p. 88.

parallel wanderers. For Guevara, who could assimilate the country's cultural and political logic into a framework of Latin American
experience, Mexico eventually became a training ground where he
finally came to terms with his struggle with indiscipline. In contrast, for Kerouac (and others) Mexico largely remained a screen
upon which to project and act out fantasies of an escape from the
staid, rigid modernity of the "American Way of Life." Mexico remained fixed in the imaginary of the Beat writers and countercultural tourists who followed in their wake, as an "Other"—inscru-
table, exotic, transgressive. Thus, with Guevara, one can sense in
his multiple attempts to climb the famed volcano, Popocatépetl, a
foreshadowing of the rigid discipline he will impose on himself and
others later in seeking to launch a continental-wide revolution from
Bolivia. By contrast, in describing his effort to ascend the pyramids
at Teotihuacan, Kerouac writes: "When we arrived at the summit of
the pyramid, I lit a marijuana cigarette, so that we could all get in
touch with our feelings for the place."[53]

Finding Discipline: Che Discovers His Calling

Guevara's meeting with Fidel Castro in July 1955 changed
everything. "He is a young, intelligent guy," he notes in his diary
about Fidel, "very sure of himself and extraordinarily audacious;
I think we hit it off well."[54] Guevara, who associated more with the
hodge-podge Latin American exile community than with Mexicans,
had met Fidel Castro through Fidel's younger brother, Raúl, with
whom Guevara had socialized on several occasions. Although not
entirely random, given the relatively close-knit interchanges among
the exile community, the meeting was certainly fortuitous for it provided Guevara with a sense of mission and purposefulness that he
had clearly been seeking. Equally important, through Castro, Guevara discovers the method by which he will impose the self-discipline he earlier bemoaned was lacking. It is the discipline of revolutionary preparedness but, more fundamentally, a repudiation of
the bohemian expression of *anti*-discipline he had embraced up to

53. Quoted in Garcia-Robles, *El disfraz de la inocencia*, p. 105. My translation to
English.

54. Guevara, *Back on the Road*, p. 99. For discussion of this meeting see Castañeda, *Compañero*, pp. 83-7.

that point. In a letter sent to his mother several months before he embarks on the overloaded yacht, the *Granma*, leading to Cuba and his revolutionary struggle, he insists adamantly and yet somewhat defensively: "I must tell you that I have done a lot to wipe him out— I mean, not exactly that unfamiliar spineless type, but the other bohemian type, unconcerned about his neighbor and imbued with a sense of self-sufficiency deriving from an awareness (mistaken or not) of my own strength."[55] Affirming his new identity as one with a sense of missionary purpose, he signs this letter for the first time simply, "el Che."[56]

Whereas for Che, Mexico became the place where "the very concept of the 'I' disappeared and gave way to the concept of the 'we,'"[57] for Kerouac and the beatniks Mexico offered the opportunity to indulge in the "I" of creativity and flight from social responsibility. Guevara's Bohemianism was repressed in the imperative of self-discipline deemed necessary for revolutionary transformation. In turn, his own success in the repression of excess became the basis for the "New Man" that would arise from the Cuban revolution, and that of the "Heroic Guerrilla"—a central trope of the radical component of the New Left—whose cause was to usher in a utopian future across the Americas. As Maria Josefina Saldaña-Portillo eloquently articulates in her interpretative critique of the epistemological assumptions that underlie the radical revolutionary trajectory of the Heroic Guerrilla:

Guevara's representation of revolutionary transformation 'leaves behind' a previously immature, complicit consciousness for a fully formed, collective one, resembling a model of development that 'leaves behind' premodern forms of subjectivity and agency for thoroughly modern ones. Both models invariably 'leave behind' the

---

55. Guevara, *Back on the Road*, p. 109.

56. Castañeda writes that the moniker "Che" was acquired by Guevara in Guatemala, given to him by his Cuban exile friends, "because of his Argentine nationality and his countrymen's habit of endlessly repeating this expression" (Castañeda, *Compañero*, p. 75). Taibo, on the other hand, notes that it was during the Mexican days of training that the nickname came into being: "[H]e interspersed his conversation with *che*, used as the Mexicans used 'hombre,' and addressed everybody as *Che*. The Cubans found this very funny and nicknamed him Che" (Taibo II, *Guevara*, p. 67). "Che" in Argentine Spanish is roughly the equivalent of "dude" or "man" said at the beginning and/or end of a sentence in American English.

57. Guevara, *Back on the Road*, p. 110.

ethnic particularity of indigenous or peasant subjectivity, while carrying forward a racialized and masculinist understanding of fully modern, revolutionary agency.[58]

By contrast, the Beats (and later, hippies) reveled in their lived embodiments of excess, which served as a strategy for the subversion of the disciplinary structures of time, productivity, and consumption central to the functioning of liberal capitalist society. On the surface, these two responses to excess appeared diametrically opposed. Yet in the context of the 1960s, they became fused as the twin components of what I am suggesting we call a New Left sensibility, a sensibility that believed in Che Guevara's model of radical transformation as the basis for social evolution, while simultaneously embracing a politics of *fun* as the only imaginable basis for a truly democratic future.[59]

Twilight of the Old Left

Several months after Che left Mexico for the start of the Cuban armed insurrection, Cárdenas received the "Stalin Peace Prize" in a ceremony organized by the Movimiento Mexicano por la Paz, the national branch of the World Peace Council. Numbering in the thousands, the assembled crowd crammed into every available space to see and hear from Mexico's greatest living revolutionary. An article in *Excélsior* described the chaotic scene: "The multitude surpassed by several times the occupancy limit; each seat contained up to three people; dozens of men and women hung from the curtains and walls of the amphitheater. And stretching from the doors to the street to the main hall, a compact mass—expectant, enthusiastic—continued to struggle to get in."[60] Cárdenas's acceptance speech was brief. Remarking that, "At the present hour there is not a single nation that does not desire peace and work toward its consolidation," the former president denounced the Cold War while

---

58. Saldaña-Portillo, *The Revolutionary Imagination in the Americas*, p. 89.

59. For a fascinating discussion on the "politics of fun" in revolutionary Cuba see Robin Moore, *Music & Revolution: Cultural Change in Socialist Cuba* (Berkeley: University of California Press, 2006), Chapter 4, "Dance Music and the Politics of Fun."

60. Manuel Becerra Acosta, Jr., "'No hay país que no busque la paz,' declara Cárdenas," *Excélsior*, 27 February 1956, p. 1A.

praising the non-interventionist traditions of the Mexican nation.[61] When he finished, the audience's ovation lasted nearly five minutes yet Cárdenas, faithful to his moniker, the "Sphinx of Jiquilpan," maintained a presence of absolute inscrutability: "Not a single muscle on his face moved, his lips were immobile, he never smiled."[62] Outside the theater, it would take nearly twenty minutes for him simply to reach his car through the density of the adulatory throng.

The timing of the Peace Prize, however, was historically ironic, for it came in the wake of Soviet Premier Nikita Khrushchev's denunciation of Stalin's excesses at the Twentieth Party Congress of the Communist Party, a connection openly mocked in some quarters of the Mexican press.[63] But the timing was also symbolic politically, for it transpired at a moment of a shift taking place within Mexico and across Latin America away from an "Old Left" politics, characterized by admiration for the socialist leadership of the Soviet Union, toward a "New Left" politics—irreverent, decentralized and ultimately shaped by the youthful radicalism unleashed by the Cuban revolution.

If the impact of the Cuban revolution in the United States was to "lay the seeds of a new sensibility"[64] that directly shaped the emergent discourse and strategies of a New Left politics, the result for Mexico was initially its opposite. Catalyzed by their defense of the Cuban revolution, for a brief period the figures most closely identified with the Old Left approach to a movement-based politics, Lombardo Toledano and ex-president Lázaro Cárdenas, once more returned to the limelight. Toledano was the unchallenged leader of the newly renamed Partido Popular Socialista, whose "Pancho Villa Brigades" launched in defense of the Cuban revolution in the context of the Bay of Pigs invasion inspired youth and other working-class actors across the nation. Of greater impact was Cárdenas, who ascended to the forefront of a broad populist coalition, the Mo-

---

61. Idem.

62. Idem. Jiquilpan was the town of Lázaro Cárdenas's birth, in the state of Michoacán.

63. In a cartoon by Arias Bernal, for example, a figure shown reading a newspaper with a photograph of Cárdenas alongside a headline about Khrushchev's revelations notes to his friend that the prize is "un poco 'devaluado'" ("a little 'devalued'"). Arias Bernal, "Tardío," Excélsior, 27 February 1956, p. 7A. The Twentieth Party Congress was held February 14-26, 1956.

64. Gosse, Where the Boys Are, p. 52.

vimiento Liberación Nacional (MLN). The MLN was itself an out-growth of a World Peace Council meeting chaired by Cárdenas in Mexico City in 1961, and for a brief period this coalition seemed capable of bridging an Old Left worker-peasant front with a emergent New Left sensibility and thus revitalizing—and revising—the democratic socialist principles of Mexico's own revolutionary heritage.[65] Explanations for the abrupt collapse of the MLN by the end of 1963 include political repression unleashed by the PRI, alongside Toledano's opportunism, and the cooptation of both figures by the ruling party. However, missing from an understanding of this collapse is a clearer understanding of how new cultural and political forces also contributed to the undermining of a coalition politics premised on an unquestioned reverence for such larger-than-life figures from the national body politic.

New Directions for a New Left Historiography

There is not space here to lay out a more expansive discussion of these forces and how, collectively, they constituted a New Left in the broader conceptual sense I am advocating. To be sure, there is still much room for future investigation. What this essay has sought to establish, nevertheless, is a mapping out of the general contours of the shift from an Old Left to a New Left in Mexico, and to draw our attention especially to certain cultural aspects of that shift by focusing on the cultural politics of Guevara, on one hand, and the Beats, on the other. In Guevara, we encounter the anxiety and sense of ambivalence he felt toward his own Bohemianism, an *indiscipline* that he ultimately concluded needed to be crushed in the pursuit of a utopian, revolutionary future. Surely, such reflections and his narrative of personal transformation were not "new"; one imagines that many other revolutionaries wrestled with similar concerns.[66] But Guevara's quest for self-discovery would have an impact be-

---

65. For a discussion on the impact of the Cuban revolution on Mexican political culture in the early 1960s and in particular the role of Lázaro Cárdenas and the MLN see Eric Zolov, "*¡Cuba sí, yanquis no!*: The Sacking of the *Instituto Cultural México-Norteamericano* in Morelia, Michoacán, 1961," in Joseph and Spenser, eds., *In From the Cold*, pp. 214-52.

66. Saldaña-Portillo argues that Che's transformation took place during the guerrilla struggle in Cuba, though I would argue its origins in Mexico should be considered as well. See her excellent discussion in *The Revolutionary Imagination*.

yond his own individual set of beliefs, for as "El Che" he embodied the essence of the New Left's revolutionary spirit—its Third World solidarity—and, in certain quarters, its program for radical political action.[67] At the same time, and despite his own *inner* transformation, Che's outer appearance contained signifiers of a pronounced Bohemianism—his "revolutionary androgyny"[68]—manifest in an irreverence for structure, hierarchy, and patriarchal norms that was central to the cultural practices of the New Left. Mexico provided the context in which Guevara's transformation from bohemian to revolutionary could transpire, while at the same time the country nurtured the adventuresome antics of a very different set of bohemians, the Beats, whose own indiscipline remained unrepentant. For the revolutionary and countercultural movements that spread not only across the Americas but globally, these interlocking facets of a New Left epistemology—structure and anti-structure—were defining features of the era's social upheavals.

To conclude, I would like to point out certain elements of the social and cultural forces I suggest constituted a New Left in Latin America and whose contours were already apparent in Mexico and elsewhere by the early 1960s. There was, for one, the new middle-class youth culture—what the mass media notoriously dubbed *el rebeldismo sin causa*—that aggressively appropriated sonic and aesthetic features of U.S. rock'n roll and would soon be transformed by the impact of the Beatles and other British bands. Although in many respects this movement was directly emulative of foreign models, at the same time intrinsic to its popularity among youth—and what made it anathema to the conservative press—was its posture of defiance of traditional hierarchies that formed the core principle of the new youth style.[69] A newfound irreverence for populist aesthetics was also evident in political caricature, itself a bell-weather of the shifting winds of political discourse, while in literature writers such as José Agustín and Carlos Monsiváis were developing a new style

67. Cynthia A. Young, *Soul Power: Culture, Radicalism, and the Making of the U.S. Third World Left* (Durham: Duke University Press, 2006); Sorensen, *A Turbulent Decade Remembered*, Chapter 1; Gosse, *Where the Boys Are*; Elbaum, *Revolution in the Air*.

68. Saldaña-Portillo, *The Revolutionary Imagination*, p. 79.

69. Zolov, *Refried Elvis*. For a survey of the impact of rock music elsewhere in Latin America and the rise of youth countercultures in the 1960s, see Pacini Hernandez, et al., eds., *Rockin' Las Américas*.

of essay writing and reportage akin to the "New Journalism" in the United States.[70] Similar trends were apparent in film, fashion, and the graphic arts. As Jean Franco argues, these elements of a new, cultural vanguard—so often overlooked in our discussion of Latin American politics in this era—would collide, often violently, with a political vanguard that pursued revolutionary transformation with devout seriousness. "Building a new society required discipline, not irony; hard work, not a freewheeling bohemian style,"[71] notes Franco. By incorporating the more inclusive usage of the term "New Left" into our analytical vocabulary, the pursuit of a strict self-discipline evident in the myriad, factionalist-ridden revolutionary movements that erupted across the hemisphere can be married to the equally myriad cultural practices that eschewed a narrow self-discipline, though no less so the pursuit of a revolutionary aesthetic, thus allowing for a more comprehensive understanding of the "long 1960s" and that era's impact on the present.

70. See Zolov, "Graphic Satire"; Cohn, "The Mexican Intelligentsia."
71. Franco, *Decline & Fall of the Lettered City*, p. 91.

La polémica Moreno-Santucho. La lucha armada y la ruptura del Partido Revolucionario de los Trabajadores (PRT)

Martín Mangiantini

ISP Joaquín V. González / Universidad Torcuato Di Tella[1]

Introducción

Diversos procesos políticos acaecidos hacia finales de la década de 1960 tales como el Mayo Francés, la Primavera de Praga o la rebelión estudiantil mexicana, significaron un cambio de paradigma en las concepciones, tanto sobre las formas organizativas de las estructuras políticas revolucionarias como también en los esquemas de movilizaciones imperantes hasta entonces. El resurgir de esta serie de levantamientos masivos de la población signados por la reaparición de la clase obrera como actor social protagónico, y la participación de una juventud radicalizada que pugnaba por el cambio social, supuso en diversos espacios políticos un cuestionamiento del paradigma organizativo vigente hasta entonces. En este sentido, la concepción imperante, desde el triunfo de la Revolución Cubana, que primaba la construcción de estructuras políticas armadas como método organizativo más apto para el triunfo revolucionario, la primacía del campesinado como sujeto revolucionario, y la guerra de guerrillas como estrategia central a seguir para forjar el cambio social, se vio puesta en debate desde diversos espacios.

1. Agradezco los valiosos comentarios de los evaluadores de *A Contracorriente*, Julieta Bartoletti y Carlos Aguirre que permitieron enriquecer este trabajo.

En el seno de la militancia de diversas organizaciones revolucionarias se produjeron debates teóricos en torno a la caracterización de la lucha armada como estrategia, el tipo de organización política a construir o el sujeto social que protagonizaría la transformación revolucionaria de la sociedad.

En Argentina, el ascenso de la clase obrera y del movimiento estudiantil que explotó a partir del denominado Cordobazo colaboró, a su vez, para profundizar en esta misma discusión a escala local. Luego de años de retroceso en el conflicto social con diversas derrotas en las luchas de la clase obrera, el Cordobazo abrió una nueva etapa de ascenso que incluso llegó a ser caracterizada por diversos actores como el inicio de una coyuntura prerrevolucionaria. En esta coyuntura internacional y nacional, el debate en torno a la lucha armada como método cruzó transversalmente a las diversas estructuras políticas y actores sociales. Una de las versiones locales de este debate se produjo en el seno del Partido Revolucionario de los Trabajadores (en adelante, PRT), organización que inició un proceso de discusión interna que desembocó, primero, en luchas fraccionales, y más adelante en la ruptura de la organización.

El PRT surgió en enero de 1965 de la fusión de dos organizaciones políticas: el Frente Indoamericanista Popular (FRIP), liderado por los hermanos Mario Roberto y Francisco René Santucho, y la corriente trotskista Palabra Obrera, liderada por Nahuel Moreno.[2] El FRIP fue una corriente con cierta inserción política en el norte argentino. Poseía un contenido ideológico propio del revisionismo nacionalista y el indigenismo, y caracterizaba como sujeto revolucionario al proletariado rural. Palabra Obrera fue una organización trotskista que venía de poner en práctica la táctica del denominado entrismo en el seno del peronismo. Ésta consistía en la inserción de los militantes en una organización ideológicamente diversa a la propia (aunque soslayando y matizando estas diferencias), pero con arraigo en los sectores populares (como lo era en este caso el movimiento peronista), con el fin de provocar que sus integrantes viraran ideológicamente hacia la izquierda. La táctica del entrismo debía realizarse, según Moreno, en un tiempo no muy extenso. Con esta orientación, dicha corriente comenzó a editar el periódico Palabra Obrera, que utilizaron como herramienta para relacionarse

---

2. En este trabajo denominaremos corriente *morenista* a las organizaciones por éste lideradas.

con distintos sectores fabriles. Las fuentes partidarias dan cuenta de que este periódico fue de gran utilidad para insertarse en el movimiento peronista y en sus ámbitos de trabajo. Fue así que a la propia corriente morenista se la empezó a conocer directamente con el nombre de Palabra Obrera. El entrismo como táctica fue aplicado por el morenismo hasta aproximadamente 1964, cuando viró su orientación ante una coyuntura política que permitió un cierto retorno del peronismo a la legalidad (por ejemplo, la presentación de partidos o líderes sindicales neoperonistas en las elecciones a realizarse). En este contexto, la continuidad de una retórica cercana al peronismo hubiera supuesto un cambio en la práctica que conllevaría un disciplinamiento, dirección política antes ausente. La siguiente cita esboza una breve explicación sobre este viraje:

> La legalización del Partido Justicialista significó que el peronismo dejaba de estar fuera del régimen, y se institucionalizaba como partido electoral burgués, con sus órganos y estatutos, dirigentes legales y disciplina, para garantizar el control sobre sus bases obreras. (...) Para Palabra Obrera era el fin del entrismo que había practicado, ya que no iba a disciplinarse políticamente a una dirección burguesa, y las posibilidades de seguir declarándose peronista, sin acatar esa disciplina, de ahí en más desaparecían.[3]

Paralelamente a la situación argentina, es menester mencionar el vínculo internacional imperante y el accionar de las corrientes trotskistas. La Revolución Cubana abrió nuevos debates y perspectivas implicando redefiniciones dentro de las organizaciones provenientes del trotskismo. Luego de debates e intercambios, en 1963 se definió la construcción del denominado Secretariado Unificado (SU), una corriente de organizaciones trotskistas que expresó su apoyo al proceso revolucionario cubano. Uno de los resultados de esta revolución, según el SU, fue la aparición en Cuba de un nuevo Estado obrero que reconoció a Fidel Castro como líder y vanguardia en el proceso revolucionario continental. La corriente de Nahuel Moreno se incorporó a este reagrupamiento dado el carácter internacionalista que presentó en sus inicios el proceso revolucionario cubano. Ese es el argumento que esgrime Ernesto González, dirigente de esta corriente política:

3. Ernesto González, coord., *El trotskismo obrero e internacionalista en la Argentina. Tomo 3: Palabra Obrera, el PRT y la Revolución Cubana. Volumen 2 (1963-1969)* (Buenos Aires: Editorial Antídoto, 1999), p. 52.

La política del Che y de la plana mayor cubana, de crear 'dos, tres, muchos Vietnam' fundamentalmente en Latinoamérica y África, contradecía las tradicionales posiciones de los partidos comunistas sobre la 'coexistencia pacífica entre sistemas' y 'el socialismo en un solo país'. (...) las posiciones cubanas representaban un peligro cierto para todos los sectores de poder que pretendían dominar a las masas y defender sus propios intereses.[4]

En relación con esta redefinición, en Argentina la corriente morenista acusó el impacto de la Revolución Cubana y se propuso iniciar una construcción política que tuviera por objetivo la confluencia con otros grupos revolucionarios, no necesariamente provenientes de la tradición trotskista o con inserción en el proletariado industrial. A partir de esta concepción se explica la confluencia de dicha corriente con el FRIP, una estructura mayormente ligada al proletariado rural de Santiago del Estero y sin una trayectoria ideológica cercana al trotskismo.

El PRT actuó en la coyuntura argentina entre 1965 y 1968. El proceso de ruptura de este partido se inició en 1967 en un marco de derrotas del movimiento obrero argentino frente a la dictadura de Juan Carlos Onganía y un viraje en la dirección cubana que caracterizó el advenimiento de una guerra civil continental en toda América Latina. A esto se sumaba el impacto que generó en un sector de la organización la presencia de Ernesto Che Guevara en Bolivia para desarrollar la estrategia de la guerra de guerrillas. En este contexto, se inició un proceso de diferenciación entre la línea del partido que sostuvo la necesidad de la lucha armada con la consecuente creación del ejército revolucionario, y aquel sector que pugnó por la forma organizativa partidaria leninista tradicional, caracterizando a la guerrilla y a la lucha armada como estrategias que se alejaban de las organizaciones revolucionarias. Paulatinamente, las diferencias se hicieron insuperables y se produciría la ruptura definitiva en 1968 con la formación de dos organizaciones diversas.

El objetivo general de este ensayo es reconstruir y analizar el debate teórico que culminó con la división del PRT en dos organizaciones políticas: el PRT—El Combatiente (liderado por los hermanos Santucho), que luego derivará en el PRT-ERP (Partido Revolu-

---

4. Ernesto González, coord., *El trotskismo obrero e internacionalista en la Argentina. Tomo 3: Palabra Obrera, el PRT y la Revolución Cubana. Volumen 1 (1959-1963).* (Buenos Aires: Editorial Antídoto, 1999), p. 9.

cionario de los Trabajadores—Ejército Revolucionario del Pueblo) y el PRT—La Verdad (dirigido por Nahuel Moreno), que terminaría desembocando en el Partido Socialista de los Trabajadores (PST).

Específicamente, este trabajo tiene tres objetivos. En primer lugar, se trata de un acercamiento introductorio a las posiciones teóricas esbozadas por la dirigencia del PRT en su proceso de ruptura como organización. La elección de los aspectos teóricos del debate en torno a la viabilidad de la estrategia armada se debe a un recorte temático que excluye otras aristas de la polémica esgrimidas en su momento. Aunque la discusión política entre Moreno y Santucho podría entenderse como un mero debate de corte teórico, en realidad el contenido teórico de esta polémica se insertó dentro de una discusión entre dos dirigentes políticos revolucionarios que, a partir de la caracterización coyuntural, diferían en la estrategia a adoptar para la inserción de sus organizaciones revolucionarias en la lucha de clases entonces vigente. En ese sentido, es necesario aclarar que la discusión teórica de aquel entonces se complementó con otros aspectos relevantes, tales como el análisis de la coyuntura política argentina y el abordaje del contexto latinoamericano en particular y mundial en general, en el que la estrategia política a adoptar se insertaría. Así también, existe una profundización de esta temática dentro del trotskismo internacional, a través de diversos referentes, en el seno de la IV Internacional. Estos aspectos serán dejados fuera de este trabajo; e incluiremos en la discusión las posiciones de aquellos dirigentes en torno a la caracterización de la guerrilla como táctica, la forma de establecer relación entre una estructura política de vanguardia y las masas y el debate en torno al sujeto revolucionario que encabezará la transformación social.

En segundo lugar, si bien el trabajo pretende reconstruir la discusión esgrimida por los dirigentes Nahuel Moreno y Mario Roberto Santucho (como referentes de las dos fracciones de esta organización), a lo largo del relato se dará mayor protagonismo a las posiciones elaboradas por el primero. La decisión comienza por una caracterización sobre la historiografía existente de la militancia revolucionaria de fines de la década del sesenta y principios de los setenta. En este sentido, existe una abundante producción historiográfica en torno a diversas temáticas relacionadas con esta época como, por ejemplo, la radicalización de la clase obrera, la juventud o la intelectualidad. No obstante, el mayor bagaje académico recae en los aportes historiográficos sobre la izquierda armada de este período. En este terreno, priman los estudios sobre las distintas organizaciones revolucionarias, con particular énfasis en la actuación de Montoneros y el PRT-ERP, ya sea a través de la descripción de sus acciones más paradigmáticas (Plis-Sterenberg, Larraquy, Zuker), o bien del análisis de su estructura organizativa, de su relación con la clase obrera, o sobre el uso de la violencia como estrategia política (Pozzi, Caviasca, Weisz, Carnovale, Gillespie, Lanusse).[5] Sin embargo, un espacio escasamente explorado es el de la izquierda argentina no armada de diversas raigambres ideológicas existente en la década de 1970. La ausencia de un análisis profundo de las distintas corrientes políticas de la izquierda revolucionaria no armada desde finales de los '60 hasta 1976 se empareja con la interpretación dentro del campo de estudio, pues reduce la convulsionada coyuntura previa a la dictadura como un enfrentamiento entre organizaciones revolucionarias armadas, por un lado, y el aparato represivo estatal, por el otro, quedando así diversos actores al margen de los análisis de época. La ausencia de relatos e investigaciones sobre aquellas estructuras revolucionarias no armadas alimenta esta errónea teoría. En este sentido, y a sabiendas del desbalance en el desarrollo de ambas posiciones, se priorizará en este ensayo el análisis de una corriente política escasamente explorada como lo es la morenista, a través de las posiciones que desarrolló su principal referente en el marco del debate político-organizativo dentro del PRT.

Por último, es intención de este trabajo establecer un paralelismo (y preguntarse sobre las rupturas y continuidades) entre la discusión política de entonces, sostenida por Nahuel Moreno y Mario Roberto Santucho, y el debate que existe actualmente en Argentina sobre la violencia política y la lucha armada como estrategia.

5. Gustavo Plis-Sterenberg, *Monte Chingolo, la mayor batalla de la guerrilla argentina* (Buenos Aires: Planeta, 2003); Marcelo Larraquy, *Fuimos Soldados. Historia secreta de la contraofensiva montonera* (Buenos Aires: Aguilar, 2006); Cristina Zuker, *El tren de la victoria. Una saga familiar* (Buenos Aires: Sudamericana, 2003); Pablo Pozzi, *Por las sendas argentinas. El PRT-ERP, la guerrilla marxista* (Buenos Aires: Imago Mundi, 2004); Guillermo Caviasca, *Dos caminos. ERP – Montoneros en los setenta* (Buenos Aires: Ediciones del CCC, 2006); Eduardo Weisz, *El PRT-ERP. Nueva Izquierda e Izquierda Tradicional* (Buenos Aires: Ediciones del Centro Cultural de la Cooperación, 2004); Vera Carnovale, *Los combatientes. Historia del PRT-ERP* (Buenos Aires: Siglo Veintiuno Editores, 2011); Richard Gillespie, *Soldados de Perón. Los Montoneros* (Buenos Aires: Grijalbo, 1987); y Lucas Lanusse, *Montoneros. El mito de sus 12 fundadores* (Buenos Aires: Vergara, 2007).

Para el análisis y desarrollo de estos tres objetivos se utilizarán fuentes existentes al momento de producirse ese debate. Sin embargo, no se utilizarán documentos de años posteriores a esa discusión, más allá de la existencia de una continuidad de esta polémica. Por ejemplo, la corriente morenista realizó en los años ochenta balances más acabados en torno a la estrategia de la lucha armada y la guerra de guerrillas o autores tales como Daniel De Santis o Luis Mattini han realizado sendos estudios sobre el PRT-ERP.[6] Sin embargo, utilizar documentación posterior a la ruptura (habiéndose producido la derrota de las organizaciones revolucionarias tras la concreción de la dictadura militar de 1976) puede dar lugar a anacronismos que dificulten el análisis del debate de época.

El debate en torno a la lucha armada

El debate alrededor de la posibilidad de la puesta en práctica de la lucha armada en Argentina encontró en el PRT un escenario de discusión teórico-político. Las diferencias internas no generaron un debate abstracto sobre la viabilidad y la utilización de la lucha armada en ciertas circunstancias, sino en el modo concreto de poner en marcha esta metodología y en los factores a tener en cuenta previamente a la adopción de esta estrategia.

La relación entre la producción de Nahuel Moreno y la teoría guevarista (justificadora de la guerra de guerrillas como metodología de la lucha armada) pasó por diversos momentos. En los años posteriores al triunfo de la Revolución Cubana, la caracterización de Moreno sobre este proceso tuvo posiciones que lo acercaron al paradigma teórico-conceptual generado por la propia Revolución. En documentos producidos en este contexto Moreno calificó a la Revolución Cubana como la "vanguardia de la revolución latinoamericana" e identificó este proceso con la teoría de la revolución permanente de León Trotsky, dado que Cuba habría demostrado cómo una transformación política que inicialmente fue democrático-burguesa en su contenido terminó radicalizándose y convirtiéndose en una revolución socialista (agraria y antiimperialista).[7]

6. Daniel De Santis, *¡A Vencer o Morir! PRT-ERP. Documentos.* Tomo 1 (Buenos Aires: EUDEBA, 1998); Luis Mattini, *Hombres y mujeres del PRT-ERT. De Tucumán a La Tablada* (Buenos Aires: Ediciones de la Campana, 1996).

7. Nahuel Moreno, *La revolución latinoamericana* (Buenos Aires: n.p., 1962), pp.

Paralelamente, Moreno argumentaba que el campesinado y la pequeña-burguesía podrían cumplir en América Latina un papel revolucionario.[8] Sin duda, se trató del momento de mayor acercamiento de la corriente morenista a la teoría de la lucha armada y a su proyecto de extensión en el continente latinoamericano. La imagen de una Cuba convertida en vanguardia de un proceso revolucionario latinoamericano, el impulso y el apoyo de su dirección a estructuras armadas en diversos países del continente, y el aún no expresado alineamiento del castrismo a la dirección internacional del estalinismo podrían argüirse como hipótesis posibles para explicar las posiciones de Moreno.

Según el trabajo de Eduardo Weisz sobre el PRT-ERP, es en este momento del morenismo cuando se produjo un acercamiento al FRIP de Santucho, dando origen finalmente al PRT.[9] Se deduce así que el sector liderado por Santucho mantuvo una coherencia teórica a lo largo de su trayectoria mientras que la corriente política liderada por Nahuel Moreno viró en sus posiciones en los momentos posteriores a la unificación política con el FRIP. De esta afirmación es que surgen dos reflexiones. Por un lado, resulta evidente que las posiciones teóricas del morenismo con relación a la lucha armada viraron a lo largo de estos años y que de un posicionamiento que poseía ciertas expectativas en las vanguardias armadas latinoamericanas impulsadas desde la dirección cubana, se pasó a la defensa de estructuras partidarias marxistas-leninistas tradicionales, y a la construcción política dentro de la clase obrera y el movimiento estudiantil. Por otro lado, y en un aspecto que no se desprende del trabajo de Weisz, puede afirmarse (a través del relevo de los documentos políticos de la corriente morenista) que este viraje se habría producido con anterioridad a la unificación de Palabra Obrera con el FRIP de Santucho, tal como se manifiesta en el documento de Nahuel Moreno Dos métodos frente a la revolución latinoamericana. ¿Lucha guerrillera o lucha obrera y de masas?, publicado por primera vez en 1964 en la Revista Estrategia, y que aquí tomaremos como punto de partida.

Desde el punto de vista teórico, este documento se convirtió en un quiebre estratégico para el debate en torno a la conveniencia

37, 48.

8. Idem, p. 55.

9. Weisz, *El PRT-ERP*.

de la lucha armada, dado que se trató de una polémica que Nahuel Moreno sostuvo tomando como base diversos trabajos de Ernesto Che Guevara alrededor de la guerra de guerrillas como método.[10] El disparador central del posicionamiento de Moreno, que se repitió a lo largo de diversos trabajos, no fue invalidar la guerra de guerrillas como una metodología plausible para la concreción de una revolución socialista, sino más bien el cuestionamiento a que ésta fuera la única posibilidad válida para obtener un resultado político exitoso.[11] En este sentido, Moreno cuestionó tres aspectos de las teorías guevaristas. En primer lugar, que la guerra de guerrillas era la única posibilidad de protección de una dirección revolucionaria que en el contexto urbano estaría mayormente expuesta. Para Moreno, no se trataba de un problema de tipo geográfico sino político-social: la dirección revolucionaria debía permanecer en aquel lugar geográfico en el que tuviera mayor inserción política, ya sea rural o urbano. Así, un grupo guerrillero inserto geográficamente en el mundo rural, pero sin inclusión política entre la población de ese espacio, estaría condenado a fracasar.[12] En segundo lugar, la idea de Guevara sobre la necesidad de la guerra de guerrillas como método, dado que el campesinado latinoamericano se encontraba en un momento de rebelión contra las estructuras feudales que lo oprimían, era una posición rechazada por Moreno. En la historia mundial y latinoamericana el campesinado se movilizó y obtuvo triunfos (la misma Revolución Rusa, la lucha campesina en Bolivia) con metodologías diferentes a la guerra de guerrillas, tales como grandes movilizaciones de masas, la actividad sindical o la ocupación de tierras.[13] En ese sentido, el hecho de que el sujeto de transformación haya sido el campesinado no significaba para Moreno, que su metodología de lucha fuera, indefectiblemente, la guerra de guerrillas. Por último, Guevara planteaba la necesidad de la guerra de guerrillas

---

10. Moreno utiliza los trabajos de Guevara, *La guerra de guerrillas*, *La excepcionalidad de la Revolución Cubana*, y *La guerra de guerrillas: un método*. En el documento original de Moreno no hay referencia a las ediciones citadas. Pueden consultarse en Ernesto Che Guevara, *Obras Completas* (Buenos Aires: MACLA, 1997).

11. Nahuel Moreno, *Dos métodos frente a la revolución latinoamericana. ¿Lucha guerrillera o lucha obrera y de masas?* [1964], edición electrónica, Biblioteca Virtual del CITO, p. 2.

12. Idem, p. 3.

13. Idem, pp. 3-4.

como metodología dado que la lucha tenía un carácter continental. Moreno responde a esto con el argumento de que los denominadores comunes del proceso revolucionario latinoamericano (la necesidad de unidad latinoamericana y la oposición al imperialismo norteamericano, entre otros) no determinan el carácter y el modo que esa lucha necesita en cada uno de los países del continente.[14] Estos posicionamientos críticos ya se habían esgrimido por parte del morenismo años antes de la unificación política con el FRIP. Paralelamente, vale aclarar que esta toma de distancia no se convirtió en un rechazo a la figura del Che Guevara, de quien, al mismo tiempo, la corriente morenista reivindicó diversos aspectos teóricos. El haber comprendido que la mejor defensa de la Revolución Cubana recaía en su extensión a escala continental (punto en el que Moreno asocia a Guevara a la teoría trotskista de la revolución permanente) y considerar a la etapa de transición al socialismo como un proceso revolucionario no regido por patrones de acumulación, productividad o racionalidad capitalistas, fue visto por Moreno como motivo para una firme moral socialista y una constante elevación de consciencia de los trabajadores. Al mismo tiempo, Moreno reivindicaba las críticas de Guevara a la política comercial de la URSS, caracterizada como burguesa e injusta con respecto a los países atrasados; su lucha por la unidad económica de los países "socialistas" y los "atrasados"; y por último, su enfoque sobre la necesidad de un internacionalismo revolucionario.[15] El debate sostenido por Moreno con los posicionamientos teóricos del Che Guevara encontrará luego su correlato tanto dentro del PRT como entre las diversas corrientes del trotskismo internacional y en la dinámica interna de la IV Internacional.

La guerrilla como táctica

El debate de fondo en torno a la lucha armada se refería al tipo de estructura política a construir para la obtención del triunfo revolucionario. El dilema estaba entre la puesta en marcha de un aparato político-militar o bien un partido político revolucionario con inserción y construcción política en las masas (particularmen-

---

14. Idem, p. 4

15. González, *El trotskismo*, Tomo 3, Volumen 2, pp. 208-209.

te, en la clase obrera). Podríamos identificar el punto de partida del pensamiento de Nahuel Moreno en la diferenciación que establece en torno a los conceptos de "teoría", "estrategia" y "táctica". Moreno entendía por teoría aquellas leyes generales del proceso histórico (en el caso del trotskismo, se trataría de la teoría de la revolución permanente que se convertiría en la ley general de la revolución y del movimiento de masas en la etapa de transición del capitalismo al socialismo).[16] La estrategia será para Moreno un objetivo de largo plazo y la táctica serán los medios para alcanzar ese objetivo. En este caso, el objetivo estratégico recaerá en la necesidad de la movilización de las masas, particularmente de la clase obrera, y en la construcción de partidos de tipo bolchevique (marxistas-leninistas) como condición y única herramienta necesaria para tomar el poder junto a la clase obrera, superando así al imperialismo y al capitalismo y alcanzando la dictadura del proletariado.[17] En este sentido, para la construcción de un partido político revolucionario y la toma del poder, era necesario redefinir la táctica en cada momento y de acuerdo a los cambios coyunturales. Por ello, Moreno criticaba el hecho de que se colocase en un primer plano a la táctica y ésta se convirtiese en un fin en sí mismo:

> [E]l partido sólo podemos construirlo si utilizamos en cada momento tácticas diferentes y adecuadas, que cambian tanto como cambia la lucha de clases. Si hay elecciones podemos ser electoralistas. Pero si no las hay, no debemos serlo. Si hay campesinos dispuestos a luchar en forma armada contra los terratenientes, debemos ser guerrilleros rurales. Pero si no lo hay, no debemos serlo. Si nos imponemos por cinco, diez o quince años ser guerrilleros rurales, nos atamos las manos para cambiar tanto como sea necesario las distintas tácticas que resultan imprescindibles para fortificar el partido y al movimiento de masas junto con él. (...) repitiendo como tartamudos la misma consigna, nunca podremos hacer crecer al partido.[18]

16. Nahuel Moreno, *Un documento escandaloso (En respuesta a 'En defensa del leninismo, en defensa de la Cuarta Internacional' de Ernest Germain)* (Buenos Aires: Ediciones Antídoto, 1989), p. 129. El documento original fue escrito por Moreno en 1973 en el marco de un debate con Ernest Mandel y como aporte a la polémica previa al Décimo Congreso Mundial del Secretariado Unificado (SU) de la Cuarta Internacional que se realizó en 1974.

17. Idem, pp. 129-130.

18. Idem, pp. 131-132.

Esta cita deja en claro que Moreno no descartaba ninguna de las distintas tácticas que puedan llegar a sucederse al calor de las luchas sociales de acuerdo al devenir del momento histórico. Tomar las armas, decretar una huelga general por tiempo indeterminado, practicar el entrismo, o presentarse a elecciones y forjar una disputa política en ese terreno institucional, fueron para Moreno opciones válidas siempre y cuando se mantuvieran presentes como objetivos de fondo la necesidad de la construcción partidaria y la movilización de las masas para la toma del poder. En definitiva, la utilización de la guerrilla fue una cuestión estratégica que cada país o partido debía determinar. El error político, según Moreno, radicaba en convertir esa táctica guerrillera en una orientación organizativa que, inevitablemente, subordinaría a la construcción del partido revolucionario de masas.[19]

Simultáneamente, el cuestionamiento de Moreno no estaba dirigido contra la utilización de la violencia política, sino más bien contra la táctica de implementarla en determinados contextos históricos. Con esto, se diferenciaban los conceptos de lucha armada y guerra de guerrillas, subrayando el error de interpretarlos como sinónimos. La lucha armada significaba, para Moreno, la posibilidad de que las masas del proletariado y el campesinado protagonizaran una verdadera insurrección o guerra civil, mientras que la guerra de guerrillas era una táctica que podría utilizarse de acuerdo a la coyuntura de cada lugar como complemento de esa lucha de masas. La formación de una guerrilla no debería suponer entonces una orientación estratégica en sí misma que terminara por subordinar al objetivo superador de la construcción partidaria.[20] Fue a raíz de estas posiciones que los críticos de Moreno lo calificarían como promotor de una política oscilante desde el punto de vista metodológico y estratégico.

Dentro del PRT, y en antagonismo con la línea defendida por Moreno, se manifestó con fuerza la tendencia liderada por dirigentes como Mario Roberto Santucho, Oscar Prada y Helio Prie-

---

19. Nahuel Moreno et al, *Argentina y Bolivia: Un balance* (s.p., 1973) Versión electrónica en http://www.nahuelmoreno.org/. Este documento fue elaborado por Nahuel Moreno en conjunto con Hugo Blanco, Peter Camejo, Joseph Hansen y Aníbal Lorenzo (pseudónimo de Ernesto González) en 1972, en el marco del debate sobre la coyuntura latinoamericana del Comité Ejecutivo de la Cuarta Internacional.

20. Idem.

to, quienes postulaban la necesidad de que el partido se preparase adecuadamente para el inicio de tareas de tipo militar, las que iban desde la construcción de una logística militar (talleres de investigación, fabricación, sanatorios, etc.) hasta la organización de una red de información y la enseñanza a la militancia partidaria de técnicas y prácticas como por ejemplo el armado y desarmado de pistolas en la oscuridad.[21] Este sector de la organización no negaba la necesidad de construir un partido político al estilo leninista que cumpliera el papel de dirección política. La diferencia de fondo radicaba en que Santucho y sus seguidores promovían la necesidad de construir un ejército revolucionario que actuara como brazo armado del partido revolucionario a modo de "guerra civil prologada". Por otra parte, dicho sector entendía que este ejército debía residir en un ámbito geográfico adecuado para su preservación, el espacio rural, y que al mismo tiempo se preparara a centenares de grupos armados obreros y populares que actuaran en las ciudades apoyando las movilizaciones de masas. Así, se llevaría a cabo una acción militar independiente.[22] De acuerdo a esta concepción, el ejército revolucionario crearía las condiciones políticas adecuadas para una revolución socialista triunfante.

Con un criterio que podría identificarse como gradualista (en cuanto a la expectativa de experimentar indefectiblemente ciertos períodos), el PRT planteaba que toda lucha revolucionaria debía recorrer tres etapas. En la primera, la revolución se encontraba poco desarrollada y con una estrategia defensiva; en la segunda, y gracias a la lucha revolucionaria, se produciría un equilibrio de fuerzas; y por último, en la tercera etapa, la revolución pasaría a la ofensiva y el enemigo se defendería. Esta dinámica probablemente provocaría, según estos dirigentes, la intervención del imperialismo, transformándose el conflicto de una guerra civil revolucionaria en una guerra nacional antiimperialista.[23] De la misma forma—y esto también puede considerarse como un gradualismo pero desde el punto de vista de la historia de las ideas revolucionarias—este sector del PRT consideró al castrismo como la síntesis teórica del

21. Ernesto González, *El trotskismo*, Tomo 3, Vol. 2, p. 203.

22. Mario Santucho, Oscar Prada y Helio Prieto, "El único camino hacia el poder obrero y el socialismo" [1968], en Daniel De Santis, *A vencer o morir. PRT-ERP. Documentos*. Tomo 1 (Buenos Aires: EUDEBA, 1998), p. 91.

23. Idem, p. 93.

conjunto de los revolucionarios (desde Marx hasta Lenin, pasando por Trotsky y Mao) argumentando que la táctica fundamental para los procesos revolucionarios latinoamericanos era la construcción de guerrillas.[24] Si bien en primera instancia debían estar integradas por el campesinado y ubicarse en el mundo rural, esto no eliminaba la posibilidad de guerrillas urbanas de acuerdo a las condiciones de cada país.[25] Así, el PRT se valió de afirmaciones específicas de cada uno de los teóricos preexistentes: la idea de Marx sobre la estrategia de la toma de poder por parte de la clase obrera, basada en las condiciones de las fuerzas productivas y en la estrategia militar; la caracterización que Lenin realizó sobre el éxito de las insurrecciones con posterioridad a una guerra civil prolongada, dada la debilidad que por sí solo poseía el proletariado; las concepciones de la Revolución Permanente y el Programa de Transición de Trotsky; y el concepto de guerra prolongada maoísta, para finalizar con un intento de síntesis en el que la Revolución Cubana se caracterizaba por fusionar las diversas tendencias, esto es, la idea de revolución continental expresada en la consigna de creación de dos, tres, muchos Vietnam, y la construcción del ejército revolucionario como método a partir de la guerrilla sobre la base de la unidad político-militar de la dirección revolucionaria.[26] En definitiva, la construcción partidaria no podía desligarse de la construcción militar. En este sentido, afirmaban que:

> donde no existen partidos revolucionarios, habrá que crearlos como fuerzas militares desde el comienzo. Donde existen y son débiles, habrá que desarrollarlos, pero transformándolos en fuerzas militares de inmediato, para que puedan responder a las exigencias que plantea una estrategia político-militar de poder en esta época. (...) en esta época la política y el fusil, no pueden ir separados.[27]

Se desprende de esto que el debate de fondo entre los miembros del PRT no giraba en torno a la necesidad o no de construir un partido político revolucionario, sino más bien en el rol que éste tendría. Mientras que para el sector morenista el partido tendría un rol de vanguardia política en el movimiento de masas y debía pugnar

24. Idem, pp. 75-80.
25. Idem, pp. 77-78.
26. Pozzi, *Por las sendas argentinas*, p. 92
27. Santucho, Prada y Prieto, "El único camino hacia el poder", p. 79.

por su inserción en la clase obrera y en el movimiento estudiantil de cara a su movilización para la concreción de una revolución socialista, para el sector militarista se trataba de una herramienta política complementaria a una construcción militar, la creación de un ejército popular, de un brazo armado del partido, que sería el que, en la práctica, crearía las condiciones objetivas para la transformación social.

De este debate surgen, a su vez, diversas temáticas propias de toda organización revolucionaria que pugna por la transformación de la sociedad como, por ejemplo, la inserción de la organización política entre las masas, la identificación de un sujeto revolucionario y el programa político de la organización, entre otras.

La relación vanguardia-masas

Uno de los debates centrales en torno al tipo de construcción política es la relación entre ésta y las masas que se buscaba dirigir y guiar hacia la revolución. Este debate estaba ligado tanto a la forma a construir (partido-ejército revolucionario) como a la táctica que profundizaría la movilización de las masas y la adhesión de ellas a la organización revolucionaria. En este aspecto, una de las claves del debate teórico fue dónde debía poner el acento una organización revolucionaria que buscaba la inserción en las masas. La dicotomía recayó en si se debía priorizar la inserción en los organismos construidos por la misma clase obrera y elaborar las consignas correctas que radicalizaran sus concepciones políticas o bien en la realización de ciertas acciones que sirvieran como forjadoras de su conciencia.

Para Nahuel Moreno la estrategia consistía en la construcción de un partido leninista que tuviera como objetivo la inserción en las masas participando en sus movilizaciones y presentándose como alternativa de dirección revolucionaria en las organizaciones existentes. Esto suponía no ignorar los organismos que las propias masas forjaban (como, por ejemplo, las comisiones internas y los cuerpos de delegados) sino insertarse en ellos levantando allí las reivindicaciones transicionales capaces de ayudarlas a profundizar sus concepciones políticas y elevar las formas de la lucha de clases. En este sentido, para dirigir a las masas era necesario un programa que tomara en cuenta sus necesidades más inmediatas. Para Moreno, la línea de Santucho terminó despreciando los acontecimientos de la lucha de clases dado que en su idea de una guerra prolongada, el objetivo político central era la construcción de un ejército revolucionario omitiendo los organismos que las propias masas se daban en un contexto de lucha. Se desprende del análisis de Moreno que, al identificar Santucho erróneamente como sinónimos la lucha armada y el paradigma guevarista de construcción de organizaciones guerrilleras, las masas pasarían a tener un papel secundario en el proceso de cambio social. Según Moreno, el paradigma guevarista que servía de inspiración a la línea de Santucho planteaba que un pequeño núcleo decidido a comenzar la acción armada en pequeña escala podía generar la respuesta de las masas, dado que cientos de luchadores se unirían y darían apoyo logístico a esas acciones. Así, en una guerra prolongada, las guerrillas paulatinamente ganarían fuerzas y derrotarían al ejército burgués. Se trataba así de organizar una vanguardia armada que, al calor de las acciones, ganarían la simpatía y el apoyo de las masas.[28]

Según el análisis de Moreno la lógica del accionar de la guerrilla generaba una brecha entre las acciones militares y las políticas y una separación entre la vanguardia y las masas. Según este dirigente, una vez que un grupo, aislado del movimiento de masas, iniciaba acciones armadas tales como robo de bancos, ataques a comisarías o secuestros, por nombrar algunas, hacían más dificultosa la tarea de inserción entre las masas dado que la actividad guerrillera suponía una lógica de clandestinidad y protección frente a las fuerzas represivas estatales que alejaban a la vanguardia del conjunto de la población. Por otro lado, cuando las organizaciones armadas percibían la existencia de esta problemática de aislamiento, para resolverla se volcaban hacia acciones paternalistas, tales como la entrega de alimentos entre los sectores marginales, lo cual no resolvía la ausencia de una ligazón real.[29] En definitiva, la corriente morenista consideró que la guerrilla daba origen a una brecha entre las acciones políticas y las militares, quedando las primeras en una relación de subordinación con respecto a las segundas (a decir de Moreno, la política cede ante el fusil).

La visión de Santucho en los momentos de la ruptura con relación a esta dialéctica entre vanguardia y masas, partía de la afirmación de que ese partido revolucionario aún no existía en Argentina y que, por eso mismo, la tarea de un ejército revolucionario

28. Moreno et al, *Argentina y Bolivia*.
29. Idem.

debía ser gradual, esto es, ir de las acciones simples a las más complejas, procurando su ligazón con las necesidades y simpatías de las masas.[30] Solamente en el curso de esa lucha revolucionaria, de esa guerra civil, antiimperialista y prolongada, la clase revolucionaria adquiriría la "nueva conciencia política necesaria", y construiría su partido y ejército revolucionarios, desarrollando los organismos necesarios para derrocar el régimen.[31] Dos conclusiones se extraen de esta cita. En primer lugar, la táctica planteada por Santucho no adhería a la teoría del foco[32], característica en esta coyuntura, sino al desarrollo de la lucha armada en un contexto de lucha de masas y, en segundo orden, no minimizaba la importancia del proletariado como sujeto revolucionario de cambio. Sin embargo, Santucho afirmaba que si bien el proletariado industrial es fundamental por ser el motor de la revolución, en la etapa actual de la lucha contra el imperialismo no tenía ninguna posibilidad de triunfo si no era respaldado por un ejército revolucionario estratégicamente construido en el campo.[33] En definitiva, se desprende que para Santucho la acción política o sindical resultaba ineficaz sin el aparato militar que le serviría como resguardo.

Lo anterior tiene estrecha relación con una problemática propia de toda organización revolucionaria marxista: de qué forma influir como estructura política en la conciencia de las masas, de modo tal que éstas la reconozcan como vanguardia política. Tanto Moreno como Santucho partían del paradigma leninista sobre la importancia de una organización revolucionaria que influyera en la transformación de la conciencia de la clase trabajadora. Pero, más allá de esta coincidencia, existía una diferencia táctica entre ambos referentes. La posición de Nahuel Moreno priorizó la inserción del partido en las estructuras forjadas por la misma clase obrera y en los conflictos por ella sostenidos. En ese sentido, para Moreno, la conciencia de clase significaba que los obreros supieran que la sociedad sufría un cáncer—el régimen capitalista e imperialista—y que el único remedio eran el programa y el partido. Ese conocimiento

---

30. Santucho, Prada y Prieto, "El único camino", p. 82.

31. Idem, p. 84.

32. Un pequeño foco podía iniciar acciones armadas para lograr que la revolución se expanda creando así las condiciones objetivas para el inicio de un proceso revolucionario.

33. Santucho, Prada y Prieto, "El único camino", p. 90.

era adquirido por el movimiento obrero y de masas en el transcurso de sus acciones políticas, en las que se encontraban con los diversos partidos que operaban en su seno. Si existía un partido revolucionario que ofreciera la dirección política correcta (es decir, que respondiera a los intereses históricos e inmediatos de la clase obrera) en cada una de las luchas, el movimiento obrero y de masas lo reconocería como su Partido y se habría elevado así la conciencia política de clase. El papel del marxismo sería entonces transformar los intereses históricos e inmediatos de la clase obrera en un programa de movilización, es decir, en una respuesta política para cada lucha real del movimiento de masas, que tendiera a elevar esa lucha hacia la toma del poder. De esa manera se podría ganar a las masas al programa y al partido, liquidando lo que Moreno identificaba como las direcciones traidoras y oportunistas.[34] En este aspecto, resulta relevante el modo de inserción en el seno de la clase obrera que un partido revolucionario debía poner en práctica. Para Moreno, existía la posibilidad de cometer dos errores. El primero era insertarse en un conflicto extremando más allá de lo conveniente las posiciones de los propios obreros. Por ejemplo, a un obrero en huelga que está practicando la metodología del piquete, el partido le dice que la estrategia debe ser construir un partido, oponiendo a ello la acción del obrero, es decir, proponiendo que sólo tiene validez la huelga y el piquete si el obrero percibía la necesidad de construir un partido revolucionario. El otro error sería una adaptación absoluta del partido al grado de conciencia del obrero en ese momento, esto es, decirle al obrero que la estrategia y el fin es la huelga y el piquete sin plantear ninguna perspectiva que supere esas acciones o, lo que es lo mismo, adaptándose al extremo a las formas de lucha que la misma clase obrera expresaba. Para Moreno, el punto medio y el rol del partido sería insertarse en ese conflicto como militantes y colaborar para que el mismo finalizara en un triunfo. De la misma forma, hacía falta explicarles a los obreros de vanguardia que así como hoy el método es un piquete, mañana la lucha de clases les planteará la organización de manifestaciones, la defensa de una fábrica ocupada o las milicias obreras, la realización de propaganda, o el presentarse como candidatos en las elecciones. Porque, según Moreno, la lucha no empieza ni termina en esa huelga, sino que es histórica y terminará cuando la clase obrera tome el poder y construya el socialismo.

---

34. Moreno, *Un documento escandaloso*, pp. 181-182.

Para lograrlo, hace falta un partido que dirija a todos los trabajadores, así como ellos dirigen a sus compañeros de fábrica.[35]

Santucho critica a Moreno por su supuesto fetichismo con respecto a las formas de organización obrera tales como las comisiones internas o los cuerpos de delegados. Según Santucho, Moreno consideraba que la actividad central de un partido revolucionario era la lucha por las reivindicaciones inmediatas en las fábricas, y que dirigir al proletariado era tener mayoría en las comisiones internas y cuerpos de delegados, organismos desde donde se podría orientar al movimieneto obrero hacia la lucha de clases.[36] De aquí se desprende la acusación al morenismo por parte de Santucho de ser una corriente sindicalista. Esta crítica se encuentra en línea con distintos análisis historiográficos actuales que atribuyen a las posiciones de Moreno una tendencia al espontaneísmo, es decir, el acompañamiento del partido a la conciencia real, espontánea, de los trabajadores, suponiendo una evolución lineal de esa conciencia a partir de la lucha económica-sindical.[37] Sin embargo, esta crítica desconoce lo sostenido por Moreno en cuanto a la necesidad de una táctica de inserción en la clase obrera y en su conflictividad que no supusiera simplemente la adaptación a sus métodos sino la participación en los mismos como forma de pugnar por la superación de éstos.

La adquisición por parte del trabajador de una conciencia revolucionaria no podía desligarse, en opinión de Santucho, del contexto político existente, caracterizado como un momento de guerra civil. En relación con ello, la conciencia por parte de las masas se despertaría a partir de las acciones militares de la vanguardia revolucionaria. Para Santucho,

> de la misma manera que no se concibe un militante revolucionario separado de las masas, del trabajo político, en una situación de guerra no pueden existir sectores o militantes del Partido que no estén incorporados a la tarea de la guerra en el nivel que la realidad de su región o frente de trabajo lo permita. Un Partido de combate se caracteriza por eso mismo, porque combate, y en esta Argentina en guerra, la política se hace en lo fundamental armada, por lo tanto en cada lugar en donde el partido esté presente en las

---

35. Idem, pp. 130-131.

36. "Resoluciones del V Congreso del PRT-El Combatiente" [1970], en De Santis, *A vencer o morir*, pp. 101-102.

37. Weisz, *El PRT-ERP*, p. 26.

masas se deben impulsar las tareas militares. Combatir, formar el ejército en la práctica de la lucha armada: quien no pelea no existe.[38]

En este sentido, a través de cada acción armada se buscaba la movilización y educación de las masas y se pretendía organizarlas e incorporarlas a la lucha. Esta posición política caracterizada como militarista, será la causante de la acusación por parte del morenismo de aquel entonces, de primar lo militar por sobre lo político y, más allá de no tratarse de su intención, aislarse de las masas. En esta misma línea, existe una producción historiográfica actual (que se analizará en el último apartado) relativamente numerosa que empieza a raíz de esta idea y analiza que la primacía por lo militar terminó por subordinar el accionar político produciéndose una separación entre las acciones militares de gran resonancia y el desarrollo de la organización de sus necesidades políticas.

En los momentos más álgidos del debate, la corriente de Nahuel Moreno calificó a la tendencia guerrillera como una desviación ultraizquierdista. Afirmaba que esta categoría no era una novedad en el movimiento revolucionario mundial y que, en esta coyuntura, había renacido bajo la nomenclatura de guevarismo.[39] Moreno la caracterizó como una desviación de izquierda proveniente de la influencia dentro de un partido revolucionario de sectores de la pequeña-burguesía radicalizada, que tendía a salidas desesperadas e individualistas.[40] Este debate se intensificaría a raíz de acciones tales como el secuestro de empresarios que posteriormente realizaría el sector liderado por Santucho. Para Moreno, estas acciones desorganizaban y educaban mal al movimiento de masas acerca de cuáles eran los métodos correctos de lucha dado que esta metodología brindaba al enemigo los pretextos necesarios para responder de la misma forma, generando una mayor represión sobre movimiento de masas.[41] De acuerdo a las concepciones de Santucho, esta era una forma de golpear duramente a la dictadura de los monopolios y ponía en evidencia la fragilidad del régimen.

---

38. "Resoluciones del V Congreso del PRT-El Combatiente" [1970], en De Santis, *A vencer o morir*, pp. 109-110.

39. Moreno, *Un documento escandaloso*, p. 21.

40. Idem, p. 284.

41. Moreno et al, *Argentina y Bolivia: un balance*.

En definitiva, una desviación de tipo sindicalista-economicista o una tendencia hacia un militarismo alejado de la política, fueron las acusaciones cruzadas que cada una de las dos tendencias que conformaron una misma estructura política esgrimían como causante de la escasa inserción de la otra en las masas.

Sobre el sujeto revolucionario

Un debate íntimamente relacionado a la discusión estratégica y a las formas organizativas de las estructuras revolucionarias fue el de la definición del sujeto revolucionario que protagonizaría las acciones tendientes a la transformación social. La polémica principal giró en torno al paradigma guevarista que se impuso tras el triunfo de la Revolución Cubana, según el cual el campesinado se convertía en el sujeto revolucionario por excelencia. Esto no era casual: el campesinado se convirtió en el actor que mejor se adecuaba a la táctica de la guerra de guerrillas con la concepción de una dirección revolucionaria refugiada en el espacio geográfico agrario, a resguardo de la represión y la reacción. Años después, la propia dirección trotskista de la IV Internacional revalidó este esquema de pensamiento afirmando que el campesinado latinoamericano cargaría con el peso mayor de la lucha y que la pequeña burguesía revolucionaria aportaría los cuadros al movimiento.[42]

En Argentina, Santucho se hizo eco de esta teoría pero no puede afirmarse que la tomara de manera lineal y esquemática. Como se explicó antes, para Santucho el papel revolucionario del proletariado industrial resultaba fundamental pero siempre estaría incompleto y tendería al fracaso si éste no era respaldado por un ejército revolucionario estratégicamente construido en el campo. Ello se convertía en una necesidad dado que el accionar represivo estatal limitaba las posibilidades de desarrollo y éxito de los mayormente expuestos movimientos de masas urbanos.[43] Esta caracterización (más allá de algunos matices) se mantendrá en las concepciones de Santucho sobre la construcción de una opción revolucionaria. Pocos años después, argumentará que el desarrollo de la lucha armada en Argentina se iniciaría en Tucumán donde

---

42. Idem.
43. Santucho, Prieto y Prada, "El único camino", pp. 90-91.

la vanguardia serían los obreros azucareros ligados al proletariado rural y al campesinado pobre, por lo que primaba allí la construcción de la guerrilla rural relegando las acciones urbanas y suburbanas a tareas secundarias.[44] A su vez, Santucho justificaba esta necesidad en relación a la represión más sistemática que se producía en el mundo urbano. En este sentido, afirmaba que: "importantes contingentes de gendarmería están ya aferrados al terreno en las grandes ciudades (Córdoba, Rosario, Buenos Aires) y su empleo en acciones antiguerrilleras rurales es poco probable."[45]

Moreno, ya en 1964, discutía las teorías guevaristas que postulaban que, en Latinoamérica, la clase de vanguardia era el campesinado mientras que las clases urbanas o el proletariado agrícola jugaban un rol de acompañantes en las primeras etapas de la lucha armada. Según Moreno, el planteo de Guevara se explicaba porque el campesinado y el campo eran la clase y la zona ideales para el desarrollo de la guerrilla. Es decir, la guerrilla y la lucha armada no estaban al servicio del movimiento de masas del país sino, por el contrario, el movimiento de masas y los lugares geográficos estaban al servicio de la guerra de guerrillas.[46] Por otra parte, para Moreno la clase explotada y la vanguardia de la revolución cambiaban de acuerdo a las características de cada país. Argumentaba que si bien se había superado el esquema trotskista clásico de que solo el proletariado sería la vanguardia de la revolución, ahora el peligro recaía en adoptar otro esquema igualmente cerrado e inamovible. En este sentido, era necesario evitar el dogma campesino y tener en cuenta las particularidades de cada lugar.[47] Además, Moreno cuestionaba las teorías guevaristas por el hecho de que éstas ignoraran el protagonismo del movimiento de masas urbano y obrero en diversas experiencias históricas. Así, aunque se produjeron revoluciones que encontraron su vanguardia en las acciones guerrilleras de las masas campesinas (como por ejemplo, Indochina, Cuba, Argelia, entre otras), también se produjeron procesos políticos victoriosos a partir de la acción insurreccional de las masas urbanas y obreras

---

44. "Resoluciones del V Congreso del PRT-El Combatiente" [1970], en De Santis, *A vencer o morir*, p. 107.

45. Idem, p. 110.

46. Moreno, *Dos métodos*, p. 14.

47. Idem.

(tales como Rusia, Alemania, Hungría o Bolivia).[48]

En relación con esto, Moreno planteaba que la teoría que favorecía la construcción de guerrillas insertas en el mundo rural ignoraba la importancia que, en los últimos procesos de lucha, había tenido una juventud radicalizada. Este avance no podía desligarse de un ascenso manifestado en el espacio urbano, inserto en una participación de este sector ligada a los trabajadores.[49] Es en relación a esta caracterización que la corriente morenista se impuso como una de las principales tareas la militancia en el seno del movimiento estudiantil, como forma de profundizar su ligazón a la clase obrera en particular y al movimiento de masas en general.[50]

Este debate se profundizaría hacia los años 1968-1969 en el seno de una IV Internacional que sostenía mayoritariamente la concepción de la táctica de la guerrilla para América Latina y el campesinado como sujeto revolucionario ligado a ella. En este debate, que excede el presente trabajo, la corriente morenista argumentaría la necesidad de un replanteo de las formas de lucha y organización del movimiento de masas y afirmaría que éste podía tomar el camino de la guerra de guerrillas, o bien, de la insurrección obrera (tal como lo demostraban procesos recientes tales como el Mayo Francés), e incluso podrían darse combinaciones de ambas formas.[51] De hecho, fenómenos insurreccionales recientes demostraban, para el morenismo, el inicio de una etapa de ascenso con la participación de sectores urbanos, particularmente estudiantiles y de la clase obrera. De allí, y en relación con el punto anterior, la necesidad de un partido inserto en esta clase.

Comentarios finales

A partir de un criterio de selección temática, en este ensayo no se abordaron aspectos también incluidos en el debate entre los referentes del PRT y que son determinantes para entender el proceso de diferenciación que daría como resultado final la ruptura

48. Idem, p. 22.

49. Moreno et al, *Argentina y Bolivia: un balance.*

50. Ernesto González, coord., *El trotskismo obrero e internacionalista en la Argentina. Tomo 4: El PRT. La Verdad ante el Cordobazo y el clasismo. Volumen 1 (1969-1971)* (Buenos Aires: Fundación Pluma, 2006), p. 56

51. Idem, p. 46.

definitiva de esta organización. Sin embargo, es importante decir
que la discusión entre Moreno y Santucho alrededor de la lucha
armada no solamente se abocó a aspectos teóricos como los antes
mencionados, sino que también abarcó otras temáticas de igual
trascendencia. En ese sentido, la relación entre la lucha armada y
el contexto mundial y especialmente Latinoamericano, incluyendo
la experiencia de la Revolución Boliviana y el apoyo por parte de
la dirección de la Revolución Cubana a diversas revoluciones latinoamericanas, también fueron aspectos a tener en cuenta. De igual
modo, cobra una relevancia fundamental el análisis que las diversas
facciones hicieron de la coyuntura que experimentaba Argentina.
En ese sentido, el análisis de los momentos previos al cambio que
significó para la realidad local el denominado Cordobazo, es otro de
los aspectos a tener en consideración. Por último, también será necesario incorporar en futuros estudios la discusión que se produjo
en el seno del propio trotskismo internacional del que tanto Moreno como Santucho formaron parte. Los debates producidos dentro
de la IV Internacional y las diversas caracterizaciones en torno a la
relación entre la lucha armada como táctica y el trotskismo como
ideología resultan de interés, pues encuentran eco y se retroalimen-
tan con la discusión local.

Por último, y a modo de reflexión, resulta interesante trazar
un paralelismo entre la discusión teórica de aquel momento entre
Moreno y Santucho alrededor de la lucha armada, y el debate historiográfico hoy vigente en Argentina. Buena parte de los argumentos que en la actualidad se utilizan para el análisis de alguna de
las dos tendencias son similares a las concepciones teóricas que se
esgrimían en la época de dichas discusiones. Así, la caracterización
que hacen diversos autores de la corriente de Nahuel Moreno como
una postura con inclinaciones a las desviaciones economicistas o
sindicalistas (entendiendo por ello una tendencia hacia el espontaneísmo, esto es, el seguidismo a la conciencia real, espontánea, de
los trabajadores, priorizando la lucha por las reivindicaciones inmediatas suponiendo una evolución lineal de la conciencia a partir
de la lucha económica, sindical) no deja de ser la esencia de la crítica que el propio Santucho realizaba de su antiguo aliado político.[52]

De la misma manera, el análisis historiográfico que encuentra como problema central de las organizaciones revolucionarias

---

52. Weisz, *El PRT-ERP*, p. 26; Guillermo Caviasca, *Dos caminos*.

armadas el hecho de relegar la construcción política a las acciones militares—lo cual dificultaba la inserción de estas estructuras en el movimiento de masas—sigue presente en la actualidad. Pilar Calveiro es una de las principales autoras en desarrollar esta hipótesis. Para ella, se produjo en las organizaciones armadas revolucionarias un desplazamiento de lo político por lo militar que concluyó en la militarización y, en consecuencia, en la degradación de la política (reducida a una lógica amigo-enemigo).[53] En una línea similar se inserta el trabajo de María José Moyano, quien define la militarización como una conducta desviada consistente en el predominio de las consideraciones militares sobre las políticas en los grupos que practicaron la lucha armada.[54] Esto llevaría a la intensificación de la violencia, definiendo al conflicto como guerra (lo que se plasma en ataques frontales a instalaciones militares) y a emular a las fuerzas armadas (adoptando uniformes y rangos, por ejemplo). En algún aspecto coincidente, Pablo Pozzi en su estudio sobre el PRT-ERP afirmó que en esta organización lo militar no guió a lo político pero sí tendió a autonomizarse.[55] Este tipo de caracterizaciones no se alejan demasiado de las posiciones que el propio Nahuel Moreno esgrimió en su momento en relación a las organizaciones armadas. En definitiva—y se podría continuar profundizando en este punto— existe un puente estrecho entre las interpretaciones historiográficas actuales alrededor de la violencia política en la Argentina de los sesenta y setenta, y aquellas esgrimidas por sus mismos protagonistas en el momento en que esos hechos acontecieron.

---

53. Pilar Calveiro, "Puentes de la memoria: terrorismo de Estado, sociedad y militancia", *Lucha armada en Argentina*, Año 1, N° 1, 2005.

54. María José Moyano, *Argentina´s Lost Patrol. Armed Struggle, 1969-1979* (New Haven y Londres: Yale University Press, 1995).

55. Pozzi, *Por las sendas argentinas*, pp. 244-245.

CRISIS HEGEMÓNICA Y MOVIMIENTOS ANTAGONISTAS
EN AMÉRICA LATINA. UNA LECTURA GRAMSCIANA DEL CAMBIO
DE ÉPOCA

Massimo Modonesi[1]
Universidad Nacional Autónoma de México

En su discurso de toma de posesión de la Presidencia de Ecuador, Rafael Correa afirmó que presenciamos un cambio de época y no una simple época de cambios.[2] Utilizando las mismas palabras, la convocatoria al XXVI Congreso de la Asociación Latinoamérica de Sociología (2007) sitúa el debate y los desafíos de las ciencias sociales "ante el cambio de época".[3] Más allá de la búsqueda de efectos retóricos y del difuso culto a la "novedad" como justificación y legitimación de la actividad política e intelectual, la recurrencia de esta formulación sugiere que varios actores políticos y amplios sectores académicos latinoamericanos convienen en identificar un pasaje histórico significativo. Al mismo tiempo, detrás de esta coincidencia nominal, todavía no se han planteado las coordenadas interpretativas de un debate historiográfico, socioló-

---

1. El autor quiere dejar constancia que este ensayo fue escrito originalmente en 2007 y publicado originalmente como artículo en *A Contracorriente* en invierno de 2008. Algunos aspectos de los procesos aquí estudiados han cambiado desde entonces, aunque el análisis sigue manteniendo vigencia.

2. Rafael Correa, "Un verdadero cambio de época en Ecuador", *Memoria*, N° 217 (marzo de 2007), p. 32.

3. El XXVI Congreso de la Asociación Latinoamericana de Sociología (ALAS), Guadalajara, agosto de 2007, se tituló "Latinoamérica en y desde el Mundo. Sociología y Ciencias Sociales ante el Cambio de Época: Legitimidades en Debate".

gico y político cuyo desarrollo llevará inevitablemente a interpretaciones distintas e inclusive divergentes.

En esta dirección, el objetivo de las siguientes reflexiones es esbozar una interpretación de inspiración gramsciana de la historia del tiempo presente a partir de la caracterización de la idea de cambio de época en función de la centralidad de dos fenómenos entrelazados: la emergencia de rasgos antagonistas en los movimientos sociales y el paralelo agotamiento de la hegemonía neoliberal.

Este doble acercamiento pretende asentar la imprecisa idea de "cambio" en el terreno teórico de la relación entre estructura y agencia, es decir la relación entre transformaciones estructurales de la forma de dominación y la acción transformadora que impulsa u orienta esta modificación.[4] En este sentido, el "cambio" relevante corresponde a una crisis de una forma de dominación, entendiendo por crisis un proceso de transformación—provocado y orientado por un conflicto político—que tensiona y modifica una relación de poder, reestructurándola o superándola según el saldo entre continuidad y de ruptura. La noción de época se asienta, por lo tanto, en la permanencia de una forma específica de la estructura de dominación, la crisis se relaciona con el cambio y la agencia remite a los protagonistas del conflicto social y político y al resultado de su enfrentamiento.

El neoliberalismo como construcción de época

Por absurdo que pueda parecer a primera vista, la idea de cambio de época necesita justificarse de cara al supuesto "fin de la historia". Como toda leyenda, detrás de la euforia triunfalista que la inspiró, esta formulación se erige sobre un fondo de verdad. Entre el final de los años 70 y el principio de los años 90 se acabó un ciclo histórico iniciado en la primera década del siglo XX: un largo ciclo de luchas políticas y sociales de inspiración anticapitalista, popular, socialista y antimperialista que disputaban el poder en todas sus dimensiones y cimbraban las estructuras y relaciones de dominación.

---

4. Sobre la centralidad y la recurrencia del debate, ver, por ejemplo el significativo título del libro de Emilio De Ípola, coord., *El eterno retorno. Acción y sistema en la teoría social contemporánea* (Buenos Aires: Biblos, 2004). Para un planteamiento marxista del problema ver Carlos Pereyra, *El sujeto de la historia* (México: Alianza, 1988), pp. 9-91.

Un ciclo que incluye momentos de crisis y estabilización de la estructura de dominación correspondientes a procesos de politización y radicalización que desataron irrupciones de masa y rebeliones populares así como su contraparte de represión y desmovilización. En particular, es posible reconocer dos épocas de crisis (entre las décadas del 10 al 30 y del 60 al 70) y dos de estabilización (de los 30 a los 50 y de los 70 a los 90).

Generalizando lo que en la historiografía aparece fragmentado en distintas experiencias concretas—locales y sectoriales—, podemos reconocer que en los años 80 se agotó una forma del conflicto caracterizada por un modelo "antagonista" definido en términos de un proyecto emancipatorio compartido, identidades convergentes y formas de organización y de lucha articulables.[5] Al agotarse una *forma* del conflicto, los ganadores se apresuraron en decretar el fin de todo conflicto, sea por convicción o sea por la intención de crear un efecto psicosocial suplementario que asentara el triunfo en el imaginario colectivo y marcara una visión de época.[6] La caracterización del triunfo capitalista en América Latina entre la segunda mitad de los años 70 y la primera mitad de los 80 puede ordenarse en torno a una plataforma y dos pilares: militarismo, electoralismo y neoliberalismo.

En contra de las predicciones y deseos de muchos, en los años 70, la partera de la historia latinoamericana no fue la violencia revolucionaria sino la violencia reaccionaria. La reacción se realizó en forma de militarización del conflicto social, como guerra interna.[7] Como escribe Omar Núñez,

> la polarización ideológica, una doctrina contrainsurgente y una ideología anticomunista habrían moldeado el paisaje mental en el interior de los aparatos estatales, posibilitando la formulación

5. Ver Massimo Modonesi, "El bosque y los árboles. Reflexiones sobre el estudio del movimiento socialista y comunista en América Latina", en Elvira Concheiro, Massimo Modonesi y Horacio Crespo, eds. *El comunismo: otras miradas desde América Latina* (México: CEEICH-UNAM, 2007), pp. 53-67.

6. El derrotismo prosperó incluso como perspectiva académica. Véase, por ejemplo, el marco categorial de Timothy P. Wickham-Crowley, "Ganadores, perdedores y fracasados: hacia una sociología comparativa de los movimientos guerrilleros latinoamericanos", en Susan Eckstein, comp., *Poder y protesta popular. Movimientos sociales latinoamericanos* (México: Siglo Veintiuno Editores, 2002), pp. 144-192.

7. Ver esta perspectiva en Inés Izaguirre, *Los desaparecidos: recuperación de una identidad expropiada* (Tucumán: Centro editor de América Latina, 1994).

de un racionalidad estratégica dispuesta a validar el uso de la tortura, la desaparición de personas o el asesinato como política de Estado.[8]

Las expresiones más contundentes de la reacción tuvieron la forma de golpes y dictaduras militares. En Brasil, Chile, Argentina, Uruguay y Paraguay, los testimonios y la abundante literatura dan cuenta de la claridad ideológica y la sistematicidad de la puesta en práctica de un proyecto genocida que pretendía "extirpar el cáncer marxista". En sintonía con la metáfora oncológica y organicista—propia del ideario del nacionalismo militar latinoamericano—se procedió atacando al cáncer con una violencia mayor a la del propio cáncer, es decir por la vía directa, amputando la parte contaminada aunque la imprecisión de esta operación removiera "células sanas", o por la vía indirecta, eliminando con radiaciones focalizadas las células corrompidas aunque fueran afectadas otras que las rodeaban. El carácter genocida de esta operación es objeto de debate, sin embargo es posible utilizar este adjetivo en la medida que la focalización hacia la figura del "militante" pretendía eliminar esta figura del panorama social. Si bien el "militante" no corresponde a una raza, una etnia ni a un género, correspondía en estos años a una figura social particularmente enraizada en los sectores obreros y estudiantiles. Como lo revelan las estadísticas compiladas por las comisiones de la verdad, la represión golpeó un tipo social: fundamentalmente obreros o estudiantes culpables de ser militantes políticos. Más que genocidio hay que hablar de politicidio o militanticidio, siendo la militancia una forma de la política. Esta forma de la reacción operó incluso en los países que mantuvieron gobiernos "civiles" y no sólo frenó el ascenso de los movimientos armados sino que asumió la tarea de neutralizar definitivamente el conflicto en todas sus expresiones pacíficas, fueran reformistas o revolucionarias.[9]

Los relatos y los testimonios de la represión en estos años no dejan lugar a duda. Si el objetivo era la guerrilla, a su estrategia

8. Omar Núñez Rodríguez, "Progreso regresivo. Problemas civilizatorios y del desarrollo en América Latina", 2007, mimeo.

9. Por ejemplo, incorporando el terrorismo del Estado sin interrumpir el bipartidismo oligárquico en Colombia, ni el sistema de partido hegemónico en México. En este último país sólo en tiempos recientes se empezaron a investigar los acontecimientos de la llamada "guerra sucia", la cual había sido denunciada por organizaciones de defensa de los derechos humanos como el Comité Eureka desde los años 70.

de moverse como "pez en el agua" se contestó con la eliminación del "agua", el entorno social de referencia, el *habitat* del movimiento revolucionario en el cual predominaban formas pacíficas de lucha aunque no forzosamente una visión pacifista del conflicto social y político. Además de las expresiones más explícitas de la reacción represiva, en países como México, Colombia y Venezuela—para poner algunos ejemplos—los gobiernos civiles encargaron a los militares la tarea de la guerra sucia contra la supuesta o real insurgencia sin renunciar a sus prerrogativas de ejercicio del poder estatal. Estos operativos fueron más focalizados o menos generalizados pero no menos eficaces como modalidad de ejercicio de represión psico-social de alcance societal. El éxito de esta operación represiva a escala regional desembocó en un reordenamiento conservador de larga duración anclado en el miedo, en el restablecimiento de las relaciones de mando-obediencia, refundando la subalternidad que venía diluyéndose en el antagonismo de las décadas anteriores. El miedo como disciplinamiento social, como dispositivo de restablecimiento de la subalternidad, configuró, según Omar Nuñez, "una expresión periférica de la fractura civilizatoria que caracterizó al siglo XX". Escribe Núñez:

> Si bien la dimensión y profundidad de la misma varía entre los países, cuatro aspectos son consustanciales en todas las experiencias: un registro sistemático y pormenorizado de las acciones y tareas habituales del aparato represivo (trabajo burocrático); una doctrina de seguridad y un anticomunismo militante como matrices ideológicas movilizadoras y justificadoras; la *intención* de eliminar un *grupo* étnico (indígenas), social (sindicalistas) y/o político (izquierda); y una metodología represiva: *secuestro-tortura-desaparición* pensada en producir efectos sociales y escenarios políticos calculados. Es decir, un dispositivo material capaz de ejercer el horror "*mediante la construcción de modelos*". La singularidad histórica de este dispositivo radica en que incorpora un principio subyacente al imaginario de la modernidad: la remodelación y homogenización social con base a la capacidad que tienen los aparatos de Estado en decidir quien vive y quien no en el interior de la sociedad.

El genocidio/politicidio estatal constituyó en América Latina un *modelo de destrucción de relaciones sociales*, una solución radical aplicada en defensa de un orden jerárquico, librecambista y autoritario, un 'orden tradicional' capaz de hacer compatible estratégicamente el uso racional de los medios y tecnologías de represión: los aparatos de Estado, con los fines sociales aparentemente más irracionales: el exterminio social.[10]

A pesar de que, en los años 80, la reacción militarista fue presentada exclusivamente como la inevitable consecuencia de la amenaza revolucionaria—la teoría de los dos demonios—, es decir como la culminación, el último momento de una época de conflicto que se daba por terminada, el terrorismo de Estado constituyó—al mismo tiempo—el primer episodio de la nueva época, el primer pilar del orden existente. Por lo tanto, su desdibujamiento a partir de los años 80 en las aclamadas "transiciones a la democracia" no puede verse sólo como la conquista de los movimientos de resistencia civil sino que, por otra parte, corresponde a la consolidación hegemónica del nuevo orden y su realización como "revolución pasiva" o "transformismo".[11]

Asumiendo la relación entre consenso y coerción como relación de suma cero—es decir que cada disminución de consenso implica un equivalente aumento de coerción y viceversa—, si la violencia fue el último recurso frente a una pérdida de consenso que configuraba una crisis de la forma de dominación, la recuperación hegemónica fincada en el consenso implicaba encontrar formas políticas que permitieran disminuir la carga de coerción. (Siguiendo la misma lógica, podemos aventurar la hipótesis que la actual pérdida de consenso y la reaparición del conflicto en el terreno socio-político explican el aumento del recurso a la violencia y la tendencia a la criminalización de la protesta social.) Si el miedo fue la plataforma coercitiva, el nuevo edificio conservador se erigió históricamente sobre dos columnas: electoralismo y neoliberalismo. El orden socio-político fue asegurado ofreciendo, después de la larga noche represiva, la democracia electoral como el mejor mundo posible, exaltando sus virtudes pacíficas y sus garantías procedimentales. Más allá de sus obvias ventajas en comparación con el autoritarismo represivo, esta apertura resultó eficaz para el reordenamiento

---

10. Nuñez, "Progreso regresivo".

11. Utilizando dos categorías de Antonio Gramsci. Ver *Quaderni dal Carcere* (Roma: Istituto Gramsci, 1975), p. 957. "... expresarían el hecho histórico de la ausencia de iniciativa popular en el desarrollo de la historia italiana, y el hecho que el 'progreso' se realizaría como reacción de las clases dominadas al subversivismo esporádico e inorgánico de las masas populares con 'restauraciones' que recogen alguna parte de las exigencias populares, entonces 'restauraciones progresivas' o 'revoluciones-restauraciones'" (traducción MM).

conservador en la medida en que permitió dar la sensación de la participación y del control democrático estableciendo límites definidos. Límites que se manifestaban en la posibilidad de alternancia en el marco establecido por un sistema político surgido de la eliminación física y simbólica de las alternativas nacional-populares y socialistas, es decir, estableciendo que el pluralismo se realizaba y se resolvía al interior del liberalismo, pluralismo que era en realidad una unipolaridad multipartidista, un único polo compuesto por varios partidos.[12] El electoralismo como ideología política asentó una forma conservadora de la política y de la participación democrática al interior de modalidades episódicas y delegativas.

En paralelo, el reordenamiento conservador se asentó por medio de la realización de un profundo proceso de reestructuración capitalista de corte neoliberal. Este proceso pudo realizarse en la medida en que los saldos de la violencia política habían modificado substancialmente la correlación de fuerzas sociales, restableciendo el equilibrio favorable al capital después de medio siglo de avanzada de los movimientos populares, a lo largo de un extenso ciclo de movilización entre los años 30 y los años 70. En el marco de la alternancia sin alternativa, el neoliberalismo pudo presentarse como un consenso inevitable al interior de un aparente pluralismo político y pretendió naturalizarse y diluirse en el sentido común. Fueron los años del "pensamiento único" en los cuales la alternancia política confirmaba la ausencia de alternativa socio-económica.

Se asentó un sistema político centrado en las instituciones estatales a partir de la separación definitiva entre política y sociedad, operada a través de la mediación partidaria (alternancia) y la canalización administrativa (tecnocracia). Este dispositivo clásico de desmovilización y de normalización sistémica en la época de reflujo de las luchas sociales operaba ya no sólo como correctivo a la difusión de la política en la sociedad civil—como manifestación de polaridades en conflicto—sino como forma monopólica hegemónica (natural) de la política. A nivel académico, este modelo fue respaldado por la proliferación de estudios sobre los sistemas electorales y de partidos. Posteriormente, cuando la legalización política mostró no ser suficiente para garantizar la plena legitimidad, iniciaron y prosperaron los estudios sobre la gobernabilidad.

---

12. Álvaro García Linera, coord., *Sociología de los movimientos sociales en Bolivia* (La Paz: Diakonia-Oxfam, 2005), p. 13.

El correlato, desde el ángulo de la sociedad civil, fueron los estudios sobre las protestas, un paradigma resistencial que implícita o explícitamente asumía la subalternidad de los actores sociales a la institucionalidad, planteando una secuencia entre decisión-protesta que—en buena medida por su real ausencia—no consideraba las implicaciones políticas, sistémicas y antisistémicas ni la conformación de sujetos políticos en las movilizaciones de protesta. En esta secuencia militarismo-electoralismo-neoliberalismo se asentó una hegemonía conservadora—basada en la superación del antagonismo y el restablecimiento de la subalternidad—[13]cuya eficacia se extendió a lo largo de por lo menos 15 años.

Partiendo de esta lectura del proceso histórico, la hipótesis de cambio de época tiene que medirse en función del desmantelamiento de este edificio conservador y relacionarse con el quiebre de la construcción hegemónica que lo sostiene, y tiene que justificarse en relación con un reflujo de la subalternidad al antagonismo y la configuración de una crisis hegemónica, entendida como apertura histórica de posibilidades en el marco de una disputa de poder.

Inicio del fin de época

Una primera fisura se abrió en el momento en que la época fue reconocida y nombrada. Más allá de que se entendiera o no como una etapa del capitalismo, el reconocimiento y la identificación de una forma o un modelo neoliberal empezó a ocupar el centro de la reflexión política de los partidos y movimientos de oposición así como de los análisis de los sectores académicos e intelectuales de la región. De hecho, podemos reconocer un momento en el cual se generalizó el nombre, se nombró al neoliberalismo, se bautizó al enemigo; un momento a partir del cual se visibilizaron no solamente sus características sino que se delimitó un campo de conflicto a su interior. Al mismo tiempo, invirtiendo los términos de esta hipótesis a partir de un enfoque materialista, podemos decir que la

---

13. Ver las coordenadas de este enfoque teórico en Massimo Modonesi, "Autonomía, antagonismo, subalternidad. Notas para una aproximación teórica", en Claudio Albertani, Guiomar Rovira y Massimo Modonesi, *La autonomía posible. Emancipación y reinvención de la política* (México: Universidad Autónoma de la Ciudad de México, 2009).

configuración concreta de un campo conflictual permitió o implicó nombrar al sistema.

Existe un consenso relativamente sólido que ubica este momento de visibilidad política y el inicio de la resistencia declaradamente anti-neoliberal en torno al año 1994. Esta fecha asume como detonante simbólico[14] el levantamiento indígena en Chiapas, pero incluye las movilizaciones indígenas iniciadas con ocasión del V centenario de la conquista en 1992,[15] las huelgas en Francia, Corea y Estados Unidos de los años inmediatamente posteriores y la creciente visibilidad política de diversos movimientos sociales en América Latina como el MST en Brasil, la CONAIE en Ecuador, los cocaleros en Bolivia, los sindicatos antimenemistas y los primeros piqueteros en Argentina, el incipiente chavismo en Venezuela, etc.[16] Esta oleada de movilizaciones antineoliberales desembocará en Seattle en el inicio del movimiento altermundista, agregando al

14. En sus dos acepciones, inicia una explosión, un estallido, pero también llama la atención, causa asombro y admiración.

15. Algunos pasajes de la Declaración de Quito de 1990 muestran claramente la tendencia hacia la politización del movimiento indígena latinoamericano: "Los pueblos indígenas estamos convencidos de que la autodeterminación y el régimen de autonomía plena solo podemos lograrlo previa destrucción del actual sistema capitalista y la anulación de toda forma de opresión sociocultural y explotación económica. Nuestra lucha está orientada a lograr ese objetivo que es la construcción de una nueva sociedad plural, democrática, basada en el poder popular." (...) La lucha de nuestros pueblos debe de estar enmarcada en un proyecto político propio que nos posibilite una lucha organizada y contribuya a la transformación de la sociedad dominante y la construcción de un poder alternativo" (...) Dado que los pueblos indios además de nuestros problemas específicos tenemos problemas en común con otras clases y sectores populares, tales como la pobreza, la marginación, la discriminación, la opresión y la explotación, todo ello producto del dominio neocolonial del imperialismo y de las clases dominantes de cada país, son absolutamente necesarias e impostergables con otros sectores populares. Sin embargo estas alianzas deben, al mismo tiempo, fortalecer y afirmar la propia identidad de los pueblos indios. Las alianzas deben realizarse en un marco de igualdad y respeto mutuo." Citados en Araceli Burguete, "Cumbres indígenas en América Latina. Cambios y continuidades en una tradición política", *Memoria*, Nº 219, México, mayo de 2007.

16. Ver sobre estos casos, Sue Brandford y Jan Rocha, *Rompendo a cerca. A história do MST* (Sao Paulo: Casa Amarela, 2004); Guillermo Almeyra, *La protesta social en la Argentina (1990-2004)* (Buenos Aires: Ediciones Continente, 2004); Maristella Svampa, *La sociedad excluyente. La Argentina bajo el signo del neoliberalismo* (Buenos Aires: Taurus, 2005); García Linera, coord., *Sociología de los movimientos sociales*.

anti-neoliberalismo una mirada crítica de alcance global.[17]

En torno al nombre—neoliberalismo—se levantó y organizó la antitesis, la negación, el movimiento reactivo, el anti-neoliberalismo. Los movimientos, después de una década de despolitización y de dispersión, volvieron a adquirir tintes políticos, a contracorriente de las tesis posmodernas y de las modas sobre los "nuevos movimientos sociales", volvieron a ser socio-políticos en el momento en que reconocieron las articulaciones políticas del sistema, iniciaron el tránsito de una configuración fundamentalmente subalterna a una reconfiguración tendencialmente antagonista. A esta reactivación de la acción colectiva correspondió la reactivación del pensamiento crítico. Un sector de la intelectualidad, dentro y fuera de los recintos universitarios, retomó las armas de la crítica frente al "pensamiento único", iniciando una dinámica de circulación de ideas, análisis e informaciones que constituyeron la base fundamental de los estudios críticos sobre globalización, neoliberalismo y democracia. Sólo posteriormente, al observar el surgimiento de importantes movilizaciones que retomaban reivindicaciones antisistémicas, se iniciaron estudios y análisis sobre las nuevas formas y orientaciones de la acción colectiva y los sujetos políticos que en ellas surgían y resurgían.

La periodización del inicio del fin del orden hegemónico neoliberal puede ordenarse en torno a tres momentos marcados por la emergencia de una oposición social organizada. En un primer momento, a mediados de los 90, se caracterizó por el aumento de los conflictos y las luchas[18] que, desde los rincones de las resistencias parciales y locales, fueron convergiendo en torno a la consigna del anti-neoliberalismo, transitando de la subalternidad al antagonismo. En un segundo momento, desde principio de siglo, los movimientos populares agregaron a la resistencia, a partir de una construcción interna de poder, una mayor incidencia política por medio de acciones destituyentes, provocando la caída de gobiernos neoliberales ya fuera promoviendo un voto de protesta en las urnas o directamente desde las calles por medio de las moviliza-

---

17. Esta relación incipiente y posteriormente abortada por el reflujo del movimiento altermundista puede encontrarse en José Seoane y Emilio Taddei, comps., *Resistencias mundiales. De Seattle a Porto Alegre* (Buenos Aires: CLACSO, 2001).

18. Ver Margarita López Maya, ed., *Lucha popular, democracia, neoliberalismo: protesta popular en América Latina en los años del ajuste* (Caracas: Nueva Sociedad, 1999).

ciones. Esta etapa se caracterizó por el despliegue del antagonismo como negación práctica del orden existente. En el momento actual, a la resistencia y al perfil destituyente se suma una tendencia instituyente en la medida en que los movimientos impulsan procesos "constituyentes", tanto en la consolidación de formas antagonistas de poder que se proyectan en la construcción de espacios autonómicos al margen de las instituciones estatales como en el—articulado o contradictorio—impulso y apoyo a políticas anti- o pos-neoliberales en diversos países de la región. En este pasaje, el antagonismo se enfrenta al desafío de pasar de la negación a la afirmación de la autonomía como alternativa al retorno de la subalternidad.

Politización y radicalización

Esta escalada en tres pasos como resultado de la acumulación de fuerzas de los movimientos sociales se relaciona con el perfil antagonista que fueron adquiriendo en los últimos 10 años. Esta politicidad antagonista que incorpora y rebasa la subalternidad se centra en la configuración de un campo de conflicto y de disputa del poder que se construyó en el tiempo en torno a cinco ejes entrelazados:

a). Una tendencia a la politización basada en la movilización.
b). Una tendencia a la radicalización del análisis (crítica) y de las acciones.
c). Una tendencia a la combinación de actitudes y reivindicaciones reactivas con crecientes elementos proactivos: de reinvindicación positiva y de construcción y ejercicio de poder.
d). Una tendencia a la conformación de identidades políticas o sociopolíticas, un proceso de subjetivación antagonista.
e). Una tendencia a la organización política sobre bases o desde una forma comunitaria.

El inicio de un nuevo ciclo de movilización fue el factor que cimbró el orden real y simbólico y volvió a proyectar a la política en el terreno del antagonismo, provocando un escenario de crisis hegemónica.

Las formas de politización surgidas en las experiencias de movilización en América Latina en los últimos diez años nacen a contracorriente del electoralismo, partiendo de una crítica a este modelo. La crítica, más allá de sus formulaciones discursivas, se basa en el rechazo hacia el control oligopólico y partidocrático que asentaron las transiciones a la democracia. El rechazo puede fundarse en la denuncia de la corrupción, del patrón de distribución de la riqueza, de las perversiones delegativas de la democracia, y en el planteamiento de salidas tanto reformistas como revolucionarias, es decir, refundar los sistemas de partidos o superarlos, tanto en sus formas actualmente existentes como en su forma general.

En su conjunto, el rechazo conforma una plataforma que implica que la politización en curso arranca de una crítica de la política. Este punto de partida vincula la construcción subalterna de los años anteriores con la formación antagonista en curso, en la medida en que se cruza una postura de repudio a la política con otra de reconquista de la misma. Esta tensión permite entender buena parte de las disputas sobre la noción de poder y las estrategias de los grupos y movimientos. Al mismo tiempo, esta sobreposición es la clave para cruzar el sentido común conservador a-político de una época con la irrupción anti política y pro-política de los últimos tiempos. La contradicción del discurso dominante pudo ser aprovechada como cuna para revertir sus propósitos. El pensamiento único jugaba con la idea de la tecnocracia como utopía político-administrativa, la competencia entendida en su doble acepción de meritocracia y tecnocracia, las cuales vislumbraban un desenlace totalmente contradictorio: la negación de la política y su triunfo definitivo.[19] En esta grieta, el retorno de la movilización se montó sobre el rechazo a la política y la necesidad/deseo de política, buscando activar allí donde el neoliberalismo desactivaba. Esta ambigüedad, al manifestarse como negación y como oposición al sistema dominante, permitió que los conflictos sociales cobraran sentido político. Al mismo tiempo, se expresa como tensión al interior de los movimientos sociales en función de formas y combinaciones subalternas, antagonistas y autonomistas de pensar la política y proyectar la politización.

Una clásica forma subalterna se manifiesta en el manejo en los límites del sistema, utilizando la movilización para promover ajustes conforme a las necesidades de los actores. Un ejemplo particularmente destacado ilustra una práctica recurrente: el caso del sector piquetero que decidió negociar los logros de la movilización y

19. Jacques Rancière, *Política, policía, democracia* (Santiago de Chile: LOM, 2006), p. 78.

la organización con el gobierno de Kirchner, obteniendo respuestas a sus demandas y renunciando al arma del conflicto.[20] En éste como en casos similares, el debate se polariza entre una lectura que valoriza lo obtenido señalando que sigue intacto el potencial movilizador en vista de futuras coyunturas desfavorables a la negociación, y su antítesis, que minimiza los logros y pone en evidencia la pérdida de capacidad de convocatoria no sólo presente sino futura a partir de la subordinación a un esquema de negociación y cooptación. En este sentido, aparece con claridad el problema histórico del grado de integración o subordinación de los movimientos socio-políticos a los partidos institucionales, los aparatos gubernamentales o los liderazgos carismáticos (particularmente enigmático en el caso del chavismo en Venezuela).

En la medida de sus posibilidades, los movimientos de resistencia establecieron, desde el inicio del siglo, puentes desde la lucha social hacia la esfera institucional. Estos puentes hoy en día tienen modalidades distintas pero, vistos en general, responden a una lógica de articulación política. Una forma difusa y relativamente constante se encuentra en las apuestas explícitas que los movimientos hacen en ocasión de las coyunturas electorales a favor de los candidatos menos neoliberales o antineoliberales. El ascenso de partidos y candidatos de centro izquierda en toda América Latina es el resultado de este protagonismo. Los movimientos agitan las aguas del consenso neoliberal, mueven el equilibrio de la opinión pública o del sentido común hacia posturas críticas, creando las condiciones para un voto de castigo. Eventualmente se alían o simplemente apoyan ocasionalmente a las coaliciones electorales de oposición. A diferencia de la etapa anterior, en la cual esta articulación hacia lo institucional correspondía al fortalecimiento de las trincheras defensivas–en una lógica subalterna—en los últimos años este fenómeno está en el origen de las victorias electorales de los partidos o coaliciones críticas del neoliberalismo en Venezuela, Nicaragua, Ecuador, Uruguay, Argentina, Brasil. Al mismo tiempo, en otros países no alcanza a alterar la continuidad neoliberal, pero sostiene el ascenso electoral de fuerzas partidarias de centro izquierda en Colombia, Perú y México y del incremento de votos para el Partido Comunista en Chile.

20. "Las relaciones peligrosas" advertidas por Maristella Svampa y Sebastián Pereyra, *Entre la ruta y el barrio. La experiencia de las organizaciones piqueteros* (Buenos Aires: Biblos, 2003).

Más allá del debate sobre las luces y sombras de las experiencias de gobiernos progresistas en América Latina y sus proyecciones, resulta central valorar las apuestas y la intervención de los movimientos sociales en la esfera institucional. La independencia y el capital moral de las organizaciones así como la acumulación en el terreno de las identidades y las culturas políticas están amenazadas por la cooptación y la frustración. La posibilidad de un retorno a la subalternidad en un nuevo contexto se contrapone a la construcción antagonista. En este sentido, el recorrido de la CONAIE desde el levantamiento de 2001, pero en particular en el gobierno de Lucio Gutiérrez, suscitó reflexiones autocríticas y un debate particularmente significativo sobre los límites de las perspectivas de poder de los movimientos sociales en los marcos institucionales existentes. Esta experiencia ronda la coyuntura actual como lo señala Ana María Larrea:

Para los movimientos sociales, la presidencia de Correa conlleva un doble desafío; por un lado, el de apoyar un régimen que enarbola y defiende sus planteamientos históricos sin hipotecar su fuerza acumulada y su autonomía; y por otro, aportar en la construcción del proyecto histórico liberador señalando fraternalmente los errores que el gobierno comete y puede cometer, sin que esto signifique alimentar los planteamientos conservadores de los sectores dominantes y del gran capital, que están a la caza de cualquier fisura que pueda presentarse para corroborar sus tesis defensoras del statu quo.[21]

El terror de la recaída en la subalternidad al interior de un *aggiornamento* neodesarrollista se contrapone a la pulsión política de la participación y la incidencia en un contexto conflictivo en el cual aparece amenazante la plena restauración neoliberal.

A diferencia de Ecuador y Argentina, la trayectoria de la experiencia boliviana parece ejemplificar una forma antagonista de pensar la política y proyectar la movilización forzando los límites del sistema, modificándolo por medio del conflicto permanente. Hasta la victoria electoral del MAS y de Evo Morales, la raíz comunitaria de la politización, el ejercicio de poder de veto, la capacidad de crear crisis no sólo de gobierno sino de régimen, y la construcción de contrapoder popular fueron ingredientes de uno de los pro-

---

21. Ana María Larrea, "Encuentros y desencuentros: la compleja relación entre el gobierno y los movimientos sociales en Ecuador", *OSAL*, CLACSO, Nº 21, 2007, p. 258.

cesos políticos más sobresalientes de la historia latinoamericana. La irrupción política de los movimientos en Bolivia y su incontenible desborde representa la metáfora más acabada de la emergencia de los movimientos antagonistas en América Latina.[22]

Partiendo de la experiencia comunitaria de origen prehispánico y de la tradición sindicalista minera, la politización se aceleró exponencialmente y recorrió caminos que recuerdan los procesos de acumulación de fuerzas del pasado, cuando la forma partido era instrumental y derivada del movimiento popular. En este sentido, es emblemática la historia del Movimiento Al Socialismo (MAS) como Instrumento Político para la Soberanía de los Pueblos (IPSP).[23] Sin embargo, más allá de la voluntad expresada por sus dirigentes de dar vida al gobierno de los movimientos[24], algunos observadores tienden a señalar contratendencias en la experiencia del MAS. Escribe Luis Tapia:

> La ley de convocatoria le permitió al MAS trabajar en la configuración ampliada de una nueva forma de monopolio de la política en torno al sistema de partidos [...]
> [El MAS...] desarma el tipo de contenido que deseaba una buena parte de las organizaciones que la imaginaron y promovieron, en tanto esta tendría que reducir el monopolio partidario de la política y ampliar la democracia en el país [...]
> [El MAS...] ha llevado, a través de este tipo de negociaciones con una buena parte de las organizaciones de la sociedad civil, la política a un nivel más corporativo.[25]

Más allá del incierto desenlace institucional de la revolución boliviana, la constelación de experiencias latinoamericanas de relación entre gobiernos "progresistas" y movimientos socio políticos es diversa y requiere ser analizada como proceso y como tensión sin caer en idealizaciones articuladoras o rupturistas. Un ejemplo de

---

22. Ver los análisis de los integrantes del grupo Comuna, en particular Pablo Mamani, Raúl Prada, Luis Tapia, Félix Patzi—y Alvaro García Linera.

23. Pablo Stefanoni, *El nacionalismo indígena como identidad política: La emergencia del MAS-IPSP (1995-2003). Informe final del concurso: Movimientos sociales y nuevos conflictos en América Latina y el Caribe.* Programa Regional de Becas CLACSO, 2002.

24. Álvaro García Linera, "¿Cómo salir del neoliberalismo?", *Memoria*, México, Nº 214, diciembre de 2006.

25. Luis Tapia, "Las temporalidades de la política post electoral", *OSAL*, CLACSO, Nº 21, 2007, pp. 250-252.

idealización articuladora se encuentra, por ejemplo, en la reciente sorprendente exaltación de Toni Negri y Giuseppe Cocco de las "relaciones abiertas y horizontales entre los gobiernos y los movimientos" que impulsan la construcción de "una nueva generación de instituciones que otorguen materialidad al nuevo pacto".[26] Escriben estos autores:

> Queremos decir que la autonomía de los movimientos sociales de las clases subalternas ya no puede ser considerada como un adversario sino que debe asumirse como motor de la actividad de gobierno. La autonomía de las multitudes se sitúa en una relación fecunda y productiva con los dispositivos programáticos y las dinámicas administrativas de los nuevos gobiernos latinoamericanos.[27]

Además de la contradicción conceptual entre autonomía y subalternidad, sorprende la confianza en una relación virtuosa entre movimientos y gobiernos, en donde la autonomía de los primeros es motor de los segundos, por parte de dos exponentes de una tradición radicalmente antigubernamental como el obrerismo italiano.

En el polo opuesto, destacan los esquematismos ortodoxos al estilo de James Petras que—desde un enfoque rígidamente clasista—asume la contraposición irreconciliable entre "el camino de la política electoral y la política revolucionaria de la movilización de masas" y se atreve a sentenciar que "los movimientos sociales no han logrado responder al desafío revolucionario".[28] Por otra parte, desde otra óptica, aparece la crítica tajante a los gobiernos progresistas que se formula a partir de idealizaciones movimientistas que identifican como irreductible el enfrentamiento polarizado entre Estado y anti Estado en "la permanente disputa espacio-temporal entre movimientos-comunidades y estado-partidos".[29] Exaltando la forma movimiento, escribe Raúl Zibechi:

> Se trata de darle prioridad al deslizamiento por sobre la estructura, a lo móvil sobre lo fijo, a la sociedad que fluye antes que

26. Antonio Negri y Giuseppe Cocco, *Global. Biopoder y luchas en una América Latina globalizada* (Buenos Aires: Paidós, 2006), p. 28.

27. Idem, p. 225.

28. James Petras y Henry Veltmeyer, *Movimientos sociales y poder estatal. Argentina, Brasil, Bolivia, Ecuador* (México: Lumen, 2005), pp. 260 y 253.

29. Raúl Zibechi, *Dispersar el poder. Los movimientos como poderes antiestatales* (Buenos Aires: Tinta limón, 2006), p. 133.

al estado que busca controlar y codificar los flujos. En este tipo de análisis, los objetivos del movimiento –por poner apenas un ejemplo–no se derivan del lugar que se ocupa en la sociedad (obrero, campesino, indio), ni del programa que se enarbola, de las declaraciones o de la intensidad de las movilizaciones. No se considera a los movimientos según su solidez organizativa, su grado de unificación y centralización que hablarían de la fortaleza de la estructura orgánica. Por lo tanto, no desconsideramos aquellos movimientos fragmentados o dispersos, porque proponemos abordar esas características desde una mirada interior. Una y otra vez movimientos no articulados y unificados están siendo capaces de hacer muchas cosas: derriban gobiernos, liberan amplias zonas y regiones de la presencia estatal, crean formas de vida diferentes a las hegemónicas y dan batallas cotidianas muy importantes para la sobrevivencia de los oprimidos. El cambio social, la creación-recreación del lazo social, no necesitan ni articulación-centralización ni unificación. Más aún, el cambio social emancipatorio va a contrapelo del tipo de articulación que se propone desde el estado-academia-partidos.[30]

Esta postura—inspirada en el proceso boliviano—enfatiza las virtudes móviles y las formas indeterminadas que aparecieron en las movilizaciones recientes en América Latina, mostrando una eficacia sorprendente y un potencial que efectivamente rebasó los marcos clásicos de interpretación de la acción política. Si bien esta emergencia merece ser destacada a contrapelo de los enfoques tradicionales, su idealización corre el mismo riesgo reduccionista en sentido opuesto. La negación de la solidez organizativa, articulación y la unificación, por una parte, y la exaltación de la dispersión, la fluidez y la fragmentación, por la otra, establecen un dualismo que confunde el momento de la movilización, el potencial de la movilización, con los movimientos como formas relativamente estables y permanentes. Por otra parte, no sólo "prioriza", sino extremiza la contradicción entre las dimensiones: acción/institución, organización/movimiento, agencia-estructura. En el afán de plantear a contracorriente la fuerza y el alcance de las irrupciones sociales, el potencial de la espontaneidad, comprensible a la luz de la tradición política, renuncia a problematizar sus límites y a entender los procesos políticos no en forma lineal sino como flujos y reflujos, desde la combinación de dinámicas y formas de acción y reacción.

30. Idem, p. 129.

En sentido opuesto, el desenlace de la crisis argentina lleva a otros autores a señalar los límites y los riesgos del autonomismo.[31]

> Hasta ahora, los nuevos actores sociales surgidos o potenciados a partir de las jornadas de diciembre de 2001 han tenido en común una alta preocupación por la autonomía frente al Estado, las patronales, y los partidos políticos sistémicos. Esa preocupación se enarbola a menudo como bandera, vinculándola con el rechazo generalizado a la dirigencia política, que en su versión más simplista se expresa como antipolítica en toda su latitud, que suele acompañarse con una reivindicación de lo social como opuesto a lo político. Y el rango de la autonomía se extiende en dirección a los partidos de izquierda, las organizaciones sindicales y, en general, cualquier estructura más amplia que el propio movimiento. La política, y con ella la perspectiva de transformación general de la sociedad, termina desapareciendo, y se hace un culto de lo local, lo micro, lo estrechamente sectorial. En ese costado deben contabilizarse importantes rasgos de debilidad por parte de los nuevos movimientos, que so capa de buscar un máximo nivel de democracia y negar acatamiento a cualquier liderazgo preconstituido y a todas las verdades aceptadas, corre el riesgo de recluir la conciencia colectiva en un corset que, bajo una sofisticada cáscara, oculte el repliegue al plano económico—corporativo.[32]

Desde la tradición comunista, se reitera la preocupación por la articulación entre lo social y lo político, el proyecto de poder, observando el otro lado de la medalla de las irrupciones de masas, la desmovilización relativa, la ausencia de cristalización política, la incapacidad de asentar y proyectar los logros. Reaparecen los términos del debate clásico al interior del marxismo. Esquematizando, se vuelven a contraponer énfasis y opciones por la organización y la estrategia versus el movimiento y la espontaneidad.

Si bien el caso venezolano parece reproducir el itinerario clásico de la toma del poder político como condición y plataforma para la transformación social, al mismo tiempo la naturaleza y el

31. Sobre las aristas del debate autonomista ver Mabel Thwaites Rey, *La autonomía como búsqueda, el Estado como contradicción* (Buenos Aires: Prometeo, 2004), pp. 9-84.

32. Daniel Campione y Beatriz Rajland, "Piqueteros y trabajadores ocupados en la Argentina de 2001 en adelante. Novedades y continuidades en su participación y organización en los conflictos", en Gerardo Caetano, coord., *Sujetos sociales y nuevas formas de protesta en la historia reciente de América Latina*, (Buenos Aires: CLACSO, 2006), p. 300.

desarrollo del proceso producen un *impasse* interpretativo en relación con los análisis de los procesos de movilización y politización, algo semejante a lo que ocurrió y ocurre con Cuba. La disputa política polariza a los defensores de la asediada "revolución bolivariana" y a sus adversarios, forzando posicionamientos simplificados. La misma contraposición se produce en relación a la política exterior venezolana, aún cuando la meridiana claridad de las vertientes antiimperialista y latinoamericanista que promueve facilita el consenso en el campo progresista. Sin embargo, la interpretación del proceso político queda entrampada entre chavismo y antichavismo inclusive al interior de la intelectualidad radical de la región. Por una parte, genera interés e inclusive entusiasmo la radicalización a partir del fallido golpe de 2002, el pasaje a las transformaciones socio-económicas después de la reestructuración del sistema político y del orden constitucional, en una dirección que combina antineoliberalismo y anticapitalismo y es enunciada en términos socialistas. Sobran ejemplos que ilustran el peso real de las transformaciones en curso.[33] Por la otra, la conducción personalista, el partido único y el estatalismo suscitan miradas críticas y escépticas. Más allá de las combinación de los diversos factores, el enigma venezolano remite a la pregunta si la politización de los sectores populares tiende a conformarlos como protagonistas, elementos activos, y relativamente autónomos del liderazgo y el aparato político y estatal. La participación independiente, la capacidad de movilización, la organización autónoma, la formación de identidades políticas que rebasen el chavismo son elementos centrales para la caracterización del proceso venezolano como proceso de conformación histórica de sujetos políticos cuya fuerza y solidez trascienda la coyuntura y sea susceptible de orientar el rumbo actual y ser protagonista más allá de su desenlace.[34]

A diferencia de Argentina, Bolivia, Ecuador y Venezuela, las experiencias de los gobiernos progresistas de Brasil y Uruguay no surgen de una crisis política ni de movilizaciones o irrupciones sociales, sino que son el producto de la alternancia, de la capitalización de la crisis del neoliberalismo por parte de sólidas estructuras

33. Juan Torres, "Las piezas del puzzle venezolano," *Memoria*, N° 215, enero de 2007.

34. Edgardo Lander, "Los retos actuales del proceso de cambio en Venezuela", en Julio Gambina y Jaime Estay, *¿Hacia dónde va el sistema mundial?* (Buenos Aires: CLACSO, 2007), pp. 33-41.

políticas institucionalizadas—el PT y el Frente Amplio. Este "vicio" de origen hace que la gestión gubernamental no encuentre mayores contrapesos en movimientos y procesos de politización desde abajo, con la excepción de la permanencia del MST en Brasil. El caso del MST merece ser destacado porque combina los elementos generales de la conformación antagonista pero los diluye en un proceso lento, estable y regular de acumulación de fuerzas. Sin necesitar de un contexto de crisis política e irrupción popular, el MST se construye sobre sólidas redes territoriales de movilización y politización y reproduce el esquema de la guerra popular prolongada sin armas, articulando una constante y cotidiana construcción de poder popular con un proyecto de transformación societal a mediano plazo, realizable en función de la paulatina modificación de la correlación de fuerzas. Las ambigüedades frente al gobierno de Lula son el producto de esta lógica paralela, de una separación relativa entre táctica y estrategia, de la distinción entre planos y temporalidades.[35]

Más allá de la disputa sobre la caracterización de la coyuntura y, en particular, de los gobiernos progresistas hay elementos generales que marcan el pasaje de época. Del debate estratégico se desprende, amén de las distintas posturas, la reaparición del tema del poder que se había diluido en la década subalterna. Esta reaparición no es casual si, como decía Marx, "la humanidad se propone siempre únicamente los objetivos que puede alcanzar, porque, mirando mejor, se encontrará siempre que estos objetivos sólo surgen cuando ya se dan o, por lo menos, se están gestando, las condiciones materiales para su realización".[36] Su desaparición se vinculaba a la derrota popular y la victoria del neoliberalismo, el reflujo y la defensiva que le siguieron. En los 80, plantearse el tema del poder no tenía sentido más allá de rituales invocaciones ideológicas. En nuestros días, lo vuelve a tener en función de la construcción de contrapoderes sociales en los procesos de movilización y de politización de amplios sectores populares, de la reconfiguración del conflicto social y su proyección política. Aunque el debate sobre el poder está lejos de estar resuelto y tiende a polarizarse entre ten-

---

35. Ver y confrontar con los documentos y prácticas internas los "Compromisos por la justicia, CARTA DEL 5º CONGRESO NACIONAL DEL MST", mimeo, 16 de junio de 2007.

36. Karl Marx, "Prólogo", *Contribución a la Crítica de la Economía Política* [1859] (México: Siglo Veintiuno Editores, 1980).

dencias leninistas y antileninistas—olvidando la síntesis gramsciana—su reaparición es una señal inequívoca del cambio de época.[37]

Otro indicio es la búsqueda de referencias ideológicas, una tendencia al reforzamiento de identidades políticas en la alteridad y el conflicto. En este rubro, la realidad de los movimientos latinoamericanos se presenta desigual y combinada entre referentes ideológicos nacional-populares y socialistas revolucionarios y proliferan las hipótesis de caracterización del proyecto. El caso boliviano es, una vez más, ejemplar de una mirada caleidoscópica en la medida en que, a partir de la matriz indígena y campesina, aparecen definiciones socialistas y revolucionarias junto a posicionamientos declaradamente nacional-populares.[38] Esta misma tensión recorre el MST, fractura el campo piquetero, cruza el movimiento chavista así como el ecuatoriano. Esta sobreposición aparece con claridad en la experiencia de los piqueteros argentinos investigada por Maristella Svampa:

> En suma, en el marco de este proceso de reconfiguración territorial, surge un nuevo proletariado, multiforme, plebeyo y heterogéneo que no sólo es el asiento de prácticas ligadas al asistencialismo y al clientelismo afectivo, promovidas central o descentralizadamente desde diferentes instancias y organizaciones, sino también el *locus* de nuevas formas de resistencia y prácticas políticas.
>
> En suma, vistas "desde abajo", las organizaciones piqueteras son muy ambivalentes, con diferentes inflexiones políticas, que van de la demanda de reintegración al sistema, a la afirmación de una radicalidad anticapitalista. A la vez, es un fenómeno fuertemente plebeyo, proclive a la acción directa, que apunta a la afirmación de lo popular, en cuanto ser negado, excluido y sacrificado en aras del modelo neoliberal.[39]

Un fantasma sintomático vuelve a recorrer el campo popular, el fantasma del anticapitalismo y del socialismo. El primero

---

37. Una parte de la veta teórica del debate puede encontrarse en los textos incluidos en John Holloway, *Contra y más allá del capital* (Buenos Aires: Herramienta, 2006).

38. En particular sorprende que el vicepresidente de Bolivia, electo por una organización que reclama el socialismo, caracterice al movimiento con una fórmula caudillesca adjetivada en términos populistas. Ver Álvaro García Linera, "El evismo, lo nacional popular en acción," *OSAL*, CLACSO, Buenos Aires, N° 19, enero-abril de 2006, pp. 1-8.

39. Svampa, *La sociedad excluyente*, pp. 196 y 279.

responde a la radicalización del análisis crítico, que reconoce debajo del neoliberalismo la matriz capitalista y, por lo tanto, establece relaciones causales que llevan a la raíz de los problemas sociales actuales. Como consecuencia, diversos movimientos buscan soluciones radicales y encuentran inspiración en torno al nombre, los debates y las experiencias concretas de este amplio campo de búsqueda de alternativas que fue el socialismo en el siglo XX. En el retorno de la reflexión sobre el socialismo en el siglo XXI se visibiliza la radicalización del análisis, de la comprensión de la realidad, pero también el pasaje de fórmulas reactivas a opciones proactivas. La recuperación de las tradiciones políticas corre paralela con su renovación y relativa superación.

Por otra parte, las conformaciones subjetivas que sostienen a la movilización remontan la fragmentación individualista del neoliberalismo. Aparecen, en los análisis, referencias a la multitud, la clase, la comunidad, el pueblo y la plebe. Más allá del debate terminológico, esta primavera conceptual da cuenta del proceso de rearticulación subjetiva, el cual no sólo opera como dispositivo para la acción colectiva sino que es el substrato de la organización social y política en la medida en que orienta la politización de los movimientos en el estrechamiento de vínculos identitarios, horizontales y verticales.[40] Otra dimensión del cambio de época se percibe en el llamado repertorio de acción de los movimientos antagonistas, el cual se enriquece con modalidades políticas y radicales que parecía olvidadas, incluyendo la forma insurreccional y la ocupación de espacios productivos.[41] A partir del balance del Observatorio Social de América Latina, José Seoane y Emilio Taddei constatan:

> En relación con ello, y respecto de los "repertorios de la protesta", es importante destacar una tendencia a una mayor radicalidad en las formas de lucha, que se pone de manifiesto en la duración temporal de las acciones de protesta (acciones prolongadas o por tiempo indeterminado), en la generalización de formas de lucha

40. Raúl Prada, "El entramado social de la comunidad en la Bolivia de Evo Morales", en *América Latina* (Santiago de Chile: ARCIS, 2006), pp. 74-136.

41. Ver, para la forma insurreccional, por ejemplo, el relato de Luis A. Gómez, *El Alto de pie. Una insurrección aymara en Bolivia* (La Paz: Comuna, 2004) o el análisis de las "puebladas" argentinas en Svampa y Pereyra, *Entre la ruta y el barrio*. Sobre ocupación de espacios productivos destaca la experiencia brasileña del MST y la argentina de las fábricas recuperadas. Ver Susana Neuhaus y Hugo Calello, *Hegemonía y emancipación. Fábricas recuperadas, movimientos sociales y poder bolivariano* (Buenos Aires: Herramienta, 2006).

confrontativas en desmedro de las medidas demostrativas, en la difusión regional de ciertas modalidades como los bloqueos de carreteras (característicos por ejemplo de la protesta de los movimientos de trabajadores desocupados en Argentina como de los movimientos indígenas y cocaleros del Área Andina), y en las ocupaciones de tierras (impulsadas por los movimientos campesinos) o de edificios públicos o privados.

Por otra parte, la recurrencia de largas marchas y manifestaciones que atraviesan durante días y semanas los espacios regionales y nacionales parecen querer contrarrestar la dinámica de segmentación territorial promovida por el neoliberalismo. Asimismo, las puebladas y levantamientos urbanos aparecen como estrategias tendientes a la reapropiación colectiva del espacio comunitario y a la recuperación de una visibilidad social denegada por los mecanismos de poder. [42]

Finalmente, como señal inequívoca del cambio de época, más allá de las adjetivaciones y caracterizaciones, existe un relativo consenso en reconocer cómo los movimientos populares, al pasar de la resistencia a la irrupción política, transitan de una lógica exclusivamente defensiva a una actitud que incluye y combina propuestas y reivindicaciones que rebasan la defensa de los derechos vulnerados por el neoliberalismo y bosquejan horizontes posneoliberales por medio de demandas que rebasan el marco de negociación establecido por el sistema existente.

Una vez más, el movimiento indígena latinoamericano, más allá de sus diferencias y debates internos, destaca por la claridad de su discurso al titular significativamente las últimas dos cumbres realizadas en Bolivia en 2006 y en Guatemala en 2007 "de la resistencia al poder". Se supera así el paradigma de la "protesta", de matriz claramente resistencial, que caracterizó la primera etapa del neoliberalismo.[43] Este pasaje marca una tendencia a la transición de formas subalternas a formas antagonistas de lucha, las cuales se combinan en las realidades concretas.

---

42. José Seoane, Emilio Taddei y Clara Algranati, "Las nuevas configuraciones de los movimientos populares en América Latina", en Atilio A Boron y Gladys Lechini, *Política y movimientos sociales en un mundo hegemónico. Lecciones desde África, Asia y América Latina* (Buenos Aires: CLACSO, 2006), 240-241.

43. Ver un uso del paradigma de la protesta en Susan Eckstein, comp., *Poder y protesta popular. Movimientos sociales latinoamericanos* (México: Siglo Veintiuno Editores, 2002).

La muerte de la hegemonía neoliberal

Los efectos de los procesos de politización y radicalización son de diversa intensidad pero todos se mueven en la misma dirección y perfilan el antagonismo de los movimientos populares. Con ellos, se agota la hegemonía neoliberal. Pero la pérdida de consenso no elimina la dominación hasta que no se construya una alternativa. Queda la dominación sin ropajes hegemónicos que, como indican varios episodios y tendencias, se manifiesta por medio de sobresaltos represivos particularmente visibles en los países que siguen gobernados por neoliberales puros como es el caso de Colombia y México. No podemos descartar que la represión, un retorno a formas duras o blandas de militarización, ocurra también en países cuyos gobiernos reformistas quieran frenar el empuje antisistémico de los movimientos socio-políticos.

El fin de la hegemonía neoliberal es visible en relación con sus pilares. La crítica a la democracia procedimental y a la ideología electoralista se combina con la búsqueda de correctivos y alternativas. Correctivos que abren a opciones de democracia directa institucional como el presupuesto participativo, los institutos de referéndum, revocación de mandato e iniciativa popular de ley. Alternativas que se manifiestan en el ejercicio democrático directo mediante la movilización, las asambleas populares, las consultas y las irrupciones que ejercen poder de veto. Al desfetichizarse el mito del procedimiento, afloran tensiones entre legalidad y legitimidad propias de una época de crisis hegemónica, cuando el ejercicio jurídico de la dominación no encuentra encubrimientos ideológicos eficaces.

El poder constituyente de los movimientos socio-políticos se manifiesta en sus dos acepciones: en el plano legal con la petición de un congreso constituyente que redefina el orden jurídico, en el plano real con el ejercicio creador y constructor por medio del cual los movimientos modifican el orden social. La aparición del tema constituyente es un indicio claro de una modificación de la relaciones de fuerzas. Hace unos años la función constituyente estaba en el campo de la "revolución conservadora" impulsada por el neoliberalismo. Hoy en día, con intensidades diversas, es disputada por el campo anti-neoliberal, ya sea en versión de contrarreforma para recuperar el terreno neoliberalizado o en versión más proactiva para impulsar principios que ni el neoliberalismo ni el populismo desarrollista contemplaban.

La crítica al neoliberalismo combina la búsqueda de alternativas desde abajo, en los ejercicios de autonomía productiva, legal y cultural que impulsan varios movimientos con la presión que permite que, a nivel gubernamental, no sólo se detengan las reformas neoliberales sino que se plantee revertirlas. Hace unos pocos años resultaba impensable que se violaran los mitos y tabúes del neoliberalismo como está ocurriendo en Venezuela, Bolivia y potencialmente en Ecuador, cuando se cuestiona la autonomía de los Bancos centrales, se nacionalizan sectores productivos estratégicos, se aumenta el gasto público y el gasto social, se fomenta la creación del Banco Sur como alternativa al FMI, el BM y el BID y se desentierra el tema de la reforma agraria.

Por último, el fin de la etapa hegemónica del neoliberalismo queda evidente en la superación relativa del miedo sobre el cual se erigió después de la militarización. Superación relativa que se observa en el atrevimiento y la osadía que caracterizan a episodios en los que la protesta desafió abiertamente a las fuerzas policiales y militares, reforzando la movilización de cara a la represión y a la vista de muertos y heridos en lugar de replegarse como otras muchas veces ocurrió en la historia latinoamericana. Los levantamientos bolivianos, la resistencia al golpe venezolano, el 19 y 20 argentino son ejemplos de esta actitud que recuerda un pasado anterior a la militarización de los años 70, anterior a tantos golpes militares logrados a lo largo del siglo XX latinoamericano sin que se produjeran fenómenos de resistencia masiva. Un símbolo gráfico es el canto "el pueblo no se va" en la ocupación de la Plaza de Mayo después del desalojo del 20 de diciembre de 2000 en Buenos Aires.[44] Esto no quiere decir que el recurso del miedo deje de ser un eficaz instrumento de dominación como lo demuestran las recientes experiencias mexicanas de Atenco y Oaxaca, sino que no constituye ya el insuperable puntal de retaguardia y salvaguarda del orden.

Entre épocas

Al terminarse la etapa hegemónica del neoliberalismo, la

---

44. Véase el documental de Fernando "Pino" Solanas, *Memorias del saqueo*, Cinesur, Argentina, 2004.

dominación neoliberal se resiste a morir. Las resistencias al cambio de época se bifurcan entre reacción y revolución pasiva: la reacción violenta que se asoma en el retorno de prácticas represivas focalizadas y la revolución pasiva que asume el rostro de gobiernos que defienden la continuidad mediante correctivos conservadores. Sin embargo el pasaje de época está marcado por la irrupción del antagonismo, por movimientos cuya politicidad y radicalidad[45] es preciso llamar antagonista en la medida en que configuran una forma política y radical del conflicto, en el marco del cual disputan el poder y reconfiguran la dominación quebrando su dimensión hegemónica.

Si bien la forma antagonista de ser movimiento no está generalizada, la simple presencia de experiencias antagonistas marca y determina el escenario y el cambio de época. Al mismo tiempo, existe la posibilidad de que los movimientos antagonistas, después de su irrupción en el centro de la escena, adquieran un carácter periférico, se perpetúen en sentido meramente testimonial, o sean subsumidos en procesos de revolución conservadora. De la misma manera, la existencia de movilizaciones—más amplias que los movimientos—resulta nodal no sólo para sostener el conflicto y con él la existencia misma de los actores antagonistas en su seno, sino que establece sus márgenes de crecimiento y expansión. En el vacío hegemónico, la posibilidad-probabilidad de crisis económicas o políticas se convierte en el potencial escenario de realización del antagonismo como fenómeno que trascienda sus límites estructurales, determine las coyunturas y protagonice procesos de transformación. Porque si bien los movimientos antagonistas son los protagonistas y los vectores de la ruptura epocal, no forzosamente lo serán de la nueva época. Como escribía Antonio Gramsci,

> En realidad se puede prever "científicamente" solo la lucha, pero no los momentos concretos de ella, que no pueden no ser resultado de fuerzas contrastantes en continuo movimiento, nunca reducibles a cantidades fijas, porque en ellas la cantidad se vuelve continuamente calidad. [46]

A la luz de un desenlace incierto, cobra sentido neurálgico

---

45. Hernán Ouviña, "Zapatistas, piqueteros y sin tierra. Nuevas radicalidades políticas en América Latina," *Cuadernos del Sur*, N° 37, mayo de 2004, pp. 103-127.

46. Antonio, Gramsci, *Quaderni dal carcere* (Roma: Istituto Gramsci, 1975), *Il concetto di "scienza"*, p. 1403.

la pregunta formulada por el mismo Gramsci en un texto anterior: ¿Cómo soldar el presente al porvenir, satisfaciendo las necesidades urgentes del presente y trabajando útilmente para crear y "anticipar" el porvenir?[47] ¿Cómo proyectar el presente hacia el futuro? ¿Cómo prefigurar en las luchas de hoy la sociedad de mañana? Más allá del papel de ruptura que están cumpliendo, la prefiguración y construcción societal constituye el principal desafío de los movimientos antagonistas del presente latinoamericano. Así que, después del cambio de época, su rumbo oscila entre una posible recaída en la subalternidad en el marco de una reconfiguración hegemónica, el antagonismo como conflicto permanente y la emancipación como horizonte de superación tanto de la dominación capitalista como del conflicto y el antagonismo que la caracterizan.

47. Antonio Gramsci, "Democrazia operaia," *L'Ordine Nuovo*, 21 de junio de 1919.

II. Intelectuales marxistas: trayectorias y debates

CARTOGRAFÍA Y PERSPECTIVAS DEL
MARXISMO LATINOAMERICANO

Omar Acha
Débora D'Antonio
Universidad de Buenos Aires

Introducción

La expresión *marxismo latinoamericano* ha sido ampliamente utilizada en los estudios sobre las vertientes de la izquierda
en América Latina. El *marxismo latinoamericano* parece referirse
a una variante singular del marxismo ligada a las vicisitudes históricas de América Latina y el Caribe. Aquí lo escribimos en tipografía
cursiva siguiendo el uso etnográfico que destaca el carácter "nati-
vo" de ciertas expresiones. Se debe tener presente que el *marxismo
latinoamericano*, aunque es un concepto, no puede ser enunciado
sencillamente, sin comillas ni cursivas, porque al desnudarlo de sus
marcas de contingencia daríamos por supuesto lo que es preciso
pensar: su historicidad y trayectoria.

Desde nuestro enfoque pragmático intentamos evadir dos
tentaciones perniciosas. La primera es cosificarlo como un concepto definido, en tiempo presente, igual a sí mismo. La segunda es
diluirlo, deconstructivamente, en un juego infinito de diferencias
o inconsistencias. La cosificación elimina la tensión esencial que
habita las aventuras del marxismo en América Latina. La ironía de-
constructiva elimina el problema real de una historia políticamente
densa.

Ante el marxismo "en general" (por el instante supondremos la existencia de algo que puede ser llamado así), el *marxismo latinoamericano* suele asumir la forma de la diferencia respecto del modelo original, supuesta la peculiaridad del subcontinente (las candidaturas no son allí pocas: colonialidad, dependencia, nacionalismo, entre otras). Al registrar su carácter situado, el *marxismo latinoamericano* pone en suspenso las tendencias universalistas del marxismo que niegan singularidades en la dominación del capital, presuntamente extendida al planeta e impuesta sin mediaciones sustantivas respecto de las operantes en las sociedades europeas.[1] La universalización simplista del marxismo fue promovida por sus versiones positivistas y estalinistas. En tal imagen de la reducción del mundo a la lógica alienada del capital, el *marxismo latinoamericano* denuncia una abstracción impropia y una deshistorización de la razón crítica. El filósofo hispano-mexicano Adolfo Sánchez Vázquez, por ejemplo, indica que "[p]or marxismo, en América Latina entenderemos, pues, la teoría y la práctica que se ha elaborado en ella tratando de revisar, aplicar, desarrollar o enriquecer el marxismo clásico".[2] Su primer mandato es el de eludir la heteronomía conceptual y el carácter mimético. Se quiere un pensamiento que averigua su realidad y se autointerroga. Si el marxismo es universal, su figura "latinoamericana" no es viable, según supo insistir especialmente el marxismo-leninismo enunciado en la Unión Soviética o en América Latina.[3] En cambio, si esa universalidad es crítica, se habilita el espacio y aún la expectativa de un marxismo latinoamericanizado.

Las formas latinoamericanas del marxismo serían diferentes de las prevalecientes en su región de origen, el espacio euroatlántico. Y sin embargo, sus rasgos teóricos, lo que podríamos denominar su originariedad, no son fácilmente discernibles. Es que la problemática de la rareza del *marxismo latinoamericano* es un capítulo del generalizado malestar del subcontinente respecto del

1. Carlos Franco, *Del marxismo eurocéntrico al marxismo latinoamericano* (Lima: CEDEP, 1981).

2. Adolfo Sánchez Vázquez, "El marxismo en América Latina", en *Filosofía, praxis y socialismo* (Buenos Aires: Tesis 11, 1998), p. 77.

3. Boris Koval, *La Gran Revolución de Octubre y América Latina* (Moscú: Editorial Progreso, 1978); Rodney Arismendi, *Vigencia del marxismo-leninismo* (México: Grijalbo, 1984).

carácter derivativo de amplios tramos de su cultura.[4] En cualquier caso es válido el interrogante acerca de cuáles son los criterios de demarcación, tal como lo plantea David Mayer, entre los distintos tipos de marxismos, latinoamericano u otros.[5] Ya avanzaremos más adelante sobre la cuestión de si los marxismos se han desarrollado al compás de las diversas situaciones nacionales. En este estudio proponemos una reconstrucción histórico-teórica del *marxismo latinoamericano*, y luego planteamos una inscripción del mismo en la historia cultural del subcontinente. Sin embargo, nos interesa reponer la universalidad.

América Latina tampoco es un objeto dado. En su relación con el marxismo es preciso situarla como problema teórico e histórico.[6] Al hacerlo mostraremos su pluralidad, no para disolver su entidad, sino para definir su carácter histórico-nocional. Es que conocer las tramas conceptuales del *marxismo latinoamericano* es inseparable de la restitución de su historia, o lo que es lo mismo, las condiciones de su emergencia problemática. En este sentido, las distinciones historiográficas y conceptuales no conducen a una disolución del objeto; antes bien, proponen un examen de las imágenes heredadas para definir una investigación más precisa. Finalmente, indicaremos cuáles son las tensiones que parecen estimular una factura diferente de la crítica del capital, pertinente desde un punto de vista teórico y práctico en el marco de lo que se ha apreciado como un "giro a la izquierda" en Latinoamérica.[7]

---

4. Leopoldo Zea, comp. *Ideas en torno de Latinoamérica* (México: UNAM-UDUAL, 1986); Roberto Schwarz, *Misplaced Ideas. Essays on Brazilian Culture* (Londres y Nueva York: Verso, 1992).

5. David Mayer, "Trotzige Tropen - Kämpferische Klio. Zu marxistisch inspirierten Geschichtsdebatten in Lateinamerika in den 'langen 1960er' Jahren in transnationaler Perspektive", Tesis doctoral, Universidad de Viena, 2011.

6. Jaime Osorio, "Elementos para una construcción teórica sobre América Latina", *Argumentos*, México, Vol. 21, n° 58, 2008.

7. Carlos Aguirre, "Marxismo e izquierda en la historia de América Latina. Introducción", *A Contracorriente*, Vol. 5, n° 2, 2008. Los análisis fueron múltiples y divergentes. En una bibliografía ya densa y contrastante: Jorge G. Castañeda, "Latin American's Left Turn", *Foreign Affairs*, vol. 85, n° 3, 2006; "A Left Turn in Latin America", *Journal of Democracy*, vol. 17, N° 4, 2006; Alain Touraine, "Entre Bachelet y Morales, ¿existe una izquierda en América Latina?", y Ludolfo Paramio, "Giro a la izquierda y regreso del populismo", *Nueva Sociedad*, N° 205, 2006; Maxwel A. Cameron y Eric Hershberg, eds., *Latin America's Left Turn* (Boulder, CO, Lynne Rienner Publishers, 2010).

Para definir nuestra tarea empleamos el concepto de "reconstrucción" en el uso explicado por Jürgen Habermas, quien distingue entre la *restauración* como el retorno a un estadio inicial luego corrompido, el *renacimiento* como la renovación de una tradición sepultada, y la *reconstrucción* como el proceso de desarticulación y recomposición en nueva forma de una teoría con el objeto de alcanzar mejor su meta.[8]

El trabajo de reconstrucción del *marxismo latinoamericano*, en razón de la multiplicidad que como veremos lo caracteriza, requiere introducir un resultado logrado por las exploraciones históricas de la "recepción". Dichos estudios han mostrado que las transmisiones de teorías y saberes suelen configurar nuevas realidades significativas, mediadas por reinterpretaciones y adecuaciones. La recepción suele ser una operación activa. Entonces, no seguiremos las maneras en que se introdujo el marxismo, él mismo complejo, en un territorio vacío. Lo veremos en las tramas de redefinición nocional y política tensionadas por la emergencia de asimetrías de productividad teórica y la aparición de polos mundiales de estrategias socialistas.

Por razones de espacio dejaremos de lado las vertientes de una "historia intelectual" que rastrearía los cruces con el liberalismo, el positivismo, el romanticismo o el estructuralismo, como dimensiones teórico-ideológicas que fertilizan las prácticas literarias, textuales o universitarias del marxismo. Tampoco indagaremos los procesos de "influencias" de autores marxistas, un tipo de análisis que suele rendir buenos frutos, como en el caso de las relativamente bien estudiadas "lecturas" de Antonio Gramsci o de Louis Althusser en América Latina.[9] En cambio, nos demorarán las dimensiones socioculturales de la historia.

Antes de iniciar esa reconstrucción, es preciso plantear algunas interrogaciones preliminares sobre el objeto mismo de la

8. Jürgen Habermas, *Zur Rekonstruktion des historischen Materialismus* (Frankfurt am Main: Suhrkamp, 1976), p. 11.

9. José Aricó, *La cola del diablo. Itinerario de Gramsci en América Latina* (Buenos Aires: Puntosur, 1988); Raúl Burgos *Los gramscianos argentinos* (Buenos Aires: Siglo Veintiuno Editores, 2004); Nélson Carlos Coutinho, org., *Gramsci e a América Latina* (Río de Janeiro: Paz e Terra, 1988); Arnaldo Córdova, "Antonio Gramsci e a esquerda mexicana", en Coutinho, org., *Gramsci e a América Latina*; Emilio De Ípola, *Althusser, el infinito adiós* (Buenos Aires: Siglo Veintiuno Editores, 2007); Dora Kanoussi, *Gramsci en América* (México: Benemérita Universidad Autónoma de Puebla - Internacional Gramsci Society - Plaza y Valdés, 2000); Lin-

revisión: ¿cuál es el lugar interpretativo del *marxismo latinoamericano*? ¿Qué significa que no sea mencionado en el relevamiento de Leszek Kolakowski titulado *Las corrientes principales del marxismo*?[10] Apenas si hay alguna referencia al "mariateguismo" o a la "teoría de la dependencia" en los ya un poco antiguos diccionarios de marxismo de Bottomore[11] y Bensussan-Labica,[12] y no está previsto que lo haya en el aún en construcción *Historisch-kritisches Wörterbuch des Marxismus*.[13] Tampoco hay mención del mismo en el *Critical Companion to Contemporary Marxism* editado por Jacques Bidet y Stathis Kouvelakis en 2008.[14] Los ensayos de los argentinos Portantiero y Aricó incluidos en la *Historia del marxismo* dirigida por Eric Hobsbawm no alcanzan para alterar el panorama.[15]

Algo parece estar cambiando, y la visibilidad de un *marxismo latinoamericano* ya no es una especialidad de la intelectualidad del subcontinente al sur del Río Bravo. Jaime Concha articula una breve entrada sobre el tema para la *Encyclopedia of Latin American Literature* (1997).[16] Otra dedicada al tema en un reciente diccionario norteamericano de historia de las ideas subraya su dimensión heterodoxa.[17] Otro vocabulario reciente especializado en marxismo,

coln Secco, *Gramsci e o Brasil* (São Paulo: Cortez Editora, 2002); Miguel Valderrama, "Althusser y el marxismo latinoamericano. Notas para una genealogía del (post)marxismo en América Latina", *Mapocho. Revista de Humanidades y Ciencias Sociales*, N° 43, 1988.

10. Leszek Kolakowski, *Main Currents of Marxism. Its Rise, Growth, and Dissolution* (Oxford: Clarendon Press, 1978).

11. Tom Bottomore, ed., *A Dictionary of Marxist Thought* (Cambridge, MA: Harvard University Press, 1983).

12. Gérard Bensussan y Georges Labica, dirs., *Dictionnaire critique du marxisme* (París: Quadrige/Presses Universitaires de France, 1982).

13. Wolfgang Fritz Haug, Frigga Haug y Peter Jehle, eds. *Historisch-kritisches Wörterbuch des Marxismus* (Hamburgo: Argument, 1983-).

14. Jacques Bidet y Stathis Kouvelakis, eds. *Critical Companion to Contemporary Marxism* (Leiden: Brill, 2008).

15. Juan Carlos Portantiero, "O marxismo latinoamericano" y José Aricó, "O marxismo latino-americano nos anos da Terceira Internacional", ambos en Eric J. Hobsbawm, org., *História do marxismo. Vol. 11, O marxismo hoje* (Río de Janeiro: Paz e Terra, 1989).

16. Verity Smith, ed., *Encyclopedia of Latin American Literature* (Chicago: Fitzroy Dearborn Publishers, 1997).

17. Michael Werner, "Marxism: Latin America", en Maryanne Cline Horowitz, ed.,

producido también en los Estados Unidos, carece de una entrada para el *marxismo latinoamericano*, pero incluye una bibliografía al respecto.[18] David McLellan le dedica un capítulo de su *Marxism after Marx* otorgando una fuerte centralidad al castro-guevarismo y a la teología de la liberación.[19] Un capítulo escrito por Ronaldo Munck para un manual "global" sobre el marxismo del siglo veinte, muestra un cambio de tendencia a la luz del renovado interés que despierta la acción de las izquierdas locales en el temprano siglo veinte.[20]

En cambio, la noción goza de una extensa presencia en la historia ideológica en América Latina. La idea de un *marxismo latinoamericano* ha sido objeto de diversas interpretaciones sobre su real originalidad o su carácter derivativo. Algunas lecturas que citaremos más adelante insistirán en la "heterodoxia" de tal marxismo, en su creatividad y divergencia respecto de los modelos eurocéntricos. ¿Es factible rastrear los signos de una homogeneidad teórica y práctica identificable? ¿No nos enseña esa diversidad provinciana, regional o nacional que es América Latina, las limitaciones de buscar lo uno (el *marxismo latinoamericano*) en lo múltiple (*Nuestra América*)? ¿Es deseable una trama compleja donde algunos pocos elementos analíticos comunes adquieran verdadera relevancia más por su nivel de síntesis que por el ensamble de categorías heterogéneas?

Otro núcleo problemático es la relación del *marxismo latinoamericano* con la historia de América Latina. Uno de los reproches más frecuentes contra la presencia del marxismo en el subcontinente ha sido un presunto carácter externo o importado, que permanecería como un teoricismo abstracto separado de las tradiciones nacionales. De acuerdo con Richard M. Morse[21], esa impo-

---

New Dictionary of the History of Ideas (Nueva York: Charles Scribners & Sons, 2004).

18. David Walker y Daniel Gray, *Historical Dictionary of Marxism* (Lanham, MD: Scarecrow Press, 2007).

19. David McLellan, *Marxism after Marx*, 4ª ed. (Londres: Palgrave, 2007), pp. 270-285.

20. Ronaldo Munck "Marxism in Latin America/Latin American Marxism?", en Daryl Glaser y David M. Walter, eds. *Twentieth Century Marxism. A Global Introduction* (Nueva York: Routledge, 2007).

21. Richard M. Morse, *Prospero's Mirror. A Study in New World Dialectic* (Palo Alto, CA: the author, 1981).

sibilidad se debe a que, en contraste con el proceso de rusificación del marxismo ocurrida hacia el 1900 en Rusia, en América Latina la tradición elitista de la ilustración borbónica se implanta tan profundamente que bloquea a los intelectuales (y entre ellos a los marxistas) de toda sintonía con sus pueblos, fractura que los condena a permanecer como agentes extraños a sus propios contextos. ¿Ha sido, entonces, el *marxismo latinoamericano* una fórmula imaginaria sin anclaje en las realidades del subcontinente?

Para ensayar respuestas todavía tentativas, iniciaremos un recorrido de las principales narrativas históricas y conceptuales elaboradas para dar cuenta de la existencia efectiva del *marxismo latinoamericano*. A la luz de investigaciones recientes y de las novedades democráticas del subcontinente plantearemos un reajuste de las periodizaciones usuales. Intentaremos mostrar que si hasta hace una década se podía pensar la historia del marxismo en América Latina en consonancia con el "corto siglo veinte" de Hobsbawm, por el cambio de contexto político hoy es preciso formular una reconceptualización.[22] Posteriormente analizaremos en una concisa discusión las perspectivas del más reconocido teórico de un *marxismo latinoamericano*, José Carlos Mariátegui. En su estela articularemos otras autorías, estrechamente ligadas a las inquietudes del planteo mariateguiano. Veremos que se trata de una vía específica y no extensible al subcontinente. Esbozaremos las dificultades que esa definición de las tareas críticas del marxismo impone al nombre de *marxismo latinoamericano*, para cuya elaboración intentaremos situarlo en una cartografía histórico-cultural de toda la región latinoamericana y caribeña. Finalmente, señalaremos las tendencias internas en conflicto que anidan la textura contemporánea del *marxismo latinoamericano*. Pensamos que recientes indagaciones realizadas en el subcontinente sobre la situación del marxismo confieren una escasa atención al problema.[23]

---

22. Eric J. Hobsbawm, *The Age of Extremes. The Short Twentieth Century 1914-1991* (Londres: M. Joseph, 1994).

23. Ver, por ejemplo, Alberto Bonnet, John Holloway, Sergio Tischler y Werner Bonnefeld, comps., *Marxismo abierto. Una visión europea y latinoamericana* (Buenos Aires: Herramienta. 2005-2007), 2 vols.; César Altamira, *Los marxismos de fin de siglo* (Buenos Aires: Biblos, 2006); Atilio Borón, Javier Amadeo y Sabrina González, comps., *La teoría marxista hoy. Problemas y perspectivas* (Buenos Aires: CLACSO, 2006).

Dos palabras sobre eurocentrismo y universalismo

Queremos distinguir aquí dos variantes de universalismo, esto es, la tesis de un alcance planetario de la analítica marxista. Por un lado hallamos un universalismo ontológico o sustantivo que mantiene el carácter *positivo* de la universalidad. Por otro lado hallamos un universalismo crítico que sostiene el carácter *negativo* de dicha universalidad. Lo que está en cuestión aquí es qué rasgos predominan en las maneras de entender el marxismo "en general" y el *marxismo latinoamericano*. En verdad tanto el marxismo como el *marxismo latinoamericano* están comprendidos por la interrogación. Entendemos que el análisis de Marx propuso aproximadamente desde 1850 un método crítico que detecta una tendencia universalizante del capital, cuyas mayores realizaciones no se dan únicamente en el mercado, sino que prevalecen también en el Estado y en el mercado mundial.[24] Solo que Marx procede a situar una crítica de su carácter alienado y contradictorio. Por lo tanto es una universalidad negativa: la de una lógica del capital devenido en sujeto trascendental objetivo/subjetivo fundador de una "historia".[25] Además, en la medida en que es histórica (y en modo alguno un principio *a priori*), esa universalidad puede ser reconstruida historiográficamente. La discusión que avanzaremos sobre el eurocentrismo respecto del marxismo tiene siempre como brújula de análisis que todo examen marxista, cualquiera fuera su situación, debe ser compatible con la crítica de la universalidad del capital, esto es, su capacidad para imponerse como "lógica" estructurante de un mercado mundial. Es la eficacia global del capital, en la diversidad de las formas de cada coyuntura y lugar, lo que fundamenta su universalismo. Aunque esa universalidad naciera en Europa, se trata de una imposición global que representa *el punto de vista del capital*. Por ende, no es "europeo" como tampoco luego es "norteamericano" o más recientemente "chino". Lo que el *marxismo latinoamericano* requiere debatir, lo que su misma existencia suscita, es si la crítica de la lógica universal es igualmente universal o si es ella también una negación de la potencia conquistadora global tal

24. Karl Marx, *Grundrisse. Foundations of the Critique of Political Economy (Rough Draft)* (Londres: Penguin/New Left Review, 1973), p. 54.

25. Alfred Sohn-Rethel, Geistige *und* körperliche Arbeit. *Zur Epistemologie der abendländischen Geschichte*, nueva ed. (Weinheim: VCH-Acta Humaniora, 1989).

como se despliega en un espacio-tiempo concreto.

El tema del eurocentrismo ha sido un punto nodal de las reflexiones sobre el *marxismo latinoamericano*. Aquí no podremos sino aludir su significación para las discusiones ligadas al marxismo. Solo mencionaremos que las inclinaciones eurocéntricas y linealmente evolutivas que podemos hallar en *El manifiesto comunista* y en algunos textos marxianos de principios de la década de 1850 no condensan un cambio muy acelerado en esos puntos de vista. Eso ha sido indicado hace medio siglo por Eric Hobsbawm al prologar la versión inglesa de las *Formen*, el pasaje de los *Grundrisse* en que Marx presenta la multilinealidad de los cambios históricos.[26] Investigaciones posteriores han enriquecido este panorama, al mostrar que no solo en los años de intercambio con los populistas rusos la perspectiva de Marx se distanció de una "filosofía de la historia" eurocéntrica, sino que esa modificación conceptual se puede encontrar incluso desde los años 1850.[27] El universalismo marxiano fue un universalismo crítico pues descansaba en el señalamiento de que la Historia era una expresión del dominio creciente del capital sobre el mundo.

Sin embargo, la expansión del marxismo tras la muerte de Marx vistió las ropas del universalismo *positivo*. El eurocentrismo fue sólo una de sus formas. Se expandió con mayor éxito a través de dos formaciones de pretensiones globales: 1) el marxismo de la Segunda Internacional, fuertemente cargado de nociones positivistas y kantianas; 2) el marxismo de la Tercera Internacional, sobre todo desde la segunda mitad de la década de 1920, bajo la dirección estalinista. Pero sería un error creer que esas matrices universalistas dogmáticas permiten explicar las historias del *marxismo latinoamericano*.[28]

---

26. Eric J. Hobsbawm, "Marx on Pre-capitalist Formations" [1964], en *How to Change the World. Reflections on Marx and Marxism* (Londres y New Haven: Yale University Press, 2011).

27. Theodor Shanin, *Late Marx and the Russian Road* (Londres: Routledge, 1983); Kevin B. Anderson, *Marx at the Margins. On Nationalism, Ethnicity, and Non-Western Societies* (Chicago: University of Chicago Press, 2010).

28. No es ocioso indicar que la relación con Europa no agota la historia del marxismo en América Latina. Eduardo Devès y Ricardo Melgar Bao han mostrado recientemente las huellas de un impacto de perspectivas marxistas asiáticas mucho antes de la existencia del maoísmo como corriente ideológica mundial. Eduardo Devès y Ricardo Melgar Bao, "El pensamiento del Asia en América Latina. Hacia una cartografía", *Revista de Hispanismo Filosófico*, N° 10, 2005.

La singularidad latinoamericana en el concierto de las regiones periféricas recuerda la ingeniosa síntesis gramsciana del significado histórico-teórico de la Revolución Rusa como una "revolución contra *El capital*", introduciendo la problemática del eurocentrismo como obstáculo constitutivo que inhabilitaría la reconstrucción de un *marxismo latinoamericano*. La evidencia de la incapacidad para "comprender" las propias circunstancias estaría ya presente en el propio Marx y su acerba crítica de Bolívar.[29] De acuerdo con Aricó, el problema de Marx en su lectura de Bolívar da cuenta de una decisión analítica ligada a la incompleta ruptura con el legado hegeliano, pues a la función del Estado como aglutinador "racional" de la sociedad civil contrapone la crítica de la economía política que desnuda su origen en el dominio de clase. Pues bien, en América Latina el Estado decimonónico crea las naciones y moldea las sociedades. El centralismo bolivariano pertenece al horizonte histórico de ese condicionamiento interpretado por Marx como bonapartismo y caudillismo. Aricó estima que la dificultad mayor de Marx para pensar el subcontinente latinoamericano reside más en las opacidades de su teoría política y menos en un incurable eurocentrismo.

Otra línea argumental respecto del eurocentrismo en el marxismo, y en consecuencia un fantasma del *marxismo latinoamericano*, es detectable en los trabajos de Enrique Dussel. Según este autor, hasta el presente las formas dominantes del conocimiento, promovidas originariamente por los países colonizadores, han sido funcionales a la jerarquización y exclusión social. En este esquema comprensivo la modernidad resuena prolífica, superior y emancipadora.[30] Aníbal Quijano señala que es a partir de la conquista de América que "un nuevo espacio/tiempo se constituye, material y subjetivamente".[31] Allí se producen las construcciones dualistas en las que se dicotomiza lo europeo y lo no europeo, lo tradicional y lo

29. José Aricó, *Marx y América Latina* (México: Folios Ediciones, 1980); Arturo Chavolla, *La imagen de América en el marxismo* (Buenos Aires: Prometeo Libros, 2005).

30. Enrique Dussel, "Europa, modernidad y eurocentrismo", en Edgardo Lander, comp., *La colonialidad del saber. Eurocentrismo y ciencias sociales. Perspectivas latinoamericanas* (Buenos Aires: CLACSO, 2000), p. 49; también Walter D. Mignolo, *La idea de América Latina. La herida colonial y la opción decolonial* (Barcelona: Gedisa, 2007).

31. Aníbal Quijano, "Colonialidad del poder, eurocentrismo y América Latina", en Edgardo Lander, comp. *La colonialidad del saber.*

moderno, y fundamentalmente las líneas evolutivas de lo primitivo a lo civilizado.[32] El marxismo no escaparía a estas determinaciones histórico-epistémicas, pues comparte con otros saberes sociales un despliegue analítico de carácter dominador al plantear una teoría crítica de la modernidad que adopta, sin embargo, sus rasgos esenciales. En este sentido el marxismo, tal como lo esclareció Marx, es insuficientemente auto-reflexivo sobre sus supuestos.[33] No obstante, en este mismo orden de discurso es posible pensar distintas epistemologías en la obra de Marx que coexisten de forma contradictoria, pues éste "logró incorporar en un solo gran sistema teórico lo que fueron tradiciones, desarrollos y corrientes de pensamiento de orígenes muy dispares, pero todos profundamente arraigados en la cultura de occidente de los últimos siglos".[34] En sentido inverso, el marxismo en América Latina se vio sometido a la coexistencia y a veces a la fusión con matrices nocionales autóctonas, en el forzamiento de todo teoricismo exigido por la vocación práctica, y no solo conceptual, de cambiar la realidad social. La llamada "cuestión nacional" vinculada con la dinámica imperialista del capitalismo y la problemática indígena, así como la cuestión religiosa, son temas centrales para cualquier reconstrucción de qué fue y qué es ese objeto elusivo que llamamos *marxismo latinoamericano*. Lo cierto es que una dicotomía nítida entre una interioridad latinoamericana, incontaminada en sus latencias telúricas, y una exterioridad europea soberana en su auto-referencialidad, es completamente inútil para pensar las derivas del marxismo en el subcontinente.

Las trayectorias del marxismo en Latinoamérica y el marxismo latinoamericano

Si un *marxismo latinoamericano* es reconocible como figura política o intelectual, debe ser posible narrar su historia. Ese

---

32. Immanuel Wallerstein, *Unthinking Social Science. The Limits of Nineteenth-Century Paradigms* (Cambridge: Polity Press, 1991); Dipesh Chakrabarty, *Provincializing Europe. Postcolonial Thought and Historical Difference* (Princeton: Princeton University Press, 2007).

33. Enrique Dussel, *Towards an Unknown Marx. A Commentary on the Manuscripts of 1861–63* (Londres: Routledge, 2001).

34. Edgardo Lander, "Marxismo, eurocentrismo y colonialismo", en Atilio Borón et al. comps., *La teoría marxista hoy* (Buenos Aires: CLACSO, 2006), p. 217.

recorrido debería poseer rasgos distintos a los de otros marxismos. Por ejemplo, una rápida mirada a la propuesta por Perry Anderson sobre el "marxismo occidental" evidencia que su imagen contrasta radicalmente con los tiempos y tendencias del caso latinoamericano.[35] La derrota política de la onda revolucionaria en Europa tuvo consecuencias en el subcontinente latinoamericano, pero no lo afectó del mismo modo que lo hizo en el continente de los procesos revolucionarios italianos, húngaros y alemanes. Por ejemplo, la conexión militante de la práctica intelectual en la izquierda marxista no se refugió en la teoría sino que perseveró anudada a la acción, al menos en amplias porciones de su activismo. La cronología de Anderson sería inadecuada para dar cuenta de las peripecias del marxismo en América Latina.

Las historias del *marxismo latinoamericano* son deudoras de sus circunstancias enunciativas. Las reconstrucciones más abarcadoras fueron elaboradas a fines de los años setenta y durante la década de 1980. Hoy es necesaria una revisión de tales narrativas, tarea que abordaremos luego de una compulsa de los relatos heredados. Las historias más articuladas del *marxismo latinoamericano* fueron las elaboradas por José Aricó, Michael Löwy, Agustín Cueva y Néstor Kohan.[36] La característica principal

---

35. Perry Anderson, *Considerations on Western Marxism* (Londres: New Left Books, 1976); ver también Martin Jay, *Marxism and Totality. The Adventures of a Concept from Lukács to Habermas* (Berkeley: University of California Press, 1984). El término fue empleado previamente por Maurice Merleau-Ponty, *Les aventures de la dialectique* (París: Gallimard, 1955). Hay que reflexionar sobre el hecho de que la noción tuviera como antecedente la acusación de "comunismo occidental" recordada por Karl Korsch en su *Marxismo y filosofía* (1923) para dar cuenta de las críticas llegadas desde la naciente ortodoxia filosófica soviética. Un uso reciente en Göran Therborn, *From Marxism to Post-Marxism?* (Londres y Nueva York: Verso, 2008).

36. José Aricó, "La producción de un marxismo americano", *Punto de Vista*, Nº 25, diciembre 1985; José Aricó, "Marxismo latinoamericano", en Norberto Bobbio, Nicola Matteucci y Gianfranco Pasquino, *Diccionario de política* (México: Siglo Veintiuno Editores, 2005), vol. 2; Michael Löwy, "Introducción. Puntos de referencia para una historia del marxismo en América Latina", en Michael Löwy, ed. *El marxismo en América Latina* (Santiago de Chile: LOM, 2007); Agustín Cueva, "El marxismo latinoamericano: historia y problemas actuales" [1987], en Agustín Cueva, *Entre la ira y la esperanza y otros ensayos de crítica latinoamericana* (Bogotá: Siglo del Hombre - CLACSO, 2008); Néstor Kohan, *Marx en su (tercer) mundo. Hacia un socialismo no colonizado* (Buenos Aires: Biblos, 1998); Néstor Kohan, *De Ingenieros al Che. Ensayos sobre el marxismo argentino y latinoamericano* (Buenos Aires: Biblos, 2000); Néstor Kohan, "Prefacio a la edición cubana", en *Ni calco ni*

de estos autores es que con leves variaciones privilegian el período 1917-1980.[37]

Löwy y Aricó recuerdan la importancia de los exilios y migraciones de las últimas décadas del siglo diecinueve para la recepción y aplicación de las teorías de Marx. Sin embargo, esa prehistoria tiene una relevancia lateral. Los escritos de Aricó se caracterizan por incluir extensas discusiones sobre el socialista argentino Juan B. Justo, quien en su parecer fue un político y teórico capaz de proponer una estrategia de reforma adecuada a sus circunstancias, aunque limitada por una concepción reduccionista de lo político.[38] Como sea, para Aricó el énfasis sobre el ambiente heteróclito y magmático de las últimas décadas del siglo diecinueve, hasta la formación del primer Partido Socialista en la Argentina en 1896, inhibe la definición de un *marxismo latinoamericano*, pues el socialismo marxista es por entonces una más de las teorías del cambio social. Löwy y Aricó coinciden en afirmar que el marxismo se consolida como doctrina en la década de 1920 a la vera de la política de la Tercera Internacional.

La periodización de las líneas principales del *marxismo latinoamericano* en Aricó y Löwy comprende los siguientes segmentos:

1. Una fase revolucionaria durante los años veinte, marcada por la impronta de la reciente revolución bolchevique en Rusia y la

---

copia. Ensayos sobre el marxismo argentino y latinoamericano (2004), disponible en línea: http://www.lahaine.org/amauta/b2-img/nestor_calco.pdf (consultado el 29 de Junio de 2012).

37. Además de las referencias discutidas luego podemos mencionar: Carlos Altamirano, "Introducción", en *El marxismo en América Latina* (Buenos Aires: Centro Editor de América Latina, 1972); Pablo González Casanova, "Sobre el marxismo en América latina", *Dialéctica*, N° 20, 1988; Pablo Guadarrama González, *Marxismo y antimarxismo en América Latina* (La Habana: Editora Política/México: El Caballito, 1994); Pablo Guadarrama González, ed. *Despojado de todo fetiche. Autenticidad del pensamiento Marxista en América Latina* (Bogotá: Universidad INCCA-Universidad de las Villas, 1999); Richard L. Harris, *Marxism, Socialism, and Democracy in Latin America* (Boulder, CO: Westview Press, 1992); Donald C. Hodges, *The Latin American Revolution. Politics and Strategy from Apro-Marxism to Guevarism* (Nueva York: W. Morrow, 1974); Harry E. Vanden, *Latin American Marxism. A Bibliography* (Nueva York: Garland, 1991).

38. Aricó es objeto de varias reflexiones recientes. Ver por ejemplo Bruno Bosteels, "Marx y Martí. Lógicas del desencuentro", *Nómadas*, N° 31, octubre 2009; Martín Cortés, "La traducción como búsqueda de un marxismo latinoamericano: la trayectoria intelectual de José Aricó", *A Contracorriente*, vol. 7, N° 3, 2010, reproducido en este volumen.

insurrección de masas en El Salvador, dirigida por el Partido Comunista local a comienzos de la década de 1930. La influencia rusa es importante pero todavía germinal. Los partidos comunistas se hallan en sus inicios. Julio Antonio Mella y José Carlos Mariátegui son las figuras más destacadas, en quienes la temática nacional y el antiimperialismo cumplen un rol esencial. Existe un acuerdo en que es el debate sobre el legado y significación de Mariátegui el que fertiliza la pregunta por el *marxismo latinoamericano*. Hacia 1930 se consolida la influencia del estalinismo.

2. Una fase no revolucionaria, hegemonizada por el estalinismo, que con variaciones cubre los años treinta y alcanza hasta los estertores de la década de 1950. Es una etapa de características dogmáticas, coincidente con la desaceleración del proceso revolucionario en la Unión Soviética y con la táctica etapista de los partidos comunistas en América Latina. La revolución concebida y promocionada por la Tercera Internacional no es la revolución socialista sino la "democrático-burguesa" y de "liberación nacional". Un elemento cardinal del periodo es el análisis de las políticas de la izquierda marxista hacia los regímenes populistas.

3. Un último segmento nuevamente revolucionario, marcado por la experiencia de la Revolución Cubana y los efectos que la política de Fidel Castro y de Ernesto "Che" Guevara provocan en una generación de jóvenes orientada hacia la lucha armada y el desarrollo de la estrategia foquista. Löwy plantea una mirada en la que dicha estrategia, simplificada por Régis Debray, no equivale a la perspectiva guevarista ni totaliza el conjunto de perspectivas marxistas en el período.

Hasta aquí los grandes trazos de las narrativas especificadas. Desde luego, otros esquemas de delimitación han sido ensayados. Muy sucintamente, Luis Vitale ha propuesto una periodización diferente, en que destaca una fase de "gestación" entre los años 1870 y 1910, caracterizada por la divulgación de las obras de Marx y la organización de las secciones de la Internacional.[39] Lo fundamental

---

39. Luis Vitale, "El marxismo latinoamericano ante dos desafíos: feminismo y crisis ecológica", *Nueva Sociedad*, Nº 66, mayo-junio 1983; *Interpretación marxista de la historia de Chile. V. De la República Parlamentaria a la República Socialista (1891-1932)* (Santiago de Chile: LOM, 1995).

es que la centralidad de Marx en la difusión del socialismo no es exclusiva; los textos marxianos participan de una red más amplia de referencias socialistas e incluso anarquistas. El segmento posterior comienza con la Revolución Mexicana iniciada en 1910 e implica novedades como la cuestión de la tierra, el antiimperialismo y el carácter socialista de la revolución. Una tercera etapa extendida entre 1930 y 1960 es concebida como de "esclerosamiento ideológico". La última comienza con la Revolución Cubana e inaugura "una de las fases más ricas del pensamiento marxista en nuestro continente", que incluye la experiencia chilena asociada al gobierno de Salvador Allende.[40] En suma, la problemática del *marxismo latinoamericano* ha retrocedido al momento inicial de la "recepción" de las ideas marxistas, proveyendo informaciones sobre el primer periodo indicado por Vitale. Dichos estudios han posibilitado matizar las interpretaciones generalizantes al rastrear, por ejemplo, la aparición de menciones y representaciones de Marx y el marxismo desde la década de 1870.[41] Volveremos más adelante sobre las implicancias de estas indagaciones.

Detengámonos un instante en los grandes trazos indicados. Una característica de las dos primeras fases en la periodización de Aricó y Löwy antes resumida, es la coexistencia de perspectivas "europeístas", según propone el segundo, con otras inclinadas a una reelaboración de los conceptos marxistas al calor de las condiciones locales. El pensamiento de Mariátegui es paradigmáticamente el que llega más lejos en el esfuerzo por transformar el marxismo para diseñar un cambio socialista en el Perú. No obstante las innovaciones mencionables, las categorías básicas están moldeadas por los paradigmas europeos. Por ejemplo, la noción de países "coloniales y semicoloniales", por la cual se tiende a analizar las formaciones sociales latinoamericanas en su "especificidad", paradójicamente,

---

40. Luis Aguilar, por ejemplo, diseña una periodización ligada a sucesos revolucionarios combinados con acontecimientos mundiales: 1. De preparación (1890-1920), 2. De fundación de los partidos comunistas y prevalencia de su "línea dura" (1920-1935); 3. Del Frente Popular a la II Guerra Mundial (1935-1945); 4. De la Guerra Fría a la crisis de la desestalinización (1946-1959); 5. De la Revolución Cubana y sus efectos (1959-1968); 6. De la revolución militar peruana a la intervención cubana en Angola (1968-1977); 7. Crítica y autocrítica. Luis Aguilar, ed. *Marxism in Latin America*, ed. revisada (Philadelphia: Temple University Press, 1978).

41. José Ratzer, *Los marxistas argentinos del 90* (Córdoba: Ediciones Pasado y Presente, 1969); Horacio Tarcus, *Marx en la Argentina. Sus primeros lectores obreros, intelectuales y científicos* (Buenos Aires: Siglo Veintiuno Editores, 2007).

postulando rasgos socioeconómicos "feudales" similares al Antiguo Régimen europeo. De ello se deduce que se debe transitar en primera instancia por una revolución democrático-burguesa. Con el tiempo y la maduración de las condiciones objetivas y subjetivas se avanzaría hacia una revolución obrera y socialista. Las discusiones iniciales son emplazadas centralmente por las resoluciones de la Tercera Internacional.[42] En este período se destacan dirigentes como el chileno Luis Emilio Recabarren. Este obrero tipógrafo anima la fundación del Partido Obrero Socialista en Chile y orienta su transformación en Partido Comunista hacia el año 1922, agita entre las masas la contradicción entre el capitalismo y el proletariado. También el ya mencionado intelectual cubano Julio Antonio Mella, impulsor del Partido Comunista en su país, desconfía del rol progresivo de la burguesía cubana y otorga gran importancia al internacionalismo, a la vez que sostiene una preocupación latinoamericana. Mariátegui funda hacia el año 1928 el Partido Socialista y un año después contribuye a la formación de la Confederación General de Trabajadores del Perú. Pero es sobre todo la originalidad de un examen propiamente peruano de la cuestión indígena y de la historia cultural local aquello que, como veremos, fundamenta en Mariátegui una ruptura con el marxismo en proceso doctrinario que ya no provenía tanto el de la Segunda como de la Tercera Internacional puesto bajo la hegemonía estalinista. En las estribaciones de este período algunos partidos como el comunista de El Salvador, con activistas destacados como Farabundo Martí, Miguel Mármol, Alfonso Luna y Mario Zapata, supieron aprovechar el impulso popular y promover una rebelión obrera y de masas. El levantamiento salvadoreño constituye un acontecimiento único por su dimensión popular, el empleo de armamento y la independencia respecto de la Comintern.[43]

Según Löwy y Aricó, con la victoria estalinista en la Unión Soviética durante la segunda mitad de los años veinte, aunque con distintos ritmos, los partidos comunistas latinoamericanos devinieron agencias reproductoras de la política exterior del Kremlin. Una amplia bibliografía identifica el ícono del funcionariado atenido a las directivas de la Internacional Comunista en Vittorio Codovilla,

---

42. Manuel Caballero, *La Internacional Comunista y la revolución latinoamericana* (Caracas: Nueva Sociedad, 1988).

43. Löwy, *El marxismo en América Latina*, p. 24.

líder principal del PC argentino durante este período, y sobre quien todavía se espera una investigación adecuada. Codovilla integra la primera Conferencia Comunista Latinoamericana celebrada en Buenos Aires en 1929, donde se definen las bases de actuación de partidos comunistas, encuadradas en las orientaciones del Tercer Período "ultraizquierdista" de la Comintern (1928-1935). Su característica principal reside en la identificación de toda política no comunista como fascista, tal como ocurrió con los socialismos o proto-populismos en América Latina (así sucede con el yrigoyenismo argentino). El levantamiento comandado por Luiz Carlos Prestes en 1935, en Brasil, es representativo del momento crepuscular de esta estrategia.

El Tercer Período impone una cesura estalinista sobre el desarrollo del marxismo en América Latina. Löwy subraya que si bien en esta fase se observan contribuciones importantes al pensamiento marxista, su esquematismo las conduce al empobrecimiento de los análisis teórico-políticos, forzando caracterizaciones para realidades sociales diversas. El caso paradigmático lo constituye la postulación de un modelo feudal para las estructuras agrarias latinoamericanas.[44] En divergencia con esa tendencia, autores como Caio Prado Jr., Marcelo Segall, Sergio Bagú, Silvio Frondizi y Milcíades Peña, concebirán a América Latina como una articulación de estructuras productivas entre las cuales la dominante es la capitalista. Hay otras voces opositoras a la hegemonía soviética, algunas representadas en la corriente de raigambre trotskista. En Brasil la oposición a la estrategia cominternista tiene varios nombres, tales como el Grupo Comunista Lenin o la Liga Comunista de Oposición, y consolida una coalición en San Pablo que atrae a sectores del Partido Comunista Brasileño (PCB). En Chile, Bolivia y Argentina los trotskistas se destacan cumpliendo roles en sindicatos y en la formación de nuevas organizaciones políticas.

Löwy y Aricó coinciden en destacar la ruptura de 1959, fecha nodal para el reinicio de la perspectiva revolucionaria en el *marxismo latinoamericano*, aunque entre los años cuarenta y cincuenta grupos comunistas se pliegan a la actividad guerrillera de los campesinos en Colombia y se encuentran grupos de la misma filiación en el activismo sindical del Brasil.

44. Idem, p. 42.

El sociólogo y crítico literario ecuatoriano Agustín Cueva discrepa con ambos autores al sostener que no hubo nunca tal "dependencia absoluta de los partidos comunistas latinoamericanos con respecto a la IC".[45] Cueva señala por el contrario, el heterodoxo camino seguido tanto por el PC mexicano como el venezolano, estimulados más por los propios intereses locales que por la voluntad de los líderes soviéticos, así como también subraya, la construcción independiente del Frente Popular chileno de los años treinta o posteriormente la independencia de Salvador Allende en el proceso de confluencia con el PC chileno y la Unidad Popular. Otro aspecto de interés de orden más cultural ponderado por Cueva es el rol jugado durante este período por personalidades destacadas de la cultura de izquierdas, como Pablo Neruda, César Vallejo, Nicolás Guillén, Jorge Amado, Carlos Luis Fallas y Oscar Niemeyer; otros, siempre según el autor de *El desarrollo del capitalismo en América Latina*, son marcados por una impronta materialista, como acontece con Jorge Icaza, Miguel Ángel Asturias e incluso Ciro Alegría. De este modo, la literatura, las artes plásticas, la música y las ciencias muestran en este segmento la vitalidad política revolucionaria del marxismo.[46]

---

45. Cueva, "El marxismo latinoamericano", p. 177.

46. Sería interesante disponer de un análisis global del vínculo entre literatura y *marxismo latinoamericano*, del mismo modo que existen estudios sobre la filosofía o la estética y el *marxismo latinoamericano* (Adolfo Sánchez Vázquez, *Estética y marxismo* (México: Era, 1970); Stefan Gandler, *Peripherer Marxismus. Kritische Theorie in Mexiko* (Hamburgo: Argument, 1999); Raúl Fornet-Betancourt, *Transformaciones del marxismo: historia del marxismo en América Latina* (México: Plaza y Valdés, 2001), o sobre la sociología y ese marxismo (una aproximación en Marcos Roitman Rosenmann, *Pensar América Latina. El desarrollo de la sociología latinoamericana* (Buenos Aires: CLACSO, 2008). Larsen, por ejemplo, prosigue la pista del ambivalente lazo de Alejo Carpentier con el surrealismo desde *El reino de este mundo* para postular una afinidad de esa corriente estética y el *marxismo latinoamericano* como lógica del montaje. Neil Larsen, "Preselective Affinities: Surrealism and Marxism in Latin America", *Socialism and Democracy*, vol. 14, Nº 1, 2000. Para un análisis acerca de la incorporación de la dimensión política marxista en la obra poética de César Vallejo y de Carlos Drumond de Andrade, ver Claret Vargas, "Negotiating Marxism and a Poetic of the Human: Aesthetic Responses to Epistemological Crises in the Poetry of César Vallejo and Carlos Drumond de Andrade", Tesis doctoral, Harvard University, 2003. Jean Franco ha rastreado las complejas eficacias del marxismo y del comunismo en el muralismo de David Alfaro Siqueiros y en la poesía de Pablo Neruda. Jean Franco, *The Decline & Fall of the Lettered City. Latin America in the Cold War* (Cambridge: Harvard University Press, 2002), pp. 57-85.

Aquí emerge una cuestión desarrollada en las discusiones historiográficas sobre el comunismo. ¿Fue un "partido mundial" que debe ser estudiado a partir de sus rasgos comunes derivados de su centro soviético o las peculiaridades nacionales requieren relativizar dichos rasgos? La disponibilidad de los archivos de la Comintern inducen a pensar que la incidencia de la política activa del Kremlin sobre América Latina fue menos importante de lo afirmado por los discursos políticos que la sobredimensionaban.[47] Por lo tanto, la explicación externalista sobre *el oro de Moscú* creando conspiraciones parece poco apropiada y se requiere una historia social más sofisticada.[48]

Cueva sostiene también que con la Revolución Cubana el marxismo "se enriqueció al experimentar una tercermundialización", lo que implícitamente supone una anterior estrategia uniformizante.[49] La prédica cubanista se irradia a miles de jóvenes, obreros y campesinos en Latinoamérica y en el mundo, proliferando cientos de organizaciones armadas guerrilleras, rurales y urbanas. Este rejuvenecimiento del *marxismo lainoamericano* al calor de la Revolución Cubana, por ende con impronta guevarista-castrista, facilita su ingreso en las universidades. Así la sociología, la historia y las ciencias políticas revitalizan debates importantes de la esfera política. La misma Cuba difunde una revista de intervención intelectual como *Pensamiento Crítico*. La Teología de la Liberación, un movimiento que acompaña algunas experiencias de lucha armada es otra expresión de la complejidad de pasajes y alianzas entre concepciones teóricas aparentemente incompatibles.[50] Otras experiencias de interlocución con el marxismo incluyen la pedagogía de Paulo Freire, irreductible a las versiones más cientificistas del ma-

---

47. Por ejemplo, Danuta Paszyn, *The Soviet Attitude to Political and Social Change in Central America, 1979-1990. Case Studies of El Salvador, Nicaragua and Guatemala* (Nueva York: St. Martin's Press, 2000).

48. Distintos ángulos y perspectivas se han ensayado en los últimos años con el propósito de discutir una concepción simplista sobre la dependencia de Moscú. Por ejemplo Daniel Campione, "Los comunistas argentinos. Bases para reconstruir su historia", en www.fisyp.org.ar, 1996 (consultado: julio 2012); Natalia Casola, "El Partido Comunista Argentino y el golpe militar de 1976: las raíces históricas de la convergencia cívico-militar", *Revista Izquierdas*, Año 3, Nº 6, 2010.

49. Cueva, "El marxismo latinoamericano", p. 188.

50. Steven Higdon, "Liberation Theology and Marxism: Building a Collaborative Political Project in Latin America", Tesis de maestría, Long Beach, California State University, 1997.

terialismo histórico y nutrida de las prácticas concretas de alfabetización en el Brasil predictatorial. Mientras tanto, el comunismo de corte estalinista y postestalinista es cuestionado por viejas y nuevas corrientes de la política socialista. A la difusión del guevarismo y castrismo se suman las figuras locales del trotskismo y el maoísmo. Elementos decisivos de este período son la Revolución Nicaragüense y el proceso revolucionario abierto en El Salvador. El Frente Farabundo Martí de Liberación Nacional, retomando una línea del PC y al calor de los sucesos nicaragüenses, define una estrategia de ocupación territorial abordando aspectos múltiples de la lucha política, la económica y la social.

Si el punto de cierre que asume Aricó para su historia del marxismo es el ciclo que inaugura la Revolución Cubana, Löwy, en la versión revisada de su ensayo publicado originalmente en 1980, subraya expresiones de energía revolucionaria en los campesinos sin tierra en Brasil (MST), en los zapatistas en México (EZLN) y en las controvertidas Fuerzas Armadas Revolucionarias de Colombia (FARC) de los años ochenta.[51]

Luego de estas reconstrucciones, Néstor Kohan atribuye al *marxismo latinoamericano* las cualidades de heterodoxia, culturalismo, voluntarismo, romanticismo y antiimperialismo, todas ellas anudadas al socialismo. Para Kohan, se trata de un marxismo incubado al calor del activismo juvenil de la Reforma Universitaria en América Latina posterior a 1918, cuando se retoma, radicalizándolo, el legado *juvenilista* y antimercantilista del *arielismo* inspirado en la obra de José Enrique Rodó, *Ariel* (1900). El modernismo arielista, que también desarrolla una divergencia espiritualista al materialismo atribuido a los Estados Unidos, es el que contrapesa los restos de positivismo en la solidaridad de José Ingenieros con la Revolución Rusa. Ese impulso crítico pronto adopta una modulación latinoamericana con el antiimperialismo de los años veinte que el propio Ingenieros apoya, y que promueve vínculos en todo el subcontinente. Las figuras más representativas son Mella y Mariátegui, y más tarde Ernesto Guevara. El núcleo cultural y ético del *marxismo latinoamericano* se distancia así del marxismo soviético y también del pesimismo crítico que domina al marxismo europeo después de 1923. Sin embargo el marxismo de América Latina, y en este aspecto coinciden Kohan y Löwy, es ocluido después de 1929

51. Löwy, "Introducción".

por la hegemonía externalista representada por Vittorio Codovilla. No es por azar que el marxismo de entonces sea ortodoxo, economicista, universalista, deductivo y reformista. El *marxismo latinoamericano*, siempre según Kohan, retorna transformado con la Revolución Cubana en la figura emblemática de Ernesto Guevara. Renace la "hermandad de Ariel" que caracteriza la singularidad del *marxismo latinoamericano*. Renovando y asumiendo sus temas, Guevara emprende la acción revolucionaria en base a la voluntad consciente y a una ética, recuperando un antiimperialismo no sólo declamativo y oportunista. De este modo, se retorna a la heterodoxia característica del *marxismo latinoamericano*, no para atenerse a un mandato, sino como nutriente de la vocación revolucionaria. El autor plantea entonces una tarea generacional activa y crítica.[52] Una consecuencia evidente del enfoque de Kohan es que impone una escisión quirúrgica entre la versión latinoamericana del marxismo y sus formas impropias, estableciendo dicotomías simples como la que opondría a Mariátegui y a Codovilla.

Como se observa, también en Kohan, como en Cueva, Aricó y Löwy, la Revolución Cubana es un parteaguas de la figura más reciente del *marxismo latinoamericano*.

Una actualización de la narrativa histórica del marxismo latinoamericano exige en consecuencia una reformulación profunda desde nuestro horizonte de experiencia y, sobre todo, desde el plano de nuestras expectativas. En primer lugar es necesario otorgar mayor relevancia a la fase de recepción temprana de los textos marxianos y marxistas, destacando el período que Vitale iniciara en 1870, enlazando conjuntamente a esta ruta, un examen de las condiciones histórico sociales que dieron cabida a la recepción del marxismo.[53]

Se trata de un momento primordial, en el que aún no se plantea una clara estrategia de aclimatación y en la que el marxismo coexiste con elementos de positivismo, liberalismo y nacionalismo, según los casos. La acción y saber del cambio radical no están hegemonizadas por el marxismo, que no existe todavía como tal. Las primeras "lecturas" de Marx y el naciente marxismo son una línea más de una diversidad de planteos transformadores donde el socialismo lasalleano o el anarquismo tienen un rol destacado.

---

52. Kohan, "Prefacio a la edición cubana".

53. Fornet-Betancourt, "Transformaciones del marxismo", p. 5.

A los tres segmentos habitualmente estipulados (*grosso modo*, 1917-1930, 1930-1959, 1959-1980) se debe añadir también el período de retracción, derrota, autocrítica y renovación de los últimas décadas del siglo XX, marcadas por el fin de las dictaduras militares, el abandono de las estrategias revolucionarias socialistas y el derrumbe de las referencias mundiales del marxismo por la caída de los regímenes socialistas burocráticos y la transición china al capitalismo. Esta fase que comprende los comienzos de la década de 1980 y llega hasta el año 2000, permite observar una desilusión masiva de la intelectualidad con el marxismo, el pasaje a posiciones postmarxistas o francamente liberales,[54] y el fin de la seducción del foquismo y el concepto de revolución social radical.[55] Para algunos otros, no obstante, la crisis abierta en el marxismo no ha sido tanto la crisis de su propio núcleo racional sino el marginamiento de su propia racionalidad crítico-ética.[56] Hay quienes entienden que el marxismo resultó útil a la hora de diseñar una crítica de la economía política pero poco eficaz para desplegar una praxis transformadora.[57] Con todo, las variaciones nacionales son significativas. Por ejemplo, mientras en la Argentina se asiste a una conversión generacional a la socialdemocracia postmarxista, en Chile la "renovación socialista" postula una crítica del leninismo y anuncia la necesidad de pensar de otra forma la cuestión democrática, produciendo entonces una rica dialéctica con un pasado que merece una urgente revisión.[58] Otras situaciones, mientras tanto, son menos auspiciosas. Sergio Lessa, por ejemplo, sostiene que el "marxismo

54. Jorge G. Castañeda, *La utopía desarmada. Intrigas, dilemas y promesas de la izquierda en América Latina* (Barcelona: Ariel, 1995).

55. Norberto Lechner, "De la revolución a la democracia. El debate intelectual en América del Sur", *Opciones*, N° 6, mayo-agosto, 1986; Emilio De Ipola, y Juan Carlos Portantiero, "Crisis social y pacto democrático", *Punto de Vista*, N° 21, agosto, 1984; Manuel Antonio Garretón, "The Ideas of Socialist Renovation in Chile", *Rethinking Marxism*, N° 2, summer 1989. Para un examen general, ver Ronald H. Chilcote, "Post-Marxism: The Retreat from Class in Latin America", *Latin American Perspectives*, vol. 17, N° 2, 1990.

56. Fornet-Betancourt, "Transformaciones del marxismo", p. 353.

57. Elías Palti, *Verdades y saberes del marxismo. Reacciones de una tradición política ante su "crisis"* (Buenos Aires: Fondo de Cultura Económica, 2005)

58. Tomás Moulián, "La crisis de la izquierda", *Revista Mexicana de Sociología*, vol. 44, N° 2, abril-junio 1982; "El marxismo en Chile: producción y utilización", en José Joaquín Brunner y otros, *Paradigmas de conocimiento y práctica social en Chile* (Santiago de Chile: FLACSO, 1993).

brasileño" se encuentra "bajo sitio".[59] Con los matices del caso, y exceptuando a Cuba, el desplazamiento paradigmático del marxismo constituye una situación extendible a todo el subcontinente. De hecho, el levantamiento indígena de Chiapas en 1994 no logró modificar el sentido general del proceso de contracción y crisis del *marxismo latinoamericano*.

Recién con el nuevo siglo surge la posibilidad de inaugurar una época distinta. Es una fase aún abierta, pero que revela ya sus divergencias con el periodo de la "transición democrática". El panorama estratégico es sumamente diverso y los desafíos teóricos de un *marxismo latinoamericano* están refigurados. Viejas problemáticas desgarran los sentidos que antaño parecían evidentes: la sucesión de modos de producción, el privilegio del enfoque de clases, la identificación inequívoca de una clase o una organización con la revolución social, la sujeción a una doctrina planetaria o a un centro de poder mundial, la confianza en el progreso inexorable, el economicismo, el culto por la tecnología y la imposibilidad de construir relaciones socialistas por fuera de ciertos consensos.[60] Antiguas polaridades son repensadas: reforma/revolución, nacionalismo/ internacionalismo, clase/raza o clase/género, democrático/ revolucionario, estado/sociedad civil, entre otras. Pero sobre todo, ninguna experiencia situada (como los experimentos vivientes de Bolivia o Venezuela) aspira a imponerse como modelo continental, aunque produzca efectos de latinoamericanización pues en todos los casos se asiste a la creación cotidiana de una senda revolucionaria todavía incierta. Al mismo tiempo, no se podrían evadir las dimensiones neodesarrollistas y reproductoras del capitalismo que esas mismas experiencias entrañan, exigiendo por ende una capacidad crítica atenta.

Esta realidad habilita nuevas perspectivas para pensar un *marxismo latinoamericano* que comprenda una relación dialéctica entre las experiencias nacionales y las tendencias latinoamericanizantes de las teorías críticas, y entre ellas del marxismo. Pensamos que este estado de cosas, actualmente perceptible, se encuentra en ciernes en el pasado del marxismo en América Latina y caracteriza

---

59. Sergio Lessa "The Situation of Marxism in Brazil", *Latin American Perspectives*, vol. 25, Nº 1, 1998.

60. Atilio Borón, *El socialismo del siglo XXI* (Buenos Aires: Ediciones Luxemburg, 2008).

su historia. Es decir, la complejidad de teorías y estrategias detectables en las fases de 1870 a 1917 y de 2000 en adelante, pueden perfectamente ser extendidas, *mutatis mutandis*, al resto de la periodización. Así las cosas, ingresamos a una nueva perspectiva sobre el *marxismo latinoamericano*, pues hasta aquí su complejidad ha cedido ante la aspiración a definir una unidad perceptible. Pero esa unidad conceptual, según vimos, se compuso de ejemplos y periodizaciones centradas en estrategias, individuos o acontecimientos singulares, en modo alguno extensibles al subcontinente.

Para pensar con mayor detalle qué significa la delimitación local del marxismo y la aspiración a una modulación latinoamericana con mayor rigurosidad conceptual, proponemos recorrer los tramos fundamentales del pensamiento de José Carlos Mariátegui, el usualmente mentado más original marxista latinoamericano. Lo haremos con la concisión suficiente para situarlo en un plano histórico-cultural relevante, que abone a nuestra interpretación del *marxismo latinoamericano* enmarcada en una peculiar historia del subcontinente.

Para una cartografía de los marxismos latinoamericanos: más allá de José Carlos Mariátegui y el marxismo "indoamericano"

De la variedad de los análisis hasta aquí examinados, es preciso destacar en primera instancia que todas las invocaciones "latinoamericanas" han sido específicamente nacionales, o en todo caso han tenido un alcance regional. Nominalmente, la historia del *marxismo latinoamericano* parece accesible a una periodización general, pero la misma es socavada por el carácter monográfico de sus estrategias y de sus figuras más conocidas, como Mella, Mariátegui o Guevara. La dimensión global y subcontinental de la estrategia cominternista, en cambio, se desagrega en una pluralidad de experiencias locales que coexisten con las directivas moscovitas. Ya el viejo libro de Alexander, preocupado por la difusión del comunismo en América Latina, había notado la variedad, a veces estrafalaria, de expresiones de esa corriente en el subcontinente.[61]

---

61. Robert J. Alexander, *Communism in Latin America* (New Brunswick: Rutgers University Press, 1958).

Si la dimensión latinoamericana del marxismo tiene una justificación más imaginaria que real, no podemos dejar de notar la dificultad para concebir los alcances de tal marxismo, mejor definido por sus anclajes nacionales (o a lo sumo regionales) que por su inscripción teórica y política en un espacio que ciña la diversidad de América Latina y el Caribe. He aquí, posiblemente, el nudo gordiano de las principales historias del *marxismo latinoamericano*: su dificultad para comprender y exceder los reales procesos de nacionalización del marxismo demandados por la praxis socialista en diversos períodos históricos del subcontinente. La acción transformadora en cada contexto nacional exige durante el siglo XX una adecuación a circunstancias locales difícilmente transferibles. Se trata de construcciones históricas que en numerosos casos proclaman como su brújula al *marxismo latinoamericano*, aunque versan realmente sobre experiencias nacionales; pero al hacerlo en términos de una incumbencia nominalmente latinoamericana, no extraen las consecuencias de sus implantaciones locales. Y, para dar cuenta de una rica y reciente producción académica, es dudoso que los estudios de redes, exilios, transmisiones y circulación de textos pueda componer un cuadro seguro y carente de fracturas raigales.

Hablar de una historia de un *marxismo latinoamericano* implica dar cuenta de la variedad, de lo múltiple en lo común. Supone pensar un cuerpo teórico de pretensiones universales forzadas por lo regional y lo local. José Aricó denomina a este proceso "una diversidad de perspectivas girando en torno al denominador común de una perspectiva de transformación social".[62] Esta complejidad pone de manifiesto una vigorosa impregnación historicista, es decir, expresa las pertenencias a situaciones específicas. Entre estas situaciones cuentan las formaciones sociales y las tradiciones indígeno-campesinas. Pensadores y activistas como Mariátegui, Hugo Blanco o Diego Rivera, intentan recuperar antecedentes comunitarios prehispánicos para movilizar el presente.

En ese plano, el pensamiento y la acción del intelectual peruano José Carlos Mariátegui (1894-1930) son reconocidos como las inflexiones más originales del *marxismo latinoamericano*. Como a ningún otro, a él se le ha atribuido la condición de "marxista

---

62. Aricó, "Marxismo latinoamericano", p. 956.

latinoamericano".[63] No obstante tales afirmaciones, explicaremos por qué Mariátegui no es el epítome ni la condensación de tal marxismo.

Es conocida la trama de la maduración socialista del pensamiento mariateguiano, que aquí sólo mencionaremos en sus rasgos esenciales.[64] Entre su regreso del viaje europeo en 1923 y el bienio de consolidación teórico-política 1927-1928, Mariátegui define los elementos constituyentes de su pensamiento socialista, coronado por los *Siete ensayos de interpretación de la realidad peruana*, el balance editorial de la revista *Amauta* y la ruptura con la Alianza Popular Revolucionaria Americana (APRA). Sus trabajos anteriores permanecen dentro de un pensamiento idealista calado por la noción de una "nueva generación", nutrida del inconformismo estudiantil ligado a los efectos de la Reforma Universitaria. Más tarde Mariátegui denominaría a este momento inicial de su pensamiento como su "Edad de piedra" teórica. Los *Siete ensayos* formulan un análisis histórico-social y político-cultural del Perú, aunque los elementos simbólicos y el idealismo, refigurados, persistan como una dimensión crucial de la lucha por la construcción de un programa emancipatorio concreto.

Limitaremos nuestro análisis al período 1927-1930 porque entre la publicación de los *Siete ensayos* y la ruptura con la política de coalición popular con dirección de la clase media propugnada por Víctor Raúl Haya de la Torre, se verifica un salto cualitativo en su concepción teórico-política. Su combate es doble. En primer lugar, con el populismo aprista que postula la necesidad de un desarrollo capitalista y antifeudal.[65] En segundo lugar, con el "etapismo" cominternista ya descrito.

63. Sheldon B. Liss, *Marxist Thought in Latin America* (Berkeley: University of California Press, 1984); Aricó, "La producción de un marxismo Americano"; Jaime Massardo, *Investigaciones sobre la historia del marxismo en América Latina* (Santiago de Chile: Allende editores, 2001); Jaime Massardo, "Apuntes para una relectura de la historia del marxismo en América Latina", en Elvira Concheiro Bohórquez, Massimo Modonessi y Horacio Crespo, coords., *El comunismo: otras miradas desde América Latina* (México: Universidad Nacional Autónoma de México, 2007); Marc Becker, *Mariátegui and Latin American Marxist Theory* (Athens: Ohio University Press, 2003). Un análisis exhaustivo de las interpretaciones sobre Mariátegui y el marxismo en David Sobrevilla, *El marxismo de Mariátegui y su aplicación a los 7 ensayos* (Lima: Universidad de Lima, 2005).

64. Ver Alberto Flores Galindo, *La agonía de Mariátegui. La polémica con la Komintern* (Lima: Desco, 1980); Aníbal Quijano, *Introducción a Mariátegui* (México: Era, 1982).

65. Víctor Raúl Haya de la Torre, *El antimperialismo y el APRA* (Santiago de

Mariátegui desarrolla sus perspectivas políticas en una sociedad donde los presupuestos materiales indispensables para la revolución socialista identificada con una lectura clásica del marxismo (gran industria, clase obrera organizada y mayoritaria, concentración de la propiedad y la administración) son marginales en la estructura económica. Frente a esa peculiaridad, la asunción de una actitud de revisión e invención teórica distingue a Mariátegui de otros intelectuales marxistas latinoamericanos, como el argentino Aníbal Ponce, de una mayor sistematicidad conceptual pero incapaces de procrear conceptos a la luz de la historia y la situación.[66]

Mariátegui afirma que en el Perú coexisten elementos de tres economías diversas: "Bajo el régimen de economía feudal nacido de la Conquista subsisten en la sierra algunos residuos vivos todavía de la economía comunista indígena. En la costa, sobre un suelo feudal, crece una economía burguesa que, por lo menos en su desarrollo mental, da la impresión de una economía retardada".[67] De allí desprende consecuencias políticas importantes. Una de ellas es la convivencia tensa entre relaciones de producción feudales y burguesas en el contexto de las presiones imperialistas británica y norteamericana. Esa estructura compleja explica la naturaleza raquítica y políticamente insignificante del capital "nacional" y, por ende, la imposibilidad de un cambio social progresivo emprendido por sectores burgueses. Mariátegui concluye afirmando la necesidad de una política revolucionaria basada en un bloque obrero-campesino articulado por un programa socialista. Aunque no cuestiona abiertamente el obrerismo del marxismo tradicional, inaugura las vías para una mirada diferente de la aversión marxista hacia el campesinado y respecto de todo sujeto social no obrero-industrial.[68] He allí el fundamento del carác-

---

Chile: Ercilla, 1936), y las posteriores reformulaciones argentinas en Jorge Abelardo Ramos, *Marxismo para latinoamericanos* (Buenos Aires: Plus Ultra, 1973), *El marxismo de Indias* (Barcelona: Planeta, 1973), y "La discusión sobre Mariátegui", en AA.VV. *El marxismo latinoamericano de Mariátegui* (Buenos Aires: Crisis, 1973), o mexicanas en Vicente Lombardo Toledano, *El problema del indio* (México: Sepsetentas, 1973).

66. Oscar Terán, *Discutir Mariátegui* (Puebla: Editorial de la Universidad Autónoma, 1985).

67. José Carlos Mariátegui, *Siete ensayos de interpretación de la realidad peruana* [1928] (Caracas: Biblioteca Ayacucho, 2007), p. 20.

68. Harry Vanden, "Marxism and the Peasantry in Latin America: Marginalization or Mobilization?", *Latin American Perspectives*, vol. 9, N° 4, 1982.

ter "indoamericano" del socialismo, que introduce una variación en la lógica del marxismo europeísta y una inflexión étnica ausente en la matriz teórica originaria.[69]

Mariátegui piensa la capacidad revolucionaria de las masas indígenas y la liberación del yugo terrateniente a la manera de Sorel, esto es, en conexión con la formación de mitos y esperanzas de redención que impulsen a las clases oprimidas hacia la revolución socialista.[70] Los mitos no son representaciones arbitrarias o construcciones imaginarias, pues responden a experiencias históricas y situaciones materiales. En el caso del proletariado urbano, Mariátegui concibe su potencialidad revolucionaria considerando su posición en el sistema productivo y su enfrentamiento objetivo con la clase capitalista. Respecto del campesinado la mitología revolucionaria descansa en las comunidades reales y sus tradiciones encarnadas en los *ayllus*, donde Mariátegui vislumbra relaciones sociales semejantes a las socialistas. Esa herencia comunitaria posibilita un tránsito al socialismo.

La vocación de transformación del marxismo en la encrucijada de otras perspectivas críticas, como la provista por las diferentes versiones del indigenismo, no alcanza en Mariátegui una formulación completa. Los debates con los apristas revelan las vacilaciones de su propuesta. No obstante, la brecha "indoamericana" para reformular el marxismo ha sido abierta. En la propia trayectoria de una perspectiva revolucionaria de la cultura, tardíamente José María Arguedas logra literariamente en *El zorro de arriba y el zorro de abajo* (1971) una imagen más compleja de las situaciones socioeconómicas y culturales del Perú, irreducibles a la distinción entre sierra y costa, y las series de pares que de allí perduran en el pensamiento mariateguiano.[71] Alberto Flores Galindo continúa, en una senda emparentada, una extensión de la evaluación historiográfica de los mitos movilizadores. En obras como *Aristocracia y plebe* (1984), y *Buscando un Inca* (1986), examina la historia social de las diferenciaciones antagónicas y el recurso al archivo mítico incaico para dar cuerpo a las

69. Ricardo Melgar Bao, *Mariátegui, Indoamérica y las crisis civilizatorias de Occidente* (Lima: Amauta, 1995).

70. Robert Paris, *La formación ideológica de José Carlos Mariátegui* (México: Siglo Veintiuno Editores, 1981), Cuadernos de Pasado y Presente Nº 92.

71. José María Arguedas, *El zorro de arriba y el zorro de abajo* (Buenos Aires: Losada, 1973).

resistencias de las poblaciones indígenas y campesinas.[72]

Las huellas del planteo mariateguiano no se agotan en las menciones de los autores peruanos. Un marxista latinoamericano fundamental, el boliviano René Zavaleta Mercado, es uno de los que aviva con profundidad una reflexión que complejiza su uso de la teoría.[73] En efecto, dentro de una variada trayectoria que lo lleva del nacionalismo revolucionario hasta el empleo sociohistórico de categorías gramscianas, pasando en el interín por un período de corte leninista, Zavaleta elabora una serie muy rica de conceptos que aquí sería imposible revisar.[74] No obstante, señalemos que nociones como "sociedad abigarrada", o la versión boliviana de "lo nacional-popular", entre otras, componen un abanico conceptual irreducible a un marxismo monolítico y eurocéntrico. Como en el caso de Mariátegui, aunque con otras modulaciones, Zavaleta analiza la realidad de su país inscribiendo la problemática nacional y étnica en una tensión con el enfoque de clase y económico, reconociendo la eficacia de lo simbólico e histórico, excediendo las inercias clasistas del enfoque marxista soviético, y aún planteando originales inflexiones de un tenor comparable a las más sofisticadas reconstrucciones europeas. La identificación de una exigencia histórica y situacional explica la crisis que sufre Zavaleta en su temprano entusiasmo por los ensayistas peronistas o filo-peronistas de la Argentina, como Juan José Hernández Arregui o Jorge Abelardo Ramos.[75] Sucede que, en apariencia idónea para examinar las dimensiones transformadoras del nacionalismo revolucionario, la percepción de dilemas bastante diversos de los enfrentados por la izquierda en la Argentina conduce prontamente a

72. Alberto Flores Galindo, *Aristocracia y plebe. Lima, 1760-1830: estructura de clases y sociedad colonial* (Lima: Mosca Azul editores, 1984), *Buscando un Inca. Identidad y utopía en los Andes* (La Habana: Casa de las Américas, 1986).

73. Ver una lectura sobre las aportaciones de la obra de Zavaleta a un marxismo autóctono y su relación con la especificidad del Estado Latinoamericano en Hernán Ouviña, "Traducción y nacionalización del marxismo en América Latina. Un acercamiento al pensamiento político de René Zavaleta", en *OSAL. Observatorio Social de América Latina*, N° 28, noviembre, 2010.

74. René Zavaleta Mercado, "Las masas en noviembre" y "Forma clase y forma multitud en el proletariado minero en Bolivia", en René Zavaleta Mercado, comp., *Bolivia hoy* (México: Siglo Veintiuno Editores, 1983); *Lo nacional-popular en Bolivia* (México: Siglo Veintiuno Editores, 1986).

75. Juan José Hernández Arregui, *La formación de la conciencia nacional* (Buenos Aires: Indoamérica, 1960); Jorge Abelardo Ramos, *Historia de la nación latinoamericana* (Buenos Aires: Peña Lillo, 1968).

una superación del préstamo teórico. Un esfuerzo emparentable se observa, más recientemente, en las reflexiones marxistas e indigenistas de Álvaro García Linera y otros autores bolivianos.[76]

Mariátegui no sólo es bastante menos que el representante del *marxismo latinoamericano* entendido como teoría adecuada para *toda* América Latina, sino que es mucho más un individuo aislado en sus preocupaciones peruanas. Sus posiciones son estimuladas por las condiciones de largo plazo para una acción transformadora-radical en las que prevalece el tema de la etnicidad y las tradiciones indígenas, de las estratificaciones económicas, sociales y geográficas, de las relaciones de propiedad, del desarrollo estatal y la acción del capital extranjero, además del recurso de las clases propietarias a la fuerza armada estatal. Los debates de Mariátegui con Haya de la Torre y la nueva ortodoxia cominternista inauguran un *marxismo indoamericano* ajustado a la sociedad andina, originando una de las especies del *marxismo latinoamericano*.[77] La relevancia de las elaboraciones del *marxismo indoamericano* puede iluminar, quizá, una crítica de la realidad en situaciones afines, como en el caso mexicano, pero una transmisión simple a contextos diversos como el brasileño y el argentino, o como el venezolano y el chileno, parece inviable. Método y contenido no pueden ser radicalmente diferenciados. De allí la dificultad para que la noción de Indoamérica prospere, como abstractamente lo quería la Izquierda Nacional argentina (corriente tozuda sobre la necesidad de un *marxismo latinoamericano*), en circunstancias muy diferentes a las peruano-bolivianas. No obstante, es preciso subrayar que Mariátegui despliega un rasgo que ha sido propuesto como condición de un socialismo en Nuestra América atento a la historia y realidad americanas: una actitud franca hacia el "descubrimiento", una viva curiosidad para extraer las consecuencias teóricas y estratégicas de las experiencias prácticas efectivamente ocurridas, en detrimento

---

76. Álvaro García Linera, *La potencia plebeya. Acción colectiva e identidades indígenas, obreras y populares en Bolivia* (Buenos Aires: CLACSO-Prometeo Libros, 2008); *Forma valor y forma comunidad* (La Paz: CLACSO-Muela del Diablo – Comuna, 2009).

77. Alberto Flores Galindo, "Marxismo y sociedad andina: derrotero de un malentendido", *Allpanchis*, Nº 14, 1979. García Salvatecci reclama la atribución del "marxismo indoamericano" para Haya de la Torre, aunque este niegue explícitamente la relevancia de las categorías marxistas para un "espacio-tiempo" radicalmente diferente al europeo. Hugo García Salvatecci, *Haya de la Torre o el marxismo indoamericano* (Lima: María Ramírez Editora, 1980).

de las fórmulas consagradas y vacías de contenido histórico.[78] En sus hibridaciones, el *marxismo latinoamericano* es reconocible como crítica teórica y práctica de la imposición del capitalismo.

En la misma lógica de un marxismo adecuado para las sociedades indoamericanas, no es dificultoso construir una trayectoria peculiar del marxismo brasileño, específicamente ligada a la historia del inmenso país. Las orientaciones hacia un *marxismo latinoamericnao* son escasas en la bibliografía accesible hasta el momento. Los estudios pioneros, usualmente de corte institucionalista y biográfico, fueron abordados con mayor densidad que en otros países del subcontinente.[79] Allí se observa cómo las herencias sociales, económicas, políticas y étnicas, además de federalistas y culturales, condicionan la emergencia de una problematización marxista de la estrategia socialista. Se percibe que la obra de Caio Prado Jr. aparece en una situación teórico-política marcada por el fin de la "república vieja" y la aparición del varguismo, y de qué manera incide en las perspectivas posteriores de la teoría dependentista de Otávio Ianni y Fernando Henrique Cardoso y Enzo Faletto.[80] En el examen tiene un lugar el análisis de la producción heterogénea ligada al desarrollismo del Instituto Superior de Estudos Brasileiros,[81] en cuyo marco se generan los escritos de Nélson Werneck Sodré sobre la historia y política brasileñas. Es perfectamente posible seguir las circunstancias políticas de la discusión marxista sobre la "revolución brasileña"[82], o las fluores-

---

78. Miguel Mazzeo, *Invitación al descubrimiento. José Carlos Mariátegui y el socialismo de Nuestra América* (Buenos Aires: Editorial El Colectivo, 2008).

79. José Nilo Tavares, *Marx, o socialismo e o Brasil* (Río de Janeiro: Civilizaçao Brasileira, 1983); Edgard Carone, "O marxismo no Brasil – das origens a 1964" (1986), en *Leituras marxistas e outros estudos* (San Pablo: Xamá, 2004); Leandro Konder, *Intelectuais brasileiros & marxismo* (Belo Horizonte: Oficina de Livros, 1991).

80. Caio Prado Jr., *Formação do Brasil contemporâneo. Colônia* [1933] (San Pablo: Brasiliense, 1989); *Evolução política do Brasil. Colônia e Império* [1942] (San Pablo: Brasiliense, 1993). Prado ha sido el intelectual marxista brasileño más estudiado. Ver Raimundo Santos, *Caio Prado Júnior na cultura política brasileira* (Río de Janeiro: FAPERJ, 2001).

81. Caio Navarro de Toledo, "ISEB Intellectuals, the Left, and Marxism", *Latin American Perspectives*, vol. 25, N° 1, 1998.

82. Marcos del Roio, "A teoria da revolução brasileira: tentativa de particularização de uma revolução burguesa em processo", en João Quartim de Moraes y M. del Roio, orgs., *História do marxismo no Brasil. Volume IV. Visões do Brasil* (Campinas, SP: Editora da Unicamp, 2000).

cencias de los extraordinarios ensayos de crítica literaria de Roberto Schwarz.[83] Las singulares articulaciones brasileñas, sin embargo, no impiden captar los tránsitos, debidamente mediados, hacia la temática latinoamericana. La autonomía cultural ha posibilitado que se publicara la primera obra colectiva, la *História do marxismo no Brasil* entre 1991 y 2007. Prescindiendo de referencias a sus contactos latinoamericanos, esta obra fue organizada alrededor de tres ejes: la "influencia" de las teorías, programas y revoluciones internacionales; la formación de un "marxismo en el Brasil" identificando autores y corrientes; y la historia de las organizaciones marxistas con sus experiencias y momentos relevantes.[84]

El espacio caribeño demanda otro tipo de marxismo, como el ensayado por C. L. R. James en su obra de 1938 *Los jacobinos negros* y otros textos de debate más directamente político.[85] La de James es una obra incomprensible fuera de las circunstancias del Caribe, y su ductilidad teórico-empírica obedece a una exigencia que lo induce a crear perspectivas inéditas. Sin embargo, su percepción de la herencia colonial, la situación de Haití en el espacio caribeño y atlántico, además de las herencias del tipo concreto de sociedad postcolonial, trazan lazos con otras experiencias de Tierra Firme.[86]

Por lo dicho, es aconsejable cuestionar definitivamente la centralidad asignada a Mariátegui en la comprensión del *marxismo latinoamericano*. En realidad, la preeminencia de su figura debe mucho al talento de su prosa y a la originalidad de sus planteos. Pero también es deudora de la naturaleza primaria que, hasta hace pocos lustros, ha presidido las reconstrucciones de la historia y contexto del marxismo

---

83. Schwarz, *Misplaced Ideas*.

84. Daniel Aarão Reis Filho y otros, *História do marxismo no Brasil* (Río de Janeiro/Campinas: Paz e Terra/Unicampo, 1991-2007). Contiene vol. 1: *O impacto das revoluções*; vol. 2: *Os influxos teóricos*; vol. 3: *Teorias. Interpretações*; vol. 4: *Visões do Brasil*; vol. 5: *Partidos e organizações dos anos 20 aos 60*; vol. 6: *Partidos e movimentos após os anos 1960*.

85. C. L. R. James, *Los jacobinos negros. Toussaint L'Ouverture y la Revolución de Haití* (México: Fondo de Cultura Económica, 2003); Anna Grimshaw, ed., *C.L.R. James Reader* (Oxford: Blackwell, 1992).

86. Nuevos estudios del marxismo en América Latina y el Caribe reclaman atención sobre la figura del haitiano Jacques Roumain, no ya por sus aportes a la literatura francófona, sino por su contribución al desarrollo de pensamiento crítico de la realidad caribeña. Sergio Abraham Méndez Moissen, "Mirador haitiano: L'analyse schématique y el marxismo latinoamericano", *Pacarina del Sur*, México, N° 4, julio-setiembre, 2010.

en el subcontinente. Tal debilidad no es irreparable ni constituye una flaqueza específicamente latinoamericana. En los análisis dedicados al marxismo en Asia sucede algo similar. Encontramos allí estudios constituidos por colecciones de monografías de diversos países del continente, otros que pueden mentar un "marxismo vietnamita" pero en verdad tratan de la figura de Tran Duc Thao, u otros, por fin, que adoptan como centro gravitatorio el maoísmo como si este fuera sinónimo de un "marxismo asiático".[87]

Quisiéramos extraer de estas indicaciones algunas consecuencias para la definición de un contorno del *marxismo latinoamericano*. Entendemos que cuando alcanza un desarrollo importante, es decir, cuando lo configuran más que una serie de fórmulas abstractas, el marxismo en América Latina y el Caribe intenta captar dilemas de las sociedades en que ha sido pensado e inscripto en la acción práctica. Esto no significa que siempre, y ni siquiera en la mayoría de las experiencias, fuera adecuadamente aclimatado. Pero sí revela las demandas de cada sociedad sobre las maneras de cimentarse las ideologías.

¿Hubo tantos marxismos como situaciones nacionales? Podríamos responder a esta pregunta apelando al esfuerzo de reconocimiento de zonas culturales latinoamericanas propuesto por el dominicano Pedro Henríquez Ureña.[88] Su enfoque puede ser corregido y matizado pero nos interesa la cartografía de espacios de cultura por él establecida de acuerdo con los usos del idioma español (aunque con sensibilidad nota que en su puntuación no son consideradas las lenguas indígenas). Destaca cinco "modos de hablar el español": 1) México y América Central; 2) la zona del mar Caribe; 3) la región andina; 4) Chile; 5) la zona rioplatense. Partiendo de una visión más comprensiva exigida por nuestro tema, podemos identificar seis ambientes culturales que corresponden con llamativa coherencia a experiencias de aclimatación del marxismo: 1) Brasil; 2) el eje rioplatense

87. Frank N. Trager, *Marxism in Southeast Asia. A Study of Four Countries* (Stanford: Stanford University Press, 1959); Stuart Schram y Hélène Carrère d'Encausse, *Le Marxisme et l'Asie* (París: Armand Colin, 1964); Colin Mackerras y Nick Knight, *Marxism in Asia* (Londres y Sydney: Croom Helm, 1985); Shawn McHale, "*Vietnamese Marxism*, Dissent, and the Politics of Postcolonial Memory: Tran Duc Thao, 1946-1993", *Journal of Asian Studies*, vol. 61, Nº 1, 2002.

88. Pedro Henríquez Ureña, "Observaciones sobre el español en América", *Revista de Filología Española*, tomo 7, octubre-diciembre 1921; *Historia de la cultura en la América hispánica* (México: Fondo de Cultura Económica, 1947).

y chileno; 3) el espacio andino; 4) el de la ex Gran Colombia; 5) el centroamericano y mexicano; 6) el caribeño. No es difícil encontrar contactos, préstamos y zonas de intercomunicación entre los diferentes núcleos; eso es lo que posibilita exceder la simple enumeración y evitar recaer en las limitaciones del viejo concepto de un *marxismo latinoamericano* unívoco. Con las correcciones que pudieran realizarse a este esquema, resulta útil para definir territorios irreducibles a las configuraciones estatal-nacionales. Tales espacios son reconocibles por usos idiomáticos, pero no son menos importantes las particulares configuraciones territoriales, económicas, demográficas e incluso geopolíticas que introducen temas relativos a un examen histórico-materialista. Los marxismos abrigados por tales realidades tuvieron y tienen que ser forzosamente diferentes, si bien algunos rasgos los comunican. Una evaluación histórica y teórica de las figuras político-conceptuales de los marxismos latinoamericanos impregnados con estas diferencias permite una mejor explicación de sus variaciones.

¿Qué les otorga una consistencia *latinoamericana*? ¿Qué interfiere la definición de una serie inconexa, heterogénea, y por lo tanto insta al abandono de un horizonte compartido del *marxismo latinoamericano*? En primer lugar, la derivación de una ruptura de la situación colonial en el siglo XIX, que lega una cierta complejidad de las formaciones económico-sociales, relaciones entre clases y colectividades, y tramas culturales de una prolongada eficacia. Participa de tal legado la reinserción económica en la segunda fase de la Revolución Industrial euroatlántica. Allí se configura la matriz primario-exportadora del subcontinente. En segundo lugar, la difícil relación que desde fines del siglo XIX implica la vecindad más o menos tensa con la gran potencia estadounidense. En tercer lugar, desde luego, la repercusión de las políticas internacionalistas del leninismo, la socialdemocracia, el trotskismo y el maoísmo, todas las cuales dejan huellas en la construcción de un marxismo en los diferentes países. En cuarto lugar, las comunicaciones subcontinentales que enlazan las diversas formaciones nacionales, es decir, la circulación de impresos, ideas y personas transportando concepciones y militancias ligadas al marxismo. Las empresas editoriales, las revistas y los exilios han jugado en este sentido un rol principal. Tales tendencias a la construcción de una espacialidad teórico-política latinoamericana no corroen la situacionalidad que caracteriza a las tonalidades regionales del marxismo; por el contexto en que brota, más bien matizan su inagotable diversidad.

Entonces podemos pensar las dificultades intelectuales y pragmáticas de toda extensión al subcontinente de una forma de *marxismo latinoamericano* sin realizar las debidas operaciones de traducción. Porque, en efecto, así como el pensamiento marxista genérico es recompuesto en cada figura regional del *marxismo latinoamericano*, es igualmente problemático transitar entre las zonas específicas de tal marxismo sin realizar las traducciones necesarias. Un caso conocido es el traslado mecánico de la estrategia guevarista a toda América Latina. Instituido como brújula válida para todo el subcontinente, el guevarismo se extiende con celeridad gracias a la fascinación ejercida por la Revolución Cubana. Paradójicamente, la Revolución *cubana* abre las puertas para una forma nueva de reflexión sobre la realidad latinoamericana, a la par que encumbra las elaboraciones de Ernesto Guevara como fórmulas aplicables a todos los contextos, incluso urbanos y de amplia presencia de una clase obrera organizada.[89]

En este momento debe ser tematizado el planteo nacionalista que reclama un ajuste del marxismo a las condiciones de la historia y situación de cada país. Una de las más importantes discusiones en el *marxismo latinoamericano* del siglo veinte fue justamente la referida a las críticas nacionalistas de izquierda a un marxismo que por atenerse a los cánones de su formulación en los países centrales se distanciaría de las tradiciones populares y nacionales locales.[90] En cambio, en países oprimidos por el colonialismo o el imperialismo, la fusión entre marxismo y nacionalismo sería la más precisa adecuación al contexto. Una alternativa abstractamente internacionalista o antinacional subordinaría el marxismo a una forma más o menos cómplice con las oligarquías liberales.[91]

Un examen de las alternativas de subordinar el socialismo a las "revoluciones nacionales" revela sus vacilaciones, tal como lo muestra el caso del argentino Rodolfo Puiggrós.[92] No obstante, hondos desafíos prácticos e intelectuales surgen con los populismos

---

89. Sobre el "modelo cubano" de revolución véase Hélio Jaguaribe, *América Latina. Reforma o revolución* (Buenos Aires: Paidós, 1972).

90. Eduardo Astesano, *Nacionalismo histórico y materialismo histórico* (Buenos Aires: Pleamar, 1972).

91. Ramos, *Marxismo para latinoamericanos*; *El marxismo de Indias*.

92. Omar Acha, *La nación futura. Rodolfo Puiggrós en las encrucijadas argentinas del siglo XX* (Buenos Aires: Eudeba, 2006).

reformistas como el varguismo, el cardenismo o el peronismo, que comprometen posicionamientos de los sectores marxistas y manifiestan las dificultades del discurso clasista tradicional. Las respuestas son múltiples. Algunas estrategias combaten los proyectos populistas, otras les confieren su "apoyo crítico", y otras aspiran a radicalizar sus bases de masas en un sentido socialista, superando los límites del reformismo. Como sea, el *marxismo latinoamericano* nunca atraviesa esa frontera teórica que gobierna al populismo, que es la explicación inmanentemente política del lazo político, diluyendo por ende la eficacia real de lo social. Al hacerlo, como sucede con la obra tardía de Laclau, se deriva en un enfoque postmarxista.[93]

Conclusión: actualidad, inactualidad y perspectivas del marxismo en América Latina

Ha cambiado el horizonte desde el cual pensar la historia y el porvenir del *marxismo latinoamericano*. Durante los dos últimos decenios las actitudes hacia las versiones situadas del marxismo pueden ser ordenadas en cuatro tendencias principales. Dos fueron simétricas: por un lado, la defensiva y conservadora, defensora de una ciudadela sitiada, negadora de la crisis de la teoría y praxis socialistas, incapaz de pensar las historias y desafíos del marxismo tras un siglo de experiencias; por otro lado, un rechazo masivo y crispado que simplifica y demoniza las políticas del pasado, hallando sólo mesianismo y violencia, vanguardismo y autoritarismo en una historia que así se hace caricatura funcional al pasaje a un democratismo liberal o a un postmodernismo relativista y desencantado. Otro par de actitudes constituyen miradas más activas, aunque también son contrastantes: por un lado se propone una revisión autocrítica radical, en la que prevalece el gesto melancólico y trágico, replegado en la preocupación por las dificultades inherentes al marxismo; por otro lado, una perspectiva autocrítica atenta a los signos de una nueva radicalidad nacida de las militancias populares, anunciadoras de nueva materia para reconstruir el proyecto socialista. En contraste con la actitud anterior, no se restringe al juicio apesadumbrado del pasado fracasado, sino que supera el resentimiento para incorporarse críticamente a una realidad creadora de novedades transformadoras. Dicho talante

93. Ernesto Laclau, *La razón populista* (Buenos Aires: Fondo de Cultura Económica, 2006).

carecía de un sustento significativo hasta los hechos latinoamericanos de la última década, en la que han surgido interrogantes antes que soluciones. Desde esta perspectiva es posible atisbar una nueva era del *marxismo latinoamericano*. Es posible que su fisonomía deba ser inscripta en la "regionalización" del marxismo tras el desmoronamiento de la Unión Soviética, tal como ha indicado Kouvelakis.[94]

Esto no significa que el marxismo en el subcontinente sea "actual", pertenezca a los tiempos vigentes. Tampoco que nade a favor de la corriente. Por el contrario, a diferencia de las concepciones "actuales", como el neodesarrollismo y el populismo, el *marxismo latinoamericano* conserva una dimensión "inactual", es decir, crítica. En consecuencia su destiempo es propio de una estrategia radical. No hay tareas reservadas al marxismo, disponibles para su cumplimiento. Así como ese marxismo latinoamericanizado quiebra la presunta naturalidad de la temporalidad capitalista, también él se somete a un ajuste de cuentas.

El balance del *marxismo latinoamericano* requiere una evaluación de la teoría de la dependencia, situada en una discusión más amplia sobre la deriva del marxismo como saber de la modernización y de sus límites. En la teoría dependentista en clave marxista que se desarrolló en los años sesenta y setenta del siglo XX confluyen dos tradiciones. Por un lado, las investigaciones de marxistas latinoamericanos que postulan la especificidad de una historia económica imposible de situar en la dicotomía feudalismo/capitalismo. Los precursores en esta perspectiva de interpretación son el brasileño Caio Prado Jr. y el argentino Sergio Bagú,[95] a partir de cuyas elaboraciones las concepciones de una "liberación nacional" antifeudal se torna difícil. Más adelante, un artículo de Rodolfo Stavenhagen en torno a "Siete tesis equivocadas sobre América Latina"[96] relanza el debate que alcanza su clímax durante los años setenta, en el que la definición de la estructuración socioeconómica

---

94. Stathis Kouvelakis, "Planète Marx: sur la situation actuelle du marxisme" (2011), disponible en línea en http://www.contretemps.eu/interventions/plan%C3%A8te-marx-sur-situation-actuelle-marxisme (consultado: diciembre de 2011).

95. Caio Prado Jr., *Formação do Brasil contemporâneo*; *Evolução política do Brasil*; Sergio Bagú, *Economía de la sociedad colonial. Ensayo de historia comparada de América Latina* [1949] (México: Conculta-Grijalbo, 1992).

96. Rodolfo Stavenhagen, "Siete tesis equivocadas sobre América Latina" [1965], en *Sociología y subdesarrollo* (México: Nuestro Tiempo, 1981).

de Latinoamérica en la larga duración parece decisiva para las estrategias de cambio en el presente.[97]

Por otro lado, la teoría de la dependencia se alimenta de las elaboraciones de un organismo de las Naciones Unidas, la CEPAL, en torno a la situación "periférica" de América Latina. Con la crisis de las estrategias desarrollistas en el viraje de las décadas de 1950 y 1960 se produce una radicalización de los análisis que dan paso a un arco de textos sobre la dependencia, el más célebre de los cuales es el libro de Cardoso y Faletto sobre *Dependencia y desarrollo en América Latina*.[98] El enfoque de estos autores es sobre todo sociológico, pues argumentan que la definición de las estructuraciones económicas latinoamericanas encuentra una determinación concreta en las orientaciones de sus alianzas de clases. Es así que la distinción entre formas conservadoras de la dependencia (la de economía de enclave) y las formas progresivas (la economía integrada) se define por la composición de las clases dominantes y la capacidad de presión de las clases dominadas.

La perspectiva que comprende autores diversos como André Gunder Frank[99] y Ruy Mauro Marini[100] señala los límites de las estrategias desarrollistas, indicando la lógica del "desarrollo del subdesarrollo" (Frank) y la transferencia a las economías centrales de la "plusvalía extraordinaria" (Marini).[101] Otra mirada que aspira a reconceptualizar la teoría del valor, descuidada por los estudios del subdesarrollo, tiene por colofón renombrar a las relaciones sociales capitalistas latinoamericanas como "no íntegras" en contraparte, y en relación, con las "íntegras" de los países desarrollados.[102]

---

97. AA. VV., *Modos de producción en América Latina* (Córdoba: Pasado y Presente, 1973).

98. Fernando Henrique Cardoso y Enzo Faletto, *Dependencia y desarrollo en América Latina* (México: Siglo Veintiuno Editores, 1969).

99. André Gunder Frank, *Capitalismo y subdesarrollo en América Latina* (Buenos Aires: Signos, 1970).

100. Ruy Mauro Marini, *Dialéctica de la dependencia* (México: Era, 1973).

101. Ver también Jaime Osorio, "El marxismo latinoamericano y la dependencia", en *Crítica de la economía vulgar. Reproducción del capital y dependencia* (México: Porrúa-UAZ, 2004); otra perspectiva en Agustín Cueva, *El desarrollo del capitalismo en América Latina* (México: Siglo Veintiuno Editores, 1977).

102. David Álvarez Saldaña, "Por un marxismo latinoamericano nuevo", *Iztapalapa*, n° 35, julio-diciembre 1994, p. 176.

Los años setenta y ochenta evidencian una crisis de la teoría de la dependencia que no puede ser explicada únicamente por la represión ejercida por las dictaduras militares. La versación económica de la teoría tiende a hacerla determinista, ocluyendo la productividad de la política y de las relaciones sociales encarnadas en clases, grupos e individuos.[103] Otra dificultad mayor consiste en despojar a la teoría de una concepción del imperialismo, cuestionada como dispositivo esencial de explicación de la subordinación de los países periféricos.[104] El obstáculo epistemológico consiste en establecer una lógica global de asimetrías dentro del orden capitalista planetario sin eliminar el papel del conflicto y creatividad sociales en sus dimensiones múltiples. Vitale sugiere la conveniencia de pensar la dependencia no como una "teoría" sino como una categoría de análisis, con el objeto de despojarla de la ideología pretendidamente neutral de los "dependentólogos"[105] y para develar los planes de división internacional del capital y no del trabajo, "sobre los cuales se asienta el proceso de acumulación en esta fase de internacionalización planetaria del capital".[106] En cualquier caso, la teoría de la dependencia representa solo un fragmento de los ajustes de cuenta del *marxismo latinoamericano*. Su examen es fundamental pues a través de su declive se filtraron los discursos reformistas de las versiones más llanas del neodesarrollismo que predomina en América Latina.

Imperialismo y dependencia son dos conceptos que fueron empleados con cierta ligereza en la cultura política y teórica de la izquierda latinoamericana. Se emplearon argumentaciones basadas en análisis marxistas, pero no siempre atenidos a la consideración de las eficacias mundiales de la lógica del capital. Más bien, tendieron a establecer una divisoria nacionalista entre un centro y una periferia, hoy obviamente insostenibles. La estrategia de la "liberación nacional" constituyó una manera muy extendida de intentar conciliar la crítica marxista con el molde nacionalista. Esa manera

---

103. Fernanda Beigel, "Vida, muerte y resurrección de las teorías de la dependencia", en AA. VV., *Crítica y teoría en el pensamiento social latinoamericano* (Buenos Aires: CLACSO, 2006).

104. Rolando Astarita, *Valor, mercado mundial y globalización* (Buenos Aires: Ediciones Cooperativas, 2004).

105. Vitale, "El marxismo latinoamericano ante dos desafíos", p. 92.

106. Vitale, *Interpretación marxista de la historia de Chile*, p. 68.

requiere nuevas revisiones.

La pertinencia del marxismo para analizar la explotación capitalista no puede eludir comprender de alguna manera las diversas formas de opresión sexual y de género. Hace casi dos décadas, Norma Chinchilla observaba en el *marxismo latinoamericano* una tendencia a autocriticarse por la supremacía del enfoque de clase en detrimento de una perspectiva más compleja articulada con el feminismo.[107] Esa apertura estaría acompañada por una disponibilidad a repensar la noción de revolución introduciendo los temas de la democracia y los movimientos sociales. Si entonces el análisis era demasiado optimista, la compulsa del lugar de las mujeres en las experiencias democráticas latinoamericanas de nuestros días hace urgente profundizar la crítica del monismo teórico y del economicismo. Sin embargo, el desafío de tal enlace para el marxismo y para el feminismo está vigente. Glosando el título del importante artículo de Heidi Hartman,[108] sigue siendo aún *infeliz* el matrimonio entre marxismo y feminismo al acoplarse sin mayor ingenio y agudeza las contribuciones feministas a las ideas clásicas marxistas, sobreviniendo una interpretación simplificada de las relaciones sociales por un lado patriarcales y por otro lado, capitalistas. Iris Young ha llamado la atención sobre tal desdoblamiento, reclamando para el proyecto del feminismo socialista un marco teórico que advierta que el patriarcado capitalista es un sistema en el cual la opresión de las mujeres se constituye en un atributo determinante.[109] En tal sentido la crítica marxista parece empobrecerse "añadiendo" propiedades de otras perspectivas teóricas, y enriquecerse en el intercambio de un espacio articulado de prácticas, expectativas y vocaciones transformadoras.

Lo mismo vale para la imprescindible subversión teórica exigida por la temática étnico/racial, y por una concepción más sofisticada de la política democrática. Sobre esta última se destaca la aparente solución propuesta por las teorías que predican la "autonomía de lo político", concepciones que se liberan de los debates sobre las relaciones sociales de producción y las condiciones estructurales de

---

107. Norma Chinchilla, "Marxism, Feminism and the Struggle for Democracy in Latin America", *Gender and Society*, vol. 5, N° 3, 1991.

108. Heidi Hartmann, "The Unhappy Marriage of Marxism and Feminism: Toward a more Progressive Union", *Capital and Class*, vol. 3, N° 2, 1979.

109. Iris Young, "Marxismo y feminismo, más allá del 'matrimonio infeliz' (una crítica al sistema dual)", *El Cielo por Asalto*, año 2, N° 4, 1992.

la especificidad del quehacer político. Tales concepciones politicistas desconocen la vigencia de una lógica del capital como mediación de las prácticas sociales. También en este caso se suele derivar en el reformismo estatalista que acepta como inmodificables, salvo en medidas marginales, las relaciones de propiedad y acumulación. El *marxismo latinoamericano* requiere una renovación teórica para proveer nociones más adecuadas de la acción política. Antes que retornar a perspectivas previas a las derrotas políticas de la década de 1970, la izquierda necesita nutrirse de las prácticas reales de creación de formas populares de poder, de nuevas percepciones del ejercicio democrático del poder.

El examen parcial seguido hasta aquí sugiere que el *marxismo latinoamericano*, como todo marxismo, es inevitablemente "esquizofrénico": está en varios lugares a la vez. Sus caminos son interdisciplinarios en la dimensión del saber y están siempre mediados por las tradiciones locales. Opera como la "antropofagia" de Oswald de Andrade, ingiriendo y regurgitando los conceptos universalizantes tras prolongadas masticaciones y digestiones en el cuerpo propio, mezclándolas con las propias enzimas, disolviendo la antigua pregunta por la copia y el original, por la autenticidad y la esencia.[110] No es forzoso que de allí se derive un pluralismo teórico, sino más bien otro concepto de universalismo crítico.

El *marxismo latinoamericano* de hoy debe ser mundial por su objeto de crítica al capital, pero regional, nacional o incluso local por su vocación de inscribirse en estrategias críticas y revolucionarias situadas. El revisionismo constituye la contracara necesaria, antidogmática pero no inexorablemente autoirónica, de lo que Louis Althusser denomina su carácter "finito".[111] El tipo de totalidad hoy accesible es otro que el de una sustancia compacta en su contradictoriedad que legó el hegelianismo a varias generaciones marxistas.

La evaluación del *marxismo latinoamericano* nos ha llevado a notar el carácter situado del marxismo, es decir, su adaptación a las realidades en que le cupo actuar. En tal sentido, una tensión entre la generalidad de la teoría y la especificidad de la acción prác-

110. Oswald de Andrade, "Manifesto antropófago" [1928], en Jorge Schwarz, ed., *Las vanguardias latinoamericanas. Textos programáticos y críticos* (México: Fondo de Cultura Económica, 2002).

111. Louis Althusser, "El marxismo como teoría finita", en AA. VV., *Discutir el Estado* (México: Folios Ediciones, 1982).

tica no es un problema, sino un estímulo para la creación. La condición híbrida del *marxismo latinoamericano*, entonces, no debe ser vista como una falencia, sino como la fuerza principal de su invención, porque antes que un dogma *a priori* la teoría asume su inexorable desgarramiento y refiguración en la praxis.

El *marxismo latinoamericano* revela los efectos de su carácter "periférico", accesible a una lógica de la alteridad como la meditada desde Levinas por Enrique Dussel.[112] No hay un "centro" original de irradiación del marxismo; pero sí una universalidad alienada del capital. En la actualidad, el desafío del *marxismo latinoamericano* consiste en transfigurarse a la luz de los procesos de cambio que atraviesan diversas realidades nacionales y regionales. Incluso desde fuera de Nuestra América los sucesos de Venezuela, Ecuador y Bolivia hacen renacer la interrogación, por cierto que problemática, sobre una inflexión latinoamericana del marxismo.[113] La insurrección en Chiapas ya había convocado de nuevo a la vida la herencia política de Mariátegui;[114] no obstante, los análisis más recientes reconocen la ausencia de teorizaciones respecto de novedades populares y estatales para las que es preciso elaborar conceptos también nuevos.[115] Todo sugiere que una nueva era intelectual debe ser creada para pensar un nuevo *marxismo latinoamericano* que implique una revisión radical de los instrumentos de clasificación y dominación sostenidos en criterios raciales diacríticos que, vinculados a la desigual división del trabajo internacional, no han sido sino estímulos de la colonización ideológica.[116] Para hacerlo es

112. Edgar Moros-Ruano, "The Philosophy of Liberation of Enrique D. Dussel: An Alternative to Marxism in Latin America?", Tesis doctoral, Vanderbilt University, 1984.

113. John Riddel, "From Marx to Morales: Indigenous Socialism and the Latin Americanization of Marxism" (2008), *MRzine*, disponible en mrzine.monthlyreview.org/riddell170608.html.

114. Michael Löwy, "Le marxisme en Amérique latine de José Carlos Mariátegui aux zapatistes du Chiapas", *Actuel Marx*, París, N° 42, 2007.

115. Claudio Katz, *Las disyuntivas de la izquierda en América Latina* (Buenos Aires: Ediciones Luxemburg, 2008); Borón, *El socialismo del siglo XXI*; Emir Sader, *El nuevo topo. Los caminos de la izquierda latinoamericana* (Buenos Aires: Siglo XXI-CLACSO, 2009); Alan Woods, *Reformism or Revolution. Marxism and Socialism of the 21st century* (Londres: Wellred Woods, 2008).

116. Quijano, "Colonialidad del poder"; Juan Luis Hernández, "Modernidad, colonialidad, descolonialidad", *Revista del Centro de Estudiantes de la Facultad de Filosofía y Letras*, año 1, N° 2, 2009.

insuficiente revisar el marxismo. Se necesita repensar las condiciones epocales, mucho más amplias, de la relación entre política y saber. En algún lugar hemos deseado esa tarea como un abordaje *generacional* caracterizado por el aliento radical antes que por la fecha de nacimiento.[117]

El postmarxismo de los años ochenta y noventa del siglo veinte revela su historicidad y pertenencia a un periodo de reflujo del marxismo en todo el planeta. El renacimiento de las proyecciones populares de una revolución de nuevo cuño no impulsa el retorno a una época traicionada; por el contrario, estimula la reconstrucción del *marxismo latinoamericano* en la caldera apremiante de novedades democráticas hasta ayer consideradas inconcebibles.

La urgencia de repensar críticamente *El capital* es hoy tan necesaria como jamás lo fue. Su revisión vuelve una y otra vez sobre el concepto de un marxismo entre límites. Un marxismo situado en, y a la vez que atento a, los deslizamientos hacia una universalidad sin fisuras, reflejo de la universalidad alienada del capital, debe pujar siempre contra su carácter normativo para que advenga lo monstruoso y conmovedor de su praxis transformadora. En el cotejo con la realidad contemporánea de las dinámicas transformadoras que exigen elaboraciones creadoras es donde se dirime, hoy, el pasado del *marxismo latinoamericano*, pero también su futuro.[118]

Coda, para una analítica integral del marxismo latinoamericano

Como pasador para un trabajo en ciernes, añadimos aquí un breve elenco de nudos problemáticos que podrían orientar una investigación integral de la historia y situación del *marxismo latinoamericano*.

a) *Lógicas de clasificación en el marxismo.* El *marxismo latinoamericano* requiere una prevención metodológica contra la pretensión de definir un objeto de acuerdo a un rasgo único y ex-

---

117. Omar Acha, "Intelectuales en el ocaso de la ciudad letrada: los albores de una nueva generación crítica en América Latina", *Nuevo Topo. Revista de Historia y Pensamiento Crítico*, N° 6, setiembre-octubre, 2009.

118. Francisco Sobrino, "Marxism in Hispanic America", *Socialism and Democracy*, vol. 54, N° 3, 2010; reimpreso en la versión en formato libro de este número: Marcello Musto, ed., *Marx for Today* (Londres: Routledge, 2012).

clusivo, que establezca un semblante claro y distinto sostenido en la intransferibilidad de una esencia. Contra esa aspiración a una clasificación "monotética", simple, es preferible una clasificación "politética" en la que una multiplicidad de rasgos variables y compartidos constituya un objeto complejo, comunicable con otros emparentados, reconocibles por la compulsa de "parecidos de familia".[119] Por eso sería insatisfactorio detectar o pluralizar los "marxismos latinoamericanos". Desiguales, las producciones y usos del *marxismo latinoamericano* instauran parecidos de familia en una historia y contrariedades que los distinguen de otras experiencias marxistas en el mundo. No existe una característica excluyente que permita definir al *marxismo latinoamericano*. Para captarlo, es preciso abrir la interpretación a las teorías, las innovaciones conceptuales y la historia misma del drama de América Latina.

b) *Los momentos iniciales del pasaje.* El traslado de ideas, textos y programas derivados del marxismo europeo constituyen un momento fundacional del *marxismo latinoamericano*. Para este período que comienza *circa* 1870, tres son las advertencias esenciales: 1) evitar el anacronismo de trazar un recorrido visto como comienzo de un desarrollo inexorable por el cual el *marxismo latinoamericano* estaría siempre presente, en germen o en espera de revelación; 2) inscribir los procesos de transmisión en las historias locales que acogen las olas migratorias de personas e ideas, pues tales contextos modulan la recepción de un marxismo todavía irreconocible como matriz teórico-revolucionaria consistente; 3) situar la presencia del marxismo en un haz más denso de ideologías, tanto alógenas como preexistentes en los países de recepción. Estos tres rasgos no son exclusivos del periodo formativo.

c) *Universalidad y situacionalidad del marxismo.* El marxismo como cuerpo teórico mundial es incierto; parece más sostenible distinguir entre marxismos. Sin embargo, es posible detectar un núcleo de tensiones propias de todo marxismo: el de una crítica de la "modernidad" basada en el análisis de la "lógica del valor", como dinámica alienada, y el de un programa emancipatorio socialista basado en la "lucha de clases". Se trata de dos versiones

---

119. Rodney Needham, "Polythetic Classification: Convergence and Consequences", *Man*, vol. 10, 1975, pp. 349-369.

del marxismo presentes en cualquiera de sus formas específicas. El *marxismo latinoamericano* es una de esas formas, por lo que si bien no es reducible a una suerte de marxismo básico al que sólo matizaría, tampoco es radicalmente incomunicable con otras versiones del marxismo; parece especialmente interesante una comparación intercontinental con los marxismos en África y en Asia. La flotación referencial entre el "marxismo en América Latina" y el *marxismo latinoamericano* es insuperable. La pregunta sobre si el marxismo es externo (importado y foráneo) o interno (recreación propia, interpretación) es una falsa interrogación. La problemática de la autenticidad es irrelevante, y cede el lugar a la historia de los transplantes y transformaciones, las influencias y lecturas. Respecto de los espacios socioculturales hemos señalado la necesidad de exceder los recortes nacionales para incluirlos en territorialidades menores (como las regiones internas a los países) y sobre todo en áreas mayores que comprenden usualmente varios países (para las cuales hemos propuesto seis zonas de continuidad en la larga duración).

d) *El marxismo y sus conexiones críticas.* El *marxismo latinoamericano* revela una historia de innumerables interrelaciones con ideologías de diversa naturaleza: el nacionalismo revolucionario (en sus múltiples figuras según países y regiones), el antiimperialismo, el juvenilismo, el feminismo, la pedagogía crítica, el ecologismo, la teología de la liberación, el indigenismo, la teoría postcolonial, entre otras. En varios casos, la historia del *marxismo latinoamericano* es la historia de tales intercambios y contaminaciones, por lo que no es posible concebirlo como sostenido en una propia coherencia teórica, sino que más bien parece aconsejable seguirlo en sus transformaciones al calor de los diálogos recíprocamente transformadores.

e) *Los centros mundiales de poder y las realidades locales.* El marxismo fue objeto de cristalizaciones estatales con pretensión universal. Así aconteció con el marxismo-leninismo regulado por el poder soviético o el maoísmo diseminado por el gobierno chino. Incluso puede decirse algo parecido del castrismo. Sin embargo, la realidad del *marxismo latinoamericano* se explica sólo parcialmente por las estrategias legitimadoras de los mencionados centros estratégicos sancionadores de ortodoxias. Por el contrario, una tendencia inversa hacia la aclimatación específica del marxismo constituye su vertiente interna. El devenir del *marxismo latinoamericano* se despliega entre la polaridad de la heteronomía y la autonomía. Desde luego, esa condición se derrumba junto al desmoronamiento de los "socialismos reales". En este como en el nudo anterior importa sostener la noción de colonialidad del saber, cuestión inescindible de las derivas del marxismo en América Latina.

f) La multiplicidad de los planos pragmáticos. Ninguna ideología política con efectos materiales tiene un solo plano de existencia. El marxismo latinoamericano es discurso, estrategia y táctica, organizaciones políticas, dispositivos, comunicaciones, militancias dispersas o centralizadas, se regionaliza o localiza, se expande más allá de las fronteras o se mantiene en sus límites. Es imposible unificar todos estos planos en una compacidad monista, indiferenciada. Sucede que los programas o teorías suelen divergir de las otras dimensiones, y es preciso dar cuenta de esas complejidades.

g) Teoría, conocimiento y usos prácticos. El *marxismo latinoamericano* tiene vertientes teóricas, muchas de ellas muy originales. Hay una dimensión cognitiva del marxismo, que debe ser seguida en sus múltiples formulaciones disciplinares, verbigracia, en la sociología o la economía, la literatura o la pedagogía. Con ciertas excepciones, dicha dimensión de conocimiento es inseparable de una vocación política concreta. En este sentido es valiosa la sugerencia wittgensteiniana de no estudiar los "contenidos" de las palabras y frases como reservorios de significados fundamentales, sino en sus usos pragmáticos; es decir, se debe analizar *lo que se dice* considerando al mismo tiempo *qué se hace* con tal o cual empleo conceptual.

h) Historia de las ideas, deconstrucción, historia social e historia cultural. El *marxismo latinoamericano* se empobrece si se lo estudia sólo desde el enfoque de la historia de las ideas como sucesión de pensadores y pensadoras, si se lo aborda a través de una deconstrucción de sus puntos ciegos, o si se lo explica desde las bases sociales de su recepción o determinación, tanto como si se lo reduce a un aspecto "cultural", o se lo limita a la "geopolítica" de los saberes. En realidad, una indagación integral demanda la confluencia de diversas perspectivas analíticas que exploren los contextos sociales y económicos, los usos políticos y teóricos, las recepciones conceptuales e interpretaciones basadas en tradiciones preexistentes, los anclajes en realidades de clase, de etnicidad y de género. Así las cosas, el análisis del *marxismo latinoameri-cano* debe ser más que una monografía del estudio de América Latina, para devenir un aspecto de su entera trayectoria.

INDIGENOUS NATIONALITIES IN
ECUADORIAN MARXIST THOUGHT[1]

Marc Becker

Truman State University

At the May 1926 founding congress of the *Partido Socialista Ecuatoriano* (PSE), intense and lengthy debates divided the assembled delegates over the question of whether or not to ally the new party with the Moscow-based Third or Communist International (also known as the Comintern). Within a couple of years, this dispute led to a division into separate Socialist and Communist parties. These acrimonious discussions still stirred passions half a century later when the *Instituto Nacional de Formación Obrera y Campesina* (INFOC) brought together eight longtime Marxist activists to reflect on the origins of Socialism in Ecuador.[2] The split did not appear to be either entirely ideological or necessarily personal in nature. Although at the time the Communists were called the left-wing of the movement, as was common throughout Latin America, Socialists often assumed more radical positions. Even though some militants followed specific leaders into either the Socialist or Communist camps, the disagreement also divided close allies and friends against each other. By all indications, the division resulted

1. Several of the documents used in the writing of this article are posted to the e-archivo ecuatoriano at http://www.yachana.org/earchivo/comunismo/.

2. See Manuel Donoso Armas, Isabel Herrería, Miguel Angel Guzmán, Luis Maldonado Estrada, Andrés Avelino Mora, Leonardo Muñoz Muñoz, Jorge Reynolds, and Floresmilo Romero Paredes, *El 15 de noviembre de 1922 y la fundación del socialismo: relatados por sus protagonistas*, 2 vols., Colección Popular 15 de noviembre (Quito: Corporación Editora Nacional-INFOC, 1982).

from a serious and not-so-friendly disagreement as to whether or not Marxist movements in Ecuador would be better served by an alliance with an international revolutionary movement, or whether activists should forego such connections to focus on their own local economic, political, and social realities.

Although the debate about whether to affiliate with the Comintern was largely carried out among urban intellectuals, it had a lasting legacy for Indigenous organizing efforts in Ecuador. Furthermore, how Ecuadorian Communists handled this affiliation arguably set the country on a different trajectory than its neighbors, in particular Peru where José Carlos Mariátegui defined much of the early ideology of the Marxist left. Specifically, as a result of pursuing affiliation with the Comintern, the Communist movement in Ecuador developed close associations with Indigenous militants. Whereas Mariátegui criticized a Comintern proposal to create an Indigenous republic in the Andes, his Ecuadorian counterparts embraced the language of Indigenous nationalities and made it a key part of their struggle. Indigenous activists subsequently assumed this discourse, and used it to construct a powerful movement for social justice. Inadvertently, in following centralized Comintern dictates, Ecuadorian Communists contributed the ideology of Indigenous nationalities on which this movement was built.

Communist contributions to the construction of Indigenous nationalities are largely unknown, both in Ecuador and more broadly. Minimal studies and an absence of documents have resulted in a history full of silences and legends with participants forwarding multiple conflicting interpretations in order to justify different ideological positions. It has also led to assumptions not based on historical research but on self-perpetuating stereotypes. One of the most persistent is that the left treated Indigenous peoples in a paternalistic fashion, and attempted to interpret them in class terms as peasants instead of as ethnicities. For example, without evidence Fredy Rivera condemns the Marxist left for having "displaced ethnic-national problems to a second theoretical level since these would be solved in the new Socialist society."[3] Such arguments that present Marxists as subjugating ethnic and nationalist identities to a secondary status ignore the Comintern's

---

3. Fredy Rivera Vélez, "Los indigenismos en Ecuador: de paternalismos y otras representaciones," in *Antología ciudadanía e identidad*, ed. Simón Pachano (Quito: FLACSO Sede Ecuador-ILDIS, 2003), p. 387.

critical role in constructing the concept of Indigenous nationalities in South America.

On the surface, it would be tempting to argue that out of the context of a weak hierarchical leftist tradition a strong horizontal social movement emerged. This perspective, however, ignores the long and deeply entwined history of Indigenous movements and the Marxist left in Ecuador.[4] Instead, much as the Comintern brought African-American issues to the attention of the Communist Party in the United States,[5] it would appear that Ecuadorian attempts to align itself with international leftist currents in the 1920s contributed to a strong Indigenous movement in that country. Ironically, this experience is quite at odds with that of the better known example of Mariátegui in neighboring Peru, whose heterodoxy led him to reject dictates from far off Moscow to create an Indigenous Republic in the Andes as unworkable given his interpretation of Peru's national reality.[6] While by the 1980s Peru had descended into the bloody and destructive neo-Maoist Shining Path insurgency, activists in Ecuador pursued a political and largely non-violent but successful struggle for Indigenous rights fueled by the rhetoric of the rights of Indigenous nationalities that the Comintern had originally articulated in the 1920s. Following a more orthodox Comintern line in the 1920s on race issues seemingly contributed to stronger social movements and a better positioned left in general in Ecuador.

Birth of the Ecuadorian Left

The founding of the PSE in Quito in May 1926 represented a momentary convergence of diverse ideological trends before

4. Marc Becker, *Indians and Leftists in the Making of Ecuador's Modern Indigenous Movements* (Durham: Duke University Press, 2008).

5. See Oscar Berland, "The Emergence of the Communist Perspective on the 'Negro Question' in America: 1919-1931 Part One," *Science and Society* 63, Nº 4 (Winter 1999-2000), pp. 411-32; Oscar Berland, "The Emergence of the Communist Perspective on the 'Negro Question' in America: 1919-1931. Part Two," *Science and Society* 64, Nº 2 (Summer 2000), pp. 194-217; Harry Haywood, *Black Bolshevik: Autobiography of an Afro-American Communist* (Chicago: Liberator Press, 1978); Mark I. Solomon, *The Cry Was Unity: Communists and African Americans, 1917-36* (Jackson: University Press of Mississippi, 1998).

6. Marc Becker, "Mariátegui, the Comintern, and the Indigenous Question in Latin America," *Science & Society*, vol. 70, Nº 4 (October 2006), pp. 450-79.

they quickly, once again, fractured along new lines. The modern left is generally understood as emerging out of three distinct currents: utopian Socialism, anarchism, and Marxism. In the Ecuadorian case, historian Enrique Ayala Mora defines a fourth influence, the left-wing of the Liberal Party.[7] In the aftermath of Eloy Alfaro's 1895 Liberal Revolution, this fourth axis became the dominant one. During the early twentieth century, the Liberal Party incorporated broadly divergent ideological trends, including a radical one with Socialist tendencies that condemned imperialism and called for agrarian reform, protection of worker rights, and nationalization of the means of production.[8]

The most renowned representative of the utopian Socialist wing of Ecuador's left was Colonel Juan Manuel Lasso, a member of Ecuador's traditional elite and large landowner. Ayala Mora describes his ideology as "a Socialism with utopian edges and a marked agrarian-artisan character."[9] In 1924, Lasso made an unsuccessful run for the presidency of the country in alliance with the Conservative Party. Historian Richard Milk calls his the first populist campaign in Ecuador, because even though he came from a wealthy aristocratic family he presented a program of "preferential treatment for the problems of the proletariat."[10] In a highly congratulatory pamphlet, Miguel Costales Salvador describes Lasso as chatting amiably in Kichwa with Indigenous delegates to a Socialist assembly despite his successful military, diplomatic, and parliamentary experience in Quito and even Europe.[11] Socialist novelist Jorge Carrera Andrade, who supported Lasso's candidacy, also described him in positive terms.[12] Communist Party founder Ricardo

---

7. Enrique Ayala Mora, *El Partido Socialista Ecuatoriano en la historia* (Quito: Ediciones La Tierra, 1988), p. 9.

8. Patricio Ycaza, *Historia del movimiento obrero ecuatoriano: De su génesis al Frente Popular*, segunda edición revisada, Colección Análisis histórico, Nº 1 (Quito: Centro de Documentación e Información Sociales del Ecuador, CEDIME, 1984), pp. 192, 241.

9. Ayala Mora, *El Partido Socialista Ecuatoriano en la historia*, p. 9.

10. Richard L Milk Ch., *Movimiento obrero ecuatoriano el desafío de la integración* (Quito: Ediciones Abya-Yala, 1997), p. 101.

11. Miguel Costales Salvador, *El Socialismo y el Coronel Juan Manuel Lasso* (Quito: Imp. Mercantil, 1926), p. 3.

12. Jorge Carrera Andrade, *El volcán y el colibrí. Autobiografía*, 2d ed. (Quito: Corporación Editora Nacional, 1989), pp. 51-52.

Paredes spoke of Lasso's campaign in glowing terms, claiming that as a result of his radical-Socialist program the "spirit of the laboring masses assumed a highly revolutionary character."[13] Other scholars are more critical of Lasso's utopian Socialism, pointing to its failure to address underlying class contradictions. Manuel Agustín Aguirre criticized Lasso for his "utopian or rather feudal Socialism."[14] Sociologist Rafael Quintero similarly characterized his ideology as a "socialist feudalism" with reactionary characteristics.[15] Emilio Uzcátegui labeled Lasso's approach as a romantic socialism,[16] and Alexei Páez Cordero terms it a "Christian Socialism."[17]

In contrast to the radical liberal and utopian Socialist influences, Ecuador never had a strong anarchist tradition. What existed was largely concentrated in the coastal Guayas province, with particular strength in the incipient labor movement and in artisan sectors. Foreign radical influences that flowed with travelers into the port of Guayaquil contributed to an awakening of a social and political consciousness. A general strike in Guayaquil in November 1922 was a high point of anarchist influence on the Ecuadorian left. A declining economy with rampant inflation, unemployment, food shortages, and rising prices had led to growing labor unrest. On the afternoon of November 15, police herded the strikers toward the Guayaquil waterfront, massacring hundreds and blocking anyone who attempted to flee the area. As Richard Milk notes, authorities declared that "they had saved the city from a Bolshevik uprising and brought subversion under control." Rather than ending Ecuador's nascent popular movement as the government had intended, "November 15, 1922, became a rallying cry for labor and thus served as

13. Ricardo Paredes, "El movimiento obrero en el Ecuador," *La Internacional Sindical Roja* 1 (August 1928), p. 79.

14. Manuel Agustín Aguirre, "El marxismo, la revolución y los partidos socialista y comunista del Ecuador: notas para discusión," in *Marx ante América Latina: Homenaje a Carlos Marx por el centenario de su muerte* (Quito: Instituto de Investigaciones Economicas, Universidad Central, 1985), p. 81.

15. Rafael Quintero, *El mito del populismo en el Ecuador: análisis de los fundamentos del estado Ecuatoriano moderno (1895-1934)* (Quito: FLACSO, 1980), p. 113.

16. Emilio Uzcátegui, *Medio siglo a través de mis gafas* (Quito: n.p., 1975), p. 78.

17. Alexei Páez Cordero, *Los orígenes de la izquierda ecuatoriana* (Quito: Fundación de Investigaciones Andino Amazónica, FIAAM-Ediciones Abya-Yala, 2001), p. 110.

a milestone in the growth of Ecuador's labor movement."[18] Communist leader Ricardo Paredes later observed that the events at Guayaquil "pointed to the entrance of the Ecuadorian proletariat onto the road of social revolution."[19] Although the massacre largely ended anarchist influence in the labor movement, it also gave birth to the modern organized left through a baptism of blood.

The November 15, 1922 strike and massacre also graphically pointed to the failures of the dominant liberals to bring about real social change. In response, young progressive military officers led a July 9, 1925 coup known as the *Revolución Juliana* against the increasingly unpopular government of Gonzalo Córdoba. Several people in the new government were broadly sympathetic to Socialist reforms. Military leader Idelfonso Mendoza Vera reportedly read tracts from Lenin and other Socialist proclamations to his troops in the days after the coup.[20] The new government implemented reforms including the establishment of a Ministry of Labor and Social Welfare and progressive labor legislation. "For the first time in the history of Ecuador," Paredes observed, "the large financiers and deceitful government officials were trapped." Although there was a definite limit to the extent and type of reforms that this military government was willing to implement, the *Revolución Juliana* created political spaces that "gave a huge push to the Socialist movement."[21] The Marxist left was already in ascendancy throughout Latin America after the 1917 triumph of the Bolshevik Revolution, and this also became the dominant trend in Ecuador. "Without having sought it," Hernán Ibarra notes, "the anarchists prepared the land for the political autonomization of the popular classes."[22] Many activists who had gained their formation in the anarchist movement subsequently joined the Socialists and often provided the most radical and ideological elements of that now dominant tendency.

18. Richard Lee Milk, "Growth and Development of Ecuador's Worker Organizations, 1895-1944" (Ph.D. diss., Indiana University, 1977), 90-91. On the anarchist roots of leftist movements in Ecuador, see Alexei Páez, ed., *El anarquismo en el Ecuador* (Quito: Corporación Editora Nacional-INFOC, 1986) and Ycaza, *Historia del movimiento obrero ecuatoriano*, p. 126.

19. Paredes, "El movimiento obrero en el Ecuador," p. 79.

20. Ycaza, *Historia del movimiento obrero ecuatoriano*, p. 237.

21. Paredes, "El movimiento obrero en el Ecuador," p. 79.

22. Hernán Ibarra C., *La formación del movimiento popular: 1925-1936* (Quito: Centro de Estudios y Difusion Social, CEDIS, 1984), p. 34.

More than anyone else, Ricardo Paredes was associated with, and helped define the direction of, the revolutionary Marxist tradition in Ecuador. Although he never gained the international stature or renown of his contemporaries José Carlos Mariátegui in Peru or Julio Antonio Mella in Cuba, he was known as the "Apostle of Ecuadorian Communism" and played a similar role in organizing and consolidating the Communist Party in Ecuador.[23] Paredes was born in the central highland town of Riobamba in 1898, three years after Eloy Alfaro's liberal revolution. In 1922, the year of the Guayaquil massacre, he graduated from the medical school at Quito's Universidad Central, and subsequently worked as a medical doctor and biology professor. He led the groups *Los Amigos de Lenin* and *La Antorcha* which were precursors to the founding of the *Partido Comunista Ecuatoriano* (PCE). Later he served as secretary general of the PCE from 1933 to 1952. He suffered for his activism, and by 1951 had been imprisoned fourteen times.[24]

Although Paredes lacked Mariátegui's intellectual stature, he did contribute something that his Peruvian counterpart could or did not offer. Confined to a wheelchair in his house in Lima on the Peruvian coast, Mariátegui lacked direct knowledge of Indigenous lives in the rural highlands. Paredes, similar to Salvador Allende and Ernesto Che Guevara, was a medical doctor who had direct knowledge of human suffering. Paredes traveled frequently throughout the country, and gained immediate experiences of oppression that Mariátegui lacked. Whereas Mariátegui critiqued his Peruvian reality from an intellectual perspective, Paredes approached Ecuador as a political grassroots organizer. Robert Alexander later wrote that Communist organizing in Indigenous communities was "more due to the personal interest of the Party's founder, Dr. Ricardo Paredes, than to any conscious policy of the Party." Alexander added that as "an avid student of the Indian problem in Ecuador, he won a certain degree of confidence from the aborigines."[25] Inevitably, these

---

23. Letter from William Dawson to Secretary of State, Washington, no. 921, March 10, 1933, National Archives Records Administration (hereafter NARA), Record Group (hereafter RG) 59, 822.00B/43, 5, College Park, Maryland.

24. "Datos biográficos del Secretario Gral. del Partido Comunista del Ecuador Ricardo Paredes," *El Pueblo* (June 2, 1951), p. 3.

25. Robert J. Alexander, *Communism in Latin America* (New Brunswick: Rutgers University Press, 1957), pp. 234, 239.

different perspectives influenced their critiques of the Indigenous question and how they viewed the issue of Indigenous nationalities.

The Indigenous Left

To the four already identified currents in the Ecuadorian left (radical liberalism, utopian Socialism, anarchism, and revolutionary Marxism), we should perhaps add a fifth: rural Indigenous communities engaged in a millenarian struggle for land, ethnic rights, and their very survival. Militant Indigenous and peasant movements emerged in the context of growing labor movements and leftist political parties. Indeed, the emergence of these Indigenous movements was closely related to, and reliant on, labor and leftist movements. During a period in which many elites maintained deeply held racist sentiments toward Indigenous peoples, Communists comprised a rare group willing to defend their interests. They did not remain in Quito, removed from local struggles and manipulating events at a distance. Rather, they worked hand-in-hand with workers on haciendas to develop organizational structures. In addition, while unquestionably Paredes did take a personal interest in Indigenous issues, the Comintern also pushed local political parties in this direction.

In 1926, the nascent left in Ecuador had few organic connections with international movements, but their successful work with Indigenous communities brought them to the attention of the South American Secretariat of the Communist International. A multi-part article in the first several issues of the Secretariat's newspaper *La Correspondencia Sudamericana* summarized the status of the class struggle in Ecuador, and ended with reprinting a lengthy description of a land struggle on the Changalá hacienda in Cayambe that Paredes had published in the Socialist newspaper *Germinal*. Paredes championed the actions of Indigenous militants, noting that they had developed a profound spirit of the class struggle and as a result were playing a major role in ongoing social struggles. Indians had an advantage over the urban proletariat in that they came out of a communistic tradition that dated back to the Inkas.[26] Writing from Buenos Aires, *La Correspondencia Sudamericana* noted that

---

26. Ricardo Paredes in *Germinal*, quoted in "La lucha de clases en el Ecuador," *La Correspondencia Sudamericana* 1, Nº 5 (June 15, 1926), p. 22.

"the events at Changalá are a testimony to the growing revolutionary force in Ecuador that is increasingly inclined toward the cause of communism and the social revolution."[27] Not only did the rise of an Indigenous left in Ecuador attract the Comintern's attention, but more importantly it may also have helped shape their policies on organizing in Indigenous and Afro-descendant communities in Latin America.

Literacy, knowledge of governmental apparatuses, and access to public officials seemingly would give urban leftists an upper-hand in this relationship that most scholars have stereotypically derided as unequal, paternalistic, and manipulative. Instead, they formed a type of reciprocity to which Indigenous communities were long accustomed, but now with leftist involvement it created new potential for social change. Leftists treated Indigenous activists as equals as they fought for a common goal. Naturally, urban intellectuals had access to skills and tools that Indigenous peoples typically did not enjoy, but far from being a disadvantage these skills proved to be key in advancing Indigenous struggles. At the same time, while Indigenous peasants often lacked formal educational training, the imposition of global capital into their lives gave them the type of lived experiences leading to a penetrating analysis of exploitation that urban intellectuals often lacked. Rather than needing urban activists to awaken a revolutionary consciousness in a pre-political peasant population, subalterns gained their own political consciousness and then helped awaken that of their urban allies while intellectuals helped frame the issues. Revealing their level of commitment and presence, urban Communists often suffered the same threats of police action and imprisonment as the Indigenous activists. Indigenous challenges to capitalism contributed to a radical leftist tradition in Ecuador.

The rise of the Marxist left

Although the *Revolución Juliana* created new political spaces for those on the Marxist left, several small groupings had already been converging before then. Given Ecuador's fragmented regional nature, much of organization occurred independently on a

---

27. "La lucha de clases en el Ecuador," *La Correspondencia Sudamericana* 1, Nº 2 (April 30, 1926), p. 26.

local level. Already on May 13, 1919, a group in Guayaquil created a Socialist party. Although the party soon disappeared and left little lasting impact, it published a periodical called *La Bandera Roja* that articulated the first Socialist aspirations in Ecuador. Of the various Socialist organizations, the best organized and most significant was *La Antorcha*, which eleven activists founded in Quito on September 16, 1924. Many leading leftists were involved in this group, including Ricardo Paredes, Leonardo J. Muñoz, Jorge Carrera Andrade, and others who subsequently played significant roles in the early history of radical politics in Ecuador.[28] *La Antorcha* also attracted the support of more moderate politicians, including Luis Napoleón Dillon, a modernizing factory owner with liberal or even Socialist tendencies who the following year participated in the *Revolución Juliana*. Other similar groups began to function throughout Ecuador.[29]

La Antorcha gained visibility through its bi-weekly newspaper of the same name, which it began to publish a few months later. Alexander characterizes the newspaper's line "as a Liberal program with socialistic overtones," but under the leadership of Jorge Carrera Andrade and Luis Maldonado Estrada it was the first explicitly Socialist periodical in Ecuador.[30] *La Antorcha* announced the publication of its newspaper with an attack on capitalist tyranny, and called for people to protest for their rights. This group saw a strong potential for Socialism emerging out of "the subordinate public employee, the worker of lands (the Indian), the labor apprentice, the common soldier, the school teacher."[31] Although they published this newspaper for only six months during 1924 and 1925, it provided the means of public expression for several of the people who

---

28. Donoso, *El 15 de noviembre de 1922 y la fundación del Socialismo*, vol. 2, p. 90; Ycaza, *Historia del movimiento obrero ecuatoriano*, p. 242.

29. Ycaza, *Historia del movimiento obrero ecuatoriano*, pp. 194-95; Elías Muñoz Vicuña, *Temas obreros* ([Guayaquil]: Departamento de Publicaciones de la Facultad de Ciencias Económicas de la Universidad de Guayaquil, 1986), p. 51; Jorge Crespo Toral, *El comunismo en el Ecuador* (Quito: n.p., 1958), p. 10. Also see "La organización del Partido Socialista Ecuatoriano," in Ycaza, *Historia del movimiento obrero ecuatoriano*, pp. 297-99.

30. Alexander, *Communism in Latin America*, p. 236.

31. "Encendiendo la Antorcha," *La Antorcha* (Quito) 1, N° 1 (November 16, 1924), p. 1.

were to become key actors in the emergence of Ecuador's nascent leftist movement.

La Antorcha spoke out against government and property owner abuses of Indians. It dismissed racist assumptions that Indians were incapable of participating in the political process, and called on the "Indigenous race" to claim its rightful place in Ecuador and to demand social justice.[32] La Antorcha noted that most of Ecuador's land was in the hands of a few elite families while most Indians lived in miserable and impoverished conditions. These urban activists included the right to land as the second point on their preliminary agenda for creating Socialism, noting that "the earth is for all."[33] Ricardo Paredes, Luis F. Chávez, and other Socialists from La Antorcha came to the defense of Indigenous struggles against hacienda owners and helped present Indigenous demands to the national government.

Indigenous voices, however, did not appear in the pages of this newspaper. Rather, seemingly following Mexico's Minister of Education José Vasconcelos' thinking in La raza cósmica, the Ecuadorians called "to unify the race: to fuse the enslaved race, the ancient Indigenous possessor of the earth—with the dominant race. In this way," the statement continued, "the ethnic differences and racial prejudices will disappear." In its place, a robust people would emerge.[34] Such racialized thinking typified the 1920s. Rather than embracing ethnic diversity, mestizaje contended that Indigenous identity must be suppressed and society must be whitened in order for the country to progress forward.[35] Nevertheless, as urban Socialists came in greater contact with rural activists these calls to assimilate Indigenous peoples into a mestizo population quickly dis-

32. Pilo de la Peña, "Los indios aspiran socialmente," La Antorcha (Quito) 1, Nº 3 (November 29, 1924), p. 3.

33. L. V., "El problema de tierras en el Ecuador," La Antorcha, Epoca II, 1, Nº 2 (March 30, 1925), pp. 4-5; "Manifiesto a la nación," La Antorcha Epoca II, Año 1, Nº 7 (May 1, 1925), p. 1.

34. "Manifiesto a la nación," La Antorcha Epoca II, 1, Nº 7 (May 1, 1925), p. 1. See José Vasconcelos, The Cosmic Race/La raza cósmica (Baltimore: Johns Hopkins University Press, 1997) and Nancy Stepan, The Hour of Eugenics: Race, Gender, and Nation in Latin America (Ithaca: Cornell University Press, 1991).

35. Ronald Stutzman, "El Mestizaje: An All-Inclusive Ideology of Exclusion," in Norman E. Whitten, Jr., ed., Cultural Transformations and Ethnicity in Modern Ecuador (Urbana: University of Illinois Press, 1981), pp. 45-94.

appeared. *La Antorcha* facilitated linkages and alliances that would characterize leftist agitation for decades to come.

On July 14, 1925, only five days after the *Revolución Juliana*, many of those involved in *La Antorcha* founded the *Núcleo Socialista de Pichincha*, in Quito. Led by Ricardo Paredes, Luis F. Maldonado Estrada, Leonardo J. Muñoz, Jorge Carrera Andrade, and others, it subsequently became the leading force for the formation of a national unified Socialist party. On September 22, 1925, and in parallel to the *Núcleo Socialista de Pichincha*, seven activists founded the *Sección Comunista de Propaganda y Acción Lenin* under the guidance of Mexican diplomat Rafael Ramos Pedrueza. Ramos Pedrueza had been a member of the Mexican Communist Party since 1923, and had visited the Soviet Union in 1924 before Plutarco Elías Calles exiled him to Ecuador. Ramos Pedrueza's significance to the Mexican Communist Party is not clear. Barry Carr does not mention him in his monumental *Marxism and Communism in Twentieth-Century Mexico*. Víctor Alba says that Ramos Pedrueza was later expelled from the Mexican Communist Party.[36] In any case, he entered Ecuador at the port city of Guayaquil where he met with leftists and gave talks that the governor sought to close down because he feared that he was inciting workers to revolutionary action.[37] The editors of *La Antorcha* warmly welcomed Ramos Pedrueza with a front page message that they would "attentively listen to his words with respect."[38] In Quito, Ramos Pedrueza proceeded to form a study group that triggered vigorous intellectual and ideological debates.

The *Sección Comunista de Propaganda y Acción Lenin* declared its intent to "constitute in the Republic of Ecuador the Section of the Communist Party that would work according to the ideals of the doctrine of the World Communist Party." The group declared its adhesion to the Comintern under the guidance of Mexico's Communist Party, and designated Ramos Pedrueza as its official representative to the international organization. The group's organi-

---

36. Víctor Alba, *Politics and the Labor Movement in Latin America* (Stanford: Stanford University Press, 1968), p. 135. On Ramos Pedrueza's contributions to the historiography of the Mexican Revolution, see the article by Luis F. Ruiz in this volume.

37. "La Revolución Comunista en Guayaquil," *La Antorcha* Epoca II, Año 1, Nº 11 (June 1, 1925); Muñoz Vicuña, *Temas obreros*, pp. 52, 83.

38. "¡Bienvenida!," *La Antorcha* Epoca II, Año 1, Nº 12 (June 8, 1925), p. 1.

zation would "conform to the ethnic conditions in the Republic of Ecuador; race, environment, political parties, social state, economic state, but always based on the basic ideals of the Doctrine of World Communism." Finally, "only urban and rural workers in mind and action" could belong to the group." Copies of the document were to be sent to Mexico and Moscow.[39] Rafael Quintero notes that "the origins of the group were very existential and politically dispersed, because while one of the members became a ministerial undersecretary in the Government, another wanted to emigrate immediately to Russia to exercise his profession, and the paths that others followed were not very consistent with the act that they had signed."[40] The group also briefly published a newspaper, *La Fragua*.

Notable for his absence was Ricardo Paredes, who subsequently became Ecuador's strongest advocate for bringing the Socialist party into alliance with the Comintern. Quintero says he deliberately kept his distance, perhaps indicating his hesitancy with the direction of the group.[41] Nevertheless, according to Elías Muñoz Vicuña, Paredes identified Ramos Pedrueza as "the first to diffuse Communism theoretically and practically in Ecuador."[42] Because of his subversive activities in Ecuador, the United States Embassy convinced the Mexican government to withdraw Ramos Pedrueza.[43] With its leader gone, the *Sección Comunista de Propaganda y Acción Lenin* soon dispersed with little apparent lasting impact.

Despite his short time in the country, Ramos Pedrueza had a lasting impact on the memory of the Marxist left. When he died in 1943, the student newspaper *Surcos* published a homage that identified him as "one of the figures that contributed most to the awakening of the new restlessness in Ecuador." He initiated "a new

---

39. Sección Comunista de Propaganda y Acción Lenin, "Acta de Constitución de la República del Ecuador," in Muñoz Vicuña, *Temas obreros*, pp. 87-89.

40. Rafael Quintero, *El mito del populismo en el Ecuador: análisis de los fundamentos del estado ecuatoriano moderno (1895-1934)*, 3a ed., aumentada y corregida (Quito: Ediciones Abya-Yala-Universidad Andina Simón Bolívar, 1997), p. 112.

41. Idem, p. 112.

42. Muñoz Vicuña, *Temas obreros*, p. 83.

43. Lazar Jeifets, Victor Jeifets, and Peter Huber, *La Internacional comunista y América Latina, 1919-1943. Diccionário biográfico* (Moscow: Instituto de Latinoamérica de la Academia de las Ciencias, 2004), p. 277.

stage in the social and political evolution of our people."[44] In 1968, the Communist newspaper *El Pueblo* stated that "the old militants in our Party had an indelible memory of Rafael Ramos Pedrueza for his contribution to the diffusion of Marxist Leninist ideas in Ecuador, and for his contributions to the construction of the Ecuadorian Communist Party."[45] In his 1975 autobiography, Emilio Uzcátegui remembered Ramos Pedrueza as an "illustrious writer and ideologist" who "offered his warm friendship to young intellectuals and workers."[46] Subsequently, the PCE began to claim the *Sección Comunista de Propaganda y Acción Lenin* as the foundation of their party, rather than the *Asamblea Nacional Socialista* that took place the following year.[47] This group points to the presence of a more radical and clandestine Communist tendency operating within broader Socialist movements.[48]

Asamblea Nacional Socialista (1926)

Fifty-four delegates gathered in Quito for the *Asamblea Nacional Socialista* on May 16-23, 1926, to found the *Partido Socialista Ecuatoriano* (PSE). The PSE was the third political party, following the creation of the *Partido Conservador Ecuatoriano* on October 9, 1925, and the *Partido Liberal Radical Ecuatoriano* on December 10, 1925. With broad sympathies to Socialist tendencies and believing that the formation of new parties was a positive development for Ecuador's political evolution, the new *Revolución Juliana* government granted the radicals use of the main meeting hall in the municipal building in Quito. The PSE grew to become one of the three main "traditional" and largest parties in Ecuador.

Notably, the PSE was the first party in Ecuador to attempt to organize the Indigenous masses as a political force, a radical departure from the actions of other political parties. During a period in which many elites maintained deeply held racist sentiments to-

---

44. Eduardo Santos C., "Rafael Ramos Pedrueza," *Surcos* 1, N° 7 (July 2, 1943), p. 2.

45. "Rafael Ramos Pedrueza," *El Pueblo*, Epoca IV, N° 597 (April 20, 1968), p. 2.

46. Uzcátegui, *Medio siglo a través de mis gafas*, p. 78.

47. "47 aniversario," *El Pueblo* (September 23, 1972), p. 2.

48. Quintero, *El mito del populismo en el Ecuador*, p. 112.

ward Indigenous peoples, Socialists comprised a rare group willing to defend their interests. Pointing specifically to the situation of land concentrated in the hands of a few wealthy elites while a large Indigenous population worked like slaves, the new party declared that "Ecuador has its social problems that need to be resolved as soon as possible."[49] On May 16, 1926, at the inaugural session of the *Asamblea*, an Indigenous leader named Jesús Gualavisí took the floor to propose that this founding congress salute "all the peasants of the Republic, indicating to them that the Party would work intensely for their redemption." His proposal passed unanimously.[50] The party's new secretary general Jorge Carrera Andrade noted that

> No one could believe their eyes that the distinguished former presidential candidate, Juan Manuel Lasso, was sitting next to Gualavisí in his thick red poncho. Gualavisí was the spokesperson of the Indian communities indoctrinated into the new ideas of land reform.[51]

Gualavisí participated actively in discussions, particularly when they related to issues of land or Indigenous peoples. For example, Gualavisí proposed that the party create an office to defend the interests of peasants and workers. The delegates voted and accepted the proposal.[52] "Taking into account that one of the fundamental postulates of Ecuadorian Socialism is the redemption of the Indian," Paredes proposed that the delegates congratulate and support Gualavisi's struggles against landlord abuses. His proposal also passed.[53] This collaboration elucidates attitudes toward class consciousness and ethnic identity among Indigenous groups and leftist activists in Ecuador. Gualavisí and other Indigenous leaders understood that in order to end the oppression and discrimination that they faced, they would need to effect radical changes in society. Given their day-to-day realities, Indians naturally understood the nature of racism and discrimination in Ecuador. But purging Ecuador of its white population would not solve the fundamental

49. Partido Socialista Ecuatoriano (PSE), *Labores de la Asamblea Nacional Socialista y Manifiesto del Consejo Central del Partido (16-23-mayo), Quito, 1926* (Guayaquil: Imp. El Tiempo, 1926), p. 4.

50. PSE, *Labores de la Asamblea Nacional Socialista*, p. 33.

51. Carrera Andrade, *El volcán y el colibrí*, 55.

52. PSE, *Labores de la Asamblea Nacional Socialista*, p. 52.

53. Idem, p. 74.

underlying problems that they faced. Drawing on Indigenous myths and legends proved useful, as Mariátegui understood in the 1920s, to move people to action, but the necessary changes would need to be much more profound and structural in nature. Building a class-based movement for social change was the most direct method to fight for fundamental social changes. Indigenous peoples needed allies to achieve their goals, and they found these among the members of the Socialist Party.

The agrarian Socialist legacy of the Inkas, according to Paredes, was still apparent in their communistic traditions and institutions. He recognized a high degree of class consciousness among Indigenous workers, and believed that they formed "a potent revolutionary factor." Previously they were "constituent elements of the state agrarian Socialism of the Inkas, and still keep those strong communist traditions today," Paredes wrote. "The class spirit among the Indians is very strong."[54] In his writings, Mariátegui presented a similarly positive image of the Inka empire and its legacy for the role of Indigenous peoples in a revolutionary movement. "The Indigenous hope is absolutely revolutionary," Mariátegui famously states in his classic work *7 ensayos de interpretación de la realidad peruana*.[55] Paredes' ideas were not out of line with what other Marxists in the Andes were thinking, and those ideas probably influenced and shaped how he viewed Indigenous militancy in Ecuador.

New divisions

A very ideologically and socially diverse group of people came together in the formation of the PSE, and perhaps new divisions were inevitable. Luis Maldonado Estrada noted that its heterogeneous nature included "workers, peasants, mostly elements of the middle class, and their orientation leaves a lot to be desired for the range of doctrinal tonalities that are manifested, from the liberal supporter of private property to the extremes of communism."[56]

54. Paredes, "El movimiento obrero en el Ecuador," p. 81.

55. José Carlos Mariátegui, *7 ensayos de interpretación de la realidad peruana*, 13th ed. (Lima: Biblioteca Amauta, 1968), p. 30.

56. Luis F. Maldonado Estrada, *Bases de partido Socialista ecuatoriano, su declaración de principios, estatutos y programa mínimo* (Quito: Ediciones Antor-

Rafael Quintero identifies three main ideological currents present in the founding congress of the PSE: liberal-bourgeois, utopian Socialist, and revolutionary Marxist.[57] Elías Muñoz Vicuña similarly characterized the range of delegates as representing the left, center, and right. "It was majority left," he wrote, "but their positions were not completely coherent."[58] Perhaps the one unifying factor of those at the Socialist assembly was their dissatisfaction with the existing Liberal and Conservative parties.[59] A radical wing criticized the presence of "liberals, or pseudo-socialists, motivated by opportunism," but proclaimed that consolidating "the ideological position of the Party with radical tendencies toward Communism closed the door on opportunism."[60] Not only did the PSE group urban workers and rural peasants with middle-class professionals and intellectuals, but regional divisions, particularly between Quito and Guayaquil, also tore at the party. This led John Martz to identify the history of Marxist struggles in Ecuador as "a checkered tale of organizational competition, ideological conflicts, strategic and tactical disagreement, and a general fragmentation which has diminished its potential impact on public affairs."[61] Already at the Socialist assembly, the revolutionary Marxist tendency began to split into Socialist and Communist wings. These ideological divisions surfaced during the assembly in such issues as attitudes toward private property, the concept of the dictatorship of the proletariat, and whether a Marxist concept of a working-class struggle was applicable to Ecuador's reality of a small proletariat and weak syndicalist organization.[62] It

cha, 1938), p. 43.

57. Rafael Quintero, "Estudio introductorio," in Angel Modesto Paredes and Rafael Quintero, *Pensamiento sociológico*, Biblioteca básica del pensamiento ecuatoriano, 6 (Quito: Banco Central del Ecuador-Corporación Editora Nacional, 1981), p. 20.

58. Muñoz Vicuña, *Temas obreros*, pp. 75-76.

59. Uzcátegui, *Medio siglo a través de mis gafas*, p. 78.

60. El Partido Socialista Ecuatoriano, Sección de la Internacional Comunista (PSE-IC), "Síntesis histórica e ideológica de este nuevo Partido Político," in *El Ecuador en cien años de independencia, 1830-1930*, ed. J. Gonzalo Orellana (Quito: Escuela Tipográfica Salesiana, 1930), p. 176.

61. John D. Martz, "Marxism in Ecuador," *Inter-American Economic Affairs* 33, Nº 1 (Summer 1979), p. 11.

62. Ayala Mora, *Partido Socialista Ecuatoriano en la historia*, 9; Crespo Toral, *El comunismo en el Ecuador*, pp. 13-14.

would be difficult to hold the heterogeneous grouping together.

Subsequently, leftists would also disagree over strategic issues such as relations with non-Marxist parties and participation in coalition governments. Heated debates also ran through the Socialist assembly over whether or not to ally the new party with the Comintern. On the night of May 19, with the session under the direction of Juan Manuel Lasso, the *Grupo Lenin* from Ibarra proposed the affiliation. Ricardo Paredes, as secretary general of the assembly, and Juan Genaro Jaramillo argued strongly in favor of affiliation, but in the end the assembly voted against the proposal.[63] According to the Communist wing of the party, however, the assembly returned to this topic at its closing session on the night of May 23, although there is no mention in the published proceedings of a discussion or vote on affiliation with the Comintern.

Communists later declared that "the last session of the Socialist Assembly marked the unequivocal direction towards a communist tendency, with the unanimous agreement to authorize the Executive Central Council of the Party to requested adhesion to the great Communist International."[64] The final session was packed, and disrupted by conservative thugs who injured Pablo Charpentier.[65] It is possible that in the resulting chaos some of the details were lost, or that some delegates had left before the discussion took place. Elías Muñoz Vicuña claimed that the member who was in charge of publishing the proceedings inadvertently left out the resolution approving affiliation with the Comintern. "When the Central Council received the pamphlet," Muñoz Vicuña stated, "it was noticed that it was missing a resolution from the Closing Session that the General Secretary had proposed to affiliate with the Communist International. A page was added to the pamphlet to correct the flaw."[66] As a result, in some copies of the *Labores de la Asamblea Nacional Socialista* appeared an unnumbered page that stated:

> NOTE: In the closing session it was forgotten to add one of the Assembly's resolutions, one that refers to the adhesion of the Party to Moscow's Third International as was proposed by the comrade General Secretary and unanimously approved. The Party's Cen-

63. PSE, *Labores de la Asamblea Nacional Socialista*, p. 45.

64. PSE-IC, "Síntesis histórica e ideológica de este nuevo Partido Político," p. 177.

65. PSE, *Labores de la Asamblea Nacional Socialista*, pp. 60-66.

66. Muñoz Vicuña, *Temas obreros*, p. 78.

tral Council should request that adhesion after consulting with the provincial councils.[67]

Muñoz Vicuña states that given the difficulties in deciding the question, the assembly decided to have provincial councils consult their bases on how to proceed.[68] Uzcátegui adds that "there was a lot of fighting around the agreement to adhere to the Third International, but the issue was not clear," and surmises "that probably a special unnumbered page was inserted in several copies to send to Russia."[69] In fact, in his autobiography Leonardo Muñoz claims that he was the one charged with taking the resolutions to Guayaquil for printing. Muñoz was a close comrade of Paredes, and although subsequently he left with the Socialist wing of the party at this point he apparently still held a pro-Soviet position. He seemingly would not have had any reason to leave out a resolution in favor of affiliating with the Comintern, although he does note that due to the number of resolutions passed at the congress they had to make a limited selection for the published proceedings.[70] As Muñoz Vicuña notes, "the polemic around this issue still goes on," even though regardless of what might have happened at the assembly the Central Committee "acted in accordance with that resolution."[71] Those actions led to an eventual split in the party.

67. Reprinted in Muñoz Vicuña, *Temas obreros*, p. 79. A copy of *Labores de la Asamblea Nacional Socialista* archived in the Biblioteca Ecuatoriana Aurelio Espinosa Pólit (BEAEP) does not include this page, while a copy at the Benson Latin American Collection at the University of Texas at Austin—apparently the only one in the United States—does. A note in the library catalog states "A leaf containing additional party resolutions inserted after p. 66."

68. Muñoz Vicuña, *Temas obreros*, p. 231.

69. Uzcátegui, *Medio siglo a través de mis gafas*, p. 80. Miguel Angel Guzmán and Germán Rodas Chavez similarly accuse Paredes of misrepresenting the results to Moscow and other Communist groups. See Donoso, *El 15 de noviembre de 1922 y la fundación del Socialismo*, vol. 2, p. 106, and Germán Rodas Chavez, *Partido Socialista: Casa adentro, Aproximación a sus dos primeras décadas* (Quito: Ediciones La Tierra, 2006), pp. 31-32.

70. Leonardo J. Muñoz, *Testimonio de lucha: memorias sobre la historia del socialismo en el Ecuador*, Colección Testimonios, Volumen 1 (Quito: Corporación Editora Nacional, 1988), p. 53.

71. Muñoz Vicuña, *Temas obreros*, p. 81.

Sixth Congress

Twenty-six delegates (all men) from Latin America attended the famed Sixth Comintern Congress that "discovered" Latin America. Ecuador held two of the votes assigned to Latin America.[72] As the secretary-general of the PSE, Jorge Carrera Andrade logically would be an official delegate from Ecuador. In his autobiography *El volcán y el colibrí*, Carrera notes his plan not only to study the Soviet experiment, but also to travel through Europe and especially France, "whose thought exercised a powerful influence on me." His trip was seriously underfunded, and as he boarded a boat in Guayaquil he pondered "the absurd adventure that such a trip toward a world that seemed distant as the moon would mean."[73] He arrived in Hamburg, Germany, broke and without any contacts to help plan his trip onward to Moscow. He visited the Ecuadorian consulate where he met an old friend, Carlos Zambrano Orejuela, who held some Socialist sympathies. Zambrano helped him write a letter to the Soviet embassy in Berlin to request a visa. Carrera waited for months for the visa until he finally received news that the Sixth Congress had concluded, and that it would no longer be necessary to travel to Moscow. He had used consulate letterhead to request the visa, and this raised suspicions that he was a government spy.[74] Due to inexperience and lack of funds the trip had been a fiasco.

Carrera, however, points to much more nefarious forces at work that prevented his attendance at the Sixth Congress. In Hamburg, Zambrano showed him press clippings in which other party members had announced his death at sea. "It was clear that this was a move to avoid sending more funds to their incautious delegate," Carrera writes in his autobiography. Furthermore, he claims "that another Party member wanted to displace and replace me in my functions."[75] That other comrade, apparently, was Ricardo Paredes who, with a much closer ideological affiliation to the Comintern, was already in Moscow. Paredes did not leave a similar autobio-

---

72. Luis E. Aguilar, ed., *Marxism in Latin America*, Revised edition (Philadelphia: Temple University Press, 1978), p. 17. Other countries in representation were Argentina, Brazil, Chile, Colombia, Cuba, Mexico, and Uruguay.

73. Carrera Andrade, *El volcán y el colibrí*, p. 62.

74. Idem, p. 65.

75. Idem, pp. 65, 62.

graphical account providing his side of the conflict, but his attendance seems to belie Carrera's claims that travel to Moscow was too difficult and expensive. Salvadorian Communist Miguel Mármol provides one of the few early detailed descriptions of a trip to Moscow. Mármol describes the trip as difficult but completely feasible.[76]

Paredes was one of eight Latin Americans who traveled to Moscow during the summer and fall of 1927 to participate in the tenth anniversary celebrations of the Russian Revolution. He stayed on for training in the International Leninist School and the Sixth Congress of the Comintern in July and August 1928. Logically both the Comintern and Communists in Ecuador would want someone representing them who was more sympathetic to their ideological perspective. Leonardo Muñoz claimed that everyone was in favor of Paredes as their delegate anyway:

> Everyone was in agreement and we decided that the best delegate was Dr. Ricardo Paredes because of his fanaticism and admiration for the Soviet Union, as well as for his decision to work for communism. Ricardo left very happy to fulfill the responsibility.[77]

In *Temas obreros*, Muñoz Vicuña, who takes a stridently pro-Paredes Communist position, maintains that the party "consulted with the Provincial Councils to name Ricardo Paredes as delegate to the Sixth Congress of the Communist International, and sent with him the application for affiliation to the Communist International."[78] Paredes had at least the support of one wing of the fractured party.

On March 1928, PSE Central Committee members formally petitioned the Comintern for affiliation, but apparently this request was denied.[79] In Moscow, Paredes took this one step further and wrote two letters, both dated July 13, 1928, requesting affiliation. Paredes signed the first letter as a "Delegate of the Ecuadorian Socialist Party" and the second in the name of the PCE.[80] He acknowl-

---

76. Roque Dalton, *Miguel Mármol* (Willimantic, CT: Curbstone Press, 1987), pp. 175-84.

77. Muñoz, *Testimonio de lucha*, p. 60.

78. Muñoz Vicuña, *Temas obreros*, p. 81.

79. "Partido Socialista Ecuatoriano a Secretario General de la III Internacional," in Muñoz Vicuña, *Temas obreros*, p. 91.

80. Letter from Ricardo Paredes to Sixth Comintern Congress, July 13, 1928, in Muñoz Vicuña, *Temas obreros*, p. 95; letter from Ricardo Paredes to Sixth Comin-

edged that while the PSE was led primarily by Communists, it "is still not organized as a Communist Party because it is still necessary to present a program of immediate concerns." A problem they faced was that while the leaders were Communists, the base of the party had not been educated as to the nature of Communist ideas or the importance of alliance with the Comintern. Both the Socialist and Communist parties, however, had been working to bring themselves in line with the Comintern, and he requested that they both be admitted in order to form only one strong united party.[81] In the final session, on September 3, 1928, the Comintern accepted the affiliation.[82]

Paredes actively participated in the Sixth Congress, particularly in regards to issues concerning the role of the rural masses in a Communist revolution. Páez Cordero notes the "great relevance" of his proposals to the Congress.[83] In discussions on the revolutionary movement in the colonies, he argued for a more complex understanding of colonialism. A new category of "dependent countries" was needed for those "which have been penetrated economically by imperialism but which retain a certain political independence."[84] He disagreed with a proposal to expropriate land from large estates and distribute it to the poor in small private parcels. He presented two arguments against this strategy. First, such an approach would not address fundamental problems in the existing land tenure system. Second, building on existing community structures, much like Mariátegui advocated in neighboring Peru, would prove rewarding in developing a Socialist system. Indigenous society naturally tended toward Socialism, Paredes believed, and Spanish colonization had disrupted this process. "The American Indians are imbued with a remarkable collectivist spirit," Paredes stated. "These elements

tern Congress, July 13, 1928, in Muñoz Vicuña, *Temas obreros*, p. 97.

81. Letter from Ricardo Paredes to Sixth Comintern Congress, July 13, 1928, in Muñoz Vicuña, *Temas obreros*, p. 97.

82. Aguirre, "El marxismo, la revolución y los partidos socialista y comunista del Ecuador," p. 84.

83. Páez Cordero, *Los orígenes de la izquierda ecuatoriana*, p. 80.

84. Ricardo Paredes, "VI World Congress, Reply to Bukharin on Draft Programme," *International Press Correspondence* (London, H.R.G. Jefferson) 8, N° 66 (September 25, 1928), p. 1177. For an excellent analysis of Paredes' contributions to the Sixth Congress, see Páez Cordero, *Los orígenes de la izquierda ecuatoriana*, pp. 66-73.

must be utilized in the proletarian State for the construction of Socialism." As evidence of the potential for this strategy, he pointed to four Indigenous insurrections, which had taken place in 1926 as the first and most important example of rural Communist organizing efforts.[85] That uprising "highlighted the important revolutionary role of the Indians in Ecuador in the fight against the capitalist yoke."[86] Paredes proposed that "it is possible that the revolutionary struggle will be started by a revolt of the agricultural workers and peasants against the big landowners and the government." But the key issue was one of organization. "The proletariat will be able to win the hegemony with the aid of the peasantry only if it has a Communist Party."[87] His arguments swayed the Comintern, and the Congress' final resolution advocated that land expropriated from plantations and haciendas be handed over for "the collective cultivation of the agricultural workers." The examples of Indigenous revolts Paredes brought to the attention of the assembly were listed as evidence of the "widening and deepening of the revolutionary process" in Latin America.[88]

The 1928 Sixth Congress launched what has come to be known as an "ultraleft" phase in the Comintern with a "class against class" organizing strategy replacing that of building alliances with other leftist forces. The Comintern urged local parties to work in rural areas, organizing worker-peasant coalitions. Paredes can be seen as partially responsible for this direction as he brought his experiences with Indigenous communities in Ecuador to the table. He told the congress:

> The revolutionary problem is linked up with that of the oppressed masses such as the Indians of Latin America. In some countries, Indians constitute the biggest section of the rural population; they suffer much more than white and half-caste workers from the ex-

85. Paredes, "VI World Congress, Reply to Bukharin on Draft Programme," p. 1177. Also see Aguirre, "El marxismo, la revolución y los partidos socialista y comunista del Ecuador," p. 85.

86. Paredes, "El movimiento obrero en el Ecuador," p. 80.

87. Ricardo Paredes, "VI World Congress, Reply to Humbert-Droz," *International Press Correspondence* 8, Nº 74 (October 25, 1928), pp. 1350-51.

88. Communist International, *The Revolutionary Movement in the Colonies: Thesis on the Revolutionary Movement in the Colonies and Semi-Colonies, Adopted by the Sixth World Congress of the Communist International, 1928* (New York: Workers Library, 1929), pp. 59, 6.

ploitation of the landed proprietors. Indians who are considered an inferior race are treated more brutally. All these factors have created among the Indian workers and peasants a spirit of solidarity and a class spirit of the exploited. Therefore, Indians are very revolutionary elements. I think this problem of oppressed races must be dealt with in the programme.[89]

Even before the Comintern dictated that local parties should work with oppressed populations, Communists (with Mexico taking the lead) developed strong connections with peasant movements.[90] In Ecuador, even though the PSE had incorporated Indigenous peoples and issues into the founding of the party, the Sixth Congress triggered an intensification of rural activism.

Partido Socialista Ecuatoriano, sección de la III Internacional Comunista

As in many other Latin American countries, the issue of participation in the Communist International led to a split in the Socialist movement. Paredes appeared to acknowledge the lack of sufficient support to ally with the Comintern and so pursued what Quintero terms a bi-frontal approach. In addition to working inside the PSE, Paredes organized a clandestine Communist cell that followed the Comintern line. Quintero claims that this was an unworkable position:

[I]t could not work democratically and a division, sooner or later, was inevitable. There were two political programs, two organizational structures, two formal political practices, and, clearly, two types of militancy and international relationships.[91]

It proved impossible to unify such divergent ideological trends, and the Marxist left soon split into Communist, Socialist, and vanguardist wings.

---

89. Paredes, "VI World Congress, Reply to Bukharin on Draft Programme," p. 1177. Also see Aguirre, "El marxismo, la revolución y los partidos socialista y comunista del Ecuador," p. 86.

90. Barry Carr, *Marxism and Communism in Twentieth-Century Mexico* (Lincoln: University of Nebraska Press, 1992), p. 32.

91. Quintero, *El mito del populismo*, pp. 113-14.

Upon his return to Ecuador in November 1928, Paredes stepped up his efforts to bring the party under strict Communist control. He assumed the post of Secretary General of the PSE, and two months later called a meeting of the party's central committee. At the opening of the meeting on January 12, 1929, Paredes presented a doctrinaire speech in which he called for a deep self-reflection, "correcting all of their defects" and "suppressing the bad roots of the past."[92] This introduced a two-year period of what Páez Cordero terms an "internal purge, with an aggressive general secretariat."[93] This move would change not only the direction of the party, but also the history of the Marxist left for the rest of the twentieth century.

Revealing lingering ideological divisions within the party, Paredes maintained that Socialism could not simply be the leftwing of liberalism. Liberalism was a bourgeois, individualistic ideology that represented the interests of the dominant classes, whereas Socialism was a proletarian, collectivist ideology that embraced the interests of the exploited with a goal of eliminating class structures. To realize this goal, the party must be purged of artisans and the small bourgeoisie in order to build the party on a proletarian base.[94] Paredes criticized an intellectualism that embraced reflection without action. "We need fighters, men with energy and thought, not closed libraries."[95] What they needed was a new party with a new orientation, one that followed the Comintern's line.[96] He condemned alliances with bourgeois parties, rejected reformism, and proclaimed "that the only method for the construction of Socialism is the installation of a Socialist government of the workers, peasants

---

92. Ricardo A. Paredes, "Discurso de apertura de la conferencia del consejo central ampliado del Partido Socialista Ecuatoriano, Sección de la Tercera Internacional Comunista," in *La primera Conferencia del Consejo Central Ampliado del Partido Socialista Ecuatoriano, sección de la III Internacional Comunista,* ed. Partido Socialista Ecuatoriano (PSE) (Quito: Imprenta del Partido Socialista Ecuatoriano, 1929), p. 4.

93. Páez Cordero, *Los orígenes de la izquierda ecuatoriana,* p. 106.

94. Aguirre, "El marxismo, la revolución y los partidos Socialista y comunista del Ecuador," p. 90.

95. Paredes, "Discurso de apertura de la conferencia del consejo central ampliado del Partido Socialista Ecuatoriano," p. 8.

96. Paredes, "Discurso de apertura de la conferencia del consejo central ampliado del Partido Socialista Ecuatoriano," p. 12.

and soldiers."[97] The party stood for the abolition of private property, complete equality, and the termination of social classes. They linked the "agrarian question" to the "Indigenous problem."[98] The party used its newspaper *La Vanguardia* to champion "the ongoing protests against the abuses of the large estate system, and against the authorities that have carried out fires and mass slaughters against the justified Indigenous risings."[99] This was not the first time the left addressed the presence of Indigenous peoples in Ecuador, but it was an indication that, following the lead of the Comintern, they were going to engage it on a much deeper and more systematic level.

Under Paredes' control, the party changed its name to *Partido Socialista Ecuatoriano, sección de la III Internacional Comunista*. This name was not gratuitous, but part of the twenty-one conditions for admittance to the Comintern.[100] Paredes also founded an Anti-Imperialist League, as other Latin American Communist parties were doing. In 1929, Paredes launched *La Hoz* as the "Central Organ of the Ecuadorian Socialist Party–Section of the Communist International" with a more explicitly Communist ideology. *La Hoz* announced the formation of a Communist party that at its base was purely proletarian and "would incorporate elements of other classes: peasants and intellectuals."[101] According to Víctor Alba, under his guidance by the late 1920s the party had 10,000 members.[102] Nevertheless, this tactic alienated many of his colleagues. "When he returned he never said anything to us," party leader Leonardo Muñoz grumbled.[103] Ayala Mora claims that affiliation with the Comintern was done "without a real consultation with the bases." According to Ayala Mora, even the radical Marxists advocated a cer-

97. *La Vanguardia*, quoted in Aguirre, "El marxismo, la revolución y los partidos socialista y comunista del Ecuador," p. 91.

98. PSE-IC, "Síntesis histórica e ideológica de este nuevo Partido Político," p. 178.

99. "Síntesis histórica del Partido Socialista Ecuatoriano," p. 16.

100. Ycaza, *Historia del movimiento obrero ecuatoriano*, p. 209.

101. "El P.S.E. haciéndose comunista," *La Hoz* 1, N° 8 (December 20, 1930), p. 1.

102. Alba, *Politics and the Labor Movement in Latin America*, p. 119.

103. Leonardo Muñoz quoted in Donoso, *El 15 de noviembre de 1922 y la fundación del socialismo*, vol. 2, p. 115. Also see Muñoz, *Testimonio de lucha*, 60; Aguirre, "El marxismo, la revolución y los partidos socialista y comunista del Ecuador," p. 91.

tain distance from the increasingly Stalinist tendencies in the Soviet Union.[104] Opponents complained that under Paredes' growing control, the party began to function in a vertical and bureaucratic fashion. They opposed what they viewed as subjugating the party to the rigid control of the Soviet Union.

In moving the PSE toward a Communist party, Paredes' actions in Ecuador were quite distinct from those of his contemporary José Carlos Mariátegui in Peru. Despite intense pressure from Moscow, Mariátegui refused to move in that direction and it was only after his death in 1930 that the Peruvian Socialists formed a Communist party.[105] Often the Peruvian Party's hardline turn is interpreted as an error, as an action that destroyed the gains that Mariátegui had struggled so hard to make. Similarly in Ecuador, the United States Embassy reported that "Communism, affiliated with the Third International, was practically exterminated upon the dissolution of the PSE." Paredes "was the only outstanding person who remained and he was followed by a small group of equally fanatical admirers." Membership in Quito had been reduced to seventy-five people.[106] Although becoming a section of the Communist International did narrow the base of the party and perhaps prevented it from gaining broad appeal, it did contribute to the construction of a strong Indigenous movement with arguably notable and positive results.

CSLA

While in Moscow, Paredes attended a continental Latin America labor conference at the Profintern headquarters. Delegates drafted a resolution calling for trade unions to work toward the organization of agricultural workers who, in several countries, were largely Indigenous. They set May 1929 as the date for a meeting of class-conscious trade unions in Montevideo. The call for the meet-

---

104. Ayala Mora, *El Partido Socialista Ecuatoriano en la historia*, p. 11.

105. El Secretariado Político del C. E. de la I.C., "Sobre la formación del partido comunista en Perú," *La Correspondencia Sudamericana*. 2a. época, N° 26 (May 1, 1930), pp. 18-24; Eudocio Ravines, *The Yenan Way* (New York: Charles Scribner's Sons, 1951).

106. Letter from William Dawson to Secretary of State, Washington, no. 921, March 10, 1933, NARA RG 59, 822.00B/43, p. 2.

ing set forth an agenda that included discussions of the problems facing Indigenous peoples and an agricultural proletariat.[107] Back in Ecuador, in April 1929 Paredes organized a *Congreso Provincial Obrero Campesino* in the coastal province of Guayas to organize participation for the Montevideo meeting scheduled for the following month. Working in a traditional anarchist stronghold led to fierce sectarian infighting, with local activists wanting to ally with the anarchist International Working Men's Association (IWMA) rather than the Communist Third International. Anarchists denounced the Socialist efforts as "a pure and coarse lie," accusing them of creating fictitious paper organizations to follow the dictates of far-off Moscow.[108] Páez Cordero says that the congress was a fiasco, and after twelve days of meetings its only concrete accomplishment was to name three delegates for the Montevideo meeting.[109]

In May 1929, representatives of labor groups from 15 countries gathered in Montevideo for the *Congreso Constituyente de la Confederación Sindical Latinoamericana* (CSLA). The proceedings from the congress list Félix Carrasco, Jorge Ramos, and Alberto Araujo as attending from Ecuador.[110] After the conclusion of the Montevideo conference, many of these same delegates crossed the Río de la Plata to attend the *Primera Conferencia Comunista Latinoamericana* in Buenos Aires from June 1-12, 1929. Araujo was joined by Ezequiel Padilla Cox, with Luis Humberto Heredia and

---

107. "Resolución de la primera reunión sindical latino americana realizada en diciembre de 1927," *El Trabajador Latino Americano* 1, Nº 1 (1928), p. 5, quoted in Rodrigo García Treviño, *La ingerencia rusa en México y Sudamérica pruebas y testimonios* (México: Editorial América, 1959), pp. 77-78; *International Press Correspondence*, December 22, 1927, quoted in Alexander, *Communism in Latin America*, pp. 48-49; "Resoluciones de la primera Conferencia sindical de América Latina (Moscú, 7-12 abril 1928)," *La Internacional Sindical Roja* 2 (September 1928), pp. 149-57; Alexander, *Communism in Latin America*, pp. 50-51.

108. "Dos congresos continentales: nuestra posición," *Luz y Acción* (February 1929), reprinted in Páez, *El anarquismo en el Ecuador*, p. 167; "Ficciones obreristas," *Luz y Acción* (March 1929), reprinted in Páez, *El anarquismo en el Ecuador*, p. 169.

109. Alexei Páez, "El anarquismo en el Ecuador," in Páez, *El anarquismo en el Ecuador*, p. 81; also see Ibarra, *La formación del movimiento popular*, pp. 51-52.

110. Confederación Sindical Latino Americana (CSLA), *Bajo la bandera de la C.S.L.A.: Resoluciones y documentos varios del Congreso Constituyente de la Confederación Sindical Latino Americana efectuado en Montevideo en Mayo de 1929* (Montevideo: Impr. La Linotipo, 1930), p. 298. Also see Ycaza, *Historia del movimiento obrero ecuatoriano*, p. 215.

Neptalí Pacheco León, union leaders from Milagro, denied admittance despite their credentials from the PSE.[111] As a result, of the thirty-eight delegates only two were from Ecuador.

At both the Montevideo and Buenos Aires conferences delegates debated a Comintern proposal to create Indigenous republics in the Andes. Mariátegui sent a document to both meetings that criticized that position because, according to him, economic and land issues were more central to solving the problem of Indigenous marginalization than those of racial identity.[112] The Ecuadorian delegates apparently did not participate in the heated debates in Buenos Aires on the question of Indigenous nationalities, but in a previous discussion on the "Peasant Question," Padilla stated that "as a peasant, I am under special conditions in comparison to other comrades who work in the cities." Working in rural areas should be an immediate task of utmost importance to the movement.[113] Padilla, along with other Ecuadorian colleagues, appeared to be in agreement with the Comintern line on the "Indigenous question."

Indians

Under Comintern guidance and in the aftermath of the Buenos Aires conference, Socialists dramatically accelerated Indigenous organizing efforts. Beginning in May of 1930, Socialists began meeting furtively with Indians in their huts on haciendas. In the face of increasingly violent attacks from "the landowners in

---

111. Jeifets, Jeifets, and Huber, *La Internacional comunista y América Latina*, pp. 151, 250.

112. José Carlos Mariátegui, "El problema indígena," in *Bajo la bandera de la C.S.L.A.: Resoluciones y documentos varios del Congreso Constituyente de la Confederación Sindical Latino Americana efectuado en Montevideo en Mayo de 1929*, ed. Confederación Sindical Latino Americana and Congreso Constituyente (Montevideo: Impr. La Linotipo, 1930), pp. 147-59; José Carlos Mariátegui, "El problema de las razas en América Latina," in Secretariado Sudamericano de la Internacional Comunista, *El movimiento revolucionario latino americano: Versiones de la primera conferencia comunista latinoamericana, junio de 1929* (Buenos Aires: Revista La Correspondencia Sudamericana, 1929), pp. 263-90. Also see Becker, "Mariátegui, the Comintern, and the Indigenous Question in Latin America."

113. Secretariado Sudamericano de la Internacional Comunista, *El movimiento revolucionario latino americano*, p. 251.

complicity with foremen, authorities, and priests who carry to an extreme their attempts to rob and to squash rural workers," Socialist activists stepped up their support for Indians and their organizational efforts. The Socialists founded a *Socorro Obrero y Campesino* "to help with the demands of workers and peasants in their conflicts with capitalists, landowners, and authorities."[114] The first action in which this organization engaged was to free the imprisoned members of the agrarian workers' syndicate El Inca on the Pesillo hacienda in Cayambe, as well as members of the *Juventud Comunista* who had gone to help them with organizational efforts. The newspaper *La Hoz* defiantly proclaimed that workers would continue to resist the terror of the property owners and the government. Such repression "will only accelerate the revolution as it tries in vain to stop these miserable agents of capitalism." The party claimed success for its new support organization, as the rapid and efficient mobilization of resources led to the release of the imprisoned activists.[115]

Workers on haciendas increasingly turned to urban communists to help them organize and present their demands. While earlier leftist newspapers such as *La Antorcha* had given passing, almost token, attention to Indigenous issues, Ricardo Paredes and Luis F. Chávez prominently featured agrarian struggles in *La Hoz*. A front-page article in the September 11, 1930 issue noted that united peasant syndicates "will reject the ferocious repression of their enemies." Struggles for an eight-hour work day along with other demands infuriated land owners who saw an "awakened class conscience among the Indigenous peoples." Paredes and Chávez called on their urban allies to defend these Indigenous struggles.[116] In November 1930, the syndicate *El Inca* wrote to Paredes outlining the abuses that the "comrades" on the Pesillo hacienda suffered, including being overworked, treated as beasts of burden, exploitation of women, and payment of very low wages. Signed "rebelliousness and work," the letter struck a tone of informing their urban counterparts of their daily lived realities without engaging in a whining,

114. "El terror de los campos," *La Hoz* (Quito) 1, N° 2 (September 11, 1930), p. 6.

115. "Formación del socorro Obrero y Campesino," *La Hoz* (Quito) 1, N° 2 (September 11, 1930), p. 6.

116. "El gobierno de Ayora permite abusos imperdonables," *La Hoz* 1, N° 2 (September 11, 1930), p. 1.

submissive discourse that would indicate a perceived inferiority or a paternalistic relationship.[117]

Central to the party's demands was raising salaries, returning lands to Indigenous peoples, canceling peasant debts, and recognizing revolutionary organizations of workers and peasants.[118] Later the Communist Party would proudly proclaim that they had been the only ones to come to the defense of the Indians. They supported Indigenous interests in the national press, accompanied Indians when they presented accusations to the authorities, helped Indians with their organizations, defended workers against the abuses of landlords and their employees, and assisted in the formation of schools and literacy campaigns.[119]

Manifest to the Ecuadorian Proletariat

Throughout 1929 and 1930, heated debates continued to rage within the party even as under Paredes' leadership it dramatically increased its organizational efforts in Indigenous communities. The complaints of those who did not find Moscow's vision of a proletariat struggle applicable to their rural reality eventually spilled over into the public arena.[120] Even the United States Embassy became aware of militants who had grown disillusioned both by what they had seen in Moscow, as well as by internal dissension in the party in Ecuador.[121] The final and irrevocable break between the Socialist and Communist wings of Ecuador's Marxist left came on January 6, 1931, when seven Central Committee members of the

117. Reprinted from *La Choza* (Partido Socialista Ecuatoriano), November 15, 1930, in José Solórzano Freire, *Nuestra gente: Relatos del Cayambe antiguo* (Quito: Pasquel Producciones Periodísticas, 2004), pp. 15-16.

118. "Reivindicaciones mínimas propugnados por el Comité Central del Partido Comunista," *Campamento* 2, N° 63 (November 23, 1933), p. 3.

119. "El partido comunista organizador y defensor de los indios," *El Pueblo* (June 2, 1951), p. 6.

120. "El P.S.E. haciéndose comunista," *La Hoz* (Quito) 1, N° 8 (December 20, 1930), p. 1; "Grave cisma se produjo en el Partido Socialista Ecuatoriano", *El Día* (Quito), (December 24, 1930), p. 1; Charles A. Page, "Memorandum with Regard to Communism in Ecuador," attached to letter from William Dawson to Secretary of State, Washington, N° 150, January 29, 1931, NARA RG 59, 822.00B/24, p. 20.

121. Letter from William Dawson to Secretary of State, Washington, N° 921, March 10, 1933, NARA RG 59, 822.00B/43, p. 7.

PSE signed a *Manifiesto al proletariado ecuatoriano* in which they denounced the bureaucratic turn the party had taken under Comintern control. Under Comintern domination, the party "tosses out dogmatic resolutions, written at a desk at the North Pole when our realities are near the South Pole." They demanded that the party free itself from subjugation to external control in order to liberate workers from capitalist exploitation. They publicly resigned their positions in the PSE, and called on other manual and intellectual workers to join them in the construction of a new party capable of liberating workers from capitalist exploitation without being subject to foreign manipulation.[122]

The dissidents held a series of ten long meetings before deciding to draft a statement to send to provincial councils calling on them to form a new Marxist party. "We revolutionary Socialists are Marxists, but are not subordinate to any Communist International," Leonardo Muñoz stated. "We wanted to apply Marxism to the Ecuadorian reality."[123] The seven who signed the document were not marginal, but important members of the Consejo Central and key activists in the organization of Socialist struggles in Ecuador. Juan F. Karolys had been one of the original members of the *Sección Comunista de Propaganda y Acción Lenin*, the precursor to the PSE that in 1925 allied itself with the Comintern. Karolys and Enrique Terán Baca were two of four PSE Central Committee signers of a March 12, 1928 letter requesting affiliation with the Comintern.[124] Juan G. Jaramillo had vocally spoken up at the founding of the PSE in 1926 to defend Paredes's position in favor of allying with the Comintern.[125] The break was not so much ideological as it was over differing strategic visions of how to make their goals a reality. As Ayala Mora notes, "it was not a division between 'authentic revolutionaries' who opted for communism and a reformist 'right wing,' but rather one over definitions of Socialism's revolutionary character and the search for a national identity and a rejection of

122. Juan G. Jaramillo, Enrique A. Terán, Juan F. Karolys and others, *Manifiesto al proletariado ecuatoriano* (Quito: Imp. y Fotograbado Kaleda, January 6, 1931).

123. Leonardo Muñoz quoted in Donoso, *El 15 de noviembre de 1922 y la fundación del socialismo*, vol. 2, p. 120.

124. Muñoz Vicuña, *Temas obreros*, p. 91.

125. PSE, *Labores de la Asamblea Nacional Socialista*, p. 45.

foreign influences."[126] The dissidents' commitment to radical politics, and even to a vision for Ecuador's Communist future, could not be questioned.

Ycaza notes that the antecedent for this break was Luis Gerardo Gallegos' 1930 trip to the Soviet Union for the Fifth World Congress of Red Trade Unions. Gallegos returned deeply disillusioned by what he had seen and requested that the PSE disaffiliate itself from the Comintern. Gallegos published a tract, *Rusia Soviética y la revolución mundial*, in which he condemned what he saw as a corrupt Soviet bureaucracy distant from the visions of Marx and Lenin. He considered the Comintern's instructions for the Ecuadorian party, including a demand that it transform itself into a Communist party based in a (nonexistent) proletariat, to be woefully ignorant of local conditions. Gallegos was particularly critical of the Comintern's position pressing the party to work in Indigenous communities and its stance on the National Question. Gallegos quoted from the Comintern's directive to the party:

> [T]o work intensely among poor peasants and, in particular, among Indians and in big agrarian communities in the mountain and on landed states. The Communist Party should commit itself completely to the Indian masses to sustain and drive its struggles for land and for national independence, exposing the roles of priests and the church. The Party should not consider the problem of the Indian only as the problem land but rather one that also includes the national question.[127]

Similar to Mariátegui, Gallegos considered this position to be in error, both because encouraging Indigenous uprisings was criminally irresponsible and would only result in thousands of deaths, but also because encouraging the constructions of Indigenous nationalities would foster racial tensions while Lenin favored racial equality. Instead, Gallegos preferred to develop policies more appropriate to their local realities. Rather than being subject to the demands of a far off centralized organism, the "Red Pope" as Gallegos termed it, the dissidents wished to free themselves from this

126. Ayala Mora, *El Partido Socialista Ecuatoriano en la historia*, pp. 11-12.

127. Luis Gerardo Gallegos, *Rusia Soviética y la revolución mundial*, Suplemento Nº 3 de la revista *Rieles* (III, Nº 15 y 16), mayo y junio 1931 (Quito: Imp. de la Universidad Central, 1931), pp. 130-31. Also see Ycaza, *Historia del movimiento obrero ecuatoriano*, p. 219 and Rodas, *Partido Socialista*, p. 42.

dogmatic control in order to become a truly revolutionary party.[128]

The following month, the dissidents distributed a lengthy communiqué in which they elaborated on their reasons for breaking from the Communists. They declared the Third International dead, and called on Communists to leave the "red mummy" behind if they wished to fulfill their historic destiny. The group complained that the only purpose for the Comintern was the defense of the USSR and criticized its perspectives on the National Question that advocated "the creation of autonomous Black and Indigenous Republics." This policy "divided the blacks into one part, whites into another, and Indians into another, sustaining the reactionary principle of racial inferiority."[129]

That the dissidents would chose to target the Communists' position on Indigenous nationalities is perhaps not incidental, but points to underlying strategic divisions over how to organize the revolutionary movement. Significantly, the break between the two wings of the Marxist left came as urban militants were helping Indigenous activists lead a strike on haciendas in Cayambe, and only weeks before a planned Indigenous conference in Cayambe. As a result, the dissident Socialists dropped out of these organizational initiatives.[130] Over time, these strategic differences did begin to acquire ideological aspects. Significantly, those who had a history of working in Indigenous communities and continued to do so remained in the Communist wing of the movement. As a result, the concept of Indigenous nationalities was seen as a Communist ideology.

Paredes, of course, reacted strongly against the manifesto and its authors. He denounced Muñoz as "a spy that the government had maintained during some years in the heart of the Central Committee," and Jaramillo was an "agent of delusion and intrigues." He mourned the "applauses of the bourgeoisie and their government" that greeted the manifesto.[131] Muñoz felt particularly injured by the

128. Gallegos, *Rusia Soviética y la revolución mundial*, pp. 131-32, 137

129. Comité Organizador del Partido Socialista del Ecuador, "Circular dirigida a los camaradas socialistas de la República," Quito, February 1931, quoted in Aguirre, "El marxismo, la revolución y los partidos socialista y comunista del Ecuador," p. 96.

130. Muñoz, *Testimonio de lucha*, p. 63.

131. Quoted in Rodas, *Partido Socialista*, p. 40.

accusations. "It was really very painful for us, and especially personally for me," he said. "I had gotten along well with Ricardo like a brother. For seven years we were constantly together."[132] Just before leaving for the Soviet Union in 1927, Paredes had participated on a commission with Muñoz and Jaramillo to travel to Guayaquil to confront what they saw as threats of regionalism and anarchism in the port city. The trio gave a series of talks, and in a review of the party's activities in a report for the January 1929 meeting that announced the PSE's affiliation with the Comintern this was reported as one of the party's significant successes.[133] The conflict over affiliation with the Comintern seemed to change Paredes' personality, or at least peoples' perception of him. The United States Embassy in Quito reported that Paredes had lost the prestige he had previously enjoyed. "He is regarded as a fanatical, visionary, impractical man who has become obnoxious to the people by his revolutionary activities," the Embassy claimed.[134] The division, ultimately neither personal nor ideological, was permanent.

Partido Comunista Ecuatoriano (PCE)

Not only did 1931 bring a split between the Socialists and Communists, but the Communists themselves also faced deep divisions in their ranks. In addition to the PSE, Section of the Third Communist International in Quito, two other Communist groups also operated in Ecuador. In May 1931, Carlos Coello Serrano and Carlos Guevara Moreno formed a group in Guayaquil that they called the Communist Party, Section of the Communist International. In Milagro—a sugar growing area with a militant history of labor organizing—Antonio Ruiz Flores who, since 1929 was the secretary general of the *Bloque Obrero y Campesino of Milagro*, headed up a third group. The South American Bureau of the Comintern refused to recognize any of the groups, and instead called for a unification conference. The first week of August 1931, fifteen

132. Donoso, *El 15 de noviembre de 1922 y la fundación del Socialismo*, vol. 2, p. 117.

133. Muñoz, *Testimonio de lucha*, 55; "Síntesis histórica de Partido Socialista Ecuatoriana," p. 15.

134. Letter from William Dawson to Secretary of State, Washington, N° 921, March 10, 1933, NARA RG 59, 822.00B/43, p. 5.

delegates from Guayaquil, Quito, Milagro, and Riobamba met and agreed to unify their efforts with the party's base in Guayaquil.[135] According to the United States Embassy, this was because the party numbers had plunged in Quito while they were growing rapidly on the coast.[136] At its second congress in Quito on October 6-15, 1931, the group that had taken over the PSE formally changed its name to the *Partido Comunista Ecuatoriano* (PCE). Aguirre argues that the lack of published statutes or a political program from this meeting points to ongoing divisions in the party.[137] In fact, the leaders from the Guayaquil group soon left to join the government of conservative populist caudillo José María Velasco Ibarra.[138]

As the Quito group gained domination among the Communists, it stepped up its work in Indigenous communities. As the PCE and Indigenous organizational demands converged, the two forces became natural allies in a unified struggle against the Ecuadorian oligarchy. In the 1933 presidential election, Paredes ran as the "candidate of the workers, peasants, Indians, and soldiers" and promised bread, work, land, and liberty for the people.[139] His campaign literature noted that Indigenous workers knew and appreciated him because of his involvement with their movements, and that he remained a symbol in the struggle against large landowners and exploitation. He sought to build a "worker-peasant bloc," calling on the urban proletariat to "to ally intimately with the peasants in their common fight against the capitalism-feudal order." For years he had worked with Indigenous communities, but now his language changed to match that of the Communist International. Paredes defended "Indians and Blacks, not only as exploited and oppressed classes, but also as oppressed nationalities." Indicating Communist dedication to the rights of subalterns excluded from political

135. Gilberto Molina Correa, *Enrique Gil Gilbert notas para un ensayo* (Ambato: Edit. Pío XII, 1974), p. 57; Ycaza, *Historia del movimiento obrero ecuatoriano*, pp. 221-22.

136. Letter from William Dawson to Secretary of State, Washington, Nº 921, March 10, 1933, NARA RG 59, 822.00B/43, p. 5.

137. Aguirre, "El marxismo, la revolución y los partidos socialista y comunista del Ecuador," p. 99.

138. Alexander, *Communism in Latin America*, p. 237.

139. "Ricardo Paredes, Candidato del Partido Comunista," Imprenta La Económica, [1933], Private Collection of Leonardo J. Muñoz. I would like to thank Sandra Fernández Muñoz and Jorge Cañizares for facilitating access to this collection.

discourse, the alliance announced that it would fight via its elected representatives in congress and through revolutionary action of the masses on the streets to pressure extension of the vote to illiterates, passage of minimum wage legislation, return of land and water to rural communities, and the cancellation of agricultural worker debts to haciendas.[140] Although parts of the platform, including the call to expropriate hacienda land, suppression of debts, formation of Indigenous republics, and the arming of a popular militia apparently come from a thesis which the Communist International had adopted, there are also aspects which indicate an application of these general ideas to a local situation. [141] Significantly, agrarian reform headed the list of demands and was to continue to be the principal goal of Indigenous organizations for the remainder of the twentieth century.

Conservative caudillo José María Velasco Ibarra won the 1933 elections with 51,848 votes (his first of five times as president), while Paredes came in a distant fourth with only 696 votes.[142] At the time, an observer commented that this was only the third time that Ecuador had held a completely free election.[143] The total number of votes cast in that election, however, represents only 2.5 percent of Ecuador's population of about 2.5 million. Paredes denounced a "bourgeois democracy" that "in reality is a masked dictatorship of the dominant classes." He complained about a failure to count votes in Cayambe and Esmeraldas, areas of high Indigenous and Afro-Ecuadorian population density and strong Communist support, and threatened an electoral boycott.[144] With their base largely disenfranchised, it would be difficult to gain power through electoral means.

140. "Manifiesto del Bloque Obrero-Campesino" (Quito, May 2, 1932), Hojas Volantes, 1921-1932, D. Polit Partid., 247, Biblioteca Ecuatoriana Aurelio Espinosa Pólit (hereafter BEAEP), Cotocollao, Ecuador.

141. Communist International, *The Revolutionary Movement in the Colonies*, p. 59.

142. Quintero, *El mito del populismo en el Ecuador*, p. 282.

143. Alfonso Rumazo González, *El Congreso de 1933; para la historia del Ecuador* (Quito: Edit. Bolivar, 1934), p. 211.

144. "Comunicación enviada por el candidato comunista," *El Día* (Quito), December 12, 1933, quoted in Ycaza, *Historia del movimiento obrero ecuatoriano*, p. 230.

Despite these difficulties and divisions within the movement, Paredes proudly proclaimed that Communists would never enter into compromises with the bourgeoisie. The Communists had experienced success in building a strong Communist movement as demonstrated by uprisings in Quito, Guayaquil, Milagro, Riobamba, and Cayambe.[145] The new party was determined to retain a base in the subaltern masses. The Communists were the only ones willing to continue serious and dedicated political work in rural Indigenous communities. When the PCE's new newspaper *Frente Obrero* printed the classic Marxist slogan "workers of the world unite!" in both Spanish and Kichwa on its masthead it was not empty or opportunistic rhetoric.[146] Rather, the slogan elevated the significance of Indigenous cultures and reflected the importance of rural communities to their struggles.

Refounding the Partido Socialista Ecuatoriano (PSE), 1933

After Paredes transformed the PSE into a Communist party, Socialists who opposed subjecting party policies to foreign control regrouped to form a new *Partido Socialista Ecuatoriano*. The group called for a revolutionary Socialism relevant to Ecuador's national reality because they had "already gone through the infantile communism of extremist texts and foreign utopias."[147] On January 1, 1933, thirteen provincial delegations met in the *Primer Congreso Socialista Nacional* in Quito at the *Casa del Obrero*.[148] Under the leadership of Luis F. Maldonado Estrada as secretary general, the Socialist Party grew in strength. Ayala Mora maintains that this

---

145. Aguirre, "El marxismo, la revolución y los partidos socialista y comunista del Ecuador," p. 98.

146. "Proletarios de todos los paises, unidos!" (Spanish) and "Tucuy llactacunapac huacchacuna, shuclla tucuichic!" (Kichwa). See *Frente Obrero* (Quincenario, Órgano del Comité Regional del Partido Comunista Ecuatoriano, Sección de la Internacional Comunista, Quito) 1, Nº 3 (October 1934), p. 1. Other Communist party activists also advocated the publication of literature in Indigenous languages, including Guaraní and Kichwa. See *Los partidos comunistas de América del Sur y del Caribe y el movimiento sindical revolucionario, Doctrina y documentación* (Barcelona: Publicaciones Edeya, 1933), p. 51.

147. *Socialista*, quoted in Aguirre, "El marxismo, la revolución y los partidos socialista y comunista del Ecuador," p. 99.

148. Ycaza, *Historia del movimiento obrero ecuatoriano*, p. 222.

wing of the Socialist left became "the most dynamic pole of ideological influence of Ecuador."[149] The new PSE, however, continued to be divided between a strong reformist tendency and a smaller leftist revolutionary trend, and the two groups commonly disputed for control over the party.[150] Even party militants such as Ayala Mora who denied that the Communist/Socialist split was along left/right lines now spoke of such a split in the Socialist Party, with the "left wing" embracing an ideology closer to that of the Communists with the logical exception of its "international dependence."[151] The dominant current continued the reformist tradition of nineteenth-century liberal radicalism, including leading struggles for secularism and educational reform.

Although the Communist left subsequently was most closely associated with Indigenous concerns, the reconstituted Socialist Party in 1933 also included in its platform a demand for the "liquidation of the Indian problem and for its economic, social, political, and cultural exaltation."[152] Three years later the party declared that it would fight "in favor of the Indian and *montuvio*, subjected to the inhuman exploitation of the semi-feudal regime that persists in the fields."[153] Reflecting a certain growth in its thinking, in 1938 the Socialist congress expanded this statement to note that "the Indigenous race, knocked down by the exploitation of which they have been victim since the conquest, will not only enjoy the same rights of other ethnic groups in the country, but rather they will receive the state's economic support and cultural attention for its complete social liberation."[154] Despite the stated commitment to Indigenous issues, it was not expressed as visibly or forcefully as in the Commu-

---

149. Enrique Ayala Mora, *Resumen de historia del Ecuador*, Biblioteca General de Cultura, Vol. 1 (Quito: Corporación Editora Nacional, 1993), p. 94.

150. Ycaza, *Historia del movimiento obrero ecuatoriano*, p. 224.

151. Ayala Mora, *El Partido Socialista Ecuatoriano en la historia*, p. 13.

152. Partido Socialista Ecuatoriano, *Estatutos, programas ideológicos de acción inmediata del Partido Socialista Ecuatoriano* (Ambato: Cap. A.M. Garcés, 1933), p. 9.

153. Partido Socialista Ecuatoriano, *Estatutos; Declaración de Principios del Partido Socialista Ecuatoriano* (Quito: Editorial de El Correo, 1936), p. 4. *Montuvio* refers to poor coastal peasants.

154. Partido Socialista Ecuatoriano, *Estatutos, declaración de principios y programa mínimo del Partido Socialista Ecuatoriano* (Quito: Editorial Editora Moderna, 1939), p. 2.

nist Party. Naturally, they did not use the language of Indigenous nationalities, a discourse that remained the exclusive domain of the Communists. While the Communists actively organized in Indigenous communities, the PSE remained a largely urban, middle-class party of intellectuals and problems based primarily in Quito. In the 1948 party congress, for example, 20 of 34 delegates were lawyers.

Indigenous issues and Ecuadorian Communists

After reviewing this long history of internal divisions, conflicts, failed alliances, and intrigues, it would be tempting to conclude that the Communists, and in particular Ricardo Paredes, had made a serious error in deciding to ally with the Communist International. The resulting party always remained quite small, while the Socialists grew into a potent force able to contest state power. Would it not logically be preferable to build a mass party rooted in local realities rather than adhering to a centralized policy of an organization based on a far-off continent?

This might be an easy argument to accept were it not for the PCE's deep engagement with and dedication to Indigenous issues, the most marginalized of Ecuador's subaltern masses and the people for whom communism specifically held out the promise of liberation. When viewed through this lens, it begins to appear that perhaps the Communists had pursued a correct path, and rather than functioning as an agent of foreign imperialism the Comintern was a distant but driving force behind liberation struggles.

Once the Comintern raised the issue of Indigenous nationalities, it became an urgent and pressing issue across South America. For example, the Bolivian Communist Party stated in 1932 that "The Indigenous problem, completely ignored by "leftist" intellectuals, undervalued and misunderstood by anarchist intellectuals and, it goes without saying, by yellow union bosses, was solidly proposed by our grouping in La Paz."[155]

Leftists in Ecuador also exhibited an appreciation for the role ethnicity played in the structure of class societies. "The working class is subjected to a double yoke," Paredes noted. They face

---

155. *Revista Comunista* (Buenos Aires), October 1932, p. 99, cited in Liborio Justo, *Bolivia la revolución derrotada (del Tahuantinsuyu a la insurrección de abril de 1952 y las masacres de mayo y setiembre de 1965: raíz, proceso y autopsia*

"racial oppression (prejudice as the 'inferior race'), and economic oppression." This double oppression led to a growing "consciousness of their distinct class interests."[156] Paredes recognized the nature of ethnic and economic structures in the Andes, and argued that they led to a high degree of class consciousness among the Indians. Under Comintern guidance, activists increasingly spoke of the presence of oppressed Indigenous nationalities in Ecuador.[157]

In Ecuador, Communist actions reflected what Mariátegui said in neighboring Peru: "The problem is not racial, but social and economic; but the race has its role and the means to confront it."[158] There is little evidence of Communists decrying race as a "false consciousness" that needed to be replaced with class rhetoric as seemingly became the case in neighboring Peru and has often been assumed to be the case in Ecuador as well.[159] Rather, as would become common in the 1980s, the Indigenous peasantry was seen as facing the "double dimension" of class exploitation and racial discrimination that needed to be addressed on both fronts.[160]

Similar to Mariátegui, Ecuadorian leftists understood that "the Indian peasants will only understand individuals from their own midsts who speak to them in their own language" and proposed training Indian leaders who would then return to work for

de la primera revolución proletaria de América Latina), 2nd. ed. (Buenos Aires: Juárez Editor, 1971), p. 119.

156. Paredes, "El movimiento obrero en el Ecuador," p. 77.

157. Presídium de la Conferencia de Cabecillas Indígenas, "Hoy se Clausura la Conferencia de Cabecillas Indígenas" (Quito: Editorial de El Correo, November 7, 1935), Hojas Volantes, 1933-1938, 298, BEAEP; Conferencia de Cabecillas Indios, "Indicaciones," Ñucanchic Allpa 1:8 (March 17, 1936), p. 2.

158. José Carlos Mariátegui, "El problema indígena," p. 159.

159. Marisol de la Cadena, Indigenous Mestizos: The Politics of Race and Culture in Cuzco, 1919-1991 (Durham, NC: Duke University Press, 2000), pp. 140, 187, 193, 312.

160. Confederación de Nacionalidades Indígenas del Ecuador (CONAIE), Las nacionalidades indígenas en el Ecuador: Nuestro proceso organizativo, 2d ed., 1992: 500 años de resistencia india, N° 0 (Quito: Ediciones Tincui-Abya-Yala, 1989), pp. 223, 261, 281. Also see Xavier Albó, "From MNRistas to Kataristas to Katari," in Resistance, Rebellion, and Consciousness in the Andean World, 18th to 20th Centuries, ed. Steve J. Stern (Madison, Wisconsin: University of Wisconsin Press, 1987), pp. 379-419; Shannan L. Mattiace, To See With Two Eyes: Peasant Activism & Indian Autonomy in Chiapas, Mexico (Albuquerque: University of New Mexico Press, 2003).

the "emancipation of this race." Leftist outsiders would not indoctrinate the Indians as to the nature of the demands they would make, but rather their role would be to help give an organizational cohesion to those demands. Pointing to a long history of insurrections, Mariátegui rejected the notion that Indians were incapable of a revolutionary struggle. Indigenous uprisings already had demonstrated a remarkable level of resistance in rural communities. Once Indigenous peoples were introduced to a revolutionary consciousness, they would be unequaled in their struggle for Socialism.[161]

Ideologically, the Peruvian and Ecuadorian Marxists, as well as those elsewhere in the Andes, were not that far apart on how they viewed the Indigenous question. Paredes and Mariátegui both agreed on the revolutionary potential of the Indigenous masses, and believed that they were capable of leading themselves to liberation in alliance with a class-based party. Nevertheless, over the course of the twentieth century Indigenous organizing efforts took radically different directions in the two countries. Following Mariátegui's lead, Peruvian Marxists pursued a class-based approach that downplayed ethnic identities. In accordance with Comintern dictates, their Ecuadorian counterparts appealed to the discourse of Indigenous nationalities. Over time, Indigenous peoples claimed this language as their own, and used it to build one of the strongest social movements in the Americas.

161. Mariátegui, "El problema indígena," p. 158; Mariátegui, "El problema de las razas en América Latina."

COMPROMETIDOS, ORGÁNICOS Y EXPERTOS:
INTELECTUALES, MARXISMO Y CIENCIAS SOCIALES EN ARGENTINA
(1955-1973)

Pablo Ponza
Universidad de Barcelona

Introducción

Los jóvenes letrados de clase media urbana que accedieron o dieron forma a los circuitos intelectuales más activos entre los años 1955 y 1973, lo hicieron inmersos en un contexto histórico caracterizado por la expansión y la modernización de las propuestas culturales y el desarrollo técnico. En Argentina este proceso, paradójicamente, se combinó con una creciente espiral de violencia y represión políticas como consecuencia del golpe militar contra el gobierno constitucional de Juan Perón y la proscripción de su partido, el peronismo, que constituía entonces la principal fuerza electoral del país.

La marginación del peronismo de toda opción legalizada de representación política y de acceso al gobierno tuvo diversas consecuencias, y rápidamente se convirtió en el conflicto central del período, un conflicto que no sólo inclinó a los sectores *duros* del partido hacia canales informales e insurreccionales de protesta, sino que condicionó el desarrollo de toda práctica cultural. Asimismo, sostener la ilegitimidad de los sucesivos gobiernos —electos a espaldas de la fuerza política numéricamente determinante—requirió de una creciente represión contra quienes no sólo resistían la privatización de las decisiones políticas, sino, especialmente, el retroceso de los beneficios sociales conseguidos durante los gobiernos de Perón.[1]

En este marco y durante el transcurso de dicho conflicto, se incorporó a la actividad pública una *generación* de intelectuales cuyo signo identitario quedó marcado por su preocupación ante las problemáticas políticas. Este nuevo colectivo llegó cargado de ideas y cuestionamientos dirigidos no sólo contra el orden político-social establecido, sino también contra la concepción tradicionalmente elitista de su función en tanto intelectuales.[2] En ese proceso de cambio de concepciones—ese intento por romper con el clásico perfil aristócrata con el que se representó a los intelectuales—, podemos distinguir la emergencia de tres diferentes representaciones de intelectual. Es decir, en estos años (y en virtud de los fines analíticos planteados por este artículo) podemos identificar tres tipologías más o menos genéricas y permanentes: la del intelectual *orgánico*, la del intelectual *crítico* o *comprometido*, y la del *experto* o *especialista*. Estas tres representaciones se fortalecieron, combinaron y mutaron de manera diversa en un contexto nacional que ofrecía las condiciones de posibilidad y emergencia propicias, a propósito del largo debate público que motivó el nuevo orden político, social y económico *postperonista*.

Pero antes de comenzar con la descripción de las mencionadas representaciones, cabe señalar que los coloquialmente llamados años *sesenta* (1955-1973) parecieron marcar un punto de in-

---

1. Dan buena cuenta de la agudeza del conflicto el paso de 8 presidentes diferentes (Leonardi, Aramburu, Frondizi, Guido, Illia, Onganía, Levingston y Lanusse) por la casa de gobierno—2 de ellos civiles y 6 militares—, todos incapaces de desarrollar un proyecto político sostenible sin caer bajo el peso de las luchas facciosas antiperonistas o la acción desestabilizadora del sabotaje peronista.

2. El desplazamiento migratorio (interno y externo) hacia los grandes centros urbanos, así como la gran movilización obrera que se registró durante los gobiernos peronistas (1946-1955), significaron el despliegue de una nueva realidad ideológica, política y socioeconómica para el conjunto de la sociedad argentina y en especial para la clase media, que con el correr de los años y frente a la permanente inestabilidad institucional que provocó la proscripción de la fuerza electoral más numerosa del país, pareció comprender con claridad y sorpresa que el peronismo no era la *pesadilla* descrita por los intelectuales liberales de la revista *Sur*—donde participaban personajes notables como Jorge Luis Borges, Victoria Ocampo o Manuel Mujica Lainez—, sino que se había convertido en una realidad social insoslayable que, gustara o no, había cobrado una magnitud, arraigo y fidelidad hacia la figura de Perón con una gravitación fundamental en el devenir de la vida política nacional.

flexión entre dos paradigmas, entre dos tiempos. Parecieron pues, haber constituido el espacio donde tuvo lugar una crisis y un cuestionamiento profundo de las hasta entonces formas tradicionales de participación y representación política de los sectores medios, letrados y eminentemente urbanos de la sociedad argentina. En este sentido, la ampliación de las propuestas culturales, la paulatina fragmentación del conocimiento en campos disciplinarios especializados, los modernos métodos de abordaje de las ciencias sociales, la reconfiguración de las relaciones laborales, la redistribución internacional del trabajo, la alta complejidad que adquirió el ordenamiento económico y la tecnificación de las sociedades modernas sin duda terminaron por afectar el lugar y la percepción que las llamadas *vanguardias* o *élites culturales* habían ocupado tradicionalmente en las esferas más cercanas al poder. Acostumbradas hasta entonces a ser activas partícipes de las articulaciones simbólicas del orden—tanto en lo que se refiere a la construcción simbólica y material del Estado como a las diversas problemáticas nacionales—, muchos *hombres de letras* quisieron y reclamaron un protagonismo que frecuentemente buscó mezclar, en un mismo campo de intervenciones, la dimensión cultural con la política.

Por último, y antes de introducirnos en el *corpus* de este ensayo, vale la pena decir que el clima de época donde se inscribe este relato estuvo marcado por una cultura libresca y por una sensación de cambio, de optimismo y rebeldía. En efecto, la idea de *nueva generación* a la que nos hemos referido más arriba, remite precisamente a una especie de deseo compartido respecto al cambio social (la transformación, la revolución, etc.) en tanto seña de identificación o, en todo caso, de negación de antiguos referentes.

Los intelectuales orgánicos

1. La renovación teórica y la influencia del marxismo

La década de 1960 se inauguró en un espacio de crisis ideológica donde no sólo quedaron desacreditadas las nociones de progreso ilimitado propuestas por el capitalismo liberal, sino también los mecanismos dogmáticos y represivos del Estado comunista. En este último caso, la crisis abierta por el XX Congreso del PCUS (1956) y la pérdida de su centralidad en cuanto a las interpretaciones oficiales del marxismo, permitió a los intelectuales argentinos de izquierda, por un lado, incorporar o recuperar a pensadores apartados por el stalinismo como Gramsci, Lukács, Korsch, Luxemburgo, Bujarin, Grossman, Bernstein, Kautsky, Pannekoek, Bauer, Chayanov o Ver Borojov. Y por otro, sumar tanto los aportes de Lefebvre y el existencialismo de Sartre, como los trabajos de la Escuela de Frankfurt—en especial los de Adorno, Horkheimer y Benjamin—que buscaron llevar adelante una auténtica crítica marxista del marxismo, un anhelo que dio lugar no sólo a una intensa relectura de obras clásicas de Engels, Lenin y Trotsky, sino especialmente del primer Marx (o joven Marx), donde se descubrió su relación con la filosofía de Hegel y su carácter humanista e historicista.

Por otro lado, hasta los primeros años de la década de 1960 Argentina no había sido un campo fértil para el desarrollo amplio de la cultura marxista, que había quedado reducida a la tarea solitaria de estudiosos independientes o autodidactas pertenecientes al Partido Comunista, que tuvo en sus revistas *Nueva Era* y *Cuadernos de Cultura* los dos únicos órganos de difusión permanente. Pero a partir de entonces la atracción que ejerció el marxismo como doctrina explicativa de los conflictos y el curso garantizado de la historia comenzó a exceder a los núcleos originarios, rebalsando hacia amplios sectores medios letrados que, alternativamente, no sólo profundizaron en sus complejidades y sofisticación teórica, sino que comenzaron a considerarla la herramienta conceptual más avanzada de la época para el estudio de la realidad social y sus conflictos.[3] Lo mismo ocurrió con el *socialismo*, un ideal de orden político, social y económico que sedujo a una importante porción del progresismo. El *socialismo* era pensado entonces como un horizonte, como una fórmula de solución a problemas como el subdesarrollo, el hambre, la pobreza, el analfabetismo, la explotación y

---

3. El nuevo alcance del marxismo queda expuesto en 1963, por ejemplo, cuando *Marx y su concepto del hombre* de Erich Fromm integra la lista de *best sellers* del semanario *Primera Plana*, o en las novedosas lecturas del evangelio en clave existencialista que proliferan en la comunidad cristiana argentina y que recogen la experiencia de intelectuales franceses como Jean-Yves Calvez, Jean Chambre, Emmanuel Mounier, Pierre Theilard de Chardin o Pierre Bigo, quienes trabajan con anterioridad incluso al Concilio Vaticano II (1962-1965) y la Conferencia Episcopal de Medellín (1968) en una potencial compatibilidad doctrinaria entre cristianismo y marxismo, exaltando el cónclave humanista historicista de ambas; una tarea compleja y muy polémica que en la Argentina fue encarnada—principalmente—por el filósofo Conrado Eggers Lan, las revistas *Criterio* en la etapa dirigida por Jorge Mejía, y *Cristianismo y Revolución* dirigida por Juan García Elorrio.

las desigualdades. Dicho imaginario se vio promovido, entre otros factores, por la incapacidad que mostraron los estados europeos para hacerse cargo de la pauperización social que vivían sus poblaciones luego de los desastres provocados por la Segunda Guerra Mundial, un hecho que marcó el reacomodo internacional de fuerzas—un nuevo mapa sociopolítico—y que expresó una crisis y una rearticulación intelectual y moral profunda de algunos valores de convivencia.

Pero respecto a la amplia aceptación y la complejidad que fue adoptando el marxismo entre los lectores que accedían a los circuitos académicos o las librerías de la calle Corrientes en la ciudad de Buenos Aires, podemos observar una diferenciación entre los llamados *aficionados* y los que supuestamente asumían un marxismo *verdadero*. Es decir, hubo una creciente reivindicación de aquellos estudiosos que bregaban por un marxismo preciso, erudito o profundo, frente a otro de uso (digamos) coloquial o superficial. Por ejemplo, Eliseo Verón reivindicó explícitamente la validez del marxismo como teoría y práctica revolucionaria y como instrumento de análisis histórico y sociológico:

> [O]ptamos por una perspectiva marxista de las ciencias sociales. Esta decisión lejos de ser una decisión política y "extrasociológica", como lo pretenderá el sociólogo puro, es una decisión impuesta por la naturaleza misma de lo que llamamos ciencias sociales.[4]

A través de *Contorno*, *Pasado y Presente* o *Cristianismo y Revolución*, entre otras publicaciones de la época, podemos observar un viraje en las concepciones de la nueva fracción intelectual que se incorporó a la vida pública luego del Golpe de Estado de 1955 contra el gobierno de Perón. Este grupo cuestionó tanto el orden capitalista y el lugar asignado a su rol social, como la eficacia de los métodos aplicados hasta entonces para conseguir objetivos políticos.[5] Asimismo, como es de suponer, muchas editoriales argenti-

---

4. Eliseo Verón, "Sociología, ideología y subdesarrollo", *Cuestiones de Filosofía*, Año 1, Nº 2-3, 1962, p. 13.

5. Respecto a la opción de las vías armadas, en el número 4 de la revista *Pasado y Presente* (Córdoba, 1964) podemos ver una extensa reflexión acerca de los motivos por los cuales se consideraba posible e incluso necesario el desarrollo de una *Vanguardia* que pusiera en práctica las ideas revolucionarias desarrolladas hasta entonces. Si bien *Pasado y Presente* fue una entre muchas otras publicaciones de estos años, a mi juicio es quizás la que expresó mayor complejidad y riqueza teórica. Del proyecto inaugural de *Pasado y Presente* participaron Oscar del Barco,

nas del período recogieron los cambios de concepción incorporados por la pujante intelectualidad contestataria que producía, debatía y polemizaba sobre los destinos del país, Latinoamérica y el llamado Tercer Mundo. En este sentido fueron muy significativas las experiencias de *La Rosa Blindada*, *Cuadernos de Pasado y Presente*, *Centro Editor de América Latina*, *Siglo Mundo* y *Eudeba*, entre otros sellos editoriales que vibraron en consonancia con el relato de una época signada por una cultura libresca que transitaba un profundo proceso de modernización socioeconómica y de gran politización de los circuitos culturales.[6]

2. El marxismo histórico-humanista y la cuestión nacional

En efecto, el humanismo historicista se convirtió en uno de los rasgos esenciales de los núcleos intelectuales contestatarios y, por qué no decir también, de la producción intelectual más prolífica de aquellos años. Como ha señalado oportunamente Oscar Terán, una de las cosas que permitió el marxismo como género del *humanismo* fue extender el intercambio entre existencialismo y materialismo histórico.[7] A su juicio, en esa especie de operación ideológica fue posible detectar el cambio desde la concepción del *intelectual comprometido* (en el sentido existencialista sartreano) como árbitro y responsable de sus propios actos, hacia la del *intelectual orgánico*. Es decir, a favor del intelectual comprometido con la transformación social impulsada por y desde las diferentes organizaciones

Aníbal Arcondo, José Aricó, Héctor Schmucler, Samuel Kieczkovsky y Juan Carlos Portantiero, grupo al que se integraron luego Juan Carlos Torre, César Guiñazú, Carlos Assadourian, Francisco Delich, Luis Prieto y Carlos Giordano. Su estrategia de intervención dio un papel fundamental al desarrollo de la cultura y las ideas en la gestación de transformaciones políticas y sociales, por lo que fue explícita aunque no únicamente gramsciana. Sus editores ubicaron la tarea de la revista en la intersección de una circunstancia histórica marcada por la ruptura y el cambio, pero donde la nueva generación no sólo no reconocía maestros sino que se consideraba dispuesta a construir nuevos referentes y a ser un agente activo de la transformación social.

6. Otras editoriales como *Lautaro*, *Anteo Argumentos*, *Arandú*, *Capricornio*, *Cartago*, *Fundamentos*, *Futuro*, *Patenón*, *Platina*, *Proteo*, *Procyón*, *Problemas*, y *Raigal*, también se encargaron de traducir y dar a conocer los textos marxistas y los clásicos del pensamiento científico y filosófico de la época.

7. Oscar Terán, *Nuestros años sesenta* (Buenos Aires: El cielo por Asalto, 1993).

políticas revolucionarias de la época.

Si hablamos de humanismo historicista es ineludible referirnos a la influencia del pensamiento de Antonio Gramsci. ¿Cuáles fueron los principales aportes de Gramsci a la intelectualidad de izquierda? La recepción del pensamiento de Gramsci en los núcleos letrados argentinos estuvo mediada en buena parte por la originalidad y funcionalidad de conceptos como el de *hegemonía*, que otorgaba una importancia fundamental al rol de los intelectuales y la cultura en el proceso de transformación social, un rol que a juicio de sus entusiastas debía darse a través de una tarea ligada *orgánicamente* al desarrollo de la organización política revolucionaria. De allí la idea de *intelectual orgánico*. En este sentido, si bien Gramsci reconoció que los intelectuales constituían una capa de la burguesía que colaboraba activamente en el fortalecimiento y la coherencia de la hegemonía ideológico-cultural burguesa, consideró que éstos a su vez tenían la capacidad de mantener una autonomía relativa que les permitía convertirse en constructores, organizadores y persuasores constantes de las transformaciones del ámbito político social.[8]

Otro de los elementos esenciales en este nuevo esquema ideológico marxista fue la llamada *cuestión nacional*. La incorporación crítica de pensadores histórico-humanistas dio la posibilidad a los intelectuales argentinos de ampliar los esquemas conceptuales e interpretativos aplicados a los conflictos sociales nacionales, cosa que no había ocurrido con anterioridad en las organizaciones de la izquierda clásica. Tal vez este sea uno de los elementos más importantes que la *nueva izquierda intelectual* recogió de la lectura de Gramsci, autor que pareció ofrecer buena parte de las herramientas teóricas necesarias para analizar la convulsionada realidad política argentina, pero esta vez en clave nacional-popular. Dicho esquema se aplicó, especialmente, para analizar la larga proscripción peronista y el fracaso de la propuesta desarrollista de las gestiones presidenciales de Arturo Frondizi (1958-1962) y Arturo Illia (1963-1966), y alimentó las expectativas de conformar un frente político común que terminara con el histórico divorcio entre la clase obrera y los intelectuales.

José Aricó, unos de los principales animadores de la inserción y difusión de las ideas de Gramsci, tanto en Argentina como en el resto de Latinoamérica, ha comentado al respecto:

---

8. Antonio Gramsci, *La formación de los intelectuales* (Barcelona: Grijalbo, 1974).

[L]a discusión acerca de la vigencia del gramscismo, tuvo en nosotros un efecto de liberación muy fuerte, nos ayudó a observar
fenómenos que antes, en el pensamiento marxista, estaban sosla-
yados. Por ejemplo el problema de los intelectuales, de la cultura,
de la relación del Estado, nación y sociedad, la función del partido
político en el seno de un bloque de fuerzas populares, etcétera. No
es que tales problemas no se pensaran, sino que se pensaban desde una perspectiva que no nos obligaba a descubrir nuestra propia
realidad nacional.[9]

Hasta que se produjo la renovación teórica y la franca introducción de las ideas humanistas en los primeros años de la década
del sesenta, los intelectuales comunistas—pese a algunas excepciones—no habían sustentado generalmente sus análisis políticos
en variables histórico-nacionales.[10] La teoría de la hegemonía de
Gramsci dio un novedoso protagonismo a la hipotética unidad nacional de las clases dirigentes en el Estado, con el fin de convertirlo
en el centro de constitución de un aparato hegemónico que asegu-
rase la implantación del socialismo. Gramsci pensó que esto sólo
era posible a partir de la reconstrucción de la historia política de
las clases, del reconocimiento de sus formas de conciencia, de sus
propios modos de organización y de la relación entre intelectuales
y clases populares, una relación que -en el caso de los países lati-
noamericanos- aparecía limitada y mediatizada por su condición de
dependencia.

Implícita o explícitamente la llamada *nueva izquierda* argentina fue influida por dicha lectura, que si bien adoptó particularidades organizativas según los casos, de un modo u otro se
convirtió en pieza esencial de su andamiaje teórico-filosófico. Si
tuviéramos que resumir los puntos centrales, tal vez deberíamos
decir que la introducción del pensamiento de Gramsci brindó a las
jóvenes generaciones dos elementos esenciales. En primer lugar,
las herramientas teóricas para repensar el proceso histórico argentino, fundamentalmente el abordaje de la cuestión peronista, y el
intento de construir un puente que estrechara las relaciones entre
la izquierda marxista y el nacionalismo popular encarnado por el
peronismo. Y en segundo lugar, permitió fundar una nueva lectura

---

9. José Aricó, *Entrevistas (1974-1991)* (Córdoba: Centro de Estudios Avanzados,
1999), p. 18.

10. Sobre este tema, ver el artículo de Alejandro Cattaruzza en este volumen.

del vínculo entre el campo de la cultura y la política, un vínculo que permitiera repensar la históricamente conflictiva relación entre *intelectuales* y *pueblo*.

Marxismo, peronismo y nación: la Izquierda Nacional

Contrariamente a la producción simbólica antiperonista que habían impuesto los sectores letrados más tradicionales (un sector que concebía al peronismo como un hecho artificial y pasajero), a partir del primer tercio de la década de 1960 una abrumadora cantidad de nueva bibliografía comenzó a dar muestras del inesperado cambio de percepción respecto al curso de los procesos políticos y la naturaleza de las organizaciones populares. Para muchos intelectuales el peronismo cobró un nuevo rostro, esta vez un rostro positivo. Lo mismo ocurrió con otras organizaciones latinoamericanas y del llamado Tercer Mundo, que parecían encarnar proyectos político-sociales transformadores o revolucionarios que resultaron muy persuasivos. Aquí la influencia del caso cubano fue poderosa.

Fundamentalmente entre 1955 y 1966, el extenso despliegue de una literatura interpretativa dirigida a revisar la actuación de la clase media en relación al fenómeno peronista fue, para Carlos Altamirano, producto de un sentimiento de mortificación y expiación.[11] A su juicio, los letrados buscaron purgar las faltas cometidas contra el pueblo en 1943 y 1955, e incorporar bases marxistas a los análisis para unir su destino pequeño burgués al del proletariado. En este sentido, Noé Jitrik apunta que la producción de esa literatura "señalaba una especie de compulsión por entender eso que se llama realidad".[12] Pero si bien los esquemas conceptuales y los posicionamientos adoptados por los autores fueron diversos, podemos ver que en todos ellos se percibe nítidamente esa sensación. Así ocurre, por ejemplo, con las obras *Civilización y Barbarie* de Fermín Chávez, "Orden y progreso" y "Análisis del frondizismo" de Ismael Viñas, *Los años despiadados* y *Las malas costumbres* de David Viñas, *Cabecita negra* de Germán Rozenmacher, o *Buenos*

---

11. Carlos Altamirano, *Peronismo y cultura de izquierda* (Buenos Aires: Temas, 2001), p. 102.

12. Noé Jitrik, Entrevista de N. Aguilera, *Tramas*, Córdoba, Vol. II, N° 4, p. 41.

Aires, vida cotidiana y alineación, de Juan José Sebreli.[13]

La aparición de esta bibliografía y el interés de buena parte de los intelectuales argentinos en reinterpretar la compleja relación entre clase media y peronismo—teniendo en cuenta su procedencia—nos induce a pensar que, en realidad, lo que hacían estos letrados era revisar críticamente cuál había sido su papel respecto a los movimientos populares a lo largo de la historia argentina en general, y durante los gobiernos peronistas en particular. El perfil o el carácter de la literatura interpretativa de la realidad socio-política de entonces no sólo incorporó ideas y prácticas políticas revolucionarias, sino también la búsqueda de un nuevo lugar, de una nueva función político-social para los intelectuales de clase media, quienes nunca habían ocupado un sitio cercano a los afectos del pueblo.

Rodolfo Puiggrós, Jorge Abelardo Ramos y Juan José Hernández Arregui fueron tres de los autores más representativos de la llamada Izquierda Nacional, un activo núcleo de intelectuales que buscó incorporar los esquemas teóricos marxistas al análisis de la realidad argentina, en especial aplicándolos en clave nacional a la irresuelta proscripción peronista. Sus interpretaciones se convirtieron, desde mediados de los sesenta, en una alternativa al ideario liberal dirigida a establecer vínculos entre las corrientes de izquierda y los sectores más afines del nacionalismo peronista. Los trabajos de Rodolfo Puiggrós, *Historia crítica de los partidos argentinos* (1956) y *El proletariado en la revolución nacional* (1958); los de Jorge Abelardo Ramos, *América Latina: un país* (1949), *Crisis y resurrección de la literatura Argentina* (1954), y *Revolución y contrarrevolución en la Argentina* (1957); así como los de Juan José Hernández Arregui, *Nacionalismo y Liberación* (1969) y *La formación de la conciencia nacional* (1960),[14] fueron textos que co-

---

13. Fermín Chavez, *Civilización y barbarie en la historia de la cultura argentina* (Buenos Aires: Trafac, 1956); Ismael Viñas, "Análisis del frondizismo" y "Claves de la política argentina", *Contorno*, Buenos Aires, 1958; Germán Rozenmacher, *Cabecita negra* (Buenos Aires: Jorge Álvarez, 1962); Juan José Sebreli, *Buenos Aires, vida cotidiana y alineación* (Buenos Aires: Siglo XX, 1965).

14. Rodolfo Puiggrós, *Historia crítica de los partidos políticos argentinos* (Buenos Aires: Argumentos, 1956); Rodolfo Puiggrós, *El proletariado en la revolución nacional* (Buenos Aires: Trafac, 1958); Jorge Abelardo Ramos, *América Latina: un país* (Buenos Aires: Izquierda Nacional, 1949); Jorge Abelardo Ramos, *Crisis y resurrección de la literatura Argentina* (Buenos Aires: Izquierda Nacional, 1954); Jorge Abelardo Ramos, *Revolución y contrarrevolución en la Argentina* (Buenos Aires: Izquierda Nacional, 1957); Juan José Hernández Arregui, *Nacionalismo y*

braron gran notoriedad en los ámbitos universitarios de finales de la década de los 60s y principios de los 70s al lograr sistematizar el proyecto denominado socialista nacional que intentó tomar forma concreta a través del así llamado Peronismo Revolucionario, un proyecto que recibió una fuerte inspiración cubana en el desarrollo de sus tesis y métodos, y que tuvo en John William Cooke su personaje más original.

Dichos autores se ubicaron dentro del llamado nuevo marxismo, corriente que se consideró parte del pensamiento nacional enfrentado al liberalismo y el cientificismo de la sociología norteamericana incorporada a la universidad de Buenos Aires, entre otros, por el sociólogo Gino Germani. Hay que destacar que el marxismo con el que estos autores fundamentaban sus interpretaciones no era un compendio doctrinario homogéneo, pues utilizaron alternativamente concepciones de Lenin sobre el imperialismo e ideas de Trotsky sobre semi-colonia y bonapartismo. No obstante, su opinión coincidía en el compromiso militante que debían asumir los intelectuales argentinos con las organizaciones políticas en el proceso de transformación social, un proceso que se vivió con urgencia y donde suponían que el peronismo tenía un papel protagónico, un papel inscrito en el relato marxista en tanto movimiento popular, antiimperialista y solidario con las causas de liberación nacional que en esos años atravesaban, en especial, algunas ex-colonias europeas en Asia y África.

A juicio de autores como Puiggrós y Ramos la democracia burguesa de estilo europeo era un producto importado al Tercer Mundo, un sistema de privilegio que venía a instituir la dominación y el saqueo simbólico y material de los países colonizados. Puiggrós y Ramos consagraron no pocos esfuerzos teóricos al rechazo de todo análisis que atribuyera rasgos fascistas al régimen encabezado por Perón entre 1946 y 1955. Una de las tesis más usadas en respaldo de este afán fue la de considerar al fascismo un fenómeno típico del capitalismo avanzado y de una sociedad con vocación imperial, situación que, a su juicio, no podía atribuírsele a Argentina ni a ningún país del Tercer Mundo. Puiggrós y Ramos más bien colocaban a Perón entre los líderes revolucionarios tercermundistas, como una expresión del nacionalismo autoritario, opuesto al liberalismo y al

---

liberación (Buenos Aires: Hachea, 1969); Juan José Hernández Arregui, *La formación de la conciencia nacional* (Buenos Aires: Peña Lillo, 1960).

comunismo, es decir, opuesto a lo que ellos consideraban las dos formas existentes y opuestas de imperialismo. Este razonamiento buscaba abrir una brecha en favor del tercerismo o, para decirlo con sus propias palabras, la vía argentina al socialismo.

Puiggrós y Ramos no habían ofrecido, hasta mediados del sesenta, más que una de las diversas lecturas alternativas que se postulaban del conflicto peronista; de hecho, no abandonaron su marginalidad hasta los últimos años de la década del sesenta y principios del setenta, cuando sus concepciones se convirtieron en un esquema interpretativo con relevancia política gracias al peso relativo que este adquirió en una importante porción de la intelectualidad y la juventud universitaria. Se trataba de una generación que mostró una inclinación ideológica nacional populista que, agudizada por las condiciones represivas impuestas por la dictadura de Onganía a partir de 1966 y en combinación con los sectores católicos portadores de un discurso cristiano post-Concilio Vaticano II (1962-1965), radicalizó sus posiciones y gravitó en la escena con algunas expresiones político militares—especialmente la organización Montoneros—, que tuvieron su máxima expansión entre 1972 y 1973.

Los intelectuales comprometidos

1. El existencialismo sartreano y el grupo Contorno: de la literatura al compromiso político

Como hemos señalado hasta aquí, en estos años hubo un notable proceso de transferencia discursiva entre política y cultura. Es decir, observamos un importante flujo de nuevas disciplinas sociales, teorías e ideas que alimentaron las preocupaciones políticas en los ámbitos del conocimiento, el pensamiento y el arte. Especialmente a partir de 1955, cuando los diversos núcleos letrados antiperonistas se incorporaron a la vida pública y comenzaron a tener un mayor espacio de acción en la universidad y los circuitos editoriales, observamos una creciente inclinación por participar en los debates que afectaban al país, un interés centrado sobre todo en las problemáticas derivadas del subdesarrollo, la dependencia (económica y cultural) y—fundamentalmente—dirigido a conformar el proyecto de país que incorpore, desmovilice y subordine a las masas trabajadoras fieles al liderazgo de Perón.

Tal como hemos comentado más arriba, en este período el marxismo pasa a ocupar una posición protagónica en tanto teoría crítica y de análisis de los conflictos sociales, pues era considerada una de las doctrinas más avanzadas de la época y sus generalizaciones eran muy respetadas en gran parte del arco científico. Sin embargo, el marxismo no es la única influencia que reciben los núcleos letrados de la época, sino que ésta se combina con diversas corrientes de pensamiento humanista que proponen explícitamente mantener una actitud de compromiso crítico frente a temas políticos, como fue el caso, por ejemplo, del existencialismo.

En el caso argentino, uno de los grupos intelectuales más prolíficos de esos años fue el que integraban David e Ismael Viñas, León Rozitchner, Juan José Sebreli, Carlos Correas, Adelaida Gilly, Oscar Masotta, Noé Jitrik, Rodolfo Kush, Ramón Alcalde y Susana Fiorito, quienes publicaron entre 1953 y 1959 la revista *Contorno*. Si bien todos ellos ya habían participado de otras publicaciones como *Verbum*, *Centro* o *Ciento y Una*, la experiencia y el perfil que asumen en *Contorno* marcó un antes y un después no sólo en sus propias producciones, sino en las del resto de toda una generación de intelectuales de la época.

Durante una conferencia en Córdoba en 2005, Juan José Sebreli describía así la experiencia de *Contorno*:

[T]odo el grupo que hacíamos *Contorno*, y yo en mi primera etapa como escritor, indudablemente estuvimos influenciados por el existencialismo. Sartre fue quien dio sustento filosófico al compromiso público asumido por los escritores de izquierda en los sesenta, su estilo rebelde, antiburgués, era una marca ideológica ineludible.[15]

Tampoco el escritor Abelardo Castillo parece tener dudas al respecto cuando dice:

[E]sa es una de las características de los sesenta, el paradigma de la época serían las ideas de los existencialistas franceses ateos, como Sartre, Camus, o Beauvoir, donde el compromiso ideológico, el compromiso estético y la militancia eran más o menos la misma cosa.[16]

---

15. Juan José Sebreli, "La crisis argentina según Juan José Sebreli", Conferencia, Universidad Siglo XXI, CPCEC (Córdoba, 19 de junio de 2005).

16. Abelardo Castillo, Entrevista de Fernando Piñero, *Tramas,* Vol. II, N° 4, 1998, p. 15.

Lo dicho por Sebreli y Castillo parece evidente cuando se revisan las publicaciones de esos años, donde se traducen sin cesar gran cantidad de textos, artículos y entrevistas de un Jean Paul Sartre que se convierte en un ícono indiscutido del pensamiento. Algunas de las revistas político-culturales más transitadas de aquellos años, como *Contorno, Revista de la Universidad de Buenos Aires, Pasado y Presente, La Rosa Blindada*, entre otras—y en consonancia con *Les Temps Modernes* o *Monthly Review*—repetían en sus páginas que la vida humana era la realidad radical y la razón histórica la razón suprema: "El hombre es primero un proyecto que se vive subjetivamente; nada existe antes que este proyecto; nada hay en un cielo inteligible, y el hombre será lo que ha proyectado ser".[17]

La imagen de intelectual que forja Sartre en esta etapa está impresa claramente en *¿Qué es la literatura?*, un texto donde despliega una figura ideal que no queda reducida al saber técnico o específico del especialista o experto, sino que apela a un hombre que se convertiría en intelectual debido a su compromiso con una función social, con el rol de portavoz de una conciencia humanista y universal que se distinguiría más allá de las fronteras y de las nacionalidades. La posición de pensador crítico, comprometido e independiente era para Sartre y sus entusiastas el lugar simbólico donde se fundaba la legitimidad política de los intelectuales. Es decir, para Sartre, era en los signos de preocupación o indiferencia ante las problemáticas sociopolíticas que aquejaban al mundo donde el intelectual demostraba su conciencia crítica. Era precisamente allí donde tenía sede su compromiso. Y a su juicio, el hombre sería responsable tanto de lo que hace como de lo que no hace, y su destino un efecto subsidiario de su acción tanto como de su omisión.

José Pablo Feinmann, en un ejercicio de memoria, recuerda que en los sesenta todos hablaban de existencialismo pero que "*El ser y la nada* era un libro intransitable. No todos podían meterse de cabeza en las penumbrosas aulas de la calle Viamonte y estudiar filosofía junto con Masotta, Sebreli, Rozitchner o Eliseo Verón".[18] Sin embargo, la complejidad de las reflexiones sartreanas se masificaron más bien a través de un folleto de carácter explicativo ti-

---

17. Hugo Rodríguez Alcalá, "Existencia y destino del hombre", *Revista de la Universidad de Buenos Aires*, Quinta época, Año 5, N° 1, 1960, p. 21.

18. José Pablo Feinmann, *La sangre derramada* (Buenos Aires: Ariel, 1998), p. 48.

tulado *El existencialismo es un humanismo*, un texto que era más accesible que *El ser y la nada* y a través del cual muchos lectores se introdujeron no sólo a los planteos fenomenológicos, sino también se familiarizaron con las categorías y concepciones marxistas.

En un ensayo titulado *La sangre derramada* Feinmann analiza las distintas expresiones de la violencia política en la Argentina de los *sesenta-setenta*. Allí expresa su sorpresa respecto al abandono que han sufrido las ideas de Sartre en los últimos años y atribuye este hecho a que Sartre se ubica entre los filósofos de los temas más vehementes de la modernidad: el marxismo, la literatura comprometida, la idea de totalidad; en suma, el del mandato de transformación del mundo a partir de la praxis del sujeto libremente comprometido. Y esto, dice Feinmann, en la actualidad significa *quedar pegado*.[19]

Pero volviendo ahora a la revista *Contorno*, podemos decir que se trató de un original proyecto cultural que en el inicio de sus seis años de existencia (1953-1959) partió de la crítica literaria para terminar más tarde en el análisis político. En los sectores juveniles de izquierda la aparición de *Contorno* fue muy bien valorada. Por ejemplo, desde el editorial del primer número de la revista *Pasado y Presente* se elogió la tarea de *Contorno*, considerada un intento serio y audaz por estructurar una nueva relación ideológica-moral con las problemáticas de la realidad nacional. Así lo creyó José Aricó, quien escribió:

Ninguna como ella, entre sus contemporáneas, se caracterizó por un deseo igual de posesionarse de la realidad, por una búsqueda tan acuciante de las raíces de nuestros problemas. Fue quizás la revista más avanzada de lo que ha dado llamarse izquierda independiente argentina (...) [en la búsqueda] de crear puentes que permitan establecer un punto de pasaje entre el proletariado y los intelectuales, (...) en una corriente concreta que englobe clase

---

19. *Quedar pegado* es una expresión que puede utilizarse en varios sentidos. En este caso Feinmann parece referirse a la duda desprestigiante que actualmente despierta en muchas personas el hecho que alguien mencione aspectos teóricos que colaboraron en los *sesenta-setenta* a fortalecer una visión transformadora de la sociedad, que con frecuencia se asocia acrítica, compacta e injustamente a la radicalidad cuando no directamente al terrorismo. Posiblemente *La Náusea* sea el único libro de Sartre que no ha perdido actualidad y del cual no deberíamos temer *quedar pegados*.

obrera y capas medias.[20]

Como vemos, en las páginas de *Contorno* primero y *Pasado y Presente* después, los redactores se repiten la pregunta: ¿cuál debe ser la función social de los nuevos intelectuales argentinos?, una preocupación casi obsesiva de esta generación de mujeres y hombres que se inclinaron a reflexionar acerca de los avatares políticos del país en este particular período de la historia. De hecho, en las páginas de dichas publicaciones circularon dos de los dilemas fundacionales de la *nueva izquierda*: por un lado, el divorcio existente entre la clase obrera—en su mayoría peronista—y los intelectuales marxistas, y por otro, el sentimiento de impotencia e incluso de culpa ante la toma de conciencia de su ineficacia política en tanto intelectuales de origen pequeño burgués.[21]

Por su parte, Oscar Terán agrega a esto que la recolocación del fenómeno peronista conllevó una redefinición de la franja crítica dentro del espectro político-cultural y conformó uno de los rasgos centrales del nacimiento de la nueva izquierda argentina en el campo intelectual.[22] Pero la tarea de revisión emprendida por los intelectuales no parecía estar dirigida solamente a analizar su lugar de actuación en relación al peronismo, sino a la necesidad de reducir la notable distancia que los había separado del pueblo o el proletariado.

En efecto, el florecimiento de las polémicas desatadas alrededor del tema señala, por un lado, una creciente y afiebrada disputa por la legitimidad en el campo intelectual, una legitimidad que no estaba reducida a ocupar los cargos oficiales de la universidad. Y por otro, la profunda modificación que sufren las tradiciones intelectuales a propósito de los dos sucesos paradigmáticos que nos introducen en la década del sesenta: la proscripción peronista y la Revolución Cubana. El primero de estos hechos sumerge la coyuntura política local en una permanente inestabilidad institucional, en medio de un potente proceso de modernización y expansión de

---

20. José Aricó, "Editorial", *Pasado y Presente*, Córdoba, Año 1, N° 1, p. 11.

21. Las exigencias ideológico-morales del intelectual contestatario argentino y la paulatina nacionalización de sus preocupaciones político-sociales lo llevaron a problematizar sobre su lugar y la realidad contradictoria de su origen de clase en relación a las masas obreras no-marxistas y su líder natural, Perón, quien durante sus gobiernos había dado sobradas muestras de antipatía no sólo hacia los partidos marxistas sino también a todo núcleo intelectual, peor aún si era disidente.

22. Terán, *Nuestros años sesenta*, p. 45.

la oferta cultural. Y el segundo cambia completamente la forma de concebir la acción político-ideológica del intelectual y sus aspiraciones de eficacia en el ámbito profesional. La distancia entre ambas tendencias intelectuales se irá ensanchando con el correr de la década. Una de ellas tuvo como ideal establecer una absoluta independencia entre el campo intelectual y el político, mientras que la otra pugnó por una tarea comprometida con la transformación revolucionaria de la sociedad.

El compromiso que fueron asumiendo muchos intelectuales de la época lo expresó David Viñas durante una entrevista realizada por Franco Mogni en 1961, quien le preguntó: "¿qué entiende por escritor comprometido?, ¿comprometido con qué?" Y Viñas responde:

> Fundamentalmente, el compromiso es con la historia concreta, con la historia que nos rodea o que se nos cae encima. Se trata de escribir de problemas y no de tópicos. Se está comprometido si se escribe de problemas, si no se toma a la literatura como carrera. Es decir, que el compromiso se define de alguna manera por la negativa. Cuando me siento comprometido escribiendo algo es porque no tengo coartadas, porque no puedo dar un paso atrás. (...) El compromiso aparece cuando el espacio entre la realidad y la ficción se reduce al máximo. Hoy los grandes diarios prefieren que el escritor sea decorativo.[23]

Expertos o Especialistas

1. La universidad y el lugar de los intelectuales antiperonistas

Durante los años que Perón estuvo en el gobierno (1946-1955) los intelectuales con mayor visibilidad pública pertenecían a grupos diversos, pero si estaban aglutinados por algún motivo era por su abierta oposición al régimen. El diverso arco letrado antiperonista albergó desde los liberales de *Sur*, pasando por los intelectuales cercanos al *Colegio Libre de Estudios Superiores*, hasta la nueva generación nucleada en *Amigos del Arte, Nuevo Teatro* o publicaciones como *Imago Mundi, Centro* y numerosos aunque

---

23. David Viñas, "Un cross a la mandíbula", entrevista de Franco Mogni, *Che*, Año 1, N° 7, 1961, p. 20.

efímeros grupos informales de estudio cercanos al radicalismo, al socialismo o al comunismo. Caracterizados por un perfil más bien elitista que popular, dichos núcleos eran sustentados por el esfuerzo privado de sus propios integrantes, en su mayoría mujeres y hombres pertenecientes a una clase social media o media alta pero con baja representación partidaria y, en general, completamente apartados de las organizaciones oficiales del Estado.

Luego del Golpe de Estado a Perón (1955), en un contexto de gran inestabilidad política y social donde la represión a los trabajadores y el sabotaje de la *Resistencia Peronista* tenían gran presencia pública, entre 1956 y 1961 el gobierno de Aramburu primero y el de Frondizi después, no sólo promovieron el relevo de funcionarios en las instituciones del Estado, sino que produjeron también el más importante reordenamiento institucional y legislativo de todo el período. La universidad, por supuesto, no fue la excepción y provocó el recambio e incorporación de contingentes completos de ex docentes desplazados e intelectuales antiperonistas que nunca habían ocupado funciones públicas. Para los implicados no se trataba de caer en la restauración de los claustros universitarios pre-peronistas sino de desarrollar un nuevo proyecto cultural, crear algo completamente diferente que podríamos concebir como un *proceso de modernización* o renovación institucional dirigido no sólo a los aspectos técnicos y teórico-metodológicos, sino también a la necesidad de dotar a la universidad de un nuevo rol social.

La refundación de la universidad respondió a un proyecto acorde con las necesidades adjudicadas por los nuevos huéspedes del poder, quienes bajo la óptica del pensamiento desarrollista habían otorgado un papel esencial al Estado. Dicho proyecto de Estado requería un nuevo complejo institucional diversificado en sus funciones con una mayor estratificación interna y la expansión de una burocracia tecnificada en todos los segmentos intermedios y altos de la administración. A priori, el reordenamiento universitario perseguía dos objetivos urgentes y principales: por una parte, la formación de funcionarios y especialistas que dieran contenido y dotaran de una mayor competitividad a las estructuras institucionales, y por otra, continuar con la intensa tarea de recambio de funcionarios—o desperonización—del Estado.

El proceso abierto en la universidad fue acompañado por diversas iniciativas que buscaron despertar el interés y la participación de la sociedad. Este fue el sentido dado, por ejemplo, a la

Editorial de la Universidad de Buenos Aires (Eudeba), a la proyección de la nueva ciudad universitaria, a la recalificación docente o a los concursos para las cátedras. Paralelamente, y en consonancia con el proyecto, se fundaron nuevas carreras en Ciencias Sociales, como Ciencias Económicas, Sociología, Psicología, Ciencias de la Educación, Ciencias Políticas, Ciencias de la Comunicación, entre otras. De este modo, las ciencias (en especial las sociales) cobraron una notoriedad desconocida hasta entonces, un hecho que no sólo cuadriplicó las matriculaciones sino que implicó la conformación y emergencia de un nuevo colectivo social: los estudiantes universitarios, un colectivo que, por cierto, tuvo una destacada participación en el devenir político del período.

2. El caso de los sociólogos

La paulatina fragmentación del conocimiento en campos especializados y la introducción de modernos métodos de abordaje en las ciencias sociales tuvieron un gran impacto en los ámbitos académicos. A partir de estos años la economía y la historia, entre otras disciplinas, comenzaron a utilizar teorías y técnicas novedosas y una terminología cada vez más específica que pretendió erigirse como sinónimo de neutralidad e independencia ante las influencias o avatares políticos. Un ejemplo de esta tendencia fue la creación en 1957 del Departamento y la carrera de Sociología en la Facultad de Filosofía y Letras de la Universidad de Buenos Aires, una iniciativa que institucionalizó la disciplina y reconoció oficialmente no sólo la autoridad de un nuevo método empírico sino, en especial, la de un nuevo tipo de *científico* social.

Este hecho marcó un antes y un después en el devenir del pensamiento social y su tradición, tanto en aspectos intelectuales como institucionales. En primer término porque la introducción de las ciencias sociales en la universidad generó una oferta alternativa a las carreras clásicas, y segundo, porque buscó homogenizar bajo supuestos parámetros teórico-metodológicos el amplio proceso de modernización puesto en marcha en la universidad. La creación de la carrera de Sociología se inscribe dentro de esta tendencia general, aunque desde lo particular persiguió profesionalizar una actividad que en rigor ya se venía desarrollando informalmente y que estaba en deuda con una serie de nuevas categorías de análisis. Por otra parte, la sociología vino a reclamar un espacio específico de inserción en un mercado laboral en expansión que, a juicio de su director Gino Germani, estaba repleto de influencias político-ideológicas propias de un ensayismo que obstaculizaba las condiciones de *neutralidad* requeridas para la investigación.

En opinión de Torcuato Di Tella (hijo), el Departamento de Sociología fue una creación típica de la época:

> [B]rilló intensamente durante diez años, produciendo escozores y malentendidos en los más diversos lugares, pero convirtiéndose en escuela de pensamiento crítico. Con esto consiguió enajenarse no sólo a la derecha más cerril sino también a una izquierda muy pronto influida por el modelo cubano y por las versiones radicalizadas del justicialismo.[24]

Como señalamos antes, esta iniciativa era coherente, por una parte, con el profundo proceso de transformación que durante estos años generaron las ciencias sociales en todo Occidente, y por otra, con el proyecto de modernización que buscaba incorporar a las élites intelectuales antiperonistas a la universidad en el proceso de reorganización institucional posterior a 1955.[25]

Los trabajos sociológicos abordados con herramientas y concepciones modernas, tanto en Argentina como en la mayor parte de los países latinoamericanos, estuvieron precedidos por estudios concebidos bajo una cosmovisión naturalista de la sociedad. No fue sino hasta fines de la década de los cincuenta y principios de los años sesenta que los métodos de abordaje se introdujeron tal como hoy los conocemos.[26] Por lo tanto, como ha señalado Carlos Alta-

---

24. Torcuato Di Tella, "Gino Germani" (estudio preliminar), en Gino Germani, *Autoritarismo, Fascismo y Populismo Nacional* (Buenos Aires: Temas, 2003), p. 13.

25. El auge de la Sociología queda probado con la creación de una serie de organismos internacionales de gran protagonismo en la articulación de la investigación, como por ejemplo la International Sociological Association, la International Political Science Association, la Asociation Française de Science Politique, la Facultad Latinoamericana de Ciencias Sociales, la Escuela Latinoamericana de Sociología, el Centro Latinoamericano de Investigación en Ciencias Sociales, la Sección de Ciencias Sociales de la Unión Panamericana como parte de la División de Filosofía, Letras y Ciencias del Departamento de Asuntos Culturales de la UNESCO, que a su vez había lanzado ya en 1948 publicaciones como el *Bulletin International des Sciences Sociales*, *International Political Science Abstracts*, y *Current Sociology*.

26. Anteriormente se atribuían fundamentos biológicos a los hechos sociales y se consideraba la raza un factor determinante en la evolución. En Argentina quizás los textos más representativos en esta línea fueron: Domingo Sarmiento, *Facundo*

mirano, podríamos decir que en Argentina los modos de descripción e interpretación del mundo social que actualmente llamamos sociológicos no fueron producto de un desarrollo reflexivo propio, sino que se trató de una adopción y una adaptación a nuevas formas discursivas sobre la vida social.[27]

Desde la fundación de la carrera de Sociología el personaje emblemático en este campo sin duda fue su director Gino Germani, quien cuenta entre sus trabajos más reconocidos *Estructura social de la Argentina* (1955) y *Política y sociedad en una época de transición* (1962).[28] La tarea de Germani fue muy controvertida, pues combinó aceptación y resistencia, sobre todo por el carácter y procedencia de sus enfoques. El grupo de intelectuales reunidos en

y *Conflictos y armonías de las razas en América* (Buenos Aires: Ed. Edivin, 1845); Carlos Bunge, *Nuestra América* (Buenos Aires: Valerio Abeledo, 1905); Lucas Ayarragaray, *La anarquía argentina y el caudillismo* (Buenos Aires: Lajouane, 1904); José Ingenieros, *La evolución sociológica argentina* (Buenos Aires: Libr. J. Menendez, 1910) y José Ingenieros, *El hombre mediocre* (Buenos Aires: Elmer, 1956); entre otros. No obstante, una generación que podríamos llamar intermedia es la de Alfredo Poviña, Enrique Martínez Paz, Raúl Orgaz, Isidoro Ruiz Moreno, Martín Gálvez, Francisco Ramos Mejía, Juan Alberto García, Ernesto Quesada, Héctor Rivarola, Juan Matienzo, Luis Dellepiane, Miguel Cané, entre otros, que fueron algunos de los primeros intelectuales surgidos bajo los nuevos aunque todavía frágiles cánones del pensamiento sociológico argentino. Todos ellos alternaban sus actividades profesionales privadas con tareas docentes -que eran fuente de prestigio pero no de dinero- en las Facultades de Derecho y Ciencias Sociales y Filosofía y Letras en las universidades de Buenos Aires, Córdoba y La Plata.

27. Carlos Altamirano, "Entre el naturalismo y la psicología: el comienzo de la *ciencia social* en la Argentina", en Federico Neiburg y Mariano Plotkin, comps., *Intelectuales y expertos* (Buenos Aires: Paidós, 2004), p. 31. Para más datos consultar Waldo Ansaldi, "De historia y de sociología", en Jorge Raúl Jorrat y Ruth Sautu, comp., *Después de Germani* (Buenos Aires: Paidós, 1992), pp. 71-74; Silvia Sigal, *Intelectuales y poder en la Argentina. La década del Sesenta* (Buenos Aires: Siglo Veintiuno Editores, 2002), pp. 89-90; Carlos Altamirano, "Entre el naturalismo y la psicología: el comienzo de la *ciencia social* en la Argentina", en Neiburg y Plotkin, comps., *Intelectuales y expertos*, pp. 35-37.

28. Gino Germani nació en Roma y llegó a la Argentina con veintitrés años. Entre 1937 y 1945 trabajó como investigador, pero durante los gobiernos peronistas se alejó de la universidad. Tuvo también una reconocida trayectoria como traductor y editor, fue director de las colecciones *Ciencia y Sociedad* de la editorial Abril, y *Biblioteca de Psicología y Sociología* de Paidós, donde escribió y tradujo una importante serie de estudios preliminares de autores norteamericanos como Lippmann, Laski, Fromm, Malinowski, Mead, Klein, Hollischer, entre otros. Alejandra Germani, "Algunos apuntes biográficos sobre la obra", en Gino Germani, *Autoritarismo, fascismo y populismo Nacional* (Buenos Aires: Temas, 2003).

torno a figuras como Germani o José Luis Romero buscó consolidarse como polo interno y externo de opinión, y para ello colaboró coordinadamente en sus investigaciones. En este sentido Beatriz Sarlo ha destacado que tanto Romero—a quien considera la figura carismática de esta generación—como Tulio Halperín Donghi desde la carrera de historia, estaban atentos a las investigaciones que se desarrollaban en el Instituto de Sociología, y con frecuencia participaban en ellas.[29]

El pensamiento sociológico de Germani fue contemporáneo al estructural funcionalismo practicado en los Estados Unidos, una coincidencia en la que Claudio Suasnábar ha reparado señalando que existía una fuerte vinculación con el desarrollismo cepaliano, y por tanto no le resulta extraño que muchos fundadores y primeros alumnos de la carrera de sociología sean, en los años posteriores, intelectuales de ese organismo.[30]

Además de los ya mencionados, Germani contaba con colaboradores que provenían de distintas disciplinas como Norberto Rodríguez Bustamante, Ernesto Laclau, Cecilia Durruti, Ana María Bambini, Miguel Murmis, Francisco Marsal o Eliseo Verón, aunque posteriormente algunos de sus más destacados discípulos, como Murmis, Marsal y Verón—más cercanos al marxismo—, se inclinaron hacia posiciones críticas del pensamiento sociológico de su antiguo maestro. Lo que parecían señalar las inclinaciones de los jóvenes investigadores era que, no obstante la implementación universitaria de un nuevo paradigma, existían posturas críticas muy persuasivas aunque escasamente incorporadas a los ámbitos institucionales.

3. La contestación y la crítica a los especialistas

Como hemos señalado en la primera parte del artículo, buena parte del sector intelectual crítico o contestatario consideraba que no sólo era imposible mantener al investigador aislado del campo de la política, sino que pretenderlo era una actitud reaccionaria, ya que, a su juicio, el rol de la ciencia y tanto más el de los intelectuales debía estar definido por su compromiso con la liberación

---

29. Beatriz Sarlo, *La batalla de las ideas* (Buenos Aires: Ariel, 2001), p. 81.

30. Claudio Suasnábar, *Universidad e Intelectuales* (Buenos Aires: Manantial, 2004), p. 37.

de las condiciones de subdesarrollo impuestas por el imperialismo. Por ello se acusó a Germani de ser un operador de la burguesía, de utilizar modelos interpretativos esquivos o de ocultamiento de los conflictos reales, es decir, de los conflictos considerados en términos de lucha de clases. Esta concepción llevó por ejemplo en 1963, y a pedido de los estudiantes, a que se abriera una cátedra paralela de Sociología Argentina Contemporánea en la carrera de Sociología de la Facultad de Filosofía y Letras de la Universidad de Buenos Aires, a cargo de Silvio Frondizi. Esta iniciativa demuestra el interés existente por articular sociología y marxismo.

En este sentido, Milcíades Peña, en un artículo publicado en la revista Fichas de Investigación Económica y Social, argumentó que Germani era un imitador compulsivo de la sociología profesional norteamericana, y que:

> [E]duca a los futuros sociólogos en el estilo burocrático y parcelario que caracteriza al empirismo abstracto, un estilo de investigación que es esencialmente antidemocrático y que no puede tener un papel educativo liberador para los investigadores sociales.[31]

No obstante las críticas, es claro que la figura del experto o especialista, esa figura caracterizada por una visión eminentemente técnica de sus funciones sociales y abocada fundamentalmente a desempeñar tareas específicas de su área o disciplina, fue la que ocupó los espacios institucionales centrales del período. Pero lo que nos interesa destacar del grupo de científicos sociales que se integraron a la universidad luego de 1955—ya fueran economistas, sociólogos o historiadores—es su autoidentificación en tanto élite intelectual capacitada y llamada a ocupar el nuevo espacio abierto por el proceso de reordenamiento del Estado. Esta élite intentó convertirse en la referencia de las Ciencias Sociales y buscó, por una parte, sustentar su autoridad científica en la introducción de modernas teorías, y por otra, su autoridad política tras un ideal de conocimiento científico-académico, específico, profesionalizado y supuestamente desprovisto de la incidencia ideológica del ensayo.

Así lo asumía entonces Torcuato Di Tella en la *Revista de la Universidad de Buenos Aires* cuando decía:

> Una característica importante de una sociedad moderna es la exis-

---

31. Milcíades Peña, "Gino Germani sobre C.W. Mills o las enojosas reflexiones de la paja seca ante el fuego", *Fichas de Investigación Económica y Social*, Año 1, Nº 2, julio 1964, p. 40.

tencia de una *"intelligentsia", definida como un grupo o estrato social integrado por gente que se ocupa con dedicación plena a labores de investigación, enseñanza especializada, creación artística o científica, o a la especulación sobre temas filosóficos, políticos o sociales.* [...] ¿Por qué esto es importante? Porque mientras no exista una "intelligentsia" como grupo humano y social, estructurado, con una forma de vida propia, con suficiente tiempo y comodidad como para desempeñar su papel de laboratorio de ideas y conocimientos, la sociedad estará falta de uno de sus más estratégicos componentes.[32]

A manera de conclusión

A lo largo del texto hemos intentado caracterizar las tres principales representaciones intelectuales de los años sesenta (1955-1973), señalar cuáles fueron las corrientes de pensamiento con mayor influencia en su conformación e identificar cuáles fueron las ideas guía de conciencia, actitud y comportamiento. Como sugerimos al comienzo del artículo, dichas representaciones deben ser pensadas en un contexto nacional de gran inestabilidad política y social, donde el gobierno de la llamada Revolución Libertadora promovió un debate público—aunque restringido al antiperonismo—respecto a los contenidos del nuevo proyecto de Estado. Y lo hizo inmerso en unas condiciones políticas que requirieron de una violencia represiva creciente sobre los sectores peronistas que resistían su marginación de toda opción legalizada de gobierno. Asimismo, observamos que dichas medidas tuvieron como consecuencia la inclinación de los sectores excluidos de la competencia electoral hacia formas irregulares de protesta e insurrección.

En este marco, y para resumir, podemos decir que en los dos extremos del arco intelectual que hemos analizado se encontraban, por un lado, la figura del experto o especialista, que ocupó los espacios institucionales centrales del período y estuvo influenciado en especial por una visión técnica de sus funciones sociales y abocado fundamentalmente a desempeñar tareas específicas de su área o disciplina. Y por otro, en el extremo opuesto, encontramos al

32. Torcuato Di Tella, "Tensiones sociales en los países de la periferia", *Revista de la Universidad de Buenos Aires,* Año 6, N° 1, enero-marzo 1961, p. 61. El énfasis en itálica es mío.

intelectual orgánico, cuyas tareas profesionales perdieron especificidad quedando subordinadas a las funciones políticas dentro de su organización partidaria.

A mitad de camino entre los llamados especialistas y orgánicos hemos descrito la concepción típicamente existencialista sartreana, la del intelectual comprometido, caracterizado por una visión que apeló a la idea de un hombre que se convertiría en intelectual debido a su compromiso con el rol de portavoz de la conciencia humanista y universal que se distingue más allá de las fronteras y las nacionalidades.

Cultura política de izquierda y cultura impresa
en el Perú contemporáneo (1968-1990): Alberto Flores
Galindo y la formación de un intelectual público[1]

Carlos Aguirre
Universidad de Oregon

"El socialismo nació con la palabra imprenta escrita en la frente".—Regis Debray[2]

Entre 1968 (año del golpe militar de Juan Velasco Alvarado) y 1990 (llegada de Alberto Fujimori al poder), la izquierda peruana atravesó por un proceso de maduración, auge y catastrófica caída. Diversos factores locales e internacionales auspiciaron la radicalización de amplios sectores de la población a fines de los años sesenta y la consiguiente formación de una variada pero claramente identificable cultura política de izquierda: el impacto de la revolución cubana, el Che Guevara y las guerrillas sobre una generación de jóvenes, especialmente de clase media, que asumieron posturas favorables al cambio social radical e incluso violento; los cambios y promesas, así como las limitaciones, del velasquismo, que intentaba satisfacer las aspiraciones de amplios sectores de la población; la movilización campesina en los Andes, que llevaba más de una década jaqueando al sistema tradicional de tenencia de tierras y había puesto el tema del campesinado en la agenda política nacional; y la consolidación de un movimiento obrero combativo y organizado que, junto con el proceso de radicalización del magisterio cristali-

1. Agradezco a José Ragas por la cuidadosa lectura que hizo de este artículo, así como sus sugerencias y su ayuda para conseguir algunos materiales.

2. Régis Debray, "El socialismo y la imprenta. Un ciclo vital", *New Left Review*, 46, 2007, p. 7.

zado en el SUTEP, dieron forma a una amplia red de organizaciones sindicales formidable y radical.[3] El paro nacional de julio de 1977 mostró a la izquierda radical (clasista) en su momento más combativo, y las elecciones de la asamblea constituyente de 1978 reflejaron la creciente resonancia de las alternativas radicales en el escenario político peruano: Hugo Blanco fue el tercer candidato más votado en el ámbito nacional después de líderes políticos históricos como Víctor Raúl Haya de la Torre (APRA) y Luis Bedoya Reyes (Partido Popular Cristiano), y el conglomerado de grupos de izquierda obtuvo casi un tercio de la votación. En 1983, la elección de Alfonso Barrantes Lingán como alcalde de Lima parecía consolidar la presencia de la izquierda como una importante fuerza electoral, y no solo sindical y callejera, en el escenario político peruano. Sin embargo, diversos factores—el agudo divisionismo, la falta de distancia crítica respecto del aprismo de Alan García, la irrupción brutal del senderismo y la crisis del socialismo internacional—precipitaron a partir de la segunda mitad de la década de 1980 una caída gradual y—hasta ahora—irreversible de la izquierda peruana.

Acompañando este proceso—cuya historia está todavía por escribirse y del que hemos ofrecido aquí solo un pálido esquema—,[4] aparece lo que podemos llamar una cultura política de izquierda, es decir, una forma de hacer política y de concebir la militancia que fue un rasgo común a las múltiples facciones en que estaba dividida la izquierda peruana.[5] El peso específico de los diversos componen-

---

3. Sobre el SUTEP y su radicalización véase Alan Angell, "Classroom Maoists: The Politics of Peruvian Schoolteachers under Military Government", *Bulletin of Latin American Research*, vol. 1, N° 2, 1982, pp. 1-20; y Fiona Wilson, "Transcending Race? Schoolteachers and Political Militancy in Andean Peru, 1970-2000", *Journal of Latin American Studies*, vol. 39, N° 4, 2007, pp. 719-746.

4. Sobre la historia de la izquierda después de 1968, véase, aparte de la numerosa bibliografía sobre Sendero Luminoso, los siguientes trabajos: Nicolás Lynch, *Los jóvenes rojos de San Marcos* (Lima: El Zorro de Abajo, 1990); Osmar Gonzales, "La seducción de la democracia. Socialismo y nueva izquierda en el Perú", *Perfiles Latinoamericanos*, 5, 1994, pp. 145-166; Iván Hinojosa, "On Poor Relations and the Nouveau Riche: Shining Path and the Radical Peruvian Left", en Steve J. Stern, ed., *Shining and Other Paths. War and Society in Peru, 1980-1995* (Durham: Duke University Press, 1998), pp. 60-83; y José Luis Rénique, "Una larga marcha andina: tradición radical y organización revolucionaria en el Perú", en Elvira Concheiro, Massimo Modonesi y Horacio Crespo, coords., *El comunismo: otras miradas desde América Latina* (México: Universidad Nacional Autónoma de México, 2007), pp. 459-503.

5. El concepto de *cultura política* es bastante contencioso y ha generado intere-

tes de esta cultura política varía según los actores específicos que se analicen (obreros, militantes partidarios, intelectuales, estudiantes universitarios, etc.), pero en general podemos considerar que todos compartían los siguientes rasgos: 1) una visión de la política como un compromiso vital, a tiempo completo y que teñía todas las facetas de la vida pública y privada, si bien el grado en que cada militante vivía este compromiso variaba mucho en cada caso; 2) una clara inclinación a pensar en la inevitabilidad y proximidad de la revolución, que conducía, por un lado, a reforzar el convencimiento respecto de la corrección de su propia opción política y, por otro, a apostar por la agudización de las contradicciones como estrategia para alcanzar ciertos objetivos en el menor tiempo posible; 3) un esfuerzo constante por definir e imponer la línea o interpretación correcta utilizando como herramientas el debate, la polémica y el recurso a la teoría, casi siempre marxista y, por lo general, dogmáticamente aplicada;[6] y, finalmente, 4) una cierta cultura de secta que incluía el secretismo, el convencimiento de poseer la verdad y una disposición algo exacerbada a la ruptura con aquellos que no la compartían. Así, el dogmatismo y el divisionismo fueron, pese a algunos esfuerzos honestos y productivos (como en las coyunturas electorales de 1978 y 1983), dos de los rasgos más distintivos de la izquierda peruana durante este periodo. La existencia de docenas de agrupaciones políticas que se reclamaban de izquierda en esos años es evidencia suficiente de estos vicios al interior de dicha cultura política.[7]

santes debates sobre su utilidad analítica. Un resumen de la genealogía del concepto aparece en Ronald Formisano, "The Concept of Political Culture", *Journal of Interdisciplinary History*, vol. XXXI, N° 3, 2001, pp. 393-426. Para su aplicación en el caso de los Andes, véase Cristóbal Aljovín de Losada y Nils Jacobsen, eds., *Cultura política en los andes (1750-1950)* (Lima: Universidad Nacional Mayor de San Marcos, Embajada de Francia, Instituto Francés de Estudios Andinos, 2007).

6. En San Marcos, escribe Nicolás Lynch, "no solo se trata de un reemplazo de la realidad con la ideología, sino que esta deja de ser un punto de vista teórico, o un marco analítico y pasa a convertirse en 'palabra sagrada' en la cual se debe creer, sin mayor razonamiento previo [...] No era entonces cualquier versión del marxismo a la que adscribía el movimiento radical, sino a un marxismo entendido como fe, como creencia sobrenatural, que tenía una fuerza inmanente y proveía de ella a la organización que lo profesaba". Lynch, *Los jóvenes rojos*, pp. 64-65.

7. Sobre el *secretismo* y el carácter sectario de los partidos radicales de la izquierda universitaria, ver Lynch, *Los jóvenes rojos*, pp. 91-93.

Hay un elemento adicional, sin embargo, que no se ha explorado con atención todavía y que caracterizó a esa cultura política de izquierda durante el periodo que estudiamos: se trataba de una forma de hacer política en la cual la palabra impresa desempeñaba un papel crucial. El uso extenso y constante de volantes, panfletos, revistas semanales, suplementos culturales, libros, boletines partidarios, documentos doctrinarios, publicaciones efímeras de denuncia, afiches y otros se intensificó en una medida que no tenía precedentes y que tampoco tenía comparación en los demás grupos políticos.[8] Hasta cierto punto, hablar de publicaciones políticas en los años setenta era virtualmente sinónimo de publicaciones de izquierda. No había partido o facción de izquierda que no tuviera su propia revista.[9] Los kioskos de las calles de Lima parecían a veces estar totalmente copados por estas publicaciones.[10] Ser militante o activista y no saber usar un mimeógrafo era prácticamente impensable. La producción de todo tipo de textos, elaborados artesanalmente en imprentas semi-clandestinas y a lo largo de agotadoras jornadas nocturnas, era un elemento sustantivo de la militancia revolucionaria, un verdadero *rite de passage*.[11] Los debates y po-

8. Reveladoramente, si bien compartía la obsesión de toda la izquierda por la propaganda impresa, Sendero Luminoso la combinaba con un uso intensivo de la trasmisión oral de su ideología. Según un testimonio recogido por José Luis Rénique, "escuchar a un cuadro senderista era más respetable que leerlo en los setenta" (Rénique, "Una larga marcha andina", p. 483). Otro elemento que podríamos incluir en esta discusión es el uso de la *escritura mural*, que, en San Marcos y otras universidades, se convirtió en una presencia abrumadora. Lynch, *Los jóvenes rojos*, p. 69.

9. Recordemos algunos títulos: *Amauta, Unidad, Voz Rebelde, Kausachum, Patria Roja, Bandera Roja, Trinchera Roja, Prensa Obrera* y *Voz Campesina*. Algunas revistas duraron muchos años. *Prensa Obrera*, por ejemplo, una publicación trotskista, tuvo trescientas ediciones, según recuerda Maruja Martínez en sus memorias. Maruja Martínez, *Entre el amor y la furia. Crónicas y testimonio* (Lima: SUR, 1997), p. 229. Otras fueron más bien efímeras.

10. Maruja Martínez recuerda haber visto, en alguna ocasión, alrededor de veinte personas apostadas frente a un kiosko leyendo las portadas de varios números de la revista trotskista *Comunismo* (Martínez, *Entre el amor y la furia*, p. 167). Hacia finales de la década de los setenta, una imprenta —cuyo nombre no es mencionado, pero suponemos que era ItalPerú— ofrecía servicios (y facilidades de pago) a muchas publicaciones de izquierda. Durante la campaña electoral para la asamblea constituyente de 1978, "aparte de los periódicos de izquierda, aquí se imprimen volantes, programas de partidos, propaganda de candidatos de diversos colores políticos. Se trabaja en tres turnos". Idem, p. 227.

11. Maruja Martínez ofrece detalles del uso de materiales impresos por parte de la

lémicas al interior de la izquierda y entre las varias facciones de esta y las otras opciones políticas debían pasar por la imprenta y el mimeógrafo y no solo por el foro sindical, universitario o callejero. La circulación de materiales impresos soviéticos y chinos a precios increíblemente baratos (revistas como Pekín Informa, o las colecciones de las obras completas de Marx, Lenin, Stalin y Mao, por ejemplo) permitía a quienes se interesaban por la teoría y la historia del comunismo internacional acceder a textos que luego serían consumidos y diseminados en interminables polémicas o reciclados en artículos teóricos en revistas y suplementos.[12] El creciente número y calidad de las que podemos llamar genéricamente revistas culturales contribuyó también a forjar esta relación estrecha entre la militancia en las filas de izquierda, el trabajo intelectual y la cultura impresa. Algunas de estas publicaciones fueron auspiciadas por el estado velasquista—como la excelente revista *Textual*—, pero la mayoría fue resultado del esfuerzo a veces heroico de intelectuales,

---

"Célula Atusparia" de Vanguardia Revolucionaria, que ella integró. Imprimían un volante titulado *Horma clasista*, dirigido a los trabajadores de fábricas de calzado; un boletín *interno* sólo para militantes; otro titulado *El proletario* para vender en las fábricas; y una revista titulada *Fichas*, que trataba temas internacionales. El partido tenía su propia imprenta, y cuando a Martínez se le presenta la ocasión, luego frustrada, de conocerla, no puede ocultar la emoción: "Me excita la posibilidad de conocer la imprenta del Partido, nuevos camaradas, parte de los secretos que sólo los iniciados conocen" (Martínez, *Entre el amor y la furia*, pp. 116-117). Ver también las páginas 167 a 172 sobre la producción de materiales impresos por las células trotskistas, movimiento en el que militó en los años setenta; los debates y acusaciones entre las diferentes agrupaciones de izquierda en torno a esos impresos; y el cansancio que le produjo luego de un tiempo ser la encargada de *prensa* de su movimiento. Naturalmente, la producción y difusión de estos materiales resultaba peligrosa, y Martínez pasó por varias detenciones, acusada, entre otras cosas, de ser la encargada de la imprenta, corregir artículos y diagramar el periódico *Comunismo* (Idem, p. 182).

12. Patricia Oliart y Gonzalo Portocarrero reconstruyen la conexión entre la circulación de estos materiales, sobre todo en provincias, y el proceso de radicalización de los maestros del SUTEP: "[Y]a egresado, el profesor tendrá que basarse en los conocimientos adquiridos en la universidad para implementar sus clases. Su acceso a la bibliografía especializada es por lo general muy reducido debido tanto a lo exiguo de las remuneraciones como a la falta de incentivos. A los problemas señalados se suma en provincias la casi inexistencia de librerías; los materiales bibliográficos accesibles al profesor son las revistas chinas o soviéticas, separatas mimeografiadas, manuales de tecnología educativa vendidos por los ambulantes o en alguna feria del libro organizada en el local del SUTEP o en la universidad, donde pueden ser adquiridos a precios módicos". Patricia Oliart y Gonzalo Portocarrero, *El Perú desde la escuela* (Lima: Instituto de Apoyo Agrario, 1989), p. 117.

estudiantes y obreros tanto en Lima como en provincias.[13] En un valioso libro sobre la relación entre intelectuales, revolución y cultura de izquierda en los años sesenta y setenta en América Latina, Claudia Gilman ha enfatizado también, esta vez en el ámbito continental, la estrecha relación entre la función pública del intelectual comprometido y el espacio que abrieron las revistas político-culturales: "Las redes constituidas por las diversas publicaciones y sus ecos fueron cruciales para alentar la confianza en la potencia discursiva de los intelectuales [...] En las revistas, los escritores encontraron un poderoso eco de resonancia para sus discursos y al mismo tiempo se sintieron requeridos a pronunciarse y a tomar posiciones sobre los asuntos contemporáneos".[14]

La proliferación de círculos de estudio entre jóvenes militantes de izquierda servía de correa de transmisión y aliciente para el consumo y producción de materiales políticos y culturales impresos.[15] La imagen de hombres y mujeres jóvenes caminando con un libro o leyendo mientras hacían cola para ingresar a un cine club o un concierto de música comprometida, o mientras viajaban en algún atiborrado ómnibus de transporte público, resulta paradigmática de una época en que militancia, lectura, cultura libresca y difusión de la palabra impresa eran elementos inseparables. Eran los sobacos ilustrados, como despectivamente se les llamaba tanto desde la ultraizquierda, que los acusaba de intelectualismo, como desde la derecha, que sospechaba de sus ideas contestatarias. En la novela El cazador ausente, de Alfredo Pita, uno de los personajes recuerda "esas noches felices y adolescentes del invierno de 1965 en que un libro o un poema eran más importantes que cualquier

---

13. Un caso entre muchos fue el de la valiosa revista *Proceso*, publicada en Huancayo por Manuel Baquerizo.

14. Claudia Gilman, *Entre la pluma y el fusil. Debates y dilemas del escritor revolucionario en América Latina* (Buenos Aires: Siglo XXI, 2003), pp. 76-77. Pablo Ponza ha definido también la década de 1960 y comienzos de la de 1970 en Argentina como una época caracterizada tanto por "una cultura libresca" como por "una sensación de cambio, de optimismo y rebeldía". Pablo Ponza, "Comprometidos, orgánicos y expertos: Intelectuales, marxismo y ciencias sociales en Argentina (1955-1973)", *A Contracorriente*, 5, 2, 2008, p. 76, incluido en este volumen.

15. Los militantes maoístas sanmarquinos "buscan en la lectura y la discusión en los círculos, lo que no habían podido encontrar como antecedente político al llegar a la universidad, incidiendo [...] en el método autodidacta de aprendizaje. El estudio es tomado como una fase fundamental para el cumplimiento de sus objetivos posteriores". Lynch, *Los jóvenes rojos*, pp. 78-79.

cosa, incluso que la política, que tanto les interesaba y que, sin que ellos lo supieran, ya tendía y templaba su red trágica, esa red que se les había pegado en el rostro como una telaraña indeleble".[16] La combinación de esa pasión por la política—y, más específicamente, por la política de izquierda—y el amor por los libros y la lectura fue un signo distintivo de esa generación. Varios testimonios de estudiantes radicales sanmarquinos recogidos por Nicolás Lynch hacen referencia a la importancia de la lectura en su formación como militantes. Uno de los eslóganes de los jóvenes universitarios que militaban en la izquierda radical era "Estudio/trabajo/fusil".[17] Maruja Martínez recuerda sus recorridos por librerías del centro de Lima a comienzos de los años setenta: Mejía Baca, La Familia, Época, Cosmos (especializada en libros soviéticos), Horizonte, las librerías del jirón Camaná o aquellas de Azángaro "instaladas en las entradas de antiguas casonas".[18]

Naturalmente, esta relación entre la militancia de izquierda y la cultura impresa no era nueva. Había detrás una larga historia que se remontaba hasta las épocas del anarquismo y los comienzos del socialismo peruano.[19] El caso de Mariátegui y su heroica y multifacética actividad editorial es un momento cumbre en este proceso.[20] Los años posteriores a 1968, sin embargo, representaron un periodo particularmente intenso en esta relación entre militancia y cultura impresa, que se vio impulsada, entre otras cosas, por el aba-

16. Alfredo Pita, *El cazador ausente* (Barcelona: Seix Barral, 2000), p. 52.

17. Martínez, *Entre el amor y la furia*, p. 113.

18. Idem, p. 160.

19. Regis Debray escribió un sugerente ensayo sobre las relaciones entre el socialismo y la cultura impresa. Paradójicamente, él sitúa en 1968 el fin de la etapa que él llama "grafosfera", iniciada en 1448 con el invento de la imprenta, y durante la cual floreció el socialismo. Esta larga etapa sería remplazada a partir de 1968, según Debray, por la "videosfera". Debray, "El socialismo y la imprenta". Sobre el anarquismo y la cultura impresa en el Perú ver Gabriela Machuca Castillo, *La tinta, el pensamiento y las manos. La prensa popular anarquista, anarcosindicalista y obrera-sindical en Lima, 1900-1930* (Lima: Universidad de San Martín de Porres, 2006).

20. Sobre Mariátegui y su labor editorial, véase Alberto Flores Galindo, "Presentación a *Invitación a la vida heroica*" [1989], en Alberto Flores Galindo, *Obras completas* (Lima: SUR, 1993-2007), vol. VI, 2007, pp. 356-361. En este artículo citaremos las versiones de los trabajos de Flores Galindo incluidas en sus *Obras completas*, indicando entre corchetes el año original de publicación de cada trabajo, salvo los casos en que necesitemos indicar los datos de las ediciones originales.

ratamiento de los costos de producción, la ampliación del universo de lectores, el crecimiento de la población estudiantil y el proceso de creciente radicalización y militancia que hemos descrito anteriormente. La intervención del estado velasquista debe también considerarse aquí como un elemento que marcó esta nueva etapa: la publicación masiva de revistas y libros (recordemos la colección "Biblioteca Peruana", por ejemplo, que incluyó libros de autores como Mariátegui, Héctor Béjar, Carlos Delgado y otros) auspiciaba a su manera un acercamiento a la política mediante la cultura y la difusión de la lectura.

Como es obvio, los estudiantes e intelectuales de izquierda participaron activamente en la forja de esta cultura política que tenía a la palabra impresa como un elemento central. Más aún, el hecho mismo de que la mayoría de grupos de izquierda estuviera conformada y muchas veces liderada por estudiantes e intelectuales (entendiendo esta categoría en su acepción más amplia) acentuó precisamente esa tendencia a ver en los libros y otros materiales impresos herramientas poderosas de acción política y debate. Las fronteras entre las publicaciones académicas—libros monográficos de historia y sociología, por ejemplo—y las publicaciones de combate ideológico y político parecieron diluirse (recordemos los libros de Wilfredo Kapsoli y Dennis Sulmont, por ejemplo, sobre la historia del movimiento obrero),[21] y numerosos académicos incursionaron directamente—en una medida que hoy es difícil encontrar—en la concepción, redacción y publicación de diversos tipos de revistas culturales y políticas. Para el intelectual de izquierda, su presencia en este tipo de publicaciones—algunas de ellas sumamente efímeras y, con frecuencia, de escaso nivel intelectual—era consustancial a su trabajo. La atracción que ejercía este tipo de activismo impreso se explica no solo por la expectativa de acceder a un público de lectores más amplio, sino por la idea, profundamente internalizada, de que la palabra impresa representaba una fuente de autoridad y permanencia y, por lo tanto, de poder. Según Germán Merino Vigil, "con los grandes diarios controlados por un gobierno militar en morosa retirada, la pequeña prensa de izquierda o de derecha, redactada al calor del debate callejero, elaborada en imprentas que trabajaban por lo general al crédito, escrita por periodistas intensa-

---

21. Wilfredo Kapsoli, *Luchas obreras en el Perú por la jornada de ocho horas* (Lima: Delva Editores, 1976); Dennis Sulmont, *El movimiento obrero en el Perú, 1900-1956* (Lima: Pontificia Universidad Católica del Perú, 1975).

mente comprometidos, centralizaba el debate político en una sociedad sin elecciones, congreso, ni partidos activos".[22] La creación de la revista Marka en 1978, así como del *Diario de Marka* y su suplemento El Caballo Rojo a partir de 1980, constituyen probablemente los puntos más destacados en este proceso, cuya historia completa está aún por escribirse. Merino Vigil destaca el papel de *Marka*, que en su mejor momento llegó a tener un tiraje de 42 mil ejemplares:

> *Marka* expresaba, mejor que cualquier otro medio, la voluntad política de esa izquierda que se incubó en silencio durante los años de Velasco, que casi alcanzó la mayoría de la Asamblea Constituyente de 1979 y que se extinguió dos o tres años más tarde al golpe de la crisis económica, en la esterilidad del debate parlamentario y bajo los dinamitazos de Sendero Luminoso, para colapsar finalmente al pie de los escombros del Muro de Berlín.[23]

La conexión entre militancia de izquierda, trabajo intelectual y cultura impresa no se limitó, sin embargo, a las publicaciones periódicas de combate político y difusión cultural. Durante la década de 1963 a 1973, según datos recogidos por el *Boletín Bibliográfico Peruano* de la Biblioteca Nacional, se duplicó el volumen de impresos producidos en el Perú, y hacia mediados de la década de 1970 funcionaban en Lima 531 empresas editoriales.[24] Como parte de este crecimiento se consolidó una extensa red de editoriales e imprentas interesadas en promover el trabajo intelectual y la cultura, y que fueron auspiciadas por centros de investigación, sindicatos, ONGs, agencias de cooperación internacional, partidos políticos e incluso por empresas privadas. Editoriales, imprentas y centros de producción intelectual como Industrial Gráfica, Ediciones Educativas Tarea, Editora Rikchay Perú, CEDEP (Centro de Estudios para el Desarrollo y la Participación), IEP (Instituto de Estudios Peruanos), DESCO (Centro de Estudios y Promoción del Desarrollo) y muchos otros contribuyeron también, en formas diversas, a consolidar el prestigio del trabajo intelectual y la actividad editorial.

22. Germán Enrique Merino Vigil, "*Marka* y la "pequeña prensa" de los setenta: ¿te acordás, hermano?", Portal Libros Peruanos, abril 2008, <http://librosperuanos.com/articulos/merino-vigil.html>.

23. Idem.

24. Luis Guevara y Adrián Gechelín, *Historia de la gráfica en el Perú* (Lima: Kartel, Perú Gráfico, 2001), p. 156.

Esta cultura política de izquierda y su conexión con el mundo de la imprenta tuvieron un impacto notable no solo en la identificación que se produjo en la percepción general entre ser intelectual y ser de izquierda, sino también en la relativa vigorización de la presencia del intelectual público.[25] Durante los años setenta, surgieron figuras intelectuales identificadas con la izquierda (escritores, sociólogos, historiadores, artistas, periodistas), que ocuparon un espacio cada vez más importante, aunque todavía reducido, en los debates públicos, y que veían su papel de intelectuales como una función necesariamente vinculada a la intervención en dichos debates y al compromiso con las posiciones contestatarias y socialistas que venían madurando al interior del movimiento social y sindical. Vienen a la mente nombres como Baltazar Caravedo, Antonio Cisneros, Julio Cotler, Carlos Iván Degregori, César Germaná, Gustavo Gutiérrez, Mirko Lauer, César Lévano, Sinesio López, Pablo Macera, Carlos Malpica, Marco Martos, Francisco Moncloa, Hugo Neira, Luis Pásara y Aníbal Quijano, entre otros. Poco a poco, una buena parte de estos intelectuales, especialmente a partir de 1980, entrarían en un periodo de repliegue que marchó en paralelo con la crisis de la izquierda y la irrupción de Sendero Luminoso. Con excepción de Pablo Macera—que parecía ser el único intelectual que daba entrevistas y opinaba abiertamente sobre casi todo—, la intelectualidad de izquierda empezó un lento camino de regreso al reducido ámbito de las universidades y las cada vez más ubicuas ONGs.[26]

Quizás el personaje que mejor resume en su biografía intelectual y política el encuentro entre militancia de izquierda, trabajo intelectual y cultura impresa, y que con mayor éxito logró ensam-

25. Aunque el término es de uso corriente hoy en día, algunos comentaristas notan la redundancia que contiene: ¿qué intelectual—se preguntan—no es o aspira a ser un personaje público? Para Edward Said, un intelectual es "un individuo dotado de la facultad de representar, encarnar y articular un mensaje, punto de vista, actitud, filosofía u opinión al público y por el público", y cuya tarea no puede ser cumplida sin plantear públicamente "preguntas incómodas, confrontar la ortodoxia y el dogma (en lugar de producirlos), ser alguien que no puede ser fácilmente cooptado por los gobiernos o las corporaciones, y cuya razón de ser es la de representar a todas aquellas personas y asuntos que son rutinariamente olvidados o escondidos debajo de la alfombra". Edward Said, *Representations of the Intellectual* (New York: Random House, 1996), p. 11. Un intelectual público es necesariamente un intelectual contestatario, según la definición de Said.

26. La trayectoria de Pablo Macera como oráculo intelectual se puede reconstruir leyendo la colección de entrevistas titulada *Las furias y las penas* (Lima: Mosca Azul Editores, 1983).

blar estas características detrás de su actividad como intelectual público, fue Alberto Flores Galindo (1949-1990). Flores Galindo no solo fue un brillante y prolífico historiador profesional, que practicaba su oficio con rigor y creatividad, sino también un inequívoco y persistente militante de izquierda, un personaje público en el sentido más amplio de la palabra; un colaborador de cuanta aventura periodística y editorial surgiera de entre las filas de la izquierda y, en general, del mundo intelectual; y un agresivo (en el buen sentido de la palabra) publicista, que no solo supo utilizar todas las posibilidades que ofrecía la cultura impresa, sino que se convirtió él mismo en inspirador y promotor de ella. Como veremos más adelante, Flores Galindo estuvo lejos de ser un académico tradicional que investigaba, escribía libros para un público esencialmente intelectual y universitario, y limitaba sus actividades al ámbito de la universidad. Todo lo contrario. Como conferencista, alternaba entre las aulas y auditorios universitarios y los sindicatos u organizaciones populares. Como autor, publicaba libros en prestigiosas editoriales y artículos en revistas especializadas tanto como reseñas de libros y comentarios periodísticos en páginas editoriales, suplementos y revistas culturales. Su presencia en los debates intelectuales y políticos de esos años fue creciendo en lugar de disminuir, y en ocasiones parecía encarnar un quijotesco esfuerzo tanto por mantener viva la alternativa del socialismo en un momento en que diferentes fuerzas parecían debilitarla, como por preservar la figura del intelectual comprometido y público que otros estaban abandonando. Por ejemplo, sus textos de finales de los años 80 en que polemizó con los representantes de la derecha intelectual (Mario Vargas Llosa y Hernando de Soto, entre otros) pueden leerse hoy como agónicos esfuerzos por rescatar de la bancarrota un pensamiento radical alternativo. Su muerte coincidiría trágicamente con el comienzo del descalabro electoral y político de la izquierda en el Perú y el comienzo de la larga noche del fujimorismo.

Este artículo intenta reconstruir el itinerario de Alberto Flores Galindo como intelectual público y, especialmente, las conexiones entre su papel como intelectual y la formación de una cultura política de izquierda al interior de la cual la cultura impresa ocupaba un lugar central. El propósito es mostrar de qué manera un intelectual como Flores Galindo se forjó y desarrolló al interior de esa cultura; pudo desarrollar una intensa, casi febril, actividad como intelectual público; y mantener un ritmo de publicaciones asombroso y consistente. Todo esto fue posible, creemos, por el uso audaz y creativo que hizo Flores Galindo de las posibilidades de la palabra impresa que, a su vez, estaba guiado por una concepción del trabajo intelectual y la militancia política en la que escribir y publicar eran imperativos ineludibles. En las secciones que siguen, intentaremos reconstruir el ambiente político e intelectual en que desarrolló su trabajo, identificar los elementos centrales de su concepción del trabajo intelectual y su relación con la cultura impresa, y reconstruir la manera en que pudo, gracias a una astuta y agresiva estrategia, transformar su trabajo intelectual en una verdadera maquinaria de publicaciones que hoy continúa asombrándonos por su cantidad y calidad.[27]

La formación de un intelectual: Flores Galindo y la generación del 68

Alberto Flores Galindo nació el 28 de mayo de 1949 en Bellavista, El Callao. Al parecer, desde niño tuvo a su alcance una nutrida biblioteca en casa, que le permitiría desarrollar una temprana familiaridad con los libros, la que luego continuaría en la biblioteca del colegio La Salle.[28] Ingresó en la Pontificia Universidad Católica del Perú en 1966, y allí resultaría inmerso en el proceso de paulatina radicalización de una generación que desembocaría en el proceso

---

27. No es nuestra intención ofrecer en este capítulo una evaluación de las ideas de Flores Galindo como historiador e intelectual. La bibliografía sobre su obra ya es bastante extensa, pero pueden verse, a manera de ejemplo, los textos incluidos en el número especial de *Márgenes* dedicado a él luego de su muerte (N° 7, enero de 1991) y el número de homenaje de la revista *Libros & Artes* (N° 11, septiembre 2005). Ver también Heraclio Bonilla et al, *Presencia y aporte de Alberto Flores Galindo. Homenaje* (Lima: Pontificia Universidad Católica del Perú, 1990); Magdalena Chocano, "Presentación", en Alberto Flores Galindo, *Los rostros de la plebe* (Barcelona: Editorial Crítica, 2001), pp. 7-12; y Gustavo Montoya, "Revolución, socialismo y utopía. Historia, política e ideología en la obra de Alberto Flores Galindo Segura (1949-1989)", *Socialismo y participación*, 101, 2006, pp. 35-51. Otras referencias a trabajos críticos sobre Flores Galindo pueden encontrarse en Lucila Valderrama, comp., *Alberto Flores Galindo. Biobibliografía* (Lima: Biblioteca Nacional del Perú, 2004).

28. Eduardo Cáceres, "Introducción", en Alberto Flores Galindo, *Obras completas*, vol.. I, 1993, p. xiii.

de crecimiento de la izquierda que hemos descrito anteriormente.[29] Aunque sus influencias iniciales vinieron del socialcristianismo, Flores Galindo abrazaría luego el socialismo como utopía política y el marxismo como horizonte teórico. El ambiente intelectual de la Universidad Católica empezaba a teñirse de rojo. Según Eduardo Cáceres, la lectura de autores como Jean-Paul Sartre resultaría fundamental, así como los libros de marxismo, que fueron "difundidos por Fernando Lecaros".[30] Guillermo Rochabrún recuerda esos años como una época de transformación hacia el marxismo—en su caso, desde posiciones estructural-funcionalistas—por la vía de la Teología de la Liberación: escuchar a Gustavo Gutiérrez—dice Rochabrún—"redobló mi interés por el Marx de los Manuscritos".[31] Por esos mismos años, según el testimonio de Manuel Burga—historiador muy cercano a Flores Galindo, como amigo y colaborador—, "todos éramos emotiva o coactivamente marxistas".[32] Flores Galindo militaría en el FRES (Frente de Estudiantes Socialistas), en el MIR (Movimiento de Izquierda Revolucionaria) y en Vanguardia Revolucionaria (VR), y desarrollaría "trabajo político entre los obreros de las plantas ensambladoras".[33] Esta era una actitud compartida por muchos—aunque probablemente menos de los que solemos imaginar—estudiantes e intelectuales de clase media y alta que decidieron acercarse al pueblo en aquellos años de sueños e ilusiones. El propio Flores Galindo recordaría esa época como una en la que el socialismo "era una mitificación y no una propuesta y menos un proyecto, pero poseía el contenido pasional suficiente como para impulsar una especie de 'marcha hacia el pueblo' [...] que condujo a muchos universitarios a las comunidades campesinas, los campamentos mineros, las cooperativas cañeras, las viviendas de los barrios marginales y, sobre todo, las fábricas".[34] De acuerdo

---

29. Idem, p. xiv.

30. Idem, pp. xiv-xv.

31. Guillermo Rochabrún, *Batallas por la teoría. En torno a Marx y el Perú* (Lima: Instituto de Estudios Peruanos, 2007), p. 13.

32. Manuel Burga, *La historia y los historiadores en el Perú* (Lima: Universidad Nacional Mayor de San Marcos-Universidad Inca Garcilaso de la Vega, 2005), p. 109.

33. Cáceres, "Introducción", pp. xvi-xvii. Véase también Martínez, *Entre el amor y la furia*.

34. Alberto Flores Galindo, "Generación del 68: Ilusión y realidad" [1987], en Flores Galindo, *Obras completas*, vol. VI, 2007, p. 218.

con José Luis Rénique, "la efervescencia alcanzó los claustros de la tradicional Pontificia Universidad Católica, donde partidos de fuerte retórica maoísta, como el Partido Comunista Revolucionario y Vanguardia Revolucionaria-Proletario Comunista reclutaron a numerosos cuadros juveniles dispuestos a incorporarse a los frentes campesino o minero en zonas remotas del interior del país".[35] Otros estudiantes terminarían más tarde sumándose a Sendero Luminoso, por ese entonces todavía en los momentos iniciales de su gestación. La mayoría intentaría combinar su trabajo intelectual con una especie de servicio revolucionario obligatorio: repartir propaganda, hacer proselitismo entre los trabajadores, promover su concientización (clasista) y contribuir a fortalecer su organización sindical. Esta mezcla de voluntarismo e idealismo sería muy común entre los miembros de la "generación del 68", como la llamaría Eduardo Arroyo.[36] Son los años de la nueva izquierda y el clasismo que el golpe militar de Velasco en 1968 ayudaría a consolidar al auspiciar una cultura política de confrontación, como Flores Galindo luego observaría: "Nació así la crítica al régimen militar. Al principio de cualquier análisis estuvo la negación. Quizá veinte años después todo esto resulte reprochable. Pero lo cierto es que sin el ejercicio de la crítica negativa no hubiera existido generación del 68, y menos una nueva izquierda".[37]

En la Universidad Católica, Flores Galindo tomó clases con Gustavo Gutiérrez y Heraclio Bonilla, entre otros. Del primero absorbería la idea del compromiso con los pobres, y del segundo, la preocupación—que por entonces Bonilla alentaba—por estudiar la historia de las clases trabajadoras y populares. Sus primeras investigaciones revelan esta preocupación—a la vez intelectual y política— por escribir una historia desde abajo, que contribuyera también a forjar una conciencia de clase entre los trabajadores. Flores Galindo escribió su tesis de bachiller sobre "Los mineros de la Cerro de Pasco" en 1971, bajo la asesoría de Bonilla, y, simultáneamente, trabajó con Dennis Sulmont en varios proyectos, incluyendo una bibliografía sobre el movimiento obrero y una monografía sobre los trabajadores pesqueros de Chimbote.

35. Rénique, "Una larga marcha andina", p. 481.

36. Eduardo Arroyo, "La generación del 68", *Los caminos del laberinto*, Nº 3, 1986, pp. 41-47.

37. Flores Galindo, "Generación del 68", p. 217.

Luego de una estadía en París entre 1972 y 1974, donde estudió en la École des Hautes Études en Sciences Sociales (EHESS) con Fernand Braudel, Pierre Vilar y, especialmente, Ruggiero Romano, su director de tesis, volvió a Lima y se reintegró a la Universidad Católica. Casi inmediatamente empezaría a colaborar en publicaciones no académicas: sus primeros artículos periodísticos aparecieron en la página editorial de *La Prensa*, que había sido expropiada por el gobierno militar; *La Jornada*, el suplemento del diario del mismo nombre que dirigía César Lévano; y la revista de izquierda *La palabra del pueblo*.[38] La apertura que el velasquismo ofreció a los intelectuales de izquierda permitió a muchos de ellos no solo colaborar en dichas publicaciones, sino también tener una especie de entrenamiento, que luego, de manera independiente, pondrían en práctica en otras revistas y suplementos. Numerosos periodistas e intelectuales identificados con la izquierda (César Hildebrandt, Mirko Lauer, César Lévano, Hugo Neira) participaron de esas experiencias. Flores Galindo escribía reseñas de libros, ofrecía adelantos de sus trabajos de investigación e incursionaba en algunos de los temas que más adelante caracterizarían sus reflexiones como historiador (el debate en torno del problema nacional, por ejemplo). Dos rasgos merecen destacarse aquí: el interés del joven Flores Galindo—que no era muy común entre los historiadores peruanos de entonces y tampoco entre los de ahora—por divulgar el conocimiento producido por los académicos (el suyo propio y el de otros), y el especial énfasis en los temas relacionados con lo que podemos llamar genéricamente historia popular. La confluencia de sus opciones político-ideológicas y sus inquietudes académicas e intelectuales resulta visible revisando su producción impresa desde los comienzos mismos de su carrera.

A partir de la segunda mitad de la década de 1970, Flores Galindo inició una fecunda etapa de investigación, escritura y publicación que lo llevó a incursionar en una variedad impresionante de temas: la historia del movimiento obrero, la rebelión de Túpac Amaru, Mariátegui y la historia del movimiento comunista, la crisis colonial, la independencia del Perú, la historia agraria, la historia de las mentalidades, el mesianismo y la utopía andina, Sendero Luminoso, los movimientos campesinos, la historia de los intelectuales (desde Mariátegui y Haya de la Torre hasta Arguedas), el

---

38. Cáceres, "Introducción", p. xviii; Valderrama, *Alberto Flores Galindo*, pp. 41 y ss.

racismo y la tradición autoritaria, entre muchos otros. Al mismo tiempo, multiplicó su participación como activo promotor de diversas publicaciones: fue editor en 1978 de la revista *Vaca sagrada* junto con poetas como Marco Martos y José Watanabe; dirigió luego la revista *Allpanchis* del Instituto de Pastoral Andina entre 1978 y 1982; colaboró regularmente en el suplemento *El Caballo Rojo* entre 1981 y 1985; participó en varias publicaciones culturales de izquierda, como *El búho*, *30 días* o *El zorro de abajo*; formó parte del comité editorial de la *Revista Andina* desde su creación en 1983; y, finalmente, fundó en 1987 SUR. Casa de Estudios del Socialismo y dirigió la revista *Márgenes* hasta su muerte en 1990. No se trataba solamente de alguien que colaborara con publicaciones: él mismo era un promotor casi obsesivo de ellas. Maruja Martínez, su colaboradora en SUR, recuerda, en un imaginario diálogo con Flores Galindo luego de su muerte, "cuando día tras día presionabas y presionabas para que la revista saliera".[39]

Simultáneamente, la presencia de Flores Galindo como intelectual público crecía a pasos agigantados, además de multiplicarse sus esferas de acción: profesor universitario, conferencista, organizador de eventos, profesor visitante en universidades extranjeras, panelista en congresos y seminarios, y promotor de grupos de estudio interdisciplinarios. El ritmo de su producción escrita era desbordante, y dentro de ella destacaba—nuevamente, a diferencia de la mayoría de académicos—su incursión en el periodismo. Como escribió Antonio Cisneros, Flores Galindo, "a diferencia de los más en las ciencias sociales, es hombre de escritura [...] siempre llano (casi siempre) a escribir en medidas y plazos urgentes, despiadados y en lengua castellana".[40] Pero no se trataba solo de la cantidad y calidad de su producción, sino también de la pluralidad de géneros y formas de la palabra impresa que él utilizaba. Volveremos sobre esto más adelante.

---

39. Martínez, *Entre el amor y la furia*, p. 286. La revista a que se refiere es *Márgenes*. La importancia que Flores Galindo le atribuía a las revistas como vehículos de pensamiento y acción queda subrayada por su afirmación de que "una revista [Amauta] podía ser más importante y necesaria que la elaboración de un tratado sobre Marx o de un estudio con abundante estadísticas". Flores Galindo, *La agonía de Mariátegui* [1980], en Flores Galindo, *Obras completas*, vol. II, 1994, p. 446.

40. Antonio Cisneros, "Tito Flores, periodista", en Alberto Flores Galindo, *Tiempo de plagas* (Lima: Ediciones El Caballo Rojo, 1988), s. p.

Guillermo Rochabrún ha resumido más que adecuadamente los diferentes elementos del perfil intelectual y político de Flores Galindo, de modo que nos remitiremos a él para redondear esta semblanza del intelectual público. Para Rochabrún, serían seis las convicciones que orientaban su pensamiento y su praxis: "Definir sus acciones y proyectos en función de los problemas del país, y no al revés"; "trabajar en equipo, coordinar esfuerzos, suscitar el diálogo, invitar a la polémica"; "estudiar los grandes problemas históricos nacionales, pero entendiéndolos no como asuntos del 'pasado' sino como problemas de siempre"; "renovar temáticas y puntos de vista, sin abandonar un núcleo ideológico y político fundamental"; "formar nuevas generaciones, particularmente investigadores sensibles a los grandes problemas nacionales"; y "combinar la máxima autonomía intelectual con un compromiso político éticamente informado".[41] No se trata de idealizar la figura de Flores Galindo, ciertamente, pues por limitaciones propias y obstáculos ajenos no siempre cumplió a cabalidad sus propósitos, pero sí creemos que Rochabrún acierta en identificar las líneas maestras que guiaron su agónica trayectoria intelectual y política. En esos rasgos que subraya Rochabrún radica, creemos, la esencia de su rol como intelectual comprometido y público: preocupación por el presente y el futuro, no solo por el pasado; constante renovación teórica y temática; búsqueda del diálogo y colaboración en vez de enclaustrarse en una tarea estrictamente individual; el reclamo de un compromiso político y ético con ciertos principios fundamentales; y finalmente, el ejercicio de la libertad, que está en la base de todo intelectual crítico. La medida en que Flores Galindo logró cumplir su rol como intelectual público dependió en gran parte, como veremos en la siguiente sección, de su relación con la palabra impresa.

La palabra impresa como arma de combate intelectual

La bibliografía más completa de Flores Galindo contiene una lista de 333 entradas en las que él figura como autor, coautor o editor.[42] De estas, 58 son "libros y folletos", pero la lista incluye reediciones, traducciones y publicaciones póstumas. 163 referencias son de "artículos y ensayos", que incluyen tanto artículos pe-

41. Rochabrún, *Batallas por la teoría*, pp. 457-458.
42. Valderrama, *Alberto Flores Galindo*, pp. 23-71.

riodísticos en diarios y suplementos culturales como ensayos en revistas académicas. El resto está conformado por cartas, entrevistas y una miscelánea de textos diversos. Conviene detenerse a analizar los medios en los que Flores Galindo publicó esta impresionante cantidad de materiales, así como la diversidad de formas que estos adoptaron y las conexiones entre ellas.

Empecemos por los libros y folletos. Flores Galindo escribió libros orgánicos (monografías), sustentados en una investigación de primera mano (como *Aristocracia y plebe*, por ejemplo); libros de síntesis, basados en una combinación de investigación original y fuentes secundarias (*Apogeo y crisis de la república aristocrática*, escrito con Manuel Burga); volúmenes de ensayos que, aunque articulados alrededor de un tema común, tenían un carácter relativamente independiente entre ellos (el caso más exitoso fue Buscando un inca); y compilaciones, en las que él fungía de editor (*Túpac Amaru II o Independencia y revolución*). Entre las editoriales que publicaron libros y compilaciones de Flores Galindo están el Programa de Ciencias Sociales de la Universidad Católica (generalmente en la forma de separatas impresas a mimeógrafo);[43] el Fondo Editorial de la Universidad Católica; el INIDE (Instituto Nacional de Investigación y Desarrollo de la Educación, entidad dependiente del Ministerio de Educación); la Editorial Horizonte, dirigida por Humberto Damonte y especializada en temas literarios y de ciencias sociales; Ediciones Rikchay Perú, una temporalmente exitosa aventura editorial promovida por Fernando Lecaros a fines de la década del setenta y que publicó masivas ediciones de autores como Piedad Pareja y Jorge Basadre; Mosca Azul Editores, la prestigiosa editorial fundada por Mirko Lauer y Abelardo Oquendo; DESCO, uno de los más reputados y duraderos centros de investigación y promoción; el Instituto de Apoyo Agrario, una ONG que el propio Flores Galindo definió como "un centro dedicado a la promoción campesina pero con sensibilidad para la investigación intelectual"[44]; el Instituto Nacional de Cultura; y SUR, Casa de Estudios del Socia-

43. Uno de las primeros soportes impresos que utilizó Flores Galindo, y que era típico de aquellos años, fue la publicación a mimeógrafo de separatas—compilaciones, cuadernos de trabajo y monografías—destinadas al uso masivo en cursos universitarios, pero que circulaban también—gracias a centros de distribución como las librerías y kioskos del centro de Lima—entre un público más amplio.

44. Alberto Flores Galindo, *Buscando un inca* [1986], en *Obras Completas*, vol. III, tomo I, 2005, p. 397.

lismo. Resulta interesante comprobar que, con excepción de la segunda edición de su primer libro, *Los mineros de la Cerro de Pasco*,
ninguno de sus otros libros fue publicado por el Fondo Editorial de
alguna universidad, lo que muestra probablemente una deliberada
preferencia de Flores Galindo por editoriales menos académicas y
que ofrecían la posibilidad de acceder a un público más diverso y
numeroso.

Las conexiones personales (o la falta de ellas), como sabemos, influyen casi siempre en la decisión sobre dónde publican sus
trabajos los intelectuales. En el caso de Flores Galindo, su vinculación con diversos personajes e instituciones, evidenciada en la lista
de las editoriales en que publicó sus trabajos, revela otro rasgo de
su ejercicio intelectual: mantuvo (con las excepciones del caso) relaciones amistosas y de colaboración con asociaciones e individuos
que no formaban parte de los mismos grupos o camarillas que él
frecuentaba y que incluso podían no estar de acuerdo con sus posturas políticas e intelectuales. Estas características se ponen también
en evidencia en el número y variedad de publicaciones colectivas en
las que participó. Mencionemos solo algunas: el homenaje a Jorge
Basadre que coordinaron Francisco Miró Quesada, Franklin Pease
y David Sobrevilla y que publicó la Universidad Católica en 1978;[45]
el homenaje a los cincuenta años de los *Siete Ensayos* de Mariátegui publicado por la Biblioteca Amauta en 1979;[46] la compilación
sobre investigación en ciencias sociales que organizó Javier Iguíñiz
y que publicó la editorial Tarea en 1979;[47] la *Nueva historia general del Perú* que publicó la editorial Mosca Azul ese mismo año;[48]
la colección de *Historia del Perú* editada por Juan Mejía Baca en
doce volúmenes en 1980;[49] la compilación hecha por Carlos Franco

---

45. Francisco Miró Quesada, Franklin Pease y David Sobrevilla, eds., *Historia,
problema y promesa. Homenaje a Jorge Basadre* (Lima: Pontificia Universidad
Católica del Perú, 1978), 2 vols.

46. Emilio Romero et al, *7 ensayos: 50 años en la historia* (Lima: Biblioteca
Amauta, 1979).

47. Javier Iguíñiz, ed., *La investigación en ciencias sociales en el Perú: economía,
historia social, ciencia política, problemática laboral, problemática rural* (Lima:
Tarea. Centro de Publicaciones Educativas, 1979).

48. Carlos Araníbar et al, *Nueva historia general del Perú* (Lima: Mosca Azul Editores, 1979).

49. Juan Mejía Baca, ed., *Historia del Perú* (Lima: Editorial Mejía Baca, 1980),
12 vols.

titulada *El Perú de Velasco*, publicada por el CEDEP en tres tomos en 1983;[50] la valiosa antología en dos volúmenes sobre Estados y naciones en los Andes que publicó el Instituto Francés de Estudios Andinos en 1986;[51] el volumen de ensayos sobre *Pensamiento político peruano* compilados por Alberto Adrianzén y que publicara DESCO en 1987;[52] y el libro sobre *Violencia y crisis de valores en el Perú* que organizó Jeffrey Klaiber con el auspicio de la Fundación Tinker en 1988.[53]

La variedad de las revistas y periódicos en que publicó sus artículos es también reveladora del interés y capacidad de Flores Galindo para acceder a diferentes tipos de públicos. Aquí debemos incluir dos categorías: en primer lugar, diarios y suplementos de circulación masiva, como *La Prensa, La Jornada, La Palabra del Pueblo, Marka, El Diario de Marka, El Caballo Rojo, Amauta, La Revista, 30 días, Sí, La República, El Búho, El Zorro de Abajo* y otros. En segundo lugar, publicaciones de circulación más restringida, producidas por ONGs, centros de investigación y universidades, como *Socialismo y Participación* (CEDEP), *Allpanchis* (Instituto de Pastoral Andina), *Análisis, Revista Andina* (Centro Bartolomé de Las Casas), *Los Caminos del Laberinto, Márgenes* (SUR), *Apuntes* (Universidad del Pacífico), *Debates en Sociología* (Universidad Católica) e *Histórica* (Universidad Católica). La diversidad y eclecticismo de estas publicaciones escapan de los moldes tradicionales que siguen los historiadores e intelectuales en general para hacer conocer sus trabajos. Flores Galindo buscaba concientemente eludir los restrictivos parámetros disciplinarios de las revistas académicas y mostraba una inclinación a participar de esfuerzos no solo extra-académicos, sino también interdisciplinarios. Es posible que alguien encuentre aquí un tema para la especulación psicológica (una obsesión compulsiva por ver su nombre asociado con cuanta empresa cultural surgiera en esos años). A nosotros nos interesa más el aspecto sociológico del problema: ver de qué manera un in-

---

50. Carlos Franco, ed., *El Perú de Velasco* (Lima: CEDEP, 1983), 3 vols.

51. Jean Paul Deler e Yves Saint-Geours, eds., *Estados y naciones en los Andes:hacia una historia comparativa. Bolivia, Colombia, Ecuador, Perú* (Lima: Instituto Francés de Estudios Andinos-Instituto de Estudios Peruanos, 1986), 2 vols.

52. Alberto Adrianzén, ed., *Pensamiento político peruano* (Lima: DESCO, 1987).

53. Jeffrey Klaiber, comp., *Violencia y crisis de valores en el Perú: trabajo interdisciplinario* (Lima: Pontificia Universidad Católica del Perú, 1988).

telectual que estaba empeñado en conectar su trabajo profesional con los debates políticos y con el proceso de formación de la opinión pública, y que además no rehuía de la polémica y el debate sino más bien los promovía y practicaba, buscaba acceder al mayor número de medios para difundir su trabajo.

Los riesgos eran ciertamente previsibles en esta acelerada carrera por producir y publicar en el menor tiempo posible y en cuanta tribuna le abriera las puertas. Manuel Burga, hablando de su colaboración con Flores Galindo en la redacción del libro Apogeo y crisis de la república aristocrática, afirma que en esos años "no teníamos tranquilidad, ni tiempo, para definir y pulir conceptos. La juventud y las urgencias del país nos empujaban en busca de respuestas históricas para entender los problemas más apremiantes del presente".[54] Puede notarse en varios trabajos de Flores Galindo un cierto descuido en la precisión de las citas y referencias. En otras ocasiones, los juicios eran emitidos apresuradamente, con el consiguiente grado de arbitrariedad que ello conllevaba. No obstante, estas eran excepciones. Flores Galindo era un historiador generalmente acucioso, pero estaba menos preocupado por el rigor positivista de la cita exacta que de la necesidad de plantear una historia-problema y arriesgar preguntas e hipótesis que hicieran avanzar el pensamiento crítico. De allí que el calificativo de ensayista no resulte en modo alguno injusto. Más allá de estas características, sin embargo, queremos concentrarnos en dos elementos que tienen que ver con ese encuentro entre la cultura política de izquierda y la tradición de cultura impresa que Flores Galindo representó cabalmente: primero, su estilo como escritor; segundo, la práctica constante de revisar, ampliar, reproducir, reeditar, corregir, ensamblar y publicar textos, a veces dirigidos a diferentes públicos y siempre encadenados unos a otros por medio de una serie de préstamos y conexiones intertextuales.

Varios comentaristas se han referido anteriormente al estilo de Flores Galindo. Antonio Cisneros destacó la calidad de su prosa, ubicándola en una tradición de historiadores que han tenido "un trato saludable y familiar con la literatura", como José de la Riva-Agüero, Raúl Porras Barrenechea y Pablo Macera.[55] Peter Elmore se refirió al "ritmo intenso y dinámico de su prosa" y al uso de "frases

---

54. Burga, *La historia y los historiadores*, p. 117.

55. Cisneros, "Tito Flores: Periodista".

casi epigramáticas con las cuales, en ocasiones, sella y resume sus argumentos".[56] Marco Martos calificó la prosa de Flores Galindo como "grata, rápida y nerviosa".[57] El crítico Antonio Melis dedicó un artículo a este tema, subrayando entre otras cosas el "continuo recurso a la interrogación con función estilística", que Melis considera "la síntesis de su actitud hacia la investigación": "Más importante que las presuntas respuestas definitivas es la capacidad de plantearse nuevos problemas, pero siempre animados por la esperanza".[58] A estos rasgos hay que añadir otro que, a nuestro juicio, resulta central tanto en la cultura política de izquierda de esa época como en el trabajo de Flores Galindo como historiador e intelectual público: el estilo polémico y combativo de casi toda su producción. Flores Galindo siempre estaba discutiendo con alguien, descartando interpretaciones que encontraba inadecuadas, planteando nuevas maneras de responder a viejas preguntas y señalando claramente en sus escritos sus diferencias con otras interpretaciones, incluyendo ciertamente aquellas que venían de otras canteras marxistas. Solo a guisa de ejemplo mencionemos sus intercambios con Franklin Pease en torno de los mitos en la historia andina, con Henrique Urbano sobre la utopía andina, con Juan José Vega en torno de la participación popular en la independencia, con Eduardo Arroyo en relación con la generación del 68, con Carlos Iván Degregori sobre Sendero Luminoso y, sobre todo, con numerosos intelectuales de izquierda acerca de la figura de Mariátegui. En su carta de despedida, no dejó de mencionar este aspecto de su personalidad y su trabajo, al que llamó "mi estilo agresivo", pero luego agregó una frase que condensa de alguna manera la justificación que él mismo ofrecía para el estilo polémico de sus escritos: "discrepar es otra manera de aproximarnos".[59] Por otro lado, como han enfatizado Rochabrún y Burga, Flores Galindo era sobre todo un intelectual heterodoxo, de allí que el estilo polémico no era un mero artificio o una forma de descalificar al oponente, sino un elemento central de su método intelectual y su actitud crítica.[60]

56. Peter Elmore, "La urgencia del tiempo", *Libros & Artes*, N° 11, 2005, p. 6.

57. Marco Martos, "La utopía andina en debate", *Libros & Artes*, N° 11, 2005, p. 8.

58. Antonio Melis, "Apuntes sobre el estilo", *Libros & Artes*, N° 11, 2005, p. 14.

59. Alberto Flores Galindo, "Reencontremos la dimensión utópica. Carta a los amigos" [1990], en Flores Galindo, *Obras completas*, vol. VI, 2007, p. 390.

60. Rochabrún, *Batallas por la teoría*, p. 457; Burga, *La historia y los historia-*

En este aspecto, podemos identificar la huella no solo de una tradición panfletaria y polemista en la cultura letrada peruana—que viene al menos desde el siglo XIX (Manuel Atanasio Fuentes y Manuel González Prada, por ejemplo) y que retomarían luego José Carlos Mariátegui, Alberto Hidalgo, Víctor Raúl Haya de la Torre, Luis Alberto Sánchez y Pablo Macera, entre otros—, sino también la impronta de la cultura de izquierda de los años setenta. Polemizar era un verbo de uso corriente entre los militantes, y detrás de cada uno de ellos había un discutidor empedernido. Célebres polémicas entre dirigentes estudiantiles de diferentes grupos de izquierda y también del APRA convocaban verdaderas multitudes, y en no pocas ocasiones terminaban en violentas trifulcas.[61] No había calado todavía la cultura del relativismo ideológico, y las polémicas eran generalmente entendidas como una especie de peleas de box que inevitablemente debían terminar en un *knock out*. Flores Galindo fue, entre otras cosas, un acérrimo polemista, y por lo general mantenía un estilo claro ("duro", le llama Ruggiero Romano),[62] pero respetuoso de las ideas que combatía, aunque también es cierto que a veces podía caer en el exceso verbal e incluso la agresividad. En una furibunda réplica a una injusta reseña que escribiera el historiador norteamericano Eric Mayer sobre su libro *Buscando un inca,* llamó a esta un caso "entre patético y ridículo" de distorsión de sus argumentos, "un disparate" sólo explicable—sugirió con sarcasmo—por el hecho de que Mayer no entendía el idioma español.[63] A Juan José Vega, quien publicó en el diario *La República* un extenso comentario crítico sobre Aristocracia y plebe, lo acusó de "oscura animosidad" y, aparte de rebatir sus críticas, cuestionó frontalmente la reacción de aquel frente a un libro que, según su autor, generaba "incomodidad" porque trataba temas como la violencia y el racismo que desmoronaban la idea de unidad de la nación peruana que Vega defendía. "Una versión tradicional de la historia pretend[e] pasar como contestataria", concluyó Flores Galindo.[64] Al antropólogo

dores, p. 113.

61. Sobre las polémicas universitarias de esos años, véase Martínez, *Entre el amor y la furia*, p. 239.

62. Ruggiero Romano, "Prefazione", en Alberto Flores Galindo, *Perú: identitá e utopia. Cercando un Inca* (Firenze: Ponte alle Grazie, 1991), p. 11.

63. Alberto Flores Galindo, "El rescate de la tradición" [1989], en Flores Galindo, *Obras completas*, vol. VI, 2007, pp. 336-337.

64. Alberto Flores Galindo, "Clases populares e independencia. Realidad y mistifi-

Luis Millones, que había escrito una nota cuestionando un trabajo de Juan Ansión y Jan Szeminski publicado en la revista *Allpanchis* por incluir un supuesto testimonio oral que, en realidad, era un relato escrito y publicado, Flores Galindo creyó necesario recordarle que "el encono y la acidez son malos acompañantes de la crítica porque estrechan los horizontes y nublan cualquier inteligencia", y sugirió que el comentario de Millones "termina mezquinamente restringido a criticar la procedencia de una fuente" sin intentar entender el argumento general del trabajo en cuestión.[65] Un tono igualmente agresivo, aunque menos personal, se percibe en el extenso comentario que dedicó a Hernando de Soto y sus colaboradores en el libro *El otro sendero*—incluyendo a Mario Vargas Llosa, autor del prólogo—. Los acusó, por ejemplo, de haber producido "un libro ideológico [...] en el que los datos únicamente corroboran presunciones e ideas establecidas de antemano". Apuntando a lo que él consideraba la verdadera propuesta detrás de este supuesto alegato en favor del capitalismo popular, sostuvo que esta "nueva derecha", que proponía el capitalismo como un proyecto hacia el futuro, "pretende desligarse de cualquier compromiso con el pasado. Ellos no han sido los 'dueños del Perú' [...]. Entre la miseria y el capitalismo no hay ninguna vinculación, por cuanto este todavía no existe. El capitalismo es lo nuevo mientras que el socialismo, con sus afanes supuestamente 'estatistas', sería una prolongación de la historia anterior". El proyecto revelaba, en suma, "una ética recusable, una investigación poco rigurosa y una versión nada original de las cosas".[66]

No es nuestra intención revivir polémicas ni mucho menos zanjarlas atribuyendo a Flores Galindo la razón en cada una de estas intervenciones. Tampoco queremos sugerir que este estilo agresivo haya sido siempre tan ácido y furibundo como en los ejemplos citados. En la mayoría de los casos, el talante era bastante menos enfático, pero no por eso menos polémico. Sin embargo, la agresividad retórica retornaba con agudeza cuando se trataba de denuncias de violaciones de derechos humanos y otros temas que implicaban injusticia, abuso y represión. Sus textos sobre la tortura, la masacre

cación" [1985], en Flores Galindo, *Obras completas*, vol.. VI, 2007, p. 148.

65. Alberto Flores Galindo, "La antropología como encono" [1982], en Flores Galindo, *Obras completas*, vol.. V, 1997, pp. 354-355.

66. Alberto Flores Galindo, "Los caballos de los conquistadores, otra vez. (El otro sendero)" [1988], en Flores Galindo, *Obras completas*, vol. IV, 1996, pp. 171-185.

de los penales de junio de 1986 o las fosas comunes muestran, como observó Ruggiero Romano,[67] una capacidad de denuncia "cargada de odio, ira, furor", que, agregamos nosotros, podía ser muy efectiva en apelar a la capacidad de indignación del lector.

El segundo rasgo en la figura de Flores Galindo como intelectual público que queremos destacar es la peculiar manera en que entrelazaba la producción de diferentes tipos de textos con los formatos, oportunidades y medios que usaba para publicarlos. En esto, nuevamente, el aprendizaje suyo como estudiante e intelectual que se desarrolló dentro de una cultura política de izquierda queda claramente reflejado. Una estrategia que tenía mucho en común con la agit-prop comunista fue puesta en juego por el autor con el objetivo de maximizar el impacto de sus ideas, mantener una presencia sostenida en los debates públicos y causar la mayor agitación posible entre los lectores. Ya hemos visto el uso de diversos medios para publicar sus trabajos. Veamos ahora las estrategias para cumplir las metas antes señaladas. El esquema es más o menos como sigue: una vez que empezaba a reflexionar, investigar y escribir sobre un tema determinado (Túpac Amaru, Mariátegui o la utopía andina, por mencionar algunos casos), los primeros esbozos de sus ideas aparecían en la forma de artículos periodísticos en las páginas editoriales de periódicos o—si eran un poco más extensos—en suplementos y revistas culturales. Algunas de esas ideas—y a veces párrafos enteros o incluso los textos completos—terminaban luego incorporándose en un artículo o ensayo que se publicaba en una revista académica o de ciencias sociales, o como contribución en un libro colectivo. Finalmente, con algunos cambios y ajustes, el texto terminaba formando parte de uno de los muchos libros que Flores Galindo escribió y publicó. En el camino, además, acometía los mismos temas en conferencias públicas y seminarios, en reseñas y prólogos de libros escritos por otros autores, y en compilaciones que él mismo preparaba. Una de las ventajas de esta estrategia era la posibilidad de ir creando expectativa entre los lectores respecto de la futura publicación de un trabajo mayor. Otra, someter a escrutinio algunas ideas para luego refinarlas en versiones futuras y más extensas de dichos trabajos. Y una tercera era satisfacer la constante demanda que existía de sus colaboraciones. De esta manera, su nombre y su estilo, aparte de su manera de pensar y argumentar, se

---

67. Romano, "Prefazione", p. 11.

fueron haciendo familiares para los lectores y terminaron por ejercer una influencia que, sin exagerar, superaba a la de la mayoría de los intelectuales peruanos de su época. Para Flores Galindo, escribir para un público masivo y no académico era tan importante como hacerlo para sus colegas y estudiantes del medio universitario. En esto, sin duda, compartía esa visión utilitaria e instrumental de la palabra impresa que caracterizaba la cultura política de izquierda de su generación. Decir que para él escribir y publicar era también una manera de hacer propaganda no significa de modo alguno disminuir sus méritos ni la calidad de sus trabajos. Más bien apunta a resaltar su compromiso con unas prácticas intelectuales y políticas en las que creía profundamente: la necesidad de vincular el trabajo intelectual y la creación cultural con la praxis política cotidiana de los sectores populares.

El caso de sus numerosos trabajos sobre José Carlos Mariátegui ilustra este punto. La aproximación al personaje y su época aparece ya en sus primeros trabajos de investigación en relación con el movimiento obrero, publicados en 1971. Este fue el comienzo de un periodo de redescubrimiento de *Martíllate* por parte de la izquierda peruana, y Flores Galindo no fue ajeno a él. Hacia 1976, empezó a publicar breves notas periodísticas sobre los comunistas, el movimiento obrero y la crisis de 1930. En 1978, probablemente motivado por la celebración del cincuentenario de los *Siete ensayos de interpretación de la realidad peruana*, Flores Galindo publicó un primer artículo sobre Mariátegui en la revista *Amauta*—vinculada a posiciones de la izquierda radical—titulado "El marxismo peruano de Mariátegui". A partir de entonces se sucederán, por casi dos años, numerosos artículos suyos sobre Mariátegui, el socialismo, la nación y el movimiento comunista. Él mismo comentó que Óscar Dancourt lo invitó a colaborar en *Amauta* en un momento en que los grupos aglutinados en la ARI (Alianza Revolucionaria de Izquierda) se hallaban enfrascados en debates que giraban, en última instancia, en torno de las relaciones entre socialismo y nación.[68] Flores Galindo se enfrascó en polémicas con otros estudiosos (Juan José Vega, Sinesio López, César Lévano, César Germaná) y con publicaciones como *Unidad*, el órgano oficial del Partido Comunista Peruano. En sus artículos, comentaba las relaciones entre Mariátegui y el indigenismo, el reformismo aprista y la Comintern. En

68. Alberto Flores Galindo, "Anexo: Sobre las fuentes" [1980], en Flores Galindo, *Obras completas*, vol. II, 1994, p. 595.

un artículo publicado en *Amauta* en abril de 1980, titulado "Usos y abusos de Mariátegui", resumió su propuesta, que por entonces terminaba de elaborar en su libro *La agonía de Mariátegui*: "El pensamiento de Mariátegui debe ser comprendido en relación a su biografía y tanto la vida como la obra deben entenderse al interior de su tiempo como parte de la historia del socialismo, por un lado, y como parte de la historia peruana, del otro".[69] Es decir, había que historizar al personaje.

En 1980, apareció la primera edición de *La agonía de Mariátegui*, publicada por DESCO, pero la reflexión y las publicaciones sobre el ilustre intelectual no se detendrían. La segunda edición, de 1982, también publicada por DESCO, contenía algunos cambios en el contenido—se agregaron algunos capítulos, que habían sido publicados previamente en otros medios—; y la tercera, publicada por el Instituto de Apoyo Agrario en 1989, agregó algunos más, pero también sufrió algunos cambios en el tono. Manuel Burga sugiere que "en la edición de 1980 hay una disimulada actitud desacralizadora y hasta destructiva que cambia a humanizadora y constructiva en la edición de 1989".[70]

Un proceso similar se dio con el caso de su proyecto más ambicioso, "La utopía andina", compartido con Manuel Burga. Aunque el proyecto de investigación conjunto parece haber cuajado hacia 1982 y se convirtió en una propuesta concreta a comienzos de 1983, cuando ambos coincidieron por un mes en París, los antecedentes se pueden rastrear muchos años antes. En 1977, Flores Galindo publicó el artículo "La nación como utopía: Túpac Amaru", y, en 1979, los dos historiadores sacaron a luz *Apogeo y crisis de la república aristocrática*, en el que aparecieron algunos temas que luego serían retomados en el proyecto de la utopía andina. La expresión utopía andina aparece por primera vez, hasta donde hemos podido averiguar, en un artículo de Flores Galindo de 1981, "Utopía andina y socialismo", y las primeras reflexiones conjuntas de Burga y él sobre su ambicioso proyecto fueron publicadas en 1982 bajo el título "La utopía andina. Ideología y lucha campesina en los andes. Siglos XVI-XX", en tres formatos diferentes: como separata a mimeógrafo a cargo de la Facultad de Ciencias Sociales de la Uni-

---

69. Alberto Flores Galindo, "Usos y abusos de Mariátegui" [1980], en Flores Galindo, *Obras completas*, vol.. V, 1997, p. 138.

70. Burga, *La historia y los historiadores*, p. 117.

versidad Católica, en dos números sucesivos del suplemento *El Caballo Rojo* (números 11 y 12, con el abreviado título de "¿Qué es la utopía andina?"), y como artículo en la revista *Allpanchis* (año XII, número 20). Entre 1982 y 1986, Flores Galindo presentaría varios ensayos relacionados con este proyecto en conferencias, talleres y seminarios, y versiones preliminares de aquellos se irían publicando en revistas y compilaciones diversas. Parte del capítulo "La revolución tupamarista y los pueblos andinos", por ejemplo, apareció en la revista *Allpanchis* en 1981, y una versión ampliada fue presentada en el SEPIA (Seminario Permanente de Investigación Agraria) y publicada en Perú: *El problema agrario en debate*. A fines de 1985, Flores Galindo envía el manuscrito del libro *Buscando un inca. Identidad y utopía en los Andes* al prestigioso concurso de ensayo "Casa de las Américas" de Cuba, cuyo premio recibe en 1986. La primera edición aparece ese mismo año en La Habana publicada por Ediciones Casa de las Américas. Consistía de seis capítulos más una introducción y un epílogo. Esta primera edición casi no circuló en el Perú, pero su primer capítulo, "Europa y el país de los Incas: la utopía andina", fue publicado en Lima en forma de libro de formato menor ese mismo año por el Instituto de Apoyo Agrario, en una atractiva edición de Luis Valera.[71] La segunda edición, publicada también por el Instituto de Apoyo Agrario en 1987, consistió de ocho capítulos además de la introducción y el epílogo. El epílogo de la edición cubana de 1986 se había convertido ahora, ampliado, en el capítulo ocho, "La guerra silenciosa", cuyo texto, además, había sido incluido en un folleto publicado igualmente por el Instituto de Apoyo Agrario en 1986 junto con un ensayo de Nelson Manrique, ambos reunidos bajo el título de Violencia y campesinado. El nuevo epílogo, titulado "Sueños y pesadillas", fue elaborado—según el autor—"para evitar algunos malos entendidos", y tuvo como base el artículo "¿Es posible la utopía?", publicado previamente en *El Caballo Rojo* en 1986. El título del nuevo epílogo fue utilizado asimismo en un breve artículo llamado "La utopía andina: sueños y pesadillas", que vio la luz en la revista *Amauta* en mayo de 1986. La tercera edición de *Buscando un inca*, publicada por Editorial Horizonte en 1988, incluyó tres capítulos más, con lo que ahora el total llegaba a once. Esa sería la versión definitiva, que luego se reedita-

---

71. Aprovechamos para destacar el papel desempeñado por Luis Valera como impulsor, editor, corrector y diseñador de muchas de las publicaciones de Flores Galindo.

ría póstumamente en México (México: Conaculta, Grijalbo, 1993), en el Perú (Lima: Editorial Horizonte, 1994) y en Italia (Firenze: Ponte Alle Grazie, 1991). Ese mismo texto sería incluido en el tomo I del tercer volumen de sus *Obras completas* (Lima: SUR, 2005). Los capítulos adicionados fueron textos presentados en sendas conferencias, aunque no habían sido publicados anteriormente.

En el caso del libro *Aristocracia y plebe*,[72] el proceso de edición transcurrió por derroteros similares, aunque, tratándose de un texto orgánico y no de una colección de ensayos como Buscando un inca, los cambios y préstamos fueron menores. La primera versión fue presentada como tesis doctoral en la Universidad de Nanterre en 1983, y la primera edición fue publicada por Mosca Azul Editores en 1984. Poco antes, Flores Galindo había publicado un capítulo del libro ("Los rostros de la plebe") en la *Revista Andina* (año 1, número 2, diciembre de 1983), y en el número siguiente (año 2, número 3, julio de 1984) fue ampliamente comentado por una media docena de académicos (Julio Cotler, Luis Pásara, Steve Stern, Christine Hünefeldt, Paul Gootenberg y Miquel Izard). Nuevamente, la expectativa por el libro se incrementó a raíz de este interesante intercambio y de los varios artículos—periodísticos y académicos—que había publicado con temas que luego terminarían incorporándose al libro. Entre ellos están "Independencia y clases populares: el mundo al revés", que apareció en *El Caballo Rojo* en septiembre de 1982; "La pesca y los pescadores en la costa central (siglo XVIII)", que fue publicado en *Histórica* en diciembre de 1982; "La aristocracia mercantil limeña", que apareció en la revista *Banca de marzo* de 1983; "Vida de esclavos: un suicidio en Lima colonial", publicado en *El Caballo Rojo* en marzo de 1983; y "El ocaso de la aristocracia colonial", aparecido en la revista *El Búho* en agosto de 1984.

Agotada la primera edición, Flores Galindo empezó a preparar una segunda, que, según la versión de Cecilia Rivera, su esposa, iba a incluir una sección nueva "donde trataría los distintos mundos que se ocultan en Lima, entre ellos el mundo andino".[73] Esta sección iba a llamarse "La ciudad sumergida", el mismo título que Flores Galindo había decidido usar para la segunda edición del libro, que pasó a denominarse *La ciudad sumergida. Aristocracia*

---

72. Alberto Flores Galindo, *Aristocracia y plebe. Lima, 1760-1830 (Estructura de clases y sociedad colonial)* (Lima: Mosca Azul Editores, 1984).

73. Cecilia Rivera [Nota sin título], en Alberto Flores Galindo, *La ciudad sumergida. Aristocracia y plebe en Lima, 1760-1830* (Lima: Editorial Horizonte, 1991).

y plebe en Lima, 1760-1830 en la edición póstumamente publicada en 1991 por Editorial Horizonte.[74] Aunque se trataba esencialmente del mismo libro, el cambio de título y el proyecto—truncado por su muerte—de escribir una nueva sección reflejan tanto la permanente inquietud del autor por actualizar y modificar sus propios escritos como, en términos de la difusión de sus trabajos, el deseo de transmitir al lector una cierta sensación de novedad.

Como es obvio luego de este recuento, Flores Galindo tuvo una relación constante, intensa, casi diríamos obsesiva con el mundo de la imprenta y las publicaciones. En diferentes formatos y con temas frecuentemente novedosos, su presencia en la esfera intelectual y pública fue ciertamente importante. Construyó su trayectoria como historiador, pero especialmente como intelectual público, sobre la base de una inagotable energía, un indudable talento para la reflexión y la escritura, y una gran pasión por el debate intelectual; pero también gracias a una relación estrecha y astuta con el mundo del libro, las revistas, los periódicos, los suplementos culturales y otros medios impresos. Su influencia no habría sido la misma si no hubiera empleado a fondo estas estrategias de publicación. Y la calidad de sus trabajos, probablemente, tampoco hubiera alcanzado los mismos niveles. Pero por sobre todo, su función como intelectual público y su habilidad para hacer escuchar su voz en los debates de su tiempo se habrían visto severamente limitadas de no haber sido por esta obstinada, enérgica y apasionada vinculación con la palabra impresa.

Conclusión: el intelectual público y la cultura impresa

Flores Galindo compartía no solo una cultura de izquierda que valoraba la palabra impresa como un vehículo efectivo de comunicación, propaganda, denuncia y debate, sino también una visión del intelectual como alguien que estaba moralmente obligado a participar de los debates públicos en cuanta oportunidad y tribuna

74. Silvia Spitta analiza el libro de Flores Galindo en contraste con *La ciudad letrada*, obra de Ángel Rama, y enfatiza precisamente la preocupación de aquel por iluminar —a diferencia de Rama— aquella *otra* ciudad (sumergida) de plebeyos, esclavos, indios y castas. Silvia Spitta, "Prefacio. Más allá de la ciudad letrada", en Silvia Spitta y Boris Muñoz, eds., *Más allá de la ciudad letrada: Crónicas y vivencias urbanas* (Pittsburgh: Instituto Internacional de Literatura Iberoamericana, 2003), pp. 7-23.

tuviera a su disposición. Estos dos factores se encuentran detrás tanto de su sorprendente productividad—sus obras completas, actualmente en proceso de edición, ocuparán no menos de ocho volúmenes de entre 400 y 600 páginas cada uno—como de su agresiva, variada y creativa estrategia de publicaciones. Esta presencia constante en los debates intelectuales y políticos y en una multiplicidad de medios (desde modestas revistas de tirajes cortos hasta diarios y suplementos de circulación masiva, pasando por prestigiosas revistas académicas y sólidas casas editoriales) le permitió ejercer una influencia como intelectual público que otros contemporáneos suyos, con mayor o menor talento que él, jamás tuvieron.

Flores Galindo fue un historiador profesional—y uno, sin lugar a dudas, brillante y creativo—, pero su interés no estuvo nunca limitado a producir una monografía sólida y definitiva sobre algún tema del pasado peruano cada diez años y que, probablemente, iba a ser leída solamente por unos cuantos colegas y estudiantes. Su compromiso era sobre todo con las pasiones y agitaciones de su presente: de allí partían sus preocupaciones intelectuales y académicas, y de allí también las urgencias que lo llevaban a la casi ininterrumpida producción de textos destinados al gran público. Su optimismo en el futuro debió también haber contribuido a esta preocupación por publicar todo lo que sus energías le permitían. Su militancia en las filas de la izquierda no pasó por el trance del desencanto y el escepticismo: su convicción respecto de la importancia del trabajo intelectual y la conexión entre este y las luchas sociales de las clases desfavorecidas se mantuvo hasta el final; y su fé en el poder de la palabra escrita se mantuvo inquebrantable, a juzgar por su tenaz y permanente dedicación a preparar textos para enviar a la imprenta.

LA TRADUCCIÓN COMO BÚSQUEDA DE UN MARXISMO LATINOAMERICANO: LA TRAYECTORIA INTELECTUAL DE JOSÉ ARICÓ

Martín Cortés
Universidad de Buenos Aires

Breve semblanza de José Aricó: el intelectual como búsqueda

En el prólogo de *La cola del diablo,* texto pergeñado con una manifiesta voluntad de construir una autobiografía intelectual que sea también el reflejo de una época y de un colectivo de trabajo, José Aricó confiesa su deseo de que dicho libro no sea leído como "un ejercicio de filología gramsciana, sino como el testimonio de una búsqueda inacabada".[1] Tratándose, en última instancia, de una obra sobre una vida—la del propio Aricó—, bien podría decirse que es en esa idea de búsqueda siempre insuficiente que se halla el núcleo de la trayectoria intelectual de este autor, quien fuera el principal animador de uno de los proyectos de intervención intelectual sin duda más relevantes de la izquierda latinoamericana a lo largo de su extensa y compleja historia.

José Aricó nace en 1931 en Villa María, provincia de Córdoba, un poblado de la "pampa" cordobesa ubicada a 140 kilómetros de la ciudad de Córdoba, ciudad que suscitaría interrogantes permanentes en su rica trayectoria intelectual, aún cuando ésta estuvo marcada por una vida de permanentes desplazamientos geográficos, incluyendo un largo exilio mexicano en ocasión de la última

---

1. José Aricó, *La cola del diablo. Itinerario de Gramsci en América Latina* (Buenos Aires: Siglo Veintiuno Editores, 2005), p. 30.

dictadura militar. Mezcla de tradición y modernidad, ciudad marcada por la cultura universitaria, habitada por el catolicismo conservador pero también por escenas memorables del movimiento popular latinoamericano, como el Cordobazo de 1969 y antes la Reforma Universitaria de 1918: en aquella hibridez podrían rastrearse los interrogantes centrales de Aricó sobre América Latina en general, continente desgarrado por su permanente oscilación entre lo tradicional y lo moderno.

En 1947 ingresa al Partido Comunista para encontrarse en 1951, por primera vez, con la figura de Antonio Gramsci, a quien leerá ávidamente y a partir del cual ensayará sus primeros oficios como traductor. No logra concluir sus estudios universitarios debido a la militancia política y algunas breves estancias en prisión durante el primer peronismo. Quizá debamos a esa condición de autodidacta el modo en que sus textos y empresas intelectuales constituyeron a lo largo de su vida verdaderos manifiestos críticos de las formas establecidas de construcción de conocimiento. Aricó sintetizó la rigurosidad y voracidad del erudito con la pasión y el compromiso del militante.

En 1963, junto con otros jóvenes intelectuales de Córdoba y Buenos Aires, da inicio a la revista *Pasado y Presente*, que apareció en Córdoba entre 1963 y 1965 y en Buenos Aires entre 1971 y 1973. A su lado, surgirían los 98 *Cuadernos de Pasado y Presente*, publicados sucesivamente en Córdoba (hasta 1971), Buenos Aires (hasta 1976) y México (hasta 1983). La revista dio la posibilidad de expresarse a una generación que estaba rompiendo de hecho con la línea dominante en el Partido Comunista, lo que se cristalizaría con su expulsión, en 1963, en el marco de una polémica en torno de la cuestión del objetivismo y el subjetivismo en la teoría marxista. El origen del debate, no casualmente, fue la recuperación por parte del grupo de jóvenes de la filosofía de la praxis gramsciana como crítica de las derivas epistemológicas del marxismo soviético, instaladas en el seno de las posiciones filosóficas oficiales del Partido.

Luego de esa ruptura, Aricó se dedicará a diversas empresas editoriales, incluyendo, entre otras, la publicación de *Pasado y Presente*.[2] Como una forma de intervención política, pero también

2. Además de *Pasado y Presente*, Aricó participa, a lo largo de su trayectoria intelectual, en proyectos editoriales tales como Eudecor (Editorial Universitaria de Córdoba), Garfio, Signos, Siglo Veintiuno Editores Argentina y México, entre otros. Para el trabajo específico de cada una de ellas, remitimos a Raúl Burgos, *Los*

como un oficio, se dedicará a lo largo de toda su vida a la indagación teórica y política. Pasados algunos años en Buenos Aires debe
exiliarse en México en 1976. Allí, en contacto con una enorme variedad de intelectuales latinoamericanos, iniciará sus empresas más
estrictamente vinculadas con el esfuerzo de pensar América Latina,
muchas de ellas a través de la *Biblioteca del Pensamiento Socialista*
de Siglo Veintiuno Editores, bajo su dirección. También aparece la
revista *Controversia*, donde confluyen socialistas y peronistas para
tratar de comprender el "drama" argentino de las últimas décadas,
mientras que los *Cuadernos* continúan apareciendo.

El grupo de *Pasado y Presente* parece sintetizar todos los
elementos que caracterizaron a la intelectualidad crítica de la región
luego de la ruptura que supuso la revolución cubana: allí encontramos una discusión al interior del Partido Comunista Argentino, que
involucra una "excomulgación", y es fundante del recorrido heterodoxo que caracterizará al grupo. Asimismo, se trata de un colectivo
con una sustantiva vocación por la edición, no sólo de la influyen-
te revista *Pasado y Presente* y los homónimos *Cuadernos*, sino de
múltiples empresas editoriales del más variado orden, intentando
de ese modo constituirse como un espacio de intervención político-
cultural. Los lugares de edición de los *Cuadernos* (primero Córdoba, luego Buenos Aires, finalmente México) dan cuenta, a su vez,
de una trayectoria que está marcada al mismo tiempo por la migración política y por el exilio. También caracterizan al grupo diversos
contactos con sujetos políticos activos en cada una de sus épocas:
el Ejército Guerrillero del Pueblo (EGP) de Jorge Massetti en los
sesenta, Montoneros y Fuerzas Armadas Revolucionarias (FAR) en
los setenta. Por último, también el grupo asumirá en los ochenta el
lugar de "consejeros del príncipe" en torno del proyecto alfonsinis-
ta[3], aunque ya con una importante heterogeneidad interna y cierto
desfase respecto de su conformación en las décadas previas.

Precisamente, con el retorno de la democracia, Aricó vuelve

gramscianos argentinos. Cultura y política en la experiencia de Pasado y Presen-
te (Buenos Aires: Siglo Veintiuno Editores, 2004), pp. 150 y ss.

3. Raúl Alfonsín asume, por la Unión Cívica Radical, la presidencia argentina en
1983, luego de la dictadura instalada en la Argentina entre 1976 y 1983. Sus primeros años de gobierno, en medio de tensiones con los militares salientes y otros
actores sociales, despertaron en muchos intelectuales la expectativa de construcción de un proyecto socialdemócrata que dotara de cierta estabilidad al sistema
político argentino.

y se instala hasta su muerte, en 1991, en Buenos Aires. Funda el *Club de Cultura Socialista* y la revista *La Ciudad Futura*. Ambas empresas reúnen intelectuales que repiensan su presente y su pasado reciente desde perspectivas que se acercan a la tradición socialdemócrata, aunque con muchos matices según la figura que se analice. Aricó oscilará entre un entusiasmo inicial por la naciente experiencia progresista del gobierno radical y un estado de profundo escepticismo sobre la posibilidad de una democratización sustantiva de la sociedad argentina. Los años ochenta en la Argentina lo ven continuar con diversos emprendimientos editoriales y brindando cursos en el país y en el exterior, en el marco de un reconocimiento ya bastante unánime de su figura intelectual. A pesar de ello, y quizá dejando testimonio de ciertas miserias propias de las instituciones académicas, su ingreso como investigador al Consejo Nacional de Investigaciones Científicas y Técnicas de la Argentina se ve demorado y entorpecido—aunque finalmente sucede—por hallarse desposeído de título universitario formal.

Aún en su complejidad—o precisamente gracias a ella—la trayectoria intelectual de Aricó, que comienza con su militancia juvenil comunista en los años cuarenta y se cierra con su muerte, bien puede pensarse, tomando sus propias palabras, como una búsqueda inacabada. Se trató de una búsqueda de interrogantes políticos y teóricos para abordar con rigurosidad y creatividad una realidad tan compleja como la de nuestra región, y emprendida con la convicción de hacerlo siempre desde el punto de vista de la transformación social, aún con los diversos significados que operaron detrás de esa aspiración a lo largo de su vida.

Para abordar el recorrido intelectual de Aricó es necesario primero hacer una significativa aclaración acerca de lo que entenderemos por su *obra*. Dada la especificidad del autor tratado, no puede reducirse su producción a sus escritos. Aunque estos no son tan escasos como podría pensarse—aunque sí dispersos—[4], sus aportes también anidan en las empresas intelectuales que animó. Son múltiples los testimonios personales que dan cuenta de la entrañable política de *tertulias* que caracterizaba a "Pancho", constituyendo múltiples espacios de producción colectiva que quizá no siempre se plasmaron en papeles cuantificables pero que conforman, de todos

---

4. En la Universidad Nacional de Córdoba existe el proyecto de editar sus obras completas. Se espera que las mismas excedan los tres volúmenes.

modos, parte del acervo de la cultura de izquierda argentina y latinoamericana.[5] Pero, además de textos y tertulias, sobresalen en el recorrido de Aricó sus múltiples iniciativas editoriales. Incluimos aquí no sólo los proyectos ligados con la edición de libros, sino también las tareas de traducción (coordinadas, como en el caso de la edición crítica de *El Capital*, o realizadas directamente por él, como en el caso de una parte sustantiva de los *Cuadernos de la Cárcel*) y la dirección de colecciones enteras de profunda relevancia para el pensamiento crítico latinoamericano. Asimismo, las revistas editadas por Aricó son parte sustantiva de su obra. No sólo la mítica *Pasado y Presente*, sino también *La Ciudad Futura, Controversia* y *Punto de Vista*. Quizá lo que es común a todas estas revistas es el modo en que interpretaron de manera singular el "espíritu" de sus respectivas épocas, lo que, a su vez, reafirma la agudeza que caracterizó a Aricó en cada uno de sus momentos de reflexión teórico-política.

Sin embargo, surge un problema casi evidente a la hora de querer tomar la obra de Aricó como una unidad: hay una inocultable heterogeneidad entre sus diversos momentos de producción, sobre todo en lo que hace a sus adscripciones políticas y a los modos en que concibió el problema del socialismo. De Ípola, por ejemplo, menciona "cuatro" Aricó.[6] Burgos y Crespo también ordenan sus trabajos sobre Aricó en virtud de etapas expresadas por el lugar de residencia (Córdoba, Buenos Aires, México, Buenos Aires), pero bien podría plantearse más o menos etapas de acuerdo a la lectura que se emprenda.[7] En cualquier caso, nos parece que si se puede pensar un hilo conductor por encima de esas diferencias (por demás sustantivas), es precisamente el de la *búsqueda*. Aricó puede ser pensado como un modelo de la inquietud intelectual. Consideramos que la variedad de su obra, en el sentido en que la definimos—es decir, más allá de sus escritos—, es pasible de ser ordenada en función del intento por pensar la realidad latinoamericana desde una perspectiva crítica, transformadora y socialista, pero sin renun-

---

5. Horacio Crespo, "Celebración del pensamiento de José Aricó", Agencia Córdoba Cultura, 2001. Disponible en www.arico.unc.edu.ar/pdf/crespo.pdf; Emilio de Ípola, "Para ponerle la cola al diablo", prólogo a Aricó, *La cola del diablo*.

6. De Ípola, "Para ponerle la cola al diablo".

7. Burgos, *Los gramscianos argentinos*; Crespo, "Celebración del pensamiento de José Aricó".

ciar a una tozuda obsesión por desgranar lo específico y singular de las configuraciones sociales y culturales de la región.

Este trabajo es una presentación preliminar y esquemática de un proyecto mayor en torno de la trayectoria intelectual de Aricó y sus aportes a la teoría política latinoamericana. En ese sentido, partimos de una hipótesis general en torno de la noción de *traducción* como el nudo de las diversas empresas intelectuales de José Aricó. En lo que sigue, presentaremos de manera preliminar esta hipótesis y luego esbozaremos dos núcleos problemáticos de la obra de Aricó que desde allí pueden leerse: la *historia* y la *política*.

Traducir como acto imperfecto

De acuerdo con Michael Löwy, pueden plantearse dos tentaciones opuestas que han dificultado enormemente el desarrollo del marxismo latinoamericano: el *eurocentrismo*, consistente en trasplantar mecánicamente hacia América Latina los modelos de desarrollo y comprensión de la realidad europea, y el *excepcionalismo*, sustentado en una absolutización de la singularidad latinoamericana que rechaza de plano todo cuerpo teórico construido en otras geografías.[8] La obra de Aricó en su conjunto puede ser leída como un intento por superar esta dicotomía, intentando aunar la capacidad crítica de la tradición marxista con la especificidad de la realidad latinoamericana.

Nuestra hipótesis general, cuyo desarrollo completo excede largamente las pretensiones de este breve trabajo, es que ese intento puede plantearse, en su conjunto, desde la potencia inscripta en el concepto de *traducción*, tal como Antonio Gramsci lo formulara.[9] Mucho se ha escrito sobre la ascendencia de la figura de Gramsci sobre Aricó en particular y, en general, sobre quienes serían "los gramscianos argentinos".[10] Primero conocido apenas por las resonancias que llegan a través de Héctor Agosti—una de las figuras más salientes de la intelectualidad del Partido Comunista Argentino—y luego leído fragmentariamente dadas las escasas fuentes disponi-

8. Michael Löwy, ed., *El marxismo en América Latina* (Santiago de Chile: Lom, 2007).

9. Antonio Gramsci, *El materialismo histórico y la filosofía de Benedetto Croce* (Buenos Aires: Nueva Visión, 2003).

10. Aricó, *La cola del diablo*; Burgos, *Los gramscianos argentinos*.

bles, el revolucionario italiano despertaría un interés creciente en Aricó, quien ensayaría sus primeras experiencias de traducción con las *Notas sobre Maquiavelo* y entraría por esa vía al idioma y a la cultura italianos, elementos que serán constitutivos de toda su trayectoria intelectual.

De manera que para hablar de la *traducción* como el ejercicio que estructura la obra de Aricó es bueno remontarse a los planteos de Gramsci al respecto. Tomemos entonces la nota titulada "Traductibilidad de los lenguajes científicos y filosóficos".[11]. No ha de ser casual, en virtud de sus profundos y profusos estudios de lingüística y filología, que Gramsci eligiera la noción de *traducción* para preguntarse nada menos que por la relación entre cada cultura nacional y la civilización común que las cobija. Casi como si auspiciara provocativamente una interpretación heterodoxa, en confrontación con las diferentes formas de escolástica marxista, el autor meridional empieza por Lenin: "En 1921, tratando de problemas de organización, Ilich escribió o dijo (poco más o menos) lo siguiente: No hemos sabido 'traducir' a las lenguas europeas nuestra lengua".[12]

El problema queda planteado en un sentido eminentemente político. Relacionado con la organización, con los proyectos de transformación y con la interpretación misma de la sociedad, la *traducción* aparece como un propósito que es ante todo un complejo esfuerzo, nunca una aplicación mecánica. Vale decir, no existe "perfección" posible a la hora de traducir. Por el contrario, la operación supone una fina articulación entre el "fondo esencial"—lo común, aquello que hace a las realidades reductibles entre sí—y las particularidades históricas nacionales.[13]

11. Gramsci, *El materialismo histórico*, pp. 72 y ss.

12. Idem, p. 72.

13. René Zavaleta Mercado, un autor marxista boliviano sumamente afín a Aricó (y para quien éste tenía palabras de reconocimiento y elogio, que pueden leerse en *La cola del diablo*), también desarrolla buena parte de su reflexión en torno del proyecto de traducir y nacionalizar el marxismo en América Latina. Respecto de lo común y lo específico a la hora de comparar las realidades nacionales, Zavaleta planteaba que la sociedad capitalista permitía, por primera vez en la historia humana—a partir de la homogeneización del mundo bajo la forma *valor*—, hablar de modelos de regularidad o modos de producción que revelan la "unidad de la historia del mundo". Por su parte, las superestructuras dan cuenta de una diversidad e incluso de una incomparabilidad en función de distintos derroteros históricos. Zavaleta plantea que el modelo de regularidad—el núcleo de las relaciones capitalistas de producción—da lugar a una serie de formaciones aparentes a nivel

En este sentido, a modo de prevención, Gramsci afirma que es necesario "precisar el límite de la propia metáfora, es decir, para impedir que se materialice y se mecanice".[14] La *traducción*, una vez descartada toda pretensión de perfección y transparencia, sirve para pensar una configuración nacional determinada a partir de múltiples herramientas, que pueden ser de otros tiempos y realidades, a condición de no resbalar hacia la construcción de modelos ahistóricos con pretensión universal.

Por su parte, podría plantearse que uno de los más claros propósitos que anima la obra de Aricó es el de construir una potente, activa y heterodoxa interpretación del marxismo. En tal sentido pueden leerse las diversas piezas del rompecabezas que componen su trayectoria intelectual, en particular la empresa de los *Cuadernos de Pasado y Presente*.[15] Pues bien, en más de una ocasión y de diversas maneras, Aricó afirma que el pensar críticamente no es una mera aplicación de conceptos—aún cuando estos podrían reclamarse inequívocamente revolucionarios por "pertenecer" al universo marxista—sino un trabajo: un ejercicio que supone una confrontación permanente con los problemas de cada época y lugar. Y por ello no debe entenderse una "constatación empírica" (fórmula por demás polémica en términos epistemológicos y, a nuestro juicio, incompatible con el marxismo crítico), sino un diálogo del marxismo

superestructural. Vale decir, al desarrollo capitalista "perfecto" le corresponderían determinadas formas (aparentes, mistificadas) ideológicas y políticas—democracia representativa, ideas de libertad e igualdad, etc.—que sin embargo están sobredeterminadas por la fuerza de la historia local. Al margen de una parte de la política que pueda pensarse como regularidad (por caso, la existencia de lo estatal como esfera diferenciada de la sociedad: no hay formación económica capitalista que no cuente con esta característica), existe lo que Zavaleta denomina una acumulación especial de la superestructura en cada caso específico. Es en la relación entre modelo de regularidad y acumulación específica de la historia local donde se juega el problema de la *traducción*. René Zavaleta Mercado, "Las formaciones aparentes en Marx", en *Clases sociales y conocimiento* (La Paz: Los amigos del libro, 1988).

14. Gramsci, *El materialismo histórico*, p. 78.

15. Según Crespo, los *Cuadernos* pueden agruparse en función de sus lugares de edición (Córdoba, Buenos Aires, México) y en virtud de los diferentes núcleos temáticos que abordan (lectura filológica de Marx, problema de la organización, reflexiones sobre el socialismo). Cualquier sea la clasificación que se tome, es innegable la contribución de los *Cuadernos* a los temas más candentes de debate de la izquierda latinoamericana. Horacio Crespo, "En torno a Cuadernos de Pasado y Presente", en Claudia Hilb, comp., *El político y el científico. Ensayos en Homenaje a Juan Carlos Portantiero* (Buenos Aires: Siglo Veintiuno Editores, 2009).

con las corrientes y realidades más diversas que exceden incluso—y largamente—su propio campo.[16]

Dicho todo esto, nos resta plantear que quizá una de las aristas más interesantes del pensamiento de Aricó es su carácter *situado*. En términos generales, su obra puede entenderse como un esfuerzo por hacer inteligible la realidad latinoamericana desde una perspectiva creativa y transformadora. Asimismo, sus preocupaciones tuvieron siempre un sentido político de primer orden, postulando el lugar del intelectual como un espacio de intervención que sintetizaba rigurosidad y erudición con un activo en la esfera pública.

En ese carácter, la *traducción* puede ser leída—esta es nuestra hipótesis general—como el ejercicio principal que estructura las diversas empresas de Aricó (principalmente, sus textos y ediciones) en lo que hace al análisis crítico del acontecer en América Latina. De allí su permanente preocupación por el *marxismo latinoamericano*: convencido de la esterilidad de las aplicaciones mecánicas que dominaban el marxismo-leninismo de los partidos comunistas de la región (a la que, a su modo, se remonta su propia excomulgación), así como de la necedad de las diferentes vertientes del pensamiento "nacional" que rechazaban al marxismo *per se*, Aricó llegó a su afirmación, a la vez un poco exagerada y provocativa, de que sólo los *Siete ensayos* de Mariátegui constituían, en un sentido fuerte, un texto de marxismo latinoamericano.[17]

En la obra del *Amauta*, así como en la trayectoria intelectual

16. Desde Levi Strauss y el estructuralismo francés en los sesenta (Lacan es publicado tempranamente en la Revista *Pasado y Presente*) hasta Carl Schmitt en los ochenta, aparecen en la trayectoria de Aricó iniciativas editoriales de múltiples autores ajenos al marxismo. Ellas podrían inscribirse en la convicción de que la vitalidad del marxismo radica en su capacidad de dialogar con otras corrientes teórico-políticas.

17. Aricó, *La cola del diablo*, p. 100. Acha y D'Antonio apuntan acertadamente que los planteos de Mariátegui respecto del Perú son difícilmente extensibles al resto del subcontinente —en particular más allá de las zonas andinas o con fuerte presencia indígena—, a pesar de lo cual el autor peruano fue en reiteradas ocasiones señalado como referente ineludible de aquello que debiera constituirse como "marxismo latinoamericano". En el caso de Aricó, rescatar a Mariátegui no remite inmediatamente al *contenido* de sus textos, sino al original esfuerzo de traducción del marxismo a una realidad nacional específica. De este modo, Mariátegui sería más relevante por el *sentido* de sus búsquedas (que inaugurarían un modo de pensar el marxismo en la región) que por las respuestas específicas que halló. Omar Acha y Débora D'Antonio, "Cartografía y perspectivas del *marxismo latino-*

de nuestro autor, se destacan los tres elementos que caracterizan la *traducción* como ejercicio: 1) un lenguaje (el marxismo), 2) este lenguaje necesita ser traducido a una realidad cultural y social específica (latinoamericana), y 3) esta traducción se realiza mediante un esfuerzo de interpretación que excluye toda posibilidad de aplicación o perfección. Así, la traducción supone, contra esta ilusión de "aplicación", la *producción de algo nuevo*. A continuación veremos, a modo de presentación provisoria, dos problemas de profunda relevancia para el pensamiento crítico latinoamericano que son abordados de este modo por Aricó.

Historia latinoamericana: el privilegio del atraso

Como decíamos anteriormente, tanto el eurocentrismo como el excepcionalismo podrían ser caracterizados por la plena ausencia de un esfuerzo de traducción. En el segundo caso, la afirmación de la absoluta originalidad de la realidad latinoamericana impide inscribirla en una estructura común y pensarla en su relación con la regularidad capitalista. En el primero, todo rasgo singular es manifiestamente negado, de tal modo que no se espera de América Latina otra cosa que el camino ya recorrido por los países avanzados. La cuestión de la *historia* se liga medularmente con este último problema, ya que detrás de él aparece con toda su potencia una concepción del marxismo como una moderna filosofía de la historia, que no haría mucho más que mostrar el inexorable camino hacia el socialismo por la vía—lineal—del progreso material y el desarrollo de las fuerzas productivas. A los países periféricos, por su parte, se les ilumina la vía que inevitablemente recorrerán, puesto que "los países industrialmente más desarrollados no hacen más que poner delante de los países menos progresivos el espejo de su propio porvenir".[18]

---

americano", *A Contracorriente* Vol. 7, No. 2, Invierno 2010, reproducido en este volumen.

18. Karl Marx, *El Capital*, Vol. I (Buenos Aires: Fondo de Cultura Económica, 2000). Esta cita da cuenta de la efectiva existencia en la obra de Marx de momentos en que éste se presenta como un convencido admirador del progreso que supone la generalización del capitalismo. Existen incluso textos (como las célebres cartas sobre la colonización inglesa en la India) donde pueblos enteros son sacrificados en el altar del progreso con la mirada entre pasiva y celebratoria del propio Marx. Sin embargo, conviven con estos planteos muchos textos donde la cuestión

Frente a esta interpretación del marxismo, cuyo corolario es una visión "unilineal" de la historia,[19] Aricó postulará la necesidad de rescatar un marxismo crítico de la herencia positivista que éste alberga. Su principal herramienta para ello será un minucioso análisis del Marx posterior a 1860, donde, en virtud del abordaje riguroso de las realidades periféricas, puede hablarse de una auténtica *ruptura* en el pensamiento de Marx, que incluye, una crítica de la noción de "progreso" capitalista, una delimitación precisa del área geográfica-histórica de validez de su análisis, un cuestionamiento de la ineluctabilidad del proceso de expropiación de los productores directos, una aguda percepción de la posibilidad de un tipo de desarrollo no capitalista en países atrasados, un reconocimiento explícito de la potencialidad revolucionaria que en ellos tienen las masas rurales.[20]

No por casualidad, esta cita pertenece a la presentación de la correspondencia entre Marx, Engels y el traductor ruso de *El Capital*, Nikolai F. Danielson, compilada por Aricó para la colección de la *Biblioteca del pensamiento socialista* de Siglo Veintiuno Editores, trabajo realizado durante su exilio mexicano. Aricó encontrará en Irlanda[21] y Rusia[22] dos de los casos salientes analizados por Marx en paralelo a la redacción de *El Capital* (llegando incluso a retrasar considerablemente ésta en virtud de la creciente relevancia que daba a los problemas teórico-políticos que estos territorios expresaban), los mejores ejemplos de un riguroso estudio de las condiciones específicas del capitalismo periférico. A partir de ellos puede ponerse en crisis la pretensión modernizante del marxismo ortodoxo y su resonancia en América Latina.

---

de la historia es leída desde una perspectiva mucho más crítica, sobre todo a partir de la década de 1860, producciones que Aricó atenderá de manera singular para sus propósitos. Para un desarrollo mayor de las tensiones en la obra de Marx en torno del problema del progreso ver Martín Cortés, "Modernidad y cambio social. Dos hipótesis de revolución y sus consecuencias", *Herramienta*, Buenos Aires, N° 38, 2008.

19. Umberto Melotti, *Marx y el Tercer Mundo* (Buenos Aires: Amorrortu, 1974).

20. José Aricó, "Presentación", en Karl Marx, Nikolai Danielson y Friedrich Engels, *Correspondencia 1868-1895* (México: Siglo Veintiuno Editores, 1981), p. 22.

21. Karl Marx y Federico Engels, *Imperio y colonia. Escritos sobre Irlanda* (México: Cuadernos de Pasado y Presente, 1979).

22. Karl Marx y Federico Engels, *Escritos sobre Rusia: II. El porvenir de la comuna rural rusa* (México: Cuadernos de Pasado y Presente, 1980).

Precisamente contra este tipo de interpretaciones, Aricó despliega la potencia del ejercicio de traducción, bajo la hipótesis de que existe un "parecido de familia" entre América Latina y aquella Rusia analizada casi obsesivamente por Marx. Ambas son la periferia de la modernidad, donde conviven los impulsos para el desarrollo capitalista con la persistencia de formas sociales no inmediatamente subsumibles a la fuerza arrolladora del progreso:

> Efectivamente el atraso tiene sus virtualidades. Porque precisamente las sociedades atrasadas tienen la particularidad de iluminar ciertos aspectos de su propia sociedad y de la otra sociedad mostrando esos límites. Rompen con el concepto de neutralización de las relaciones sociales. Si existe el atraso el desarrollo queda cuestionado. El desarrollo no aparece con la capacidad de superarlo, con la capacidad de liquidarlo.[23]

¿Cuáles son esas "virtualidades"? Lo central para Aricó es la impugnación que el atraso expresa, de hecho, a la pretensión universal(izante) del desarrollo. El atraso por sí mismo es testimonio de que la historia no marcha sin sobresaltos en una sola dirección, en la medida en que se erigen espacios sociales que se resisten a ser reducidos a meros apéndices del progreso. La peculiar atención que Marx brinda al caso ruso será una clave de inspiración para la búsqueda de Aricó, a tal punto que allí se abre, para él, la posibilidad misma de leer, en términos de Oscar del Barco "otro Marx", caracterizado por la imposibilidad de constituir un *sistema* y por el retaceo a ser sacralizado en fórmulas que valen en todo tiempo y todo lugar.[24]

En la misma dirección, Aricó compilará un conjunto de textos de Marx y Engels sobre el porvenir de la comuna rural rusa, que constituye el número 90 de los *Cuadernos de Pasado y Presente*.[25] En la "Advertencia", Aricó señala una paradoja que grafica de manera contundente la necesidad de la traducción: "el hecho paradójico es que fueron precisamente los populistas quienes se esforzaron por extraer de la doctrina de Marx los fundamentos teóricos para afirmar la viabilidad en Rusia de un camino no capitalista basado

---

23. José Aricó, "El populismo ruso", *Estudios*, Córdoba N° 5, 1995, p. 5.

24. Oscar del Barco, "Introducción", en Karl Marx, *Notas marginales al "Tratado de economía política" de Adolph Wagner* (México: Cuadernos de Pasado y Presente, 1982).

25. Marx y Engels, *Escritos sobre Rusia*.

en la expansión de la *obschina*".[26] No es nuestra intención desarrollar aquí las polémicas decimonónicas del movimiento revolucionario ruso. Basta con señalar que dicho movimiento se debatía entre la búsqueda de un desarrollo no capitalista basado en la vitalidad de la comuna rural, esgrimido por los populistas, y la idea de la inevitabilidad de un período de desarrollo capitalista—incluidas allí las funestas consecuencias sociales sobre la población rusa—entre el derrocamiento del zarismo y la posibilidad del socialismo. Tal posición era defendida por los llamados marxistas, liderados por Plejanov.[27]

Un argumento similar será fundamento de la estrategia de la Comintern para América Latina. En ocasión de la Primera Conferencia Comunista Latinoamericana, realizada en Buenos Aires en 1929, se impone la línea política defendida por Vittorio Codovilla, principal referente del PC argentino y miembro del Comité Ejecutivo Ampliado de la Internacional Comunista, donde, en virtud del "atraso", se afirma el carácter *democrático-burgués* de la revolución en América Latina, consagrando la idea de la revolución "por etapas", hegemónica en la región hasta la ruptura que supuso la revolución cubana.[28] De ese modo, una idea unilineal de la historia dominó el entramado teórico de los partidos comunistas de la región, más afectos al eurocentrismo que a la búsqueda de las singularidades de la región. La publicación del intercambio epistolar entre Marx y la entonces populista Vera Zasulich, en los albores de la década de 1880, supone una crítica frontal a este tipo de concepciones.[29] La publicación incluye los borradores de Marx en los que, en reiteradas ocasiones, alude a la *contemporaneidad* de formas productivas como llave para la posibilidad de que la comuna rural constituya el punto de partida para la transformación socialista en Rusia:

26. Aricó, "Advertencia", en Marx y Engels, *Escritos sobre Rusia*, p. 7.

27. Andrzej Walicki, *Populismo y marxismo en Rusia* (Barcelona: Editorial Estela, 1971).

28. Löwy, ed., *El marxismo en América Latina*.

29. Al momento de escribir la carta consultando a Marx acerca del futuro de la comuna rural rusa, Vera Zasulich adscribía al populismo y debatía fervientemente con los llamados marxistas acerca de la necesidad de evitar el desarrollo capitalista en Rusia. Irónicamente, la respuesta de Marx, donde éste toma partido por los populistas, no es publicada porque, poco después de recibirla, Vera Zasulich asume una posición "marxista", ahora incompatible con la posición del propio Marx.

[E]n Rusia, gracias a una excepcional combinación de circunstancias, establecida todavía en escala nacional, [la comuna rural]
puede irse desprendiendo de sus caracteres primitivos y desarrollando directamente como elemento de la producción colectiva en
escala nacional. Es precisamente gracias a la contemporaneidad
de la producción capitalista como puede apropiarse todas sus ad-
quisiciones positivas y sin pasar por sus peripecias.[30]

Fundamentalmente, vemos aquí como la lectura que hace
Marx de la realidad rusa puede *traducirse* en frontal polémica con
las interpretaciones dominantes en las organizaciones marxistas latinoamericanas. No sólo Marx cuestiona, en estos y otros textos de
la época, la idea lineal y progresista de la historia, sino que también
revisará su idea de que sólo el proletariado de los países centrales
es un sujeto revolucionario activo, tema que no desarrollamos aquí
pero que no es menor para pensar la ruptura en la trayectoria de
Marx a la que Aricó alude. Es a partir de todos estos elementos que
Carlos Franco, en un texto muy emparentado con los planteos de
Aricó, plantea la posibilidad de romper con el marxismo eurocéntrico y situar la potencialidad del marxismo latinoamericano.[31] No
se trata solamente de las revisiones que hace el propio Marx, sino
del rescate de una lectura *heterodoxa* de su obra, que amalgame su
potencial crítico con las especificidades nacionales que escaparon a
sus análisis.

Son muchos más los textos y ediciones de Aricó en los que la
pluma de Marx y otros marxistas es revisitada en busca de traducir
su potencialidad para polemizar con una recepción latinoamericana
del marxismo que parecía hacer empatía, a todas luces, con la idea
de historia unilineal y progresiva de la burguesía. Pasaremos ahora
a analizar el problema de la política y el Estado como cuestiones
que Aricó también atiende en virtud de su radical importancia para
un pensamiento crítico latinoamericano. Y lo hace, naturalmente,
mediante el buceo entre tradiciones y experiencias que puedan ac-
tualizarse críticamente.

---

30. Marx y Engels, *Escritos sobre Rusia*, p. 33.

31. Carlos Franco, *Del marxismo eurocéntrico al marxismo latinoamericano*
(Lima: CEDEP, 1981). Carlos Franco era por entonces director de la revista peruana *Socialismo y Participación,* que contó con reiteradas contribuciones de Aricó.
Asimismo, Lima fue, en 1980, el primer lugar de edición de *Marx y América Latina*, prologado precisamente por Franco.

Política latinoamericana: el Estado productor

La cuestión de la política, la Nación y el Estado como elementos singulares de las formaciones sociales latinoamericanas aparecen de manera relativamente tardía en la obra de Aricó, en los albores de la década del ochenta. Sin embargo, su peso será creciente y paulatinamente determinante en su reflexión, a punto tal que podríamos trazar la hipótesis de que esas particularidades permiten a Aricó ubicar—para su presente y retrospectivamente—los orígenes y fundamentos de las dificultades para la producción de un marxismo latinoamericano en la escasez o carencia de reflexiones sustantivas sobre la complejidad de la relación entre Estado y sociedad en las formaciones sociales latinoamericanas. En el afán de realizar un riguroso ejercicio de traducción del marxismo para la realidad latinoamericana, esta cuestión acrecentará su importancia de manera decisiva.

En primer lugar, aparece la cuestión *nacional*, históricamente esquiva para los análisis críticos en la región. Entre el internacionalismo a ultranza de buena parte de las organizaciones de izquierda, y el nacionalismo anti-marxista de muchos intelectuales ligados a los procesos populistas, poco podía encontrarse de rescatable sobre el tema. Aricó emprenderá diversas iniciativas editoriales ligadas con la necesidad de atender este problema. En primer lugar, puede destacarse nuevamente la estrategia de buscar en el propio Marx elementos discordantes con las interpretaciones hegemónicas de su obra. Así, encuentra que las consideraciones sobre el caso irlandés son pasibles de ser traducidas a la realidad latinoamericana. En una carta a Meyer y Vogt de 1870 y publicada en el número 72 de los *Cuadernos*, Marx dice:

> Después de haberme ocupado durante años de la cuestión irlandesa, he llegado a la conclusión de que el golpe decisivo contra las clases dominantes de Inglaterra (que es decisivo para el movimiento obrero *all over the world*) *sólo* puede darse en *Irlanda*, y no en *Inglaterra*.[32]

No sólo queda cuestionada la idea de que la revolución acontecerá primero en los países desarrollados. También, y sobre todo, la cuestión de la emancipación nacional asume una importan-

---

32. Marx y Engels, *Imperio y colonia*, p. 212.

cia medular, pues ahora ya no será simplemente la revolución social la que resuelva el problema nacional sino que, de manera inversa, la emancipación nacional de los países oprimidos es una precondición para la revolución social. Es el propio Aricó, en la "Advertencia" a dicho número de los *Cuadernos*, quien destaca las consecuencias de estos planteos para el marxismo latinoamericano. Nos permitimos una extensa e ilustrativa cita:

> En América Latina, por ejemplo, los socialistas argentinos, que pasaban por ser los mejores conocedores del pensamiento de Marx, fueron los más acérrimos propugnadores de una política librecambista que partiendo de la defensa de ciertos intereses corporativos de clase, olvidaban por completo el lazo de unión inescindible que tanto Marx como Engels pretendían establecer entre los factores nacional y social. La lucha de clases y la lucha nacional, que a partir del "caso irlandés" resultan en el pensamiento marxiano acciones complementarias unidas, aunque distinguibles, en el movimiento socialista internacional resultaron acciones separadas y en gran parte contradictorias.[33]

Hasta aquí la relevancia de precisar una lectura de Marx *a contrapelo* de las interpretaciones hegemónicas y que habilite una visión novedosa de la cuestión nacional, de suma importancia en América Latina. Luego, el mismo Aricó refuerza la *actualidad* de esta idea:

> Es por esto que reflexionar sobre el caso irlandés resulta ser una tentativa teórica y política de *indudable importancia actual*, en la medida que permite reencontrarnos con una tradición de pensamiento, soslayada y hasta silenciada, cuya reconstrucción crítica es parte inseparable de la acción teórica y práctica que llevan a cabo las fuerzas socialistas en el mundo por construir una nueva sociedad y una nueva cultura.[34] (cursivas nuestras)

Encontramos aquí un ejemplo de lo que constituye un ejercicio de *traducción*. La edición de las consideraciones de Marx y Engels sobre la cuestión nacional no tiene por objeto la mera erudición sino la actualización de un pensamiento "silenciado" con el fin de colocar su potencia a la orden de los problemas del presente.

De la misma manera, las indagaciones de Aricó sobre el problema del Estado en América Latina buscarán nutrirse de tra-

---

33. Aricó, "Advertencia", en Marx y Engels, *Imperio y colonia*, p. 12.

34. Idem.

diciones y reflexiones que contribuyan a una lectura original de un asunto históricamente abordado con liviandad por el marxismo, en particular en nuestra región. Además de sus propios escritos al respecto, pueden mencionarse dos *Cuadernos*, el 95 y 96, publicados en 1982 y 1986, respectivamente. El primero, *Lo político y las transformaciones*, de Giacomo Marramao—en este caso también traducido, en términos literales, por el propio Aricó—, apunta a renovar la discusión sobre la "teoría política del marxismo".[35] La "Advertencia", esta vez firmada por *Pasado y Presente*, pero en la que se adivina el núcleo de las preocupaciones de Aricó, remarca la "búsqueda de las respuestas posibles al problema de la relación—aún percibida desde una perspectiva mecanicista—entre crítica de la economía política y crítica de la política". Por su parte, *El concepto socialista de nación*, escrito por Leopoldo Mármora, apunta a revisar críticamente el derrotero del problema de la Nación y el Estado en Marx y el marxismo en general.[36] Mármora remarca que, en su afán de desmitificar la "soberanía" del Príncipe, Marx terminó por reducir el Estado a una variable dependiente de la sociedad civil. En tanto Estado nacional, el concepto de *Nación* corre una suerte similar, al menos hasta la década de 1860: "la teoría del estado nacional queda reducida a una simple teoría de la sociedad civil, y la nación y el estado quedan ligados a burguesía en relación de dependencia absoluta".[37]

Esta indagación sobre la *Nación* tiene como fondo la preocupación por comprender formaciones sociales donde el Es-

---

35. Giacomo Marramao, *Lo político y las transformaciones* (México: Cuadernos de Pasado y Presente, 1982).

36. Leopoldo Mármora, *El concepto socialista de nación* (México: Cuadernos de Pasado y Presente, 1986). Cabe aquí señalar que estas preocupaciones se insertan dentro de un clima general signado por el exilio y los primeros momentos de la transición a la democracia. No profundizaremos aquí en esta cuestión, pero es importante remarcar que, en ese contexto, buena parte de la intelectualidad de izquierda comienza a cuestionarse su antiguo desdén por la democracia formal y la cuestión de la política en general, revisando la relación entre socialismo y democracia. Una parte sustantiva de ese debate comienza, para los exiliados argentinos, en el marco de la revista *Controversia*, editada en México entre 1979 y 1981. Allí, Aricó—entre otros—señalará la necesidad de no reificar una idea "productivista" de socialismo, lo que implica disociar el proceso de transición respecto de la democratización política de la sociedad, confiándolo, meramente, a la cuestión de la socialización de los medios de producción. José Aricó, "Ni cinismo ni utopía", *Controversia*, México, Año II, N° 9-10, 1980.

37. Mármora, *El concepto socialista de nación*, p. 11.

tado tuvo una vital importancia desde su conformación, como en el caso latinoamericano, cuestión que será atendida en los textos escritos por Aricó. Un importante hito de esta problematización es la indagación de nuestro autor acerca del desencuentro entre Marx y América Latina. A partir de allí, volverá en reiteradas ocasiones a las preguntas sobre la configuración particular de las sociedades latinoamericanas a partir de los procesos de independencia y las dificultades que ella conllevó para la óptica de Marx, así como de buena parte del marxismo. Las hipótesis más interesantes de Aricó respecto de la conflictiva relación entre Marx y América Latina aparecen justamente ligadas con lo que podríamos considerar como groseros problemas de *traducción* del propio Marx a la hora de atender la región.[38]

Las equívocas referencias de Marx a América Latina—que, considerando el alto grado de movilización y conflicto allí presente, bien podrían haber suscitado su atención de manera rigurosa—se asientan, según Aricó, en la relación de éste con Hegel, en un doble sentido. Por un lado, Marx pareciera adscribir a la idea hegeliana de "pueblos sin historia", inscribiendo a América Latina en esa enorme colección de pueblos pasivos sin iniciativa histórica.[39] Por el otro, el juvenil ajuste de cuentas con su maestro produjo en su producción posterior un sesgo teórico que desconoce la capacidad del Estado de contribuir a fundar o "producir" la sociedad civil, lo que constituye, para Aricó, prácticamente el hecho característico de las formaciones sociales latinoamericanas. De hecho, nuestro autor es consciente de la dificultad de pensar como unidad a "América Latina", en función de la dificultad de ubicar a la misma entre las metrópolis y los países coloniales. En tal sentido, justamente es la productividad de la esfera estatal la que permite construirla en tanto *objeto* de conocimiento.[40]

---

38. José Aricó, *Marx y América Latina* (México: Alianza, 1982); "Marx y América Latina", *Nueva Sociedad*, Caracas, N° 66, 1983.

39. En el mismo sentido puede interpretarse la publicación del número 88 de los *Cuadernos, Friedrich Engels y el problema de los pueblos "sin historia"*, de Romas Rosdolsky (México: Cuadernos de Pasado y Presente, 1980). No es descabellado suponer que la intención de dicha publicación es la de observar críticamente el comportamiento de los fundadores del socialismo respecto de las formaciones sociales periféricas.

40. José Aricó, "América Latina como unidad problemática", en *La hipótesis de Justo. Escritos sobre el socialismo en América Latina* (Buenos Aires: Editorial

De modo que es el propio Marx el que incurre aquí en el problema que el concepto de *traducción* busca evitar. Aricó indaga en las razones políticas que enceguecieron a Marx y recortaron su mirada a la hora de atender la realidad latinoamericana, todas ellas ligadas con la realidad francesa de su tiempo. Su fuerte noción de Estado-parásito, que lo llevó a establecer las célebres metáforas ("Excrecencia parasitaria", "boa constrictor que tapona todos los poros de la sociedad", "inmensa y abyecta maquinaria de guerra del capital contra el trabajo") que aparecen en sus textos sobre Francia, junto con su exacerbado antibonapartismo, hicieron que Marx viera en América Latina una situación política caótica y sin la presencia de fuerzas sociales "vivas", acechada además por el peligro de un Bonaparte autóctono en la figura de Bolívar.[41]

Aricó, por su parte, resaltará el hecho de que en América Latina el proceso de constitución de las naciones poco tiene que ver con el modelo clásico europeo: "la nación no resultaba ser el devenir estado de una nacionalidad irredenta sino la construcción de una realidad inédita".[42] Los procesos latinoamericanos tienen como característica el rol *activo*[43] del Estado, tanto en la produc-

---

Sudamericana, 1999).

41. El *Bolívar* de Marx, quizá su peor texto, tiene como principal problema el hecho de no ser un trabajo *marxista*. En lugar de analizar el proceso social en el marco del cual emerge la figura en cuestión, Marx opta por narrar las desventuras de un héroe caricaturizado.

42. Aricó, *Marx y América Latina*, p. 105.

43. Para desarrollar aún más esta cuestión, podemos acudir nuevamente a René Zavaleta Mercado. Según el autor boliviano, en América Latina el Estado no puede situarse vulgarmente en la "superestructura". Antes, se trata de una activa fuerza productiva, la precondición para la producción de una base económica capitalista. Dado que la Nación no es, a diferencia de Europa, preexistente al Estado, tampoco aparece un mercado nacional como base para el nacimiento de éste. De hecho, tanto el mercado como la Nación (en términos de pautas culturales comunes) son, en tanto unidades, creaciones *ex novo* del Estado. Hasta la burguesía es prácticamente inexistente como tal en los momentos de conformación del Estado nacional. En situaciones "normales" el Estado es producto de la Nación, vale decir, del mercado nacional en constitución. No son procesos exentos de violencia (la violencia es, tal como escribió Engels, la "partera" de la nueva sociedad que brota de las entrañas del viejo orden), pero tampoco son productos directos de ella. En el caso de muchos Estados latinoamericanos, no es este el proceso, pues no se trataba simplemente de abrir el camino a un proceso social conflictivo sino más bien de introducir determinadas condiciones externas al desarrollo endógeno de las formaciones sociales latinoamericanas. De allí la particular *productividad*

ción de las clases sociales como en la idea misma de Nación, todo lo cual contrasta enormemente con la visión de Marx acerca de los procesos de nacionalización, para quien no puede considerarse al Estado como centro productor de la sociedad, sino más bien como su excrecencia.

El hecho de que sea Marx quien aventura estos desafortunados análisis le permite a Aricó mayor radicalidad en su búsqueda heterodoxa, ya que reafirma la prioridad de las realidades nacionales por sobre la pretensión de dogmatizar los conceptos. La *traducción* supone siempre un ejercicio de fino análisis de la configuración nacional específica y eso implica siempre un esfuerzo de lectura. Resta interrogar en el sentido de los problemas aquí planteados, en un futuro trabajo, la particular relación de Aricó con Gramsci, quien fuera el autor que, en sus propias palabras, lo acompañó toda su vida. Podríamos aventurar que el peso del intelectual sardo en la trayectoria intelectual de Aricó radica en la incansable vocación de aquél por pensar la vitalidad y potencia crítica de la *filosofía de la praxis* a la luz de la realidad histórica que pretendía analizar y transformar.

(In)conclusiones

Son muchos los textos escritos por Aricó, así como las traducciones y ediciones de su factura que han quedado fuera de este breve trabajo. En todo caso, se trata aquí de una investigación que está dando sus primeros pasos y que tan sólo pretendía ser presentada en sus principales núcleos problemáticos. Tanto el modo en que se concibe el proceso histórico, como las nociones de Estado, Nación y política que se establecen son cruciales para definir qué tipo de marxismo se está planteando. Sólo en la medida en que se independicen ambos problemas de todo tipo de lectura mecánica que pretenda llevar a cabo una "aplicación", podrá abrirse espacio para hablar efectivamente de un marxismo *latinoamericano* que no será, así, calco ni copia, como diría Mariátegui. Se trata, sin embargo, de problemas sumamente complejos que requieren sólidos y

---

de lo estatal en las formaciones sociales latinoamericanas. Zavaleta Mercado, "La burguesía incompleta", en *Clases sociales y conocimiento*.

denodados esfuerzos de investigación.[44]

Frente a un marxismo que en el siglo XX fue predominantemente positivista en su idea de *historia* y mecanicista en su apreciación de la *política*, no sólo Aricó es un autor a rescatar para discutir con dichas interpretaciones. Es América Latina misma, en su riqueza y heterogeneidad, la condición de posibilidad de un marxismo renovado que trate estos y tantos otros problemas de manera original. Adscribimos a aquella sentencia sartreana según la cual el marxismo "es el horizonte insuperable de nuestra época", por cuanto todavía hoy constituye sin dudas el más grande proyecto de crítica de la sociedad capitalista. Sin embargo, la principal enseñanza de la obra de Aricó es que eso no puede pensarse si no es a condición de confrontar al marxismo de manera permanente y rigurosa con todas las corrientes de pensamiento de su época y con cada realidad singular en la que se pretenda pensar la emancipación.

Quizá en ese camino puede leerse la trayectoria intelectual de uno de los personajes más salientes del pensamiento crítico latinoamericano de la segunda mitad del siglo XX. De modo que, aunque todavía—inmerecidamente—desplazado del centro de atención teórico-política que merece, queda mucho por decir para dar cuenta de los aportes de "Pancho" Aricó a la construcción de un marxismo latinoamericano.

---

44. Cabe señalar aquí cierto resurgimiento de las preocupaciones por el marxismo latinoamericano, muchas de ellas señaladas en el ya citado trabajo de Acha y D'Antonio. Estos autores señalan, además, el hecho de que son los procesos políticos contemporáneos en la región los que actualizan el problema del socialismo para América Latina y reclaman una reflexión original al respecto. Todo lo cual reafirma, en consonancia con nuestra recuperación de la figura de José Aricó, la actualidad de pensar la tarea de construcción del marxismo latinoamericano no como un mero problema de saberes académicos, sino como una forma de intervención política.

III. El marxismo y las visiones del pasado latinoamericano

¿QUÉ HISTORIAS SERÁN LAS NUESTRAS? VISIONES DEL PASADO Y TRADICIONES NACIONALES EN EL PARTIDO COMUNISTA ARGENTINO (ca. 1925-1950)

Alejandro Cattaruzza

Universidad de Buenos Aires, Universidad Nacional de Rosario, CONICET[1]

Para Lili, sonriente crítica y compañera imprescindible de los viajes que empezaron en aquella costa.

Consideraciones preliminares

El X° Congreso del PC argentino se celebró en noviembre de 1941 en la ciudad de Córdoba, pocos meses después del ataque alemán a la Unión Soviética. Durante las sesiones, el dirigente Gerónimo Arnedo Álvarez proclamó que, cumpliendo el deber de "todo auténtico patriota" y en la senda de Belgrano y de San Martín, próceres de la guerra de independencia, el partido estaba dispuesto a

1. Algunos de los problemas aquí tratados, con otra periodización y con otros objetivos, fueron analizados en nuestras ponencias presentadas en el Seminario Internacional de Investigación "Repensar la nación", celebrado en La Antigua (Guatemala), en julio 2004; en las III Jornadas Nacionales "Espacio, memoria e identidad", CONICET-Universidad Nacional de Rosario, también en 2004 y en las X Jornadas Interescuelas / Departamentos de Historia, Universidad Nacional de Rosario, en 2005. La revista *Prohistoria,* de Rosario, publicó el artículo que recoge aquellas producciones en su N° 11, de 2007. A su vez, *A Contracorriente* publicó una primera versión de este trabajo en 2008; si bien los argumentos centrales se mantienen, las modificaciones en la estructura y las actualizaciones bibliográficas realizadas explican el cambio del título.

"combatir en primera fila con las armas en la mano [...] contra los agresores nazifascistas". Al finalizar el largo discurso, los congresales presentes vivaron y aplaudieron con fuerza las consignas que el orador proponía, entre las que se contaba la que hacía del PC un "defensor consecuente" de la "unión nacional, de la libertad y de la independencia de la Patria". Al cierre, "en medio del mayor entusiasmo, se cantó el Himno Nacional y *La Internacional*".[2]

Las referencias al pasado y a los héroes nacionales fueron frecuentes entre los comunistas argentinos durante la segunda mitad de los años treinta; a partir de 1941, cuando en razón de la invasión alemana se produjo el abandono de la neutralidad que se había impuesto el PC, el fervor con que se realizaron esas apelaciones fue mayor. Puede observarse, por otro lado, que los tonos patrióticos eran consistentes con los que la propaganda de guerra soviética utilizó para dar cuenta de su propia gran batalla contra los nazis. Desde ya, no sólo los comunistas recurrieron al repertorio de fórmulas patrióticas y al pasado buscando reforzar la legitimidad de las posiciones que adoptaban en el presente: prácticamente todos los grupos políticos locales lo hicieron, así como las reparticiones del Estado, en un movimiento que en los años treinta se hizo intenso y durante la guerra, aún más. En rigor, lo que estaba auténticamente en juego era el uso de esas alusiones en las luchas del día.

El análisis de las consideraciones políticas comunistas que sustentaban aquellas actitudes se ha ensayado en varias oportunidades.[3] La bibliografía disponible apeló a menudo, para explicar aquellas consideraciones, a dos factores: el cambio de la táctica de clase contra clase por la que impulsaba la creación de los frentes populares, ocurrido en 1935 y a veces visto como el punto de partida de una tendencia a adoptar posturas nacionales; y el mencionado apoyo a los aliados a partir de 1941. En este trabajo, en cambio, ubicaremos en el centro de nuestro examen la construcción, por parte del PC, de visiones del pasado que le permitieran enlazarse con el colectivo nacional y dotarse de una galería propia de héroes. Atender a esta cuestión específica hace posible la observación de fenómenos, prácticas, actitudes y matices que, desde otros puntos

---

2. Cfr. Jerónimo Arnedo Álvarez, *La unión nacional, garantía de la victoria. Informe rendido ante el X° Congreso del Partido Comunista, realizado en Córdoba los días 15, 16 y 17 de noviembre de 1941* (Buenos Aires: Ediciones del Comité Central del Partido Comunista, 1941), pp. 13 y 75, respectivamente.

3. Ver nota al final del capítulo.

de vista, quedan opacadas por las cuestiones más plenamente políticas y sujetas a la coyuntura. Utilizando en cambio la perspectiva que aquí proponemos, se insinúa la existencia de un proceso de reconfiguración de las relaciones entre el comunismo y el pasado de la nación de mayor envergadura que el que pudieron desatar el cambio de línea y el abandono de la neutralidad.

Un intento de este tipo reclama efectuar algunas precisiones; la más relevante de ellas indica que, como es visible, la organización de interpretaciones del pasado por parte de un partido político es un fenómeno complejo, que no se expresa sólo en las declaraciones de los organismos colectivos de dirección o en los libros de historia publicados por los intelectuales del partido y por sus dirigentes ilustrados. Naturalmente, las miradas partidarias hacia el pasado se manifiestan en esos textos, que resultan los soportes clásicos de las interpretaciones más articuladas y formales. Pero argumentos menos desarrollados, imágenes más toscas, evocaciones de ocasión, aparecen también recurrentemente en la prensa a través de la cuál el partido busca llegar a sus militantes y a públicos vastos. Todavía más allá, el sistema de símbolos y los rituales que la agrupación pone en marcha en sus actos y movilizaciones, en las celebraciones de sus héroes y de sus efemérides, dibujan una lectura, si bien dispersa y discontinua, de su historia y, en el caso del PC y a partir de cierto momento, del pasado de la nación; fragmentos de visiones del pasado de la clase obrera y aún de la humanidad fueron también ofrecidas por el partido en varias coyunturas.[4] En atención a esas circunstancias, nuestras fuentes incluyen libros de historia pero también poemarios, publicaciones periódicas, boletines de la militancia de base, declaraciones partidarias, reproducciones de conferencias y relatos de actos, movilizaciones y encuentros.

Es conveniente tener en cuenta también que esa forja de representaciones del pasado se produjo en un escenario donde el resto de los grupos políticos y el Estado, por señalar sólo los actores más visibles, se hallaban comprometidos en el mismo empeño.

---

4. Hemos analizado estos problemas, para otros grupos políticos y también para la izquierda, en oportunidades anteriores; remitimos a Alejandro Cattaruzza, *Historia y política en los años treinta: comentarios en torno al caso radical* (Buenos Aires: Biblos, 1991); "Descifrando pasados: debates y representaciones de la historia nacional", en Cattaruzza (dir.), *Crisis económica, avance del Estado e incertidumbre política (1930-1943)*; y *Los usos del pasado. La historia y la política argentinas en discusión 1910-1945* (Buenos Aires: Sudamericana, 2007).

Algunos de esos actores disponían no sólo de aparatos de difusión más poderosos, sino también de versiones más asentadas y estables con las que se debió discutir, acordar o discrepar levemente. Así, en la gran operación que se extendió entre fines de los años veinte y mediados de los cuarenta, el PC construía imágenes del pasado y en el mismo movimiento les otorgaba sentido, compitiendo con otros grupos por hacer circular e imponer esas representaciones en la sociedad y sosteniendo polémicas que, a veces, dejaban huellas en sus planteos.

Finalmente, debe señalarse que hemos atendido en particular a las posiciones expresadas ante un hecho político con efectos sociales, la Revolución de Mayo de 1810, y ante un pasado de otra naturaleza, rural y primordial, asociado a la figura del gaucho y a las formas culturales que se suponían relacionadas con ella, aún bajo la más amplia imagen del criollo; un complejo conceptual donde, en la época y en una producción mucho más vasta que la comunista, aparecían el criollo, el gaucho y la música de proyección folclórica unidas y enlazadas sin mayor precisión. Dado el estado de la disputa político-cultural en la Argentina, las imágenes de Mayo y de su legado, por una parte, y del gaucho, por otra fueron piezas cruciales para la propuesta de visiones históricas que pudieran reclamarse nacionales, y la toma de posición frente a ellas fue un testigo muy fiel de los cambios y también de las permanencias en el imaginario comunista.

Antes del intento del Frente Popular: apuntes comunistas sobre el siglo XIX

La Revolución que, iniciada en mayo de 1810 en la ciudad de Buenos Aires, llevaría a la guerra y a la declaración de Independencia de 1816, continuaba siendo entendida como el centro simbólico de la nacionalidad por vastos sectores de opinión luego de la Primera Guerra Mundial. Tanto las conducciones de las agencias del Estado vinculadas a la educación como el grueso de los intelectuales, buena parte de los grupos políticos, y los diarios de circulación masiva, hacían suyo este parecer. Así, tomar partido ante Mayo era casi imprescindible para ensayar una lectura de conjunto del pasado argentino. Durante la celebración del Centenario de aquel suceso, en un contexto de conflictividad social muy alta, el anarquismo había en general impugnado las conmemoraciones, aunque algún grupo intentó una ligazón con la Revolución; el socialismo, por su parte, osciló entre la denuncia y el rescate crítico de los elementos que entendía apreciables, pero no se sumó al llamado anarquista a una huelga general que intentara bloquear la celebración, inscribiéndose finalmente en el supuesto camino que, se decía, había comenzado en 1810. También en esos años, otros intelectuales esbozaron gestos que luego ganarían terreno, comenzando a buscar lo que entendían eran las esencias nacionales en las formas culturales que se consideraban propias del interior. Sin embargo, estas búsquedas no desplazaron a Mayo del centro; a pesar de algunas disidencias y matices, al momento de la aparición del comunismo en los primeros años del período de entreguerras, Mayo, la Constitución de 1853 y el avance material de fin de siglo XIX solían ser vistos como momentos cruciales para la historia nacional y para el liberalismo que se suponía entramado con ella.[5]

Los rasgos que exhibían las miradas comunistas sobre Mayo y sobre los símbolos patrios que, aún con ciertas mediaciones, remitían al proceso que desató la Revolución, dependieron de varios factores en aquellos años. Uno de ellos se jugaba en torno a la identificación partidaria y la acción callejera, entramándose con los antiguos combates de parte de la izquierda previa, y devenía en el rechazo tenaz a tales símbolos. Otro, de tenor diferente, estaba relacionado con las decisiones que la Tercera Internacional tomaba acerca de las políticas a seguir por sus secciones en los países extraeuropeos, directamente vinculadas a la caracterización que de su estructura económico-social realizaba, y también a la evaluación de la situación del movimiento revolucionario a escala mundial. En muchas ocasiones, tales asuntos se terminaban relacionando fuertemente

5. Sobre el clima cultural del Centenario, sugerimos la consulta de [Taller de Historia de Mentalidades], "La Argentina de 1910: sensibilidad, alegorías, argumentos en torno de un Centenario", *Estudios Sociales*, vol. III, N° 4, 1993 y Margarita Gutman y Thomas Reese, eds. *Buenos Aires 1910. El imaginario para una gran capital* (Buenos Aires: Eudeba, 1999). Sigue siendo de gran utilidad la lectura del capítulo titulado "El espíritu del Centenario"en José Luis Romero, *Las ideas en la Argentina del siglo XX* (Buenos Aires: Fondo de Cultura Económica, 1965). Sugerimos además la consulta de Antonio Bozzo, "Los intelectuales y las representaciones de la Nación ante la conmemoración del Centenario de la Revolución", ponencia presentada en las XII Jornadas Interescuelas/Departamentos de Historia, Universidad Nacional de Catamarca, 2011.

con el problema del imperialismo y de la nación.[6]

En lo que hace a las posiciones de la Internacional sobre estos puntos, importa mencionar apenas algunos datos, ya que no es este el lugar para una exposición detenida. Según es de rigor, esa mención debe comenzar indicando que en 1916 Lenin había escrito en Zurich *El imperialismo, fase superior del capitalismo;* allí figuraban unos apuntes breves sobre la Argentina, que a entender del autor sufría una forma de dependencia que no era la de una semicolonia; más adelante la definía como "colonia comercial" de Inglaterra. El libro se publicó en ruso en 1917, aparentemente en dos oportunidades, la segunda de ellas en septiembre y en Petrogrado, con prólogo de su autor. La edición francesa y la alemana llevan un mismo prólogo, también de Lenin, fechado en julio de 1920; luego, en 1921, *La Internacional Comunista* lo reprodujo con otro título. De ser correcta esta información, puede razonablemente dudarse de que el texto hubiera circulado ampliamente entre los comunistas latinoamericanos antes de 1921.[7] Poco antes de esa fecha, el Segundo Congreso de la Internacional, que se había reunido en 1920, dio forma a la cuestión colonial utilizando el modelo del Oriente Medio; la situación latinoamericana no fue allí analizada específicamente. Pocos años más tarde, hacia 1924 y en ocasión del Quinto Congreso, fue el lente chino el que se utilizó para mirar el mundo colonial; se trataba ahora de que las secciones de la Internacional trazaran alianzas con los movimientos de liberación nacional, semejantes a la que se intentaba con el Kuomintang.[8]

En Buenos Aires, también en 1924, se producía un documento de cierto interés para nuestro tema. Angélica Mendoza y Cayetano Oriolo, ambos importantes dirigentes de la facción de izquierda del

---

6. Remitimos, para estos temas y algunos de los que siguen, a Caballero, *La Internacional*; Liliana Cattáneo, "La izquierda argentina y América Latina en los años treinta: el caso de Claridad", Tesis de Posgrado, Instituto Torcuato Di Tella, Buenos Aires, 1992; y Lvovich y Fonticelli, "Clase contra clase".

7. Los datos consignados se han tomado de una edición que bajo el título de *El imperialismo, fase superior del capitalismo,* publicaron en Buenos Aires las Ediciones Libertador, en 2005. Según se anota en el libro, se ha tomado la versión que, en castellano, apareció en 1948 en Moscú como parte de las *Obras Escogidas* de Lenin, publicadas por Ediciones en Lenguas Extranjeras. Muy presumiblemente, en esa secuencia medió alguna edición local con el sello de Anteo, una de las más tradicionales editoriales del PC. Los datos han sido corroborados con los que proveen otras ediciones.

8. Caballero, *La Internacional,* p. 45.

partido, que se hallaba envuelto en una fuerte disputa interna, presentaban un despacho en disidencia en una de las comisiones del VI Congreso. Allí sostenían que "desde la revolución burguesa de 1810 hasta el fin de la guerra mundial la historia de la República Argentina ha sido la historia de su producción agropecuaria". Los autores, atendiendo a las cuestiones económicas y sociales antes que a los aspectos político-institucionales, que eran los preferidos por la historiografía académica de la época, continuaban indicando que la producción agropecuaria había exhibido una "forma feudal desde la Revolución de Mayo hasta la organización nacional de 1853", para tornarse "netamente capitalista y con la colaboración del imperialismo inglés" desde entonces y hasta 1914-1918.[9] Están aquí bosquejados varios ejes de discusión a los que los comunistas volverían con frecuencia luego, tales como el de la acción imperialista sobre la economía argentina y el del modo de producción vigente en el presente, pero también a comienzos del siglo XIX, a su vez imprescindible para clasificar a la Revolución de Mayo que, insistimos, para la gran mayoría del mundo político era la revolución fundadora de la Argentina. Para los disidentes, el hecho de concebirla como una revolución burguesa que de todas maneras mantuvo la "forma feudal" de la "producción agropecuaria" no reclamaba explicaciones detalladas.

Poco tiempo después, hacia 1927, en uno de los varios boletines comunistas que los militantes de base sostenían casi artesanalmente, dedicados en buena medida a los problemas locales, de la zona o del ámbito laboral, se encaraba otra cuestión relacionada con el pasado de la nación: la de sus símbolos, que según se suponía provenían de los tiempos de la guerra de independencia, y que terminaban por remitir a Mayo. Aquellos activistas sostenían en *Justicia. Órgano de los obreros y campesinos de Chacabuco*, que "el himno pertenece a la burguesía". Coincidentemente, sus compañeros de Haedo, que publicaban *Juan Pueblo. Órgano mensual defensor de los intereses de los obreros*, estimaban que el hecho de que "el himno sea una tarantela o una jota no nos interesa". Estos pronunciamientos fueron activados por los debates intensos, movi-

9. Se trata del "Despacho de los miembros en disidencia de la Comisión de Programa nombrada en el VI Congreso del Partido Comunista Argentino", encargada de la redacción del Proyecto de Programa de Reivindicaciones Inmediatas; el texto está contenido en el *Informe del Comité Ejecutivo al VI Congreso a celebrarse en Buenos Aires los días 26, 27 y 28 de julio de 1924*. Archivo General de la Nación (AGN), Sala VII, Fondo PCA, legajo 3363; p. 15.

lizaciones y aún represión desatadas por un intento oficial de reforma de la música del himno.[10]

Pero por esos mismos años, en otros sectores cuando menos muy cercanos al PC, el problema de Mayo suscitaba reflexiones muy distintas a las mencionadas. Aníbal Ponce, por ejemplo, era ya un intelectual importante que luego, a lo largo de los años treinta, participaría en muchos de los emprendimientos vinculados al PC, viajando a la Unión Soviética, comprometiéndose activamente con la causa de los republicanos españoles y ocupando un sitio destacado en la cultura argentina; hasta donde se sabe, nunca se afilió al partido, pero giró en su órbita y fue transformado luego en uno de sus más notorios héroes intelectuales. La conferencia que tituló "Examen de conciencia", pronunciada en la Universidad de La Plata en mayo de 1928, precisamente al conmemorarse el aniversario de la Revolución de 1810, hizo evidente a juicio de Oscar Terán que "el pensamiento de Ponce comienza a definirse como expresión de una manifiesta voluntad de marxismo".[11] Sostiene Ponce que su "examen de conciencia" es un homenaje a "nuestra Revolución", cuyos aniversarios "invitan a meditar sobre los problemas de la nacionalidad en cuanto son solidarios con los destinos de la familia humana". Ponce ubica a Mayo como eje de la nacionalidad argentina: "ni indios, ni españoles, ni gauchos a buen seguro; pero tampoco franceses"; la "línea dominante" es la que "permite reconocernos desde la Revolución" de 1810. Pero, agrega, "los principios de la Revolución de Mayo no se han realizado totalmente" y constituyen un programa para el presente y el futuro, cuyos núcleos serían la "Soberanía Popular y la Justicia Social". Para Ponce, "los ideales de la Revolución Rusa son [...] los mismos ideales de la Revolución de Mayo en su sentido integral".[12]

---

10. Copias de ambos boletines se hallan en el AGN, Sala VII, Fondo PCA, legajo 3364. Acerca del conflicto en torno al himno nacional, ver Esteban Buch, *O juremos con gloria morir. Historia de una épica de Estado* (Buenos Aires: Sudamericana, 1994), en particular pp. 48-62. Nos permitimos remitir además a Cattaruzza, *Los usos del pasado*, en particular pp. 9-15.

11. Véase Oscar Terán, "Aníbal Ponce, o el marxismo sin nación", en *En busca de la ideología argentina*, p. 149. Sobre las interpretaciones históricas de Ponce en estos años, véase también Halperín Donghi, *La Argentina y la tormenta del mundo*, pp. 127 y ss., en particular p. 130.

12. Cfr. Aníbal Ponce: "Examen de conciencia", en *El viento en el mundo* (Buenos Aires: El Ateneo, 1939), pp. 15, 29 , 32 y 34, respectivamente.

Estas consideraciones evidencian entonces que para la cultura política de la izquierda comunista, encuadrada o no en el partido, la cuestión de la herencia de Mayo estaba parcialmente abierta, todavía en trance de definirse, entre la denuncia del "himno burgués" y un Mayo que anticipaba a 1917.[13] El hecho ratifica la opinión ya expresada por Daniel Lvovich y Marcelo Fonticelli acerca de que las posiciones dentro del partido eran menos uniformes de lo que se ha sostenido muchas veces.[14]

Pocos meses luego de la conferencia de Ponce se celebró el VI Congreso de la Comintern, entre julio y septiembre de 1928. Allí fue cuando, para usar una fórmula conocida, tuvo lugar lo que sus dirigentes llamaron el "descubrimiento de América". Ese mismo año, en noviembre, el VIII Congreso del PC argentino hacía suyas las decisiones de la Internacional. En los documentos de estos años se establecía, no sin titubeos, que los latinoamericanos eran "países semicoloniales donde domina el problema agrario y anti-imperialista" y que, en consecuencia, el movimiento de transformación social a impulsar era uno "del tipo democrático-burgués". Al mismo tiempo, a pesar de los aires etapistas de estas interpretaciones, la Internacional establecía que la estrategia a seguir sería la de clase contra clase.[15]

13. Si bien en este capítulo no hemos empleado los puntos de partida conceptuales de la historia de las culturas políticas, entendemos que ellos podrían utilizarse parcialmente para estos asuntos. Así, por ejemplo, Bernstein y Sirinelli argumentan que uno de los rasgos que caracterizan a una cultura política es la presencia de una lectura común y compartida del pasado, o al menos de sus grandes períodos, a los que se atribuye carga positiva o negativa. De la vasta bibliografía disponible sobre la noción de cultura política, sugerimos la consulta de Serge Berstein, "La cultura política", en Jean-Perre Rioux y Jean-François Sirinelli, *Para una historia cultural* (México: Taurus, 1999), en particular, pp. 391-393 y 404; Jean-François Sirinelli, "Pour une histoire des cultures politiques", en *Voyages en histoire* (Besançon: Université de Besançon, 1995); y Manuel Pérez Ledesma y María Sierra, eds., *Culturas políticas: teoría e historia* (Zaragoza: Institución Fernando el Católico, 2010).

14. La observación, en Lvovcih y Fonticelli, "Clase contra clase", pp. 205 y ss.

15. Ver Caballero, *La Internacional,* pp. 107 y ss. La cita, en "Proyecto de tesis sobre el movimiento revolucionario de la América Latina", en *La Correspondance Internationale*, febrero de 1930. Ha señalado Liliana Cattáneo que la propuesta del bujarinista Jules Humbert-Droz para América Latina fue resistida porque sus consignas podían ser confundidas con las del APRA, una de las formaciones "nacional-revolucionarias". Sobre el punto, véase Caballero, *La Internacional*, p. 146, y acerca del Octavo Congreso del PCA, véase Lvovcih y Fonticelli, "Clase contra clase", p. 204. Acerca de la línea adoptada, ver Pere Gabriel, "Contexto internacional y Frente Popular", *Papeles,* Fundación de Investigaciones Marxistas, N° 24, Segunda Época, Madrid, 2006, pp. 21 y ss.

Parece claro que algunas de estas definiciones no eran sencillas de conciliar, y esa situación se hizo sentir en ciertas oportunidades. Sin embargo, varios argumentos quedaron estabilizados en estas reuniones de fines de los años veinte y demostrarían gran perdurabilidad; entre ellos se destaca el que caracterizaba a los países latinoamericanos como colonias y semicolonias donde debía desarrollarse, todavía, la fase democrático-burguesa de la revolución, que aquí asumiría una forma agraria y antiimperialista. Es claro también que estas definiciones impactaban en las lecturas que del pasado podían realizarse desde el PC, si es que se mantenía el anhelo de ortodoxia.

Luego del golpe de Estado que el 6 de septiembre de 1930 derrocó al presidente radical Hipólito Yrigoyen, instaurando una dictadura militar cuyo jefe fue el general Uriburu, los militantes comunistas se transformaron en uno de los blancos preferidos de la represión y el partido fue ilegalizado. En 1932, después de unas elecciones en las que el radicalismo, muy probablemente el partido con mayor apoyo, se abstuvo de participar ante el veto a sus candidatos, se hizo cargo de la presidencia Agustín P. Justo. En el período que se abrió, el PC vivió una etapa incierta en cuanto a su acción pública: dirigentes e intelectuales fueron procesados o estuvieron en la cárcel, la prensa partidaria circuló pero no dejó de sufrir clausuras, y los militantes de base fueron espiados y reprimidos por la policía. Si bien los grupos conservadores y nacionalistas impulsaron una ley de represión del comunismo, su proyecto nunca fue votado. El nacionalismo más radical y extremo, que no desdeñaba la acción callejera y la movilización, creció además en los años treinta, e hizo del comunismo un enemigo principalísimo, junto a la democracia, el liberalismo, el judaísmo y los intereses ingleses. A pesar de todo, el PC tuvo una actuación muy destacada en el movimiento sindical y, además, la voz comunista logró hacerse oír en el universo cultural y político durante esos años. Cuando desde el partido se propusieron imágenes del pasado nacional en los tempranos años treinta –y también más tarde–, los comunistas argentinos partieron precisamente de aquellas certezas estabilizadas a fines de los años veinte: la revolución democrático-burguesa no se había consumado y estaba pendiente; el capitalismo pleno no se había alcanzado por efecto de la acción imperialista.

Así, en 1934, desde las páginas de una de las revistas comunistas, Rodolfo Ghioldi, dirigente de primera línea, retomaba el tema de la Revolución de Mayo en un artículo dedicado a Juan Bautista Alberdi, una de las más connotadas figuras del liberalismo argentino del siglo XIX. Entendía Ghioldi que la idea de que la "tradición de Mayo" era una "encarnación de la democracia" gozaba de crédito en sectores amplios. Ghioldi sintetizaba la opinión que atribuía a sus adversarios: "el coloniaje era el feudalismo; Mayo, la democracia". A su juicio, en cambio, "antes y después de Mayo hubo el régimen feudal". Tampoco manifestaba en ese trabajo el dirigente comunista mayor aprecio por el panteón de héroes liberales: Echeverría, como Sarmiento, Alberdi y Mitre, decía, "temía fundamentalmente a las masas".[16]

Es que en estos primeros años de la década de 1930, el PC, por efecto de la línea de clase contra clase, continuaba sosteniendo una actitud fuertemente disruptiva ante el resto de los partidos y también hacia cualquier posición que, apelando al pasado, buscara enlazarse con lo que se suponía era la nación, la patria o sus símbolos. En 1933, por ejemplo, la prensa partidaria denunciaba el homenaje que los "socialpatriotas" del PS rendían a la memoria de su dirigente Juan B. Justo. Para el PC, Justo había buscado "conciliar su nacionalismo con el internacionalismo obrero"; esa "fue otra máscara que cubría su patriotismo", actitud condenable que se hacía visible en el hecho de que una de sus preocupaciones hubiera sido "dejar establecido en su testamento que su féretro fuera cubierto con la bandera argentina juntamente con la roja. De lo contrario, ninguna bandera". En la visión de la prensa comunista, estas decisiones eran propias de un "socialfascista".[17] En 1934, ante la celebración de un congreso del socialismo, Rodolfo Ghioldi persistiría en denunciar actitudes semejantes cuando señalaba críticamente que "el PS repudia el internacionalismo, quiere las Malvinas bajo pabellón argentino, se considera unido a Mayo, a Alberdi, a Mitre, rechaza la bandera roja".[18]

Fueron varios los esbozos de la historia del siglo XIX argentino que dirigentes y escritores vinculados al partido expusieron, de varios modos, en estos años. El mismo Ghioldi apuntaba hacia 1933 que "desde la ruptura y separación de España [en 1810] [...],

16. *Soviet*, año II, N° 7, Buenos Aires, 1 de agosto de 1934, pp. 21 y 22.

17. *Actualidad*, año I, N° 11, Buenos Aires, enero de 1933, p. 34. Sobre esta revista y, en general, las vinculadas al PC en estos tiempos, remitimos a Saítta, "Entre la cultura y la política".

18. *Soviet*, año II, N° 5-6, Buenos Aires, 27 de junio de 1934, p. 6. Sobre este artículo y la actitud de Ghioldi ante la tradición liberal en esos años, ver José Aricó, *La cola del diablo. Itinerario de Gramsci en América Latina* (Buenos Aires: Puntosur, 1988), p. 182.

la posición del imperialismo inglés fue indiscutiblemente predominante en la Argentina y su influencia en el desarrollo económico y político del país, decisiva". Ponce, por su parte, sostenía en el discurso con el que abría en Montevideo, también en 1933, el Congreso Latinoamericano contra la Guerra Imperialista, que a comienzos del siglo XIX "las nacientes burguesías de América Latina, atrasadas, indolentes, sin ninguna de las capacidades que las nuevas formas de producción exigían en el mundo", se transformaron "a poco andar en pasivos instrumentos de Inglaterra, su nueva metrópolis económica"; era una descripción cruda de la que difícilmente pudiera eximirse a los sectores revolucionarios rioplatenses de 1810. Ellas habían sido "gajos mezquinos del único Estado europeo que se conservó feudal en pleno corazón de la Edad Moderna".[19]

El juicio crítico se extendía de aquellos momentos iniciales a las políticas seguidas por el liberalismo argentino a lo largo del siglo XIX: "fuente de materias primas para su industria, fuente alimenticia, mercado para la colocación de sus capitales, de sus productos manufacturados y de sus maquinarias: esto fue Argentina durante ese tiempo, y sobre todo desde 1880 en adelante", sostenía Ghioldi en aquel mismo artículo. Ponce, por su parte, señalaba que Inglaterra, el nuevo país dominante, se hallaba "tan seguro en sus firmes posiciones de amo que todas las obras que emprendió en las semicolonias no consultaron para nada los intereses de éstas, sino las ventajas que pudieran reportar a la metrópolis", para agregar que Inglaterra había llevado al "vasallaje cada vez más acentuado de las burguesías aborígenes", manteniendo a las naciones de América Latina en "situación exclusiva de proveedoras de materias primas".[20]

19. *Soviet*, año I, Nº 1, Buenos Aires, 24 de junio de 1933, p. 3 y Ponce, *El viento en el mundo*, p. 123, respectivamente. La conferencia de Ponce fue pronunciada el 12 de marzo de 1933. De cara a ciertas polémicas historiográficas argentinas, puede tener importancia registrar que estas denuncias de la acción del imperialismo británico en e l siglo XIX son anteriores a la aparición de las críticas del que luego sería el revisionismo histórico, cuyas primeras formulaciones suelen datarse en 1934, con la publicación de *La Argentina y el imperialismo británico,* de los hermanos Rodolfo y Julio Irazusta (Buenos Aires: Tor, 1934). De todas maneras, la crítica a Inglaterra estaba muy extendida por entonces en el mundo político argentino. Ver Olga Echeverría, "De la apelación antidemocrática al colonialismo como argumento impugnador de la 'oligarquía'. Los hermanos Irazusta en la génesis del Revisionismo histórico argentino", *Prohistoria,* Nº 8, Rosario, 2004.

20. Las citas de Ghioldi, en *Soviet,* año I, Nº 1, Buenos Aires, 24 de junio de 1933, p. 4, y las de Ponce en *El viento en el mundo*, pp. 123 y 124.

Estas lecturas ensayadas durante la primera mitad de los años treinta eran, en su mayoría, bocetos apretados, ejercicios interpretativos amplios, intervenciones que buscaban mucho más la definición general que el relato minucioso. Al mismo tiempo, se alineaban de manera muy ajustada con la premisa que hacía de la Argentina presente una semicolonia y, muy probablemente, partían de ella.[21]

Por otro lado, durante los años veinte y hasta mediados de los años treinta, el lenguaje comunista solía aludir a las masas de la primera mitad del siglo XIX. De acuerdo con una opinión que estaba ampliándose en ese período, por detrás de esa apelación podía insinuarse la figura del gaucho, difícil y complicada para la tradición partidaria. La figura del gaucho no había gozado de aprecio extendido en la cultura política de las izquierdas argentinas, aunque hubo sin duda excepciones, como la del escritor anarquista Alberto Ghiraldo, o la de algunas publicaciones del interior.[22] Hacia 1925, por ejemplo, ante una iniciativa de Evar Méndez, director de la revista de vanguardia *Martín Fierro,* para erigir un monumento a José Hernández, autor del poema publicado en 1872, la revista *Los pensadores,* cercana a la izquierda realista y proclive a la denuncia social reunida en el grupo de Boedo, intervenía proclamando que "nosotros no tenemos nada en común con el gaucho ni con el aborigen", al tiempo que señalaba el grupo al que estimaba valioso pertenecer, la identidad de la que se enorgullecía: "nosotros somos trabajadores".[23] Aníbal Ponce, en 1926, dibujaba un panorama que retomaría parcialmente en la citada conferencia de 1928, incluso

---

21. La situación política, marcada por la firma de un tratado comercial con Inglaterra–que fue juzgado por muchos sectores, incluso muy moderados, como fatalmente adverso para los intereses locales–hacía más apremiante la denuncia de la sujeción imperial, aunque el PC tendía a señalar que el predominio inglés, luego de la Gran Guerra, cedía frente al norteamericano. El tratado en cuestión es el llamado Roca-Runciman, firmado en 1933, por el cual el gobierno argentino otorgaba notorias ventajas al capital inglés a cambio de que se mantuvieran las compras inglesas de carnes en los niveles de 1932

22. Sobre el punto, sugerimos la consulta de Ana Lía Rey, "Periodismo y cultura anarquista en la Argentina de comienzos del siglo XX: Alberto Ghiraldo en La Protesta y Martín Fierro", *Hipótesis y Discusiones* Nº 24, Facultad de Filosofía y Letras, Buenos Aires, 2002. Ver también Juan Suriano, *Anarquistas. Cultura y política libertaria* (Buenos Aires: Manantial, 2001).

23. Citado en Carlos García, "Borges y el endiosamiento de Hernández" disponible en http://casadeasterion.homestead.com/v5n17hern.html

recurriendo literalmente a las mismas imágenes: "en complicidad con la iglesia, que supo explotar su salvajismo, y con el señor feudal, que lo supo amarrar a su interés, el gaucho fue indiscutiblemente el peor enemigo de la revolución [de Mayo]. Todo culto enternecido a su memoria tendrá, pues, una honda raigambre antiargentina".[24] Estas posiciones eran tributarias de algunas ideas de José Ingenieros, por ejemplo las que sostuvo en la conferencia que dictó en el Instituto de Cultura Popular de Buenos Aires el 3 de septiembre de 1915 y publicó la *Revista de Filosofía*. Allí había planteado Ingenieros que "dos civilizaciones opuestas", que llama "la argentina y la gaucha", se enfrentaron a lo largo del siglo XIX. El autor filia sus ideas con las de Sarmiento, sosteniendo que esos agrupamientos eran los mismos que el sanjuanino había llamado "civilización" y "barbarie", también en lucha[25]. Ingenieros en 1915 y Ponce en 1926 concebían un gaucho antiargentino, ajeno a la nacionalidad, dado que su participación en Mayo y en las guerras de independencia había sido equívoca. Como se ha indicado ya, Aníbal Ponce entendía, hacia 1928, que Mayo era el eje identitario del colectivo nacional: "ni indios, ni españoles, ni gauchos a buen seguro; pero tampoco franceses".[26]

El estudio de la historia argentina, tarea de los militantes de la revolución (1935-1945)

En innumerables oportunidades se ha señalado la importancia del cambio táctico de 1935, cuando se abandonaba la línea de clase contra clase y se pasaba a la de Frente Popular. En la Argentina, ese hecho dejó rastros en la cultura política comunista, tornándola menos cerrada y sectaria. Se admite hoy, por otra parte, la existencia en ciertos países europeos–Francia, España, por ejemplo–de iniciativas previas a las decisiones formales tomadas en el VII Congreso de la Comintern, entre julio y agosto de aquel año, lo que se interpreta como

---

24. Aníbal Ponce, "Los funerales del gaucho", *Revista de Filosofía*, año XII, N° 5, septiembre de 1926, p. 274. En "Examen de conciencia", la conferencia de 1928 publicada en *El viento en el mundo*, 24, se vuelve a utilizar la fórmula de la raigambre antiargentina de la exaltación del gaucho.

25. José Ingenieros, "La formación de una raza argentina", *Revista de Filosofía*, Buenos Aires, 1915, vol. I, pp. 464 y ss.

26. Ponce, "Examen de conciencia", pp. 15, 29, 32 y 34, respectivamente.

evidencia de un clima de colaboración con otras fuerzas presente ya hacia 1934 y más amplio, menos acotado a la decisión del cambio de línea. De todos modos, como advirtió hace tiempo Manuel Caballero, las transformaciones que resultaron de ese cambio no fueron tan rápidas ni tan extendidas como se supuso, al punto que el modelo de Frente Popular que proponía la Internacional Comunista en su VII Congreso era la Alianza Nacional Libertadora que, en Brasil, conducía Prestes y que pocos meses después, en noviembre, intentaba un levantamiento armado. A ello deben agregarse las tensiones que sufrió el Frente Popular una vez que comenzó la guerra civil española, y los aires de clase que exhibió el conflicto, en el frente y en otros escenarios.[27]

También en la Argentina los comunistas se empeñaron en impulsar la nueva táctica; también aquí, concepciones de la etapa anterior pervivieron. Entre ellas se cuenta la seguridad de que el país era una semicolonia y su corolario, que indicaba que la revolución sería, debía ser, democrático-burguesa en su forma agraria y antiimperialista. El periódico *La Internacional,* de cara a la conmemoración del Primero de Mayo de 1935–antes de la decisión formal del cambio de línea–, llamaba a la formación de un "Gran Frente Nacional y Popular Anti-rreaccionario y Anti-imperialista"; un año más tarde, la misma publicación llamaba a una movilización del Frente Popular "por la liberación de nuestro país del asfixiante yugo extranjero".[28] De todas maneras, el Frente Popular no se constituyó en la Argentina, entre otras razones porque la Unión Cívica Radical, que resultaba la pieza decisiva por potencia electoral y arraigo popular, tenía reparos que se asentaban en consideraciones pragmáticas y también ideológicas, cuando menos frente a los comunistas.[29]

Para la nueva etapa, muchas de las imágenes del pasado que había elaborado el PC, así como sus posiciones hacia los que se reputaban como símbolos nacionales, resultaban muy poco fun-

27. Véase, sobre estos temas, Caballero, *La Internacional,* pp. 164 y ss.; Gabriel, "Contexto internacional y Frente Popular"; y Löwy, ed. *El marxismo en América Latina,* pp. 21 y ss.

28. *La Internacional,* abril de 1935, p. 2; febrero de 1936, p. 4; abril de 1936, sin número de página.

29. Sobre el Frente Popular en la Argentina y las posiciones radicales, ver Alejandro Cattaruzza, "Tan lejos y tan cerca. La Guerra de España y la política argentina", en [VV. AA], *Fuegos cruzados. Representaciones de la Guerra Civil en la prensa argentina, 1936-1940* (Córdoba, España: Fundación Botí, 2005).

cionales. Es probable que la percepción de esta circunstancia haya contribuido a otorgar al análisis de cuestiones de historia argentina una relevancia nueva para el activismo comunista.[30] En octubre de 1936, en la publicación partidaria *Hoy* aparecía una columna titulada "Historia argentina por proletarios". Se anunciaba allí que la sección "orientará en la difícil tarea de interpretar la historia del país con criterio marxista" y se observaba críticamente que "el estudio de la historia argentina" había sido "menospreciado injustamente hasta antes de ahora", proponiéndose enmendar esa situación. También se convocaba a los lectores, interpelados como activistas, a la constitución de grupos de estudio sobre estos asuntos.[31] Poco después, Eduardo Astesano, militante comunista que luego pasaría al peronismo y se dedicaría con frecuencia a los estudios históricos, polemizó con Daniel Faleroni, partidario del APRA, sobre la Revolución de Mayo en la revista *Claridad*. Ya en 1939, Carlos Cabral, otro activista del PC que cultivaba los temas de historia, volvía a llamar desde la revista *Argumentos* a "los lectores interesados" a constituir "un grupo nacional que, rompiendo con la tradición de trabajo individualista, encare la tarea de investigación e interpretación sobre la base de un plan organizado de trabajo colectivo". Según Cabral, la revista se había propuesto desde el primer número "impulsar todo aquello que tenga relación con el estudio histórico"; debe reconocerse que allí se publicaron varios estudios referidos al pasado nacional, tanto de los historiadores comunistas ya mencionados como de Luis Sommi.[32]

En los primeros años de la década iniciada en 1940, los esfuerzos que realizaban los intelectuales comunistas culminaron en la publicación de varios libros, aunque no parece haber tenido éxito

---

30. Roberto Tortorella ha planteado que también tuvo cierto efecto la observación que sobre la historia nacional realizara Dimitrov en el Séptimo Congreso. Ver Tortorella, "Argentina: un pasado sin Bastilla".

31. *Hoy*, N° 4, Buenos Aires, 8 de octubre de 1936, p. 7; es muy probable que Rodolfo Puiggrós se hallara detrás de ese esfuerzo.

32. Acerca de *Argumentos*, sugerimos la consulta de Jorge Myers, "Rodolfo Puiggrós, historiador marxista-leninista: el momento de *Argumentos*", *Prismas. Revista de historia intelectual*, N° 6, Universidad de Quilmes, 2002 y Omar Acha, "Nación, peronismo y revolución en R. Puiggrós" (Primera Parte), *Periferias*, Buenos Aires, N° 9, 2001. La cita, en *Argumentos*, N° 3, enero de 1939, p. 279, ha sido evocada ya por Myers. Sommi, también un dirigente importante, se dedicaría luego de 1947 con alguna frecuencia a los estudios históricos. Disidente frente a la posición oficial asumida hacia el peronismo, se desvinculó del PC hacia 1956.

la apelación al trabajo colectivo. Entre otras obras, Rodolfo Puiggrós presentaba *De la colonia a la Revolución* en 1940 y *Mariano Moreno y la revolución democrática argentina* en 1941. Ese mismo año, Eduardo Astesano publicaba su *Contenido social de la Revolución de Mayo*. Puiggrós continuó su tarea con *Los caudillos en la revolución de Mayo*, de 1942; *Rosas, el pequeño*, de 1944, aparecido en Montevideo; y su *Historia económica del Río de la Plata*, de 1945.[33]

Revelando que estas actitudes comunistas–y los dilemas que en ocasiones desataban–no eran estrictamente locales, hacia 1944 Palmiro Togliatti reclamaba en *Rinsacita* la transformación del PCI en "un partido nacional italiano, es decir, un partido que plantee y resuelva el problema de la emancipación de los trabajadores en el cuadro de nuestra vida y libertad nacionales, haciendo suyas todas las tradiciones progresistas de la nación".[34] En la Argentina, el PC fue articulando con claridad su tradición, que entendía también progresista, a partir de 1935; la convocatoria al estudio del pasado y la publicación de las obras mencionadas son pruebas de esa circunstancia. Queda pendiente la pregunta en torno a los contenidos de las historias comunistas; en la respuesta a ese interrogante se manifestarán las dificultades que el partido halló para diferenciarse de otras interpretaciones disponibles y, también, algunos matices en las posiciones de sus militantes.

Así, según ha señalado Halperin Donghi, hacia 1936 Aníbal Ponce, ya citado aquí, ratificaba "su identificación con la tradición liberal argentina", apelando a la figura de Sarmiento en una carta abierta dirigida a las autoridades, inaugurada ya la etapa del Frente Popular. Sarmiento había sido homenajeado por la publicación comunista *Hoy*, que ya hemos citado más arriba, en fechas cercanas.[35] Poco más tarde, en mayo de 1937, los periodistas de *Orientación*– otro periódico comunista–entendían que en ese momento, "como en Mayo de 1810 se impone la unidad del país contra la reacción", al tiempo que se citaba un documento del Comité Central en el que se proclamaba que en Mayo había nacido la democracia. En abril de 1938, en las páginas de *Orientación* se conmemoraba el 85º aniver-

33. Acha, "Nación, peronismo y revolución", y Myers, "Rodolfo Puiggrós".

34. Togliatti sostuvo esta posición hacia octubre de 1944. La cita, en José María Laso Prieto, "El concepto de 'partido nuevo' en el pensamiento de Togliatti", *Papeles*, Fundación de Investigaciones Marxistas, Madrid, Nº 5-6, 1981.

35. Halperin Donghi, *Argentina y la tormenta del mundo*, p. 134; *Hoy*, Buenos Aires, año I, Nº 1, 17 de septiembre de 1936, p. 2.

sario de la sanción de la Constitución con la reproducción de retratos de Mitre, Urquiza y Alberdi, poco antes denunciados por su temor a las masas y por actitudes todavía más repudiables.[36] No es nuestra intención volver a poner en evidencia el tan visible y rápido cambio frente a los argumentos de 1934, expuestos más arriba, sino subrayar los esfuerzos que el comunismo debía realizar para diferenciarse de otros panteones, incluso conservadores y oficialistas, que cobijaban a los mismos próceres, y para hacerlo sin romper definitivamente con algunos de ellos tal como exigía la nueva táctica. Al hacer del liberalismo del siglo XIX su propio linaje, el PC se encontraba allí con los adversarios políticos de ayer y con algunos del presente mismo.

La decisión de la Internacional Comunista, luego de la firma del pacto Ribbentrop-Molotov en 1939, de asumir una posición neutral ante la guerra, no frenó la tendencia, que se iba imponiendo, a la producción comunista de un pasado cuyo momento liminar era Mayo y que hallaba uno de sus héroes en Sarmiento. Sostenía Ernesto Giudici en una de las obras que se reputa representativa de la etapa de neutralismo, titulada *Imperialismo inglés y liberación nacional,* que luego de derrocado Rosas, "el país dio un salto. Vino la gran época de nuestro soberbio liberalismo económico y político, con el gran Sarmiento a la cabeza". Sin embargo, pronto "una oligarquía reaccionaria desarrollada y enriquecida alrededor de los ferrocarriles ingleses" y además latifundista, ratificó la muerte del federalismo y el "centralismo de Buenos Aires: todo ello detuvo la marcha ascendente del país". A pesar de todo, la acción del colonialismo capitalista inglés, estimaba Giudici, había tenido un efecto progresista.[37]

Por entonces se producía también la aparición de los libros de Rodolfo Puiggrós y Eduardo Artesano mencionados con anterioridad. Jorge Myers, llevando adelante una tarea siempre compleja, ha ofrecido una síntesis satisfactoria de la interpretación del primero de los historiadores comunistas mencionados. Ella indica que si bien la conquista había forjado una sociedad feudal, había diferencias entre el interior–donde predominaba una atrasada economía doméstica–y el Litoral y Buenos Aires, donde podían hallarse rastros de la existencia de una incipiente burguesía comercial. Esta configu-

36. *Orientación,* Buenos Aires, Nº correspondiente a mayo de 1937 y Nº 44, 29 de abril de 1938, p. 1.

37. Ernesto Giudici, *Imperialismo inglés y liberación nacional* (Buenos Aires: Problemas, 1940), pp. 28 y ss; la observación sobre el papel del imperialismo, en p. 8.

ración económico-social había impedido que la Revolución de Mayo fuera una revolución democrático-burguesa acabada. En cuanto a los dirigentes, Mariano Moreno era exaltado como modelo de militante revolucionario, y el programa artiguista era bien apreciado–lo que constituía una de las diferencias frente a otras versiones. A su vez, la política rosista resultaba un intento condenado al fracaso por los cambios económicos ocurridos en el escenario mundial. Compartidas en buena parte por Astesano y herederas de opiniones de Cabral, las lecturas de Puiggrós bosquejaban una interpretación de tramos significativos del pasado argentino que en parte devenían de aquella doble caracterización que seguía firme: país semicolonial; ausencia de una revolución burguesa plena.[38]

Además de la exposición de interpretaciones históricas, Astesano y Puiggrós realizaban en esos libros gestos de recuperación del legado de Mayo. En las grandes reuniones partidarias con cuya evocación abrimos este artículo, tan fervorosas en la apelación patriótica, esas mismas posiciones eran adoptadas por el activismo comunista. De este modo, Rodolfo Puiggrós, en el Prefacio de su obra *De la colonia a la Revolución*, sostenía en 1940: "he escrito este libro teniendo presente a la clase obrera argentina, heredera y continuadora de la tradición progresista y libertadora que parte de los días iniciales de nuestra sociedad"; Astesano, a su vez, manifestaba en 1941 que planeaba titular el último tomo de su obra "La herencia progresista de Mayo".[39] El PC, en esos años, terminaba así por hacer evidente que pasaba a compartir con el resto de los grupos políticos importantes el hecho de disponer de una mirada minuciosa sobre el pasado y de un linaje que le parecía digno de recuperar, que se podían hallar tanto en los libros de sus historiadores como en los actos partidarios. El cambio de gran aliento en la posición comunista hacia la historia argentina, iniciado previamente, exhibía sus resultados en los años cercanos a 1940, ya que se disponía de un conjunto de obras que tendían a apropiarse de la que se consideraba la "herencia progresista de Mayo", para usar los términos de Astesano, también apreciada como nacional y patriótica.[40]

38. Véase Myers, "Rodolfo Puiggrós", pp. 222 y ss.

39. Rodolfo Puiggrós, *De la colonia a la Revolución* (Buenos Aires: Ediciones AIAPE, 1940), p. 8 y Eduardo Astesano, *Contenido social de la Revolución de Mayo*, Tomo 1 (Buenos Aires: Problemas, 1941), "Plan de la obra".

40. Sugerimos, aunque el trabajo no está dedicado al PC, la consulta del citado "Estudio preliminar" de Andrés Bisso a *El antifascismo argentino*. Se exponen allí

En aquellos momentos, eran varias las tradiciones, todas ellas diseñadas desde el presente, todas ellas imaginarias, algunas asentadas pero otras inestables, que se hallaban circulando en el mundo cultural argentino; la construcción de una por parte del PC no se desplegó en el vacío, sino en diálogo y disputa con aquellas otras, como se ha observado al comienzo de este artículo. Había quienes entramaban Mayo con la Constitución de 1853 y la figura de Urquiza; los radicales, con excepciones, tendían a ejecutar esa lectura. El socialismo, aún con distancias frente a algunos personajes, también hacía de Mayo, la Constitución y los políticos del liberalismo sus héroes. Los nacionalistas, por su parte, estaban apenas iniciando a mediados de la década abierta en 1930 lo que sería su vinculación con la herencia rosista. Más problemas causaba, para casi todos los actores político-culturales, con excepción de las menguadas franjas del conservadurismo que todavía se mantenían liberales, el examen de la situación posterior a 1880. La figura del gaucho, a su vez, desde tiempo atrás había sido concebida por algunos como el símbolo que encarnaba la esencia de la nacionalidad, aunque es probable que se tratara de una nacionalidad distinta a la que hallaba su núcleo en Mayo; a partir de los últimos años de la década de 1930, fue el Estado el que incorporó decididamente la conmemoración gauchesca y folclórica a sus rituales y el enlace entre el gaucho y la nación se hizo aún más estrecho y conquistó consensos mayores. En cualquier caso, la articulación entre una nación centrada en Mayo y la recuperación del gaucho y de las producciones culturales que remitían al pasado rural fue también muy evidente en muchos discursos.[41]

Luego del cambio de táctica de 1935, a su vez, algunas ocasionales evocaciones favorables al gaucho, por la vía bastante directa de la exaltación de José Hernández y del *Martín Fierro*, pueden hallarse en la producción de intelectuales que se encontraban en las proximidades del PC o encuadrados en él. Así, en mayo de 1937 Álvaro Yunque, desde las páginas de *Claridad*, sostenía que el *Martín Fierro* era una "biblia de la miseria gaucha", mientras Hernández era valorado como "el dueño de la voz más vigorosa que

argumentos de sumo interés en torno al carácter nacional de la apelación política antifascista.

41. Acerca del proceso de transformación del gaucho en símbolo nacional, remitimos a Alejandro Cattaruzza y Alejandro Eujanian, "Héroes patricios y gauchos rebeldes. Tradiciones en pugna", en Cattaruzza y Eujanian, *Políticas de la historia. Argentina 1860-1960* (Madrid y Buenos Aires: Alianza, 2003).

se levantó para protestar contra la explotación del gaucho" y como el narrador de "hazañas de explotados que se resistían a ser explotados". Yunque, a diferencia de lo que hacía la mayoría de sus compañeros en esos años, veía en Mayo de 1810 "una revolución hecha por propietarios, con el fin de administrar para provecho propio la aduana de Buenos Aires". Insistiendo en estas caracterizaciones, que recuerdan las anteriores al cambio de 1935, indica que los dirigentes porteños entendían el progreso como la posibilidad de "seguir enriqueciéndose haciendo intervenir el capital extranjero, en este caso el inglés". Buenos Aires, "o sus burgueses–habían hecho la Revolución de Mayo para [...] convertirse, a su vez, en metrópolis de las demás provincias". Los sectores que apoyaron a Rosas constituirían, con el andar del tiempo, "la clase dirigente que entregó el país al imperialismo inglés". Sin haberse privado de ejecutar críticas diagonales a Sarmiento, se sorprendía ante la interpretación que hacía del "estanciero Urquiza" un "libertador".[42]

Yunque persistió en la ponderación de Hernández y en la expresión de opiniones semejantes sobre el gaucho. Hacia 1940, en una conferencia, sostuvo que "la burguesía argentina que desvirtuó la Revolución de Mariano Moreno se apoyó en el gauchaje y lo lanzó a la guerra, luego lo sacrificó: lo explotó en el trabajo de las ya alambradas estancias o lo hizo asesinar por sus policías, para al fin, alzar un himno en loor de su coraje". Continuaba observando que "los ideólogos oligárquicos de Buenos Aires" plantearon que "la lucha de los opresores contra el gaucho hambriento era la 'civilización contra la barbarie', 'lo europeo contra lo colonial', 'la ciudad contra el desierto'". A su juicio, "la insurrección del gaucho fue sólo una protesta de la clase utilizada y olvidada" y al *Martín Fierro* "la lucha social, presente en toda gran obra de arte, lo nutre con sangre de pueblo". Yunque, además, ofrece una lectura alternativa a la que

---

42. Álvaro Yunque, "Echeverría en 1837. Contribución a la historia de la lucha de clases en la Argentina", *Claridad*, Buenos Aires, vol. XV, N° 313, mayo 1937. Yunque colaboraba por entonces con la prensa de izquierda amplia, como *Claridad*, con algunas publicaciones libertarias y otras del PC. Participó, cerca de Aníbal Ponce, en la AIAPE, impulsada por el partido, y a comienzos de los años cuarenta dirigiría alguna de sus publicaciones. Más adelante, siguió siendo visto como un miembro del entorno del PC. No es sencillo señalar si, al momento de publicar estas piezas y otras que citaremos, Yunque estaba afiliado al partido; en cualquier caso, en el artículo que citamos evoca elogiosamente un artículo que Rodolfo Ghioldi había publicado en *Soviet*. Quizás lo divergente de la interpretación deba buscarse en lo complejo de la relación del PC con los intelectuales próximos.

Ricardo Rojas había ensayado acerca de unos versos del poema: "Pero se ha de recordar/Para hacer bien el trabajo,/Que el fuego pa calentar/Debe ir siempre por abajo". Rojas, razonaba Yunque, "interpreta esta sentencia como que encarece–son sus palabras–'las reformas democráticas que benefician a las clases populares'". Y agrega, en lo que puede parecer un exceso hermenéutico: "Creo que ella tiene raíz más honda y que, traducidos esos versos a una llana prosa sin tropos, intuyen esto: La emancipación de los trabajadores será obra de los trabajadores mismos". En los años siguientes, Yunque continuó expresando opiniones semejantes; en 1943, una de las editoriales comunistas, Problemas, editaba su *Poetas sociales de la Argentina (1810-1943)*, donde observaba que "las indignadas protestas de los Fierro, Cruz y Picardía de Hernández, podría repetirlos el pueblo de hoy. Las causas que las inspiraron subsisten".[43]

De este modo, el PC, ajustando o abandonando posiciones previas, con alguna disidencia marginal y algunas incertidumbres, llegaba a comienzos de los años cuarenta disponiendo de *su* historia de la nación argentina. Este hecho, a su vez y como se ha señalado ya, es expresión del proceso más vasto de integración al sistema político del comunismo argentino, y es también una de sus pruebas.

El peronismo y después: observaciones y conjeturas

En la Argentina, los tramos finales de la Segunda Guerra Mundial vinieron a enlazarse con un nuevo golpe de Estado, ocurrido el 4 de junio de 1943, que instauró un gobierno militar; en los elencos golpistas, la presencia de figuras vinculadas al nacionalismo católico fue notoria y no faltaron allí los declarados partidarios del Eje. La situación política, condicionada por factores locales pero también, y mucho, por la guerra, fue cambiando, y pronto Perón ocupó una posición central, mientras se desataba una intensa puja interna entre los diversos sectores militares. La aparición del peronismo ha sido objeto de numerosos análisis historiográficos; basta aquí con señalar que el proceso conmocionó a formaciones culturales y grupos políticos y los reordenó, provocando quiebras

43. La dos piezas pueden consultarse en www.alvaroyunque.com.ar; se trata de una conferencia al parecer inédita, dictada hacia 1940 en Buenos Aires bajo el título "El gauchismo de Martín Fierro", y de un trabajo de 1943, *Poetas sociales de la Argentina*, que publicó Problemas también en Buenos Aires.

y fugas en la mayoría de ellos. El 17 de octubre de 1945, grandes movilizaciones populares reclamaron la libertad de Perón, preso de sus adversarios militares, y se inició entonces un proceso electoral que culminó en febrero de 1946 con el triunfo peronista. Se enfrentaron en la ocasión bloques renovados y heterogéneos que sin embargo albergaban fragmentos de los actores políticos anteriores, en un combate que tenía un nuevo eje: el apoyo o la oposición al nuevo movimiento. Conviene recordar que para los partidos de arraigo previo en las clases trabajadoras, el peronismo constituyó un desafío particularmente complejo, habida cuenta del apoyo que conquistó entre los sectores obreros y populares y en gran parte de la estructura sindical afirmada en las décadas anteriores, a pesar de que con esta última la relación no fue sencilla.

Los militares golpistas de 1943 veían en el PC una amenaza poderosa y volvieron a reprimirlo, en particular hasta el levantamiento del Estado de sitio en agosto de 1945: dirigentes y militantes fueron encarcelados o marcharon al exilio y la prensa fue prohibida en muchas ocasiones. El PC vio en el gobierno militar uno fascista y la gran mayoría de su dirigencia, al menos hasta las elecciones de 1946, aplicó esa misma interpretación al peronismo en ciernes. En función de ese diagnóstico, decidieron su participación en la Unión Democrática, alianza electoral de varios partidos opositores. El PC se mostró activísimo en la campaña electoral de fines de 1945 y comienzos de 1946 y, en ese esfuerzo, continuó con su política de filiarse con alguna estirpe nacional: aún con mayor dramatismo e intensidad que en años anteriores, el pasado fue un escenario más de la lucha presente; para todos los actores, el objetivo fue exhibir su enlace con la auténtica y antigua tradición política argentina.

Como en otras ocasiones y para otros grupos, este intento comunista involucró esfuerzos muy diversos: la publicación de libros, la realización de reuniones, movilizaciones y actos, el sostén de la prensa partidaria, a veces clandestina. En este último caso, varios de los nombres elegidos para publicaciones que incluían, en algún caso, fuerzas aliadas, son reveladores: *El patriota* o *El himno nacional*. En cuanto a los libros de historia, Rodolfo Puiggrós publicaba algunos de los citados con anterioridad entre 1943 y 1945; en una de sus dimensiones, ellos fueron herramientas en la disputa, que se libraba en el presente, por la atribución de sentido al pasado nacional.

Otro tipo de libro, en principio muy alejado del anterior, llevaba también las huellas de esas batallas. El conocido poeta Raúl González Tuñón, por ejemplo, formaba en el partido desde tiempo atrás; había sido procesado en 1933 por incitación a la rebelión a raíz de su poema "Las brigadas de choque" y fue corresponsal en España durante la guerra civil. En 1945, volvía al país desde su exilio en Chile, para presentar su libro de poemas *Primer canto argentino*. Allí, González Tuñón también hacía suya una tradición patria que imaginaba en lucha con quienes la habían traicionado; tal como ha señalado María Fernanda Alle, el poeta propone en la obra "un antagonismo que enfrenta a los 'hacedores de la Patria', en la línea que une a los hombres de Mayo y a los liberales del siglo XIX a los comunistas" contra "los 'traidores del pueblo', linaje que tiene como hito fundamental a Rosas" y que concluye en los militares golpistas y en Perón. El argumento puede ser leído como el resultado de la aplicación de una perspectiva semejante a las que en Europa sostenían las políticas de unidad nacional contra el fascismo, pero además se alinea muy bien con el resto de las acciones comunistas locales que creaban, y en el mismo movimiento, se apropiaban de una tradición que consideraban genuinamente nacional. Mayo, las figuras de Moreno, San Martín, Sarmiento, Echeverría, entre otros personajes, son celebrados en los poemas de González Tuñón, cruzados además de referencias a ese colectivo, la patria, tan evocado por tantos en esos tiempos, aún con sentidos distintos. También, incluido en una línea de poetas y escritores opositores en la que González Tuñón se inscribe, aparece una evocación de José Hernández y alguna otra, ocasional, de su personaje, Martín Fierro.[44]

Junto a estos productos de la cultura letrada, otros muy diferentes, mucho más vinculados a la industria cultural y a prácticas distintas en su construcción, circulación y apropiación, fueron utilizados por el PC en aquella empresa de movilización, en particular en los actos de masas y en la multitud de reuniones menores que tuvieron lugar en esos años. La ligazón con el pasado aparece en ellos menos nítida: en algunas ocasiones se trata de una liturgia más o menos solemne, que incluía la entonación del himno nacional, de *La Internacional* o de *La Marsellesa*; en otras tantas, en particular cuando se trataba de pequeños actos populares locales,

---

44. Alle, *"Primer canto argentino"*. Agradezco a María Fernanda Alle, además, datos y observaciones sobre la obra de González Tuñón.

el entretenimiento era una de sus funciones principales .[45] En casos como este, es obvio, los contenidos referidos al pasado aparecían en una versión extremadamente sumaria. Pero aún así puede intentarse el análisis de algunas de esas acciones, presumiendo además que el partido registraba, o intentaba hacerlo, los hábitos de consumo de bienes culturales de los públicos amplios que buscaba alcanzar en la tarea política. Así, un artista y poeta dedicado a lo que solía considerarse música folclórica, ya entonces de cierto éxito, Atahualpa Yupanqui, se incorporó al PC en septiembre de 1945 durante un acto realizado en el estadio Luna Park y junto a otros intelectuales. De acuerdo con Félix Luna, "su militancia más notoria consiste en hacer actuaciones artísticas en los festivales–legales o clandestinos–organizados por sus camaradas", por una parte, y "su participación periodística" en *Orientación*, "donde tiene a su cargo una columna de comentarios, formulados en un deliberado lenguaje campero"; según parece, el músico dejó el partido hacia 1952.[46] A su vez, Omar Corrado ha registrado desde comienzos de 1943 y hasta los últimos meses de 1946 la presencia de artistas dedicados al género folclórico en actos del PC o de las fuerzas aliadas, que se celebraron en Buenos Aires y zonas cercanas: los Hermanos Abrodo, Fernando Ochoa o "el cantor criollo Isidoro Aguilar", que actuaba, al parecer, acompañado de otros tres obreros. El hecho de que con ellos solieran compartir el escenario orquestas típicas, músicos de jazz, ballets ucranianos y números afrocubanos debe, sin embargo, alertarnos acerca de las precauciones que reclama el examen que aquí se ensaya. De acuerdo con los argumentos de Corrado, desde la prensa partidaria Yupanqui intentó una reflexión sobre los pobladores del interior rural y sus producciones culturales que evitó el pintoresquismo y los tonos míticos corrientes, inclinados a la evocación nostálgica y conservadora. Se trataba de la recuperación de una producción que pudiera ser incorporada, entonces, a una línea progresista y que tuviera proyecciones sociales y políticas hacia el futuro.

---

45. Ver, acerca de estas cuestiones y las que siguen, Corrado, "Música y práctica política del comunismo"; los datos mencionados han sido tomados de ese trabajo. Allí el autor analiza además una interesante polémica previa, librada desde fines de 1942, entre *El pampero*, periódico de la derecha nacionalista, y *La hora*, vinculado al PC, en torno al problema del folclore.

46. Félix Luna, *Atahualpa Yupanqui* (Madrid: Júcar, 1974), p. 33.

A pesar de estas presencias, el pasado rural, campesino o gauchesco, evocado en los productos de la cultura letrada o a través de prácticas clásicas de la cultura de masas, parece haber ocupado una posición secundaria en el imaginario comunista por aquel entonces. José Aricó ha detectado huellas de su permanencia a fines de los años cuarenta, cuando Amaro Villanueva, otro intelectual del PC, sostenía hacia 1947 en *Orientación* que el comunismo argentino aprecia "los más íntimos aspectos de nuestra tradición, pero de la tradición pública, colectiva, nacional, de la patria, que es del hombre y de la tierra". A entender de Villanueva, ella era "creadora, liberadora y progresista". Denunciaba a continuación la "falsa, supersticiosa y estática tradición de las clases oligárquicas, recibida de los imperialismos sin más patria que la ventaja y el rédito" y sostenía: "es tiempo de que todos sepan de una buena vez que el comunismo no puede ser ajeno a las tradiciones nacionales, porque es el pueblo mismo, que es quien crea y da perennidad a sus tradiciones".[47] Tramos de la argumentación, así como el resto de la producción de Villanueva–que incluye la obra *Mate. Exposición de la técnica de cebar*, de 1938–, permiten inferir que la tradición a la que aludía no era la de Mayo, la de Echeverría o Sarmiento, con la que el PC ya se había reconciliado, sino de una más telúrica, más rural.

El mismo Aricó suministra otro dato de algún interés a propósito de la expulsión de Juan José Real, dirigente de primera línea del PC cuestionado por aproximarse excesivamente al peronismo gobernante entre 1952 y 1953. En esa oportunidad se habría producido un debate entre Real, "autor del *Manual de historia argentina* con el que se formaban sus cuadros", y Villanueva. De acuerdo con el informe de Codovilla que cita Aricó, Real habría relatado que "estalló en iras contra Amaro Villanueva por sus lloriqueos sobre los pobrecitos jóvenes que abandonan el campo y se vienen a 'corromper' a las fábricas de la ciudad", porque reconoce la existencia de una tendencia entre los intelectuales comunistas, que incluye a Gudiño Kramer y a Manauta y sostiene esas mismas posiciones. Al parecer, Real entendía que ellas constituyen una "bandera de la burguesía agraria", una "bandera de la sociedad rural, una "bande-

---

47. La cita figura en Aricó, *La cola del diablo*, p. 184, y está tomado de *Orientación*, año X, Nº 377, 5 de febrero de 1947, p. 7.

ra reaccionaria".[48] Poco después, Villanueva insistiría en planteos semejantes, que conciliaban su preocupación por los problemas presentes del interior con el aprecio por sus productos culturales tradicionales, en un elogioso comentario bibliográfico a la obra de Carlos A. Leumann titulada *La literatura gauchesca y la poesía gaucha*, que fue publicado en la revista comunista *Cuadernos de cultura*.[49]

Como decíamos, no debe exagerarse, de todas maneras, la importancia de estas notas relativamente discordantes en la cultura política comunista; basta recordar, como también ha señalado Aricó, que en aquel año de 1947, en las páginas del oficial *Esbozo de historia del Partido Comunista de la Argentina*, eran algunos de los hombres de la tradición liberal del siglo XIX los que aparecían en la iconografía incluida, mientras que en 1951 el PC participó activamente en la una campaña de conmemoración de Echeverría, concebida como contrafestejo de cara al Año Sanmartiniano que el peronismo oficial había celebrado el año anterior.[50] Ambas acciones aludían a una línea histórica más cívica y política, que solía hacerse comenzar con la guerra de independencia. Pero el registro de la existencia de esos rescates de otros pasados podría contribuir a explicar, ya fuera de nuestro período, un fenómeno también vinculado a la industria cultural: la disposición que desde los tempranos años sesenta–si no antes–mostró el PC a apoyar las expresiones de la música de proyección folclórica que se inclinaban a la denuncia social. El citado Atahualpa Yupanqui, Mercedes Sosa, César Isella, Horacio Guarany y, en una zona más dedicada a la producción poética formal, Armando Tejada Gómez, son sólo algunos de los nombres locales de un fenómeno de claro implante latinoamericano y, con el tiempo, de resonancia en Europa.[51]

---

48. Aricó, *La cola del diablo*, p. 183, haciendo alusión a Victorio Codovilla, *Trabajos escogidos* (Buenos Aires: Anteo, 1964), Tomo III, p. 96.

49. *Cuadernos de Cultura*, Nº 19, diciembre 1954, p. 130.

50. Véase Aricó, *La cola del diablo*, pp. 174 y ss., y en particular p. 182, donde figura la observación sobre la imagen de Alberdi. Ver también Laura Prado Acosta, "Partido Comunista e Intelectuales. Posicionarse frente al peronismo: Héctor Agosti y el Año Echeverriano", Ponencia presentada en las XIª Jornadas Interescuelas/Departamentos de Historia, Universidad Nacional de Tucumán, septiembre de 2007.

51. Acerca de cuestiones relativamente cercanas para el caso chileno, remitimos a Ariel Mamani y Andrés Santarelli, "El puño del pueblo. La visión pedagógica y con-

Algunas conclusiones y pistas a seguir

Luego del golpe de Estado que en 1955 desalojó al peronismo del gobierno, uno de los fenómenos político-culturales de mayor interés fue la reinterpretación que del movimiento derrocado y de su historia comenzaron a ejecutar varios sectores de la izquierda; esa reconsideración se aproxima, en parte, a los problemas analizados aquí. No es que el peronismo no hubiera recibido previamente apoyos socialistas, comunistas y sindicalistas; se trataba en cambio de un movimiento mayor que hizo crecer las posiciones de quienes se definían como miembros de la "izquierda nacional", inclinada a apoyar, aún críticamente, al peronismo derrocado. Con ese acto de autoidentificación tan sencillo, tales grupos indicaban dónde creían que se hallaban sus diferencias con la "otra" izquierda, a cuyos partidos acusaron de no haber apreciado la cuestión nacional ni la del imperialismo. Semejantes "yerros" la habrían condenado a tomar posición en el antiperonismo, lo que la habría alejado de las masas populares y de la clase obrera.[52] A la luz de los argumentos expuestos aquí, es posible señalar que en el caso del PC, fue en cambio la caracterización coyuntural del peronismo, realizada entre 1943 y 1946, la operación intelectual en la que fundó su decisión política de oponerse a él. Y la caracterización del peronismo no dependía centralmente, en esos años, del modelo interpretativo de la historia nacional en el largo plazo que se hubiera adoptado.

Debe además tenerse en cuenta que los comunistas que se aproximaron al peronismo—Puiggrós, Astesano y más adelante Real, de los mencionados aquí—así como los que permanecieron en el partido, persistieron en mantener aquellas certidumbres que se habían asentado hacia fines de los años veinte, en particular las que referían

---

tingente de la clase obrera chilena en La Fragua", Ponencia presentada en las XI[a] Jornadas Interescuelas/Departamentos de Historia, Universidad Nacional de Tucumán, septiembre de 2007. Para la situación en el PC argentino en la época, ver Jorge Cernadas, "Notas sobre la política cultural del comunismo argentino 1955-59", en Mario Margulis y Marcelo Urresti, comps., *La cultura en la Argentina de fin de siglo* (Buenos Aires: UBA–CBC, 1997).

52. Una exposición crítica y atinada de varios argumentos de la izquierda nacional, que subraya algunas contradicciones, puede hallarse en Lvovich y Fonticelli, "Clase contra clase", p. 200 y siguientes. Sobre la cultura y la política argentinas en la época, remitimos a Oscar Terán, *Nuestros años sesentas* (Buenos Aires: Punto Sur, 1991).

a la condición semicolonial y al tipo de revolución a encarar en la Argentina. Como señalamos, la diferencia entre unos y otros se afincó en el modo de concebir al peronismo, que los más convirtieron en un movimiento fascista criollo y otros, en cambio, en un movimiento nacional y antiimperialista de arraigo popular, esto es, en un actor con el que se podía contar para completar la revolución democrático-burguesa pendiente.

Por otra parte, a lo largo de este trabajo hemos evocado dos procesos que, a pesar de hallarse estrechamente vinculados, pueden separarse desde el punto de vista del análisis. Uno de ellos es el fenómeno que hizo que el PC construyera una historia argentina en la cual podía hallar figuras y puntos de anclaje que lo dotaran de una tradición, cualquiera fuera ella. Otro, de naturaleza parcialmente distinta, es el que se vincula a los contenidos de esa historia y a la organización de un linaje propio y específico. El primero se explica por la coincidencia de varios fenómenos: el cambio de línea de 1935; la presencia de un grupo de intelectuales y activistas con cierta vocación, incluso previa, por los estudios históricos; unas indicaciones, quizás, de los dirigentes de la Internacional Comunista. Condicionando a todos ellos, se desarrolló un movimiento más de fondo de integración al sistema político local que exhibe varias causas y evidencias. Una de ellas es la tendencia a la nacionalización, demográfica y cultural, de los grupos subalternos y de los núcleos obreros, sectores anhelados por el PC, que desde 1930 era favorecida por la baja en las migraciones internacionales, el crecimiento de la migración interna por la crisis económica y luego por la industrialización sustitutiva, y la extensión de la acción nacionalizadora e integradora de la escuela, el resto del aparato estatal y el sistema político. La industria cultural y el acceso a sus bienes por parte de públicos que se ampliaban también iban en el mismo sentido, como sugiere aquella presencia de músicos "criollos" pero también de jazz en los actos comunistas de comienzos de los años cuarenta. De todas maneras, como era previsible, tales fenómenos no dejaban de exhibir límites en cuya exposición y crítica solía precisamente tener un papel destacado el PC.

Como señalamos, la segunda cuestión es la de los contenidos específicos de las lecturas comunistas de la historia argentina. Varios de ellos eran impulsados por las decisiones tomadas en sede política, como la del diagnóstico del país semicolonial y la ausencia de una revolución democrático-burguesa acabada. Otros, en cambio,

devenían de antiguas inclinaciones fuertes en la izquierda argentina, como el recelo ante la conmemoración del gaucho. Finalmente,
otros más, devenían de las disputas de coyuntura con el resto de los
actores políticos que proponían otras historias. De todas maneras,
como hemos visto, no faltaron posiciones divergentes, aún parciales, frente la interpretación que puede reputarse como "oficial" del
partido. Así ocurre, en algunos tramos, con la recuperación que de
Mayo ensayaba Ponce antes del cambio de línea de 1935, o con la
crítica que del mismo Mayo realizaba Yunque tiempo después, en el
momento del Frente Popular. ¿Es posible suponer que ese tipo de
matices son el resultado de la condición de intelectuales con reconocimiento más allá de las fronteras del partido de sus autores? No
contamos hasta el momento con evidencia empírica suficiente, pero
parece esta una línea de investigación productiva.[53]

También la cuestión de la circulación y recepción–quizás,
incluso, de la producción–de discursos que aún tangencialmente
remitían al pasado entre los militantes de base del partido es un
frente de trabajo, apenas rozado aquí, que puede dar frutos. Allí
debe analizarse además las relaciones entre unas versiones que la
agrupación, en general a través de la producción de sus dirigentes y
de sus intelectuales, ofrecía a los sectores sociales a los que aspira a
llegar y las que esos mismos grupos recibían en otras instituciones
o a través de otras prácticas, e incluso las que elaboraban por otros
mecanismos: actos escolares, celebraciones populares, lecturas propias, discusiones en los ámbitos de militancia. En el caso que nos
ocupa, sin caer en una visión basta que proponga un "comunismo de
la prensa y los libros" y otro de la base excesivamente alejados entre
sí, resultaría de interés considerar cómo en las células circulaba y
se recibía la producción letrada referida al pasado.[54] Es posible que
la investigación sobre estos asuntos permita explicar algunas acti-

---

53. Aunque como se revela en la bibliografía citada no faltan trabajos sobre intelectuales comunistas, no son demasiados los que han analizado la cuestión desde
el punto de vista de las relaciones entre el PC y los intelectuales en tanto grupo
social. Sugerimos la consulta de los trabajos citados de Aricó, Saítta y Cernadas,
junto a José Aricó, "La polémica Arlt-Ghioldi", La ciudad futura, Buenos Aries,
N° 3, 1986.

54. Algunas observaciones dispersas permiten suponer que, en el caso argentino,
hay cuestiones a investigar en torno a este punto; uno de esos indicios, apoyado en
los testimonios de varios militantes que no pueden tomarse sin cautela, indica que
el activismo de base "poco conocía de los discursos de sus dirigentes". José Schul-
man, "Algunos de los debates comunistas ante el surgimiento del peronismo y las

tudes como, por ejemplo, la ausencia de cuestionamientos internos fuertes ante la adopción de los tonos patrióticos hacia fines de los años treinta. Dichas actitudes, que son evidencia de ciertos rasgos de la cultura política comunista, se pusieron también en juego a la hora de la construcción de representaciones del pasado y, a su vez, hallaron en esas mismas visiones uno de sus espejos más fieles.

Nota

Sobre el Partido Comunista, de la última producción referida al período y a problemas próximos a los que aquí se asumen, véase Jorge Cernadas, Roberto Pittaluga y Horacio Tarcus, "La historiografía sobre el Partido Comunista de la Argentina. Un estado de la cuestión", *El Rodaballo*, N° 8, 1998; Oscar Terán, "Aníbal Ponce o el marxismo sin nación", en *En busca de la ideología argentina* (Buenos Aires: Catálogos, 1986); Tulio Halperín Donghi, *Argentina y la tormenta del mundo* (Buenos Aires: Siglo Veintiuno Editores, 2003), en algunos de sus tramos; un trabajo asentado en recuerdos personales, en Samuel Scheneider, *Héctor P. Agosti. Creación y milicia* (Buenos Aires: Grupo de Amigos de Héctor Agosti, 1994); Daniel Lvovich y Marcelo Fonticelli, "Clase contra clase. Política e historia en el Partido Comunista argentino", *Desmemoria*, N° 23-24, Buenos Aires, 1999; Jorge Myers, "Rodolfo Puiggrós, historiador marxista-leninista: el momento de *Argumentos*", *Prismas. Revista de historia intelectual*, N° 6, Universidad de Quilmes, 2002. Sobre Puiggrós, se sugiere también la consulta de Roberto Tortorella, "Argentina: un pasado sin Bastilla. Rodolfo Puiggrós, la historia colonial e independiente y la figura del intelectual revolucionario", *Cuadernos de Historia. Serie Economía y Sociedad*, Universidad Nacional de Córdoba, N° 11, 2011 y de Omar Acha, *La nación futura. Rodolfo Puiggrós en las encrucijadas argentinas del siglo XX* (Buenos Aires: Eudeba, 2006); véase del mismo autor "Nación, peronismo y revolución en R. Puiggrós" (Primera Parte), *Periferias*, N° 9, Buenos Aires, 2001. Remitimos también a José Aricó, *La cola del diablo* (Buenos Aires: Puntosur, 1988); Sylvia Saítta, "Entre la cultura y la política: los escritores de izquierda", en Alejandro Cattaruzza (dir), *Crisis económica, avance del Estado e incertidumbre*

elecciones de 1946", *Periferias*, N° 9, noviembre de 2001, p. 157, nota 37. También manifiesta el autor su prevención ante estos planteos recogidos en los testimonios.

política (1930-1943), Tomo VII de la Nueva Historia Argentina (Buenos Aires: Sudamericana, 2001) y Daniel Campione, *Argentina. La escritura de su historia* (Buenos Aires: Centro Cultural de la Cooperación, 2002). Sobre las relaciones con los trabajadores y el movimiento obrero, sugerimos la consulta de Hernán Camarero, *A la conquista de la clase obrera. Los comunistas y el mundo del trabajo, 1920-1936* (Buenos Aires: Siglo Veintiuno Editores, 2007) y de Mirta Lobato, "Rojos. Algunas reflexiones sobre las relaciones entre los comunistas y el mundo del trabajo en la década de 1930", *Prismas. Revista de historia intelectual*, Nº 6, Universidad de Quilmes, 2002. El papel del PC en el movimiento obrero es uno de los objeto de estudio de Joel Horowitz, "El movimiento obrero", en Cattaruzza (dir), *Crisis económica*; Nicolás Iñigo Cabrera, *La estrategia de la clase obrera 1936* (Buenos Aires: La Rosa Blindada/ PIMSA, 2000). Un análisis más general en Silvia Schenkolewski-Kroll, "El Partido Comunista de la Argentina ante Moscú: deberes y realidades, 1930-1941", *Estudios Interdisciplinarios de América Latina y el Caribe*, vol. 10, Nº 2, julio-diciembre 1999. Sobre aspectos culturales particularmente cercanos a los que aquí se tratan, remitimos a María Fernanda Alle, "*Primer canto argentino* de Raúl González Tunón: volver a la Patria para 'meterse'", *Espéculo. Revista de estudios literarios*, Universidad Complutense de Madrid, año XV, Nº 48, julio-octubre 2011, disponible en línea, así como Omar Corrado, "Música y práctica política del comunismo en Buenos Aires 1943-1946", *Afuera. Estudios de crítica cultural*, año V, Nº 8, disponible en línea. Para la situación latinoamericana, véase Manuel Caballero, *La Internacional Comunista y la Revolución Latinoamericana* (Caracas: Nueva Sociedad, 1987) y Michael Löwy, ed. *El marxismo en América Latina* (México: Era, 1982). Para Centroamérica durante los años veinte, Ricardo Melgar Bao, "Los intelectuales cominteristas en América Central. Redes, capital letrado y acción política", *Anuario 2006*, Colegio de Estudios Latinoamericanos, Universidad Autónoma de México. Aunque su objeto de estudio excede el del PC, algunos temas en común nos llevan a sugerir la consulta de Andrés Bisso (Selección documental y estudio preliminar), *El antifascismo argentino* (Buenos Aires: Cedinci/Buenos Libros, 2007), así como de Ricardo Pasolini, "Intelectuales antifascistas y comunismo durante la década de 1930. Un recorrido posible: entre Buenos Aires y Tandil", en línea. Una herramienta muy eficaz es el *Diccionario biográfico de la izquierda argentina,* que bajo la dirección de Horacio Tarcus publicó en Buenos Aires la editorial Emecé, en 2007. Muchos de los datos biográficos consignados aquí han sido tomados de esta obra.

WHERE HAVE ALL THE MARXISTS GONE? MARXISM AND THE HISTORIOGRAPHY OF THE MEXICAN REVOLUTION

Luis F. Ruiz

University of Oregon

Scholars from numerous academic fields have tried to make sense of the Mexican Revolution, a movement which began as a unified multi-class rebellion against the dictatorship of Porfirio Díaz, but ended as a series of regional battles where factions with contrasting agendas fought each other in a struggle for land, power, and autonomy. The complex sequence of events that occurred in Mexico between 1910 and 1920 has inspired (and continues to inspire) historians to propose different interpretations of the revolutionary process. This article will discuss how the interpretations of various Marxist historians shaped the historiography of the Mexican Revolution. Interpretive models developed by two generations of Marxists—those from the 1930s and their counterparts from the 1970s—influenced the way scholars perceived Mexican history in general and the Mexican Revolution in particular. Marxist historians broadly defined the Mexican Revolution as an unfulfilled proletarian revolution in which the middle class bourgeoisie subsumed the local and popular agendas of peasants and workers, all while facilitating the development of capitalism.

The Marxist contribution, however, has been challenged, belittled, and gradually marginalized since 1980. Prominent Mexicanist historians have taken the historiography in new directions, and in the process, moved away from Marxist interpretations of the

Mexican Revolution.[1] Traditionalists questioned the merits of the Marxist synthesis, while revisionists claimed that all syntheses, including the Marxist one, could not account for the many local and regional incongruities which actually problematize the overall narrative of the Revolution. In the past thirty years, revisionists and practitioners of the new cultural history have mostly preferred to interpret the Mexican Revolution as encompassing "many revolutions" occurring simultaneously in the various regions of the country.[2] Recent studies have thus focused on particular aspects of the

1. Categorizing historians is certainly an inexact, perhaps even unfair, science, but for the purpose of discussing and making sense of historiographical debates I have chosen to divide Mexicanist scholars into four general groups: revisionists, traditionalists, Marxists, and new cultural historians. By traditionalists I refer to historians who largely adhere to Frank Tannenbaum's original thesis presented in his seminal works *The Mexican Agrarian Revolution* (New York: The Macmillan Company, 1929) and *Peace by Revolution* (New York: Columbia University Press, 1933). Tannenbaum introduced one of the first syntheses of the Revolution, which he described as being essentially popular and agrarian. Alan Knight and John Mason Hart produced two of the more well-known traditionalist syntheses from the 1980s. See Alan Knight, *The Mexican Revolution*, 2 vols. (New York: Cambridge University Press, 1986); and John Mason Hart, *Revolutionary Mexico: The Coming and Process of the Mexican Revolution* (Berkeley: University of California Press, 1987). Revisionists, on the other hand, set aside the challenge of synthesizing the Mexican Revolution and instead delved into local archives in order to unearth the many regional histories. Some of the exemplary works of revisionism, or "regionalism," included: Thomas Benjamin and Mark Wasserman, eds., *Provinces of the Revolution: Essays on Regional Mexican History, 1910-1929* (Albuquerque: University of New Mexico Press, 1990); Romana Falcón, *Revolución y caciquismo: San Luis Potosí, 1910-1938* (México, DF: El Colegio de México, 1984); and David LaFrance, *The Mexican Revolution in Puebla, 1908-1913: The Maderista Movement and the Failure of Liberal Reform* (Wilmington: SR Books, 1989). Finally, the new cultural history (NCH) refers to theoretical and methodological strategies that Mexicanists began to employ in the early 1990s. NCH scholars were interested in a variety of topics, ranging from popular agency to mentalities, discourse, rituals, gender, and hegemony. An example of NCH works that relied on these categories of analysis to shed light on the Mexican Revolution included: Gilbert Joseph and Daniel Nugent, eds., *Everyday Forms of State Formation: Revolution and the Negotiation of Rule in Modern Mexico* (Durham: Duke University Press, 1994); Marjorie Becker, *Setting the Virgin on Fire: Lázaro Cárdenas, Michoacan Peseants, and the Redemption of the Mexican Revolution* (Berkeley: University of California Press, 1995); and Mary Kay Vaughan, *Cultural Politics in Revolution: Teachers, Peasants, and Schools in Mexico, 1930-1940* (Tucson: University of Arizona Press, 1997).

2. Mark Wasserman, "The Mexican Revolution: Region and Theory, Signifying Nothing?" *Latin American Research Review*, vol. 25, N° 1, 1990, pp. 231-242. For further commentary on Mexican historiography, see Javier Rico Moreno, *Pasa-*

Revolution such as individual factions, geographic areas, gender, race, popular culture, industry, or crime.[3] This trend toward a more micro-level view of the Revolution has caused all-encompassing Marxist interpretations to become seemingly obsolete.[4] The aim of this article therefore is to reevaluate the place of Marxist historians within the historiography of the Mexican Revolution. Are Marxist interpretations truly obsolete? How can they continue to inform the history of the Mexican Revolution? I will suggest that syntheses developed by Marxist historians from the 1930s and 1970s can still be useful in making sense of an ever-growing historiography. Specifically, Marxist syntheses offer panoramic views of the Revolution that students and scholars may otherwise not get from the many available specialized studies.

The main criticism of the Marxist synthesis, as defined by leading Mexicanists like Alan Knight and David Bailey, was that it mechanically reduced the Revolution to a simple story of economics and class struggle.[5] But the Marxist synthesis should not be defined

do y futuro en la historiografía de la Revolución mexicana (México, DF: Universidad Autónoma Metropolitana, 2000); Luis Barrón, Historias de la Revolución Mexicana (México, DF: Fondo de Cultura Económica, 2004); Alvaro Matute, Aproximaciones a la historiografía de la revolución mexicana (México, DF: Universidad Nacional Autónoma de México, 2005); and Alan Knight, "Subalterns, Signifiers, and Statistics: Perspectives on Mexican Historiography," Latin American Research Review, vol. 37, N° 2, 2002, pp. 136-158. See also the "Special Issue: Mexico's New Cultural History: Una Lucha Libre," Hispanic American Historical Review, vol. 79, N° 2, 1999, pp. 203-385.

3. See for example, Friedrich Katz, The Life and Times of Pancho Villa (Stanford: Stanford University Press, 1998); Jürgen Buchenau and William H. Beezley, eds., State Governors in the Mexican Revolution, 1910-1952: Portraits in Conflict, Courage, and Corruption (Lanham: Rowman & Littlefield Publishers, 2009); Jocelyn Olcott, Mary Kay Vaughan, and Gabriela Cano, eds., Sex in Revolution: Gender, Politics, and Power in Modern Mexico (Durham: Duke University Press, 2007); Alexander Dawson, Indian and Nation in Revolutionary Mexico (Tucson: University of Arizona Press, 2004); and Pablo Piccato, City of Suspects: Crime in Mexico City, 1900-1931 (Durham: Duke University Press, 2001).

4. The few historians who did write works of synthesis in the last thirty years also rejected Marxism as a guiding conceptual model. See Knight, The Mexican Revolution; Hart, Revolutionary Mexico; Michael J. Gonzales, The Mexican Revolution, 1910-1940 (Albuquerque: University of New Mexico Press, 2002); and William Beezley and Colin MacLachlan, Mexicans in Revolution, 1910-1946: An Introduction (Lincoln: University of Nebraska Press, 2009).

5. Alan Knight, "The Mexican Revolution: Bourgeois? Nationalist? Or just a 'Great Rebellion'?" Bulletin of Latin American Research, vol. 4, N° 2, 1985, pp.

exclusively as the systematic application of rigid ideology to history. The various arguments made by two generations of Marxists creatively mediated between theory and the nonlinear, chaotic, and at times contradictory events that took place from 1910 to 1920. While Marxist historians did not (and still do not) provide solutions to all of the historiographic problems, their interpretations have compelled other historians to rethink the importance of radical and popular movements, class relations, systems of power, and sociopolitical and economic changes that occurred during, and shaped the history of, the Mexican Revolution. Furthermore, Marxist historians developed several conceptual models that future historians can continue to use as platforms upon which to build interpretive frameworks and alternative narratives of the Mexican Revolution.

Who were these Marxists? All of the individuals who will be discussed below were historians, intellectuals, and/or scholars who used Marxist theory to interpret history. Although many of them were involved in political activities, I will focus on their work as historians and not as a politicians, agitators, or party members.[6] The first generation of Marxist historians emerged in the 1930s, and its most important members included the Mexicans Rafael Ramos Pedrueza and Alfonso Teja Zabre. In the 1930s Marxists gained prominence under the left-leaning presidency of Lázaro Cárdenas (1934-1940). They admired the Russian Revolution and were among the first to bring Marxism into Mexico's intellectual circles.[7] When Cárdenas's

---

1-5; Knight, *The Mexican Revolution*, Vol. 2, pp. 225-229; and David Bailey, "Revisionism and the Recent Historiography of the Mexican Revolution," *Hispanic American Historical Review*, vol. 58, N° 1, 1978, pp. 76-77.

6. The Marxists who participated in politics include: Rafael Ramos Pedrueza, Alfonso Teja Zabre, Adolfo Gilly, and Enrique Semo. In the 1920s Ramos Pedrueza was a federal deputy for the Liberal Constitutional Party under Alvaro Obregón's administration and later Mexico's ambassador to Ecuador. Teja Zabre worked as head of the information and publicity department for the SRE (Secretaría de Relaciones Exteriores, Ministry of Foreign Relations) in the 1930s and as Mexico's ambassador to Honduras and Cuba in the 1940s. Gilly participated in a few revolutionary movements during the 1960s (which in part led to his imprisonment in the Lecumberri prison) and in the 1990s he was an advisor to Cuauhtémoc Cárdenas, then mayor of Mexico City. Finally, Semo held the position of secretary of culture in Mexico City under the administration of Andrés Manuel López Obrador (2000-2005).

7. Harry Bernstein, "Marxismo en México, 1917-1925," *Historia Mexicana*, vol. 7, N° 4, 1958, p. 501. Ramos Pedrueza traveled to the Soviet Union in 1924-1925 as part of a cultural project for the SEP (Secretaría de Educación Pública, Ministry of

term ended, however, Mexico entered a more conservative period between 1940 and the 1960s.[8] At this time, Marxism began to lose favor among Mexican politicians and intellectuals. Eventually, several influential events—the Cuban Revolution, the emergence of guerrilla movements throughout Latin America, and the 1968 massacre in Tlatelolco—renewed interest in Marxism and gave rise to a second generation of Marxist historians. These scholars revised the previous Marxist interpretations by posing a new set of questions about the Revolution. For example, among other things, the 1970s Marxists began to define the Porfiriato, the thirty-five year dictatorship that preceded the Revolution, as the consolidation of bourgeois capitalism, and not as a period of agrarian semi-feudalism (as suggested previously by the 1930s generation). The 1970s group included the Mexicans Arnaldo Córdova and Enrique Semo, the Argentine Adolfo Gilly, the Americans Donald Hodges and Ross Gandy, the Canadian-American James Cockcroft, and the Mexican-American Ramón Eduardo Ruiz.

The aforementioned individuals were certainly not the only Marxists who commented on the Mexican Revolution. Others, including well-known figures like José Carlos Mariátegui, Leon Trotsky, and Vicente Lombardo Toledano, contributed to the historiography by writing in journals, newspapers, and pamphlets. However, this study will focus primarily on Marxist scholars who developed a more comprehensive and detailed historical analysis of the Revolution in the form of published monographs. The Marxist syntheses, all derived from their respective monographs, may be grouped into six interpretive models. The 1930s models included (1) Ramos Pedrueza's theory of bourgeois democratic revolution and (2) Teja Zabre's idea of humanist Marxism. The 1970s models included (3) Ruiz and Cockcroft's theory of non-revolution, (4) Córdova, Hodges, and Gandy's Bonapartist model, (5) Semo's cycle of bourgeois revolutions, and (6) Gilly's interrupted revolution.

Public Education) and wrote his impressions of Soviet society in a book entitled *La estrella roja: Doce años de vida soviética* (México DF: n.p., 1929).

8. For more on this era, see Stephen Niblo, *Mexico in the 1940s: Modernity, Politics, and Corruption* (Wilmington: SR Books, 1999); Gilbert Joseph, Anne Rubenstein, and Eric Zolov, eds., *Fragments of a Golden Age: The Politics of Culture in Mexico since 1940* (Durham: Duke University Press, 2001); and Jeffrey Kent, *The Rightward Drift of Mexico's Former Revolutionaries: The Case of Antonio Díaz Soto y Gama* (Lewiston: Edwin Mellen Press, 2010).

Of the two generations, the 1930s Marxists have been the more thoroughly discredited. David Bailey, in his historiographical essay, said that the 1930s generation "had little to recommend it to serious scholars. Professionals recorded this [the Marxists' work] as evidence of reactionary thinking or puerile radicalism but ignored it as history."[9] Even members of the 1970s generation suggested that the 1930s Marxist models were one-dimensional and largely homogenous. For example, Donald Hodges and Ross Gandy did not mention any of the 1930s Marxists by name when reviewing the existing Marxist interpretations, implying that the work of Ramos Pedrueza, Teja Zabre, and other 1930s authors was either forgettable or indistinguishable from one another.[10] Moreover, Hodges and Gandy limited their comments on the 1930s models to a summary provided by a third scholar, Mexican sociologist Pablo González Casanova.[11] By comparing the Marxist models of Ramos Pedrueza and Teja Zabre, I will try to demonstrate that the 1930s generation produced original works that differed in crucial ways and offered useful syntheses of the Revolution. Teja Zabre and Ramos Pedrueza agreed on several points, but unlike what Hodges and Gandy would have us believe, the two 1930s Marxists had different ideas regarding the outcome of the Mexican Revolution and the application of Marxist theory.

Rafael Ramos Pedrueza developed the first influential Marxist interpretation in *La lucha de clases a través de la historia de México*, a work published in two volumes (1934 and 1941).[12] His theory of a bourgeois democratic revolution stated that Mexico's petite bourgeoisie, with the aid of peasants and workers, engaged in class warfare against the elite landholders. Ramos Pedrueza suggested that petite bourgeois leaders such as Alvaro Obregón and Plutarco Elías Calles gained power "by defeating feudalism and [international bourgeois] imperialism, two elements of the Porfirian

---

9. Bailey, "Revisionism and the Recent Historiography of the Mexican Revolution," p. 68.

10. Donald Hodges and Ross Gandy, *Mexico 1910-1982, Reform or Revolution?* (London: Zed Press, 1979), pp. 89-92.

11. Idem.

12. Parts of this section on Rafael Ramos Pedrueza are taken from my Master's Thesis. See Luis F. Ruiz, "History, Marxism, and Cultural Hegemony in Postrevolutionary Mexico: The Forgotten Case of Rafael Ramos Pedrueza" (M.A. Thesis, University of Oregon, 2007).

dictatorship."[13] The triumph of the petite bourgeoisie facilitated Mexico's transition from semi-feudalism to capitalism and from dictatorship to democracy. He insisted, however, that workers and peasants failed to stage a unified proletarian revolution because they lacked an advanced class consciousness. Emiliano Zapata's Plan de Ayala, for example, illustrated the disconnection between the peasant rebels of Morelos and the industrial workers of the cities.[14] Zapata's narrow proposal called for reforms that exclusively affected indigenous communities and peasants in the state of Morelos. As a result, other sectors of Mexico's proletariat were not incorporated into the Zapatista movement, despite sharing common enemies such as the exploitative hacendados and factory owners. Ramos Pedrueza concluded that the distance between peasants and workers would have to be eliminated before a socialist revolution could take place.

Of all the Marxist historians, Ramos Pedrueza was the one who adhered most firmly to Marxist orthodox ideology. He interpreted the transformation of Mexico into a bourgeois democracy as the "third stage" of class struggle, a historical process which could only end with the downfall of capitalism and the rise of socialism.[15] The stages of class struggle referred to a Marxist teleology where class relations evolved as a result of economic changes. Ramos Pedrueza subscribed to classic Marxism when he said that changes in the superstructure (religion, art, philosophy, law) could not disrupt the social hierarchy because those changes did not affect the base—the economic relations defined by ownership of the means of production.[16] In Ramos Pedrueza's model, the Mexican Revolution

13. Rafael Ramos Pedrueza, *La lucha de clases a través de la historia de México: Ensayo marxista* (México DF: Talleres Gráficos de la Nación, 1936), p. 37. This and all other translations from Spanish to English are mine.

14. Rafael Ramos Pedrueza, *La lucha de clases a través de la historia de México: Revolución democráticoburguesa* (México DF: Talleres Gráficos de la Nación, 1941), p. 67.

15. The first stage was the Independence Wars (1810-1821) and the second was the Reforma (approximately 1857-1876), a period of conflict between political factions ignited by the conservatives' reaction to the liberal and anticlerical reforms led by Benito Juárez. Ramos Pedrueza argued that the third stage, the Mexican Revolution, emerged after the Porfirian government deviated from the ideals of the Reforma and instead became a dictatorship. See Ramos Pedrueza, *La lucha de clases: Revolución democráticoburguesa*, 21.

16. Ramos Pedrueza, *La lucha de clases: Ensayo marxista*, p. 19.

represented a move toward a new stage of class struggle because the petite bourgeoisie took control of the means of production from the defeated Porfirian elite. The subsequent implementation of capitalism and bourgeois democracy, according to the Marxist teleology, would eventually, and necessarily, lead to the rise of a true proletarian and socialist revolution. If such a revolution occurred in Mexico, Ramos Pedrueza believed that it would be part of a global movement, since "Mexico is tied inexorably to the future of the world. No one can be isolated from the international concert."[17]

Although Ramos Pedrueza criticized the Mexican Revolution for its shortcomings, such as the lack of class consciousness among the masses, he also pointed out the Revolution's positive accomplishments and its great potential for the future. In his theory of the bourgeois democratic revolution, Ramos Pedrueza depicted Lázaro Cárdenas's administration as the fulfillment of the Revolution's promise. He believed that Cárdenas could lead Mexico to the next stage of class struggle.[18] Specifically, he praised the education and land reforms implemented by Cárdenas, and suggested that these reforms could play an instrumental role in the next phase of the revolution. The redistribution of land would be the first step towards achieving economic independence for the masses, while education reforms would start the process of indoctrination. Ramos Pedrueza said that the teachers of the new socialist education programs would be responsible for developing class consciousness among the peasants and workers. "It is the essential and splendid duty of the intellectuals, especially the revolutionary teachers, to disseminate the socialist revolutionary doctrine...and to achieve the unification of the peasant masses."[19] Ramos Pedrueza's model therefore suggested that the Mexican Revolution, besides giving rise to a bourgeois democracy, also created the conditions for the future arrival of socialism.

Alfonso Teja Zabre agreed with several points of the bourgeois democratic revolution theory, but his conceptual approach differed greatly from Ramos Pedrueza's. The two Marxists concurred that (1) the petite bourgeoisie ignited the Mexican Revolution, (2)

17. Ramos Pedrueza, *La lucha de clases: Revolución democráticoburguesa*, p. 467.

18. Idem, 440.

19. Idem, 441.

the masses, pursuing their own social, economic, and local agendas, aided the petite bourgeois factions, and (3) the common goal was to topple the Porfirian dictatorship, which according to Teja Zabre, concentrated the "large haciendas, wealth, credit, and rent" into the hands of a few oligarchic families, and turned Mexico into "a semicolony of international capitalism."[20] While Ramos Pedrueza placed the Mexican Revolution within a broader international context of class struggle, Teja Zabre preferred to focus on the unique and unprecedented exploitation of the Mexican lower and working classes. In Panorama histórico de la Revolución mexicana, Teja Zabre argued that the masses participated in the Revolution because Porfirio Díaz's projects for progress and industrialization excluded the "indigenous population, the workers, and the humble classes. Their salaries, their rations of maize and food, and the overall quality of life declined."[21] Teja Zabre cared first and foremost about the plight of marginalized groups, which is why his conceptual model can be called "humanist Marxism." He recognized that this approach may cause the application of Marxism "lose its dramatic and ferocious grandeur," but he reassured that "it gains instead the capacity of service, vitality, generous sympathy, and diffuse strength."[22] Thus, according to the humanist Marxism model, the Mexican Revolution was more than just a petite bourgeois revolution; it was also a peasant, "agrarian, indianist, and nationalist" revolution whose victory was ensured by the efforts of a diverse and rebellious population.[23]

Teja Zabre applied Marxist theory with less rigidity than Ramos Pedrueza. His model employed the most useful elements of Marxism, while eschewing the more inflexible parts. For example, unlike Ramos Pedrueza, indeed, unlike most of the Marxists from either generation, Teja Zabre refused to accept teleological conclu-

20. Alfonso Teja Zabre, Panorama histórico de la revolución mexicana (México DF: Ediciones Botas, 1939), pp. 81, 179.

21. Idem, p. 82. Teja Zabre went on to explain in greater detail the economic causes of the Revolution, noting that in the colonial era, a bushel of corn cost 75 cents, and that the average rural worker earned 25 cents a day; whereas in 1910, the bushel cost 3.5 pesos and the rural workers earned a daily 37.5 cents. As such, he attributed the specific decline in real wages between 1876 and 1910 (approximately 75% lower in net worth) as a central reason why many rural workers rebelled. See Teja Zabre, Panorama histórico de la Revolución mexicana, pp. 69-71.

22. Alfonso Teja Zabre, Teoría de la revolución (México DF: Ediciones Botas, 1936), p. 179.

23. Teja Zabre, Panorama histórico de la revolución, p. 170.

sions. The humanist Marxism model did not forecast the Mexican path to socialism. Teja Zabre stood out among his fellow Marxists because, according to Alberto del Castillo, he "denied the existence of a natural law that guides the process of history. On the contrary, he believed only in the possibility of constructing hypotheses that lead to a series of partial indications and conclusions."[24] Moreover, he was comfortable limiting his Marxist viewpoint to the specific case of Mexico, without making more grandiose claims about the Mexican Revolution's connection to an international proletarian movement. For Teja Zabre, rigid theory "fossilizes and becomes antiquated, useless to new situations, new ideas, and new developments," and the practical application of theory requires a "flexible and open" method.[25] He argued that Marxism, when applied with consideration to current, local and/or national conditions, could be that flexible method. He saw Marxism as "adaptable and adaptive," as an "instrument" or "action tool" such as "a pick-axe and hammer, or dynamite, which depending on the use can serve to destroy or open paths."[26] As such, Teja Zabre used Marxism to better understand, and to better relate to peasants, hacienda peons, ranchers, miners, and indigenous communities, and their reasons for partaking in the Revolution.

Besides employing a flexible interpretation of Marxism, Teja Zabre also suggested that various categories of analysis be considered in order to reach a more balanced "panoramic" view of the Mexican Revolution. As a Marxist historian, he placed greater emphasis on social and economic causal factors, but he also recognized that those factors did not tell the whole story. To achieve a panorama of the Revolution, Teja Zabre recommended that other viewpoints, such as "the idealist, orthodox, romantic, economic and materialist conceptions [of the Revolution]" should be part of the discussion too.[27] Besides the changes in the base, he was also interested in the political and juridical transformations, cultural and philosophical

24. Alberto del Castillo Troncoso, "Alfonso Teja Zabre y Rafael Ramos Pedrueza: Dos interpretaciones marxistas en la década de los treinta," *Iztapalapa*, vol. 22, N° 51, 2001, p. 230.

25. Teja Zabre, *Teoría de la revolución* (México DF: Ediciones Botas, 1936), p. 62.

26. Idem, p. 62.

27. Teja Zabre, *Panorama histórico de la revolución*, p. 178.

concerns, and military developments.[28] The real achievement of Teja Zabre's humanist Marxism model, however, was that it cast the exploited and marginalized groups as the protagonists of the Mexican Revolution, and their story as the main plot.

After 1940, Mexico's elite politicians and intellectuals gradually lost interest in Marxism, both as a political ideology and an academic methodology.[29] Between 1940 and 1968, Mexico's political climate (and the successive administrations) became increasingly conservative, while Mexicanist scholars began to develop more traditionalist (and official) interpretations of the Revolution.[30] After the Cuban Revolution and the 1968 Tlatelolco Massacre, however, Marxism began to resurface in Mexico. In the 1960s and 1970s, Marxism played a role in several socio-political and cultural movements that emerged, not just in Mexico, but throughout Latin America. Eric Zolov calls these movements "the New Left."[31] The Marxist historians were certainly influenced by New Left currents, but they did not belong collectively to any one group or social movement. The contribution of "Neo-Marxist" historians lay in publications and scholarship, and throughout the 1970s they published so many works on the Mexican Revolution that they actually managed to dominate the field. David Bailey recognized that "Marxist historians of the Revolution gained a respectability in the 1960s and early

---

28. Idem, pp. 21-22.

29. For an assessment of leftist groups that opposed the PRI (Partido Revolucionario Institucional) government after 1940, see Barry Carr, *Marxism and Communism in Twentieth-Century Mexico* (Lincoln: University of Nebraska Press, 1992); and Edgar Iván Gutiérrez, *Revolution outside the Revolution: 'Leftist' Intellectuals Face Mexico's Official 'Revolutionary' Party since 1929* (PhD Dissertation, University of California, Los Angeles, 2000). For an analysis of ideological and institutional shifts within the Mexican intelligentsia during this era, see Roderic A. Camp, *Intellectuals and the State in Twentieth-Century Mexico* (Austin: University of Texas Press, 1985).

30. In the 1940s and 1950s the PRI government became more involved in the production and public representation of history. Hence, certain history textbooks, such as Alberto Morales Jiménez's *Historia de la Revolución Mexicana* (México DF: Instituto de Investigaciones Políticas, Económicas y Sociales del Partido Revolucionario Institucional, 1951) developed an official interpretation of the Mexican Revolution which depicted the revolution as heroic, unifying, democratic, and nationalist.

31. Eric Zolov, "Expanding Our Conceptual Horizons: The Shift from an Old to a New Left in Latin America," *A Contracorriente*, vol. 5, N° 2, 2008, pp. 47-73, included in this volume.

1970s that they lacked before."[32]

The Marxist models of the 1970s opposed several of the positions taken earlier by their predecessors of the 1930s. For example, they no longer praised the "potential" of the Revolution. Whereas Ramos Pedrueza believed that Lázaro Cárdenas's land reforms and education programs could take Mexico toward the next stage of socialism, most of the 1970s Marxists saw Cárdenas's presidency as little more than part of an ongoing elite effort to exercise hegemonic control over society. Since Mexico's PRI (Partido Revolucionario Institucional) government claimed to represent the Mexican Revolution in its institutionalized form, the "New Left" Marxists developed a more pessimistic view of both the Revolution and the postrevolutionary state. They also developed more complex and nuanced arguments than those advanced by earlier Marxists, in part because the 1970s Marxists had more primary resources at their disposal and carried a less immediate (and thus less personal) connection to the Revolution itself. The following section will evaluate the 1970s Marxist models in order to assess the variety of interpretations and to trace the evolution of Marxist thought among Mexicanist historians.

Two members of the 1970s group, Ramón Eduardo Ruiz and James Cockcroft, proposed a theory of "non-revolution" which challenged several of the assumptions made by the 1930s generation. Ruiz and Cockcroft claimed that the Mexican Revolution failed to produce any significant revolutionary changes. They disagreed with the notion that the Revolution caused a transition from semi-feudalism to capitalism. According to Cockcroft, Mexico had developed capitalism well before the Revolution. During the nineteenth century, including the Porfiriato years, agriculture became a "capitalist enterprise, as land was bought and sold on an open land market and peasants were further incorporated into the wage labor system."[33] Cockcroft suggested that an economic revolution did not take place, because one sector of the bourgeoisie simply replaced another sector of the bourgeoisie as owners of the means of production.[34] Certain wealthy families backed Madero's plan to

32. Bailey, "Revisionism and the Recent Historiography of the Mexican Revolution," p. 68.

33. James D. Cockcroft, *Intellectual Precursors of the Mexican Revolution, 1910-1913* (Austin, Texas: University of Texas Press, 1968), p. 33.

34. Idem, p. 174.

stimulate and expand Mexico's capitalist economy which had been bogged down by the monopolies of the Porfirian elite. "Essentially, they wanted a bigger share of the spoils, and entrance into the higher spheres of the [capitalist] system, rather than its destruction."[35] After Madero's initial call to arms against the Porfirian government, peasants and workers from various parts of the country participated in popular uprisings. Ruiz described the combination of events not as a Revolution, but as a "great rebellion." He viewed the Mexican Revolution as a decentralized rebellion which pitted factions of the rebel family against each other.[36] Ruiz wrote that the leaders of the rebellion—Madero, Villa, Zapata, Obregón, and Carranza—ended up fighting each other because they did not have a unified plan.

The 1917 Constitution played an important part in the non-revolution model because, according to Ruiz and Cockcroft, the document stressed continuity over radical reform. While other Marxists praised the 1917 Constitution for its progressive laws—such as Article 27 which guaranteed the redistribution of peasant lands—Cockcroft and Ruiz believed that it was merely an affirmation of the 1857 liberal Constitution. "The legislation, while tempering the ideals of former rulers, upheld the principles of private property, of unfettered competition, and the sacred rights of the individual."[37] In other words, the new Constitution continued to promote bourgeois values and ideas. The non-revolution model painted a pessimistic picture of 1917, the year when most of the major battles ended and when Carranza's government ratified the Constitution. Cockcroft examined the results of the great rebellion and asked: What exactly did the Revolution accomplish? He described the state of Mexico after the Revolution as follows: "a defeated peasantry, a crippled and dependent labor movement, a wounded but victorious bourgeoisie, and, for a divided Mexican people, a paper triumph—the 1917 Constitution."[38] According to the non-revolution model, the rebellion resulted in the triumph of a new bourgeoisie, which effectively replaced the Porfirian bourgeoisie. As for the masses, they ended up in an unfavorable position once again. The proletariat

---

35. Ramón Eduardo Ruiz, *The Great Rebellion: Mexico 1905-1924* (New York: W. W. Norton & Co., 1980), p. 411.

36. Idem, pp. 7-8.

37. Idem, p. 6.

38. Cockcroft, *Intellectual Precursors*, p. 235.

failed to stage a unified uprising because they did not have a leader who could bring solidarity and ideology to the exploited classes.

Arnaldo Córdova, Donald Hodges and Ross Gandy developed a theory that resembled the non-revolution model in several ways. Córdova and the two US historians agreed that there were more continuities than revolutionary changes between the Porfiriato and the Mexican Revolution, and that the ongoing development of capitalism was the main element of continuity.[39] Córdova also refused to qualify the Mexican Revolution as an anti-imperialist revolution—an idea supported by the 1930s generation—because he claimed that foreign capitalists continued to invest in Mexico's economy during and after the Revolution.[40] What separated Córdova, Hodges, and Gandy from Ruiz and Cockcroft was that the first group of authors believed that a decisive political revolution occurred between 1910 and 1940. The political revolution consisted of the rise of a strong Bonapartist state which replaced the Porfirian dictatorship. In Marxist terminology, Bonapartism referred to the 1848 Revolution in France when Louis Bonaparte ended the conflict between workers, bourgeois bankers, and old regime landowners.[41] For Marx, Bonaparte's regime (1848-1871) represented an exception to the idea that "the class that rules economically also rules politically."[42] Córdova, Hodges, and Gandy suggested that the Mexican Revolution created a similar situation. Madero's bourgeois supporters, Villa's workers army, and Zapata's peasant insurgents all rebelled against the Porfirian dictatorship, but none of these factions had the capacity to hold political power. Mexico therefore needed a strong Bonapartist state to achieve political consolidation. Hodges and Gandy said that after the Revolution, "the bourgeoisie remained the economically dominant class, but in order to save its purse it gave up the crown."[43] That crown belonged to the new Bonapartist state.

39. Arnaldo Córdova, *La ideología de la revolución mexicana* (México DF: Ediciones Era, 1973), pp. 15-16.

40. Arnaldo Córdova, "México, Revolución y política de masas," in *Interpretaciones de la revolución mexicana* (México DF: Editorial Nueva Imagen, 1979), p. 76.

41. Karl Marx, "The Eighteenth Brumaire of Louis Napoleon," in *The Marx Engels Reader*, ed. Robert C. Tucker (New York: W.W. Norton & Company, 1978), pp. 606-607.

42. Hodges and Gandy, *Mexico 1910-1982, Reform or Revolution?*, p. 125.

43. Idem, p. 127.

According to the Bonapartist model, Mexico's postrevolutionary government strengthened its control over society throughout the 1920s and 1930s. The successive regimes of Alvaro Obregón, Plutarco Elías Calles, and Lázaro Cárdenas solidified the state's powerful position (above the proletariat and the bourgeoisie). The positive view of Lázaro Cárdenas, expressed previously by the 1930s generation, vanished in the Bonapartist model. By the 1970s, thirty years after Cárdenas's presidency, Córdova, Hodges, and Gandy began to see the postrevolutionary government not as progressive and proto-socialist, but as hegemonic, bureaucratic, and even authoritarian. According to the Bonapartist model, the state co-opted peasants and workers by employing a strategy called *política de masas*.[44] The ruling class attempted to appease the masses by promoting social reforms, but at the same time, it also protected the bourgeoisie by supporting the expansion of capitalism. "The state thus appears to be both the benefactor and protector of the have-nots and the impartial voucher for the rights of the haves."[45] Córdova suggested that peasants, and the masses in general, were merely "human resources" in the armed struggle because they were incapable of "providing the agenda, nor the ideology, nor the political direction of any revolution."[46] Córdova's comment on the peasantry resembled Ramos Pedrueza's argument about the peasants and workers lacking class consciousness. The difference was that Ramos Pedrueza foresaw the eventual indoctrination of the masses, while Córdova believed that the state's policies, including *política de masas*, would keep the masses in a subordinate position, underneath the strong Bonapartist state.

The third Marxist model of the 1970s generation, Enrique Semo's cycle of bourgeois revolutions, responded to several key points made by the Bonapartist and non-revolution models. Semo agreed that a form of capitalism existed before the Revolution, but he claimed that it was not fully developed.[47] According to his model, the Mexican Revolution represented a third wave in the cycle of

---

44. The term *política de masas* can be translated as "mass politics," or *politics of the masses*.

45. Córdova, *La ideología de la revolución mexicana*, p. 268.

46. Córdova, "México, Revolución y política de masas," p. 69.

47. Enrique Semo, *Historia mexicana: Economía y lucha de clases* (México DF: Serie Popular Era, 1978), p. 232.

bourgeois revolutions which began in 1810.[48] Semo suggested that each wave of revolutions brought the liberal bourgeoisie one step closer to the full establishment of capitalism. The Independence Wars (1810-1821), for example, produced a modern nation-state and abolished the colonial *sistema de castas*, two factors that allowed for a more open and free society.[49] The second revolutionary wave occurred during the Reforma wars, which resulted in the destruction of the Church's feudal land monopoly and the indigenous villages' communal landholdings.[50] The redistribution process made the lands optimal for capitalist production. The final wave of the cycle was the Mexican Revolution, which transformed the Porfiriato's brand of capitalism–monopolies financed by foreign investors–into an independent, open, and dynamic capitalist system. Semo argued that by 1940, the bourgeoisie had nothing more to reform and no more revolutionary waves to complete. "The bourgeoisie represented a transformative force in the history of our country, but as of that moment [1940] it became reactionary."[51]

The structure of Semo's model coincided with Ramos Pedrueza's idea of the stages of class struggle, but the difference was that Semo traced the evolution of capitalism, and not the gradual development of the proletariat. In fact, Semo said that the waves of bourgeois revolutions succeeded because "of their timing and because of the absence of the proletariat."[52] In Semo's model, the proletariat became a real factor only after capitalism had been fully established. Before the Mexican Revolution, the masses served as an enabler for the bourgeoisie because they "tilted the pendulum of history far enough so that the goals of the bourgeoisie can be consolidated."[53] Semo agreed with Córdova, Hodges, and Gandy's argument that the postrevolutionary state tried to manipulate and control the masses. However, unlike those Marxists, Semo believed

---

48. Idem, pp. 300-301.

49. A *casta* was a person of mixed race, and the *sistema de castas* was a social hierarchy used during the colonial period which determined social status based on race.

50. Semo, *Historia mexicana: Economía y lucha de clases*, pp. 299-315.

51. Enrique Semo, "Reflexiones sobre la revolución mexicana," in *Interpretaciones de la revolución mexicana*, p. 147.

52. Idem, p. 148.

53. Idem, p. 147.

that by 1940 the state was comparatively weak. He suggested that the development of capitalism depended on the labor (and exploitation) of the working classes. This in turn allowed the proletariat to expand its size and to become stronger and better organized.[54] As a result, Semo concluded that at the end of the cycle of bourgeois revolutions, a united proletariat will invariably, and finally, pose a threat to the stability of the bourgeoisie and to the state's hegemonic control.

Adolfo Gilly's theory of interrupted revolution, the last of the Marxist interpretations considered in this essay, combined several elements from the other Marxist models. First, Gilly agreed with Córdova, Hodges, and Gandy's overall assessment of the post-revolutionary government. He acknowledged that the "Bonapartist state" of Obregón and Calles strengthened its position by "placating all the classes while acting in the interest of one: the national bourgeoisie."[55] In Gilly's model, however, the state's hegemonic control was strictly temporary. Unlike the Bonapartist model, Gilly's theory suggested that the masses would eventually, and necessarily, break free because the Revolution had not yet concluded. As with Louis Bonaparte, the Mexican postrevolutionary government gradually consolidated its control over a fragmented society, but Gilly believed that the proletarian fragments of that society would inevitably carry out a revolution that "was interrupted [...] but not defeated. [The Revolution] was unable to keep going forward, but its forces were not broken or dispersed, and its essential causes were not lost or abandoned."[56]

Like Ramos Pedrueza, Gilly believed that the Mexican Revolution generated the necessary conditions for a socialist revolution. He disagreed, however, on the source of the future revolution. While Ramos Pedrueza pointed to the socialist teachers and intellectuals who could use Cárdenas's educational program to indoctrinate the proletariat, Gilly referred to Zapata's peasant army as the vanguard of socialism. According to Gilly's model, Zapata's rebels engaged in

54. Semo, *Historia mexicana: Economía y lucha de clases*, pp. 304-305.

55. Adolfo Gilly, "La guerra de clases en la revolución mexicana (Revolución permanente y auto-organización de las masas)," in *Interpretaciones de la revolución mexicana*, p. 48.

56. Adolfo Gilly, *La revolución interrumpida, México 1910-1920; una guerra campesina por la tierra y el poder* (México DF: Ediciones "El caballito," 1971), p. 405.

a permanent revolution whose ideology and objectives differed from the bourgeois movement of Madero, Carranza, and Obregón.[57] The 1917 Constitution was supposed to bring an end to the Revolution, but Zapata and his peasant supporters rejected the state's proposal. Gilly explained that "the revolution had not triumphed, the land had not been redistributed. The Zapatistas refused to lay down their weapons and dissolve their army; they developed their own agenda [...] and tenaciously continued their struggle."[58] Gilly argued that the Zapatistas, because of their advanced class consciousness and their commitment to permanent revolution, represented the path toward socialism. Although their initial insurrection was thwarted by a Bonapartist regime, the assassination of Emiliano Zapata in 1919 did not put an end to the insurrection; it merely interrupted it. For Gilly, unlike with Córdova, Hodges, and Gandy, the Cárdenas reforms represented a promising, but nonetheless short-lived, resumption of the revolution, especially the reforms pertaining to land distribution.[59] But the central vision of Gilly's interrupted revolution suggested that the peasants still aimed to continue and complete the revolution, and that it was only a matter of time before other sectors of the proletariat joined the permanent revolution.

Since 1980, the interpretive models developed by Marxist historians from the 1930s and 1970s have gradually lost favor among traditionalist, revisionist, and NCH scholars. A number of historiographical essays in the 1980s and 1990s described the Marxist views as inadequate or, in some cases, neglected to even mention them. In an essay published in *Secuencia*, for example, Alan Knight outlined the different generations of scholars who contributed to the historiography of the Mexican Revolution; yet the 1930s Marxists were conspicuously absent from his summary. As for the 1970s generation, he briefly mentioned the work of Adolfo Gilly and called it "rather schematic and lacking in original data."[60] But rejecting or minimizing the Marxist contribution will only impoverish the historiographical debate, which should include a variety of viewpoints

---

57. Idem, pp. 307-308.

58. Gilly, "La guerra de clases en la revolución mexicana," p. 30.

59. Gilly, *La revolución interrumpida*, pp. 347-393. See also Adolfo Gilly, *El cardenismo: Una utopía mexicana* (México DF: Cal y Arena, 1994).

60. Alan Knight, "Interpretaciones recientes de la Revolución mexicana," *Secuencia*, Nº 13, 1989, p. 30.

and traditions. In the words of Luis Anaya Merchant, "examining the differences between previous and current interpretations of the past is the work of the historiographic project."[61] Marxist interpretations therefore should not be too easily discarded, since they could be seen as potential building blocks in the construction of a pluralistic and inclusive historiography of the Mexican Revolution.

The Marxist models of the Mexican Revolution provided several interpretative strategies that should be salvaged and preserved by contemporary Mexicanist scholars. Two in particular, those developed by Enrique Semo and Arnaldo Córdova, can still enrich our understanding of the social, political, and economic transformations that occurred during and because of the Mexican Revolution. First, Semo's idea of the cycle of bourgeois revolutions offered a compelling argument—that the Revolution ended in 1940—and a plausible explanation of why the country's economic policies took a conservative shift after that year. Semo suggested that the bourgeoisie advanced the development of capitalism in Mexico by staging a wave of reforms, or revolutions, throughout the nineteenth and early twentieth centuries.[62] The purpose of the reforms was to create a market economy that would allow the bourgeoisie to displace the oligarchic monopolies of the old regime. The last year of Cárdenas's presidency (1940) marked the end of the revolutionary cycle because at this point, Semo concluded, Mexico had fully installed capitalism. With the system finally in place, the bourgeoisie stopped its pursuit of reforms and therefore turned into a reactionary force. Semo's theory could help historians explain why the government ended the 1930s programs for land redistribution, worker's rights, and socialist education; why the presidential candidate for the PRI (then PRM, Partido de la Revolución Mexicana) in the 1940 election was the moderate conservative Manuel Avila Camacho and not the radical Francisco Múgica; and why Avila Camacho's administration (1940-1946) focused on inviting foreign investment, strengthening business, and reopening Mexico's economy to the world market.[63]

61. Luis Anaya Merchant, "La construcción de la memoria y la revisión de la revolución," *Historia Mexicana*, vol. 44, N° 4, 1995, p. 535.

62. Semo, "Reflexiones sobre la revolución mexicana," p. 146.

63. Lázaro Cárdenas' land reform of the mid-1930s was part of his attempt to fulfill Article 27 of the 1917 Constitution, which was designed to appease the insurgent peasants by guaranteeing the fair redistribution of hacienda lands. After the Cárdenas administration, however, little effort was done by the state to further

The second Marxist concept that modern historians might do well to remember is Arnaldo Córdova's idea of *política de masas*. When scholars explain the process of state consolidation (1920-1940), Córdova's *política de masas* could help illustrate how the postrevolutionary state was able to maintain political power over a diverse and divided nation and over a multitude of regional strongmen. Córdova suggested that the Mexican Revolution produced a powerful Bonapartist state which placed itself above the proletariat and the bourgeoisie. The state accomplished this feat by employing *política de masas*, a policy which placated the masses by promoting a populist agenda while simultaneously ensuring the success of capitalism.[64] According to Córdova, the governments of Obregón, Calles, and Cárdenas co-opted the masses by creating national institutions such as the CTM (Confederación de Trabajadores Mexicanos) and LNC (Liga Nacional Campesina).[65] The CTM and LNC were supposed to answer the call for greater representation for workers and peasants, but in reality these institutions more often functioned as top-down structures, thereby undermining independent labor movements. Córdova wanted to illustrate one way in which the PRI exercised political and cultural hegemony over different sectors of the population. For future historians exploring hegemony and state consolidation during Mexico's postrevolutionary and PRI eras, the *política de masas* concept could be useful in drawing connections between state programs, official ideology, and popular agency.

Not every part of the Marxist models, of course, is a potentially useful building block. One element that weakened the Marxist interpretations was that most authors from both the 1930s and 1970s generations supported the teleological conclusion that the Mexican Revolution will inevitably become (or lead to) a socialist revolution. Adolfo Gilly, for example, ended his book by alluding to the future class struggle and proletariat victory: "The Mexican Revolution, through its central forces—workers, peasants, students and

implement this constitutional reform. "Since the presidency of Lázaro Cárdenas, Mexico's political bosses gradually set aside original revolutionary objectives, as articulated in the Plan de Ayala and the Constitution of 1917, in favor of maintaining political control and overseeing economic development" (Gonzales, *The Mexican Revolution*, 262).

64. Córdova, *La ideología de la revolución mexicana*, pp. 29-34.

65. Idem, p. 33.

anti-imperialist petite bourgeoisie—passionately confronts its past in order to organize its present struggle and prepare for its future victories."[66] The problem with this type of conclusion is that it strays from historical analysis and delves into the realm of speculation (or wishful thinking). When Marxists say something like this, it seems as if they are trying to force the history of the Mexican Revolution into a specific Marxist trajectory for the world. Several non-Marxist historians have criticized Marxist interpretations for making assumptions about the future. Alan Knight, for example, convincingly argued that teleologies must be rejected because the Revolution did not set the country on a fixed and immutable course.[67] The monographs written by Marxist historians undoubtedly have their flaws, but instead of consigning them to the dustbin of history, they ought to be subjected to critical assessment and re-evaluation.

Certain parts of the Marxist methodology do not need to be salvaged because they are already playing a subtle part in the historiography. The problem is that Marxist influence remains either unappreciated or understated. One example of this subtle influence lies in Alan Knight's own work. Although he has criticized the merits of Marxism in several places, Knight acknowledged that Marxist concepts such as bourgeois, proletarian, and/or socialist revolutions, still "offer the best global categories for making sense of revolutionary phenomena."[68] He used such Marxist vocabulary to characterize the Mexican Revolution as a bourgeois revolution, saying that it "gave a decisive impulse to the development of Mexican capitalism and of the Mexican bourgeoisie, an impulse which the preceding regime had been unable to give."[69]

Besides the durability of basic Marxist terminology, one other strand of Marxism has remained relevant to recent scholarship: the plight of the subaltern classes. Out of two generations of Marxist historians, Alfonso Teja Zabre stood out for his interest in, and sympathy for, the many anonymous Indians, peasants, women, and workers who fought in the Mexican Revolution. However, his "panorama" of the revolution was not grounded on the testimo-

---

66. Gilly, *La revolución interrumpida*, p. 399.

67. Knight, "The Mexican Revolution," p. 13.

68. Alan Knight, "Social Revolution: A Latin American Perspective," *Bulletin of Latin American Research*, vol. 9, N° 2, 1990, p. 183.

69. Knight, "The Mexican Revolution," p. 26.

nies, interviews, memoirs, artwork, and correspondence that the revolutionaries left behind. Because regional archives were seldom open for the public by the 1930s, many of the voices that Teja Zabre would have liked to unearth were not available and would only be recovered in the late twentieth century. At this time, revisionists, social historians, and new cultural historians began to approach the topic with a new analytical lens. Antonio Gramsci's Marxist concept of hegemony was one category that scholars used to better "understand both popular participation in politics and the cultural dimensions of peasant/state interaction."[70] Historians like Mary Kay Vaughan and Marjorie Becker have been able to take a closer look at the actions, goals, rituals, and daily lives of the people that Teja Zabre cared about most—such as peasants, workers, teachers, and women—in order to shed light on how they experienced and shaped the Mexican Revolution and its aftermath.[71]

In conclusion, the Marxist models developed by the 1930s and 1970s generations could be used to fill some of the gaps in the historiography of the Mexican Revolution. Perhaps the most prominent gap is the recent dearth of studies that provide a synthesis of the Mexican Revolution.[72] A number of factors have understand-

70. Mary Kay Vaughan, "Approaches to Peasant Politics in the Mexican Revolution," *Hispanic American Historical Review*, vol. 79, N⁰ 2, 1999, p. 269.

71. Both Vaughan and Becker contributed to the influential volume *Everyday Forms of State Formation*, which essentially sparked the debates on hegemony, popular agency, cultural politics, and power relations within the historiography of the Mexican Revolution. See also Vaughan, *Cultural Politics in Revolution*; and Becker, *Setting the Virgin on Fire*.

72. Not even the centennial anniversary of the Mexican Revolution in 2010 inspired the writing of new competing syntheses, with the possible exception of Beezley and MacLachlan's *Mexicans in Revolution* (2009). Instead, the vast majority of the works published around 2010 were either analytical essays, collections of articles, or monographs on culture or specific regions. For examples of the analytical essays and collections of articles, see Alan Knight, "The Myth of the Mexican Revolution," *Past and Present*, N⁰ 209, 2010, pp. 223-273; Elisa Servín, Leticia Reina, and John Tutino, eds., *Cycles of Conflict, Centuries of Change: Crisis, Reform, and Revolution in Mexico* (Durham: Duke University Press, 2007); Alicia Meyer and Juan Ramón de la Fuente, eds., *México en tres momentos, 1810-1910-2010: Hacia la conmemoración del bicentenario de la Independencia y del centenario de la Revolución Mexicana, retos y perspectivas* (México, DF: Universidad Nacional Autónoma de México, 2007); Ignacio Marván, ed., *La revolución mexicana, 1908-1932* (México, DF: Fondo de Cultura Económica, 2010); Gustavo Leyva, ed., *Independencia y revolución: Pasado, presente y futuro* (México, DF: Universidad Autónoma Metropolitana, 2010); and Javier Garciadiego Dantan, Emilio Kourí,

ably discouraged historians from producing new syntheses: the complexity of the Revolution, the availability of specialized archival sources, the growth of regional studies, the existence of a well-respected synthesis in Alan Knight's *The Mexican Revolution* (1986), or the challenge of writing a two hundred page monograph about such a massive event without leaving out crucial details. Yet new syntheses may be needed, not just to make life easier for professors who teach undergraduate courses on Mexican history, but more importantly to continue the debates about the overall character and process of the Revolution.

In a review essay written in 1987, Paul Vanderwood made an observation about the state of Mexican historiography that remains generally true at present time: we have building blocks but yet no building.[73] Specialized and regional studies (the building blocks) abound, but few syntheses (the buildings) have been written since 1987.[74] Ultimately the goal cannot be to form one infallible building, since the sheer size of the historiography and the complexity of the subject matter would make consensus impossible, but perhaps the goal should be to construct several competing and interconnected buildings out of the available building blocks. And to pursue the metaphor further, instead of excluding Marxism from this "building complex" (i.e. the historiography), Marxist interpretations can be used as frameworks for some of the buildings in the complex. The 2005 revision and re-publication of Adolfo Gilly's *La*

and Friedrich Katz, eds., *Revolución y exilio en la historia de México. Del amor de un historiador a su patria adoptiva: Homenaje a Friedrich Katz* (México, DF: El Colegio de México, 2010). For examples of cultural and regional studies, see Zuzana Pick, *Constructing the Image of the Mexican Revolution: Cinema and the Archive* (Austin: University of Texas Press, 2010); Luis E. Carranza, *Architecture as Revolution: Episodes in the History of Modern Mexico* (Austin: University of Texas Press, 2010); Ariel Rodríguez Kuri, *Historia del desasosiego: La revolución en la Ciudad de México, 1911-1922* (México, DF: El Colegio de México, 2010); and Elisa Cárdenas Ayala, *El derrumbe: Jalisco, microcosmos de la revolución mexicana* (México, DF: Tusquets, 2010).

73. Paul Vanderwood, "Building Blocks but Yet No Building: Regional History and the Mexican Revolution," *Mexican Studies/Estudios Mexicanos*, vol. 3, Nº 2, 1987, pp. 421-432.

74. Besides Beezley and MacLachlan (2009) and Michael J. Gonzales (2002), the last groundbreaking works of synthesis were published in the mid-1980s: Francois-Xavier Guerra, *Le Mexique de l'Ancien Régime à la Révolution* (Paris: Publications de la Sorbonne, 1985); Knight, *The Mexican Revolution*; and Hart, *Revolutionary Mexico*.

revolución interrumpida and the 2010 release of *México en llamas (1910-1917): Interpretaciones marxistas de la revolución* are both encouraging steps towards re-admitting Marxism into current historiographical debates, but additional new studies are needed to enrich the quality and diversity of these debates.[75] And to develop future interpretations of the Mexican Revolution, historians might do well to keep in mind the ideas about class relations, state formation, and socio-economic transformations that were introduced by two generations of Marxists.

75. Adolfo Gilly, *The Mexican Revolution: A People's History*, translated by Patrick Camiller (New York: The New Press, 2005); Pablo Langer Oprinari, Jimena Vergara Ortega, and Sergio Méndez Moissen, *México en llamas (1910-1917): Interpretaciones marxistas de la revolución* (México DF: Ediciones Armas de la Crítica, 2010). The second book, *Mexico en llamas*, is a collection of narrative and analytical essays on the Mexican Revolution published by a radical leftist student organization called Las Armas de la Crítica. The three main authors, Pablo Langer Oprinari, Jimena Vergara Ortega, and Sergio Méndez Moissen were students at the UNAM and have participated in Trotskyite groups and edited Marxist journals. Besides their own essays on topics such as Porfirian capitalism, labor strikes, the Magonistas, and Emiliano Zapata, the volume also features a re-publication of essays from the 1979 book *Interpretaciones de la revolución mexicana*. Specifically, it includes the essays by Adolfo Gilly and Manuel Aguilar Mora.

Iván Molina Jiménez

Universidad de Costa Rica

El objetivo del presente artículo es analizar la influencia del marxismo en la historiografía costarricense, para lo cual se ha dividido en tres secciones principales. En la primera se analiza el surgimiento de la investigación histórica en el país y su desarrollo hasta 1940, así como los desafíos planteados por el Partido Comunista; en la segunda se explica por qué en Costa Rica un marxismo académico sólo surgió tardíamente; y en la tercera se examina la influencia que diversas corrientes marxistas tuvieron en la renovación historiográfica experimentada a partir de 1970, y los alcances y limitaciones de los nuevos estudios del pasado.

Marxismo e historiografía antes de 1940

La historiografía costarricense surgió en las dos últimas décadas del siglo XIX, estrechamente relacionada con las disputas limítrofes con Nicaragua y Colombia (Panamá todavía no se había independizado),[1] y con el proceso de invención de la nación por parte de círculos de políticos e intelectuales liberales.[2] Los conflictos

1. Juan Rafael Quesada, *Historia de la historiografía costarricense 1821-1940* (San José: Editorial de la Universidad de Costa Rica, 2001), pp. 49-152.

2. Steven Palmer, "Sociedad anónima, cultura oficial: inventando la nación en Costa Rica (1848-1900)", en Iván Molina Jiménez y Steven Palmer, eds., *Héroes al gusto y libros de moda. Sociedad y cambio cultural en Costa Rica (1750-1900)*,

fronterizos llevaron a abogados costarricenses como León Fernández, Manuel María de Peralta y Pedro Pérez Zeledón a exhaustivas revisiones documentales, en el país y el exterior, las cuales fueron la base para la fundación del Archivo Nacional en 1881. El ciclo nacionalista de los decenios de 1880 y 1890 condujo a la elaboración de los primeros libros de historia y a exaltar la guerra de 1856-1857, cuando Costa Rica lideró la lucha contra los filibusteros encabezados por William Walker.[3]

Constituida por estudiosos del pasado por vocación–el más célebre fue Ricardo Fernández Guardia–, la historiografía del período 1880-1930 se caracterizó por centrarse en temas de índole política, militar y diplomática; por una narrativa descriptiva más que analítica y, en lo esencial, legitimadora del orden social prevaleciente; y por un énfasis en los considerados "grandes hombres", en particular los gobernantes. Los principales aportes de las investigaciones realizadas fueron elaborar una cronología básica de la historia costarricense, catalogar fuentes (especialmente de carácter notarial) y publicar numerosos documentos.[4]

Hacia la década de 1930, la historiografía liberal experimentó dos desafíos importantes. El primero, proveniente del recién fundado Partido Comunista (1931), consistió en nuevas lecturas del pasado que, en vez de legitimar, impugnaban las relaciones sociales y el sistema político dominantes, al plantear temas como la explotación de los trabajadores por sus patronos, el descontento popular y la penetración del capital extranjero (muy visible por la presencia que tenía la United Fruit Company en el Caribe costarricense). Pese a lo anterior, el enfoque del pasado de la izquierda, en términos teóricos y metodológicos, era muy similar al de sus adversarios de la derecha: fundamentalmente descriptivo y episódico.[5]

El segundo reto provino de dos jóvenes intelectuales, líderes del *Centro para el Estudio de los Problemas Nacionales* (1940) y posteriormente integrantes destacados del Partido Liberación Na-

2da. edición (San José: Editorial Universidad Estatal a Distancia, 2004), pp. 288-296.

3. Rafael Obregón Loría, *Costa Rica y la guerra contra los filibusteros* (Alajuela: Museo Histórico Cultural Juan Santamaría, 1991).

4. Quesada, *Historia de la historiografía*, pp. 153-402.

5. Iván Molina Jiménez, *Revolucionar el pasado. La historiografía costarricense del siglo XIX al XXI* (San José: Editorial de la Universidad Estatal a Distancia, 2012), pp. 16-17.

cional (1951): Carlos Monge y Rodrigo Facio. Monge, considerado el primer historiador profesional de Costa Rica, se graduó en Chile a inicios de la década de 1930 y, de vuelta en el país, impartió clases en los principales colegios de San José. Fue en este contexto que elaboró la primera hipótesis de contenido económico-social sobre el pasado costarricense, según la cual lo que diferenció al país de sus vecinos latinoamericanos fue la importancia que tuvo la colonización agrícola campesina durante el siglo XVIII, la cual originó una sociedad más igualitaria–la "democracia rural"–dominada por los pequeños propietarios agrícolas.

Facio, quien fuera discípulo de Monge y había tratado de ofrecer explicaciones más sofisticadas del proceso de independencia de Costa Rica y del fracaso de la Federación Centroamericana, completó la interpretación de su maestro al indicar que, con la expansión del café, ocurrida después de 1830, el igualitarismo surgido en el siglo XVIII fue destruido por una creciente diferenciación social, de la que resultaron patronos y peones. De esta forma, Monge y Facio, iniciadores de la historiografía socialdemócrata, fueron los primeros en producir una interpretación sobre las especificidades del capitalismo costarricense, la cual ha sido más matizada que corregida completamente por las investigaciones posteriores.[6]

Para comprender por qué fueron Monge y Facio, y no los comunistas, quienes renovaron el estudio del pasado costarricense en las décadas de 1930 y 1940, se debe partir de la disociación entre marxismo y academia que caracterizó a Costa Rica en la primera mitad del siglo XX. En la década de 1880, los políticos e intelectuales liberales impulsaron una profunda reforma de la educación primaria y secundaria; en contraste, clausuraron la Universidad de Santo Tomás, que había sido fundada en 1843 y había tenido un desempeño académico muy limitado.[7] Únicamente permaneció abierta la Escuela de Derecho, a la cual se unió, en 1897, una Facultad de Farmacia.

6. Víctor Hugo Acuña Ortega e Iván Molina Jiménez, *Historia económica y social de Costa Rica (1750-1950)* (San José: Editorial Porvenir, 1991), pp. 21-25 y 33-36; Lowell Gudmundson, *Costa Rica antes del café: sociedad y economía en vísperas del boom exportador* (San José: Editorial Costa Rica, 1990), pp. 13-31 y 242-247.

7. Ástrid Fischel, *Consenso y represión. Una interpretación sociopolítica de la educación costarricense* (San José: Editorial Costa Rica, 1986); Paulino González, *La Universidad de Santo Tomás* (San José: Editorial de la Universidad de Costa Rica, 1989).

Si bien desde finales del siglo XIX en Costa Rica se conocían textos de índole anarquista, socialista y marxista (el tres veces presidente de Costa Rica, Ricardo Jiménez, fue lector de *El Capital*), la discusión de tales documentos se limitó a algunos círculos de intelectuales–principalmente educadores–y obreros urbanos.[8] La fundación del Partido Comunista tuvo precisamente por base una organización en la que confluían algunos estudiantes de Derecho y líderes de los trabajadores.[9] En tales circunstancias, un conocimiento básico del marxismo estuvo al servicio de la práctica política en el presente, pero fue insuficiente para superar la forma predominante–descriptiva y episódica–de conceptuar el pasado.

La conmemoración de efemérides nacionales y la exaltación de personajes destacados de la política y la cultura (costarricenses o extranjeros) no fueron extrañas en las páginas de *Trabajo*, el periódico del Partido Comunista.[10] Las debilidades de tal organización en su enfoque del pasado se evidencian en que fue precisamente Carlos Monge, tras su regreso de Chile, quien impartió clases a los comunistas sobre el desarrollo del capitalismo en Europa.[11] Esta curiosa actividad parece haber estado relacionada con el hecho de que, entre 1934 y 1936, Monge publicó en la revista *Jurisprudencia* un extenso estudio sobre el tema indicado, entre cuyas fuentes figuraban Werner Sombart, Henri Sée, Henri Hauser, Henri Pirenne, Max Weber y Marx.[12]

8. Gerardo Morales, *Cultura oligárquica y nueva intelectualidad en Costa Rica: 1880-1914* (Heredia: Editorial Universidad Nacional, 1993), pp. 109-185; Iván Molina Jiménez, *El que quiera divertirse. Libros y sociedad en Costa Rica (1750-1914)* (San José: Editorial de la Universidad de Costa Rica y Editorial Universidad Nacional, 1995), pp. 136-138 y 145; Joaquín Vargas Coto, *Crónicas de la época y vida de don Ricardo* (San José: Editorial Costa Rica, 1986), p. 304.

9. Ana María Botey y Rodolfo Cisneros, *La crisis de 1929 y la fundación del Partido Comunista de Costa Rica* (San José: Editorial Costa Rica, 1984), pp. 113-119.

10. Helen María González Rojas, Luis Alberto Jiménez Alpízar, Carlos Eduardo Monge Trejos y Violeta Murillo Roldán, "Producción impresa de Carmen Lyra y Carlos Luis Sáenz en el semanario *Trabajo* de 1931-1948" (Memoria de Licenciatura en Historia, Universidad de Costa Rica, 2004).

11. Isaac Felipe Azofeifa, "Carlos Monge como era", en Juan Rafael Quesada, et al., *Carlos Monge Alfaro* (San José: Editorial de la Universidad de Costa Rica, 1988), p. 12.

12. Juan Rafael Quesada, "Carlos Monge Alfaro: primer historiador profesional de Costa Rica". Quesada, *Carlos Monge Alfaro*, pp. 74-75.

Un marxismo académico tardío (1940-1970)

Pese a que algunos de los principales dirigentes del Partido Comunista tenían formación universitaria, y a que en algunas de las instancias de educación superior existentes antes de 1940 había profesores que simpatizaban con esa organización, en Costa Rica sólo se desarrolló un marxismo académico a partir del decenio de 1960. Varias razones explican este rezago en un país que ha sido tan señalado por su política democrática y estabilidad institucional. En la década de 1930, el comunismo costarricense no fue ajeno a ciertas corrientes anti-intelectuales, que enfatizaban la necesidad de promover a los trabajadores a posiciones de poder. A esto se unió la persecución de que fueron víctimas importantes líderes comunistas que ocupaban puestos de educadores, lo cual supuso su despido de la Escuela Normal (fundada en 1914), especializada en preparar a los docentes de primaria.[13]

La exclusión de las principales entidades educativas no fue interrumpida por la fundación, en 1940, de la Universidad de Costa Rica, la única institución de su tipo existente en el país hasta 1971.[14] Aunque a partir de 1941 los comunistas empezaron a acercarse al gobierno socialmente reformista de Rafael Ángel Calderón Guardia (1940-1944), y pese a que tal aproximación se convirtió en una alianza formal a partir de 1943 (base del triunfo electoral de Teodoro Picado Michalski en 1944),[15] la izquierda no tuvo una influencia decisiva en el Estado costarricense. De hecho, cuando tras la guerra civil de 1948–ganada por las fuerzas conducidas por José Figueres, el fundador del Partido Liberación Nacional–el reciente claustro

13. Alejandro Gómez, *Rómulo Betancourt y el Partido Comunista de Costa Rica (1931-1935)* (San José: Editorial Costa Rica, 1994), pp. 58-60; Francisco Zúñiga Díaz, *Carlos Luis Sáenz: el escritor, el educador y el revolucionario* (San José: Ediciones Zúñiga y Cabal, 1991), pp. 134 y 191-219; Iván Molina Jiménez, "Un pasado comunista por recuperar: Carmen Lyra y Carlos Luis Fallas en la década de 1930", en Carmen Lyra y Carlos Luis Fallas, *Ensayos políticos* (San José: Editorial de la Universidad de Costa Rica, 2000), pp. 14-15.

14. Francisco Antonio Pacheco, "La educación superior" en Eugenio Rodríguez, ed., *Costa Rica en el siglo XX*, t. I (San José: Editorial Universidad Estatal a Distancia, 2004), pp. 101-126.

15. Para un análisis de este proceso, véase Iván Molina Jiménez, *Anticomunismo reformista, competencia electoral y cuestión social en Costa Rica (1931-1948)* (San José: Editorial Costa Rica, 2007), pp. 115-155.

universitario fue purgado de profesores identificados con el régimen depuesto, sólo dos de los 14 docentes expulsados simpatizaban con los comunistas; los demás eran *calderonistas* o *picadistas*.[16]

Con el triunfo de las fuerzas figueristas y la ilegalización del Partido Comunista introducida en la Constitución de 1949, en lo interno, y con la intensificación de la guerra fría, en lo externo, la Universidad de Costa Rica se convirtió en una institución política y culturalmente conservadora. Dirigida sucesivamente por Rodrigo Facio y Carlos Monge, se dedicó a la formación de profesionales, en distintas áreas, para apoyar la expansión del aparato estatal impulsada por Liberación Nacional.[17] Aunque algunos profesores de izquierda lograron insertarse en la educación superior, su influencia fue extremadamente limitada durante el decenio de 1950. Tal fue la experiencia del lingüista Víctor Manuel Arroyo, probablemente el primer académico marxista que hubo en el país. Cuando en 1956, en el marco de la conmemoración del centenario de la lucha contra los filibusteros, publicó un libro sobre la guerra de 1856-1857, debió hacerlo bajo el pseudónimo de Pedro Soto para evitar ser "víctima de represalias".[18]

Dado lo expuesto, no sorprende que el primer artículo marxista aparecido en una revista académica fuera publicado en 1960, previa autorización del Consejo Universitario, máximo órgano de la Universidad de Costa Rica. La historia detrás de este caso sin precedente es, de por sí, bastante peculiar: en 1957, el rector Facio impartió una conferencia titulada "Liberalismo y socialismo", la cual sirvió de base para que el estudiante de leyes Rodolfo Cerdas Cruz (hijo del abogado y dirigente comunista Jaime Cerdas), elaborara una crítica como trabajo para el curso de Filosofía del Derecho. El extenso texto de Cerdas Cruz, que abarca casi todo el número de la revista en que fue incluido, fue antecedido por una explicación del

---

16. Patricia Fumero Vargas, "'Se trata de una dictadura sui generis'. La Universidad de Costa Rica y la guerra civil de 1948", *Anuario de Estudios Centroamericanos*. San José, vol. 23, Nº 1-2, 1997, p. 127. Esos dos profesores eran el pintor Manuel de la Cruz González y el escritor Fabián Dobles.

17. Rafael Cuevas, *El punto sobre la i. Políticas culturales en Costa Rica (1948-1900)* (San José: Ministerio de Cultura, Juventud y Deportes, 1996), pp. 69-72; Jorge Rovira, *Estado y política económica en Costa Rica 1948-1970* (San José: Editorial Porvenir, 1982), pp. 39-117.

18. Víctor Manuel Arroyo, *Acusación ante la historia. Estados Unidos y la Campaña Nacional 1856-1857*, 2da. edición (San José: Editorial Presbere, 1983), p. 11.

profesor de la asignatura indicada y por una nota refutatoria escrita por el propio Facio.[19]

Cerdas Cruz volvió a desafiar el orden establecido en 1964, cuando defendió su tesis de licenciatura en leyes, en la cual analizó la formación del Estado costarricense entre 1821 y 1838 desde una perspectiva marxista. El estudio propone una imaginativa interpretación de los conflictos políticos de esos años con base en el contraste entre las ciudades de Cartago, capital colonial, y San José, capital republicana. Según el autor, en la primera prevalecía una economía cerrada encabezada por una aristocracia, mientras en la segunda había una economía abierta liderada por una burguesía liberal. Tal oposición, intensificada por la independencia (1821), fue resuelta en la batalla de Ochomogo (1823), cuando los josefinos derrotaron a los cartagineses y consolidaron la capitalidad.[20] La obra, pese a su eclecticismo teórico (categorías weberianas combinadas con el concepto marxista de revolución burguesa), supuso la primera interpretación marxista de un período específico de la historia de Costa Rica.

La interpretación de Cerdas Cruz recuperó parcialmente el análisis que hiciera Facio de la economía cerrada que prevalecía en Costa Rica a finales del período colonial,[21] y la diferenciación entre la ideología feudal de Cartago y la liberal de San José, planteada por el periodista Francisco Gamboa, en un volumen publicado en Cuba en 1962. Esta obra, la primera historia general de Costa Rica escrita por un comunista, fue traducida al ruso en 1966 y al francés en 1973; en la edición que circuló en español en 1974 se consigna que hasta ese momento habían sido impresos casi 70,000 ejemplares. Pese a la amplia difusión que tuvo, el libro está dominado por un enfoque episódico.[22]

---

19. Carlos José Gutiérrez, "Investigación libre... y obligatoria"; Rodrigo Facio, "Carta sin título dirigida a Carlos José Gutiérrez"; Rodolfo Cerdas Cruz, "La conferencia del rector Facio sobre marxismo. Una respuesta", *Revista de la Universidad de Costa Rica*, San José, N° 20, marzo 1960, pp. 3-8, 9-20 y 21-126.

20. Rodolfo Cerdas Cruz, *La formación del Estado en Costa Rica* (San José: Publicaciones de la Universidad de Costa Rica, 1967).

21. Rodrigo Facio, "Estudio sobre economía costarricense" en *Obras de Rodrigo Facio*, t. I, 3a. edición (San José: Editorial Costa Rica, 1978), p. 33.

22. Francisco Gamboa, *Costa Rica, ensayo histórico* (San José: Librería Internacional, 1974). Si bien la primera edición costarricense se publicó en 1971, es probable que Cerdas Cruz tuviera acceso a la versión cubana.

En la década de 1960, el aumento en la matrícula, el crecimiento institucional y la apertura de nuevas carreras pronto volvieron más complejo el claustro universitario, un proceso al que contribuyeron también la revolución cubana, la rebelión estudiantil en Occidente, las protestas contra la intervención de Estados Unidos en Vietnam y la formación de profesores en el exterior. A finales del decenio, la lucha contra las concesiones otorgadas a la transnacional ALCOA fue la base de un profundo proceso de radicalización intelectual, que se expresó en una renovación y diversificación de los grupos de izquierda y que coincidió con la apertura de otras dos instituciones de educación superior: el Instituto Tecnológico de Costa Rica (1971) y la Universidad Nacional Autónoma (1973).[23]

Al comenzar la década de 1970, el marxismo académico había pasado de una posición marginal y de perfil bajo a dominar algunas de las escuelas y departamentos de ciencias sociales y de filosofía en la Universidad de Costa Rica y en la Universidad Nacional. De las investigaciones emprendidas por esta nueva generación de académicos, las más importantes, en términos históricos, fueron las realizadas por el sociólogo José Luis Vega Carballo. Su formación académica fue, sin duda, excepcional: obtuvo un bachillerato en Sociología en Brandeis y una maestría en Princeton; a partir de 1968 inició su labor docente en la Universidad de Costa Rica y empezó a divulgar las obras de Weber, Freud, Marx y Marcuse.[24] En un artículo publicado en 1970 ofreció una interpretación de la época colonial basada en la teoría de la dependencia y el concepto de modo de producción campesino, según él predominante en Costa Rica desde el siglo XVI.[25]

Pese a la ruptura que implicaron, aportes como los de Cerdas Cruz y Vega Carballo no se basaron en una amplia investigación documental, sino en la reinterpretación, a la luz de teorías y conceptos marxistas, de los hallazgos dados a conocer por la historiografía previa. La limitación indicada no impidió, sin embargo, que las contribuciones de ambos académicos fueran ampliamente

---

23. Pacheco, "La educación superior", pp. 126-141.

24. Paulino González, "Los avatares de la nueva historia", *Revista de Historia*, San José, Nº Especial, 1988, pp. 33-34.

25. José Luis Vega Carballo, "Costa Rica, economía y relaciones sociales en la colonia, 1560-1820" (San José: Academia Costarricense de Bibliografía, 1970); ídem, "La evolución agrícola de Costa Rica: un intento de periodización y síntesis (1560-1970)" (San José: CSUCA, 1972).

acogidas por los historiadores, especialmente durante la década de 1970. La razón principal que explica tal influencia fue que el estudio del pasado permaneció poco diversificado en lo temático, y pobre en términos teóricos y metodológicos.

Nueva historia e influencia marxista

Con la apertura de la Universidad de Costa Rica en 1941, la disciplina histórica experimentó una primera fase de profesionalización, consistente en que, a partir de entonces, existió la posibilidad de obtener una licenciatura con énfasis en historia, previa realización de una tesis. Un análisis de las disertaciones presentadas en el curso de las décadas siguientes evidencia, sin embargo, que la preferencia por temas de carácter político, militar y diplomático no desapareció, en tanto prevalecía un enfoque episódico y descriptivo.[26] Aunque los historiadores que laboraban en la educación superior conocían la renovación historiográfica ocurrida en Europa bajo el liderazgo de la Escuela de los Annales, su práctica, tanto en docencia como en investigación, no se transformó.[27]

Hacia la década de 1960 había ya algunas señales de cambio en cuanto a variar los objetos de estudio y la manera de abordarlos, pero tal proceso tuvo un alcance muy limitado, como lo muestran algunas tesis en las que el estudio de actividades económicas fue emprendido desde una perspectiva tradicional. Las limitaciones prevalecientes explican, en mucho, que la primera generación de historiadores costarricenses que realizó estudios de posgrado en el exterior partiera a la España franquista y se doctorara en la Universidad Complutense. Todas las tesis elaboradas por este grupo, teórica y metodológicamente poco sofisticadas, fueron dirigidas por un sistemático defensor del papel jugado por los españoles en América: Mario Hernández Sánchez-Barba.[28]

Una renovación profunda de la historiografía costarricense debió esperar, por tanto, a la década de 1970, cuando llegaron

---

26. Molina Jiménez, *Revolucionar el pasado*, pp. 21-22.

27. González, "Los avatares", pp. 31-33.

28. Molina Jiménez, *Revolucionar el pasado*, pp. 41-42; Nuria Tabanera García, "Un cuarto de siglo de americanismo en España: 1975-2001", *Revista Europea de Estudios Latinoamericanos y del Caribe*, Ámsterdam, N° 72, abril, 2002, pp. 83-84 y 89.

al país los historiadores Ciro Cardoso (brasileño) y Héctor Pérez (argentino), quienes al lado de otros académicos foráneos como Germán Tjarks (estadounidense), Lowell Gudmundson (estadounidense) y Carolyn Hall (inglesa), desarrollaron importantes labores docentes y de investigación en las escuelas de Historia recién creadas en la Universidad de Costa Rica y en la Universidad Nacional. Si bien Pérez y Gudmundson eran bastante abiertos a los aportes del marxismo, el único marxista del grupo era Cardoso, graduado en Francia con una tesis sobre el modo de producción esclavista colonial. [29]

Con la llegada de Cardoso ocurrió una diferenciación entre los jóvenes estudiantes de historia identificados con los nuevos grupos de izquierda surgidos en la década de 1970. Algunos, dirigidos por Cardoso, elaboraron tesis de historia económica, ubicadas en la época colonial, con un enfoque que recuperaba los conceptos de estructura y coyuntura y la serialización de datos desarrollados por la Escuela de los Annales, pero sin introducir conceptos o problemáticas marxistas (el vocabulario técnico utilizado era más afín a la economía positiva).[30] En contraste, otros prepararon disertaciones en las que, aunque empleaban algunos términos marxistas, se limitaban a describir y exaltar las organizaciones, luchas y líderes de los sectores populares, en particular de los artesanos y obreros urbanos del período 1870-1930.[31]

La combinación de un enfoque tradicional del pasado con un marco ideológico de izquierda, ya presente en los estudios publicados por los comunistas a partir de la década de 1930 y en el libro de Gamboa, fue particularmente impulsada por Vladimir de la Cruz, quien inauguró el estudio sistemático de las luchas sociales en el país.[32] En su doble condición de activista político y profesor universitario, de la Cruz se convirtió en el director o asesor de un conjunto de tesis de licenciatura acerca del pasado del Partido Comunista

---

29. Carlos Araya Pochet, "Surgimiento de la nueva generación", *Revista de Historia*, Heredia, Nº 11, enero-junio, 1985, pp. 15-18; González, "Los avatares", pp. 34-38.

30. Molina Jiménez, *Revolucionar el pasado*, p. 53.

31. Carlos Hernández, "Fases y tendencias de cambio en los estudios sobre la clase trabajadora costarricense: un balance historiográfico", *Revista de Historia*, San José, No. Especial, 1996, pp. 115-128.

32. Vladimir de la Cruz, "Las luchas sociales (obreras y populares) en Costa Rica de 1870-1930" (Tesis de Licenciatura en Historia, Universidad de Costa Rica, 1977).

costarricense que, elaboradas por jóvenes militantes, tendieron a respaldar la versión oficial de la historia de esa organización.[33] La más interesante de esas disertaciones fue la que no se publicó: la de Emel Sibaja, centrada en la huelga bananera de agosto y septiembre de 1934,[34] uno de los principales eventos de su tipo en la América Latina de la primera mitad del siglo XX.

Los primeros historiadores marxistas costarricenses

En razón de lo expuesto, la primera generación de historiadores marxistas costarricenses sólo se configuró en el tránsito entre los decenios de 1970 y 1980 y, en esta fase inicial, sus figuras más destacadas fueron Víctor Hugo Acuña, Mario Samper, Rodrigo Quesada y José Daniel Gil. Acuña, graduado en Francia en 1978, elaboró una tesis de doctorado sobre el papel jugado por el capital comercial (en su acepción marxista) en la Centroamérica del siglo XVIII. Aunque recientemente su trabajo ha sido criticado por sus limitaciones documentales, Acuña realizó un aporte teórico y metodológico fundamental para la compresión de la economía del istmo en esa época.[35]

Samper se licenció en Historia en 1979 con una disertación que, a partir del concepto de producción mercantil simple, analizó el proceso de diferenciación social experimentado por diversas categorías ocupacionales en el período 1821-1927. Posteriormente, se doctoró en Berkeley con una tesis en la que, con un marco con-

---

33. Ana María Botey y Rodolfo Cisneros, *La crisis de 1929 y la fundación del Partido Comunista de Costa Rica* (San José: Editorial Costa Rica, 1984); Marielos Aguilar, *Carlos Luis Fallas: su época y sus luchas* (San José: Editorial Porvenir, 1983); Gerardo Contreras y José Manuel Cerdas, *Los años 40. Historia de una política de alianzas* (San José: Editorial Porvenir, 1988).

34. Emel Sibaja, "Ideología y protesta popular: la huelga bananera de 1934 en Costa Rica" (Tesis de Licenciatura en Historia, Universidad Nacional, 1983).

35. Víctor Hugo Acuña Ortega, "Le commerce extérieur du Royaume du Guatemala au XVIII siècle 1700-1821: une étude structurelle" (Tesis de Doctorado, Ecole des Hautes Études en Sciences Sociales, 1978). Para una crítica reciente de este trabajo, véase Juan Carlos Solórzano, "El desarrollo de la historiografía colonial en Costa Rica (1992-2002)" en Iván Molina Jiménez, Francisco Enríquez Solano y José Manuel Cerdas Albertazzi, eds., *Entre dos siglos: la investigación histórica costarricense 1992-2002* (Alajuela: Museo Histórico Cultural Juan Santamaría, 2003), pp. 56-57.

ceptual más amplio, estudió a profundidad los procesos de colonización agrícola campesina verificados en Costa Rica desde mediados del siglo XVIII hasta inicios del XX. Al volver sobre el tema originalmente planteado por Monge en la década de 1930, Samper realizó un sofisticado análisis para mostrar el impacto que tuvo el capitalismo agrario en la economía campesina.[36]

Quesada, quien en su tesis de licenciatura (1977) había utilizado el concepto de ideología para analizar el proyecto modernizador del Partido Liberación Nacional, efectuó luego estudios doctorales en Inglaterra, a partir de los cuales dio a conocer una serie de investigaciones sobre la penetración del capital inglés en Centroamérica. No sorprende, por tanto, que Quesada se convirtiera en el investigador que, de manera más sistemática, utilizara el concepto de imperialismo y diferenciara la inserción del istmo centroamericano al mercado mundial en tres grandes etapas: la formal (1821-1851), la real (1851-1881) y la imperialista (1881-1915).[37]

Gil, por su parte, se graduó en 1982 con una tesis de licenciatura en la que estudió cómo se desarrolló históricamente el culto a la Virgen de los Ángeles a partir de categorías teóricas tomadas de Louis Althusser, Lucien Goldman, Maurice Godelier y Antonio Gramsci, entre otros teóricos. El trabajo de Gil supuso el inicio de los estudios acerca de las mentalidades colectivas; a la vez, propuso un programa de investigación en los campos de la cultura, la vida cotidiana y las identidades que sólo empezó a ser ejecutado en la década de 1990. En 1994, Gil se doctoró en Barcelona bajo la dirección de Josep Fontana con una investigación sobre criminalidad y control social.[38]

---

36. Mario Samper, "Evolución de la estructura socio-ocupacional costarricense: labradores, artesanos y jornaleros (1864-1935)" (Tesis de Licenciatura en Historia, Universidad de Costa Rica, 1979); ídem, "Generations of Settlers: A Study of Rural Households and their Markets on the Costa Rican Frontier, 1850-1935" (Ph. D. Dissertation, University of California-Berkeley, 1988).

37. Rodrigo Quesada Monge, "Los estereotipos político-ideológicos del Partido Liberación Nacional" (Tesis de Licenciatura en Historia, Universidad Nacional, 1977); ídem, *Recuerdos del imperio. Los ingleses en América Central (1821-1915)* (Heredia: Editorial Universidad Nacional, 1998).

38. José Daniel Gil Zúñiga, "El culto a la Virgen de los Ángeles 1824-1935. Una aproximación a la mentalidad religiosa" (Tesis de Licenciatura en Historia, Universidad Nacional, 1982); ídem, "Homicidio, asociación y conflicto en la provincia de Heredia: 1885-1915" (Tesis de Doctorado, Universidad Autónoma de Barcelona, 1994).

Capitalismo agrario, marxismo británico y estructuralismo francés

La influencia conjunta de Acuña y Samper llevó a que un grupo de jóvenes historiadores emprendiera, a inicios del decenio de 1980, el estudio de cómo, a partir de la expansión del café en la década de 1830, se desarrolló un tipo particular de capitalismo agrario en el Valle Central, caracterizado por la fuerte presencia de pequeños y medianos productores agrícolas y formas de dominación basadas en el control del crédito, la tecnología (el beneficiado húmedo) y el comercio exterior. En 1986, Acuña e Iván Molina publicaron la primera síntesis marxista de la historia de Costa Rica, centrada en el análisis de la historia del capitalismo.[39]

Puesto que Cardoso y Pérez se habían formado en Francia, la principal influencia en la renovación de la historiografía costarricense procedía de ese país, un condicionamiento que se extendió al marxismo. Pierre Vilar, Georges Duby, Michele Vovelle y, en menor medida, Albert Soboul fueron los historiadores marxistas franceses mejor conocidos por sus contrapartes de Costa Rica. Tal orientación académica fue reforzada porque, entre las décadas de 1970 y 1980, nueve becarios costarricenses se doctoraron en París y en Toulouse,[40] en tanto que Louis Althusser y Nicos Poulantzas, en boga entre los sociólogos, eran también leídos en los cursos de historia de índole teórica-metodológica, impartidos en la Universidad de Costa Rica y en la Universidad Nacional.

Si bien algunos historiadores marxistas costarricenses conocían las obras de Maurice Dobb, Eric J. Hobsbawm y George Rudé, un conocimiento más amplio de la historiografía marxista británica (y en particular de la obra de E. P. Thompson) sólo se generalizó después de 1980, en buena medida gracias a la influencia del historiador alemán Volker Wünderich.[41] En 1984, bajo la dirección de Rodrigo Quesada, un joven investigador de origen chileno, Mario

---

39. Víctor Hugo Acuña Ortega e Iván Molina Jiménez, *El desarrollo económico y social de Costa Rica: de la colonia a la crisis de 1930* (San José: Editorial Alma Máter, 1986).

40. Molina Jiménez, *Revolucionar el pasado*, p. 57.

41. Jacobo Schifter, un historiador y politólogo costarricense no marxista y formado en Estados Unidos, ya conocía la obra de Thompson en 1977, pero no parece haber influido en su difusión. Molina Jiménez, *Revolucionar el pasado*, pp. 59 y 94.

Oliva, elaboró la primera historia social thompsoniana, al examinar las organizaciones artesano-obreras que surgieron en Costa Rica en el período 1880-1914, sus principales luchas y la cultura de esos trabajadores urbanos.[42] Casi simultáneamente, y con un enfoque similar, Acuña empezó a dar a conocer varios estudios sobre el conflicto que, en la primera mitad del siglo XX, enfrentó a los pequeños y medianos caficultores con los beneficiadores de café.[43]

La historia política, que había permanecido esencialmente al margen de la renovación historiográfica, experimentó algunos cambios en la segunda mitad del decenio de 1980, cuando surgió una corriente de estudio del poder basada en los aportes de Gramsci, Althusser y Poulantzas. Los estudios resultantes, principalmente en las áreas de la dinámica electoral, la educación, el ejército, las reformas jurídicas y la formación del Estado, contribuyeron al conocimiento del sistema de dominación prevaleciente en Costa Rica en el período 1821-1948, pero no lograron integrar los avances logrados por la historia económica y social.[44]

El desencuentro entre esas dos tendencias historiográficas marxistas, una de carácter estructuralista y otra que, al estilo de Thompson, enfatizaba la experiencia y la cultura de los sectores populares, era evidente a inicios de la década de 1990. Con la caída del socialismo en Europa oriental, el colapso de la Unión Soviética y la pacificación del istmo centroamericano, la izquierda costarricen-

---

42. Oliva Medina, "El movimiento artesano-obrero urbano costarricense 1880-1914 (Tesis de Licenciatura en Historia, Universidad Nacional, 1984).

43. Víctor Hugo Acuña Ortega, "Clases sociales y conflicto social en la economía cafetalera costarricense: productores contra beneficiadores: 1932-36", *Revista de Historia*, San José, N° Especial, 1985, pp. 181-206; ídem, "Patrones del conflicto social en la economía cafetalera costarricense (1900-1948)", *Revista de Ciencias Sociales*, San José, N° 31, marzo, 1986, pp. 113-122; e ídem, "La ideología de los pequeños y medianos productores cafetaleros costarricenses (1900-1961)", *Revista de Historia*, San José, N° 16, julio-diciembre, 1987, pp. 137-159. La originalidad del tema es visible en su ausencia en el extenso balance de Steven C. Topik, "Coffee Anyone? Recent Research on Latin American Coffee Societies", *Hispanic American Historical Review*, vol. 80, N° 2, mayo, 2000, pp. 225-266. El desconocimiento de Topik de los estudios precedentes es curioso, dado que su artículo enfatizó el caso de Centroamérica.

44. Margarita Silva, "Balance del desarrollo de la historia política en Costa Rica"; y Mario Samper, "Por los caminos del poder: historia política e historia social en Costa Rica (balance preliminar a través de tendencias temáticas en la investigación académica)", *Revista de Historia*, San José, N° Especial, 1996, pp. 159-164 y 171-200.

se, en crisis desde el decenio de 1980,[45] prácticamente desapareció como fuerza electoral. La desradicalización intelectual posterior fue el contexto en que la historiografía de Costa Rica empezó a ser dominada por diversas formas de historia cultural, cuyos principales objetos de estudio han sido las representaciones, los discursos y las identidades. Simultáneamente, nuevas perspectivas teóricas llevaron a la incorporación de problemáticas relacionadas con el género, la etnicidad y las diferencias generacionales.[46] La influencia del marxismo en buena parte de la investigación histórica se mantuvo, pero de manera cada vez más mediada por los desarrollos teóricos y metodológicos experimentados por las ciencias sociales en general.

Alcances, limitaciones, períodos y énfasis temáticos

En un balance de conjunto, se puede afirmar que la década de 1980 fue el momento de mayor influencia del marxismo en la historiografía costarricense. Inicialmente, problemas y conceptos marxistas enriquecieron la investigación de la época colonial (sobre todo del siglo XVIII); sin embargo, rápidamente el énfasis de los estudios se concentró en el período posterior a 1821 y tuvo por eje el desarrollo del capitalismo agrario, asociado con la expansión del café y las organizaciones y luchas de trabajadores urbanos y de pequeños y medianos propietarios rurales. De manera más tardía, hubo un interés por analizar, desde una óptica estructuralista, la problemática del Estado, el poder y la dominación sociopolítica.

Aunque indudablemente el marxismo enriqueció la investigación histórica, los debates teóricos que generó fueron bastante limitados. En el caso de la historia colonial, hubo escasa discusión acerca de cómo definir teóricamente la sociedad de campesinos libres sometidos al capital comercial que se configuró en el Valle Central;[47] en cuanto a los siglos XIX y XX, sí hubo alguna polémica sobre el período a partir del cual podía afirmarse que ya el capitalismo existía en Costa Rica. Así, mientras Acuña, Samper y Molina

---

45. Roberto Salom, *La crisis de la izquierda en Costa Rica* (San José: Editorial Porvenir, 1987).

46. Molina Jiménez, Enríquez Solano y Cerdas Albertazzi, *Entre dos siglos*.

47. Iván Molina Jiménez, "El Valle Central de Costa Rica a fines de la colonia y la búsqueda de una definición teórica", *Nuevo Humanismo*, Heredia, N° 8, 1986, pp. 101-112.

plantearon que una agricultura capitalista había empezado a tomar forma a partir de la década de 1830, otros autores como Quesada ubicaron ese proceso luego de 1870, y algunos sociólogos después de 1950, en el marco de las políticas modernizadoras impulsadas por el Partido Liberación Nacional.[48]

También hubo algún debate acerca de la pertinencia de utilizar el concepto de clase para aplicarlo a las diversas categorías de artesanos y obreros urbanos,[49] y cierta discusión en torno a las proporciones en que el consenso y la coerción pesaban en el sistema de dominación. Esto último estaba estrechamente relacionado con el interés por comprender la índole y dinámica de la democracia costarricense. Las investigaciones en el campo de la historia del poder, sin embargo, no lograron abordar apropiadamente la problemática indicada, en buena medida porque, al no incorporar las diversas formas en que los sectores populares resistieron y desafiaron la hegemonía, tendieron a descartar o subestimar el papel histórico de estos últimos.[50]

El hecho de que buena parte de los debates abiertos por la historiografía marxista fueran de corta duración y no alcanzaran mayor profundidad analítica obedeció, en mucho, a la pequeñez del gremio historiográfico costarricense, a la tendencia de algunos de sus integrantes a cambiar de objeto de estudio según las corrientes académicas del momento, y a la deserciones teóricas e ideológicas relacionadas con la crisis de la izquierda en lo interno y lo externo. Igualmente importante fue que, con pocas excepciones, la renovación de los estudios del pasado no supuso la incorporación de una adecuada perspectiva comparativa, por lo que, antes del decenio de 1990, la investigación histórica se caracterizó por un escaso interés por considerar la experiencia de Costa Rica en un contexto más amplio.

48. Ronny Viales Hurtado, "La historia económica costarricense: principales tendencias y resultados en la transición entre dos siglos, 1992-2002. Bases para un relanzamiento", en Molina Jiménez, Enríquez Solano y Cerdas Albertazzi, *Entre dos siglos*, pp. 101-103.

49. Hernández, "Fases y tendencias", pp. 115-128.

50. Steven Palmer, "Un paso adelante, dos atrás: una crítica de *Consenso y represión* de Astrid Fischel", *Revista de Historia*, San José, Nº 18, julio-diciembre, 1988, pp. 227-242.

Conclusión

Durante la mayor parte del siglo XX, historiografía y marxismo permanecieron como mundos aparte en Costa Rica. Las factores principales que produjeron tal fenómeno fueron, por un lado, el largo predominio de una concepción del pasado centrada en lo político, lo militar y lo diplomático, cuyo eje eran narrativas descriptivas que priorizaban lo episódico y la influencia de los grandes hombres; y por otro lado, el tardío desarrollo de corrientes marxistas académicas. Después de 1960, estas últimas empezaron a incidir en la investigación histórica, un proceso que sería reforzado por la llegada al país de Ciro Cardoso y Héctor Pérez.

Indudablemente el marxismo contribuyó, de manera decisiva, a la renovación de los estudios históricos en Costa Rica y, por un breve momento (finales de la década de 1970 y todo el decenio de 1980), en el país se configuró una historiografía marxista. Tal corriente, que rápidamente pasó de lo económico a lo social, lo cultural y lo político, se dividió en dos vertientes, una estructuralista y otra afín a la línea de los historiadores marxistas británicos. Luego de 1990, sería más apropiado señalar que buena parte de los historiadores costarricenses están–en grados variables–influidos por el marxismo, que plantear la existencia de corrientes marxistas de investigación histórica.

La gran contribución del marxismo a la historiografía de Costa Rica fue aportarle algunas problemáticas básicas en torno al origen del capitalismo agrario y las especificidades de un sistema de dominación que no excluía la democracia electoral ni el desarrollo social y cultural. Pese a que las polémicas respectivas dejaron más preguntas que respuestas y en algunos casos no alcanzaron la profundidad deseada, legaron un amplio y enriquecedor repertorio de temas de investigación. Actualmente, en buena parte de los más sofisticados trabajos producidos por los historiadores costarricenses son reconocibles las huellas de esos debates, hoy cada vez más lejanos.

MARXISM AND THE REVISION OF ARGENTINE HISTORY IN THE 1960S

Michael Goebel[1]

Harvard University / Freie Universität Berlin

Introduction

It is a commonly held opinion that whereas in Europe the Left has refrained from embracing the pursuit of a grand "national" destiny among its principal objectives, the opposite is true for most of the developing world. This also goes for Latin America. As Jorge Castañeda has argued in his widely read book about the Latin American Left, south of the Río Grande the overwhelming hegemony of the northern neighbor encouraged the Left to adopt a nationalist stance, aimed at generating a national consciousness that would lead to liberation from the imperialist yoke. According to Castañeda, the Left "has first normatively identified the 'people' and the 'nation'. [...] It has then bemoaned the fact that the 'nation' has not belonged to the people."[2] Whilst, arguably, such a trend can be most easily diagnosed in Central America and the Caribbean–

1. I would like to thank Eduardo Hourcade for his comments on my paper "Clase y nación en las narrativas históricas del nacional-populismo, 1955-1973," delivered at the III Jornadas Nacionales Espacio, Memoria e Identidad at the Universidad Nacional de Rosario, 22-24 September, 2004, on which this article is based, and the anonymous reviewers of EIAL.

2. Jorge Castañeda, *Utopia Unarmed: the Latin American Left after the Cold War* (New York: Vintage Books, 1994), p. 273.

that is in areas where US hegemony was most tangible–it was force-fully present in Argentina, too. Especially in the wake of the Cuban Revolution, many Argentine left-wing intellectuals espoused anti-imperialism and national liberation as principal tenets and por-trayed Argentina as yet another oppressed semi-colonial nation; a state of affairs which in their view should be overcome by Latin American and wider Third World solidarity.

At first glance, the Argentine version of what Alain Touraine has called the "national-revolutionary myth," according to which "class and nation [...] appeared as nothing but the two faces of the same protagonist of the struggles for national liberation," differed hardly from its counterparts in other Latin American countries.[3] Argentine left-wing nationalists, as their counterparts elsewhere, stressed anti-imperialism and a distinctive Latin American iden-tity, dovetailing with some of the premises of dependency theory. Many of the preferred readings of the Latin American Left of the 1960s, such as Frantz Fanon, had currency in Argentina, too. On the surface, Argentine left-wing nationalism thus differed less from other contemporary examples than one might expect, bearing in mind that the country's political situation was far from analogous to Cuba's or Algeria's.

However, the discourse of what has been called Argentina's "new intellectual Left" also had its own distinctive traits.[4] The Ar-gentine nationalist Left, when it came to assert its claim to represent the authentic values and goals of the nation, found itself confronted with the dubious legacy of a strand of nationalism that had emerged during the crisis of liberalism of the 1930s, which praised authori-tarian and hierarchical qualities. This was not an exclusively Ar-gentine problem either (Brazil would be a parallel),[5] but here it was

3. Alain Touraine, *La parole et le sang: politique et société en Amérique latine* (Paris: Odile Jacob, 1988), p. 141. Unless otherwise indicated, all translations are mine.

4. Oscar Terán, *Nuestros años sesentas: la formación de la nueva izquierda in-telectual en la Argentina 1956-1966*, 3rd ed. (Buenos Aires: El Cielo por Asalto, 1993).

5. On Brazilian intellectuals in the 1930s, see Daniel Pécaut, *Entre le peuple et la nation: les intellectuels et la politique au Brésil* (Paris: Maison des Sciences de l'Homme, 1989), pp. 9-82. Even in Cuba, a seemingly clear-cut case of left-wing nationalism, there had been strongly authoritarian variants at an earlier stage. See Jules R. Benjamin, "The Machadato and Cuban nationalism, 1928-1932," *Hispan-ic American Historical Review*, vol. 55, N°. 1, 1975, pp. 66-91.

perhaps more accentuated than elsewhere. In other respects, the Argentine case differed, too. Firstly–and here the contrast to Brazil is striking–, Argentine intellectuals maintained a more tensional relationship with political power and were less integrated into the state's cultural and political institutions, both in the thirties and, with the short-lived exception of the beginning of Arturo Frondizi's presidency (1958-62), in the period after 1955.[6] As Silvia Sigal has convincingly argued, this led to a peculiar situation in which intellectuals were in search of political legitimacy and which left them in a state of "availability" in relation to social and political actors.[7] This tendency, in turn, lent an enormous weight to the contemporary political situation, which equally suffered from a profound crisis of legitimacy after Juan Perón had been ousted in a military coup and his movement prohibited in 1955. Secondly, therefore, as one might expect, the debates of the Argentine nationalist Left in the 1960s revolved incessantly around the phenomenon of Peronism, in relation to which virtually all intellectuals felt urged to position themselves.[8] This problem only grew over time, as it became increasingly evident that neither military (1955-58 and 1966-73) nor civilian governments (1958-62 and 1963-66) succeeded in their aim to eradicate the working class' adherence to the deposed leader. Ultimately–and at least in part as a result of this crisis of legitimacy–political and intellectual debates had a strong inclination to recur to history as a provider for the justification of contemporary political goals.

    This essay analyzes the careers and the discourse of a number of intellectuals, in whose writings these problems converged into a left-wing nationalist and pro-Peronist stance after 1955. The authors in question were typical of the aforementioned characteristics of Argentina's New Left. In the entire period between 1955 and 1973 they largely remained outside the state's cultural and political institutions. They participated in debates about Peronism and con-

6. The contrast with Brazil, in this regard, is stronger than with most Spanish American countries: see Nicola Miller, *In the Shadow of the State: Intellectuals and the Quest for National Identity in Spanish America* (London: Verso, 1999), esp. pp. 245-259.

7. Silvia Sigal, *Intelectuales y poder en Argentina: la década del sesenta* (Buenos Aires: Siglo Veintiuno Editores, 2002).

8. Such is one of the principal arguments of Federico Neiburg, *Os intelectuais e a invenção do peronismo: estudos da antropologia social e cultural* (São Paulo: Editora da USP, 1997).

sidered the fact that this movement was not disappearing after the removal of its leader from power as proof of Peronism's anchoring in national traditions. They consequently bemoaned what they saw as the inability of the traditional Left–specifically the Communist and Socialist Parties, which had seen Peronism as merely a derivative of European fascism–to come to grips with these traditions. Marxist writers, such as Rodolfo Puiggrós or Jorge Abelardo Ramos, reacted to this with rapprochement towards Peronism, so that their spheres of political sociability became virtually indistinguishable from that of left-wing Peronists. Moreover, they wrote historical essays and books, even though none of them was a professional historian (they mostly pursued a career of political activism). Their essayism about Argentina's social and political life was characteristically molded into a global version of the country's history, which stressed purportedly authentic national values, embodied in nineteenth-century caudillos.

In this, they drew on the legacy of historical revisionism, an anti-liberal and nationalist historiographical current that had emerged in the 1930s. There were, to be sure, differences between the erstwhile authoritarian variants of this historiography and the Marxist and populist neo-revisionists who are the protagonists of this article. Especially through their main institution–the Instituto de Investigaciones Históricas "Juan Manuel de Rosas" (hereafter Instituto Rosas)–the right-wing nationalists of the 1930s had concentrated on the glorification of the Hispanic, Catholic and authoritarian traits of the nineteenth-century caudillo Rosas, who was supposed to replace those who were seen as the "cosmopolitan" and "liberal" figures in Argentina's national pantheon (such as Bernardino Rivadavia, Domingo Faustino Sarmiento or Bartolomé Mitre). In contrast, under the increasing influence of Marxist nationalism in the sixties, the preferentially extolled figures of historical revisionism encompassed a wider spectrum, with a particular insistence on the caudillos from the interior, who were seen as more popular and less oligarchic than Rosas. There were also convergences, however. With regard to their general ideological outlook, both the rightist variants of nationalism of the 1930s and the post-1955 Marxists and populists were fervent anti-liberals. Furthermore, as I will try to show by focusing on the neo-revisionism of the 1960s, the left-wing nationalist intellectuals particularly echoed the beliefs of their reactionary forerunners in the notion that liberalism had willfully falsified predominant understandings of Argentina's past and this had to be rectified through the implementation of the version of anti-liberal revisionism, which supposedly uncovered the "authentic" values of the nation.

The neo-revisionism of Marxist and populist nationalist authors not only dovetailed with the predominant climate of political culture in the 1960s, but by the end of that decade, the sales successes of their books had in fact contributed a great deal to their version becoming something like common sense among Argentines. It gained particular currency among the so-called revolutionary tendency of Peronism, as the very name of the guerrilla group Montoneros indicates.[9] Given these wide repercussions, it is striking that, although a number of scholarly works have been published on historical revisionism as a whole, the literature on this neo-revisionism—be it Marxist or populist—is still scarce.[10] Although this article cannot fill this gap satisfactorily, it aims at clarifying a number of aspects that can help an overall understanding of the discursive negotiations of varying strands of nationalism that were played out in the terrain of history. The principal sources on which this article relies for this purpose are the books and essays of the authors in question, but occasionally these will be complemented by information from periodicals that were usually tied to political groups that

9. The armed hordes of followers of the nineteenth-century federal caudillos were called montoneras. The first public statement of the Montoneros in 1970 clearly showed the group's appropriation of revisionism in order to justify their violence. See "Hablan los Montoneros," *Cristianismo y Revolución*, N° 26, November/December 1970, pp. 11-14.

10. Generally on revisionism see Tulio Halperín Donghi, *El revisionismo histórico argentino* (Buenos Aires and Mexico City: Siglo Veintiuno, 1971); Diana Quattrocchi-Woisson, *Un nationalisme de déracinés: l'Argentine, pays malade de sa mémoire* (Paris and Toulouse: CNRS, 1992); Alejandro Cattaruzza, "El revisionismo: itinerarios de cuatro décadas," in Alejandro Cattaruzza and Alejandro Eujanian, *Políticas de la historia: Argentina 1860-1960* (Buenos Aires: Alianza, 2003), pp. 143-182; the special section devoted to revisionism in *Prohistoria*, N° 8, 2004, pp. 165-265; and the corresponding articles in Fernando J. Devoto and Nora Pagano, eds., *La historiografía académica y la historiografía militante en Argentina y Uruguay* (Buenos Aires: Biblos, 2004). Both Terán, Nuestros años sesentas, and Sigal, Intelectuales y poder, contain valuable remarks, too, but their books are only tangentially devoted to revisionism. The same is true for Maristella Svampa, *El dilema argentino: civilización o barbarie, de Sarmiento al revisionismo peronista* (Buenos Aires: El Cielo por Asalto, 1994), whose sections on revisionism (pp. 269-281) deal with the subject from the perspective of text analysis.

supported Peronism. The article will, firstly, outline the ideological trajectories and the social background of the most prominent left-wing nationalist and populist intellectuals of the 1960s; secondly, identify the notions which justified the frequent recurrence to history; thirdly, delineate the central tenets of left-wing nationalist discourse with regard to history; and ultimately, assess the implications of historiographical disputes that emerged from the intersection with the older markedly authoritarian versions of historiographical nationalism.

The Heterogeneous Backgrounds of National-Populist Intellectuals

A positive appraisal of Peronism among the Argentine Left was not entirely new by 1955. From the very moment of Perón's ascent to power, there had been groups that did not agree with the Communist and Socialist Parties' branding of Peronism as fascism. Throughout the decade of Perón's government, this had led to the emergence of two principal dissident nuclei that broke away from the traditional Left in order to adopt a more populist stance.[11] The first group, guided by Rodolfo Puiggrós, sprang from a communist cell of railway workers in the Federal Capital, which split from the Communist Party in 1948/49 to form the Movimiento Obrero Comunista (MOC). As Puiggrós laid out in the group's organ Clase Obrera, "the Codovilla tendency, of which we were a part, stands in open contradiction to the historical development which leads the Argentine people towards their liberation." In contrast, the MOC portrayed itself as "a child of 17 October 1945,"[12] which also implied an increasing appropriation of the traditionalist traits of Peronism and its emphasis on the essential values of the nation and the relationship between an unequivocal leader and the masses. In the

11. Carlos Altamirano, *Peronismo y cultura de izquierda* (Buenos Aires: Temas Grupo Editorial, 2001), pp. 13-25, provides a general overview of these divisions before 1955. See also Aníbal Jáuregui's essay in this volume.

12. *Clase Obrera*, N° 50, April 1950, pp. 3-4. Vittorio Codovilla was a leader of the Argentine Communist Party. On 17 October 1945, a large demonstration in Buenos Aires' central Plaza de Mayo had demanded Perón's release from prison. The Peronist regime subsequently ritualized 17 October as "Loyalty Day" in yearly commemorations, so that it became closely associated with the Peronist liturgy.

eyes of the MOC-ideologues, these traits had to be incorporated as part and parcel of a movement which could eventually lead to an emancipatory national revolution and which therefore deserved to be included in a united anti-imperialist front. The second important nucleus from which Marxist populists emerged was the Partido Socialista de la Revolución Nacional (PSRN), a faction that had broken with the Socialist Party in 1953. Not too dissimilar from the position of the MOC, in December 1955, Esteban Rey maintained in the PSRN-organ *Lucha Obrera* that the last "ten years of tough national struggle waged by the working class and popular movement, which originates on 17 October 1945," could be the prologue of an anti-imperialist coalition.[13] Intellectuals of the MOC and the PSRN later formed the core of what came to be called the izquierda nacional.

The prolonged crisis of political legitimacy that was inaugurated by the coup of 1955 provided the necessary stimulus to agglomerate various left-wing tendencies under the anti-liberal signs of a more vigorous stress of nationalist traditions. In 1957, in the first issue of a fortnightly journal which bore the telling title *Columnas del Nacionalismo Marxista de Liberación Nacional*, the Catholic Nationalist Fermín Chávez clarified his consent to contribute to a periodical that was explicitly Marxist:

> Five or six years ago, [...] it would have been easy to deny them [the Marxists] any kind of collaboration [...]. Today, in turn, this dialogue has become possible, more than anything due to the events which have occurred in Argentina in the last two years.

Chávez went on to remark that the principal impact of these events meant that, rather than there being a dialogue that implied the modification of Nationalist positions, it had been Marxists who had opened themselves to "national reality."[14] Thereby he alluded to the trajectory upon which some Marxist thinkers had embarked a few years earlier—among them Eduardo Astesano, an important MOC-figure from the province of Santa Fe and now director of the Columnas. In a vein that equally emphasized the development from Marxism towards a nationalist position, Astesano retrospectively summed up this development in 1972 by commentating on his own

---

13. *Lucha Obrera*, N° 5, 22 December 1955.

14. *Columnas del Nacionalismo Marxista de Liberación Nacional*, N° 1, 14 July 1957, pp. 1-3.

bibliography. There, he qualified the book with which he had initiated his historiographical career in 1941, Contenido social de la
Revolución de Mayo, as a "class-based analysis." In 1949, he had
finished what he now considered a "first approach to economic nationalism," finally arriving at the "synthesis of the national vision
of the process," which he attributed to his 1967-book, *La lucha de
clases en la historia argentina*.[15] This movement from Marxism to
an embracement of nationalist ideas as well as Peronism was followed by several intellectuals. Two more examples that could be
mentioned were Rodolfo Ortega Peña (still a member of the Communist Party in 1955), and Eduardo Duhalde, two lawyers who had
only recently left the Faculty of Law of the Universidad de Buenos
Aires and in the early 1960s began work as legal advisers for the
Peronist union of metalworkers (UOM).

There was, however, no single linear tendency from Marxism to nationalism and the reshuffling of the political and cultural
fields after 1955 in fact entailed a more complex intermingling of
different political traditions. The ensemble of revisionist writers
after 1955 was highly heterogeneous in terms of their ideological backgrounds. There were other Marxists, such as Juan José
Hernández Arregui and John William Cooke, but, in contrast to Ramos and Puiggrós, they originally came from a populist background
and had already defined themselves as Peronists and nationalists
before 1955. Cooke, whose trajectory had also been linked to the
anti-imperialist currents of Radicalism, had been a Peronist congressman between 1946 and 1955, although he only gained political
significance when Perón appointed him as his personal delegate to
Argentina during the "Peronist resistance" of 1955-58. Subsequently, Cooke's blending of nationalism and Marxism began to form the
reading matter of the subsequent generation of the radicalized left-
wing Peronist Youth (JP) and the guerrilla group Montoneros.[16] On

15. Eduardo B. Astesano, *Nacionalismo histórico o materialismo histórico* (Buenos Aires: Pleamar, 1972), pp. 207-208.

16. The literature on Cooke is quite abundant. See especially Miguel Mazzeo,
ed., *Cooke, de vuelta: el gran descartado de la historia argentina* (Buenos Aires: La Rosa Blindada, 2000), but also Norberto Galasso, *Cooke: de Perón al Che,
una biografía política* (Buenos Aires: Homo Sapiens, 1997) and Ernesto Goldar,
John *William Cooke y el peronismo revolucionario* (Buenos Aires: CEAL, 1985).
A good impression of him as an underground politician can be gained from his
correspondence with Perón in the years 1955-57, when Cooke organized the so-
called "Peronist resistance" [in *Juan Domingo Perón and John William Cooke*,

the other hand, there were also non-Marxists in this wider left-wing populist current, especially several former members of FORJA, an anti-imperialist group that had broken away from the Radical Party in 1935. The best-known among them was the prolific essayist Arturo Jauretche, who, similarly to Cooke and Hernández Arregui, did not significantly modify his ideological stance after 1955. Ultimately, the prolific revisionist historian José María Rosa can also be counted to this group, but although in the 1960s he declared his support for the Cuban Revolution, he originally came from the authoritarian extreme Right.

Leaving aside ideological questions, it is equally difficult to find distinctive common traits in other aspects of the biographical backgrounds of these writers. In contrast to other intellectuals of the new Left, such as the contributors to the journal Contorno, who can be called a "generation,"[17] the national-populist writers did not belong to a particular age group. Although many of the aforementioned were born between 1910 and 1930, Jauretche (born in 1901), Rosa and Puiggrós (both born in 1906) were older, whereas Duhalde was born only in 1941. Geographically, they came from different parts of the country, both rural and urban areas. Although their activities in the sixties were usually based in the Federal Capital, there was no over-representation of people who had been born there, in contrast to the majority of Argentine intellectuals at the time. Nor were their socio-economic backgrounds similar in any significant way. Whilst Hernández Arregui came from a lower middle-class background of the province of Buenos Aires, others had quite affluent and even politically influential parents. Both Cooke and Rosa came from upper-class families and their fathers had been ministers at some point under the military governments between 1943 and 1946, whilst Jauretche came from an upper middle-class family and had studied at the prestigious Colegio Nacional de Buenos Aires.[18] Ultimately, the fact that many had received an education in

---

Correspondencia (Buenos Aires: Gránica, 1973), 2 vols.] and, for his ideas, from his widely read *Apuntes para la militancia: peronismo crítico* (Buenos Aires: Schapire, 1973).

17. See Altamirano, *Peronismo y cultura de izquierda*, pp. 56-61.

18. On Jauretche see Norberto Galasso, *Jauretche: biografía de un argentino* (Buenos Aires: Homo Sapiens, 1997). Regarding Cooke's and Rosa's fathers, it should be added that their political orientations clearly differed, as did their respective sons': Juan Isaac Cooke, a former Radical congressman who was ap-

law is less a sign of the homogeneity of their backgrounds than an indication that this career was still very common among Argentine intellectuals in general at that time.

Neither their ideological nor their social origins constitute a coherent predisposition for them developing neo-revisionist ideas in matters of history. Rather, it was the political situation after the coup of 1955 that drew this heterogeneous group of writers together in opposition to the anti-Peronist military regime of 1955-58. In some cases, the effect of the regime change on them was quite immediate. Cooke, for example, who in this period was known as a Peronist agitator rather than as an intellectual, was sought by the military authorities for his political activities. He sought refuge in Rosa's house, where both were arrested in October 1955. Whilst Cooke was brought to a prison in Río Gallegos, from which he spectacularly escaped to Chile, Rosa was released after questioning, apparently about his historiographical activities as a revisionist.[19] Furthermore, Rosa lost his university lectureship in 1955, as did Hernández Arregui and Cooke, in the course of the modernization and de-Peronization of universities that ushered in after the coup. As a result, none of the mentioned revisionist writers held a post of any significance at a public university between 1955 and 1973 and most of them consequently went on to work independently as authors of books, journalists and advisers or inspirers of certain political groups—usually in the wide orbit of Peronism. Despite the sales successes of their written products,[20] they thus remained outside or at best at the fringes of the state's cultural apparatus, which they attacked in symbolically violent anti-intellectualist diatribes as the bastion of the "official" intelligentsia. All of them pursued their own search for legitimacy through largely political arguments,

---

pointed minister of foreign affairs in august, 1945, had always disliked fascism, whilst José María Rosa (senior), who was appointed finance minister in 1943, was a fervent sympathizer. See Alain Rouquié, *Pouvoir militaire et société politique en Argentine* (Paris: Fondation Nationale des Sciences Politiques and CNRS, 1978), pp. 369 (Cooke), 170 and 321 (Rosa).

19. See the *Revista del Instituto de Investigaciones Históricas Juan Manuel de Rosas*, Nº 17, 1958, p. 108 and Pablo José Hernández, *Conversaciones con José María Rosa* (Buenos Aires: Colihue, 1978), pp. 130-131.

20. Jauretche's book *El medio pelo en la sociedad argentina: apuntes para una sociología nacional*, which was first published in 1966, was one of the biggest sales successes of the sixties. See the bestseller lists in *Primera Plana*, between Nº 204, 22 November 1966, and Nº 249, 3 October 1967.

which they bolstered by historical references that extolled the tradition that they identified as the precursor of the political position which they supported. The cumulative effect of this marginalization was that they gained public notoriety as oppositional essayists and contributed to revisionism gaining currency among the New Left. In this sense, as Silvia Sigal has argued, the importance of history in the writings of national-populist intellectuals was connected to the fragility of the cultural field,[21] rather than to common ideological backgrounds.

The Notion of an Oligarchic Deformation of National Values

It has been argued that there had been a left-leaning and populist current of historical revisionism much before 1955.[22] There are examples to support this argument, such as Cooke's vice-presidency in the Instituto Rosas in 1954-55 and some of the populist intellectuals close to FORJA, most notably Raúl Scalabrini Ortiz, who also wrote revisionist essays. However, it is not so clear whether this was a broader current or a number of individual examples. Cooke's role in the Instituto Rosas had been rather marginal and he had never succeeded in persuading the Peronist regime to fully adopt revisionist motifs in its propagandistic efforts or its educational policy. The other main inspirer of FORJA, Jauretche, had shown little interest in history before 1955. Therefore, although there were antecedents, both the Peronist appropriation and the Marxist reformulation of historical revisionism fully developed only in the wake of Perón's overthrow. Populist revisionism, if understood as a widely influential array of many writers, came full circle only after 1955. Besides the marginalization of its proponents mentioned above, the immediate political situation of these years was decisive in two other ways: firstly, the anti-populist and unpopular military regime of Pedro Eugenio Aramburu relentlessly sought to stigmatize Peronism as a recurrence of caudillismo, in particular of Rosas' "tyranny," which led the Peronist underground to accept this analogy, defiantly inverting its originally pejorative valorization. Secondly, the futility of the governmental policy of "de-Peronization" and the

21. Sigal, *Intelectuales y poder*, p. 175.
22. Quattrocchi-Woisson, *Un nationalisme*.

working class' continuing adherence to the exiled leader now appeared to confirm that the conceptions of the traditional Left were entirely mistaken, as they continued to fail to appeal to the masses.

This second perception was especially important for erstwhile Marxists, as can be seen in the trajectory of Puiggrós, Astesano or Ramos. They argued that the traditional Left misread Peronism, because it was anchored in the liberal tradition, generally understood as diametrically opposed to revisionism. This conviction of the izquierda nacional was repeatedly nurtured by the statements of the leading figures of orthodox Socialism. For example, the leader of the Socialist Party, Américo Ghioldi, asserted in 1956 that Peronism consisted of "historical denigration," since Perón had slandered the "builders of nationality," whilst glorifying "the tyranny of Rosas."[23] Although Ghioldi did not single out whom he meant by "builders of nationality," the pantheon of heroes habitually evoked by the leaders of the Socialist Party, such as Echeverría, Rivadavia or Sarmiento, was so unequivocal that he hardly needed to specify his statement. These figures were precisely those incessantly vilified by revisionists (although Echeverría generally attracted less attention). That the congress of the Socialist Party adopted a declaration against historical revisionism in 1956 seemed to further confirm the party's grounding in liberal traditions.[24] Although it was more difficult to accuse the Communist Party of liberalism, in matters of history, the writings of who was something like the party's official historian, Leonardo Paso, also maintained a neat separation from nationalist traditions.[25]

The point that the new revisionists picked up from their authoritarian forerunners was the notion that liberalism had caused the obfuscation of the authentic and profound essences of national

23. Américo Ghioldi, *De la tiranía a la democracia social* (Buenos Aires: Gure, 1956), pp. 91-96.

24. Daniel Omar De Lucía, "Liberalismo e izquierda: una relación poco estudiada," Paper presented at the Primeras Jornadas de Historia de las Izquierdas, Buenos Aires, 8-9, December 2000 (Centro de Documentación e Investigación de la Cultura de Izquierdas en la Argentina), p. 3. There was little to support Ghioldi's judgment. As stated above, Peronist cultural policy and propaganda essentially followed a similar line of historical interpretation as its predecessors.

25. See for example Leonardo Paso et. al., *Corrientes historiográficas* (Buenos Aires: Centro de Estudios Marxistas, 1974), esp. pp. 47-63, and Leonardo Paso, *Los caudillos y la organización nacional* (Buenos Aires: Sílaba, 1965).

identity. There was general agreement on this point between both the right-wing nationalists of the 1930s and the post-1955 populists. Both claimed to rescue from oblivion a real or authentic Argentina, which had remained invisible under the surface of general perception. Although what the Catholic hispanista Ernesto Palacio had simply called "the falsified history" in 1939 was perhaps not exactly the same as what Jauretche later labeled "the pedagogic colonization," both concepts were based on the belief that there had been a systematic distortion, which had led to an "official history" and which was the result of liberalism.[26] In both cases the distortion was attributed to the politics of a local oligarchy and an intelligentsia that supposedly were embedded in ideals alien to Argentina's national reality, a leitmotiv incessantly reiterated by the populist intellectuals of the sixties. To counter this perilous deviation, they argued, it was necessary to return to the "authentic nation," as Jauretche demanded in an essay published in 1959, which explicitly linked the necessity of historical revision to the exigencies of the national-populist movement.[27]

The concept of an official history, allegedly distorted by the "official" intelligentsia, which in the 1930s had originally taken the shape of an anti-intellectual resentment by Nationalist intellectuals who had seen their political ambitions thwarted, was now reformulated according to Marxist categories. Its impact can be seen by the fact that even a non-Marxist author like Jauretche employed Marxist terminology in this point. He explained that his notion of "pedagogic colonization" should be understood as a "cultural superstructure," a concept that he had learned from Ramos.[28] Precise definitions were not seen as very important, so that the concept of superstructure was not easy to distinguish from the notions of false consciousness, alienation or that Marxist understanding of ideology which Raymond Williams has defined as the idea of "a system

---

26. Both expressions were book titles: Ernesto Palacio, *La historia falsificada* (Buenos Aires: Difusión, 1939); Arturo Jauretche, *Los profetas del odio y la yapa: la colonización pedagógica*, 6th ed. (Buenos Aires: A. Peña Lillo, 1973).

27. Jauretche, *Política nacional y revisionismo histórico* (Buenos Aires: A. Peña Lillo, 1959), p. 51.

28. Jauretche, "Don Juan Manuel y el revisionismo tímido," in Federico Barbará et. al., eds., *Con Rosas o contra Rosas: 32 escritores e historiadores emiten su opinión sobre D. Juan Manuel de Rosas* (Buenos Aires: Freeland, 1968), pp. 15-32, 17.

of illusory beliefs."[29] In Imperialismo y cultura, perhaps the best Marxist example of an attack against a supposedly official ideology, Hernández Arregui avowed that "the point of departure is the consideration of cultural activity as ideology." From there,

> the aim is to prove how this generation [from the 1930 military coup onwards] was the instrument of imperialism, which used it to reinforce a false consciousness of the nation's own essence and to disarm the defensive spiritual forces that struggle for national liberation [...].[30]

In his eyes, the dominant ideology responded directly to the semi-colonial circumstances of Argentina or, in other words, to imperialism. Hernández Arregui thus affirmed that

> the imperialist offensive goes hand in hand with ideological invasion. The entire public opinion of the country is infected to the core by this publicity that dissolves the national consciousness of a people. Institutions do not escape this propaganda. I am referring here to imperialist infiltration of the trade unions, the armed forces and universities.[31]

According to this view, imperialist penetration–which ran parallel to the promotion of dominant ideas and was therefore inseparable from the corruption of national consciousness–could be felt in practically all domains of public life, no distinction being made between the holders of cultural and economic capital.

On more detailed questions, for example whether foreign domination was the result of a conscious operation by identifiable protagonists or rather of a general system which historical figures had only reproduced, opinions could vary considerably, sometimes

29. Raymond Williams, *Marxism and literature* (Oxford: Oxford University Press, 1977), p. 55. This concept of ideology coexisted relatively peacefully with other uses. Tulio Halperín Donghi, *Ensayos de historiografía* (Buenos Aires: El Cielo por Asalto, 1996), p. 111, has observed that many revisionists of the thirties saw democracy as an ideology or a false consciousness. It must be added that this was different in the writings of the izquierda nacional. Puiggrós' criticism of "constitutional fetishism," for example [Rodolfo Puiggrós, *Las izquierdas y el problema nacional*, 2nd ed. (Buenos Aires: Cepe, 1973), p. 15], does not amount to an antidemocratic stance.

30. Juan José Hernández Arregui, *Imperialismo y cultura*, 2nd ed. (Buenos Aires: Hachea, 1964), p. 15.

31. Hernández Arregui, *Peronismo y socialismo* (Buenos Aires: Hachea, 1972), p. 66.

even within the writings of one and the same author. Such variations were expressed through different styles and methodologies, ranging from the Rankean optimism of José María Rosa–convinced that the accumulation of documents sufficed to demonstrate what his protagonists had actually been like–to the economist rigidity of Puiggrós, who tried to persuade without too much documentary ballast, but instead on the basis of his more thorough formation in Marxism. As a general tendency, domestic structural factors received little attention in order to account for what was seen as the ideological penetration of imperialism and the distortion of history. When domestic factors were mentioned, they often took the form of laments that Argentine society lacked sufficient rooting in tradition. In the eyes of Ramos, the absence of grandparents among immigrants

> [...] makes it completely impossible for the generations after 1880 to perceive the fundamental course of the Argentine historical process, given that the offspring of these successive streams of immigrants, who lacked an oral tradition, could understand history only through the textbooks written by the oligarchy. These superstructural elements have huge importance in twentieth-century Argentine politics and in the historical imposture that still rules.[32]

In general, however, analysis of the constellations that had facilitated or fostered imperialist interference amounted to the mere affirmation that there existed abominable pockets of "fatherland-sellers" (vendepatria).

Some authors, notably Hernández Arregui, openly underscored the Hispanic roots of Argentina in opposition to the loss of tradition. In his view, one fundamental problem of the Argentine crisis resided in the economic and political replacement of Spain by Britain as a principal point of reference for the ruling class. After assuring the reader of the far-reaching Hispanic influences in Shakespeare–designed to implicitly prove the cultural superiority of Spain over Britain–, Hernández Arregui observed that the masses "remained Hispanic, affiliated to the past."[33] Hernández Arregui's notion of hispanidad as being constitutive of Argentine

---

32. Jorge Abelardo Ramos, *Revolución y contrarrevolución en la Argentina*, 3rd ed., 2 vols. (Buenos Aires: Plus Ultra, 1965), vol. 2, p. 166.

33. Hernández Arregui, *¿Qué es el ser nacional? La conciencia histórica hispanoamericana* (Buenos Aires: Hachea, 1963), p. 29.

national identity was not only compatible with the repertoire of some reactionary thinkers of nacionalismo and revisionists of the thirties, such as Carlos Ibarguren, Manuel Gálvez or Ernesto Palacio.[34] Behind such passages also lurked a similar kind of cultural conservatism, which suspected modernization of inducing societal degeneration. Furthermore, this moralistic aversion towards the latest cultural trends from overseas was also widespread among the left-wing Peronist Youth (JP). Just as Trinchera defined "the Peronist lifestyle" in opposition to consuming alcohol and visiting brothels, the scenes that Octavio Getino and Fernando Solanas' 1968 film *La hora de los hornos* showed from the arts branch of the Instituto Di Tella—at the time the cutting edge of artistic innovation, known as the *manzana loca* (the crazy block)—pictured its students as the quintessence of frivolity, emulation of North American chic and indifference towards the misery of the mass of the people.[35] For Hernández Arregui, too, the Instituto di Tella was "modern art without national roots and an empty imitation [...] of foreign fashion."[36]

In sum, the reason for the distortion of Argentine reality and history was seen in a circular relationship between imperialism, oligarchy and domestic culturally privileged groups. Puiggrós determined that

> [t]he ideological infection introduced through imperialist propaganda provokes, in the colonial mentality of the liberal intellectuals and politicians, [...] a deformed vision of social reality [...].

According to him, since the oligarchy controlled the means of communication, it was only logical that "the conquest of power cannot be learned in books."[37] In the eyes of the izquierda nacional, there was an inevitable link between the control of the domestic cultural market, imperialism and the oligarchy, so that reading books and other intellectual activity ultimately amounted to an instance

34. In fact, the hispanismo of 1930s nacionalismo was explicitly criticized by the izquierda nacional. See for example Puiggrós' *Pueblo y oligarquía* (Buenos Aires: Jorge Álvarez, 1969), p. 17.

35. *Trinchera*, N° 3, October 1960. The film by Getino and Solanas adopted many motifs from revisionism. One of the first quotes in the first part is by Scalabrini, stating: "The history they taught us is wrong."

36. Hernández Arregui, *Peronismo y socialismo*, p. 51.

37. Puiggrós, *Pueblo y oligarquía*, p. 13 and his Las izquierdas, p. 187.

of "alienation" from the authentic Argentine culture, a concept of which Hernández Arregui prided himself to have introduced it into the debate.[38] Insofar as at the roots of this alienation lay the project of foreign economic domination, imperialism in its economic dimension remained the crucial explanatory driving force. Yet the arguments about the material basis of the anti-national character of oligarchic literature in books such as *Imperialismo y cultura* hardly went beyond mere affirmation. Rather than economic statistics or social issues, they discussed literary products, for which the material bases only formed an invariable background. Especially Hernández Arregui's texts were a denunciation of the cultural properties of the liberal oligarchy, always a parasitic rather than an exploitative class. In this point, too, the neo-revisionists' historiography had much in common with the authoritarian strand of the thirties, both of which had little interest in economic analyses.[39]

Nation and Class in Marxist Revisionism

The idea of a previously falsified liberal "official history" was what came closest to constitute a cohesive ideological denominator of historical revisionism. It provided some strategies and models which allowed for the essentialization of a discursive adversary whose mentality had allegedly distorted historiography and therefore required rectification. In other words, the starting point of the discourse of the izquierda nacional extracted from revisionism the procedure to legitimize itself by vía negativa, differentiating itself from an anti-national antagonist who was embedded in a "system of illusory beliefs." In other respects, however, the izquierda nacional differed from its reactionary precursors. The most crucial difference resided in the claim to rescue the history of the popular classes. Hernández Arregui, for example, called for a "reply to the official history of the oligarchy with the revolutionary revision that

38. Hernández Arregui, *¿Qué es el ser nacional?*, p. 12.

39. On the exclusion of material considerations for the characterization of the oligarchy in 1930s revisionism, here in the influential revisionist book by the Irazusta brothers, *La Argentina y el imperialismo británico*, see Tulio Halperín Donghi, "Argentines ponder the burden of the past," in Jeremy Adelman, ed., *Colonial Legacies: the Problem of Persistence in Latin American History* (New York and London: Routledge, 1999), pp. 151-173, 165.

exposes the class content of this canonized fable of our past."[40]

Although the author's words made it appear as if the stress on class was an inevitable outcome of any revision of "official history," the majority of rosista revisionists of the 1930s had shown little sympathy for the popular classes and many of them–most notably Julio Irazusta–firmly resisted what they saw as a leftist deviation that had led to an aggrandizement of the masses. Historical revisionism per se hardly led to the discovery of class struggle as a principal driving force of history. Yet also in the books of the izquierda nacional, the scope conceded to the popular classes was not as broad as usually promised in their introductions. The title of Ramos' best-known book, *Revolution and Counterrevolution*, epitomized its dichotomous pamphletic content much more accurately than the subtitle of the original 1957 edition–dropped for the 1965 edition–which had raised the misleading expectation that the reader held in his hands a study about *The Masses in Our History*. It would have been equally possible to take one of Puiggrós' titles, such as *People and Oligarchy* or *The Left and the National Problem*, since Ramos' most recurring invectives were directed against those whom he saw as the archetypes of the oligarchy, Bartolomé Mitre, and of the anti-national liberal Left, Juan B. Justo.[41] Despite habitually proposing to rescue those who had supposedly been buried by "official history," the products of other genres, such as the history of ideas of Hernández Arregui or the political and diplomatic histories of Rosa, rarely included passages about the popular classes.

The fact that neither the traditionalist rosista currents of the thirties nor their Marxist successors produced social histories does not mean, however, that class as a category did not play a central role in the populist narratives. Here was in fact the most palpable difference vis-à-vis classical rosismo, as the writers of the izquierda nacional reiterated. Firstly, they depicted the nineteenth-century masses–not yet the proletariat of the following century–as a naturally national class. For Hernández Arregui, on the one hand, "the nationalism of the masses stems from the immediate, not theoreti-

40. Hernández Arregui, *Nacionalismo y liberación* (Buenos Aires: Hachea, 1969), p. 19.

41. The respective Spanish titles were: Jorge Abelardo Ramos, *Revolución y contrarrevolución en la Argentina: las masas en nuestra historia* (Buenos Aires: Editorial Amerindia, 1957), Puiggrós, *Pueblo y oligarquía*, and Puiggrós, *Las izquierdas y el problema nacional*.

cal, fact of colonization. Not from books, but from the destructive eradication that comes upon us from outside." Whereas here his interpretation referred to imperialism, the nationalism of the masses appeared, on the other hand, as something that had existed a priori. Since they were masses, "they do not think of the there of the world. They think of the here. Of the fatherland." It thus turned out that "the masses are always national, although they do not know the definition of nation" and that "the proletariat [here, the contemporary] is, by definition, a national and revolutionary class."[42] Similarly, Cooke maintained in his Apuntes para la militancia that after the overthrow of Rosas "the popular masses were left over [...] as the only trustees of the moral and cultural values of nationality."[43]

At the same time, the condensation of characteristics of class and nation allowed for investing the agency in national liberation into a single organic subject. The fact that this entity was not only based on national values, but also on the values of the proletariat, would–at least if it became conscious of its own destiny–ensure the ultimately socialist outcome of national liberation. In principle, this body could be a class as well as a historical figure. It was only a short step, then, from the conviction that "every historical individuality personifies social powers" to the discovery of figures that purportedly embodied the values of both nation and popular class.[44] Marxist revisionists saw these values above all in the federal caudillos who had resisted Mitre's porteño centralism, such as Ángel Vicente "El Chacho" Peñaloza or Felipe Varela, i.e. in the interior. Past and present were the same in this respect. Hernández Arregui asked

> [...] from where did the focal points of national emancipation emerge in the last years? From the provinces, Córdoba, Tucumán, Rosario [sic], Corrientes, San Juan, Catamarca [...]. The country, crushed during the nineteenth century with the extermination of the last montoneras of Felipe Varela, is in the interior.[45]

According to Ortega Peña and Duhalde, "Mitre [...] is the symbol of the directing cattle-breeding class which organized the country according to the dictates of English financial capital,"

42. Hernández Arregui, *Peronismo y socialismo*, pp. 16, 70, 67.

43. Cooke, *Apuntes*, p. 47.

44. Hernández Arregui, *Imperialismo y cultura*, p. 21.

45. Hernández Arregui, *Peronismo y socialismo*, p. 70.

whereas "Felipe Varela [...] is the organization of the people, of the provincial working classes."[46] For them, Varela did not only do what the nation or the people wanted, but he was the organization of the people, at the same time synonymous with the "provincial working classes." The identity between caudillo and people had already been established through a homology in the title/subtitle of the book: *Felipe Varela Against the British Empire. The Masses of the Unión Americana Confront the European Powers.*

As this example indicates, the understanding of history of Marxist populists was usually dichotomous. Cooke, for example, identified "two currents, which have clashed since the days of the May Revolution: that of the port of Buenos Aires, cosmopolitan, free-trade, vehicle of ideas and interests that suited Europe [...]; and another one, nationalist popular, which saw the country as a whole and as a part of Latin American unity."[47] Yet the most extreme adherence to binary oppositions can be found in Ramos' works. At the beginning of the second volume of *Revolución y contrarrevolución*, he declared that the social, cultural and political changes of the twentieth century "only find themselves confronted with one invariable factor: the cattle-breeding and commercial oligarchy." On the last pages of the same volume, the reader was told:

> However surprising it might seem, and in spite of the transformative power of history, there is one thing that a century and a half of vicissitudes has not changed in our country: the all-embracing power of the cattle-breeding oligarchy, built from the Latin American balkanization and the eclipse of Artigas. The oligarchic nucleus, a truly parasitic and paralyzing core, corrupter of Argentine economics, politics and culture bases itself on the same interests, the same psychology and the same myths, with which it confronted the caudillos, sustained the exclusivism of one port against the Nation, elevated Rivadavia, admitted Rosas, acclaimed Mitre, exterminated Paraguay, opposed Roca, overthrew Yrigoyen and exiled Perón. The entire life of the Argentine people has turned on the fight against that same power, under the most varying em-

46. Rodolfo Ortega Peña and Eduardo Luis Duhalde, *Felipe Varela contra el Imperio británico. Las masas de la Unión Americana enfrentan a las potencias europeas* (Buenos Aires: Sudestada, 1966), pp. 165-166.

47. Cooke, *Apuntes*, p. 41. This passage bore remarkable similarities to the historical justifications that the left-Peronist guerrilla group Montoneros published in 1970. "Hablan los Montoneros," *Cristianismo y Revolución*, N⁰ 26, November/December 1970, p. 11.

blems; and the people have been defeated until the present day.[48]

Throughout the twentieth century, the struggles of liberation had received their justification through their negative opposite. Another common strategy of the populist revisionist writings was to establish a system of points of reference which mutually explained themselves: the historical distortions of liberalism led to imperialist penetration. This penetration was manifest in economic and cultural practices, which led to the exclusion of those who resisted these distortions. In this way, the imperialist penetration was in turn held to have caused a false historical consciousness. It was possible to insert more elements into such chains, but in any case the fact that they explained themselves eo ipso forever relegated to a subordinate level questions about determinants or about the relationship between base and superstructure. It would be futile to search for discussions of Marx's preface of the *Contribution to a Critique of Political Economy* or to any other serious methodological debate of Marxism in the populist or Marxist revisionist writings. Something similar occurred with the intimate relationship between history and politics in their writings, which mutually legitimized and explained each other, too. According to Jauretche, for example, a national policy was conducive to the revision of history just as much as historical revisionism would entail a national policy.[49]

Such binary oppositions and self-sustained chains, in which the arguments confirmed each other, shaped a discourse that attempted to be at once closed and all-encompassing. It ascribed an immobile significance to every historical protagonist and event within a global model of interpretation, in which every element referred to another. Yet, it was not always easy to distribute the roles in this game and there needed to be some possibility of historical change. Varela or Perón, let alone Rosas, could not simply be seen as the representation of a precisely defined working-class constituency. The crucial problems of Argentine history thus assumed an ethical rather than a socio-economic character. The enemy was identified as the enemy of the fatherland rather than the representation of interests of specifiable social groups. This explains why the tone of these writings was always moralist and "betrayal" became

48. Ramos, *Revolución y contrarrevolución* (vol. 2), pp. 7, 698
49. Jauretche, *Política nacional*, pp. 23-25.

a decisive concept that allowed to account for historical change. Urquiza's uprising against Rosas was not explained by changes in the country's socio-economic structure or by differences in their interests. Instead, he had simply "betrayed" Rosas.[50] The seeming strength and self-sufficiency of argumentative coherence therefore frequently necessitated the recurring to moralist categories.

The Problem of Rosas

The collocation of history at the centre of the discourse of the izquierda nacional could not conceal that debates about historiographical interpretation remained subordinated to political considerations. This is not to say that the populist Left did not voice varying opinions on the role of history or did not engage in interpretative debates. Whereas in Ramos' eyes it was legitimate to more or less freely manipulate history so that it could serve as a prop for contemporary political goals, Ortega Peña and Duhalde rejected such a view.[51] For this reason, the stance of the latter two conformed to the ideas of the Instituto Rosas, which relentlessly propagated the discovery of historical "truth" as the first and foremost aim.[52] They thus associated themselves to the institute, where they engaged in internal debates with its more right-wing historians about the correct reading of the War of the Triple Alliance. In their view, this had to be understood as an imperialist aggression against the autarkic Paraguay of Francisco Solano López that Mitre sought to force into an integration into the world market, whereas their opponent, Juan Pablo Oliver–who was not so sure anymore whether Mitre deserved his erstwhile vilification by revisionists–condemned "a communist tactic of infiltration" among the ranks of revisionism, of which, according to Oliver, Ortega Peña and Duhalde were principal promot-

50. See for example José María Rosa to Rodolfo Puiggrós, Madrid, 14 March 1958 (I would like to thank Omar Acha for drawing my attention to this letter). The list of usages of betrayal as the explanative factor in historical events is potentially endless.

51. See the interview with them in *Todo es Historia*, N° 38, June 1970.

52. The editorial of the institute's bulletin called for accomplishing "our mission to consolidate the truth up to its most extreme limits," for example. *Boletín del Instituto Juan Manuel de Rosas de Investigaciones Históricas*, N° 4, second series, April 1969, p. 3.

ers.[53] As this example shows, the intertwinement of authoritarian and Catholic strands of thought that had originated in the thirties with the Marxists' claim to historical revisionism generated a number of difficulties.[54]

Regarding historiographical discussions, the most problematic aspect was one *fait accompli* of classical revisionism: its extolment of Rosas. He could be depicted as a popular patriot and even, if one liked, as an embodiment of national capitalism who protected the manufacturing industries of the interior, but without doubt he had also been the owner of vast lands who had acted in the name of the cattle-breeders of Buenos Aires. If, up to this point, it had not been necessary to come to an unmistakable decision to apply either class or nation in historical analysis, the figure of Rosas seemed to disrupt the complementarity of the two categories. Jauretche's discussion of class and nation evolved around the question of "Don Juan Manuel and timid revisionism," published in a book that had the clear-cut title For Rosas or Against Rosas. According to him, the socialists who had argued that Rosas was principally a member of the land-owning elite were guilty of "crude materialism." Those who, from a left-wing perspective, juxtaposed Rosas to the federal caudillos were furthermore characterized as "Mitro-Marxists." Vis-à-vis such tendencies, Jauretche thought it appropriate to rescue Rosas by reaffirming that the national question "was always the axis and this remains so."[55]

In contrast, most Marxists (and especially Puiggrós) could not bring themselves around to the glorification of Rosas. Hernández Arregui tried to circumscribe a profile beyond "the nationalist tendency grouped around the figure of Juan Manuel de Rosas and the liberal one around Mayo and Caseros," since "during Rosas' government the porteño monopoly maintained all its vigor" and "Rosas' arguments were the same as those put forward by Rivadavia."[56] Similarly, when Cooke evoked historical figures as antecedents of

53. *Boletín del Instituto Rosas*, Nᵒs 4 and 5 (second period), April and May 1969.

54. Large parts of Hernández Arregui's best-seller *La formación de la conciencia nacional, 1930-1960* (Buenos Aires: Hachea, 1960) were devoted to differentiating reactionary from progressive nationalism. See also Puiggrós, *El proletariado en la revolución nacional*, 2nd ed. (Buenos Aires: Sudestada, 1968), pp. 47-66.

55. Jauretche, "Don Juan Manuel," pp. 20, 18, 21.

56. Hernández Arregui, *Imperialismo y cultura*, pp. 15 and 20.

the popular national revolution he envisaged in a speech delivered in Havana in 1962 with the title "National consciousness is also historical consciousness," Rosas was not his preferential choice, but instead the rather uncontroversial figures of San Martín and Güemes, accompanied by Mariano Moreno, who was frequently used as an icon by the Left.[57] However, it was not so easy to exclude Rosas from the debate. The decision of the Instituto Rosas–which despite the arrival of some Marxists such as Ortega Peña and Duhalde continued to be a nucleus of right-wing rosistas–to re-launch its bulletin in 1968 was an attempt to regain ground, over which it had increasingly lost control in previous years. The symbol of the former governor of the province of Buenos Aires rendered palpable the discrepancies which separated the izquierda nacional from rosismo's hierarchical authoritarianism, Catholicism and nostalgia for a lost golden age, tending to stylize Rosas as the "restorer of law" rather than the popular caudillo.

Yet there were also Marxists who arrived at positive conclusions about Rosas. Astesano was perhaps the most creative in this. After having abandoned the position he had defended in 1951– namely that Rosas had not been a champion of economic independence–, in 1957 he interpreted Rosas "according to the bourgeois revolution." Given that this revolution,

> on a political level, gives rise to nationalist movements [and given that...] in some cases it counted on the active collaboration of the popular masses, [...] the bourgeois revolution assumes in this case the character of a popular-bourgeois, or democratic-bourgeois, revolution.

Even though Astesano, too, detected the most strenuous anti-imperialism in the interior provinces, he nonetheless curtailed the distance that separated Rosas from the federal caudillos of the hinterland by asserting that both forms of federalism "expressed the reaction against a dependent, colonizing and foreign capitalist development." Astesano thus paved the way for his interpretation of Rosas as a popular leader and the founder of Argentine independent capitalism.[58] The other two principal Marxist defenders of

---

57. Cooke, "Documentos, cartas, discursos," *Crisis*, N° 9, 1974, pp. 4-5.

58. *Columnas del Nacionalismo Marxista de Liberación Nacional*, N° 3, 1 September 1957, pp. 1-3. He fully elaborated his reading of Rosas in his book *Rosas: bases del nacionalismo popular* (Buenos Aires: A. Peña Lillo, 1960).

Rosas, Ortega Peña and Duhalde, were less scrupulous about making their accounts compatible with their Marxist approach. In fact they suspected that the Marxist origins of the izquierda nacional led to an over-emphasis on historical stages and progression, which overlooked the centrality of the montoneras as an emblem for the contemporary political struggle. They consequently chose to highlight the deeds of the federal caudillos after Rosas' downfall in 1852 and to aver "the continuity between the policies of Rosas and the montonera [...] on the level of the historical needs of nationality" without focusing too much on the problems that surrounded the former governor of Buenos Aires.[59]

Nevertheless, such historiographical discussions remained subordinated to the logic of contemporary politics. The contributions of the ideologically flexible Rosa were illustrative both of the disturbances caused by historiographical arguments within historical revisionism and of their relative insignificance. In a letter from 1958, Rosa criticized Puiggrós for not having sufficiently revised his interpretation of Rosas, published in 1944 in a book called Rosas el pequeño. Trying to persuade Puiggrós that "Rosas was a socialist avant la lettre"–based on a document in which Rosas had expressed his sympathy for the European revolutions of 1848–, he felt that he had to insist that "the problem of Rosas is crucial in our history and it has not been 'overcome by time,' as you say."[60] On another occasion, however, Rosa insisted that "we must establish the following: the essential problem is not the figure of Rosas but the different criterion that we apply to judge him."[61] In the same letter to Puiggrós, Rosa wrote that "when communism and nationalism coincide [...] the world-wide national liberation of the peoples and social emancipation of the proletariat [...] is inevitable."[62] On the other hand, he had no difficulties to posit class and nation as analytical categories in a strict dichotomy. In an interview in 1968, he explained that history sometimes shows us the internal confrontation of a national mentality and a class mentality [...]. The bourgeoisie has a class mentality, but I cannot find this in the so-called working class. Look

---

59. Ortega Peña and Duhalde, Felipe Varela, 166. For their criticism of the izquierda nacional see Boletín del Instituto Rosas, Nº 5 (second period), May 1969, p. 24.

60. José María Rosa to Rodolfo Puiggrós, Madrid, 14 March 1958.

61. Mundo Nacionalista, Nº 3, 5 September 1969.

62. Rosa to Puiggrós, Madrid, 14 March 1958.

what happens in our country: those above have 'class conscious-ness'; those below national consciousness.

Although there was little in this statement that would have made it incompatible with the Marxist analyses of other authors, his observations led Rosa to remind the readers of "the great mistake of Marxism."[63]

Beyond the appearance of ideological zigzagging, we can identify the difficulty that Rosa had in integrating a number of divergent political or ideological positions which exerted their centrifugal effects on the Instituto Rosas and on revisionism as a whole. At the same time, however, they reveal that the interpretation of certain historical figures as well as ideological precisions were of secondary significance. Even those who, as Rosa or Ortega Peña and Duhalde, insisted on the appearance of "objective" historical scholarship, were without much hesitation prepared to drop the task of historical research for the political undertakings that seemed more urgent.[64] This political activism led to the paradoxical situation that the great success of national-populist revisionism in sales figures and in molding the historical imaginary of the young urban middle class in its rapprochement with Peronism simultaneously led to the relegation of historiography to a secondary place. The erstwhile proponents of revisionism, with their insistence on social hierarchies and unearthing a truthful golden age through the Instituto Rosas, were less and less important for the whole current of revisionism. At a time when Hernández Arregui held discussions with the proto-Montoneros–also fervent readers of Cooke's writings, despite his virtual political insignificance within Peronism by the time of his death in 1968–, the criticism of Ramos' Marxism by the reactionary Catholic priest Leonardo Castellani from the pages of the bulletin of the Instituto Rosas went largely unnoticed.[65] Whilst

63. José María Rosa, *Historia del revisionismo y otros ensayos* (Buenos Aires: Merlín, 1968), pp. 10-11. The expression "internal confrontation" supposedly referred to a confrontation within one country.

64. See on Ortega Peña and Duhalde, Ariel Eidelman, *Militancia e historia en el peronismo revolucionario de los años 60: Ortega Peña y Duhalde* (Buenos Aires: Centro Cultural de la Cooperación, 2004).

65. *Boletín del Instituto Rosas*, N° 5 (second period), may 1969, p. 21. That Castellani mistakenly called the reviewed book *Ejército y política* instead of Ejército y semi-colonia shows to what extent he was out of touch with Marxist vocabulary and, by implication, with debates in the social sciences and among intellectuals in

the historiographical discussion was taken up between the ideologically different sectors of historical revisionism, the politicization of the intellectuals of the izquierda nacional had a far more ambitious goal: to contribute to a revolutionary transformation of Argentine society, for which historiography was a subordinated proxy.

Conclusion

Although the growing embracing of nationalism by left-wing Argentine intellectuals had undeniable parallels in other Latin American countries, it was closely tied to the domestic political situation in the wake of Perón's overthrow. Whereas before 1955 the experience that Perón's appearance had reduced the traditional Left—i.e. the Socialist and Communist Parties—to an urban middle class clientele could still be explained by referring to the propaganda of an authoritarian regime, the continuing adherence of the popular sectors to Peronism after 1955 seemed to require a more fundamental revision of the hitherto prevailing interpretations of Peronism among the Left. Interwoven with Marxist approaches to the so-called national question, this climate of revision permeated wide sectors of the Left, including groups such as the young contributors of *Contorno*. In the case of the izquierda nacional, the rejection of the traditional Left was particularly far-reaching, articulated in symbolically violent invectives against its supposed liberalism, as well as a radical re-reading of the phenomenon of Peronism. Without launching much discussion about Marxist categories, the izquierda nacional endeavored to blend these categories with nationalist tenets. A number of left-wing populist intellectuals identified their exclusion from the cultural apparatus of the state and with the illegalization of the Peronist movement. By equating their marginal status in terms of cultural capital with their exclusion from political power they arrived at the conclusion that cultural, political and economic power were concentrated in the same hands. Their exclusion from public cultural institutions set Argentine nationalist intellectuals of the 1960s apart from their Brazilian counterparts.[66]

general. On Hernández Arregui and the Montoneros see Richard Gillespie, *Soldiers of Perón: Argentina's Montoneros* (Oxford: Clarendon Press, 1982), p. 80.

66. In Brazil, because (at least before 1964) this left-wing nationalism found its niche in state institutions, notably the Instituto Superior de Estudios Brasileiros,

The fact that in Brazilian nationalism, historical narratives played a comparably less significant role, as Sandra McGee Deutsch has observed,[67] suggests that the oppositional discourse of historical revisionism might in part have been an outlet of its proponents' perceived marginalization.

On the one hand, the essayistic narratives of the izquierda nacional appropriated the leitmotiv of historical revisionism–an anti-liberal, nationalist and combatively politicized strand of historical writing that had emerged in the 1930s–, which maintained that Argentine history had been falsified by an anti-national oligarchy in order to impede the fulfillment of the country's grand destiny. History therefore had to be recast according to the needs of a "national project." On the other hand, as Fernando Devoto has recently argued, it is difficult to find common ideological denominators among the many intellectuals who are usually named when it comes to identify the producers of historical revisionism in the 1960s.[68] The authoritarian Catholicism of the revisionists of the thirties met with some reservations from the later Marxists. The specificities of revisionism, therefore, lay not so much in a coherent ideology that expressed certain group interests, but rather in the communication of a number of predicaments, for which revisionism promised a solution. Firstly, if the traditional Left's shortcomings in its interpretations of Peronism had been the result of its nineteenth-century liberal inspirations, then an appropriate understanding of Peronism also had to radically challenge these inspirations. Secondly, in opposition to that, the revision of Argentina's history would bring to the surface the authentic nation as well as indicating the future revolutionary paths for national liberation and, ultimately, socialismo nacional. The populist Left thus constructed historical accounts, in which past and present reciprocally legitimized each other. This relationship characterized the strong bond between history and politics in this discourse.

But in this relationship, historical revisionism remained

founded in 1955 by presidential decree. See Caio Navarro de Toledo, *ISEB: fábrica de ideologias* (São Paulo: Ática, 1977).

67. Sandra McGee Deutsch, *Las Derechas: The Extreme Right in Argentina, Brazil, and Chile, 1890-1939* (Stanford: Stanford University Press, 1999), pp. 327-328.

68. Fernando Devoto, "Reflexiones en torno de la izquierda nacional y la historiografía argentina," in Devoto and Pagano, eds., *La historiografía académica y la historiografía militante*, pp. 107-131.

subordinated to the needs of political legitimization. An outlook onto later developments can support this argument, as revisionist discourse declined to the degree that it was co-opted. After Perón's return to power in 1973, with the exception of Hernández Arregui, most of the intellectuals whose writings have been analyzed in this article were drafted into minor positions in the cultural apparatus of the state. With this, their intellectual output began to drop. Many years later, again in the context of building legitimacy, the Peronist presidential candidate Carlos Saúl Menem drew once more on the populist revisionist imagery by stylizing himself as a reincarnation of the federal caudillo Facundo Quiroga. Once elected, he hurried to repatriate Rosas' remains in an official ceremony, only to declare the chapter of revisionism as finally closed. The meaning of Rosas' repatriation, according to him, was "an authentic pacification of profound national reconciliation" and the farewell to "an old, wasted, anachronistic, absurd country."[69] Not too long thereafter, even Menem's caudillo-style sideburns disappeared. Consubstantial to the profound crisis of legitimacy after 1955, revisionism had always been marginal in academic terms, but after the reintroduction of democracy in 1983 it also increasingly lost its importance as a legitimizing prop for political projects.

69. *Clarín*, 1 October 1989.

CUBAN HISTORIOGRAPHY IN THE 1960S:
REVISIONISTS, REVOLUTIONARIES AND THE
NATIONALIST PAST[1]

Kate Quinn

University College London

Introduction

> We are proud of the history of our homeland; we learnt it in school
> and we have grown up hearing about liberty, justice and rights.
> We were taught from infancy to venerate ... the glorious example
> of our heroes and martyrs... we were taught that... liberty is not
> begged for but is conquered with the blade of a machete... we were
> taught that to die for the fatherland is to live.[2]

The history that Castro famously said would "absolve" him
was drawn from a tradition of nationalist historiography developed
in the aftermath of the nineteenth- century wars of independence,
and elaborated, in the decades of the Republic, in a body of "revisionist" historical writing. As is well known, revisionist historiography played a crucial part in establishing the stock elements of
Cuban nationalism later adopted by the Revolution and explicitly

1. This chapter was originally published as an article in the *Bulletin of Latin American Research*, Vol. 26, No. 3, 2007, pp. 378-398. We are grateful to Wiley Blackwell for granting permission to republish the article here.

2. Fidel Castro, *La historia me absolverá* [1953] (Havana: Comisión de Orientación del Comité Central del Partido Comunista de Cuba, 1973), pp. 106-109.

advanced in justification of its cause.[3] The re-vindication of the wars of independence, rejection of the "pseudo-republic," anti-imperialism, myths of *Cuba Libre* and a pantheon of martyrs to the Cuban flag could all be found in the pages of revisionist texts produced prior to 1959. Castro's famous courtroom defence speech (cited above)–subsequently enshrined as the foundational text of revolutionary historiography- indeed made no claim to be producing a new interpretation of history: its moral force depended precisely on the assertion that the rebel forces were simply carrying out the dictates of a history on which every Cuban schoolchild had been raised. Intellectual authorship of the Revolution, hence, belonged not only to José Martí, as Castro claimed, but also to the revisionist historians of the Cuban Republic.

The claim that the Revolution was heavily indebted to revisionist historians is thus a familiar one.[4] However, while the degree of continuity between revisionist and revolutionary historiography has been well established, less attention has been paid to the internal differences within revisionism and the selectiveness (or lack of selectiveness) with which it was adopted. Revolutionary historians had a range of sources on which they could draw, and in "revisionism" they encountered not a singular movement, but a broad church comprised of historians with beliefs ranging across the political spectrum. The degree to which the more conservative members of the pre-revolutionary canon were absorbed into revolutionary historiography–when more radical antecedents existed– is one of the concerns of this article. In noting these revolutionary borrowings from less than revolutionary predecessors, the article also seeks to modify the assumption (implicit in the standard emphasis on continuity and compatibility) that the absorption of revi-

---

3. Louis Pérez, *Historiography in the Revolution: a Bibliography of Cuban Scholarship, 1959-1979* (New York and London: Garland, 1982), pp. ix-xi; Louis Pérez, *Essays on Cuban History: Historiography and Research* (Gainesville: University Press of Florida, 1995), pp. 145-147; Nicola Miller, "The Absolution of History: Uses of the Past in Castro"s Cuba," *Journal of Contemporary History*, vol. 38, N° 1, 2003, pp. 147-162.

4. Pérez, *Historiography in the Revolution*; Pérez, *Essays on Cuban History*; Nicola Miller, *In the Shadow of the State: Intellectuals and the Quest for National Identity in Twentieth Century Spanish America* (London: Verso, 1999); Miller, "The Absolution of History"; Antoni Kapcia, *Cuba, Island of Dreams* (Oxford and New York: Berg, 2000).

sionism into the Revolution was fairly unproblematic. There was, undoubtedly, much "ideological conviviality"[5] between revisionists and revolutionaries, but there was also nothing inevitable–and something contradictory–in the fact that revolutionaries drew their inspiration in part from histories and men that, by their own (revolutionary) criteria, were products of the bourgeois past. Debates about revolutionary historiography, indeed, occurred precisely at a time when the bourgeois origins of intellectuals–past and present– were under considerable scrutiny, and when intellectuals as a body were expected to purge themselves of the deficiencies of their class. In this context, and as the more critical revolutionary historians pointed out, the proponents of revisionism were not necessarily a natural fit with revolutionary ideals. Focusing on the historiographical debates of the 1960s, this article will argue, in line with Grail Dorling's analysis, that the Revolution's reappraisal of the past was "not a uni-directional or linear process": "during the first decade, [historical and political] debates simmered as representatives of conflicting, though not necessarily distinct, or mutually exclusive, perspectives sought to assert themselves, and [to] subdue or seek accommodation with others."[6] Revisionist conceptions of history– at least in this first decade- were by no means unchallenged.

The term revisionism, however, requires some initial clarification, not least because it is a term rejected by Cuban historians writing since the Revolution, for whom it carries distinctly negative associations with unacceptable political diversionism. Pre-revolutionary historiography, under the Revolution, is primarily categorised as "bourgeois."[7] Although this designation clearly has political undertones, interestingly, it is the literature written outside Cuba that has often been more prescriptive in terms of which historians are categorised as "revisionists," with disqualifications primarily resting on political grounds. Inside Cuba, at least in the 1960s, and again since the 1990s, the "acceptable" canon of pre-revolutionary historiography has been more inclusive. Fé Iglesias, for example, identifies "two clearly-defined trends" in Cuban historiography

5. Pérez, *Essays on Cuban History*, p. 147; Miller, "The Absolution of History," p. 151.

6. Grail Dorling, *The Representation of History in the Cuban Revolutionary Press during the 1960s*, Unpublished M. Phil thesis, University of Wolverhampton, 1998, p. 35.

7. Conversation with Jorge Ibarra (London, 4 June 2006).

prior to 1959, and although the main distinction rests on their degree of militancy, both strands are valorised for their "nationalistic bent."[8] For the purposes of this article, I want to suggest that there are two possible definitions of revisionism in the Cuban case, one narrow, and one broad. In practice, the Revolution adopted a broad definition which allowed "traditionalist" historians to enter the mainstream on grounds of their nationalism, albeit a process that has not been entirely consensual.

In its narrowest definition, (and that most deployed by scholarship written outside Cuba), revisionism is primarily associated with the historiographical developments of the 1940s, and in particular, with the founding of the Cuban Society of Historical and International Studies under the liberal historian Roig de Leuchsenring. The Society's annual National Congresses of History (launched in 1942) established "the key tenets of the revisionist version of Cuban history,"[9] with de Leuchsenring's 1949 publication, *Cuba no debe su independencia a los Estados Unidos*, setting the tone. The 1940s also saw the emergence of Marxist approaches to national history, represented by, among others, Blas Roca, (who published his *Los fundamentos del socialismo en Cuba* in 1943), Carlos Rafael Rodríguez (*El marxismo y la historia de Cuba*, 1943) and Raúl Cepero Bonilla (*Azúcar y Abolición*, 1948). This strand coincides with what Iglesias calls the "more militant" branch of Cuban historiography that, in her terms, was "closer to the people," "active in the political arena" and "used history as a weapon in the

---

8. Fé Iglesias García, "Historiography of Cuba," in B. W. Higman, ed., *General History of the Caribbean vol. VI, Methodology and Historiography of the Caribbean* (London and Oxford: UNESCO, 1999), p. 366. There are some discrepancies in the secondary literature as to which historians are categorized as revisionists. See Robert Smith, "Twentieth Century Cuban Historiography," *Hispanic American Historical Review*, vol. 44, Nº 1, 1964, pp. 44-73; Patricia Weiss Fagen, "Antonio Maceo: Heroes, History and Historiography," *Latin American Research Review*, vol. 11, Nº 3, 1976, pp. 74-79; Pérez, *Essays on Cuban History*, p. 145. Weiss Fagen, for example, argues that while many historiographical studies have counted Herminio Portell Vilá among the revisionists, he is best described as a "traditionalist" on the grounds that he "generally approved the existing political and social order." On the other hand, she places Ramiro Guerra in the revisionist camp, where Cuban historian Fé Iglesias identifies him with the "less militant" though nevertheless nationalist strand (Weiss Fagen, "Antonio Maceo," p. 91; Iglesias, "Historiography of Cuba," pp. 366-367).

9. Miller, "The Absolution of History," p. 154.

fight against imperialism."[10] These historians had, however, built on the work of earlier traditions, and it is here that revisionist historiography acquires a broader definition. Essentially, the history that Cuban intellectuals since at least the late nineteenth century had set out to revise was the once-dominant proposition that Cuba owed its salvation to the civilizing missions of, first, Spain, and then the United States. Cuban revisionism, in this broad definition, is synonymous with Cuban nationalism, and in this sense, could incorporate not only the critical works of the 1940s, but also some of the more "traditionalist"[11] works of the early decades of the Republic. Under this broad shelter could be housed the testimonials and hagiographies that appeared in the aftermath of Cuba's second war of independence (Vidal Morales y Morales' *Iniciadores y primeros mártires de la revolución cubana* (1901) and *Hombres del 68* (1904) being typical of their kind), as well as works by men such as Manuel Sanguily and Enrique Collazo, whose critiques of North American domination introduced a strand of anti-imperialism into Cuban historiography that persists to this day. Most significantly, this inclusive definition of revisionism encompasses the works of the conservative Ramiro Guerra y Sánchez (discussed below) whose study of Cuba's *latifundista* economy fundamentally influenced the revisionists of the 1940s, despite their rejection of his positivist approach.

In short, pre-revolutionary historiography evolved a common set of concerns but from significantly divergent political perspectives: conservative, liberal and Marxist. These then, were the possible historical models on which the Cuban revolutionaries could draw on their accession to power in 1959. To dramatize these differences, and to highlight the relationship between conservative and radical strands of revisionism and revolutionary historiography, this article will refer primarily to the lives and works of two of the most important historians of the pre-revolutionary period: Ramiro Guerra y Sánchez (1880-1970) and Raúl Cepero Bonilla (1920-1962), selected not only as representative "types" but also for the extent of their influence on revolutionary historiography.[12]

10. Iglesias, "Historiography of Cuba," p. 366.

11. Weiss Fagen, "Antonio Maceo," p. 74.

12. Inevitably this leads to omissions of other, equally significant, historians, not least Emilio Roig de Leuchsenring, Julio Le Riverend, Francisco Pérez de la Riva,

Guerra had lived through the second war of independence, and, like many historians of the early Republic, this experience was to have a decisive influence on his subsequent work. During the Machado dictatorship, he served as secretary to the President, leaving for the United States during the fall of the regime in 1933. He subsequently returned to Cuba, where, during the Batista years, he was appointed director of two of the island's most conservative institutions: the *Asociación de Hacendados de Cuba* (the Sugar Mill Association) and the right-wing newspaper, *Diario de la Marina*. In these associations with the Machado government, sugar interests and the reactionary press, Guerra was the very embodiment, in revolutionary terms, of the compromised bourgeoisie of the Cuban Republic. His career trajectory, in these respects, was the polar opposite of that of Raúl Cepero Bonilla, whose political and journalistic activities during the Batista period earned him several periods of detention by the regime.[13] The "radical counter-image" of Guerra, Cepero Bonilla published clandestine works on the politics of sugar (*Política azucarera*) and on the revolutionary newspaper *El Siglo (El Siglo, 1862-1868: un periódico en lucha contra la censura)*.[14] Both men made significant contributions to Cuban historiography that profoundly influenced their revolutionary successors. Guerra's *Azúcar y población en las Antillas* (1927) and his *Manual de historia de Cuba* (1938) were milestones in Cuban historiography, outlining, "for the first time," a thesis of Cuban history that placed the plantation economy and its contradictions at the centre of analysis of the making of the Cuban nation. Cepero Bonilla's *Azúcar y abolición* (1948) was the first "classic" of Cuban Marxist historiography,[15] radically demolishing traditionalist nar-

Herminio Portell Vilá and Emeterio Santovenia, to name a few. It also omits monumental figures from other fields, including Fernando Ortiz, although his works have been much studied elsewhere. Nevertheless, more than as representative "types," Ramiro Guerra and Cepero Bonilla have been selected here in particular because they were explicitly cited during the debates of the 1960s that are the main focus of this article.

13. Instituto de Literatura y Lingüística de la Academia de Ciencias de Cuba, *Diccionario de la literatura cubana Tomo 1* (Havana: Editorial Letras Cubanas, 1980), pp. 211, 397-400.

14. Jordi Maluquer de Motes, "Prólogo," in Raúl Cepero Bonilla, *Azúcar y Abolición*, [1948] (Barcelona: Editorial Crítica, 1976), p. 9.

15. Iglesias, "Historiography of Cuba," pp. 367-368, 373.

ratives of Cuban history as the great deeds of the creole landowning class (discussed in full below). Of interest here is that it is Ramiro Guerra who is today lauded within Cuba as the island's best and most important historian, while Cepero Bonilla has been to some degree "neglected."[16]

As this work argues, the dominant nationalist historiography of the Revolution drew on both the more conservative as well as the more radical elements of its pre-revolutionary antecedents. This was evident as much in the redemptive–and popularly disseminated–history articulated by Fidel Castro as it was in the ostensibly Marxist histories produced by the *oficialistas* in the University of Havana. In the 1960s, however, several historians working at the margins of academia emerged to challenge the nationalist myths perpetuated in the histories produced both before and after the Revolution. Historians such as Walterio Carbonell, Manuel Moreno Fraginals and Jorge Ibarra created a new historiography that dared to question both "bourgeois" and "Marxist" narratives of national formation.

Revolutionary Historiography in the Decade of "Transition"

We have re-vindicated and re-established the truth of history.[17]

The contradiction at the heart of the historical agenda of the Revolution lay in the tension between the impetus to create a new history to reflect the regime's break with former social structures, values and norms, and the narratives of continuity (the Revolution as the fulfilment of history) that depended upon an established fund

---

16. Roberto Fernández Retamar, "The Enormity of Cuba," *Boundary 2*, vol. 23, No. 3, 1996, p. 171; Conversation with Fernando Martínez Heredia, Nottingham, 8 September 2006. Writing in 1996, the pro-revolutionary Cuban intellectual Roberto Fernández Retamar recalled being asked by the distinguished Caribbean scholar, Sidney Mintz, to recommend a book of Cuban history for publication in the United States. "I suggested without hesitation," he recalls, "*Azúcar y población en las Antillas* (1927) by our best historian, Ramiro Guerra," adding, in parentheses, "Guerra is a conservative, so no-one should presume that I had suggested a communist book" (pp. 170-171).

17. Fidel Castro, "Discurso pronunciado en la velada conmemorativa de los cien años de lucha en la Demajagua, monumento nacional, Manzanillo, Oriente, 10 de octubre de 1968," *Pensamiento Crítico*, N° 20, 1968, p. 214.

of nationalist historical myths. Both tendencies were evident in the debates that shaped the evolution of revolutionary historiography in the decade of the 1960s. While pre-revolutionary texts (of both the more and less "militant" strands) were republished in mass editions, at the same time, a reinvigorated historical community began to question how a new and revolutionary national history might respond "to the imperious necessities of the hour." The view that "the history which we inherit must either renew its contents and its ends, or it perishes" was widely shared, and a critique of previous histories as "serving the dominant interests of the bourgeoisie," became a commonplace of historiographical debate.[18]

From 1961 onwards, many saw Marxist-Leninism as the methodological key to re-interpreting national history in a revolutionary vein, beginning with the "revision and purification" of bourgeois histories and the documentary sources on which they were based.[19] The Marxist agenda also significantly expanded the remit of history to include the study of "the exploited classes... and their constant struggles":[20] peasants, workers, women and blacks were now considered valid subjects of historical investigation, and their entrance onto the Cuban historical stage was one of the most significant achievements of revolutionary historiography. Notably, Portuondo's blueprint for a Marxist historical agenda was quite accommodating of the pre-revolutionary bourgeois historians, who, he noted, had "considerable contributions" to offer despite their "positivist errors" (a judgement made in explicit reference to Ramiro Guerra). Even Herminio Portell Vilá who, in Portuondo's terms, "served imperialist propaganda and attacked communists," was not rejected outright: separating his work from his politics, he suggested that Vilá could usefully be deployed for his scholarship on José Martí. A clue to this accommodationist tendency lies in Portuondo's use of the term "honest bourgeois historians" who, he argued, had begun the work that only "scientific Marxism" would

18. Sergio Benvenuto, "Investigación histórica y acción práctica," *Cuba Socialista*, vol. 31, Nº 3, 1964, p. 58.

19. José Antonio Portuondo, "Hacia una nueva historia de Cuba," *Cuba Socialista*, vol. 24, Nº 8, 1963, p. 33.

20. Idem, p. 24.

complete.[21] Portuondo's acceptance of the useful qualities of bourgeois historians applied the same logic as Castro's tolerance of "honest intellectuals" famously outlined in his 1961 speech, "Palabras a los intelectuales." In this transitional phase in the construction of socialism, Castro proposed, the Revolution should not exclude the uncommitted, undecided intellectuals: "those who without being counter-revolutionary are not revolutionary either"; "honest artists and writers who see the justice of the Revolution, without actually incorporating themselves into it."[22] The same type of revolutionary flexibility was evident in the re-publication of pre-revolutionary historical texts: from the earliest years, and indeed throughout the Revolution, these have included the works of eminently "bourgeois" nationalists, with Ramiro Guerra heavily represented among them.[23]

The task of re-interpreting and disseminating Cuban history was not–in the 1960s at least–the preserve of a single group. As Grail Dorling has shown, differences began to emerge between historians working in the newly founded School of History at the University of Havana, and those working outside the formal academic institutions of the state.[24] Under the direction of Sergio Aguirre, the

21. Idem, p. 33.

22. Fidel Castro, "Palabras a los intelectuales," [1961] *Política cultural de la Revolución Cubana: documentos* (Havana: Editorial Ciencias Sociales, 1977), p. 7.

23. The Revolution was not entirely indiscriminate in its publication record. Of the pre-revolutionary historians, the most widely published was Emilio Roig de Leuchsenring, with at least 23 separate titles published between 1959 and 2005. His *Cuba no debe su independencia a los Estados Unidos* (1949) enjoyed three re-editions in 1960, 1975 and 1996, while his *Malas y vicios de la Cuba republicana* was, unsurprisingly, published in the first year of the Revolution. Six separate titles by Ramiro Guerra y Sánchez have been published since 1959, with multiple re-editions for his *Azúcar y población en las Antillas* (1927, 1961, 1976); *Guerra de los diez años* (1950-52, 1960, 1971, 1972); and his *Manual de historia de Cuba* (1938, 1962, 1964, 1971, 1978), still used as a textbook in Cuba today (Ibarra, 2006). Guerra fared better than Raúl Cepero Bonilla, who had four separate titles published in the course of the Revolution, with *Azúcar y abolición* published in 1959 and 1960. Other re-publications of historians from the early twentieth century include Vidal Morales y Morales' *Iniciadores y primeros martires de la revolución cubana* (1901, 1963), a classic of Cuba's "heroic" strand of history; Fernando Figueredo's *La revolución de Yara* (1902, 1968); and Enrique Collazo's *Los americanos en Cuba* (1905, 1980, 1981). Figures compiled from the Library of Congress online catalogue (http://catalog.loc.gov).

24. Dorling, *The Representation of History*, pp. 35-37.

School of History provided an institutional base for an unapologetically political history primarily concerned with "re-interpreting existing sources to coincide with Marxist-Leninist theory and terminology."[25] Detailed archival research was, as Aguirre himself conceded, the first casualty of the School's primary agenda: the rapid production of histories for mass political education re-written along "correctly" revolutionary lines.[26] Despite its renovating aims, the narrowly ideological histories of the School became the primary target for revolutionary historians critical of "schematic" interpretations of national history that did little more than confirm or reproduce "established or convenient truths."[27]

Outside the School, innovative historical research was carried out by a small group of historians whose relative exclusion from academic circuits did not prevent them from publishing some of the most significant historical works of the Revolution. Reassessing the standard narratives of Cuban national formation, experimenting with new methodologies, and investigating neglected areas of research such as slave uprisings and conspiracies, historians such as Manuel Moreno Fraginals, Jorge Ibarra and Walterio Carbonell often clashed with the "official" narratives of the School, but were integral to the development of new revolutionary histories.[28] Other

25. Idem, p. 36.

26. Carlos Fontanellas, "Prologue," in Sergio Aguirre, *Eco de Caminos* (Havana: Editora de Ciencias Sociales, 1974), pp. 11-12; Jorge Ibarra, "Historiografía y Revolución," *Temas*, vol. 1, N° 3, 1995, p. 7.

27. José Piqueras Arenas, "Ensayo de contextualización de la ultima historiografía cubana," in Piqueras Arenas, ed., *Diez nuevas miradas de historia de Cuba* (Castelló de la Plana: Publicacions de la Universitat Jaume I, 1998), p. 22; Oscar Zanetti, "Moreno entre la historia y la leyenda," *Gaceta de Cuba*, vol. 4, N° 7-8, 2001, p. 26.

28. While the work of all three men lies broadly "within the Revolution," their outspoken views have, to varying degrees, occasioned some conflict with the state. Walterio Carbonell was imprisoned for five years in the late 1960s and early 1970s following a confrontation with a government minister over freedom of expression. He subsequently worked as a historian in the National Library in Havana. His life and career has been the subject of considerable historical controversy. See Julián Martínez Pérez, *Racial Discourse in the Cuban Revolution: Considerations on Walterio Carbonell,* Unpublished MA thesis, University of Texas, Austin, 1999, pp. 13-18; Linda Howe, *Transgression and Conformity: Cuban Writers and Artists after the Revolution* (Madison: University of Wisconsin Press, 2004), pp. 87-90. Manuel Moreno Fraginals served as Secretary of the Chamber of Commerce (1963-69) and Director of Information for the Ministry of External Commerce (1968-72).

contributions to the terrain came from ethnographical studies of the island's Afro-Cuban heritage and folklore, notably, in the work of Rogelio Martínez Furé and Miguel Barnet, whose *Biografía de un cimarrón* (1966) was a pioneering example of the testimonial form that emerged as a key genre in revolutionary cultural production.

However the dominant strand of the revolutionary historical enterprise was the heroic, redemptive and profoundly "moral" history strongly influenced by the pre-revolutionary nationalist tradition and its established conceptions of *cubanidad*. Pervasively disseminated through billboards, monuments and museums, radio, television and the printed press, literacy primers and school text-books, political speeches and the regular round of annual commemorations, this history of revolutionary heroes and villains came to occupy a central place not only within revolutionary historiography but also in the daily fabric of Cuban lives. Far from suggesting a break with tradition, the very essence of this history was a teleological narrative of continuity with–and fulfilment of–the revolutionary struggles of the past.

History as Teleology: "One Hundred Years of Struggle"

On 10 October 1968, beneath the backdrop of plantation La Demajagua, Fidel Castro delivered a speech that firmly estab-

---

His ground-breaking historical study *El Ingenio* (1964) was published, despite the objections of at least one "official historian" after direct intervention by Che Guevara, who admired his work (Pedro Pablo Rodríguez, "Jorge Ibarra: pasión por la historia," *Gaceta de Cuba*, 6, 2001, p. 27). In the early 1970s, his opposition to the ten million tonne harvest and his friendship with the writer José Lezama Lima caused him some problems with the state, and he was "implicitly" excluded from teaching at the University of Havana. Despite these issues, the expanded three-volume edition of *El Ingenio* was published in 1978 and is considered one of the key texts of revolutionary historiography. In 1994, after increasingly public objections to the government, he went into exile in Miami. (Hernán Venegas, "Indiscutible sus valores intelectuales," *La Jiribilla: revista digital de cultura cubana*, 2001). Jorge Ibarra's *Ideología mambisa* (1967) was also controversial in its time. He has been a consistent critic of historical "functionaries" and in the 1990s published devastating attacks on the narrowing of the historical agenda during the so-called "grey period of Cuban historiography" (Ibarra, "Historiografía y Revolución," p. 16; Rodríguez, "Jorge Ibarra," p. 27). Sergio Aguirre, Manuel Moreno Fraginals, Jorge Ibarra and Walterio Carbonell were prominent in the debates of the 1960s.

lished the key foundational myths of revolutionary nationalism. On the same spot from where Carlos Manuel de Céspedes launched the first war of independence against the colonial regime, Castro stretched out his hand across the expanse of history to claim absolute fraternity with the Cuban *patriotas* whose struggle had erupted 100 years ago to the day. The occasion of the centenary crystallized a vision of "One Hundred Years of Struggle," a concept that collected all historical conflicts into a single revolutionary wave, crashing down, with accumulated force, to sweep aside Batista and bring the Revolution to power in 1959.[29] The two wars of independence (1868-1878; 1895-1898), the struggle against the *machadato* in the 1930s, and the guerrilla war of the 1950s were now recast as part of a "single historical process": symptoms and outbreaks of a single revolution.[30]

One of the primary historiographical implications of the "One Hundred Years" concept was to reinforce the notion that the key issue for historical investigation was "the birth and the triumphant development of [Cuban] nationality."[31] Situating the birth of the nation in the war against Spain corroborated the traditional historical narrative that saw the "principal contradiction" in Cuban history as "that between colony and metropolis,"[32] relegating events and tendencies that did not fit the narrative of a linear progression to nationhood to a secondary place within historical enquiry. Creating a polarity between "*nation* and *anti-nation,*" the construct of "One Hundred Years" turned entire historical processes over to a "one-hundred year... struggle of opposites."[33]

If the birth of the nation was firmly located in 1868, then its "culmination [and] crystallisation," was now situated "in the period from 1959."[34] As has been noted frequently, the 1959 Revolu-

29. Castro, "Discurso... Oriente, 10 de octubre de 1968," *Pensamiento Crítico*, 20, 1968, pp. 181-216.

30. Sergio Aguirre, "Nacionalidad, nación y centenario" [first published February 1967 in *Cuba Socialista*, 66: 2] in *Eco de Caminos*, (Havana: Editorial de Ciencias Sociales, Instituto del Libro, 1974), p. 408.

31. Idem, p. 408.

32. Idem, p. 405.

33. Oscar Pino Santos in Pino Santos, Ibarra and Moreno Fraginals, "Historiografía y Revolución (mesa redonda)," *Casa de las Américas*, N° 51-52, 1968-1969, p. 102.

34. Idem, p. 102.

tion was consistently depicted as the fulfilment and extension of the patriotic ideals and struggles of past generations, whose valiant endeavours had been thwarted by betrayers of the "authentic" Cuban cause. More than a myth of continuity, there developed a myth of inter-changeability between old and new revolutionaries, summed up in Castro's oft-quoted phrase, "then, we would have been like them; today they would have been like us." A chain of martyrs was established stretching from Martí, Maceo and Gómez, to Frank País, Camilo Cienfuegos and Ernesto Guevara: their births and deaths furnished a new, secular, calendar of saints' days celebrated under the Revolution. By 1961, the declaration of socialism required a new rhetoric, emphasising the "completion" of national ideals with the universal values of "Marxist-Leninism."[35] By rooting their own struggles in this revolutionary past, the leadership constructed an indigenous ideology that "wholly assimilated" Marxist ideas into "a nationalist and moralist construct,"[36] a strategy that explicitly aimed to counter depictions of the Revolution as an isolated and arbitrary phenomenon. Cuba's position as "the first socialist nation in the Americas," hence, was no "miracle," but "the result of a historical process."[37]

The institutional and popular entrenchment of a particular set of interpretations of national history; the repetition of dominant themes and clusters of imagery; the creation of a singular mythology; the very notion that history was fulfilling itself; and the crucial role of history as an "adjunct of policy"[38]: all would suggest a fairly monolithic historical canvas after 1959. However, beyond "those who tried to maintain national historiography within its narrowest channels,"[39] there emerged significant works questioning the methodologies, periodization and axioms of not only the "bourgeois" histories, but also the revolutionary histories which they felt had failed

35. Armando Hart Dávalos, "La intransigencia del movimiento cubano," *Pensamiento Crítico*, vol. 8, N° 9, 1967, pp. 126-127; Fidel Castro, "Análisis histórico de la Revolución," in *Informe Central: Primer Congreso del Partido Comunista de Cuba*, (Havana: Departamento de Orientación Revolucionaria del Comité Central del PCC, 1975), p. 209.

36. Dorling, *The Representation of History*, p. 79.

37. Hart Dávalos, "La intransigencia del movimiento cubano," p. 107.

38. Pérez, *Essays on Cuban History*, p. 148.

39. Zanetti, "Moreno entre la historia y la leyenda," p. 25.

to "satisfy the clamour for a new way of seeing the past."[40]

History and Methodology: "Bourgeois Marxists" and the "New Historian"

> We cannot live in a new society with old historical conception...
> But what have we done to create a new history, a new historian?[41]

In the early 1960s, the historians Walterio Carbonell and Manuel Moreno Fraginals published two essay-manifestoes condemning the failure of historians to respond to the new revolutionary circumstances in which they wrote. Carbonell's *Crítica: como surgió la cultura nacional* (1961) and Moreno Fraginals' *La historia como arma* (1963) provoked outrage from those they attacked, but, while controversial, were eminently revolutionary in their desire to thoroughly renovate the historical agendas of the age.[42] For both men, the problem lay in the ideological conditioning of a generation raised "since infancy" on a diet of Ramiro Guerra.[43] As Carbonell stated: "[the] bourgeois norms for interpreting history imposed by Ramiro Guerra are accepted by revolutionary writers"; "[the] bourgeoisie has been dislodged from power, its economic interests appropriated, but its ideology survives... in all its freshness and candour." As such, he argued, "many of the lies [of bourgeois history] are today upheld as truths, even by those revolutionaries who have contributed to the liberation of our country from bourgeois rule, but who have been incapable of liberating themselves from all the

---

40. Manuel Moreno Fraginals, "La Historia como arma" [1963] in *La historia como arma y otros estudios sobre esclavos, ingenios y plantaciones*, (Barcelona: Editorial Crítica, 1983), p. 12.

41. Idem, p. 11.

42. Carbonell's *Crítica* was considered "subversive," "as much by the communists as by the bourgeois historians" (Conversation with Jorge Ibarra, 2006). The claim that it was withdrawn from circulation three months after publication has been disputed (Howe, *Transgression and Conformity*, p. 87). Its circulation, however, was certainly limited, and until its recent re-launch in Cuba in 2006, it remained on restricted access in the José Martí National Library in Havana. The publication of Moreno Fraginals' essay also provoked "a veritable commotion [amongst] historians," some of whom interpreted it as "a personal attack" (Pedro Pablo Rodríguez, "El hombre del ingenio," *La Gaceta de Cuba*, vol. 4, Nº 7-8, 2001, pp. 26-27.

43. Walterio Carbonell, *Crítica: como surgió la cultural nacional* (Havana: Ediciones Yaka, 1961), p. 94.

ideological power of the bourgeoisie."[44] This "ideological power" was central to Moreno Fraginals' explanations of the contradictory position of revolutionary historians conditioned first by a mentality "formed since infancy within the body of bourgeois doctrines and myths," and second, by a "documentation which, through a process of decantation and selection, fully supports this historiographical religion."[45] The incongruous result, he argued, was a "transitional generation" of historians writing ostensibly Marxist works which simply repeated the historical myths of the bourgeoisie: the equivalent, he wrote, of "writing the heroic history of the Sierra Maestra based on the news pages of *Diario de la Marina*."[46]

Seeking to demolish precisely the "bourgeois" myth of the dispassionate scholar, Moreno Fraginals urged historians to make a rather unlikely transformation: from reclusive and moth-balled Casaubons immured in the archives, to revolutionary men of action, actively participating in the "struggle" that lay beyond their walls. At the heart of this proposal was an explicit allusion to Che Guevara's conception of intellectuals' "original sin": "the blame resides in the fact that we are not authentic revolutionaries."[47] *Historia como arma* hence reflected broader anxieties about the nature of revolutionary commitment and the degree of revolutionary consciousness attained by intellectuals of the "transitional" generation. Carbonell's demands for the wholesale revision of bourgeois scholarship, on the other hand, stemmed from an explicit agenda to restore the contribution of Afro-Cubans to a central place in Cuban national history (discussed below). His dismay that supposedly Marxist histories continued to depict Cuban national culture through the achievements of "four or five eminent figures" was more than a disagreement with the perpetuation of historical methodologies long since abandoned even in the capitalist West; it was also a plea for a genuinely inclusive conception of Cuban nationhood "whose strength," he argued, "lies in the traditions of the black."[48]

By the late 1960s, criticisms of historical method reflect-

44. Idem, 31, pp. 19-20.

45. Moreno Fraginals, "La historia como arma," p. 16.

46. Idem, p. 20.

47. Idem, pp. 15-16, 22.

48. Carbonell, *Crítica*, pp. 37-38; Martínez Pérez, *Racial Discourse in the Cuban Revolution*, p. 64.

ed growing dissatisfaction with the overtly ideological tendencies coloring "official" academic approaches to Cuba's national past. In a 1969 "polemic" with Marcos Llanos (a disciple of the Aguirre School),[49] Jorge Ibarra identified "a certain naïve Marxist positivism" in the attempts to revise existing scholarship (Ramiro Guerra is specifically mentioned) in the light of new revolutionary imperatives. The "formula," he stated, "is simple": "the work of some Marxist epigone + the Cuban positivist tradition = a Marxist "factology"." "Determinist optimism" and "ideas elegantly launched from thin air," Ibarra suggested, were no substitute for the "daily grind of concrete research" and "strict attendance to the dense and overwhelming mass of facts."[50] In this more traditional conception of the historian's role, Ibarra was at odds not only with disciples of the Sergio Aguirre school, but also with Moreno Fraginals' combative "new historian": "history" Ibarra later argued, "[is a] fountain of knowledge, not a weapon for any battle."[51] Going to the heart of the broader political conflict between "orthodox" and "revolutionary" positions on Marxism and the Cuban political process,[52] these critiques were as much about the revolutionary present as they were about the interpretation of the Cuban past.

Revising National Myths

More than polemicising about method, however, these revolutionary historians also focused their critical lens upon a number of shibboleths surrounding the myths of Cuban national formation, including the wars of independence, slavery and abolition, and the liberalism of the progressive bourgeoisie. In this endeavour, they

49. The polemic stemmed from Llanos' review of Ibarra's *Ideología mambisa* (1967). Llanos is disparagingly described by Ibarra as a "student-teacher" at the University. In the early years of the Revolution, students were used as teachers to address the massive shortfalls in staffing caused by the exodus of conservative academics from the island after 1959 (Antoni Kapcia, "Education, Culture and Identity in Cuba: Appraising the Role of Education in shaping and defining Society," paper delivered at the Social Policy, Stability and Exclusion in Latin America seminar series, Institute for the Study of the Americas, London, 2004).

50. Jorge Ibarra, "Respuesta a Marcos Llanos," *Casa de las Américas*, Nº 51-52, 1968-1969, pp. 250-251.

51. Rodríguez, "Jorge Ibarra," p. 27.

52. Dorling, *The Representation of History*, p. 53.

owed an enormous debt to the work of the most radical of the pre-revolutionary revisionists, Raúl Cepero Bonilla, whose landmark study *Azúcar y abolición* laid the foundations for all of the historical revisions advanced under the Revolution. Republished in December 1959, with the addition of a combative prologue by the author, *Azúcar y abolición* was uncompromising in its denunciation of the "aristocratic, anti-black and annexationist traditions" in Cuban history.[53] Cepero Bonilla was the first to demolish the myths surrounding the "founding fathers" of the Cuban nation, laying bare the class interests motivating creole support for abolition and independence, fiercely attacking the racism of "liberal" slave-owners, and championing the popular classes as the true protagonists of all progressive actions undertaken on the island. Some of these arguments, however, were to prove too iconoclastic for even the most innovative revolutionary historians.

Metropolis versus Colony

One of the central points of divergence between the critical historians and those associated with the University School was the contention that the key dialectic of Cuban history was the contradiction between the colony (Cuba) and the metropolis (first Spain, and then the United States).[54] The "Polemic" between Jorge Ibarra and Marcos Llanos, published in *Casa de las Américas* in 1969, sets out the different positions. For Llanos,

> Cuba's century-long revolutionary struggle has always had the same objective because it has always had the same cause: the economic, political and social oppression of our country by the foreigner of the day.[55]

53. Raúl Cepero Bonilla, *Azúcar y Abolición* [1948](Barcelona: Editorial Crítica, 1976), p. 16. The new prologue opened with the provocative assertion that "[the] reading of [this book] will doubtless irritate all those who discriminate against blacks, those who believe in the racial superiority of whites, those historians who hide documents to eliminate the facts [and] those biographers who present ... the defenders of slavery and inveterate racists as sincere abolitionists and supporters of racial equality" (Idem, p. 15).

54. Martínez Pérez, *Racial Discourse in the Cuban Revolution*, pp. 76-77.

55. Marcos Llanos, "La hermenéutica de Ibarra," *Casa de las Américas*, N° 51-52, 1968-1969, p. 244. Llanos' arguments are a carbon copy of those propounded by

Llanos' arguments here presented a simple narrative of binary struggle that drew on the anti-imperialist and patriotic thrusts
of pre-revolutionary historiography but without the attention to internal factors that characterized the best exponents of revisionism.
In the "Marxist" re-writing of the School, internal contradictions
between "slave and slave-owner, peasant and landlord... worker
and boss" were all "superseded" by the overarching contradiction
between colony and metropolis, nation and anti-nation:[56] a position
that, as Ibarra argued, was entirely consistent with that of nineteenth century proponents of the hero-cult school of Cuban history,
such as Vidal Morales y Morales.[57]

Criticizing the determinism of an interpretation casting all
Cuban history as an inexorable drive towards independence, Jorge
Ibarra instead argued that the "dominant contradiction" of Cuba's
colonial society was that between the master and the slave. The
"'obsessive idea' of the 'founders of nationality,'" he argued, "was
the fear of a repeat of Haiti." This fear "paralyzed the creole slave-
owning class," delaying their incorporation into an independence
movement which threatened to overturn the system of slave production on which these early "patriots" depended.[58] Hence while
Llanos contended that the Cuban nation emerged in the war of 1868
because the "pro-independence ideology... of the political vanguard
[liberated] the *already existing* Cuban nationality in the struggle
for *patria*, sovereignty and liberty," Ibarra argued that national
formation was impossible without first "destroying the stratifica-
tion of the plantation regime." Slavery, he proposed, was the nexus
of all contradictions which impeded the formation of a "national
community."[59] Ibarra's central emphasis on the relations between
ethnicity and national formation placed him at odds with those
who subordinated ethnic questions either to the explications of social class, or, like Llanos, to the broader narrative of the inexorable

the director of his School, Sergio Aguirre, in his essay "Nacionalidad, nación y centenario" published in the journal *Cuba Socialista*, 66, February 1967.

56. Aguirre, "Nacionalidad, nación y centenario," p. 406.

57. Ibarra, "Respuesta a Marcos Llanos," p. 254.

58. Idem, p. 254. Ibarra's argument here exactly follows that of Cepero Bonilla,
discussed below.

59. Llanos, "La hermenéutica de Ibarra," p. 247; Ibarra, "Respuesta a Marcos Llanos," p. 253.

struggle for independence.[60]

Like Ibarra, Moreno Fraginals criticized the historiographical implications of decanting Cuban history into the single paradigm of metropolis versus colony. Identifying the "anti-Spanish" myth as one of the fundamental "dogmas" of bourgeois historiography, Moreno Fraginals excoriated the University historians for buying into a narrative of "liberal Cubans [versus] reactionary Spaniards" and institutionalizing the idea that "all great struggles are simply owed to a Cuban-Spanish conflict." Thus, he contended, Cuba's professional historians "erased from the panorama of the island" the very factors it had been in the interests of the bourgeois historians to obscure: the "profound sense of class struggle," "the confrontation between producers and merchants" and "the silent, tragic figures of half a million slaves":

> priding [themselves] on a materialist interpretation of history [...] they sum up the tragic year of 1834 in a debate between the Cuban Saco and the Spaniard Tacón.[61]

For Moreno Fraginals, this historical misapprehension was indicative of the extent to which "capitalist elements" continued to penetrate the "historical super-structure" of the new socialist society. Far from a critique of historical materialism *per se*, his proposition that the real "historical constants" were "class struggle and the relations of production," constituted a plea for a genuinely Marxist interpretation of national history.[62]

The "Patrician Thesis": Abolition and the "Fathers of the Nation"

Another consequence of "official" historians' obsessive concern with the development of national consciousness was to consolidate the traditionalist emphasis on the "founding fathers" of the Cuban nation. For decades, Cuba's creole intelligentsia of the late eighteenth and early nineteenth century–men such as Francisco de Arango y Parreño, Antonio Saco, Domingo del Monte and José de la Luz y Caballero–had enjoyed a pre-eminent place in the annals

---

60. See also Martínez Pérez, *Racial Discourse in the Cuban Revolution*, pp. 73-76.

61. Moreno Fraginals, "La historia como arma," pp. 18-19.

62. Idem, pp. 18, 14.

of Cuban history as the first exponents of pro-Cuban ideologies that laid the foundations for their revolutionary successors, José Martí, Manuel de Céspedes and Antonio Maceo. Almost the only challenges to this position in the pre-revolutionary period came from Raúl Cepero Bonilla, and from Réné Betancourt, a lawyer and fervent campaigner for black rights. Both men placed the racial question at the heart of their critique of the "founding fathers," highlighting the racism, "white supremacism" and class interests that lay behind patrician conceptions of Cuban nationhood.[63] While these positions were considered profoundly heretical in their time (not least that of Betancourt, who dared to criticize even the apostolic Martí),[64] their arguments were revisited under the Revolution by historians such as Ibarra, Moreno Fraginals and Carbonell, contesting the belief that "the nation [was] formed in the minds of an illustrious [white] minority."[65] In so doing, their analysis extended beyond challenging the ideological contribution of these "national gods" to questioning the very foundations on which the myth of Cuban nationhood was laid: abolitionism and the war of 1868.

On the centenary of 1868, Moreno Fraginals' essay "Azúcar, esclavos y revolución" took issue with the familiar formulation that the Ten Years' War was "a movement begun by patricians... slave and plantation owners who sacrificed all in the interests of the pure ideal of the independence of the fatherland." Challenging the "nebulous, imprecise and contradictory" explanations of the radical decision to go to war, Moreno Fraginals dismissed the "patrician thesis" (with its "revolutionary landowners and millionaires who took arms and lost the war") as "the only example in history of the willing suicide of a social class."[66] Instead, he showed how the shifting positions on slavery and the interlocked question of independence were intricately related to the specific dynamics of the plantation economy.[67] His wry description of a literary *tertulia* attended by

63. Cepero Bonilla, *Azúcar y Abolición*, p. 101; René Betancourt, *El negro: ciudadano del futuro*, (Havana: Self-published, 1959), pp. 94-96.

64. Betancourt, *El negro*, pp. 8-10.

65. Ibarra, "Respuesta a Marcos Llanos," p. 257.

66. Manuel Moreno Fraginals, "Azúcar, esclavos y revolución (1790-1868)," *Casa de las Américas*, Nº 50, 1968, pp. 35-36.

67. This thesis was elaborated in full in Moreno Fraginals' landmark study, *El Ingenio* (1964). His analysis here paraphrases Cepero Bonilla"s statement that

leading figures of Cuba's nineteenth century "liberal" intelligentsia neatly demonstrated the contradictions of a class "with one foot in the [reformist] future, and another in the slave-ist past." Amongst those "reduced to tears" by Anselmo Súarez y Romero's anti-treaty novel *Francisco* (1838-39), were "José de la Luz y Caballero (owner of more than 500 slaves), Domingo del Monte (more than 1000) and... the very author himself (owner of the "Surinam" sugar-mill with 290 slaves)." Moreno Fraginals' satire on this "'discovery' of the horrors of the slave trade" supported his broader arguments that abolitionism stemmed not from the beneficence of the bourgeoisie, but from economic changes which determined abolition to be in the interests of the preservation of their class.[68] Like Carbonell, whose entire *Crítica* relentlessly demolished these paragons of nationalism as viciously anti-black defenders of slavery who had contributed "not one progressive idea in support of nationhood," Moreno Fraginals' arguments also sought to expose the deeply-held racism of those whose conception of freedom, he contended, was "only for white men."[69]

Responding to this alarming iconoclasm–and to Carbonell's explicit criticism that "all those who the bourgeoisie glorified as heroes [remained] on their pedestals... only now in the service of Marxism"[70]–Sergio Aguirre issued a riposte to the arguments he attributed to the well-intentioned but "erroneous" rebelliousness of the historically naïve. While proposing that it was wrong to "exalt indiscriminately one and all," Aguirre made a case for forgiving the founding fathers–despite their questionable attitudes towards Cuban blacks, and despite their adherence to "fallacious solutions" to the national question–on the grounds that they had made "appreciable contributions to... Cuban nationhood, without which there

---

"social classes do not commit suicide ... Men change behaviour because their [economic] interests change" (Cepero Bonilla, *Azúcar y abolición,* pp. 99, 78).

68. Moreno Fraginals, "Azúcar, esclavos y revolución," pp. 40-43.

69. Carbonell, *Crítica*, p. 21; Moreno Fraginals, "Azúcar, esclavos y revolución," p. 39. Again, both echo Cepero Bonilla's contention that their conceptions of liberty were "for men of their class and of their race": "the Cuban landowners of the early and mid-nineteenth century never included the men of color in their political projects... they treated blacks as an instrument of work" (Cepero Bonilla, *Azúcar y abolición*, pp. 16, 19).

70. Carbonell, *Crítica*, pp. 31, 32.

would not have existed a nation during the Ten Years' War."[71] Aguirre's prioritizing of Cuban nationhood and his strict adherence to the explanatory model of anti-colonialism also explains his surprising lenience towards even such counter-revolutionary ideological currents as reformism and annexationism, excused, in his analysis, first, on the grounds of the limitations of the age, and second, because, simply, they both "stood against Spanish colonialism." "Like it or not," he argued, Cuba also owed its national consciousness "to the conservative sections of Cuban society."[72]

On the sensitive subject of the 1868 war, however, even the more critical historians found they could not endorse the more iconoclastic theses propounded by Cepero Bonilla, notably, (a) his critique of Céspedes (condemned as a "slave-ist who ratified the permanence of slavery in the document that made public the objectives of the revolution"); (b) his demolition of the myth of revolutionary abolitionism (the Manifesto of 1868 did *not* decree the abolition of slavery, but only "signalled" a "gradual and compensated emancipation" to be effected *after* the Spanish were vanquished); and (c) his proposition that the war of 1868 was *not* primarily a war of independence (showing how it "flirted with autonomism and asked for the incorporation of Cuba with the United States"). "Scarcely a few days after the 'Grito de Demajagua' [Céspedes' declaration of Cuban independence]," Cepero Bonilla contended, Céspedes "sent a missive to the US secretary of state, asking for help... even in 1873 [he] did not think annexation was contrary to the ends of the revolution." The revolution of 1868, he concluded, "was not, in its beginnings, genuinely nationalist: neither was it abolitionist."[73]

While these complexities were (largely) obscured in the heroic versions of "One Hundred Years of Struggle," even the more critical historians were reluctant to undertake a wholesale demolition of the "founding fathers." Moreno Fraginals, Ibarra, and even Carbonell were all careful to distinguish between not only the creole class of 1868 and their early nineteenth century counterparts, but also between the *hacendados* of the east, west and centre of the island during the revolutionary struggle itself. Moreno Fraginals' arguments about the peculiar economic conditions of the landown-

---

71. Aguirre, "Nacionalidad, nación y centenario," pp. 404-405.

72. Idem, pp. 411-412.

73. Cepero Bonilla, *Azúcar y abolición*, pp. 112-124, 192.

ers of Oriente provided precisely the explanation to vindicate Céspedes, differentiating him from the conservative slave-owners of the west, and underlining the status of Oriente as the cradle of the revolution.[74] In keeping here with Ramiro Guerra's arguments in his *Guerra de los diez años* (1950-1952), Moreno Fraginals accentuated Céspedes' modest qualities, condemning "pseudo-historians (and as such pseudo-revolutionaries)," for depicting the liberator as "a rich slave-ist planter": "in reality," he claimed, "he was a well-off professional who with great labor milled a tiny, exceedingly antiquated sugar mill ... where there exclusively worked waged labor."[75] Similarly, Ibarra reinforced the talismanic status of 1868, condemning Cepero Bonilla for "failing to understand the dimensions of the historical rupture of 1868, or the substantial grade of difference between Céspedes and Saco, Aguilera and Del Monte."[76] Even Carbonell acknowledged the "high intellectual qualities" of such nineteenth century luminaries as Arango y Parreño, Saco and Luz y Caballero, men he had elsewhere described as "reactionary ideologues... sucking the teat of the colonial apparatus of slavery."[77] To this degree some aspects of revolutionary history arguably retracted from the most radical of the pre-revolutionary analyses, and, in some crucial areas, the past was, if not entirely sacrosanct, at least highly sensitive.

Slaves, Uprisings and the Crumbs of History

> The black [slave] who arrived in America in chains... the man situated on the lowest rung of the human condition... bequeathed to us no less than the very concept of independence.[78]

As the above examples attest, some of the most radical revisions of Cuban historiography were crucially centered on the rela-

---

74. Moreno Fraginals, "Azúcar, esclavos y revolución," pp. 54-55.

75. Moreno Fraginals, "La historia como arma," p. 20.

76. Ibarra, "Historiografía y revolución," p. 6.

77. Walterio Carbonell, "Significación nacional e internacional de la revolución cubana," in Calvert Casey, ed., *Cuba: transformación del hombre*, (Havana: Casa de las Américas, 1961), p. 225; Carbonell, *Crítica*, p. 38.

78. Alejo Carpentier, «La cultura de los pueblos que habitan en las tierras del Mar Caribe," *Anales del Caribe,* Nº 1, 1981, p. 201.

tionship between race and national formation. On this issue, the most outspoken of the revolutionary historians was Walterio Carbonell. However, while it has been argued that "no-one went as far as Carbonell in striving to topple the myths of bourgeois society,"[79] it is worth noting that, in many fundamental respects, Carbonell's work built on, rather than broke from the insights of his republican predecessors. Carbonell's condemnation of the silencing of the black in bourgeois Republican historiography was a point which had already been made by the eminently "bourgeois" revisionist, Ramiro Guerra.[80] Describing slave uprisings as "*essentially nationalist* in character," Guerra had highlighted the anti-colonial role of the slaves in their dual struggle for civil and political liberty: slavery, he contended, "was a perpetual state of war."[81] Similarly, Carbonell's assertion that "Africa was the source of wealth on which the... republic was... built" drew directly on arguments which were advanced by Cepero Bonilla in 1948, and elaborated by René Betancourt in the 1950s: the singular importance of black labor was a point on which both Marxists and *negristas* could coincide.[82]

However, Carbonell's desire to vindicate the historical significance of the Cuban black led him beyond his contemporaries' proposition that the primary contradiction in Cuban society was that between the master and the slave. For Carbonell, the slave was no less than "the destroyer of the old world and the pioneer of the new": it was the slaves' uprisings against the colonial system–and not the petitions of creole slave-owners–that broke the back of colonial domination and lit the flames of Cuba's nationalist struggle.[83] Carbonell's validation of the slaves as the true originators of

---

79. Martínez Pérez, *Racial Discourse in the Cuban Revolution*, p. 68.

80. Cepero Bonilla cited Guerra's *Manual de historia de Cuba* (1938) highlighting his comments on the omission of blacks from a "history written by the whites" (Cepero Bonilla, *Azúcar y abolición*, p. 81). Carbonell contended that "[the] end of Spanish colonial rule in Cuba cast a cloak of oblivion over the African continent ... politicians and writers of the bourgeois republic never once recalled its name" (Carbonell, *Crítica*, p. 12).

81. Guerra cited in Cepero Bonilla, *Azúcar y abolición*, pp. 81, 42.

82. Betancourt, *El negro*, pp. 75, 96-97; Carbonell, *Crítica*, p. 12; Cepero Bonilla, *Azúcar y abolición*, p. 41.

83. Walterio Carbonell, "A propósito de las causas de la revolución de 1895," *Lunes de Revolución*, 30 November 1959; Carbonell, *Crítica*, p. 87; Martínez Pérez, *Racial Discourse in the Cuban Revolution*, pp. 68-71.

national revolution entailed a significant revision of the myths of 1868. "Historians of Cuba," he argued, "ignore the immense role played by slave uprisings in the weakening of the colonial system, for which reason the revolution of 1868 appears in their books as if it had dropped out the sky, and the blacks were incorporated into it by magic, conjured by the pealing bells of Demajagua." It was the slave uprisings, he argued, which created the very conditions in which "the situation of 1800 became the explosion of 1868":

> In truth, the 10th of October 1868, the "advent" of the anti-slavery revolution, merely crowns the anti-slavery movement of more than a century ... Since 1812, slave conspiracies, disturbances [and] uprisings ... sharpened colonial conflicts ... bringing to fruition the contradictions that produced the Ten Years War.[84]

Carbonell was also far more critical than his contemporaries of the purported nationalism of 1868. The nationalism to which the war gave rise, he argued, "disguised the exploitation... of the masses by the landowners and the capitalists... sending to sleep the class consciousness of a peasantry who in the seventeenth and eighteenth centuries had rebelled against the exploiters." Such a perspective undermined the usual narrative of national formation, casting a more cynical glance on the well-worn slogans of "*Patria, Libertad, Independencia, Viva Cuba Libre*" as a "language of alchemists within which the interests of the masses were weakly represented."[85] However, although Carbonell's tone was "audacious,"[86] the substance of the argument kept broadly within the more acceptable narrative of the "disappointed expectations" of the independence wars. In this sense he did not go so far as the heretical analyses of fellow *negrista*, René Betancourt, whose strikingly un-redemptive version of Cuban history, "cruel in its means and amoral in its ends," depicted the "useless" deaths of thousands of Cuban blacks in wars from which they achieved no gains. "The black man has been the arm and the heart of all revolutions in this country," wrote Betancourt, "but discovered that, whatever the case, he always received the same crumb." For Betancourt, the real historical lesson was precisely to avoid the seductive myths of nationalist teleology: "the black," he

---

84. Carbonell, "A propósito de las causas"; *Crítica,* pp. 79-80.

85. Idem.

86. Idem.

concluded, "cannot trust his destiny to the simple evolution of a progressive vision of history."[87] For Carbonell, however, the slave was "the most revolutionary force in colonial society": the very embodiment and "vanguard of the historical process."[88]

Conclusion

The "climate of creative liberty" in which these debates were conducted was seriously threatened in the 1970s by significant shifts in the intellectual and political climate in Cuba.[89] The squeeze on "non-conformist" intellectuals in the aftermath of the Padilla affair, and the increasingly orthodox interpretation of cultural policy as Cuba moved deeper into the orbit of the USSR, made it increasingly difficult for historians to carry out their day-to-day work. As Ibarra has argued, the consequence was a significant narrowing of the historical agenda and the replacement of critical historiography with a "culture of consent." For some fifteen years, he contends, the historical landscape was dominated by the ideological histories of the University School, while "the cult of the revolutionary traditions of the past [acquired the dimensions of] popular mysticism." Not until the 1990s was there a significant renovation of Cuban historiography, when even "recalcitrant" historians like Carbonell were reassessed.[90]

It would be wrong, however, to assume that the innovations of the 1960s disappeared, or to ignore the overlaps between the "redemptive," "orthodox" and "revolutionary" versions of nationalist historiography after 1959. Many of the historical revisions foregrounded by Ibarra, Moreno Fraginals and Carbonell found their way into more mainstream histories, including, for example, the critique of the conservative segment of the leadership of 1868, the assertion of the revolutionary character of slave rebellions, and the acknowledgment of the disproportionate contribution of Afro-Cu-

---

87. Betancourt, *El negro*, pp. 8-10, 94, 98.

88. Carbonell, "A propósito de las causas"; *Crítica*, p. 61.

89. Ibarra, "Historiografía y revolución," p. 8.

90. Idem, pp. 8-10. Carbonell, noted Jorge Ibarra, "was... excessively criticized for having defended *negrista* positions, but [in this] he did no more than pay with the same coin those who, by action or omission, had marginalized the black contribution to Cuban society" (Idem, p. 11).

bans to the island's long national struggle.[91] In all of these areas, the grounds for revision had already been laid by the pre-revolutionary historians whose work provided the common source for both the critical historians and their *oficialista* adversaries.

The reproduction of many of the motifs and arguments of pre-revolutionary historiography is revealing of both the strengths and the weaknesses of revolutionary nationalism in Cuba. The inclusion of different elements of the revisionist canon demonstrates the absorptive qualities of a Revolution that, in the 1960s at least, was able to balance, contain and even facilitate the co-existence of heterodox perspectives on the fundamentals of the revolutionary past. That this could include the more conservative as well as the more radical elements of pre-revolutionary histories speaks also of a revolution that was confident enough to acknowledge the intellectual contribution of its "natural" political enemies, with men such as Ramiro Guerra lauded for their "monumental" contribution to the field. Fernández Retamar's recent description of Guerra as "a man of honor, despite his complex political life"[92] reflects the return, in the 1990s, of this more inclusive conception of the "honest" intellectual and a willingness to judge their contribution on intellectual and not entirely political criteria. The work of the revisionists also provided the foundations for a strong and highly evolved sense of revolutionary nationalism that has been crucial in sustaining the momentum of the Revolution for more than five decades. Compared to the "dismal heritage" of some of its Caribbean neighbors,[93] nationalist history in Cuba has been a boundless source of revolutionary pride.

91. See, for example, Fidel Castro, "Análisis histórico de la Revolución," in *Informe Central: Primer Congreso del Partido Comunista de Cuba*, (Havana: Departamento de Orientación Revolucionaria del Comité Central del PCC, 1975) and Armando Hart Dávalos, "La intransigencia del movimiento cubano," *Pensamiento Crítico*, vol. 8, N° 9, 1967, pp. 103-129. The Revolution published many works on the relationship between race and nation, including, for example, Pedro Deschamps Chapeaux's *El negro en la economía habanera del siglo XIX* (1971) and José Luciano Franco's *Los palenques de los negros cimarrones* (1973), both of which appeared during the "grey years" of the 1970s.

92. Fernández Retamar, "The Enormity of Cuba," p. 171.

93. Gordon Lewis, *The Growth of the Modern West Indies* [1968] (Kingston: Ian Randle Publishers, 2004), p. 418.

However, it is also precisely the intimacy of the relationship between revisionist and revolutionary histories that impeded the formulation of concepts or the production of histories that lay outside well-established conceptions of what Cuban history (and Cuban nationalism) should be. Consequently, many historical themes remain under-explored, while the persistence of the redemptive strand of revolutionary nationalism traps its historians in their own narratives of fulfillment, unable to stray from basic historical "givens" produced in another age. As has been argued above, this left them open to accusations that "official" revolutionary history risked endorsing a kind of bourgeois nationalism dressed in Marxist clothes. Nevertheless it is significant that even the most renovating Cuban historians did not demolish "bourgeois" versions of the past as thoroughly as did their pre-revolutionary predecessor, Raúl Cepero Bonilla. The partial rejection of his model was more than a question of maintaining historical verisimilitude; it was also a matter of nationalist sensitivities around historically sacrosanct myths. Despite many highly significant historical re-interpretations undertaken during the Revolution, many of the sacred cows of Cuban nationalism remained firmly on their plinth.

El origen de este volumen colectivo está en un dossier publicado en *A Contracorriente*, Vol. 5, No. 2, invierno 2008. A estos ensayos se han sumado otros publicados tanto en *A Contracorriente* como en otras revistas. Todos los textos han sido, en mayor o menor medida, revisados y actualizados. Agradecemos a los editores de las revistas por otorgarnos permiso para reproducir dichos artículos. A continuación se indica la procedencia de cada texto.

Hernán Camarero, "La estrategia de *clase contra clase* y sus efectos en la proletarización del Partido Comunista Argentino, 1928-1935", apareció con el título "El *tercer período* de la Comintern en versión criolla. Avatares de una orientación combativa y sectaria del Partido Comunista hacia el movimiento obrero argentino", *A Contracorriente*, Vol. 8, No. 3, primavera 2011, págs. 203-232.

Jaymie Patricia Heilman, "To Fight Soviet Agents in the Fatherland: Anti-Communism in Ayacucho's APRA, 1945-1948", *A Contracorriente*, Vol. 9, No. 3, primavera 2012, págs. 94-120.

Aníbal Jáuregui, "El peronismo en los debates del Partido Comunista Argentino: 1945-1953", *A Contracorriente*, Vol. 9, No. 3, primavera 2012, págs. 22-40.

Eric Zolov, "Expanding our Conceptual Horizons: The Shift from an Old to a New Left in Latin America", *A Contracorriente*, Vol. 5, No. 2, invierno 2008, págs. 47-73.

Martín Mangiantini, "La polémica Moreno–Santucho. La lucha armada y la ruptura del Partido Revolucionario de los Trabajadores (PRT)", *A Contracorriente*, Vol. 9, No. 3, primavera 2012, págs. 41-66.

Massimo Modonesi, "Crisis hegemónica y movimientos antagonistas en América Latina. Una lectura gramsciana del cambio de época", *A Contracorriente*, Vol. 5, No. 2, invierno 2008, págs. 115-140.

OMAR ACHA y DÉBORA D'ANTONIO, "Cartografía y perspectivas del "marxismo latinoamericano", *A Contracorriente*, Vol. 7, No. 2, invierno 2010, págs. 210-256.

MARC BECKER, "Indigenous Nationalities in Ecuadorian Marxist Thought", *A Contracorriente*, Vol. 5, No. 2, invierno 2008, págs. 1-46.

PABLO PONZA, "Comprometidos, orgánicos y expertos: Intelectuales, marxismo y ciencias sociales en Argentina (1955-1973)", *A Contracorriente*, Vol. 5, No. 2, invierno 2008, págs. 74-98.

CARLOS AGUIRRE, "Cultura política de izquierda y cultura impresa en el Perú contemporáneo (1968-1990): Alberto Flores Galindo y la formación de un intelectual público", *Histórica*, Vol. XXXI, No. 1, 2007, págs. 171-204.

MARTÍN CORTÉS, "La traducción como búsqueda de un marxismo latinoamericano: la trayectoria intelectual de José Aricó", *A Contracorriente*, Vol. 7, No. 3, primavera 2010, págs. 145-167.

ALEJANDRO CATTARUZZA, "¿Qué historias serán las nuestras? Visiones del pasado y tradiciones nacionales en el Partido Comunista argentino (ca. 1925-1950)", apareció originalmente con el título "Visiones del pasado y tradiciones nacionales en el Partido Comunista Argentino (ca. 1925-1950)", *A Contracorriente*, Vol. 5, No. 2, invierno 2008, págs. 169-195.

LUIS F. RUIZ, "Where have all the Marxists Gone? Marxism and the Historiography of the Mexican Revolution", *A Contracorriente*, Vol. 5, No. 2, invierno 2008, págs. 196-219.

MICHAEL GOEBEL, "Marxism and the Revision of Argentine History in the 1960s", *Estudios Interdisciplinarios de América Latina y el Caribe*, Vol. 17, No. 1, 2006, págs. 161-184.

KATE QUINN, "Cuban Historiography in the 1960s: Revisionists, Revolutionaries, and the Nationalist Past", *Bulletin of Latin American Research*, Vol. 26, No. 3, 2007, págs. 378-398.

Omar Acha (1971) es historiador, ensayista y Doctor en historia por la Universidad de Buenos Aires y por la École des Hautes Études en Sciences Sociales (Francia). Sus últimos libros son *La nueva generación intelectual* (2008), *Las huelgas bancarias, de Perón a Frondizi* (2008), *Historia crítica de la historiografía argentina, vol. 1* (2009), *Los muchachos peronistas* (2011), y *Un revisionismo histórico de izquierda y otros ensayos de política intelectual* (en prensa). Con Nicolás Quiroga ha publicado *El hecho maldito. Conversaciones para otra historia del peronismo* (2012). Ha compilado con Paula Halperin, *Cuerpos, géneros e identidades* (2000), y con Mauro Vallejo, *Inconsciente e historia después de Freud* (2010). Prepara actualmente su libro *Crónica sentimental de la Argentina peronista*.

Carlos Aguirre es historiador y profesor en la Universidad de Oregon. Es autor o co-editor de varios libros, incluyendo *Agentes de su propia libertad. Los esclavos de Lima y la desintegración de la esclavitud, 1821-1854* (Lima, 1993), *Breve historia de la esclavitud en el Perú. Una herida que no deja de sangrar* (Lima, 2005), *The Criminals of Lima and their Worlds: The Prison Experience (1850-1935)* (Durham, 2005), y *Dénle duro que no siente. Poder y transgresión en el Perú republicano* (Lima, 2008). Fue becario MacArthur en la Universidad de Minnesota (1990-1996) y obtuvo la beca John Simon Guggenheim en 1999. Actualmente trabaja en un proyecto sobre los intelectuales peruanos y el gobierno nacionalista militar de 1968-1975.

Marc Becker es profesor de historia en Truman State University. Sus estudios se enfocan en construcciones de clase, etnicidad, y género dentro de movimientos populares en los Andes. Entre sus publicaciones están *Highland Indians and the State in Modern Ecuador* (University of Pittsburgh Press, 2007); *Indians and Leftists in the Making of Ecuador's Modern Indigenous Movements* (Duke University Press, 2008); *Historia Agraria y Social de Cayambe* (FLACSO/Abya Yala, 2009); *Pachakutik: Indigenous movements and electoral politics in Ecuador* (Rowman & Littlefield Publishers, 2011) y *José Carlos Mariátegui: An Anthology* (New York: Monthly Review Press, 2011). Actualmente está elaborando un nuevo proyecto sobre intermediarios en América Latina.

HERNÁN CAMARERO es Doctor en Historia por la Universidad de Buenos Aires. Se desempeña como Investigador Independiente de carrera del Consejo Nacional de Investigaciones Científicas y Técnicas (CONICET) de Argentina y como Profesor Regular en las Facultad de Filosofía y Letras y la Facultad de Ciencias Sociales de la Universidad de Buenos Aires (UBA), en el área de historia argentina contemporánea. Su tema de especialización es la historia del movimiento obrero y las izquierdas. Ha publicado unos setenta capítulos de libros, artículos y ensayos en revistas especializadas del país y del exterior, así como cinco libros, entre ellos: *A la conquista de la clase obrera. Los comunistas y el mundo del trabajo en la Argentina, 1920-1935* (Siglo XXI, 2007) y, en coedición, *El Partido Socialista en Argentina. Sociedad, política e ideas a través de un siglo* (Prometeo, 2005).

ALEJANDRO CATTARUZZA es profesor en las universidades de Buenos Aires y de Rosario e investigador de CONICET; ha dictado cursos en otras instituciones argentinas y europeas, entre ellas la École des Hautes Études en Sciences Sociales y la Universidad Autónoma de Madrid. Es autor, entre otras obras, de *Historia de la Argentina 1916-1955* (Buenos Aires, Siglo XXI, 2009; *Los usos del pasado* (Buenos Aires, Sudamericana, 2007) y en colaboración con A. Eujanian. *Políticas de la historia. Argentina, 1860-1960* (Madrid/Buenos Aires, Alianza, 2003). A su vez, ha dirigido *Crisis económica, avance del estado e incertidumbre política (1930-1943)* (Buenos Aires, Sudamericana, 2001), en la colección Nueva Historia Argentina, y *Argentina. Mirando hacia adentro, 1930-1960,* en la Historia Contemporánea de Argentina, Colección América Latina en la Historia Contemporánea (Madrid, Taurus, 2012).

MARTÍN CORTÉS es docente en la Facultad de Ciencias Sociales de la Universidad de Buenos Aires e Investigador del Instituto de Estudios de América Latina y el Caribe (UBA) y del Laboratoire d´Études et de Recherches sur les Logiques Contemporaines de la Philosophie (Université Paris 8). Licenciado en Ciencia Política y Magíster en Ciencias Sociales (UBA), es candidato a Doctor en Ciencias Sociales y Filosofía por la Universidad de Buenos Aires y la Université Paris 8. Realiza su tesis doctoral sobre la obra de José Aricó y ha publicado diversos trabajos sobre Teoría Política Latinoamericana. Es becario del CONICET (Consejo Nacional de Investigaciones Científicas y Técnicas) y ha sido becario de la Embajada de Francia en Argentina y del Consejo Latinoamericano de Ciencias Sociales (CLACSO).

DÉBORA D'ANTONIO es Doctora en Historia por la Universidad de Buenos Aires e investigadora y profesora en la misma institución. Es autora de diversos artículos publicados en revistas especializadas nacionales e internacionales tales como *Estudios, Tensões Mundiais, Iberoamericana, Journal of Latin American Cultural Studies, A Contracorriente: A Journal on Social History and Literature in Latin America*, entre otras. Es compiladora de varios libros como *Hilvanando historias. Mujeres y política en el pasado reciente latinoamericano; De minifaldas, militancias y revoluciones. Exploraciones sobre los ´70 en la Argentina* e *Historia, Género y Política en los ´70*. Recientemente ha sido seleccionada para ingresar a la Carrera del Investigador Científico y Tecnológico (CONICET).

MICHAEL GOEBEL es profesor ("Wissenschaftlicher Mitarbeiter") en el departamento de historia de la Universidad Libre de Berlín. Obtuvo su doctorado en el University College London en 2006 y ha tenido posiciones post-doctorales en el Institute of Historical Research, Londres, y el Instituto Universitario Europeo, Florencia. Durante el año académico 2012-13 será John F. Kennedy Fellow en Harvard University. Ha publicado varios trabajos sobre el nacionalismo en la Argentina del siglo XX. Una traducción al castellano de su libro *Argentina's Partisan Past: Nationalism and the Politics of History* (Liverpool University Press, 2011) está por publicarse por la editorial Prometeo. Actualmente está llevando a cabo una investigación sobre redes antiimperialistas africanas, asiáticas y latinoamericanas en el París de entreguerras.

JAYMIE PATRICIA HEILMAN enseña historia de América Latina y del Caribe en la Universidad de Alberta. Obtuvo su doctorado en la Universidad de Wisconsin, Madison, y es autora del libro *Before the Shining Path: Politics in Rural Ayacucho, 1895-1980*, publicado por la Universidad de Stanford. Ha ganado una beca del Social Sciences and Humanities Research Council of Canada (SSHRC) y actualmente está escribiendo un libro sobre la vida del líder campesino peruano Manuel Llamojha Mitma.

ANÍBAL JÁUREGUI es Profesor Asociado e investigador del Instituto Interdisciplinario de Economía Política (IIEP) de la Facultad de Ciencias Económicas de la Universidad de Buenos Aires. Doctor en Historia por la Universidad de Centro de la Provincia de Buenos Aires, docente en otras universidades nacionales argentinas, en la actualidad está investigando sobre la planificación económica en la Argentina (1955-1976). Ha publicado artículos en diversas revistas especializadas. Sus principales publicaciones son "Brasil-Argentina. Los empresarios industriales", "Historia Social Argentina" y ""Sueños de Bienestar para la Nueva Argentina".

MARTÍN MANGIANTINI es profesor de Historia egresado del ISP Joaquín V. González (Argentina). Maestrando en Historia en la Universidad Torcuato Di Tella (Argentina). Ha publicado diversos artículos sobre la militancia revolucionaria en la Argentina en los años sesenta y setenta y sobre la participación política desarrollada en el exilio por distintas organizaciones revolucionarias argentinas. Se desempeña como docente en la Universidad de Buenos Aires y en diversos establecimientos educativos de nivel terciario y secundario. Actualmente, se encuentra elaborando una historia del trotskismo argentino entre 1968 y 1976.

MASSIMO MODONESI es historiador y sociólogo, profesor titular la Facultad de Ciencias Políticas y Sociales de la Universidad Nacional Autónoma de México (UNAM) donde actualmente es Coordinador del Centro de Estudios Sociológicos. Director de la revista *OSAL* del Consejo Latinoamericano de Ciencias Sociales (CLACSO). Co-coordinador del Equipo de Seguimiento del Conflicto Social en México, (OSAL-CLACSO). Ha publicado los siguientes libros: *Subalternidad, antagonismo, autonomía. Marxismos y subjetivación política* (Prometeo-CLACSO, Buenos Aires, 2010), *El Partido de la Revolución Democrática* (Nostra Ediciones, México, 2009); *La crisis histórica de la izquierda socialista mexicana* (Juan Pablos-Universidad de la Ciudad de México, 2003) y, como coordinador, (con Julián Rebón), *Una década en movimiento. Luchas populares en América Latina (2000-2009)* (Prometeo-CLACSO, Buenos Aires, 2011); con Claudio Albertani y Guiomar Rovira, *La autonomía po-*

sible. Emancipación y reinvención de la política (México: UACM, 2009) y con Elvira Concheiro y Horacio Crespo, *El comunismo: otras miradas desde América Latina* (CEEICH-UNAM, México, 2007) y *Horizontes gramscianos*, actualmente en imprenta.

Iván Molina Jiménez es costarricense (1961) y catedrático de la Escuela de Historia e investigador del Centro de Investigación en Identidad y Cultura Latinoamericana (CIICLA) de la Universidad de Costa Rica. Autor, coautor y editor de numerosos estudios sobre historia de Costa Rica, en particular, y de Centroamérica, en general. Entre sus últimos libros figuran: *La ciencia del momento. Astrología y espiritismo en la Costa Rica de los siglos XIX y XX* (Heredia, Editorial Universidad Nacional, 2011); y *Revolucionar el pasado. La historiografía costarricense del siglo XIX al XXI* (San José, EUNED, 2012).

Pablo Ponza es Doctor en Historia por la Universidad de Barcelona (UB) y Diplomado en comunicación y Estrategia Política por la Universidad Autónoma de Barcelona (UAB). Actualmente se desempeña como Investigador del CONICET y como miembro de dos grupos de investigación consolidados, uno de la Universidad de Buenos Aires y otro de la Universidad de Barcelona. Su trabajo se inscribe en las áreas de la Historia de las Ideas, Historia Intelectual y Sociología-Histórica en la segunda mitad del siglo XX. Es autor de dos libros y una veintena de artículos. Ha impartido cursos y seminarios de posgrado en diferentes universidades argentinas y del exterior.

Kate Quinn is Lecturer en historia del Caribe en University College, Londres. Ha editado el volumen *Black Power in the Caribbean* (2013) y co-editado con Paul Sutton *Politics and Power in Haiti* (2013). Ha publicado artículos sobre el Caribe angloparlante post-independentista y también sobre Cuba revolucionaria. Es integrante del Group de Apoyo a Haití y actualmente es Presidenta de la Sociedad de Estudios Caribeños.

Luis F. Ruiz es candidato al doctorado en Historia en la Universidad de Oregon y coordinador de programas de estudios en el extranjero en la misma universidad. Actualmente está escribiendo una tesis doctoral sobre intelectuales izquierdistas mexicanos y su influencia sobre la Secretaría de Educación Pública durante la década de 1930. Sus investigaciones se enfocan en los intelectuales y su relación con el estado, la izquierda mexicana, la educación pública, la historiografía de la Revolución Mexicana y el intercambio político y cultural entre México y la Unión Soviética. Para apoyar la investigación y redacción de su tesis Luis ha recibido los siguientes premios: Spencer Foundation Dissertation Fellowship, Richard Maxwell Brown Fellowship y Oregon Humanities Center Dissertation Fellowship. Se graduó de la carrera de Historia en la Universidad de California, Berkeley y recibió su maestría en la Universidad de Oregon por su tesis, "History, Marxism, and Cultural Hegemony in Postrevolutionary Mexico: The Forgotten Case of Rafael Ramos Pedrueza."

ERIC ZOLOV es Profesor Asociado en el Departamento de Historia de Stony Brook University y es Editor de la revista *The Americas*. Es autor de *Refried Elvis: The Rise of the Mexican Counterculture* (1999) y co-editor de los libros *Fragments of a Golden Age: The Politics of Popular Culture in Mexico Since 1940* (2001), *Rockin' Las Américas: The Global Politics of Rock in Latin/o America* (2004) y *Latin America and the United States: A Documentary History* (2000; 2da. edición, 2010). Actualmente investiga sobre el impacto de la revolución cubana en la cultura política Mexicana y las relaciones entre Estados Unidos y México durante la "larga" década de 1960.